EX–LIBRIS

一个身体的历史　　　**魏尔伦传**

Verlaine

〔法〕阿兰·比于齐纳　著

由　权　邵宝庆　译

商务印书馆
The Commercial Press

涵芬楼文化出品

中译本序

　　魏尔伦这个名字也许不为广大中国读者所知，但对于热爱法国文学尤其是研究法国文学的人来说，却丝毫也不陌生。作为象征派诗人的代表，人们习惯把他与马拉美、兰波相提并论。他的一些著名诗篇很早便被翻译成中文。从老一辈的诗人梁宗岱、戴望舒到当代的名家都有他的诗的出色译作。戴望舒创作的一些诗篇中也带着明显的魏诗影响的痕迹。译介的诗篇，如《秋之歌》《月光》《白色的月》《被遗忘的小咏叹调》《屋顶的天空》等，都是最能体现魏尔伦独特诗歌风格的作品，也是确立他在法国诗歌史上不可替代的地位的作品。这些诗，或如梦如幻，或如泣如诉，采用象征与暗示的手法，以回旋往复的旋律，表达诗人感伤、苦闷的情调，幻化出想象的真实，塑造出心灵的风景画，可以用"动人心弦"来形容。然而从另一个角度讲，我们对诗人作品的介绍尚嫌有限，对魏尔伦其人及其作品的研究也有待深入。因此，这部传记在中国的出版，无疑不仅有助于诗人为更广大的读者所知，也会推动对诗人的深入研究。

　　有如此厚的一部传记，我本无须在此重述诗人的一生。但我禁不住想回顾一下他的经历。这是怎样的生命？明知危险却禁不住眩晕的诱惑，止不住也在迟疑的脚步，被一股无法抵御的力量拉向深渊，直至彻底沉沦。他本来有非常幸福的童年，"和蔼的父亲，可爱的母亲"，一个受到百般溺爱的独子。他本来有足够的天资，可以成为优秀的学生。即使法学与他无缘、诗歌是他一生的最爱，他也可以在市政府安稳地得到基本的生活来源。但生性的疏懒、放任自流、嗜饮成癖，尤其是他的放荡不羁，加上同性恋的倾向，使他不满足于这种循规蹈矩的平庸资产阶级的生活。可他又不是一个想要脱离社会、无视法度的人。意识到自己面临的深渊，他求助于婚姻，娶了一个食利者的女儿，年轻迷人的玛蒂尔德，过上舒适、体面的资产者的生活。一切似乎都在步入正轨。这时，一场平民革命爆发了，他虽然骨子里不关心政治，却也为这种美好的幻想欢欣鼓舞。很快，革命被镇压，他和妻子躲到外省。市政府的职位从此丢掉了。但只要他想，他就还有机会重新得到这个职位。因为他在公社期间扮演的角色并不至于使他受到迫害。可就在这时，一个人的出现彻底改变了他的生活。此人不是别人，正是少年天才兰波。开始，魏尔伦还想脚踩两只船，一边是小资产阶级异性恋的舒适享乐，一边是同性恋的放纵与诗歌的实验，但这只是他的一厢情愿，他必须做出选择。最后，他选择了抛妻弃子，与兰波踏上流浪的征途。然而他性格懦弱、优柔寡断，念念不忘娇妻幼子，抛不下对安稳家庭生活的留恋，这些都促成了他和兰波最后的悲剧。他打伤了兰波，银铛入狱。狱中又获悉妻子分居诉讼的判决结果：他失去了妻儿，还要承担儿子的抚养费。真是雪上加霜。

这时，天主向他敞开胸襟，他心甘情愿地投进天主的怀抱。为此他还赢得了减刑。出狱后，他又要选择自己的生活。在玛蒂尔德和兰波两边碰壁后，他离开了法国。他要向母亲、向人们证明自己真的改邪归正、自己谋生了。他先后在英国的斯蒂克尼、伯恩茅斯、法国阿登省勒泰勒教书。可惜他耐不住教书匠寂寞单调的生活，酗酒的习惯重新抬头。这是他一生逃不脱的悲剧：反复地犯罪、反复地悔罪，又重新犯罪。命运又让他在一个不驯服的学生吕西安·雷蒂努瓦身上看到了兰波的影子，他将复杂的感情倾注到这个少年身上。先是带他出走英国，继而返回少年的家乡，以少年父母的名义买下一个农场，从此过上庄园主的生活。写作、出版和吕西安是他心灵的慰藉。然而，诗歌创作和对田园生活的热爱不足以经营好一个农场，吕西安的病逝更夺走了他心灵与生活的支撑。这以后的他，尽管与母亲再次买下库洛姆一处农庄，却重新陷入酗酒、荒唐与放纵，终因酒后对母亲施暴再次入狱。这次入狱时间虽短，他却彻底破产了。不久，母亲在贫病与无望中谢世。

母亲的死使魏尔伦完全失去了生活的尺度和坐标，他从此陷入贫病交加、潦倒颓废之中，生活在社会的边缘。这是彻底的沉沦，丧失理性。然而也正是在这一时期，他一生追求的诗人的名声如日中天，他可以靠笔糊口，甚至靠演讲生财，却从来没有留住钱财，最后在贫病中告别人世。对于一个普通人，这是失败的一生，痛苦堕落的一生。但对于魏尔伦来说，却成就了他的诗名。他将自己放在"受诅咒的诗人"之列，并在生命的最后阶段得到了世人的承认。1894年，他继勒孔特·德·李勒之后，被奉为"诗人之王"。死后，当时诗坛所有的巨匠、朋友都去参加他的葬礼。他不折不扣地实现了一生的凤愿：做个诗人，诗名和作品为人世代传诵。

现在，让我们来探求一下魏尔伦留给后人最重要的财富——他的诗篇吧。我们无法面面俱到，他即使在同一时期，创作风格也不相同。梦幻、和谐、优美、婉转的心灵之歌与战斗性的诗篇，直至讽刺、粗俗、下流的游戏之作，都出自他一人之手。我们只能选取他各个时期最具代表性的诗集和作品，认识他的诗学的主要特色。

魏尔伦十四岁便开始写诗。他的诗才受到同窗的仰慕。而且他立即便找到了属于自己的声音。感觉与梦幻很早便被他视为艺术的源泉。在他的《忏悔录》中，他便指出他从幼年起就对周围的一切异常敏感："我的眼睛尤其早熟：什么都盯着看，什么都逃不脱我的眼睛。我不停地在追踪形状、色彩、影子。白天令我着迷，夜晚也吸引我。尽管在黑暗中我胆小如鼠，好奇心驱使着我，我不知在黑夜里寻找什么，白色、灰色，也许是色调的变化。"他也同样关注感觉的"万花筒"，关注感觉的逐渐变化和各种感觉的彼此交叠，关注梦幻的介入，关注"记忆缺席时头脑中歌唱"的那些东西和那轻轻"吟唱和哭泣的血液"遥远微弱的声音。当然，仅仅关注梦幻、感觉、想象的事物还不够，诗歌语言并不会自发地产生。是阅读向诗人揭开了另一片天地，形式与节奏的天地，让他发现了他身上的这种不可抗拒的运动。是《恶之花》和《女像柱集》给他打开了这个世界的大门，从一开始，他便受到波德莱尔的影响，而且这种影响与日俱增。

他十四岁时给雨果寄去的《死神》和他十七岁时写的《傻话》显示出死亡主题在他诗歌中的重要地位，尤其是向死亡表白爱情的《傻话》。死亡、逃逸、缺席，这个没有灵魂的地方在此已成为魏尔伦诗歌的基础。他十七岁时的另一首诗作《向往》则明显是波德莱尔诗作的翻版，但它真切地表达了魏尔伦对梦想世界的渴望，他要远离毁灭梦想的这个邪恶世界、这个"苦役营"，只有梦幻与想象中的东西才是他能居住的所在。因此他的诗歌不再是要一一道出或者歌颂真实世界的事物，而是要创造想象的真实。

当然魏尔伦早期的诗歌也受到他所处的环境、他所交往的帕尔纳斯派诗人的影响。或许是为了跻身诗人之列，他要表明自己与他们有共同的诗歌美学追求；也或许如法国的魏尔伦专家雅克·博莱尔所言，这些帕尔纳斯派风格的作品是他阻挡梦想那阴森恐怖的暗流的手段。尤其是在他自费出版的第一部诗集《感伤集》的《序诗》中，他明确表达了唯美主义的主张："诗人，爱美就是他的信仰，/他的旗帜是蓝天，他的法则是理想。"然而，就在表面的宣言背后，却透露出一丝嘲讽的语气："米洛的维纳斯，她是不是大理石的？"的确，魏尔伦的第一部诗集更多的是创造了自己的诗歌语言。这种创新体现在组诗《忧郁》和《凄凉景色》中。诗人不是在写景，模糊的色调、不时加上一笔鲜明的色彩、音响的魔力，这些足以暗示出事物、感觉和情绪。这是心灵在梦想。沿着梦想的山坡，心灵竭力捕捉的不是知心话和宣泄的激情、不是回忆或遗憾、不是亲身经历的生活事件，而是瞬间的感觉或印象在心灵深处的回响。词语不带任何逻辑内涵，它缓慢地震颤，赋予诗歌一种感情力量，绵绵不绝。魏尔伦自己对其诗的新意非常清楚，在1866年11月22日随诗集寄给马拉美的信中，他写道："我大胆地希望……您在书中看到……向表达、向表达感觉方面做出的努力"。

这些诗歌的一大突出特色是其音乐性。那些模糊的触觉、视觉、听觉、嗅觉都融入了旋律之中，通过旋律与我们交流。魏尔伦曾经在《〈感伤集〉批评》中重新提到这种"已经有点自由的诗体，通常附属于两个相邻顿挫的跨行和句首词，频繁的叠韵……多用罕韵，少用富韵，有时故意或几乎故意避免的固有词语……"在《夕阳》《神秘夜晚的暮色》《感伤的漫步》《夜莺》等诗中，词语的选择完全依据其声音、音符的效果。诗的一致性不是逻辑上或者推论上的一致，而是音乐和隐喻的一致，而隐喻本身从头至尾都被纳入诗歌的音乐脉络中。因此，诗歌的逻辑是一种内在的逻辑，建立在歌唱与隐喻手法的内在契合上。这些诗歌的音调变化与帕尔纳斯派诗歌音响的造型性毫无共同之处：这种抑扬变化是隐秘的、特殊的，是心灵对心灵的歌唱。

1869年，魏尔伦出版了《戏装游乐图》。关于该诗集的产生众说纷纭。一般认为这部诗集源于夏尔·布朗的《戏装游乐图画家》（1864年）。在龚古尔兄弟1859年起分卷出版的《18世纪艺术》中也可以看到对华托同样的看法：一个夜游、幻想、忧郁的华托，在梦想之乡画满不安或兴奋躁动的面孔，不过梦想抵达的不是欢乐岛，而是冥河。魏尔伦之所以选取同样的题材，是因为那正好符合他自身内在的真实，因为他时时感受到幽灵的盘旋；因为在梦幻最遥远的边缘，他已看到升起同一个"悲伤""苍白而庄重"的月亮，他感到自己就是"这些在无法抗拒的眩晕鼓动下的幽灵"中的一个。这部诗集确实带有游戏的成分：这种游戏成分体现在韵脚、节奏和对隐喻的发挥上，体现在或疯狂或滑稽的人物的选取上。然而游戏本身、表面的轻浮、微笑、面具并不能完全掩盖最后一首《感伤的对话》那种恐惧不安、那种彻底的绝望、那种致命而决定性的放逐。从卷首诗《月光》起，就已点明"选定的风景"就是人的心灵，它最终要无可挽回地缺席。假面舞会上的欢舞者尽管在那儿歌唱"爱的凯旋和生的吉祥"，他们却似乎并不相信自己的幸福。他们虽然要说服自己相信，用的却是"小调的音符"。在他们的歌唱中已经夹杂了不协和音、裂痕和悲泣。呢喃、呼吸、叹息，这就是整部作品的调式。

《美好的歌》是魏尔伦献给未婚妻的诗歌。和他想要通过婚姻让自己的生活步入正轨、合乎法律和秩序的愿望正相对应，他的诗歌艺术改变了方向，回归到抒情诗的传统形式。不过，其中的《白色的月》却又是梦幻在心灵上的流淌。纪德把它说成是最具魏尔伦个性的、形式最新的诗。它的确已显露出《无词浪漫曲》的风格。

《无词浪漫曲》是魏尔伦在兰波的敦促和激励下完成的。没有兰波，他自己不会继续在《凄凉景色》发现的新的诗歌语言，不会使这种语言在《被遗忘的小咏叹调》中达到近乎完美的高度。这种"心灵对心灵"的语言在《戏装游乐图》中的《致克利梅纳》里已经被定义为"无词浪漫曲"。这是无词的歌，摆脱了我们理解的含义和话语的羁绊，言语不过是心灵的气息。"被遗忘的小咏叹调""无词浪漫曲"，这些标题便已表明：诗成了音乐，词语就是音符。"奇数的节奏（5、7、9、11音节的诗句），或滑动，或低沉，偏爱的阴韵、叠韵和声音的重复，词语音符的组合，这些音符词语的组合不再根据意义，甚至不是通过组合造成混乱或意外，而是根据这些词语涤荡了一切智性所指的声音。在低语与运动、肉与灵、自然与人之间（小咏叹调一），在声音和光线（小咏叹调二）、身体感受与心灵的感动（小咏叹调一、三、八）之间追求的'应和'，象征诗的开端，外与内的默契（小咏叹调一、二）"①——魏尔伦的诗才发挥到了极致，以后只有《智慧集》的某些诗篇达到这一高度。

布鲁塞尔悲剧之后，魏尔伦被判入狱。在狱中创作了大量诗歌。这些诗歌内

---

① 雅克·博莱尔：《魏尔伦诗歌全集》，伽利玛出版社，1962年，第181—182页。——译者 [本书页下注均为译者注，后不另注]

容、风格各不相同，没有统一的倾向。这也表明诗人在皈依之前的摸索、探求。入狱不久写下的四首《魔鬼诗》，加上次年在蒙斯监狱写的《魔鬼的恋人》回顾了与兰波进行的实验。对兰波要超越善恶、超越欢乐与痛苦、达到天堂与地狱、善与恶、灵与肉的结合的理想，魏尔伦感到恐惧。他对兰波的尝试进行了批判，有时不无讽刺。而形式上，除了《爱之罪》这首11音节的象征诗外，其余几首都沿用传统的亚历山大体。他于1874年4月创作的《诗艺》是对从《凄凉景色》《戏装游乐图》开始、在《无词浪漫曲》达到最强音的诗句与敏感心灵的震颤的再发现。他明确提出"音乐先于一切""为了音乐要偏爱奇数"，提倡朦胧含糊，提倡"色调的变化"，反对巧智和雄辩。该诗1882年才在《现代巴黎》上发表，它与诗论《受诅咒的诗人》及诗歌《惆怅》一起使诗人名声大噪。可事实上，那时诗人的创作风格早已回到传统的路上去了。

皈依后创作的许多虔诚的宗教诗和世俗诗经过不断修改、增删，收入《智慧集》《爱心集》。其中有不少优美感人的篇章。此外，1884年出版的《昔日与昨天》则荟萃了各种倾向，收录了从1867至1884年间创作的诗歌。1889年的《平行集》主要歌咏声色，是平行于他的宗教诗篇《智慧集》和《爱心集》的诗集。其实该诗集与《昔日与昨天》一样，荟萃了各种彼此矛盾的倾向，表明了诗人内在的分裂。此后，魏尔伦虽出版了《幸福集》《题字集》《献给她的歌》等众多诗集，但随着他生活的放纵沉沦，他的诗篇也失去了早期的灵感，没有什么诗味了。

客观地说，魏尔伦的确没有兰波和马拉美那样的才华和想象力，能用诗歌的语言去探索绝对，赋予梦想以超越的价值。但他的前几部诗集以其独特的温柔低回、哀怨美妙的音乐唱出他的梦幻和感觉，为后世留下了传诵千古的优美诗篇。

本书前三部由我翻译，后两部由邵宝庆翻译。我在翻译过程中，曾多次请教里昂高师的埃米莉·库尔德齐耶尔（Emilie Kurdziel）小姐，南特大学的让-吕克·斯坦梅茨（Jean-Luc Steinmetz）教授也对我提出的疑难问题热情及时地进行解答，在此向他们表达我衷心的感谢。书中肯定还有许多翻译不妥之处，也请专家学者予以批评指正。

由　权
2004年8月于北京

魏尔伦像（奥托摄）

敬致我所未及爱慕的过路女子

这本淫秽大书勉强容下我的生活：
淫秽吗，这本大书？唉！勉强算吧。
如果比照我的一生以及余下的岁月！
　　　　　　　　——保罗·魏尔伦《杂诗》

那样美丽，远高过周围的一切。
忘乎所以，一个巨塔亭亭玉立，
它是摇曳天空中一座哥特式钟楼，
见证着往昔的责任和权利。
佛兰德尔雄狮盘踞于其高高的顶端，
在现代的空气中发出金色的怒吼：
"要勇于担当！"
　　　　　　　　——保罗·魏尔伦《爱心集》

目 录

前　言   1

第一部　童年和少年住过的地方（1844年3月—1862年10月）   9

    第一章　外省   11

    第二章　巴黎   21

    第三章　在阿图瓦省和阿登山区   35

第二部　进入文坛和家庭（1862年10月—1871年8月）   49

    第四章　一家之子的两种生活   51

    第五章　在咖啡馆一边   77

    第六章　真正初入诗坛   83

    第七章　蜜月和战争   107

第三部　兰波危机（1871年8月—1875年3月）   147

    第八章　流星   149

    第九章　在比利时   179

    第十章　在英国   195

    第十一章　惨剧   223

    第十二章　监禁   233

    第十三章　重逢无望   249

第四部　在学校和乡间（1875年3月—1886年1月）　　271

　　第十四章　在英国　　273

　　第十五章　在勒泰勒和瑞尼维尔　　295

　　第十六章　在糟谷　　335

　　第十七章　在圣弗朗索瓦院里　　353

第五部　一落千丈（1886年2月—1896年1月10日）　　373

　　第十八章　辗转医院　　375

　　第十九章　最后的艳遇　　395

　　第二十章　最后的创作　　411

　　第二十一章　最后的旅行——寻求解脱　　419

　　第二十二章　最后的面孔　　435

　　第二十三章　死而复生的面孔　　445

　　注　释　　469

　　魏尔伦生平和创作年表　　499

　　参考文献　　511

　　译名对照表　　521

　　译后记 / 由权　　537

前　言

我所理解的作家是有身体的，有自己的肉体，这使他得以拥有不同于他人的生活，得以改换身份，并与他人产生隔膜甚至格格不入。我们关于作家的身体讲得不够，关于其各种可能、各种矛盾讲得不够——看与不看，喝与不喝，性与不性等等。作家的身体是由多重矛盾构成的有机体。

——菲利普·索莱尔斯[1]

这位先生以为有趣，想把我切成两半：
一半是神气的诗人，另一半是邋遢的畜生。
你们可看见这位先生，他想把我切成两半。

——保罗·魏尔伦《谩骂集》

毫无疑问，这部"可怜的雷连"（Pauvre Lelian）的传记之所以成了现在这个样子，完全是由于一个偶然的原因。1992年，笔者参观位于蒙彼利埃市的法布尔展览馆举办的弗雷德里克·巴齐耶生平展，其中赫然见到《扮作游吟诗人的保罗·魏尔伦画像》[2]。这幅画像引人入胜，令人流连，因此有必要详细介绍一下它的来龙去脉[3]。1869年年初，巴齐耶正在为参加下一届沙龙做准备，马不停蹄地四处奔波，鲜有闲情逸致出去消遣。可是他每周去她家吃一次晚餐的那位嫁给勒若纳少校的姑母，竟然突发奇想，在自己家的沙龙排演《吕伊·布拉斯》①来庆祝自己的生日。演员包括全

---

① 雨果的剧作。

1

家以及一些诗人和画家：少校扮堂·萨留斯特，弗朗索瓦·科佩演吕伊·布拉斯，巴齐耶演堂·塞扎尔，连比利时画家阿尔福莱德·史蒂文斯也得了一个角色。排练每晚进行，中途巴齐耶的角色改成了唐·居里旦，结果他和科佩交了朋友，科佩又介绍他认识了自己的朋友魏尔伦。《感伤集》的作者这时正在巴黎市政厅预算审计局上班，负责制作拨款副本。巴齐耶肯定是从魏尔伦的容貌感到了一种奇特的诱惑，当即决定为他画像[4]。老实说，这时候的魏尔伦还远不是二十年后许多摄影师所拍摄的和卡扎尔斯所描画的那样丑陋，面颊还没有被酒精侵蚀，眉毛还没有疯长，头发也还完整。实际上，这时二十四岁的魏尔伦，年轻英俊，风度翩翩，鼻下一抹细细的胡须，两颊一副生出不久的淡髯。他的穿着也很体面，黑色外套配着白色的领子，外加大花结领带。巴齐耶把自己医学院学生体面的黄红方格大软帽借给他，乍看上去俨然一位中世纪的游吟诗人，对诗人魏尔伦简直再合适不过了。况且魏尔伦斜挎了一只曼陀林，镇定自若，一副宠辱不惊的样子。

初次见到魏尔伦尚未为岁月和放浪所蹂躏的完好的容颜，的确令笔者吃惊，同时也颇感欣慰。同时，面对巴齐耶所绘的肖像，也不禁被一种既轻松又有力、既空虚又充实的矛盾心理所吸引。因为魏尔伦一方面带着心不在焉、完全不能预见自己以后的不幸的目光，同时外表又分明精神焕发、身强体壮，长着乐天派的厚嘴唇和大圆眼。夏尔·莫里斯是在很久以后的1882年认识魏尔伦的，他那时仍惊异地注意到魏尔伦外貌的双重性："奇特的面孔，既丑又美，既凶又文。"可惜他把这看作"理智"和"本能"的二元对立："没有哪张面孔曾比这一张更强烈地表达过所有难以调和的享乐欲望了。而这不可调和性，也终在这构造怪异的头颅面前失去其矛盾性。在这里，物质活动和精神活动的工具都发达到了极致：前额很高、很宽，像一个穹顶罩住整张方脸。脸下面是强有力的颌骨，［……］像野蛮人的，用来满足最强烈的饥饿感。这种精神和肉体的对立，可以充分解释他的人性：理智和本能总是不断地要求属于自己的部分，互不相让，但是每个部分其实也是全部。就是说，理智和本能都想做主，容不得任何形式的交流、分享和等待。这在其他特征中也有体现：似乎经过切削的棱角分明的脸型，薄弱的意志临阵脱逃，这是因为下巴短小得几乎消失，画起来几乎无从下笔。而鼻子又宽又短，像舞台上丑角的鼻子一样喜欢冒险，这倒是无所谓。至于黑黑的、深深的眼睛眨动频繁，偶尔肆无忌惮地上眺下望，就好像突然闪耀起神秘主义的光芒，也可能是燃烧起了炽热的爱欲之火。"[5]的确，莫里斯认为因其"线条和表情的某种和谐"而显得"格外漂亮"的魏尔伦，开始的时候并不是那种双眼无神、松松垮垮地歪坐在邋遢小酒馆的肮脏台面旁边喝苦艾酒的样子。不过我们也的确很难想象魏尔伦也曾有过风流倜傥的青年时代。

在后人眼里似乎已经形成了一种刻板印象，兰波和魏尔伦一劳永逸地摊上了自己的角色：兰波永远是那个卓尔不群的英俊少年，沐浴于非洲的南方灿烂的阳光；而魏尔伦则丑陋落魄，踟蹰在交织着烟和酒的乌烟瘴气的暗淡的北方，并让人感觉他永远都是这个破败的面貌。其实说起来，兰波到最后被截肢之后、在罗什拖着半条腿的狼狈模样，比魏尔伦那面目全非的酒鬼样子还要难堪。但在大家对这两个诗人的想象中，兰波永远是一个英俊少年，魏尔伦则永远摆脱不掉丑陋的名声。

必须承认，这种情况事出有因。首先，第一个为魏尔伦作传的埃德蒙·勒佩尔蒂埃就已经定下了调子。他说："魏尔伦的相貌奇丑无比。人老了以后，身体左右两边不对称，头颅凹凸不平，塌鼻子，那怪异的样子还勉强能让人忍受。不过人们也已经习惯了他那张脸，笑起来像个动物，严肃的时候冷冰冰。他那参差不齐的线条、凸出的颌骨和颧骨，看起来像是标准的死人，带着一种特别的丑陋，从某种程度上，或许会令人兴起，甚至讨人喜欢。不过年轻的时候，他的丑是非同一般的。那时候他是一个猴相。这倒霉鬼倒也知道自己的样子有点儿令人生畏，因此常常自我调侃，说自己属于'容貌乞丐帮'。"[6]他第一次到勒佩尔蒂埃父母家做客时，"剃着光头，刮了胡子，眼窝塌陷，浓密的眉毛根根倒立，还有高颧骨和塌鼻子"[7]。因为他丑得出奇，女主人不禁失声惊叫，承认这位朋友给她的感觉"宛如邂逅动物园里跑出来的大猩猩"[8]。这类逸闻屡见不鲜，且每一个都是强调魏尔伦的丑陋如何让人大受刺激。例如："罗什格罗斯工作室的美女萨拉·布朗，曾表示希望有人把自己介绍给魏尔伦。一位朋友帮忙，在喝开胃酒的时间把她带到富朗索瓦一世咖啡馆。诗人正在那里主持他的'三级会议'。朋友做完介绍以后，魏尔伦礼貌地摘下毡帽，露出硕大的秃头和闪烁着魔鬼之火的瞳仁。不料高傲的克蕾欧帕特拉竟然大惊失色，登时昏厥了过去！……我们于是立即施救，不免把一旁的客人看得目瞪口呆，魏尔伦却很得意，为自己竟能造成这样的极端效果而窃喜。"[9]

还远不止这些。马塞尔·古隆竟然把魏尔伦说成是他父母的形体缺陷的混合结晶，做了一个近乎畸胎学的分析："他继承了父母双方的丑的因素，并把它们加在了一起。他有着父亲的硕大头颅，所幸自己脸长，才显得不算太宽。父亲传给他的还有过早的脱发，粗密而向双鬓水平延伸的眉毛。而那又长又扁、深深陷入眼窝的中国人似的小眼睛，则是继承他母亲的。而这位母亲，尽管从画片上看来相当妩媚，但是其线条也很有一些不匀称的地方值得注意。比如，虽说她巨大的发髻精心盘得高高的，像个日本妇人，耳边也卷着云鬓，但是不难想象，她儿子那水壶脑袋也有她的因素，包括那肉鼻子、厚嘴唇、大长脸，还有不对称的两腮。"[10] 其后，卑劣的马克斯·诺尔道更是把解剖学的实证学说滥用在艺术家身上。这个学说的创始人是意大利都灵大学的刑事人类学教授龙勃罗梭。诺尔道信口开河地说："从魏尔伦不对称的头颅和先天愚型的脸型，可以断定他是一个可怕的退化产物、一个冲动的流浪汉和酒鬼，并因为性行为不检点而坐过牢。他还是情感型梦想者，头脑简单，并努力和自己的恶劣本能斗争，有时在困境中不失动人的言语。同时他还是一个神秘主义者，模糊的意识中会出现上帝和圣人的形象。另外他还很啰唆，说话颠三倒四，逻辑不清，语言中怪异的形象体现出头脑的混乱。"[11] 他这里描绘的魏尔伦形体的丑陋，和一个据说是医生的泼本伯格所发现的所谓"魏尔伦型阴茎异常勃起"可以说是一路货色。我想没有必要特别说明，其实魏尔伦的头颅，以及后来在他死后所取得的面具模塑，左右都是完全对称的。

在这种情况下，可怜的雷连要想扭转乾坤实属难而又难。有些人出于天真或者愚蠢，曾想帮帮魏尔伦，为他的人品平反，可是往往一筹莫展。而要想给对他相貌的描画平反，那实在比登天还难，尽管确实有这个必要。这是因为，对他身体的嘲讽丑化或简单化到了如此地步，简直相当于或者说主要是对其创作的否定。须知，对作家魏尔伦如此丑化，其原因绝不是那么简单的。他那天生的丑陋被众人多少心照不宣地当作他同性恋癖[12]的原因和理由。而本来属于魏尔伦诗艺中固有的对性的冒险也就同时被消解了。同时，由于再没有什么能够加剧天生的丑陋，这也等于同时预先消解了其非凡的"身体艺术"和他那作为一个酒鬼的漫长诗歌历程中所包含的痛苦而带有自杀性质的表演。魏尔伦是拿他的身体作诗，是成功还是失败，都是他没法控制的。但是他混淆了自己诗歌的历史和身体的历史，这却绝不是无关紧要的事。

因为这个原因，我才希望本传记同时或者首先是一部关于容貌的历史。有意思的是，关于兰波的相貌，其传世的图像极其少见或者说绝无仅有，似乎故意制造他的消失[13]，而相反关于魏尔伦的则数不胜数[14]。且不说魏尔伦大量的自画像，还有埃蒂安·卡尔雅、热尔谢尔、阿尔贝·普鲁泽、多尔纳克、俾斯麦（Otto）、阿列维等为他拍的照片，卡扎尔斯和菲利克斯·雷加梅等所绘的大量素描，亚历山大·布尔达耶、保罗-奥古斯特·布列塔尼、佩阿隆、亨利·克罗、欧内斯特·德拉艾、热尔曼·努沃、莱昂·勒菲弗、莫里斯·勃德、拉迪斯拉斯·洛艾维、哈耶特、让·威特、大卫·埃斯托贝、让·图罗普、菲利普·希尔根、安德斯·佐恩、埃米尔·科尔、吕克、威廉·罗登斯坦、罗贝尔·瓦兰、勒内·吉尔贝尔、帕泰尔纳·贝里雄、居斯塔夫·勒卢日、安东尼奥·德·拉甘达拉、斯坦兰、A.德·克洛兹、莫里斯·诺维贡、昂克坦、莫里斯·弗耶、库蒂里耶、富勒迪欧、格拉弗洛尔、费尔南·朗格鲁瓦、勒贝格等的漫画、速写、画像、水粉、石印、雕刻；菲利克斯·瓦劳东的木刻，瓦拉东、方坦-拉图尔、欧仁·卡里耶尔、阿芒-让、凯尔-劳森、爱德华·维拉尔等的油画，奥古斯特·德·尼德豪森-罗多、詹姆斯·维贝尔、加斯帕里、塞高芬和梅奥尼等制作的雕塑、像章、半身像、死后的面具模塑。凡此种种汇集在一起，构成了一个异常丰富的画廊。因为除去1879—1881年和1883—1884年，即诗人三十六岁至三十八岁和四十岁至四十一岁这两段时间[15]，魏尔伦的肖像就没间断过，而且年复一年越来越多，这是因为魏尔伦已经俨然成了拉丁区的一道别具一格的风景，所有的艺术家都要去造访并为他画像。

当然，我并不是要随着对魏尔伦生平的介绍，把他身体变化的一步步分拣出来并组成一连串肖像，并冀图它们来帮助我们勾画出诗人的心路历程和知识发展。因为这相当于只把身体当作心智的单纯反映。而实际上在魏尔伦以及大概所有真正的作家身上，身体都是第一性的。而且这种做法也会掩盖另一个事实，即诗人是把展示自己的身体当作维护其诗人形象的重要的或者说决定性的因素。身体的表演是其诗歌创作的一部分。

因此从总体上，我更想把这部传记写成一部魏尔伦身体的历史，一种他不断面对的危险和为之付出的昂贵代价的叙事。我想讲述他如何因为泛情和折腾而对自己的身体放肆和煎熬。魏尔伦一生中住了不下二十次巴黎和郊区的医院和疗养院。同魏尔伦一样，F.S.菲茨杰拉德也很通晓漫长而执着的酒精自杀过程，因此他和魏尔伦都认为"一切生命当然也都是自我拆解的过程"[16]。或者，首先就是自我毁灭。所有的存在都只能是锲而不舍的毁灭，不可避免地要经历坠落的眩晕。

　　一句话，我首要的目的是终结在魏尔伦研究中那种典型做法，即竭力从人的躯体里拯救出诗人的躯体，竭力保证魏尔伦奇迹般的、单纯的诗歌灵感不受他不争气的臭皮囊的拖累，竭力避免他诗歌的崇高灵魂受到他猥鄙龌龊的生活的玷污。因为魏尔伦把两者之间的分裂做到了登峰造极的地步。关于魏尔伦其人和其创作之间的脱钩的情况，保罗·克洛岱尔的表述大概最为极端，也最令人不堪忍受。他说："必须承认，每每读起魏尔伦为数不多的真正优秀的诗歌，都会产生一种异样的感觉，即发声的不是作者，而是一个他压抑不住的心灵。"[17]克洛岱尔这个具有典型的天主教纯洁审美观的人，果然想得出这样狡黠的讽刺，说魏尔伦成为诗人其实完全是**身不由己**，他的诗歌创作也是多亏排除了自我以及身体的因素，甚至是对抗身体才完成的。在克洛岱尔看来，魏尔伦拖着的那一具鲁钝乃至下流的躯壳，与诗人伟大的创造活动完全无关，甚至对其毫无知觉。它只是诗人崇高而超验的诗歌灵感的暂时寄放所，而且只会糟糕地阻碍其发挥。灵魂（不知克洛岱尔想的是不是圣灵）总要超越肉身，而肉身只是偶然的灵魂化身，是"创造"①的赝品。

　　够了，现在是把这种局面彻底反转的时候了。在魏尔伦那里，身体不是要克服、超过或者超越的障碍；相反，它恰恰是其诗歌活动的唯一标尺、唯一的实验工具和不可替代的实验室。当下，一种全新的魏尔伦传记之所以必要，就是为了从与其诗歌的关系这方面讲述其身体的历史，并解决诸如以下问题：简而言之，有无可能从诗人的瘸腿里引申出他"瘸腿"的奇数行诗；其身体的沉沦是怎样使其原本空灵至极的诗歌突然充满了强烈的肉欲的；以及为什么浪漫主义诗人通常喜爱纯粹的大自然，而魏尔伦却首选医院作为其诗歌创作场所……等等。

　　正因为本部传记是一种我姑且称之为"体记"的东西，它才迥异于前人所做的种种，尽管，如果没有它们，本部作品也会是无源之水。一部传记，总需要众人把各种零散的材料汇集在一起，所以一定是集体努力的结晶。在这方面，最弥足珍贵的是魏尔伦的同学埃德蒙·勒佩尔蒂埃的回忆，尽管他的不少说法仓促、武断、值得商榷，

――――――――――

① 这里的"创造"具有宗教意义。

但是一般来说他的记忆是准确的。换言之，他的回忆比他的看法更有价值。另外，欧内斯特·德拉艾的《魏尔伦传》中也包含许多第一手资料和私密信息，值得我们注意。即便德拉艾有时会有把传记当作小说来写的倾向，使他自己也分不清什么属于资料、什么属于自己的杜撰，但这都不妨碍大局。弗朗索瓦·波尔歇所著的《魏尔伦其人》亦同此类，偶尔兴起，作者不免添油加醋，甚至凭空杜撰，但是其作品至少获得一种气势，而不像绝大多数传记那样死气沉沉。而皮埃尔·珀蒂菲斯虽然无休无止地大量堆积素材，天真地相信资料本身即是价值，以为客观的资料就足以还原魏尔伦本人的真实状态，但它还是提供了大量的关键信息。至于脍炙人口的亨利·特罗亚的《魏尔伦传》，则完全另当别论。可以说，特罗亚通过自己孜孜不倦的笔耕，终于让19世纪法国的一系列伟大作家都成了凡夫俗子，一个个体无完肤。首先是左拉，随后是莫泊桑、福楼拜，然后是魏尔伦。人真会以为他之所以为人作传，全是为了对其一生进行彻底的宣判，揭露其作为偶然的诗歌灵感的另一面的兽性。他写道："说实话，日常生活中的魏尔伦和执笔创作的魏尔伦判若云泥。日常的魏尔伦粗俗鄙陋：偏爱龌龊的情事，嗜酒成性，污言秽语，无端发怒；但每当他拿起笔来，一种光芒四射的纯洁就仿佛降临到他身上，使他瞬间变成另一个人，充满甜蜜、优雅与和谐。俨然莫扎特再世，一旦逃离其龌龊的日子，就会进入一个纯洁的仙境。"[18]总之，特罗亚写了一大本传记，最后所要说明的就是：污浊的泥潭里竟然会涌出清纯泉水般的灵感！这真是奇迹，或者说完全不可思议。

我还想再强调一遍，所有这些著作的作者都力图拯救魏尔伦于其自我、其身体以及身体的堕落。而我则相反。我想做的是给读者一个著作－身体，以对应阿兰·博莱尔关于兰波诗歌用到的"著作－生平"[19]一词。正因为此，我最终决定基本遵循时间顺序。因为我虽然仍旧不知道"灵魂"是否拥有历史，但到了我今天这个年龄，却终于敢于肯定身体的确拥有历史。每个人的历史首先就是身体的历史，虽然它通常只是无助而惊愕地看着我们行事，有时却也不管不顾地自作主张。随着岁月飘移，世面见长，渐渐发生各种变化：爱力渐衰、各类疾病、大灾小难，喝酒吸毒等等。一边是青春年少、天真无邪、感觉不到自己衰老的灵魂，一边是急速败落下去的身体，这二者之间的分裂，在魏尔伦内心深处，无疑是一个巨大的悲剧。我当然清楚这样顺序叙述所包含的危险[20]，知道它很容易招引我们产生"回溯的错觉"（illusion rétrospective)[21]。为了打破这种做法，笔者也曾在几年以前有过虚构魏尔伦单独的某一天生活的设想[22]，即把传记的所有元素在二十四小时内展开，因为这样严格限定的时间截面，通过对一生的简单切割和分解，可以打破那种由于线性叙述一生而必然造成的因果关系的幻觉，也可以避免对诗人的生平造成一种目的论意义上的错觉，即以为有一种命运引导诗人的一生沿着一种和谐上升的曲线而活动[23]。尽管如此，在本书里，笔者基本上还是通过逐年逐幅地介绍魏尔伦的肖像来捕捉魏尔伦身体的巨大的蜕变过程。类似于精神分析里被压抑欲望的回归现象，魏尔伦也不断地面对他自己身体的铤而走险甚至自杀性的回归。有鉴于此，我认为本部传记完全有权在资料上不追求面面俱到。最荒唐的莫过于天真地认为有可能（或者有必要）把一个作家的一生讲述得一丝不漏。而我的追求只有一个，即尽可能不遗漏诗人身休变化的轨迹和变故，因为这身体曾试图独自成为自己的诗艺，曾把恬不知耻的暴露和不断的表现当作诗歌活动的根本组成部分。

方法论补充说明

通常，一部传记总是力图统一风格，把多种来源的各种材料尽量同质化、对不同的材料精心地重写、最大可能地去除其中的异质成分，使其获得一种相对中性的口吻。而笔者在写作本书的过程中则在引用各种资料时统统保留其原始状态，无论是法律文件、报纸文章、证词、故事、知心话等等，以尊重逝去的主体都不可避免的那种奇特的"复调缺席"（étrange absence polyphonique）。也正是因为我们没有抹去信息和口气方面存在的差异、当缺少某些资料时没有遮遮掩掩，或许才有希望重现诗人的些许真实吧……

魏尔伦传

第一部

童年和少年住过的地方

（1844年3月—1862年10月）

第一章

外 省

啊，梅斯，命中的摇篮，

梅斯，遭强暴却益发腼腆

益发如少女般童贞！

啊，童年嬉笑的城市，

啊，没有设防的城池

只有面临耻辱的指挥，

啊，我热爱的威严的母亲。

——保罗·魏尔伦《梅斯》

1844年3月30日21时左右，在梅斯城培养未来的工兵和炮兵军官的军事技术学校对面的上皮埃尔街2号，保罗-玛丽·魏尔伦出生了。而他的四个兄长——也许是四个姐姐，或者一个哥哥三个姐姐，或者三个哥哥一个姐姐，谁知道呢？——则关在两个酒精瓶里，摆在另一间屋子的衣柜搁板上，静静地等着分娩结束。魏尔伦夫人四次怀孕，四次流产，她的确是这样保存她四次妊娠令人失望的果实的。这四个胎儿的圣物盒阴森恐怖令人反感。它太能说明问题了，既表明她想要孩子的强烈愿望，又表现了母性本能的非同寻常的占有欲。既然前面几个不想活着出生，她就把这些小产的胎儿锁进衣柜，让它们待在那一叠叠外省家庭引为骄傲的漂亮的白色被单和内衣中间。不知她是否有时拿出那些瓶子，掸掉灰尘，擦洗之后，放在——譬如说——厨房的桌子上，端详一番。但它们对于小保罗来说，肯定组成了一个奇特的家庭，有点畸形，像自然历史博物馆的藏品。小保罗的降生是母亲梦寐以求的，应该说是望眼欲穿的。在他之前，还有这些蜷缩在液体中的小东西，那液体的透明度随着岁月流逝已经越来越值得怀疑了。诚然，埃莉萨·德埃嫁给尼古拉-奥古斯特·魏尔伦已经十三年，现在她已过了三十岁，这个年龄在19世纪即使不算老，要讲生育可是相当晚了。圣母终于满足了她最大的心愿，出于感激，她决定在"保罗"后边加上"玛丽"一名，并许愿给新生儿穿蓝色衣服①。不难想象，她的丈夫去市政府申报小保罗出生的时候，她会感到何等幸福：

　　1844年4月1日，正午，尼古拉·奥古斯特·魏尔伦，四十六岁，生于贝尔特里（比利时），工兵二团上尉副营长，荣誉勋位和西班牙圣费迪南勋章获得者，住在梅斯市上皮埃尔街，给我，让·巴蒂斯特·皮埃尔·西多，梅斯市主管户籍的市长助理，带来一男婴，于3月30日晚9时出生。与他共同申报的还有其配偶埃莉萨·朱莉·约瑟夫·斯泰法妮·德埃，三十二岁，生于芳普（加来海峡省），无业。男婴取名保罗·玛丽。

　　出席上述申报及介绍的有安托尼·尼古拉，七十四岁，退休上尉；夏尔·塞勒斯坦·亚历山大，三十七岁，工兵二团上尉，二人均住在梅斯市上皮埃尔街。男婴父亲及证人阅后与我们具名如下：尼古拉、亚历山大、魏尔伦、西多。

　　身为职业军人的尼古拉·奥古斯特·魏尔伦请住在同一条街上熟识的军官做证人，给他盼望已久的儿子申报户口，仿佛家事对于他也是兵事。1814年6月20日，十六岁的他志愿入伍。从那时起，他就只知军队和服役。他于1798年3月24日在贝尔特里出生，那里在比利时阿登山区的帕利瑟勒附近，原先是划归奥地利帝国卢森堡省的自由区，1795年被法军吞并，成为森林省的一部分。其父亨利·约瑟夫·魏尔伦，论其职业，是公证人；论其信仰，则是狂热激进的民主派。共和十三年风月5日②，他死在卢森堡。他是被传唤到那儿去就其对拿破仑的严重非难做出解释的——的确，

---

① 许愿给孩子穿白色和蓝色衣服，即圣母衣服的颜色，表示许愿把孩子献给圣母。
② 风月是法国历史上的共和历的第六个月，包括公历的二月和三月的一部分。共和十三年风月应该是1805年2月。

1804年7月的一个星期天，他又一次喝多了，大骂皇帝陛下。他的遗孀因丈夫的猝死破了产，只得返回热翁维尔她种地的父母身边生活。她的一个兄弟尼古拉·格朗让是个出色的军官，说服尼古拉·魏尔伦选择从戎。后来，1823年4月到12月间，在将费迪南七世重新扶上王位的西班牙战役中，魏尔伦一举出名（陆军部的档案中明确记载"在围攻加的斯和攻打特罗卡德罗中他表现突出"）。其后，1825年到1828年为加的斯占领军成员，1830年5月到1831年1月又在非洲军团中服役。据1829年3月12日的王令，他荣获王家一级骑士勋章和西班牙费迪南军人勋章。据1830年12月27日国王敕令，他荣获荣誉军团勋章。尼古拉·魏尔伦是无可指责的军人典范，虽然总的说来，在他的生涯中，坐办公室无疑多于冲锋陷阵[1]。

1831年12月31日，魏尔伦中尉在阿拉斯市政府娶埃莉萨·德埃为妻。这大概成就了一桩美满婚姻，至少可以替他这样期望。不管怎样，这一结合在经济方面是颇有收益的。确实，时年22岁的年轻姑娘给他带来一份估计价值40万法郎左右的丰厚财产。埃莉萨原籍距阿拉斯5公里的芳普，是一个已过世的种植者的女儿，出身于一个家道殷实的地产主、耕种者和制糖商家庭。眼下尼古拉·魏尔伦生活舒适富足，可后来的事却表明，这个上尉无力管好婚姻带来的这大笔资产。就因为他认识米歇尔·谢瓦利埃，一个旧日的圣西门主义者、珀莱尔家庭建立的动产信贷的董事会成员，他便贸然将全部财产都投到这一种证券上。最初这些股票攀升的幅度令人眼晕，一直升至2000法郎，而发行价才500法郎，可之后下跌的幅度同样令人目眩。由于期望股价回升（而这是越来越没把握的事），上尉没有狠下心来以800法郎卖掉他以1300到1400法郎买的股票，等到最后一刻，他终于决定以700法郎的市价出让时，他的损失是巨大的、灾难性的。资产本来就已大大减少，他在交易所的其他投机又一样倒霉，可真是雪上加霜。后来，也许想起在西班牙的战役，受到鼓动，他将一些资金投到塞维利亚—克塞莱斯铁路上，这些股票再次迅速跌价。不过眼下离这一步还远着呢，资本仍完好无损。千万别忘了，保罗起初是个受保护的富家子弟，他的社会地位丝毫没有降低，而是恰恰相反。

由于父亲服役，保罗·魏尔伦生在梅斯，于4月18日在梅斯圣母院受洗，又在梅斯度过了生命的第一个年头以及孩提时的三年时光，即1848到1851年。但他并不因此仅是个偶然的梅斯人："……我在那儿没生活过几年，不错。但，归根结底，是在那里，我的思想和感官向生活敞开，总体上应该说，那种生活对于我是那么有趣！后来，难道不是她，这座高贵而又不幸的城市，光荣而悲惨地，悲惨至极地落入世敌之手？经过怎样令人永世不忘的战斗，仅仅由于背叛、史无前例的背叛！因此，二十八岁时，在法国，作为法国人，我完成了所有的公民和社会义务，并且在战争到来时，尽我所能地加入卫国行动，除了爱国没有什么迫使我这么做（后面的记录可以作证）。内外战争加之社会战争引发的结果把我抛到伦敦。在那里，我必须做出选择，为了继续做法国人，我选择了出生时的……国籍。"（《忏悔录》）尽管这里魏尔伦在很大程度上虚构了其爱国忠心，但在选择法国籍一举中还是丝毫不差地重复了其父的做法。那是在1815年，由于百日王朝垮台，贝尔特里被划归比利时的卢森堡，从而隶属荷兰，他也必须决定自己的国籍。很自然，他选择了法国籍，毕竟他在法军中服役。故此，魏尔伦那种过分的、让人受不了的爱国主义和狂热民族主义也就可以得到解释了。他是一个处于边界的人，而且将始终如此。

其实保罗并不是魏尔伦夫妇的第一个孩子。埃莉萨的一个姐姐卡特林娜·阿代拉伊德于1823年嫁给了一个马蹄铁匠奥古斯丁·蒙孔布勒。1836年，她在生最后一个孩子时死了，留下两个孤儿，十二岁左右的维克多和埃莉萨。他们的父亲无力抚养他们，家里便决定维克多留在舅舅朱利安家。朱利安是魏尔伦母亲两个兄弟中的一个，是他接管了芳普的家庭农庄。埃莉萨呢，就由魏尔伦家收留了。无疑，安置这个小外甥女，家里不会不高兴，没有亲生儿女，她可以满足这个家庭的情感需要。能否认为这一收养说明魏尔伦夫妇更喜欢女孩而不是男孩，魏尔伦的某些女人气质是父母的期待和盼望安排好的？能否认为家中有这么个准姐姐，使家庭气氛更加女性化？要知道，保罗出生时她已八岁。魏尔伦受到双重母爱，既有他自己母亲的照顾，又有亲爱的表姐埃莉萨的呵护，她是"大妈妈下面的小妈妈"（《忏悔录》）。她把保罗当成活玩偶，自己当妈妈，肯定开心极了。所有这些假设既无法被证实也无法被推翻，一部传记应当至少既是对我们不堪一击的知识的叙述，又是对我们无法弥补的无知的承认。

1845年，魏尔伦上尉的军团调到蒙彼利埃。根据《忏悔录》中的叙述，住在地中海边朗格多克首府的这段日子，保罗·魏尔伦将留下一系列相当详细、精确得令人难以置信的回忆："……我尤其忘不了那些相当奢华的宗教仪式队伍，城里的年轻人加入到这些行列中，他们身着各色的修士袍，通常是白色的。袍子的风帽套在头上，只穿了三个窟窿用来看东西和喘气，他们把我吓得够呛。那时人们管他们叫'悔罪者'，现在还这么叫，我那时却叫他们'幽灵'。"这段回忆甚至还配上了插图。因为《忏悔录》手稿有一张题为《在蒙彼利埃》的素描，表现的是一个戴风帽、穿黑袍的悔罪者，手擎一支点燃的大蜡烛，风景用蓝铅笔突出出来，也是用这支蓝铅笔写着几个字："花和白色长裤。"不过，这些是否足以把这段挥之不去的回忆看作他一生经历及写作的"原始场面、源起及孕育所"呢？"魏尔伦的全部作品，以及他的全部生活，都以萌芽状态蕴含在这一点点幼稚的经历里"[2]，这一说法能成立吗？也就是说，贝鲁大道上游行的蒙彼利埃"悔罪幽灵"的场面，可能给四岁孩子的精神造成那样强烈的震动，一辈子都挥之不去，总有苍白、凄清的幽灵，煞白、青灰的鬼影出现，成为他所有幻想的主要主题，无休无止地变形、转调、改写？"他诗中柔滑如丝、默默无言的植物，他一次次暧昧恋情的致命毒花，他接连不断的罪孽与忏悔，奢华恐怖的仪式行列，全迸发自一个暗淡的场面、一种朦胧的欲望、一个白色静止的影子。一切在这座南方城市，在面对蒙头风帽的愕然目光下就安排好了。那蒙头风帽让保罗·魏尔伦仿佛石化了，在植物园和梦幻般的节日中间，把他变成了一个忏悔的幽魂。"[3]

其实这是盲目相信魏尔伦，忘记了他的《忏悔录》写得很晚——应当承认，写得也很费力，文笔生硬艰涩——至少这本《忏悔录》既是他诗才锐减、想象僵化的表现和对眼前失败的认识，也是对他诗人志向的分析、对过去行为的叙述和辩护，最后才是真实的自传。从1882、1883年起，魏尔伦彻底破产，受到日后我们所见的衣食不周、难以为继的威胁，他被迫接连写些用来糊口的东西，主要是自传性作品。即使不像在《一个梅斯人的回忆》《回忆录》《医院杂记》《狱中杂记》中那样直接讲述他的回忆，他也不停地往他的虚构作品中大量投射"他那变得迟钝的自我副本，执意混淆大事小情。囿于他经历的一切，把那同一张百说不厌的逸事网和盘托出，却丝毫看不到他献身诗歌的一面"[4]。在自传作品中讲述自己、在所谓"想象"作品中一再登上舞台、无休止地反复重写自己，魏尔伦就这样赋予这个自我以稠度、密度、厚度；而在他的诗中，则相反，这个"我"不精疲力竭、不离去便不罢休。一方面，他全部的诗艺趋向消逝、逃逸、解脱，但求减轻主体负担，汽化、蒸发、挥发，"不带任何沉重或落在实处之感"；另一方面，他的散文却对自我实行一种沉甸甸黏糊糊的现实化、一种压得人受不了的大众化，这个"我"往往不过是一堆翻来覆去讲过的逸事。"魏尔伦再也摆脱不掉的就是这个'我',这个陷入平庸"生活"糨糊中的……虚假的'我'"[5]。以前可以溶于诗中的这个溶解的我,现在只剩下放荡的我。但是暂且把这种依据严格的文学价值来区分诗歌作品与散文作品高下的价值论角度(当然绝不会说后者不亚于前者,那样说是反常而且站不住脚的)放下,不要忘记魏尔伦将其一生变成一场可怕的挑衅,从不会不停止重新树立他的形象,甚至只向人展示他那对于观念论者来说越来越见不得人的肉体。那些观念论者仍然只想在他身上看到一颗灵魂,一首纯净的诗。然而,无法断定诗的形象,如果可以这么说的话,比散文的形象更真实更本原。魏尔伦对于这些喜欢他早期诗集超过任何诗歌的人来说,之所以渐渐变得这般令人难以忍受,恰恰是因为他硬让他们接受这样的事,即直言不讳地赋予诗人以令人接受不了的新的肉体。他那衰弱而崇高的叹息和他那无力而轻盈的低语,使得总是在缺席的边缘、在主体即将化为乌有和消失的地方响起的那个幻想者,重新变成一个总是在场的、过于在场的、有骨有肉的人,沉重而黏稠的人。

在这种情况下,不可能像所有传记那样,对诗人一一倒出的10个苏一行的回忆绝对信以为真,也不能就此完全否认它们的价值。先是1894年6月在圣路易医院,后来数月又在沃吉拉街4号里斯本旅馆,魏尔伦写下这些回忆。其中,他提起在两个卖玩具的老姑娘家里发生的一件家庭小事故。两个老姑娘在小保罗父母出门时照看他:"一个冬天的晚上,我坐在其中一位小姐的膝上,正要昏昏睡去,透过把东西变成万花筒的正在合上的睫毛,我兴奋地看到被顶起的壶盖在泛着泡沫,在半睡半醒的模糊声音中,高兴地听到壶里的水在歌唱。我这时萌发一个念头,我记忆犹新,仿佛就发生在昨天,我相信,我还会产生那个念头——念头!——把右手伸到发出如此美妙音乐的卷曲的银色水中。"(《忏悔录》)其实,这段为了半睡半醒中童话般的万花筒而无视现实造成的可怕烫伤的故事最具魏尔伦特色,主体就处于醒来与睡去、现实与梦幻的边界上[6]。总之《忏悔录》的这些记录那样出色、那样恰当地为魏尔伦的诗艺做好准备也不足为怪,因为这些记录就是他诗艺的迟到的自传式表达。因此,魏尔伦不会忘记分析,小保罗对观察的兴趣和对色彩的分辨已活脱就是后来的魏尔伦:"开始注意到周围事物,我的眼睛尤其早熟:什么都盯着看,什么也逃不脱我的眼睛。我不停地在追踪形状、颜色、影子。白天令我着迷,夜晚也吸引我,尽管在黑暗中我胆小如鼠,好奇心驱使着我,我不知在黑夜里寻找什么,白色,灰色,也许是色调的变化。"

从现在起，是否需要详细复述魏尔伦讲的所有幼稚的小故事呢？诸如，一天他正在喝一杯糖水，差点把一条几乎看不见的透明的小蝎子吞下肚；另一天，人们看到他躺在小床上，全身血红，不省人事，因为魏尔伦在敷用水蛭，而负责看护小病人的保姆在用药期间睡着了。还是在蒙彼利埃，1848年2月，他"身着四岁小男孩的大礼服"，参加了宣布共和国成立的官方典礼。政界及军界的贵妇们在军械广场的平台上展示她们的华丽衣饰，几乎是春天的盛装。临时政府的省长和特派员围着三色的腰带，怀着炽烈的爱国热情向军队发表演说，驻军的队伍"随着乐曲，成千上万个带着浓重蒜味的喉咙声嘶力竭地唱着《马赛曲》"。这是一幅漂亮的爱国主义彩色画片，无伤大雅且具有装饰性，每个读者都可以将之拿来，镶上框子，挂到他小小的文学纪念品画廊里。

关于魏尔伦的幼年，我们究竟能了解些什么呢？传记作者们争先恐后地一再重复，他的教育不严格，缺乏纪律性，这样事先就对他将来的精神摇摆做出了解释。缺乏父亲的权威？随时准备原谅一切的母亲的纵容？勒佩勒捷（后来是保罗的同学）把她描述成一个既刻板又宽容的人：这"是一个个头较高的女人，身材瘦长，态度庄重，样子沉着平静。她总是穿着黑衣服，即便是在丈夫活着的时候。亲戚众多，她常常要服丧，由于节俭，把黑连衣裙都穿破了。她虔诚、节俭，各方面都很令人尊敬"[7]。然而她那作为外省女人和军官妻子的拘泥礼节与十分"得体"的举止并不妨碍她过分溺爱她的小保罗，什么都原谅他。这也是勒佩勒捷说的。前魏尔伦夫人玛蒂尔德·莫泰（很久以后）则认为"（魏尔伦的）不幸一部分可以归咎于他母亲和她对他的教育。在她那得体的资产阶级外表之下，掩藏着自私和爱记仇的旧式农民的底子。无疑她是个正派女人，品行无可指责，但很不聪明，思想狭隘，被母爱蒙蔽了双眼，丧失了任何道德观念"[8]。而欧内斯特·德拉艾忆及魏尔伦夫人，说她"棕色头发，身材苗条，爱说爱笑，容易冲动，宽厚得冒失，特别重情"[9]，他最终不是也推测魏尔伦的全部不幸，尤其是他的纵酒无度，源于父母对孩子的贪吃过分纵容吗？"我的保罗，要这个鸡翅吗？……嫩吧？……喏，你这么乖，给你最大的草莓……尝尝，好吃极了！……现在来这一点点纯酒……只能在吃甜食的时候，是的，我的保罗……喂！上尉说，别一口喝光了！好酒不是喝的，是品的……"[10]然而归根结底，还不是魏尔伦自己设计的这部父母对其要求百依百顺的家庭小说？如果一切责任都在于教育的偏差，他就什么过错都没了。有一点确凿无疑，就是魏尔伦夫人从来也没远离过她亲爱的保罗，一直到他结婚都没离开。须知在尼古拉·魏尔伦1865年12月死后，母亲和儿子就在一起生活，住在莱克吕斯街26号。她多次陪他到法国北方亲戚家小住。他向兰波开枪，她就到布鲁塞尔来找他。他被关进监狱，她就在蒙斯住下。他从比利时回来，她就和他在塞纳河畔布洛涅生活。在她生命的最后几年，她设法住到"蜗居"于圣弗朗索瓦院的儿子附近，先是在罗凯特街，后是在莫罗街。一个总是在场的母亲。而她一去世，诗人的生活就不可救药地彻底崩溃了。

我们拥有的魏尔伦的第一张肖像[11]是1847年的，这是张水粉画，画的是三岁的小保罗。他漂亮吗？难看吗？当然这都说不好。反正他奇怪地戴着"一顶有蜂窝状褶子的软帽，上面还加了一顶防撞蓝白色软垫帽"（《忏悔录》）。在1849年的画上他戴的帽子同样奇特，画上他"穿着小男孩的大礼服"，戴一顶可怕的"鸭舌帽，长长的橡栗形的流苏垂在一边"[12]，真可以与夏尔·包法利那怪模怪样的鸭舌帽媲美了。这样一幅画仍然无法让人对小男孩的相貌做出评价，但显而易见，他只是他那身华丽服装——"绣花细布绉领"、大罩衫、灯笼裤、有跟鞋——的衣架。据此可以推断，老魏尔伦夫人十分乐于打扮她亲爱的保罗，而后来保罗似乎要对这过于刻板、过于端正的装束进行报复，穿戴极不修边幅。不过，难道他不怀念过去那个衣着讲究、能上得了台面的孩子吗？他在写《忏悔录》时，不辞劳苦地在手稿中附上这两幅肖像的复制品，甚至还分别用墨和彩色铅笔临摹了两次那幅水粉画："在画上我的眼睛是蓝色的，后来它们变灰了，如果可以这么说的话①。上嘴唇凸出，一脸天真老实。我真的变化那么大吗？变丑了？也许。变坏了？我不觉得。"想象一下吧，这个衰朽垂暮的老人，正用形象表现他的童年，正细心地勾勒粉饰他的幼稚纯真，丈量他走过的路程，估价他让自己的身体承受的一切！要知道，虽然他可以不太困难地发给自己一份中其下怀的道德证明书，却不得不承认自己的眼睛变灰了。那么他是否成功地赋予其眼神以其诗艺特有的灰暗效果，从而使之成为其诗歌的身体呢？

1848年，魏尔伦一家回到梅斯。一回来，服了三十三年十一个月零几天兵役的尼

---

① 原文中的"grisonner"一词一般指头发、胡须变花白了，这里魏尔伦用它来表示眼睛变成灰色。

古拉·魏尔伦上尉便辞去了军职，他当时刚刚五十岁。尼埃尔上校想让他回心转意，为挽留他而写的信十分中听，但他坚持自己的决定。他受到亏待了吗？他希望得到、觉得自己应该得到的晋升、职位、职务没有得到，遭到了拒绝？或者仅仅是觉得生活还宽裕，可以从此享受应得的休息？或者他身体出了问题，促使他放弃职业？我们又一次必须承认我们的无知，对这些问题的了解只能停留在假设的阶段上……

第二次住在洛林，魏尔伦又能见到亲爱的埃莉萨·蒙孔布勒了，在收养她的一家人住在南方期间，她被送到由圣克雷蒂安娜的修女办的教会学校寄宿。魏尔伦尤其铭记在心的是与小玛蒂尔德的童稚恋情。她是一审法庭庭长先生还是检察官先生的一个女儿？都过去那么多年了，怎么能记得清呢？

> 她的漂亮不是人们对这年龄的小姑娘所希望的那种漂亮。火红的头发非常接近浅黄褐色，短短的发卷衬得那张脸十分活泼，眼睛棕黄色，脸上长满雀斑，就像（我觉得，更确切地说一直这样觉得）点点火星在这张火热的脸上来回奔突，厚厚的嘴唇透着善意和健康，走起路来连蹦带跳，有使不完的冲劲——这一切抓住了我，打动我的心扉，可以说触动我的感官，有这么早吗？（《忏悔录》）

黄昏前后，在呈阶梯式朝向"摩泽尔河和远方显露出它锯齿形建筑的大教堂"的名为"宽阔大道"的散步场所，全梅斯城游逛闲散之人都在用来举行星期四下午和星期天晚祷之后的军乐会的台子附近聚首了。"女人的服饰，长长短短的寒暄、交谈，也许是调情、扇扇子、挥动和使用单片眼镜——当时是一个方形单片眼镜或螺钿、玳瑁的眼镜"，这些构成了散步者最关心的事务。而所有人都拿两个小孩子如此炽烈的友情打趣："……在众人中间，她最令军官们开心，他们是那些音乐会的大部分观众。'保尔和薇吉妮。'少校和上尉们说，他们停留于最近的经典作品。而那些中尉和少尉，文学修养更高，脑子反应更灵活，微笑着影射道：'达佛尼斯和赫洛亚。'"[①]（《忏悔录》）不管怎样，这些"童年时的纯洁恋情，这些清新的、依然散发着纯真气息的

---

① 《保尔和薇吉妮》是法国作家贝尔纳丹·德·圣皮埃尔的爱情小说。《达佛尼斯和赫洛亚》是希腊作家朗戈斯的田园诗式的爱情小说。

回忆"，在那些专注于文学胜过演习和兵书战策的军人们赋予的最佳文学称号下得到升华。我竭力想相信它们的真实性，相信在一个坏玛蒂尔德之前有这么一个好玛蒂尔德。魏尔伦怎么就不能也像任何人一样，有权享有这段天真无邪的幸福时期呢？然而在《忏悔录》中，这早期的纯洁占据了过于具有战略性的位置（把原来的纯洁摆出来，为后来发生的一切开脱自己），不能不让人产生几分疑问……

第二章

巴　黎

好个结实的小伙！十八岁：粗臂膀；

那双手动一动能把你的头颅拔下；

坚硬的窄额上，红棕头发，齐刷刷。

跳起舞来，样子啥也不怕，这个精灵鬼！

他引诱的姑娘的孩子个个苗壮，

俊小伙，在豪迈强悍的青春期

前行，俨然红袍在身知其角色的国王

讲话声音高傲，走路大步流星。

——保罗·魏尔伦《蓬托德梅尔的阿波罗》

　　1851年夏天，魏尔伦上尉决定到巴黎定居。也许他觉得自己的退休生活在生机勃勃的首都会更愉快、更振作，也许他还希望确保他亲爱的保罗能有更出色的学业和职业。一家人在东站下了车。小保罗头一次坐出租马车，头一次接触尚未经奥斯曼男爵那些庞大工程打乱、重建和现代化的老巴黎。当他经过"肮脏不堪、斑斑点点的房屋和不堪入目的空地"附近，当他拐进阴郁、"狭窄、拥挤的街巷迷宫"，他顿时大失所望。"我原来想象巴黎完全是座纯金和珍珠的城市，把它想成一座巴格达和维萨坡。显然，这些城池本身也从来没有这样豪华过。要知道，孩子一旦开动想象，就没有尽头，何况里面还掺进异想天开的成分！然而，从那样冷峻优美的城市，从我所能见到的那样规则的地方出来的我，见到的是这鳞次栉比的高大房屋，沉重肮脏的灰窗板。上了漆的灰泥墙面上，雨水把灰尘冲成绿不绿、黄不黄的斑点。"（《忏悔录》）当然这是从此成为首都最恶劣的陋室的房客的魏尔伦在描写他遥远的第一印象：丑陋、污泥、灰暗的光线、乏味的气氛。人们轻易地把魏尔伦想象成巴黎人的典型，因为他一生很多光阴都是在首都的咖啡馆度过的，那里是城市社交生活地道的首选场所。然而诗人其实一直都是一个灰心幻灭的城里人。巴黎吸引他、迷惑他、挽留他，这当然不假，却也和自杀一样，它就像一座不祥的城市，正因为它允许、成全各种放纵无度，也必然更能消耗作家的精力，并使其精神无所依托。在去世前两年，他生活在最恶劣的、有害健康的条件下，依然幻想着逃脱的可能："……我很不舒服，难受极了，自从1851年，为了我的罪，来到巴黎，它就令我厌恶透顶！！！有朝一日一旦我终于能逃离这恶臭，这可恶的嘈杂，我一定要走，几个月，也许永远。"[1]

在等着家具慢慢运来时，魏尔伦一家先在圣德尼门附近小马房街一个配有家具的旅馆安顿下来。家具一运到，一家人就搬进了巴蒂尼奥尔区圣路易街[2]10号。这个街区"属资产阶级，却一派小家子气，有钱却一副穷相，整齐，吝啬，但还是相当干净。尽管那些干涸的排水沟、阴沟、集水孔实在狭窄，界石形的水龙头稀罕得可笑"（《路易丝·勒克莱克》）。魏尔伦将对这里深恶痛绝！没有比《路易丝·勒克莱克》开头的描写更不留情面的了："一想到生活在这些六七层的、涂着灰泥的庞然大物里，上面数不清的灰窗板就像放平的前胸骨架，几乎没有比这种忧愁悲哀更厚重的了。……那一排排灰暗的高大建筑就是要吸食善良的有产者们的收入……和健康，这些人被巨大的现代房地产投机吞噬着、压榨着。"就这样，保罗·魏尔伦作为走读生进了埃莱娜街的一所学校，开始最初的学业。孩子学习读写，可以应付四则运算，也获得些历史、地理的基本知识。还有，在颁发诗歌奖的仪式上必须背诵诗歌，保罗背的是《橡树和芦苇》。

12月2日来到了，巴黎发生了政变及其后的混乱局面、反抗运动和迅速镇压下去的暴动。人们那么肯定局势会立即恢复平静，一切会恢复正常，所以魏尔伦夫人12月4日便毫不犹豫地带小保罗去大马路上转。从巴蒂尼奥尔区直到城门没什么可担心的，但在意大利人大道上，示威者阻塞了马路，高声喊着："拉塔普瓦尔，长毛大老鼠。"①

---

① 这里 Ratapoil（拉塔普瓦尔）与 rat-à-poil（光身儿大老鼠）谐音。

小家伙觉得好玩，跟着叫。妈妈感到这叫喊是煽动性的叫喊，让他住了嘴。同样的场面在蒙马特大街上重演，不过人群看上去并不完全抱有敌意。一进鱼贩大街，骚乱厉害起来。"人们唱着《马赛曲》，《吉伦特派》，吹着口哨，'短斗篷'中稀稀拉拉混着工作服，大礼帽中掺杂着鸭舌帽……突然有人大叫一声'快逃啊！'人流便如退潮一般逃向马德莱娜广场。在这场不明缘由的恐慌中，我们差点被卷走、撞倒。一家敞开的店铺，就在罗贝尔·乌丹①家旁边，转眼涌进一股人流，其中就有我们，商店随即落了板。"（《忏悔录》）等到巨大的喧哗嘈杂和数不清的奔跑的脚步声过去，外面一沉寂下来，对这次出游实在没什么自豪感的魏尔伦夫人和保罗，赶紧钻进德鲁奥街和佛布尔蒙马特街，斜穿过圣拉扎尔街。在白色广场，还看见几个穿工作罩衣的人扣下了由两名骑兵驾驶的一节火车车厢。之后不久，他们回到了圣路易街。估量孩提时的一次经历给人造成多大创伤总是很困难和随意的，但有一点可以肯定，魏尔伦这个喜欢密友间的晚会和联欢、喜欢小团体集会和在咖啡馆聚会的人，从来也不喜欢大规模群众运动和平民百姓的造反，他在巴黎公社期间的态度充分证明了这一点。

其实，要说真有什么重大事件——即使不看病理实际的严重性，至少从四十多年后魏尔伦回顾往事详细讲述此事时，它所产生的与梦相关的及情感上的反响来看——也是孩子在九岁左右染上的那场厉害凶猛的轻症伤寒："一天晚上，我觉得发烧了。没有什么像发烧开始时这么美妙；那是能飞舞的，各种念头（思想是没有了，这下可轻松了！）旋转着，交织、分开，交织、分开……要想分析这种只在我一生的这一刻才体验到的状态，我能写出整整一章，一本书。"（《忏悔录》）是的，我们相信魏尔伦就此能写出一大本书。因为在这种导致感觉的"万花筒"的梦的物理学中，他距离自己最近。主体奇特地分成两个人，既体验着现时这一刻，又同时在回忆已经经历了这一刻。从某种方式来说，就像现在他已经死了，和在《万花筒》里一模一样：

在梦之城的中心，一条街巷里，

仿佛那已是活过的时候：

那一刻既非常模糊又非常锋利……

---

① 罗贝尔·乌丹（1805—1871），法国魔术师，钟表匠。1845年创建罗贝尔·乌丹剧场，演出魔术。

啊，薄雾里那冉冉升起的太阳！

[……]

仿佛那时正梦着又醒来！

接着重新睡去依然梦见

同一出梦幻剧同一幅布景，

夏天，草丛里，蜜蜂闪着波纹的嗡嘤。

——《昔日与昨天》

　　这是纯粹的身体体验，因为思想彻底消失，只剩下感觉。而感觉本身也不再是感觉，它们那么模糊、稀释，完全脱离了肉体。发烧引起的谵妄在活跃的想象和谵语中召来了小学生的眼中钉：乘法表、省区表以及省会、专区还有"公制，另一个妖怪"，可比起疾病让他发现"虚无的强烈快感"来说，这些不过是十分次要的细节。须知白喉在把小保罗置于急性谵妄状态中的同时，已经让他发现他对自我不在场、自我分离的深切向往，对化为虚无的渴望！现实摇晃着弱下去，主体迷失、溶化在梦中。此外，发烧了，母亲的关心就是理所当然的了："无微不至的照顾救了我。康复的过程十分缓慢，开始是疼痛的，继而很艰难，迫不及待，而后是平静的、爱抚的，这是对母亲赐予我的谨慎的娇惯的回报。在病情最厉害的时候，看到她，确切地说是感觉到她，如此善良，忘我奉献，紧紧守着我，不断惊醒。对她，我产生了一种全新的爱。直到那时，由于我的软弱无知，对她的依恋是幼稚的，即使不是完全出于本能，也差不多。而从此，继之而生发的是孝心，这也是本能的，那些善良的人说得好，是天生的。但现在不仅如此，还是出于理性的——尽管生活中依旧不理智——感激又岂止是感激，意识到自己也能做出奉献和牺牲。"写《忏悔录》时的渐趋衰老的魏尔伦，已经失去了母亲，他既很清醒又在幻想。毫无疑问，要不沉沦下去，母亲的监护也许比母亲的爱更不可或缺。然而让他沉浸于完全的甜美爱河中的同时，这种监护从来也不足以使他摆脱焦虑。尤其没有因此而让他为了别人存在，比如可以做出奉献牺牲之类，他不幸的婚姻证明了这一点。这里，在回首往事时，魏尔伦想求得心安，便虚构出他可能感受的东西，编造出一种脐带的永恒性，一种家庭和情感的安乐窝的保护。这保护可能会让他得到补偿，避免一次又一次的堕落。再一次，不可能完全相信《忏悔录》，它不是在讲述过去而是在修补过去。安慰无法等同于字面上的忏悔。

1853年10月，九岁的小保罗上了九年级，在夏普塔尔街32号朗德里学校寄宿。该校学生或上夏普塔尔中学的课，或上科马尔丹街皇家波拿巴中学（今天的孔多塞中学）的课。也许，尼古拉·魏尔伦是想让直到那时一直娇生惯养的儿子接受稍微严格些的生活训练吧；作为一个好上尉，他肯定认为原国民自卫军军官领导的学校军队化的制度定能造就保罗的性格。另外，十六岁就被迫入伍的他一定觉得进中学是生活水平提高的标志。立刻，在《忏悔录》中连着讲了两段插曲，两段都得到刻意的发挥：入学当天从学校逃跑和第一次领圣体。一方面，在他和当天受处分的所有学生来到的自习室里，小保罗被粗暴的学校风俗吓坏了、被爱记仇又不公正的学监和不守纪律爱起哄的中学生吓坏了。另一方面，食堂饭菜的乏味让他厌恶，所以第一天晚上他就逃出学校。他惊恐万状、气喘吁吁地跑过万蒂米尔和洛莱特圣母院街区，逃回了父母家。在那里他得到了安慰："我倒在……妈妈的怀里，接着是爸爸、表姐埃莉萨和她的哥哥、我的表兄维克多的怀里。"（《忏悔录》）家人重逢，家的温暖、美餐的甜蜜，善解人意的父母的宽容和近乎许可。"我嘤嘤地哭着诉说我的理由，理由立即得到承认，[……]也受到父亲母亲友好至极的反驳。"但第二天他就返回中学，乖乖地履行前一天晚上许下的诺言。这故事就像圣徒生活中非常具有道德教益的事。只有益处，因为它证明孩子对家庭环境的依恋，只演出了一个小小的错误，而且马上就继之以救赎的荣耀。同样，没有比对1856年5月第一次领圣体的叙述更堪为样本的了。保罗做了一次一丝不苟的忏悔，甚至承认了一次偷窃行为，其实那并不算偷窃（他"不小心从贵妇街一家杂货店拿走了两张一苏的画而不是一张"）。之后，他说，在领圣体时切实感受到了"救主圣体绝对的存在"。在这两个圣徒自传式的片断里，魏尔伦显然主要是想通过无可指责的童年，提前为将来诸多严重罪孽辩护和开脱。

然而超凡入圣之后，紧接着却是完全相反的愿望：认罪和自我谴责。首先，他讲了一个与其说严重不如说愚蠢的错误，如何在领圣体的当天下午撒了一个"又恶劣又愚蠢的大谎"。其次，他采取了一种没有宗教信仰的人妄自尊大的姿态，"之后，为了对当时我的宗教观点做个了断（唉！不幸啊！一个十二三岁的孩子！），第二年，再次领圣体时，和别的几个十三岁的顽童一道，我拒绝忏悔！仿佛蛀虫马上进到果子里，仿佛堕落是原生的！人们将不断目睹保罗·魏尔伦在这些指控与赦罪之间幼稚地交替。辩护只是为了能重新认罪，自首仅仅为了有机会恢复名誉。供认的错误已得到一半原谅：他自我谴责只是为了宣告自己无罪。同时，而且这要奸诈得多，他洗刷自己是为了接下去给自己抹黑。净化容许他重新自责，控告自己。说来说去，根本的是要忏悔，正向勒佩勒捷已经指出的："这个可怜的亲爱的保罗常常忏悔，甚至公开忏悔，就像早期基督徒那样。他用散文体和诗体念了他的"**悔罪经**"，他乐于讲自己。一张咖啡桌就能给他当忏悔亭，谁能全神贯注，他就向谁做他的反省，尤其是在他生命的最后几年……他指控自己、评判自己、谴责自己，带着天真的谦卑和坦率，有时坦率得过分。他极少请求原谅，不把责任推到任何人身上，不说是受人驱使、鼓动的……在这些情绪过于激动的时刻里，他展示他的伤口、刺激它，从中得到腐蚀性的快乐，听凭暴露于外的内心隐痛加剧。在这种感情外露的瘙痒症中有一丝哗众取宠的味道。这些忏悔，在红色咖啡馆或弗朗索瓦一世咖啡馆开始，在黎明淡灰色的天光下、在两个终点站之间那些半开半掩的咖啡店里继续，说给被他称为弟子的持怀疑态度的同伴或殷勤谄媚的听众，这些忏悔不无吹牛皮的成分。"[3] 保罗·魏尔伦在写《忏悔录》时该感到多么大的享受啊！他承认自己的罪孽是有报酬的。关于错误的叙述占的地方越大，他就越可以犯新的错误，因为每行赚的10个生丁可以支付他的苦艾酒。每当他写到一章的第一百行，他就在手稿的边缘注上数字100：这不再是部作品，而已经是赊账板了。但绝不应像勒佩勒捷那样，在这种"龌龊行为与罪孽的让-雅克式的倾吐"中仅仅看出魏尔伦浪漫气质的表现，"啤酒馆的圣奥古斯丁"演戏般地摆出一副"拿堕落来吹牛皮充好汉的姿态"。其实魏尔伦始终和法律维持着一种特别曲折的关系。他从违法中得到乐趣，恰如他为此感到难以忍受的悔恨，而且仅仅出于对法律的爱，一朝犯错回到正路上，他又感到其乐无比。

现在是否该恭恭敬敬地列出一长串影响过或没有影响过年轻的保罗·魏尔伦的教师呢？七年级罗贝尔神父。六年级马赞贝尔先生。五年级勒普雷沃斯特先生，他留着朱尔·法夫尔①式的小胡子，略带点共和思想。四年级瓦拉图先生。三年级雷奥姆

---

① 朱尔·法夫尔（1809—1880），法国律师，政治家，第二帝国时期共和派反对党领袖。

先生，以其历史和文学著作名噪一时。二年级佩朗斯先生，历史学家，研究萨沃那洛拉和埃蒂安·马塞尔①的专家，新文学尤其是波德莱尔公开的敌人。一年级斯皮埃尔先生，出色的英文老师。修辞班戴尔图先生，《拉辛的敌人》的作者。杜朗先生，毫无个性的拉丁语教师；卡米埃尔·鲁塞先生，关于卢瓦侯爵②、共和国志愿军和征服阿尔及利亚的历史著作的作者。显然，四十年后，魏尔伦仍然没有消化"老索邦神学院"的教育，"像书写拉丁文演说的墨汁一样黑，像法语论文的风格一样陈腐"（《忏悔录》）。毋庸置疑，这种教育十分传统，任何具有现代性的东西都遭到严厉的放逐。因此，在佩朗斯眼里，令他厌恶、提都不想提的《恶之花》就是堕落的教材，没有比它更糟糕的了。这个坚决顽固仇视任何文学创新的学究成了法兰西研究院院士和法兰西公学教授，日后向报界宣称："保罗·魏尔伦曾经是我在波拿巴中学的学生，在七十名学生中属于末等生。我从来也不会想到在这颗丑陋的脑袋里能有什么玩意，这脑袋当时让我联想到呆头呆脑的罪犯，年龄大了，它只是变得和破烂衣衫的人与乞丐的脑袋一样。"[4]他"讨厌我，有人曾告诉我，现在还是讨厌我，前不久有人告诉我（天哪，为什么？）"。保罗·魏尔伦在《忏悔录》中很有分寸（而且善意地）说道。

在整个上学期间，他对学习的兴趣与日俱减，由此也就不足为奇了。仅仅把这种逐渐的堕落归于同时发现声色及禁书是违反常理的，因为任何人的青少年时期都会经历这种发现，并不一定荒废学业。刚开始魏尔伦是个好学生（六年级第一学期末，在三十七人中间名列第二；学年结束，获得拉丁文翻译奖、语法二等鼓励奖和历史六等奖），而以后他却再没有获得过如此优异的成绩。五年级总算还名列前茅：学年结束，在七十一名学生中名列第六，摘取了法语语法一等奖和三项古代语言鼓励奖（法文译成拉丁文，拉丁文译成法文，希腊文译成法文）。但从四年级起他的成绩开始严重下降，三年级便从获奖名单上消失了。二年级在五十九名学生中先后排到第二十名和第五十名。成绩虽持续下降，却并不妨碍他不太费力地获得了中学毕业文凭。

具有决定意义的真正的阅读是偷偷进行的。魏尔伦发现了几本"地狱"的经典

---

① 萨沃那洛拉（1452—1498），意大利宗教、政治改革家、多明我会宣教士。埃蒂安·马塞尔（1316？—1358）：法国制呢商，1355年起任巴黎市长，试图在巴黎建立类似弗拉芒地区城市的机制，被摄政王查理太子的亲信刺杀。
② 卢瓦侯爵（1639—1691），法国政治家。

之作:《加米阿尼》、《约瑟夫·普律多姆的地狱》、《对弗洛拉的审视》、皮隆的秘密作品,尤其还有《恶之花》。那是一个学监随便丢在讲台上的,他毫无顾忌地据为己有。"不用说我对这种与我的年龄离得太远的诗没有任何概念。毕竟,我是由更规矩的'节选'培养出来的……就连题目,很长时间对我来说都是个闷葫芦罐。我贪婪地看完这本书,却不懂它的意思。只知道它说的是'邪恶'(照女子寄宿学校里的说法)……有时还有裸体,这对我年轻的'堕落'是双重诱惑——我当时确信这本书就叫作《五月花》^①。"(《忏悔录》)他也读邦维尔的《女像柱集》,这本诗集立刻牢牢抓住他,"比《恶之花》的凝练和本质上的严肃更加"吸引他。从三年级起(那时他十五岁)魏尔伦开始写诗,毫无疑问,这让他的同学们羡慕不已。我们找到一个绝好的证明,在魏尔伦的三年级同窗亚历山大·布达耶的三幅速写背面,一首拉丁文诗歌:"魏尔伦,你那缪斯的神奇艺术超过我们所有人,求求你,教我写优美的诗句、把拉丁文翻成法文、把高卢的思想翻成罗马的音步……你多有才!找不出比你更棒的了……你最近被公认为让美妙诗句流传千古的人!……"^[5]由此可见,保罗的诗歌尝试让他的小伙伴们惊羡。而且亚历山大·布达耶提到了那张纸另一面的几幅画:"你也爱画画,那收下这美丽的画吧;此页的奇迹是一个亲爱的朋友的寄语。亚历山大投的标枪绝非出自一只残酷的手。"^[6]至于那三幅画,最上面画的是一条大鱼,周围簇拥着六条小鱼,用的是弗洛里昂^②的寓言的标题:《大鲤鱼和小鲤鱼》;中间是一个天文学家用望远镜对准天体向上看,马上就要掉进前面敞开的阴沟口里;下面是一个胖墩墩的中国小瓷人,长辫子上跨着个魔鬼。这些神秘的画的意思恐怕永远都不可得知了,但却证明当时在年轻的保罗和朋友之间已经开始有图解的书信往来。魏尔伦一生都保留了这个习惯,用铅笔勾勒出自己的肖像和态度,速写他的朋友和相识,给书信配上大量插图。他也让他的同伴如法炮制,仿佛写作总要伴随着向形象表现的过渡。只有画出来,写才有意义。

要对年轻的魏尔伦最初的诗歌尝试有个确切的概念并不容易。"关于我的文学尝

---

① 波德莱尔的《恶之花》法文是"Les Fleurs du mal",少年魏尔伦却误认为诗集名为"Les Fleurs de mai"(五月花),"恶"与"五月"两个词只有一个字母之别。

② 让-皮埃尔·克拉里斯·德·弗洛里昂(1755—1794),法国作家,寓言诗人,法兰西学士院院士,以其《寓言》闻名。

试，我不想说什么，要说就是它们很拙劣"，他明确这样表示。而在他《忏悔录》的初稿里，过了几段，他又说："我十六岁，上二年级……我已经写了好几首诗，是《感伤集》中最幼稚狂傲、'毫不妥协'的几首，还不算一堆别的诗。由于品味提高了，我没把它们收入这本书。"勒佩勒捷很想证明他的同伴天才的早熟，把诗集中一大部分的创作追溯到中学时期。还有魏尔伦自己，到《忏悔录》定稿时，又在二年级已经写出的东西里加上了"《感伤集》的所有诗篇，和1866年出版时一样"。然而事实上，他在上学期间可能没写出任何具有决定性的东西。不过，十四岁时，才上四年级，年幼的魏尔伦便在1858年12月12日，把他最早的诗作寄给维克多·雨果，因为盛传他很赏识诗歌新人：

先生：

请原谅我擅自把这些诗题献给您。因为自认为对诗歌小有兴趣，我感到有必要向一位技艺娴熟的大师袒露心声。而除了向您，先生，我还能向谁托付一个刚过十四岁的四年级学生向风云变幻的诗歌生涯迈出的最初的脚步呢？

倘能回信，先生，是对我莫大的荣幸。来信请寄：

巴黎近郊巴蒂尼奥尔区特吕福街28号

保罗·魏尔伦先生[7]

即使说不准根西岛的英雄① 见到自己被誉为"技艺娴熟的大师"是否高兴，他也可能照例写了封善意友好鼓舞人心的回信。对寄给他处女作的年轻诗人，他几乎总是这样做。再说没有比魏尔伦塞进信中的那首《死神》更有雨果之风了，回信的可能性因而更大了。

俨然收割者，挥舞不长眼的镰刀，

砍倒新鲜的矢车菊和坚硬的大蓟，

---

① 指雨果，他当时因反对1851年政变而流亡至根西岛。

俨然残忍的铅弹飞行中闪耀，

呼啸，划破长空，无情将你打倒。

那可憎的死神乘着恶龙显现，

在人间穿过恰似划一道闪电，

掀翻、击倒一切，所向披靡。

铅灰的双手执一把长柄飞镰。

　　可以感觉出他刚读了《静观集》。作为少年时期的作品，这首浮华甚至矫饰的诗有几处格律错误。但比起所选的主题，这点错误就不那么要紧了。因为这一事实很耐人寻味，魏尔伦的作品以死亡开始，又以死亡告终。从1858年的《死神》到1896年的《死!》，中间还有《遗作》，全部作品在表达对虚无的渴望的同时，表现出面对死亡的惊恐焦虑。一方面要避开死亡，一方面已经不在场。在保存的同时代的其他作品片断中，有首《噼噼啪啪》只剩下两句：

我是茅坑里的亚马斯托

低地中的朱庇特……

　　还有魏尔伦的这段评语："最后还有一首《克雷皮托斯》[①]（比福楼拜那首非常滑稽的诗早得多）用以表现悲观主义。其中，在一番臭不可闻的水汽蒸腾的坑内描写之后——自然地——超自然地出现了'神'。他滔滔不绝地发表了一篇针对人类——还是其母亲呢! ——的尖酸刻薄、直言不讳又轻蔑至极的演说。这里又一次我只记得那奇特的神明冗长、也许过于冗长的高谈阔论的头两句，但这两句诗写得不错，不是吗?"（《忏悔录》）也就是说，这里，在1861年的《憧憬》中已经出现梦脱离肉体的轻盈的同时，一种沉重的嵌入肉体直至淫秽文学的诗歌业已突显出来，日后甚至发展成最猥亵的性欲诗。

---

① 《噼噼啪啪》的又一译名；克雷皮托斯，古罗马神话中的屁神。

再有，青少年时期是发现性别特征的年龄，这与阅读、写作尝试是分不开的。可以大书特书魏尔伦是多么精心地将诗歌志向的苏醒与感官的毫无拘束的觉醒、与"虚假地早熟的男性特征过早的爆发"联系起来，对此可以大书特书："文人，如果您愿意，还是说诗人吧，恰好是在如此关键的十四岁左右在我身上诞生了。因此可以说随着我青春期的发育，我的思想也形成了。"（《忏悔录》）这无疑是一种（真正的文学和身体的性真实是针对学校的教条和束缚的）挑衅，旨在成为文学中与天才诞生的其他经典版本一样老套的配置。不过就魏尔伦而言，把诗与性的这种内在联系仅仅视为一种姿态是不对的，须知他着重强调"这些冥思苦想出的荒唐之作与……恶习是并行的"："就在大约诗歌散文的爱好在我身上涌动的时期［……］上面提过的性冲动开始在我……心里蠢动。赶紧做个微不足道的坦白，从那时起，有时候我在好几个比我小的同学那里，接连或同时，我记不太清了，感受到梅斯宽阔大道上的热情奔放的漂亮的小姑娘。只是现在，随着青春期的到来，就不那么纯洁了……

"这就公开了，这令人厌恶的秘密！

"不过，赶紧说明一点才公正。我的'堕落'仅限于幼稚的性行为，不错，但绝无'下流'的成分——一句话，只是一些年轻男孩间共享的行为，而不是……独自的行为。"（《忏悔录》）

可究竟该说什么呢？1860年的《天真十行》颂扬的是自淫，这再清楚不过了。但"男孩间共享的行为"是什么呢？两人或两人以上的手淫场面？向同性恋的实实在在的过渡？这正是文章一边接近一边又不肯明言、不肯指名道姓和承担的东西。不管怎样，这些多少不可告人的经历从某种意义上讲，将被传统庸俗的青楼中的性启蒙抹去、抵消。"女人已经开始纠缠我，确切地说，是让我魂牵梦萦。"于是保罗从父母每月给他的零花钱中挪用了10法郎，作为最"正常"的性欲必不可少的学费。一个同学——比他大一点，这自不必说——后来成了荒唐马里尼剧院的"单簧管"。当然，又演奏单簧管又和那些歌舞妓院有瓜葛——给了他一个值得推荐的地方的地址，那地方"在奥尔良-圣奥诺雷街，那以后此街历经变迁，就在这番变迁中，消失了"。毕竟怀旧之情希望启蒙的地方对于成年人不复存在，这样，回想起来才尤为激动！以后的事没有打破此类事的规范：房子外观简朴，红色和金黄色的客厅像外省的咖啡馆，女子们都不太年轻了，被选中的那个穿着粉红色晨衣，看着还算比旁人拿得出手。走上铺着颜色暗淡的地毯的楼梯，来到一个房间，墙上装饰着肉麻的石印画，家具上罩着假钩花盖布。"接下来的一夜，还有什么可说的呢？绝对没有。况且就这个话题我觉得写得有点太多了。因为对于您，读者来说，在这次艳遇中我幸福与否有什么要紧？反正第二天早上回到父母家，别人觉得我一脸疲惫，我自己感到脸拉得老长，难看极了。"整个叙述，必不可少的章节，集中了泛泛之言和俗套，过于程式化。魏尔伦又明确表示，第二年他"又花钱在并没有宜人或高雅多少的环境"重新试过，最后"觉得这事比最初的看法要好"，但这种表示也没有带来什么变化，而是恰恰相反。显然整个《忏悔录》的叙述是让可明言与不可明言的事情、规则与违反规则、"正常"与过错进行较量。魏尔伦一边承认自己的某些特异之处，一边又小心地将自己浇铸在童年与少年落俗的模子里，总是处在招与不招、忏悔与收回忏悔的边缘。做出承担责任的样子是为更好地推卸责任，采用出尔反尔的口吻，也是在拒不承认和承担之中，承认和承担的一种方式。就这样，魏尔伦一边把自己牵涉进去，一边悄悄溜走；一边露面，一边回避。把童年与少年放进他全部作品的研究材料里，直至从某种程度上彻底混淆视听。要知道，讲述他前20年的生活，既不能略去他的文字，又不能完全听信他。

魏尔伦即将结束学业。修辞班的成绩没有前几年那么差。显然，他受到家里的训诫，决定好好加把劲。他可能"像奴隶一般学习"，甚至亏了父亲的支持，可以上普安迪神父单独传授的几何课。考试的日子到了。1862年8月初，他通过了笔试，经宣布可以参加口试。拉丁文译成法文得了个白球——非常好的成绩，拉丁文论说得了个红球——一般的成绩。8月16日是口试，《忏悔录》里详细讲了口试的情形。历史没问题，他按照要求对恺撒和庞培进行了对比，还多亏记着偷偷阅读的《三剑客》的内容，回答了有关路易十三的统治的问题，一个白球到手。文学部分也没问题，被问到布瓦洛和博絮埃，又一个白球。拉丁文是西塞罗和李维乌斯，好极了。又加上两个白球。希腊文，解释索福克勒斯的一段齐诵和狄摩西尼①的一段演说，第五个白球。到理科部分，口试成绩便直线下降。算术和几何是红球。物理是黑球（不及格），因为

---

① 狄摩西尼（前384—322），古雅典雄辩家，民主派政治家。

他不能正确地定义吸入泵和压力泵。这样说来，真要奇怪魏尔伦只得了"及格"的评语。而一个月后，1862年的9月16日，他给勒佩勒捷写信时，这幅图景便不那么辉煌了。"我翻译得了个白球，论说得了个红球。口试全红，唯一的一个白球，是历史考官慷慨授予我的。鲁塞的学生总不是白当的！"[8]但魏尔伦即便只给自己口试一个白球，也是痴心妄想，索邦的花名册上[9]实际指明他拉丁文译成法文是白球、物理是黑球，其他全是红球，历史也不例外。为什么《忏悔录》中的记述那么大话连篇呢？因为考试作为对学习的奖惩，是法律的一种形式，而魏尔伦总是受到权威的各种形式的迷惑。他声称一辈子都"保留着那份庄严的文凭"，应当相信这是真话。大学课程的第一个头衔和父亲的军装一样令他敬畏。既然考试稳操胜券，他可以拿着校长极好的推荐信离开学校了：

> 本人作为校长，具名于下，证明年轻的保罗·魏尔伦从1853年10月到1862年7月在我校上完所有年级。成功修完波拿巴中学六年级到哲学班（哲学班除外）的课程，荣获好几项奖励；他品行端正，学习期满，在修辞班结束时获得文学业士学位。该生作为我校出色学生之一，仅此为其作一优秀证明。
>
> 朗德里，夏普塔尔街，32号

魏尔伦最终不太差地完成了学业，他从学习中究竟得到什么了呢？首先是扎实的古典主义修养，和兰波完全一样。其次他保留了在波拿巴中学期间养成的强烈爱好，喜欢不规范的学生语言。那完全是中学生风格，即把词变形，拉丁文和加了拉丁文词尾的词混用，还有"下流的用语，亲切的骂人话，东拉西扯，诙谐的缩略语，幼稚的卖弄学问，拉丁词、英语词跑出来救驾，一整套的扭曲、怪相游戏"[10]。在他笔下，雨果（Hugo）成了Hugum（于古姆）、Nothing（没什么）成了Nothomphe、一句谚语变成"趁你兄弟秃时打他"①，奥芬巴赫（offenbach）被叫成Offre-un-bock（给杯啤酒）先生。甚至在灾难临头的紧张形势下，中学生的幽默又抬了头。在布鲁塞尔拉米戈监

---

① 成语原意为"趁热打铁"（Il fant battre le fer pendant qu'il est chaud），学生们故意将fer（铁）说成frère（兄弟），chaud（热）说成chauve（秃的）。

狱，比利时警察指控他"企头（图）撒（杀）人"①。他的散文永远也摆脱不掉这种风格，断断续续、省略、俗语、调侃，真是不可救药。仿佛读者必须是同伴、同窗，仿佛永远不该长大……

---

① 原文为 "tentatiffe d'asacinat"。

第三章

在阿图瓦省和阿登山区

……我一半属于阿登山区，就像手上戴着戒指或帽上插根羽毛。

——保罗·魏尔伦《忏悔录》

1862年8月18日，魏尔伦刚刚通过中学毕业会考，便和父亲一同去了住在莱克吕斯的埃莉萨和奥古斯丁·迪雅尔丹夫妇家。他们的两个女儿，玛丽娅和贝尔特，当时一个三岁，一个两岁。莱克吕斯位于桑塞河边，距阿拉斯十余公里，应当承认那里实在没什么太激动人心的地方。那"是一座大镇子，近两千口人，有一个镇长，两个助理。……镇上唯一的大街直得一点弯儿也没有，干净极了。请注意，有两条小溪和两条人行道。微型的里沃利街①！……至于乡下，没有什么特别的。"[1]的确，广阔的平原上种着甜菜或榨油用的油菜，间或有几块树荫遮蔽的沼泽，几片小树林，或者更加缺乏诗意，冒出制糖厂的砖烟囱。每到10月，煮红红的硕根的甜菜渣时，糖厂散发出甜得发腻的气味，让人恶心。这样扫兴的单调景色能让人产生深深的哀伤。但魏尔伦习惯"这些弗拉芒地区的忧郁画面"，在田间丝毫也不厌烦，非但不厌烦，还"兴奋得像松开的小船"。"我呼吸着纯净的空气……让被希腊文和数学搅糊涂的脑袋和胸腔重新浸到草地和树林的气息中。"[2]他将坐在沼泽边，在榆树和柳树荫下，目光追寻着翠鸟和野鸽的飞翔，感伤地遐想、阅读。因为，他像坦塔罗斯②一样，他说，渴求

---

① 巴黎著名的大街，通往协和广场和香榭丽舍大道，街的一侧为杜伊勒里公园和卢浮宫。

② 坦塔罗斯：古希腊神话中吕狄亚的国王，据说因用自己的儿子珀罗普斯的肉宴请众神，被打入地狱，遭受饥渴之苦。他站在没颈的水中，想喝，水就退去，头上有结满果实的树，伸手去摘，果枝就离开。

文学。他读了《悲惨世界》，一直读到"普吕梅街牧歌"那一部，印象甚佳，尽管觉得这部小说和维克多·雨果的代表作《巴黎圣母院》相比略显逊色："很伟大、很美，尤其很善。基督的仁慈在这出阴暗的惨剧中闪着光芒。就连过失，里面有不少，还不小，也显得伟大而吸引人。"[3]

而且，莱克吕斯也保留了其他乡下特有的娱乐，那不是书本上的，而是身体上、肉体上的。魏尔伦在林间散步，为了迷失方向之乐而喜欢迷失方向，就像乔治·桑作品中的人物。他去钓鱼、打猎。9月6日，狩猎期开始的当天，不带猎犬，他便打死了四个猎物。最主要的是他尽情玩乐，他告诉朋友勒佩勒捷："现在，要不要向你讲我的主保瞻礼节？把它们形容为荷马式的盛宴，荒诞的舞会吗？不，要有费瓦尔①的讽刺或贺加斯②的铅笔才能让人对这些怪异的四组舞有个概念。那些粗壮笨拙的汉子和身穿轻盈连衣裙（对真理的热爱使我没有像斯克里布③一样加上'洁白如雪'）的红脸蛋美女紧扣在一起，仿佛有线牵动一样摇摆飞旋。这一切是在混乱的乐队伴奏下进行的，疯狂的单簧管，嘶哑的短号，毫无节制的三角形小提琴。不错，三角形，由一个孩子拿着，他狠命地敲击，和《巴黎圣母院》中那个小流浪汉敲他那口破锅一样分毫不差。就这样，亲爱的朋友，这乐队让我连着跳了六天舞。但别太为我遗憾，那里可不只有脸蛋通红土里土气的村姑，也有好几位迷人的小姐，甚至巴黎姑娘。其中就有波拿巴中学管学生的一个校领导的女儿，伊奥尔小姐，我还荣幸地和她跳了好几轮四组舞呢。"[4]

其实少年吹嘘的这些调情无疑远没有发现另一种乐趣重要，那种乐趣更令人兴奋、令人陶醉得多，也更危险得多，那就是酒。"首先，去阿拉斯附近的芳普我舅舅家时，我喝得很多（芳普是座大村子，因一次可怕的铁路交通事故出了名……维克多·雨果说过：'一种［……］意识的芳普'），有褐啤、谢尔布兰克、热尼埃夫，还不算烧酒兑咖啡（这些词很有趣，方言嘛。但东西很硬，连二十岁的胃也难消化，对本已心不在焉的脑袋已经有害了）。"（《忏悔录》）。在把苦艾酒作为他长醉不醒的女神之前，小魏尔伦早已练就极好的功夫，能喝法国北方小咖啡馆里卖的所有酒精饮

---

① 保罗·费瓦尔（1817—1887），法国作家，著有许多历险小说。
② 贺加斯（1697—1764），英国油画家、版画家，讽刺场面尤为出色。
③ 斯克里布（1791—1861），法国戏剧家，主要剧作有《贝特朗和拉东》等，法兰西学士院院士。

料，浓重的黑啤、黄啤，能久藏的啤酒，和倒入滚烫的咖啡中的刺柏子酒。对北方酒的强烈爱好并未让他忽略其他省份的产品，他"尽量喝北方的啤酒，但并不因此损害勃艮第的葡萄酒，纯粹出于一视同仁的精神"[5]。如果不经常考察魏尔伦一生与酒精的关系，那他的一切都将无法理解。这种情况下，最简单的总是把一切账算到遗传问题上，这也的确是个方便的解释。许多传记作者都不会不召来他的祖父大人，那是个饮酒成性的醉鬼；不但如此，还有曾祖父——一个性情暴躁、好吹毛求疵、出言不逊的人；和高祖，运货马车车夫，所到之处，一有酒馆便要停下喝上一小杯烧酒。这样解释是不愿意明白酒精在魏尔伦身上代表的根本不是被动遭受的命运，恰恰相反，是与他诗歌经历分不开的一种存在的选择。《忏悔录》中首要的一段，他在给我们讲童年患的一次严重的伤寒时，提到一种发烧带来的减去负担的现象，前面我已着重指出过，他立即将这现象与醉酒联系起来："人不再知道身在何处，只知道在那儿很好，更好。有点像醉酒的某些时刻，以为想起曾经经历过现在这一刻，而此刻正体验着那一刻。只是生病时，感觉太模糊，已不再是感觉，而是无限的温存，虚无的快乐，胜过任何充实饱满。"现在经历一个事件，现在体验一种感觉，现在感受一种情感，同时又像是在回忆这一切，以回忆的方式重新经历这一切。总是酒精中毒的这种双重时间，正像吉尔·德勒兹所言，酒精中毒"不像是在寻求一种快感，而是寻求一种效应。这种效应主要在于：现在的一种非同寻常的硬化。人同时生活在两个时间里，同时经历着两个时刻，但绝不是以普鲁斯特那种方式。另一时刻既可以是指不喝酒的生活的计划，也可以是对不喝酒的生活的回忆；它被包围它的这个变硬的现在抓住（就像一个软疱在一块硬化的肉里）、深刻地改变，却仍以完全不同的方式存在着。在另一刻这柔软的中心里，酗酒者可以把自己与所爱、'所厌恶和同情'的对象同化，而同时，正经历的和想要的现时的这种坚硬又让他可以与现实拉开距离。酗酒者爱僵硬包围和蕴含的柔软，也同样爱他感受到的这种僵硬"[6]。必须有现在的这种紧张严酷才有权参与想象中的过去。但其实一旦现时不再作为酒精的即时效应来经历，而是作为或近或远的以前"曾喝过"（毕竟出于即时迅速地远离曾经喝酒的时刻的幻想，再喝的必要性——至少心理和身体上同样必要——很快又会占上风）的效应来经历，包围和困住过去的现在的这种强直和硬化会导致这个过去本身的一种非现实化、一种间离。这样一来，变得烦死人的现在便失去了所有的功效，"就此，现在的硬化的意义完全改变了，处于硬化状态的现在变得失去控制力和色彩，里面不再包着任何东西，还与另一时刻的各个方面拉开距离，仿佛最近的过去，曾在其上形成的同化的过去，总之提供一种物质不喝酒的过去，这一切都飞快逝去，这一切都很遥远，被这处于越来越大的沙漠中的新的现在的四处扩张距于千里之外"[7]。也就是说，酗酒首先是目标逃逸与丧失的效应。那由此怎能不着重指出呢，从存在的角度讲，在魏尔伦缺席、消逝、丧失的早期诗歌艺术与其酗酒行为之间没有任何区别。而且也不是不可以这样认为：随着最具魏尔伦特色的诗歌艺术的崩溃，惊人地发展和严重起来的酗酒行为正好接替了这种诗艺，对主体产生完全一样的影响。酒精没有毁掉魏尔伦的灵感，而是以另一种更直接、更具体的方式延长了灵感这种虚无化的效应。文学的局限性：苦艾酒确确实实可以拥有与最美的诗歌同样的力量。

无疑，在阿图瓦省的这段长假期间，魏尔伦曾想到比利时的阿登山区走一趟，去问候一下他的朋友，叙叙旧，了解一下当地的传闻野史，婚丧嫁娶。很可能他在8月22日给好朋友、帕利瑟勒市长的儿子埃克托尔·佩罗写信时还在拟订计划。看来由于父亲身体不好，乡下空气也没带来多大起色，这一计划未能实现。否则他何必在1863年3月的信中向埃克托尔讲他假期的日程呢？未能成行，他的感受肯定像是被痛苦地剥夺了应得的权利。因为从童年起，他便习惯每年到比利时的阿登山区去，对于他来说那里永远都将是找回力量、重获纯洁的领地。在那里，他住在森林高地的心脏地带，上法涅高地地区的莱斯河与瑟穆瓦河之间的阿登高原上。他的确属于森林，而不属于山谷。他深深地依恋那里，他给欧内斯特·雷诺的《献辞》的第一节证明了这一点：

> 我们俩都是半个阿登山区人，
> 我比你色儿更深——可否说更野蛮？
> 我出自大森林而你来自山谷，
> 温和料峭和我熟悉的你一样。

一个密林中、阴影里的魏尔伦，一个深色的、野蛮的、甚至原始的魏尔伦，几乎像一只狼：

父亲家乡有数不清的树林，

林中狼眼不时在暗处放光，

黑色的越橘在绿橡树脚下。

幽黑深邃，无遮拦的池塘上，

含香脂味的北风飒飒吹拂

矿石般纯净的水微波荡漾。

板岩盖就的村庄蓝蓝的屋顶

周围是它们的耕地和牧场。

无双的牲畜做成美味的肉酱，

有点野蛮，位居上乘肉食之列；

村民靠着虔诚的信仰，幸福欢畅。

——《爱心集》

夏天，魏尔伦去阿登山区时，他或住在永维尔（"请念迪永维"），或住在帕利瑟勒（"请念帕利泽"）。永维尔住着魏尔伦的一个姑姑，是他父亲的二姐，名字叫朱莉，她嫁给本村人埃弗拉尔先生，此人后来当了当地市长。这个姑姑住在教堂旁边一座显贵人家的结实舒服的宅第，房子用当地砾石盖成，栗色与绿色相间，窗子四周砌了一圈红砖做装饰。在这里漫步，魏尔伦永远也不厌倦。当地山毛榉、云杉林和牧场、池塘相间。每次他离开朱莉姑姑家，沿着缓缓上升的路而行。两边是牧场，他则欣赏着广阔的天际。那里依稀可见帕利瑟勒与永维尔之间的索尔蒙森林，奥法涅和永维尔上面的大韦兹和大博弗森林，永维尔与阿克尔芒之间的斯托克森林。再往上，则是永维尔与奥尚间的吕布森林，以及大韦兹、佩罗韦兹、蓬塞、诺埃的冰凉黝黑的潭水。在距布永三法里的当地小小的首府帕利瑟勒，住着他姑姑路易丝·格朗让，父亲的另一个姐姐。她的退休的舅舅，即安娜-路易丝（诗人的祖母）的兄弟，在她三十一岁时娶了她。他是外甥女的监护人，她的美貌可能促使他对她负责到底，并从监护关系变成了夫妻关系。1825年后不久，他们住进了卡尔斯布尔城堡，一座巨大的18世纪的古典建筑，有两个侧翼，中间夹着大庭院，那原是布永公爵的故居。中校于1848年3月23日不幸去世的前几年——1844年10月7日——他不得不痛心疾首地将这富丽堂皇的花园宅邸卖给了那慕尔的德埃塞尔主教，而因为房子的维修费用大大超出了他的财力，主教又将它出让给了基督教友会[8]。路易丝姑姑回到帕利瑟勒。但小保罗来度假时，他们就坐着简朴的带长凳的马车去看从前的家宅。现在被无知兄弟会改成了学校。"在'卡勒斯布尔'城堡（当地就是这么念的），等着我们的，即使说不上是盛大的款待，也是大方而由衷的接待。欢乐，不含恶意的玩笑，有几分戏谑，啊，无邪的戏谑，充满风趣而又纯任自然！令人愉快地为喜人的菜肴和开心的葡萄酒尽情添加作料。"[9]兄弟会会长趁机建议他读夏多布里昂和恺撒的回忆录。饭后，保罗和姑姑在宽大的花园散步。花园一部分已改成操场。他也许会暗想，倘若命运稍好一些，他可能就成为这里的城堡主了。

路易丝姑姑是个严厉的女人，坚决支持奥尔良党人，她家里笼罩的气氛或许有点过于虔诚：她若不在家接待在鲁汶做教授的议事司铎勒费弗尔或朗班司铎，便带保罗去老教士莫里家，他曾当过本堂区的神父。另外，本村的神父格扎维埃·德洛涅教士，也总是泡在姑姑家。但他是个好人，不仅让人随便进他的果园和他取之不尽的水果仓库，那些水果个个鲜美多汁，还邀请魏尔伦一家，在他几个同行教士作陪下，品尝鳟鱼。这些品尝是完全世俗的，却令人难以忘怀。等他的弟弟让-巴蒂斯特接替他的帕利瑟勒神父职位后，可能为保罗好，硬要替他补习拉丁文，而后是希腊文，但他仍保留了本堂神父家中美酒佳肴和天主教飘香的优良家庭传统。最主要的，帕利瑟勒是一方美妙的自由空间。与父亲频繁出猎，他背着猎袋和丰盛的饭菜，在林中长时间漫步，采摘越橘，在河里打捞鳟鱼和螯虾。村里孩子当中，保罗有一帮朋友：埃克托尔，帕利瑟勒市长佩罗先生的儿子；让-巴蒂斯特·德韦兹，治安法庭书记员的侄子；还有卡米耶·卡斯蒂隆和伊斯塔斯兄弟。这个小城里人肯定在这群乡下人中间称王称霸。据说所有人都对他百依百顺，原谅他这个惯坏了的孩子的任性行为。父母要去昂山洞远足，刚刚说不能带他去，孩子立刻大发雷霆，大家赶紧做出让步。大人们好像忽略了他，因为他们在一边喝咖啡，保罗立即进行报复。等大家在花园深处找到坐着的他时，他已认认真真地把花园蹂躏了一番，只见他用一把刀"在……父亲的大礼帽里把胡萝卜、豌豆和四季豆切成碎块"，还"不无骄傲地"展示"他的残老军人汤煲——'残老军人'是大家吃饭时曾激动谈论的话题"[10]。

紧邻帕利瑟勒，还有布永。镇子完全在花岗岩上开凿而成，黑色的河水"下面是饶舌的砾石河床，那里的鳟鱼真可谓神奇"[11]，"布永集中了绿的各种色调，形状像漏斗，天际是枞树、橡树、桦树和本地区的各种树木，小小的城市附近，山坡上，反常地长出一排排园子，还经过耕种。很好，的确，也很俏，不是吗？"[12]保罗·克洛岱尔至少有一次，在这一点上没有搞错，他称保罗·魏尔伦"阿登山区和板岩的儿子……我尤其指的是默兹河的板岩、菲迈的板岩和比利时的板岩。这一沓从自然档案馆抽取的黑色薄片，记忆中深深储存着这北方的天空，在太阳和我们之间永远夹进一层忧郁的帷幕……永远潮湿且比细雨更晦暗的板岩！'啊，风中美丽的黑色池塘，'诗人后来写道，'在崎岖不平的草地中间欢快阴森地汩汩作响！'……就像凝结哈气的玻璃，板岩仿佛向流浪者伸出那饱含黑暗、闪着反光的不透明的页面，在上面留下迟疑而又灵活的手印"[13]。薄雾、灰蒙蒙中"模糊与明确交汇"。但板岩并不只是严峻："它也是那些故事里讲的一条华丽的裙子，'时间颜色'的①，这些故事从前令我们的想象惊叹。只要一丝微笑和一个念头就可点亮沉默的眼睛，只要一线阳光就能让雾霭与页岩歌唱[14]。"还可以轻易地继续比下去，因为板岩也是一种崩解、风化的岩石。岩石一片一片，无可挽回地离去，再没有比这种剥蚀现象更深刻的魏尔伦的风格了。

保罗·魏尔伦，来自北方的人，甚至是北欧人，这是毫无异议的，也是罕见的，在当时几乎是个例外。整个19世纪的文学界和艺术界都不可抵御地受到地中海地区的灿烂阳光的吸引，拉马丁、奈瓦尔、福楼拜、莫泊桑、洛蒂以及其他许多人纷纷走向北非和东方，那些地方在作家、画家的梦想中逐渐取代了意大利。而成年魏尔伦却只跨过一次卢瓦尔河，从未越过温泉浴场艾克斯。在那儿小住也是迫不得已，仅仅由于温泉疗法的需要。他本是个喜欢扎根和寻根的人，却丝毫未感到返回幼年与父母住过的蒙彼利埃、尼姆、塞特的需要。他的确不属于灿烂阳光，不属于强烈、刺眼的光线："我是北方人，我不太欣赏、不太喜欢太阳，它让我恶心、昏头涨脑、失去判断力。相比之下，我绝对喜欢，'清醒的冬天'，就像亲爱的伟大的斯特凡·马拉美一样。"（《狱中杂记》）他为夏尔·克罗②写过一篇文章，夏尔·克罗虽是南方人，生在纳博讷附近，却受不了炎热的天气，魏尔伦赶紧表示他也不喜欢过分的炎热："非凡的春天要把我们烧熟，而不只是加加热，令你恼火而不是赋予你活力。对于从北方回

---

① 故事出自夏尔·佩罗收集的童话《驴皮记》，公主为了打消国王与自己结婚的念头，提出要各种颜色的裙子，其中便有时间颜色的。

② 夏尔·克罗（1842—1888），法国诗人、科学家。

来的我，春天具有一种本事，能加剧哀伤情绪，而过度的炎热和光线总是唤起我这种情感。"[15]他还说，"春天，这种复活"总让他联想到亡者，仿佛没有比生命的萌芽本身更带丧葬气的东西似的。在这方面，阴郁的魏尔伦是个特殊人物。

毕竟任何生命都不只是单纯按时间发展的过程，毕竟任何存在，至少既是空间和地理上的存在，也是历时性的存在。所以这里简单勾勒一下阿登山区向魏尔伦未来投射的最早的两个投影的轮廓。首先当然是重要的兰波时期，故意卖关子的确是很愚蠢的。魏尔伦之所以一度变得那样兰波化，也是因为阿登山区这个空间使两位诗人的愿望结合了。在这一点上应该流动交叉地阅读兰波和魏尔伦。大家知道，阿蒂尔·兰波没有在写作中存在过，对于他的读者来说，他只在旅行中存在。他整整一生从未停止过脚步。有必要指出吗？构成兰波地上存在的真正的统一性的，是行进，它远远超过写作。他可以停止写作，却永远停不下行进的脚步[16]。1872年7月两位诗人双双逃往布鲁塞尔时，法国的阿登山区，接着是比利时的阿登山区，是他们新婚和幸福的入门之路[17]。亏了一个老朋友深夜给他们弄到一辆车，他们越过了沙勒维尔和热斯潘萨尔之间的四法里。然后，对密林深处走私者们的羊肠小道了如指掌的阿蒂尔不费吹灰之力便让他们悄悄穿过皮斯芒日旁边的边界。既然到了比利时，就轮到保罗来应付了，他也一样毫不费力地辨别方向、找到道路，因为他从此便是在自己的土地上了。有了这次穿越阿登山区阴暗丛林的美妙经历，他们结合得更紧密了。

第二个重大的阿登山区时期，确切地说准阿登山区时期（一切俱在这准字上），是魏尔伦大胆地到香槟省和阿登省交界的地方进行倒霉的农业尝试的时期，这段历史将在必要时详细讲来。那时年轻的吕西安·雷蒂努瓦在诗人心中取代了阿蒂尔·兰波。诗人先后定居在瑞尼维尔和库洛姆，离兰波的村子罗什不远，但总的说来地理位置很差。那里石灰质土地和含泥灰土的冲积层软塌塌而不祥的起伏，取代了童年潮湿幽暗的森林，凄凉的白垩小路取代了美丽的林阴小径，一切离对阿蒂尔的回忆既最接近也最遥远。仿佛魏尔伦和吕西安住在那儿是不想背弃祖先的土地，仿佛选择了香槟平原的肃杀愁惨也可以赎罪。

每当魏尔伦穿过一段异常艰难的航道，度过一个严重抑郁的阶段，他都特别想回到阿登山区。比如1885年6月，他的农业经营遭受惨败，由于侵犯了母亲而在武济耶监狱服刑，期满后已经四十一岁的他，现在完全没了主张，在法国的阿登山区的大路上流浪。后来去了瑞尼维尔，抱着侥幸的希望，想在公证人那里收回一点钱。当然他一个子儿也没拿到。他的债券是不可索还的。他又气又恼，哑口无言，马上就想喝遍瑞尼维尔的所有咖啡馆。幸好这时他灵机一动，悄悄偷越（自从在布鲁塞尔受审以来，他被剥夺了居留权）比利时边界，来到科尔比庸让-巴蒂斯特·德韦兹神父家，那是他幼年时在帕利瑟勒的一个老朋友。他先做教士，后在鲁汶天主教大学任教授，由于严重的健康问题不得不放弃教师职务，回去当卑微的乡下神父。他把诗人安顿在一个孤零零的茅草屋里，那是在一个叫博雅邦的地方，就在界河上。万一比利时警察发觉他的处境不合法，他只要跳河便可返回法国。白天，魏尔伦就到河边和周围的森林进行长途漫步。有时他攀上山脊布满石子的小路，小路通往布道台，那是个天然的平台。从那里望去，壮观的景色尽收眼底：种了树的山坡，布普昂铺着板岩的老房子，宽阔壮丽的瑟穆瓦河湾环绕的巨大岬角，远山的轮廓。晚上他悄悄在神父家与神父相会，进行没完没了的长谈，到深夜方才结束。他是安心而且振作地回到巴黎的。1890年，一文不名的诗人在布鲁塞尔医院治病，德韦兹神父邀他到他在科尔比庸的小宅小住，他真是欣喜若狂。莱昂·布鲁瓦也受到邀请，他愿意负责一切准备工作。但教士没有再次回信，性情暴躁的布鲁瓦从不放过这样的机会，少不了给可怜的神父寄去一篇言辞激烈、抨击教士的文章。此举很不公平，因为那不幸的教士患了癌症，大概几星期后就不治而亡了。

对比利时阿登山区、上法涅高地的回忆萦绕在最后几年身在巴黎的魏尔伦心头。在他死后发表的一篇文章——可能写于1894—1895年间，即他去世前一两年——中写到他梦见自己在童年的地方散步："变得多么厉害！林中，一进来的右侧，昔日在散发着欧石楠、越橘树与染料木芳香，还充满遥远的狼嚎及仿佛近在咫尺的狼眼的风中沙沙细语的大树林，而今安上了煤气路灯，一块块的林间空地，现在是发出恶臭的工业。[……]我认出那棵橡树了吗，在一进树林的地方耸立的'老人'？……萨尔蒙（不错就是这个名字）树林，离最前面的大树只有几米远。真丑啊！一个鲁宾孙在那儿扎了营，供给半拉农民夫妇们使用：啤酒和糖浆，杏元饼干和冷小牛肉，满身污垢的厨师长和肮脏的女侍者。人行道、沥青、混凝土。周围的原野有的地方荒芜原始，由于有很多菜园而变得平坦。风中美丽的黑色池塘过去在崎岖不平的草地中间欢快阴森地汩汩作响，现在塘中有天鹅和愚蠢的鲤鱼，塘边是粉红色的花岗岩……我对水自照，看见一张胖胖的大脸，不禁羞愧难当。面对昔日在那里活生生的纯真无邪和那时的瘦削与这滑稽、可憎的丰腴之间发生的一切，这丰腴中表明其间消化了多少东西，多少平淡、丑陋、乏味和卑劣的东西。"[18] 在诗人的想象中（其实索尔蒙森林——不是萨尔蒙森林——从未遭到毁坏），景物从此变了样，正如人随着岁月和一次次妥协变丑了一样。编造出童年住过的地方、原来的阿登山区无法挽回的变质，对于魏尔伦来说就是意识到纯真的丧失；从某种角度而言，就是看到自己已经死去。

魏尔伦的母亲

魏尔伦的父亲

五岁的魏尔伦自画像

（雅克·杜塞文学图书馆馆藏）

十三岁的魏尔伦

（皮埃尔·珀蒂菲斯收藏）

魏尔伦自画像

（雅克·杜塞文学图书馆馆藏）

行吟诗人魏尔伦像

（巴齐耶绘）

第二部

进入文坛和家庭

（1862年10月—1871年8月）

第四章

一家之子的两种生活

> 我接着讲这个我本想说荒诞的故事，且说童话吧。
>
> ——保罗·魏尔伦《忏悔录》

1862年10月，假期结束，该赶紧回巴黎了。即使魏尔伦早已一心想着文学，在他父母看来，在十九岁半的年纪，他还是很难满足于未来诗人这样至少是不稳定和变化莫测的身份，他必须假装选择一个最体面的职业蒙骗他们，那就是法律。"借口学习法学，我在先贤祠广场的学校注了册，听几次多少有点让人昏昏欲睡的法国法和罗马法的课，同时忘不了其他在苏夫洛街小酒店的课（这种小酒店如同当代女子啤酒馆的雏形），以至'法律与惯例'的学习很快就被鄙人放弃了。"[1]在这点上可以相信魏尔伦，无疑拿破仑法典的教学和旨在准备进财政部的考试的数学课肯定远没有咖啡馆的长谈令他感兴趣。但是，读他1863年3月给埃克托尔·佩罗的信，可见当时父母没有放松监督，给他规定了十分严格的日程表："这是我的一天：8点起床去上一节算术课（因为我算术不行，必须至少要学得过得去，才不致在不久之后的财政部考试中落选）。10点回家吃午饭，然后去法律学校。你也许知道，那儿离巴蒂尼奥尔很远。上完一小时的课，我去圣热纳维埃芙图书馆刻苦钻研法律和算术。然后，慢慢往巴蒂尼奥尔走。晚饭后，相反，就没事可干了……"[2]

其实魏尔伦的真正营生不是别的，就是狂热地读书。我们不得不听听勒佩勒捷的描述，来想象一下两个朋友对文学难以满足的饥渴，他们真是把圣热纳维埃芙图书馆和索邦大学对面的阅览室洗劫了一番："我们那时看书，没有头绪，因为我们互相示意，彼此传看一本本书。希腊古典作品［……］，历史学家米什莱、亨利·马丁、沃拉贝勒、路易·布朗，哲学家笛卡尔、尼科尔，蒲鲁东的一两部作品（其中有《革命和教会中的公正》，那时是禁书），埃米尔·赛塞，朱尔·西蒙。许多批评作品，维尔曼及其对16世纪文学的描述，费拉莱特·夏斯勒及其中世纪，圣伯夫及其《月曜日》，泰纳及其《英国文学史》，还有古代的编年史作者帕尔马·卡耶、蒙吕克、欧比涅（他尤其作为写《惩罚集》的激烈诗人受到我们欣赏）；福施先生刚刚翻译的吠陀诗：《罗摩衍那》或者《摩诃婆罗多》的片段；外国戏剧：莎士比亚、卡尔德隆、洛佩·德·维加、歌德；关于法国大革命的各种出版物和几部英国小说：狄更斯的《董贝父子》《大卫·科波菲尔》、萨克雷的《名利场》。我们较好地掌握了所有古典文学、拉丁语和法语文学。还有一些二流作者，但也很别致，如佩特吕斯·博雷尔和阿卢瓦西乌斯·贝特朗①，这个敏感的雕刻家，魏尔伦在昂热搞到他的《夜之幽灵》最初的版本。他们都让魏尔伦着迷。"[3]在这样令人难以置信的兼收并蓄式的阅读中，也出现了约瑟夫·德·迈斯特尔和司汤达的《红与黑》，但魏尔伦对浪漫主义的热爱还是占主导地位，他从来就是一个彻底的雨果崇拜者。他把根西岛的英雄那四部伟大的抒情诗集《秋叶集》《心声集》《黄昏之歌》和《光与影》一读再读。这四部"中间色调作品"，因为"它们相对的质朴"和"某种真诚的语调"赢得他的喜爱。他仍然醉心于《巴黎圣母院》。这个对情节剧始终敏感的永远的"巴黎郊区观众"尤其欣赏雨果那像火焰喷射一般的堂吉诃德式的戏剧，他在1861年3月不就写了一篇颂歌《献给堂吉诃德》吗？"年老的勇士，伟大的流浪者"，"集大成者"，指引"神圣的诗人们/披头散发、头缠马鞭草/向奇思异想冲锋"。为了更好地表达对雨果的顶礼膜拜，他从不放过任何一个机会，和勒佩勒捷一起去为弗朗索瓦·彭萨尔、欧仁·斯克里布、埃米尔·奥吉埃、奥克塔夫·弗耶等现实主义和因循守旧的所有庸才喝倒彩。

另外，魏尔伦开始真正的写作了。作为将历史剧视为不可超越的体裁的浪漫主义的狂热仰慕者，他首先表现出创作戏剧的朦胧愿望。那种历史剧情节不受拘束，还带有地方色彩。他酝酿了一出关于查理六世的剧本。"第一幕（是化装舞会，舞会上国

---

① 阿卢瓦西乌斯·贝特朗（1807—1841），法国诗人，剧作家，被视为散文诗的首创者，最为著名的作品就是遗著《夜之幽灵》。

王有些激动，开始要发疯）以一支狂欢的轮舞做点缀，是这样开头的"：

> 大家喝吧、跳吧
>
> 让我主耶稣
>
> 和圣徒们摇摆
>
> 受绞刑的人的锁链吧！

"传奇的森林和百年战争的情节构成该剧主要的曲折。森林里，君王遭到一个类似野人的突袭，那是半疯的偷猎者，他的出现导致国王精神错乱。"[4] 他也设想了一出与这个疯人查理截然相反的贤人查理（以国王让和埃蒂安·马塞尔为原型）。他梦想"一出六幕的路易十五，剧中可以看到达米安①用小折刀为他遭劫持并被关进鹿园的妹妹报仇"[5]；他甚至想让查理九世的情妇玛丽·图谢成为一出戏的女主角。这些计划最终都没有结果，人们甚至可以怀疑它们是否超越了朦胧的梦想阶段，是否真的开始付诸实现。其实只有诗歌真正让年轻人感兴趣，最令人叫绝的恰恰是魏尔伦立刻找到了自己的笔调，别人无法模仿的笔调，完全属于他自己的笔调[6]。他没有艰难地摸索和无休止的犹豫，没有艰苦的探索和无穷的预备性试验，没有汁液逐渐的缓慢的上升，而是立刻开花，而且，几乎所有人都马上加上一句，又迅速地枯萎。因为毕竟这样的隐喻意味着最美的花也是最短暂和最容易凋谢的。衰退几乎和天赋来得一样早。但这个问题，我将一再谈到，而且从容道来。暂时只要注意这一点即可，自从1861年7月21日的《废话》表白了对死神夫人的爱情之日起，"死亡、逃逸、缺席、这灵魂的空的所在［……］"已经"作为魏尔伦诗歌的基础出现"[7]，而那时他才十七岁。须知这个奇特的心上人的缺席之所以让诗人难过，不正是因为死神本身就是原本的、大写的缺席？另外，标题本身，仿佛轻轻弹出一个错的音符，防止别人把这丧葬的爱情包含的过于悲怆的东西当真，这种看破一切的洒脱已经完全是魏尔伦的风格了。最后也少不了会发现，在魏尔伦那里，存在的抑郁，换句话说，忧伤，先于任何直接叙述生平的动机。确实，暂时很难在保罗·魏尔伦的年轻生命里找到如此突出的痛苦和悲

---

① 达米安（1715—1757）是法国国王的侍从，因用一把小折刀砍了路易十五一下而被处以磔刑。

哀，能够解释这种阴森的倾向，这种对丧失与缺席的迷恋。

魏尔伦认为他真正的未来在于诗歌的一个证明，他甚至试图发表作品。1862年10月28日，他把这首诗寄给了埃蒂安·卡尔雅，后者前一年创办了《大马路》杂志。随诗还附上一封信：

> 久闻您对年轻笔者的善意美名，我受到鼓舞，将下面几首诗交与您评鉴。倘觉得尚有必要，请求您将它们发在您下一期或以后某期的《大马路》上。
>
> 若看到自己的作品**第一次**发表，对您的感激将不亚于我所感到的幸福。
>
> 先生，请接受我殷勤的问候。若您照顾我的请求，也请接受我最热烈的感谢。[8]

1月8日魏尔伦重新注册学法律，但这只不过是再次掩人耳目罢了。显而易见，他花在课上的时间越来越少，而在巴黎的长途漫步和在咖啡馆的没完没了的交谈越来越多。父亲对他的潇洒不可能以好眼相看，尤其是家中的境况已不太光明。六十五岁的上尉身体已很虚弱，患了白内障的左眼看东西越来越模糊，如今右眼也受到威胁。至于家里的资本，由于不断动用去做冒险的投机和糟糕的投资，已大大削减，不久就只剩下一份回忆了。一家人之所以搬到勒梅尔歇街45号，也许就是因为租金便宜得多。身体虚弱，为未来担忧的上尉督促儿子找份工作，迫使他去"一个特殊教练那里进行职业培训。那人叫萨弗莱，在佛布尔－圣奥诺雷街开授书法和管账课。他在几个月里学习'写字'。中学培养出的文学业士没有能力靠笔杆子在办公室挣钱糊口，无论什么行政单位都不可能录用年轻的修辞班的学生，他们参差不齐的字迹顶多可以抄写一些给印刷工人看的手稿，那些人最擅长辨认潦草的笔迹"[9]。这是保罗·魏尔伦一生中最像布瓦尔与佩居谢①的时期，这两个无人匹敌的誊写专家，一个"在一家商行"利用"他的妙手"，一个受雇于部里，因为一个处长"被他的书法吸引了"。1864年1月，亏了一个从前的战友、如今的退休军官达尔塞先生的推荐，父亲让他进了埃尔代街的"天鹰与太阳"保险公司做职员。魏尔伦在那儿只待了三个月，那只是个候补职

---

① 福楼拜的小说《布瓦尔与佩居谢》中的人物。

位，权宜之计。1864年3月，经过一个书写与会计学的小测试后，魏尔伦被录用为德鲁欧街第9区区政府见习誉写员。他被分到户籍处，婚姻办公室。要等到1865年1月1日，才正式担任城市预算和账目办公室制作拨款手续副本的职员，年薪1500法郎。这样庄严的头衔之下，他的职责只不过是通知支付巴黎及郊区教士的薪金。这是份美差。和所有19世纪担任公务员的作家一样，比如，于斯曼承认他有几部小说完全是在内政部办公室写的；莫泊桑专门写部里那群气味相投的家伙的短篇就是在海军部办公室完成的；魏尔伦在办公室里也是尽量少开展真正意义上的行政事务。他快10点才到，一签了到——这常常就是他一天唯一真正的公务——他便开始看看当天的报纸，勾勒几幅漫画，酝酿一首十四行诗，尝试几个韵脚。看来，真是出奇地侥幸，名叫居伊的主要的办事员目标只有一个，就是获得额外的活儿，而魏尔伦的懒惰使他毫无竞争对手，诗人因而完全赢得他的善待。只要有可能，中午前后魏尔伦就溜了，把帽子仍留在衣钩上，万一某个吹毛求疵的副主管突然来访，明显的物证就可说明他出勤了。但无疑总有些该死的时期，魏尔伦职员必须整天关在办公室弥补损失的时间，火速清理几星期来积攒下的厚厚的延误的卷宗。可怕的、烦人的案牍苦刑……

等魏尔伦终于离开办公室，就向里弗利街的加兹咖啡馆走去，那里是在市政府工作的文人喜爱的庇护所，而这样的人还为数不少。乔治·拉弗内特、阿尔芒·雷诺、莱昂·瓦拉德、阿尔贝·梅拉。终于可以辩论了！与文学有关的一切魏尔伦都感兴趣。也许就是为此，他继续与他中学的一个老同学保罗－路易·米欧－弗罗肖来往。此人酷爱中世纪、骑士小说和圣杯历险故事，并醉心于专深的著作。即使这些图书管理员和古文字学者的艰苦工作并不真正属于文学，他总属于文字。在魏尔伦看来，这总比什么都不是强。通过他，魏尔伦1863年结识了路易－格扎维埃·德·里卡尔，并立即迷上了他。"这个勤勉的侯爵、民主人士的人生之路真可谓稀奇独特，先后做过政治家、哲学家、剧作者、诗人、竞选人、农学家、奥克语作家、探险家、殖民者、历史学家和小说家。"多年以后，他的老同学埃德蒙·勒佩勒捷写道。[10]里卡尔的父亲是一个因保王事业受到严重牵连的流亡者的儿子，他参加过意大利和西班牙战役，后归附了波旁家族。在马提尼克岛度过几年后，当上了准将，后又获得圣西尔军校的指挥权。拿破仑三世政变后，凭着其见风使舵的惊人本领，当上了热罗姆亲王的第一副官。至于他母亲，德·里卡尔将军侯爵夫人，比她退休后致力于撰写王室重要人物回忆录的丈夫年轻三十岁，她是"一个可爱的女人，相当爱俏和粗心，不怎么精通文学，惧怕政治，但宠爱他的儿子，很高兴他接待同伴，吸引名人或有趣的人来访。她乐于倾听，并不加入那些不激烈但有时像打雷一样的争论。她迷恋青年，嘈杂声很中她的意"[11]。她主持"一个有点即兴性质的非常随意的沙龙"[12]，接待卡蒂勒·孟戴斯、弗朗索瓦·科佩、阿纳托尔·法朗士、苏利·普吕多姆、维利耶·德·利尔-亚当和何塞-马里亚·德·埃雷迪亚。

仿佛这些令人惊叹的晚会还不足以使里卡尔在魏尔伦眼里显得十分辉煌，他另外还通过舅舅，从年少时起便经常走访小有名气的东方学家吉约姆·波蒂埃。此人熟悉整个高雅文学界，尤其是阿尔弗雷德·德·维尼和安托尼·德尚。最后里卡尔还出入弗吉妮·昂斯洛夫人[13]的真正的沙龙（从1824年就存在了！），她是小说家、剧作家、画家，她接待的一大群学士院院士、诗人、艺术家中，也有维利耶·德·利尔-亚当。这对魏尔伦是多么眩目，尤其多么幸运的事啊！别忘了在19世纪，沙龙对人的一生是一块具有战略性的空间，"可能是在权力场与智力场中间最重要的制度性媒介"[14]。

魏尔伦怎能不对莱昂-格扎维埃·德·里卡尔着迷呢，前一年，他十九岁时便已在普莱-马拉西出版社发表了一部杰出的诗歌巨作，不少于442页，"带着年轻人的卖弄学问劲儿"，混合了"哲学、宗教批评和高雅文学问题"[15]，题目是《黎明之歌——献给少女们》。里卡尔的诗之所以不愿美学第一，拒绝依照勒孔特·德·李勒、邦维尔、埃雷迪亚的观点成为对美的纯粹礼拜，是因为他认为政治环境不大适合为艺术而艺术，而要求做出别的表示，更加直接，更加具有战斗性。暂时他还不会归附于那些最关注形式研究的年轻诗人，那些诗人为此赢得了各种称号，一个比一个更带嘲讽意味。正像后来卡蒂勒·孟戴斯回忆的那样："因为他们关心文风的纠正和纯洁，人家就管他们叫'文风派'；因为他们在意形式，就叫形式派——用布里杜瓦松①的嗓子说是'西……盈式'派；因为其中一个人办了份刊物叫《幻想月刊》，便叫'幻想派'。阿尔贝·格拉蒂尼刚献给泰奥菲尔·戈蒂耶一首诗，题为《不动声色》。

---

① 布里杜瓦松：法国剧作家博马舍的《费加罗的婚礼》中滑稽、愚蠢、口吃的法官，自称尤其喜欢"西……盈式"。

[……] 从此，我们再怎么大声呼喊、做出抗议的举动，一句话，采取各种态度，完全有违不动声色的信条，都是枉然。一切已无可挽回，成了定论，我们就是'不动声色的人'。好像我们若写了关于花园的诗，就成了'园丁'；作过关于蝴蝶的谣曲，就是'扑蝴蝶的'；吟唱过鸟的颂歌，就是'鸟贩子'似的。"[16]

1864—1865年前后，大家异口同声抗议"十二年来强加给法国的沉闷的非智性"[17]。这不假，然而，里卡尔认为这种反抗仍然限于纯艺术、美学的范畴，狭隘地围于自身。他因而想抵制大部分年轻诗人对哲学思辨和政治热情表示出的冷漠。"1863年，"里卡尔在回忆录中讲道，"教会与自由思想的激烈斗争刚刚展开。一个今天已被遗忘的狂热的高级神职人员，奥尔良的主教，迪庞卢先生，在激烈的论战中抛出了他的小册子《敬告一家之长们》，这可绝非要息事宁人。小册子中，借口要把李特雷排除在法兰西学士院候选人之外，他向人们揭示帝国对勒南、泰纳、李特雷等人理论的轻率的宽容给教会和社会带来的危险。"[18]就是为了向反动势力开战，里卡尔利用来得正是时候的一个姑姑的遗产，办了《道德、文学、科学和艺术进步杂志》（真是应有尽有！），总部设在王子先生街，发行人是阿道夫·拉科。里卡尔重新采用路易·布朗已经用过的期刊名，却并未因此汲取他的专制社会主义和激进主义思想，而想归附于极端自由主义者和无政府主义者，如米什莱、基奈、蒲鲁东。1863年3月，第1期问世，刊首有："两段题词，解释了杂志的精神和倾向，第一段借用孔多塞①的'进步服从于与我们个人能力发展相同的普遍法则'；另一段取自米什莱：'女人是一所学校；早在父亲虑及教育之前，母亲已经施行了她的教育。这种教育是永不磨灭的。她需要有种信仰'。我们想要表达的是，"里卡尔明确解释道，"承认她的智力与她对当代社会发展方向的认同感。在那种新的社会里，在拉平从前各阶级的基础上，个人自由将缔造出普遍的团结。"[19]

1863年8月，魏尔伦就是在这本杂志上发表了第一首诗。他选择了那首《普吕多姆先生》，也无疑是因为这首讽刺大腹便便和平庸的资产阶级的小诗很符合该杂志的叛逆精神。那些资产阶级，总是采用现成的"不偏不倚"的观点，讨厌"作诗的人，

---

① 孔多塞（1743—1794），法国数学家、经济学家、哲学家和政治家，法国大革命期间立法会议中的吉伦特派，著有《人类精神进步历史概观》。

那些无赖、粗野的人，那些胡子拉碴、蓬头垢面的懒汉"，而"他很严肃：是市长和一家之长"（《感伤集》）。这首批判社会上保守主义思想的诗，采用科佩和梅拉那种对传统诗歌进行戏仿的形式，具有挑衅性，当然产生一种新的效果[20]。但毕竟这还不是兰波的风格，尤其不要过高估计它的批判力度，因为揭露资产者从福楼拜以来便成为文学的真正的**传统主题**①。人们也可以探询保罗·魏尔伦在这样一本杂志上究竟要干什么，我们看到他的诗夹在"一首带有倾向性的十四行诗，P.–C.帕朗的《献给二十岁的人们》和里卡尔的一首受勒南影响的长诗《耶稣的眼泪》（勒南的《耶稣的一生》刚刚发表，受到《进步杂志》全体人员的热烈欢迎）中间"[21]。在这样一本杂志中他真的找到合适的位置了吗？杂志的创办人是个称颂科学诗歌、内波穆塞尔·勒梅尔谢和埃德加·基奈的杰作的人。的确很难想象这个即将到来的《感伤集》的作者正与里卡尔和勒佩勒捷讨论科学诗的美和伟大，探询怎样才能将科学发现化为诗句。"创造力无始无终穿过无穷物质，形式挣脱出来，如同光从最初的黑暗中发出，物质的转化和生命绝妙的产生，在比宇宙空间的星辰、无边的尘埃还多的千百个世纪里"[22]。更难设想他会赞成里卡尔那些开除行动，现实主义者、幻想派、为艺术而艺术的信徒，里卡尔一概指责，喜欢奥古斯特·巴比埃的《角逐》而不是邦维尔、波德莱尔、勒孔特·德·李勒的诗。最后还粗暴对待泰奥菲尔·戈蒂耶，因为他"宣称语言被赋予人类就是不想说明任何东西"。在《进步杂志》第1期上的一首长长的书简诗里，里卡尔全心呼唤与"过去时代伟大的愤怒额头"相仿的诗人，"义愤，可怕而骄傲的缪斯，撞上他们便会让他怒不可遏"。然而，当他以《火山》为题，在《天空、街道与家》[23]中重新发表这些诗中的几首时，他把它们献给保罗·魏尔伦。里卡尔一度真的以为魏尔伦会成为当代义愤的可怕的火山口吗？他指望"他'愤怒的大前额'出其不意地抓住所有罪犯吗"？魏尔伦，新《惩罚集》的作者？这可是个惊人的预言。不过，在《天空、街道与家》的封面上，勒梅尔出版社预告的出版物中，除了《杂诗与十四行诗》（付印），还可发现保罗·魏尔伦的《达那伊得斯姐妹②：讽刺短

---

① 原文为英文。

② 古希腊神话中，达那俄斯的女儿们，在新婚之夜奉父命杀死自己的丈夫，即她们叔叔的儿子们，只有许珀耳涅斯特拉未对丈夫林叩斯下手。结果，她们被林叩斯杀死，死后在地狱受到惩罚，永无止境地往无底桶里灌水。

诗》。也许这个标题是《进步杂志》的领导者预感和鼓励的讽刺灵感的唯一遗迹[24]？

其实魏尔伦并未在其处女作上署上大名，而是用了笔名帕布罗。也许这是为了向父亲掩饰他参与带有煽动性的出版活动，预先防备可能的追查，但使用这样一个具有异国情调的笔名难道不也可以，而且尤其可以赋予作者某种新浪漫主义的气息吗？不也使他可以与杂志的进步主义实证主义稍稍拉开距离，置身于更具文化性和美学性的维度吗？勒佩勒捷回忆道，魏尔伦在1863年—1864年左右表现出一种强烈的"西班牙崇拜冲动"[25]，以至于想学西班牙语，以便阅读他热爱的伊比利亚半岛作家的作品原文，特别是塞万提斯、贡戈拉①。而最主要的是卡尔德隆，魏尔伦将其置于"与莎士比亚并驾齐驱的位置，甚至还在其上"[26]。而他只看过他们被翻译过来的作品。1863年7月14日，他向勒佩勒捷索要一本西班牙语法书。一年后，1864年的9月10日，他又来说："你能记得星期一晚上给我带来你那本西班牙语小字典吗？"[27]魏尔伦甚至还打算翻译卡尔德隆的一部作品《以牙还牙》（《暗中的伤害，暗中的报复》）。但其实，如果勒佩勒捷说的不假，魏尔伦在西班牙语方面从未有过多大进步，而且很快把学的那点也忘掉了。显而易见，这种西班牙特色首先构成一种浪漫主义遗产。他的西班牙是《爱尔那尼》和《吕伊·布拉斯》的西班牙，是梅里美的《卡门》和《克拉拉·加苏尔戏剧集》的西班牙，也是泰奥菲尔·戈蒂耶的《西班牙》的西班牙。对于保罗·魏尔伦，只有西班牙的才是真正浪漫主义的：

> 我是生就的浪漫派，命中本该
>
> 穿紧身燕尾服系着金属纽扣
>
> 留着山羊胡和刷子般的平头
>
> 讲着西班牙语，最忠诚也最凶悍，
>
> 眼神最适合传情又目中无人。[……]
>
> 此外，苍白蜡黄，还沉默寡言，像
>
> 埃斯科里亚尔宫患瘰疬的小王子……
>
> ——《昔日与昨天》

---

① 贡戈拉·伊·阿尔戈特（1561—1627），西班牙诗人、教士。他创造了一种词藻华丽而冷僻的风格，被称为"贡戈拉主义"。

但是，是否该把这种对西班牙的迷恋视为与他的北方气质相矛盾的东西呢？其实，乔治·伊藏巴尔不无道理地提起弗朗德勒和庇卡底地区在归属荷兰后便成为西班牙领地，因为荷兰当时属于菲利普二世。从许多方面而言，北方地区成为西班牙真正的北部山坡。确实只有对弗朗德勒一无所知才会意识不到它的西班牙特点，那奢华的巴洛克式建筑风格是何等明显。

1863年假期来到了。事实上，魏尔伦如何度过这个假期我们毫不知情。如果没有最平淡无奇的传记评论因为受不了一篇文字可以不直接来源于生活经历、觉得有义务臆造出一段失意的伟大恋情来解释未来的《感伤集》的强烈忧郁情调[28]，那么对那个假期也就没什么可说的了。1863年3月，魏尔伦告诉朋友埃克托尔·佩罗，埃莉萨打算6月来巴黎。以此为借口，人们便推测她在首都期间邀请魏尔伦一家于8、9月间去莱克吕斯。就在这个假期，保罗可能疯狂地爱上了他童年时纯真无瑕的姐姐。现在，再次生育已让她像花儿一样绽放，成为一个二十七岁的绝代少妇了。《路易丝·勒克莱克》讲的正是这种恋情，其中女主人公在枯燥之味的幽居中长大，父母是贵妇街拐角普通的杂货商，从她遇上莱昂·杜塞那一刻起，她的女性特征便出奇地焕发出来。那是一个漂亮小伙，商店店员，非常浅薄而毫无定见，但生来的情种："自然！他也开始发生改变。随着路易丝的身体变得美艳惊人，她的身体、胸脯、四肢可以说一天比一天更有威力，更美［……］同样，这个英俊的小伙子，接触了一个远远优于他的气质（人为的产物，巴黎的热情小伙，这种气质的形成有两方面原因，和有教养的女顾客打交道对他不无熏陶，职位类型又使他的优雅相对少一些时新店员气）的高雅气质后，不是变得女性化，而是在举止态度上感染上某种质朴、正派的东西。他的感官在这令他升华的爱中获得荣耀，赋予他整个举止和每一处美以一种真正更讨人喜欢的特点。他棕色的眼神深邃起来，但仍目光炯炯，还不失几分快活；手势变得适度而恰当，脸色不像从前那样通红，结实的红嘴唇带上完全男性化的习惯，同时也更亲切可爱，思想也变得活跃起来。"这种因爱而从身体和智力上得到超越的两个人物的相遇，是否真是自述，反映了保罗与埃莉萨在1863年夏天恍然发现他们已成为彼此互相吸引的成人？这是将自传想象中那一千零一种策略大大简化了，自传的想象真正说出了多少真实，就虚构了多少种真实的可能。1883年，魏尔伦（当时过着放荡的生活，大手大脚，加速了他经济的破产）开始写《路易丝·勒克莱克》时，正是在那些被搬移到作品中的爱情事件的二十年后。可以肯定，至少他既是在编造他曾经可能有的生活，也是在讲他从前的经历。回忆的搬移与升华，没有发生的未来的投影，虚构与精神胜利法，为了忘掉现在，这一切在《路易丝·勒克莱克》中紧紧地搅和在一起，这部作品因而不能作为一段相互恋情的见证。在这些情形下，最天真的莫过于硬要在《感伤集》中辨出这段爱情的诗体叙述，在整部诗集中断章取义，以重建一段连贯而严密的爱情故事的不同阶段：情绪日益激动，第一声肯定，第一个吻，第一次拥抱，爱的诱惑，而后埃莉萨冷静下来，作为真正的小资产阶级，想起了自己有丈夫孩子，便拒绝了；而保罗则必须放弃、忘却，极度绝望！这是非常蹩脚的感伤故事，而且必须明白，即使这很难做到，事实上，生活中没有任何真正的失意可以解释《感伤集》中的忧郁，它绝不是反映过去的生活，而是决定了未来的生活。

在巴黎，《进步杂志》以嘲弄政权为乐，该发生的果然发生了，因为帝国司法部门可是密切监视着这本带有煽动性的出版物。1864年2月的《通讯员》在其"评论"专栏进行了披露，随即得到其他神职人员办的刊物的支持。如弗约的《天下》和《当代杂志》，这促使杂志决心予以有力反击，并诉诸法律。主编路易-格扎维埃·德·里卡尔，以及作为发行人的阿道夫·拉科，作为同谋的夏尔·塞勒和费尔南·帕皮永接到到轻罪法庭第六庭出庭的传令。引起冲突的无疑是维克多·雨果给Th.卡赫尔的一封信的发表，信中他盛赞这个流亡者和他的剧作《黎恩济》，杂志也开始刊登这部剧作。尽管有知名律师阿道夫·克雷米约的秘书克莱芒律师、卡拉比、甘必大和安德烈·胡塞尔的辩护，主编里卡尔和发行人拉科仍被判三个月监禁，塞勒被判十五天监禁，帕皮永被释放。6月28日，经上诉，法庭维持对里卡尔的原判，但将拉科的监禁减为一个月。那么，魏尔伦觉得自己真和这些争取新闻和思想自由的政治斗争有关系、有牵连吗？几年以后，1869年3月，勒佩勒捷因违反出版法之罪，也被监禁在圣佩拉日监狱绰号小西伯利亚的牢房里，服刑一个月。那时，魏尔伦表现得异常不公正、不礼貌，甚至还生起朋友的气，因为对方只在寄到他母亲那里的一张卡片上留下简短的一句话，通知他突然受监禁之事。不管怎么说，竟是那倒霉的犯人又错了，这未免太过分了！"亲爱的朋友，你很关切地寄给我的告诉我你进监狱的那张扼要的卡片上，既没有丝毫希望我探望的意思，也没有提供一点情况有助于我去探望，我不前去你定然既不在意也不奇怪。而我当真不会前去，除非有信来（本来可以不这么迟缓），圣佩拉日很远，我的时间有限。[29]"魏尔伦这种令人难以置信的自欺欺人，恰恰表明他对政治及介入政治的抵制。在这一点上，他永远也不会改变。

从圣佩拉日出来不久，里卡尔由朋友魏尔伦和勒佩勒捷带去见欧内斯特·布蒂耶。这个小伙子至少是与众不同，保罗·魏尔伦将把《感伤集》的整个"忧郁"系列献给他。他"痴迷于拉丁语表达方式和七星诗社的诗人，妄想自创一种无人能理解的文风和古语；他用这种方法着手翻译佩特罗尼乌斯①的《萨蒂利孔》，佩特罗尼乌斯是他最爱的作家。但很可能由于不断校阅、净化他的译文以达到日趋古文化的目的，他势必最终将它恢复成拉丁原文了，因为译文从未问世"[30]。欧内斯特·布蒂耶带着那三个朋友去找阿方斯·勒梅尔，他接管了舒瓦泽大街47号书商佩尔斯皮尔的资产，该书商专营弥撒经本和劣等虔敬品。勒梅尔原想出版七星诗社诗人的定本，他先答应出版里卡尔的诗集《天空、街道和家》，后又同意负责出版他的新杂志《艺术》，那是一本理论兼战斗性周报，主要旨在继承已不存在的《进步杂志》。

《艺术》的第1期是在1865年11月2日星期四问世的，众多的专栏证明它力图涵盖知识与艺术创作的各个领域，共八个版面，每版三栏排得紧紧的文字。栏目有文学、美术、漫谈、研究、论战、传记、批评、戏剧与音乐评论、书讯、综合、消息、诗歌、旅游、历史、广告。在《艺术》周报上的确能看到《进步杂志》从前的撰稿人，比如安托尼·德尚、路易·布朗②、夏尔·约利埃，但还应发现，卡蒂勒·孟戴斯的那些"幻想派"和为艺术而艺术的信徒不再被排斥在外。里卡尔自己不就在第1期上亲自向泰奥菲尔·戈蒂耶表示敬意吗？这绝不仅仅是编辑部的改动，而是彻底改变航向。里卡尔在为第1期撰写的《艺术与哲学家》中竟至严厉批评那些认为"艺术是非常谦恭地承担着用吸引人与和谐的形式来表达他们理念的普及者"的人，以及那些"关心艺术的力量却是在否定这种力量"的人，他们"[……]想让艺术仅仅服务于他们的观点，如果他们仅仅是哲学家，服务于他们的政党，如果他们在哲学之外还附加某些政治考虑"。从此，里卡尔坚决批判"普及的"艺术和"实用的"艺术。那么艺术的真正功能是什么呢？既然"一部真正优美的作品不可能是不道德的"，那么艺术显然不会降低和腐蚀人的精神，"艺术的使命是通过对各种形式理想化的再创造

---

① 佩特罗尼乌斯（？—66），古罗马作家，一般认为长篇讽刺小说《萨蒂利孔》是他的作品。
② 此处的路易·布朗是Louis Browne，而非Louis Blanc。

来愉悦我们的感觉和想象；它满足强烈的渴望，满足对美的永恒向往在我们身上激起的无穷快感，赋予不断浮现在我们心中和脑际的梦想和观念以坚实完美的躯体；通过词语美化现实千变万化的轮廓，将它们定格。最后，也是人间事中之唯一，它有收买不了的青春的光彩并能把这种光彩传递给人与万物，毫不费力"。从里卡尔的角度来说，对纯粹美的如此礼赞真是彻底改弦易辙，背弃前言！我们离《进步杂志》那些诗歌教化和艺术进步主义的沉重宗旨真是相距太远了！

要想更好估量这一改变的幅度、这种转向的根本性，只要想想《艺术》将站在最前沿捍卫龚古尔兄弟的《昂利埃特·马雷沙尔》。确实，一些大学生在一个叫"木烟袋"的人的率领下在该剧上演时跑来起哄，以此抗议政府对作者的照顾和玛蒂尔德公主的庇护，玛蒂尔德公主允许法兰西剧院演出该剧。尽管有误以为《爱尔那尼》首演的历史时刻重现的诗人们的支持和狂热的掌声，那些人还是在几天后让这出戏从海报上撤了下来。1865年12月16日，献"给《昂利埃特·马雷沙尔》的喝倒彩者"的第7期《艺术》几乎整个用来坚决捍卫作为艺术品的该剧。而"《艺术》的主编则对这样混淆政治领域与美学领域感到愤慨，他'撇开对两位龚古尔先生的剧本的讨论'，目的是捍卫'戏剧自由的原则'。《进步杂志》的那个共和派'空论家'而今完全皈依了为艺术而艺术的信仰，他大声呼喊道：'《昂利埃特·马雷沙尔》的演出已最终让艺术的支持者与空论的民权捍卫者们交起手来，那些人想让作家们成为他们党派的传声筒。'"[31]。不管怎么说这有点过分！《艺术》完全成了《进步杂志》的对立面！怎么强调这一点都不过分，因为借口魏尔伦曾与里卡尔主办的杂志密切合作便将他说成是个积极的共和派斗士，不久又成为真正的巴黎公社支持者，这是不堪一驳的。毋庸置疑，在《进步杂志》上几乎没发表什么东西的魏尔伦在《艺术》采取的新编辑路线内肯定更如鱼得水。该杂志从11月23日第4期起便发表了勒孔特·德·李勒的《原始森林》，从而巩固了新一代与老一辈大师的联盟。在那十期《艺术》上，魏尔伦首先发表了两篇对巴尔贝·道勒维利的批评文章（1865年11月2日第1期和1865年12月30日第9期）和一篇相当长的文章，专论夏尔·波德莱尔（分三期刊出，1865年11月16日第3期，1865年11月30日第5期，1865年12月23日第8期）。相反，他只在该杂志上发表了两首诗——《在林中我害怕》（1865年12月16日第7期）和《永远不再》（1865年12月30日第9期）。

《艺术》周围的这种频繁、狂热的文学活动非常社团化，积极参加这些活动的魏尔伦当时的确一点不像一个脱离社会、潦倒失意之人。诗人们在出版商处的经常性聚会，以及在大师的沙龙每周的碰面确实激发和维持着这种前帕尔纳斯的热情火焰。聚会的首选和至关重要的地点当然不是别处，就是阿方斯·勒梅尔的店铺。勒梅尔一开始没有得到批准公开销售杂志，他只在书商们那里有为数极少的几本存货，总销售点就是从前佩尔斯皮尔狭小的书店，那里也是编辑部办公室。大家挤在那里密不透风，以至于顾客吓得不敢进来。勒梅尔为了保住本来就没有保证的销量，给诗人们提供了中二层的一个房间，大家从螺旋形楼梯上去。就是在那里，未来的帕尔纳斯派诗人们每天召开会议，七嘴八舌，激动异常。加布里埃尔·马克在题为《帕尔纳斯的中二层》的诗中回忆道：

　　　　　　在那诗意盎然的中二层，
　　　　　　雨果与荷马齐领风骚。
　　　　　　优美的诗句装点厅堂，
　　　　　　在那诗意盎然的中二层，
　　　　　　严肃还是迷人：mi, fa, sol,
　　　　　　在那儿见到勒梅尔出版商。
　　　　　　在那诗意盎然的中二层，
　　　　　　雨果与荷马齐领风骚。

　　　　　　那里，不用号令，聚集起
　　　　　　所有执琴咏唱的青年。
　　　　　　追求星辰与无限的人
　　　　　　在那里，不用号令，聚集一堂；
　　　　　　缪斯赐福的孩童，
　　　　　　尚不识字便已会爱，
　　　　　　那里，不用号令，聚集起
　　　　　　所有执琴咏唱的青年。

除了这些在编辑机构中枢的会议，还应加上诗人们每周定期的晚会。未来的帕尔纳斯诗人们不在勒梅尔那儿相聚，便在他们参加的沙龙里重逢，尤其是星期六在勒孔特·德·李勒家，他在残老军人院一带的套房里接待这个小团体。"大家一个紧挨一个从狭窄的楼梯爬上去，到他家。一般是大师本人开门，那厚实宽大的肩膀和单片眼镜充塞住门口，欢迎的一笑缓和了总是在两片拉成弯弓形的嘴唇上颤动的讥讽的威胁。两个陈设简朴的小房间贡献出来给诗人们用。待客亲切优雅的勒孔特·德·李勒夫人待在第一个房间，她有点纤弱，蜷缩在大沙发的一角，自得其乐，显出克里奥尔人的近乎怀旧的姿态。看上去不是受了惊，便是心不在焉，像安的列斯群岛的小鸟，希望别人任她去梦想那里的鲜花和水果。"[32]当然，在那儿只会遇到注定要成为卓越的帕尔纳斯派的诗人，因为他们存在的"不动声色"是那样确凿和明显。莱昂·迪耶克斯，和勒孔特·德·李勒一样生在留尼汪岛，写过《紧闭的嘴唇》和《情人》，他"好像完全包裹在梦幻里，有人迫使他从里面出来时，他便不知所措，仿佛一只被迫行走的天鹅"[33]；埃莱纳·路易·梅纳尔，"温和、博学、样子近乎腼腆"，他试图在他的十四行诗中重建希腊的艺术的和政治的灵魂。其次，在勒孔特·德·李勒家做客的最忠实的忠实者中，当然有保罗·魏尔伦，还可见到卡蒂勒·孟戴斯、阿纳托尔·法朗士、弗朗索瓦·科佩、维利耶·德·利尔-亚当、让·马拉斯、阿方斯·勒梅尔。有些依其有无闲暇的情况露面次数有多有少，这些人中有泰奥多尔·德·邦维尔、斯特凡·马拉美、埃马纽埃尔·德·埃萨尔、安德烈·勒穆瓦纳、苏利·普吕多姆、陪着他的朋友乔治·拉弗内特、欧内斯特·德尔维利。那两个形影不离的阿尔贝·梅拉和莱昂·瓦拉德（而且，大家"见他们总在一起，便养成习惯把他们的名字混在一起，就像他们的生活混在一起一样，通常叫他们阿尔贝·瓦拉德和莱昂·梅拉"[34]），最后不能忘了夏尔·阿斯利诺。但怎能不给勒孔特·德·李勒的第三个知己（另两人是莱昂·迪耶克斯和路易·梅纳尔）、十四行诗的大师何塞-马里亚·德·埃雷迪亚单独留下一席之地呢？别的人全都这样或那样地做出"不动声色"的表现，埃雷迪亚却"以其手势、声音、大笑、一切的一切汹涌澎湃地"流露自己的情感，"大师的两间客厅里"充满了"他爆炸似的情绪"。但仍然要等大约三十年，他的《锦幡集》才能在1893年问世，这部诗集从不止一方面代表了当日争论的美学思想的顶峰。

　　这些晚会是怎么过的呢？"大家背诗也常常谈诗。自然，每个诗人都急于——尽管这样做常常不免有点哆嗦——把自己的新诗呈交给大师，也呈献给同伴。当然是不无紧张不安的，一边背着或念着诗，一边不时偷偷窥伺伟大的裁判那可怕的单片眼镜和更可怕的嘴唇。"[35]连维利耶·德·利尔–亚当也要这样做，"常常演出或模拟他那怪诞的史诗《特里布拉·博诺麦》的某个新章节，或是那些至高无上的悲剧——《埃莱娜》或《阿克塞尔》——之一的几场，至今这些剧作也没找到能演的剧团"[36]。另外，也有些晚上是"盛大的晚会"，东道主事先宣布朗读他刚刚完成的诗作或正在创作中的作品片断。最后，在这种既是诗歌也是社交的活动中最惊人的，莫过于文学创作的高度社交性，它让彼此迥异的诗人结成联盟，超越了思想与目的的分歧，气质与性格的不合。

星期四大家去住在奥代翁附近孔代街的泰奥多尔·德·邦维尔家，他在一种简朴和家庭的气氛里聚集起几乎是同一班人马。晚会中间，诗人给他的小男孩（头一次婚姻所生的儿子，由他扶养，是未来的画家乔治·罗什格罗斯）脱好衣服，"让他请在场的我们吻过他的额头便送他上床睡觉。其间我们吃着蛋糕，喝着传统的加朗姆酒的茶。邦维尔回来，谈话应'东人'之邀热烈起来：'现在，先生们，我们要像老虎一样吞云吐雾了。'说着食指还向空中点着加以强调，这一手势那么亲切却多么有感染力"[37]。谈话活跃起来，突然一声猛烈的门铃响宣布身材魁梧的格拉蒂尼的到来，这位诗歌《金箭》的作者，有时身穿运货马车夫简朴的蓝工作服、足蹬一双纯木屐登门。他是木匠之子，当过宪兵，后来又当排字工学徒，最后在一个流动喜剧团当提台词的和演员。读了泰奥多尔·德·邦维尔的诗后写下了他自己的《疯狂的葡萄园》。他的一大特长是模仿邦维尔，后者引以为乐。"所以一天晚上，正在做模仿表演的里奥奈兄弟两人——应该说：一个人——竟敢模仿起邦维尔异常有趣的语调来。邦维尔叫道：'不错……但还不够到家……'于是出色的主人动人地'模仿起自己'来，比自己还像自己。这工作不太容易，那种性情着实可爱、敦厚而且滑稽极了。"[38]

星期二晚上聚会在杜埃街卡蒂勒·孟戴斯家底层两间屋子里进行。"大家在那儿聊天、喝茶，以酷似东方人的姿势躺在宽大的沙发床上，漫谈常常延续到早晨，7点左右。有时，门铃回响起来，一位诗人去开门，带进来个裁缝什么的。迎接他的是一阵冷场。然后，这不幸的人，狼狈不堪，开口道歉，而一只无情的手则给他指出他刚刚跨过的门槛，一个严厉的声音，有时是异口同声，给予他应得的责备：诗人们讨论了一宿最广泛的人类精神的理论问题和艺术的永恒问题，这时打扰他们真是可耻！"[39] 有的星期六，勒孔特·德·李勒不请客，大家便在巴蒂尼奥尔大街路易-格扎维埃·德·里卡尔的父母家碰头。据里卡尔自己说，巴蒂尼奥尔的晚会与其他晚会的区别，"在于我们都有绝对的自由，把我们所有的奇思异想说出来，哪怕是最自相矛盾或看上去自相矛盾的念头。在那儿没有任何权威大师，需要我们毕恭毕敬"[40]。毫无疑问，这些晚会没有在大师家的晚会那么拘谨。晚会上朗读、背诵、争论、音乐、舞蹈交替。每个人都背诵他的近期诗作：弗朗索瓦·科佩背尚未发表的诗篇，它们将收入即将出版的《圣物集》；苏利-普吕多姆背他的哲理十四行诗，后来收进《考验》。钢琴是由埃马纽埃尔·夏布里埃演奏的，这个粗壮的小伙子颇像一个那不勒斯人，他有一个怪癖，整个晚会期间，不停地往自己脸上和肚子上精心扑香粉。他为维克多·雨果的三节联韵诗《战争的脚步》谱上独特而生动的曲子，常常径自唱着它，不用钢琴伴奏，也不管别的客人。为了消遣，"大家也玩猜字谜的游戏。弗朗索瓦·科佩这个活像生在半摩尔人的西班牙某个烧毁的村子的奇特的佛拉芒人几乎一成不变地充当波拿巴的角色。说真的，他的侧脸还真像古罗马执政官纪念章上刻的形象"[41]。大家甚至还表演戏剧。有一天，便演了《玛丽蓉·德洛麦》的第一幕。卡蒂勒·孟戴斯讲述道："天哪，不错，有一天，在一群锦衣绣袄，胸前的钻石、发上的珍珠光彩夺目的观众面前，其中有古斯塔夫·福楼拜、埃德蒙和朱尔·龚古尔，和一位少女。她也是诗人，几乎还是帕尔纳斯派诗人，不久便成为阿方斯·都德夫人。就在这群迷人而又令人生畏的观众面前，我们斗胆演出了维克多·雨果的宏大作品，布景却小得几乎和一个玩偶剧团的差不多。弗朗索瓦·科佩扮演迪迪埃，萨韦尼则是我演。即便要大伤我的老伙伴的自尊，我也得实话实说，他的表演比起穆内-苏利先生大为逊色；至于我，经过这唯一的也是决定性的考验，我不得不得出结论，要代替德洛奈先生，我还缺少很多东西。"[42] 其实，参考1866年1月16日龚古尔兄弟的日记，他们对这次演出和笼罩在里卡尔家的气氛没显出多大热情。那里放纵有余而艺术性不足，好像略带颓废气息："今晚看到了这个：几乎像是在撤去了床和床帏的放床的凹处演出的《玛丽蓉·德洛麦》的第一幕。在法国，五层［楼］也有狂热的请客欲望！那是在巴蒂尼奥尔的一座房子里，某个德·里卡尔先生家，搞艺术的那帮人全都蜂拥而去，波德莱尔和邦维尔的追随者，一些可疑的人，掺杂着哗众取宠和鸦片，面色苍白无光，真有点令人担心。"[43] 但也许这个沙龙最惊人的消遣莫过于奇特古怪的奥古斯特·维利耶·德·利尔-亚当。他所到之处都引起轰动，在那儿也不例外："这家伙近乎天才与疯癫，既普通又卓尔不群，既爱挖苦人又热情奔放。为了他向无限、向怪异的大胆行程，他轮流骑上珀伽索斯①和扫帚把。在他身上有招魂卜卦人的影子，也有街头杂耍艺人的劲头。他好像无酒自醉，据说他吸鸦片。大家怀着惊诧、赞赏，也怀着恐惧听他讲话。"[44]

　　1865年12月30日，魏尔伦上尉脑病发作，一命归天。那天正是《永远不再》在《艺术》第9期上发表的日子。下葬是在1月1日，送殡的队伍必须穿过节庆活动，魏尔伦因而更难忍受这一丧事。不仅如此，由于他一直在意官方的承认，特别是牵涉他的爱国情怀。当局在给予他的军人父亲以应得的敬重一事上设置的阻力、表现的保留态度深深刺痛了他："……另外我在广场参谋部就父亲军衔和勋章应得的仪仗队一事发生了激烈争执。'第二天正好过节，提供不了护卫队，但要是我愿意，也许有办法从国民自卫军那儿找到。'对此，尽管悲哀，我当时还是忍不住笑起来，而且我那样冲动，还有为这再正当不过的要求陪我前来的父亲的一个老战友帮腔，我终于得到了仪仗队……"(《忏悔录》)

　　自家的丧事不久，又遭遇了《艺术》的夭亡。最后一期是1866年1月6日星期六出版的，每本25生丁。这个刊物从来也没能收回本钱，尤其是里卡尔没有得到公开渠道销售许可。亏空越来越大，到了另想办法的时候了。大家于是决定出一个集子，集中所有《艺术》曾经捍卫的诗人。在这里，我故意用了无人称的"大家"，因为永远也弄不清是谁提出的"当代帕尔纳斯"，是卡蒂勒·孟戴斯还是路易-格扎维埃·德·里卡尔？从孟戴斯的一封信[45] 看，一切功劳都应归于孟戴斯：标题是他想出来的，也是在他提议下，不动声色派成了帕尔纳斯派。这封信即使没有寄给里卡尔，也是写给他的。另外，孟戴斯还促成主要合作者的集中，和里卡尔定下出版方式和版面样式。再者，里卡尔通常的出版人阿方斯·勒梅尔，只是在诗集创作后期才介入。参考孟戴斯在布鲁塞尔的讲座《帕尔纳斯传奇》，该运动无论如何可追溯到比

---

① 希腊神话中有翼的神马，是被珀耳修斯斩首的女妖墨杜萨的躯干所生。公元前3世纪，亚历山大里亚的诗人编造出珀伽索斯是诗人之马的说法，"跨上神马珀伽索斯"就是成为诗人；神马珀伽索斯就是诗人灵感的象征。

《艺术》创办早得多的时候，真正的源头无非是1861年产生的《幻想杂志》，创办者就是孟戴斯本人。里卡尔则另执一词，说孟戴斯和他给诗人和报刊发了一封通函，宣布他们的决定，并要征集撰稿人和诗歌。"但起什么名呢？《不动声色的人们》？很不实用。我们在16世纪以来类似的集子里寻找《帕尔纳斯》《缪斯陈列馆》《赫利孔山①的新年馈赠》，如此等等，不乏其例。[……] 最后，有一天，正当大家从螺旋形小楼梯一起往上攀时，自然当时闹哄哄的，一个人随口嘲讽地抛出一句：当代的帕尔纳斯。这是谁的声音？勒梅尔和我们，谁也不记得了［……］这个不合时宜的提议先是引起一片愕然，继而一些讥笑，最后，得到在场人的一致欢呼，俨然革命中的一份挑战书。"[46]

《当代帕尔纳斯：新诗集·包括本世纪主要诗人未发表过的诗歌》的第一分卷于1866年3月2日问世了，总共将出版十八卷，最后一卷是在1866年7月14日出的。每卷印五百册，白色的封皮上印着出版社的格言，**事实和例证**②，和路易·布朗设计的"众所周知的象征性的盾形标识"，让我们看到"一个正直的乡下人在翻土寻找虫子③"[47]，里卡尔这样明确指出。然而把它看成是对阿方斯·勒梅尔卑微的农民出身的影射和写作劳动的隐喻，会比一个蹩脚的文字游戏更富有诗意。可里卡尔既然这样说，最差的也是最可能的。尽管帕尔纳斯派诗人们对大理石般的美顶礼膜拜，他们却也喜欢消遣打趣。无疑，在一个讨厌的用同音异义词做的文字游戏的旗号下，发表他们形式上无懈可击的诗句，他们也没什么不乐意的。该系列的第一卷都留给了公认的大师，邦维尔、戈蒂耶、埃雷迪亚，第二卷给了勒孔特·德·李勒，第三卷给了弗朗索瓦·科佩以及其他诗人。第五卷发表了波德莱尔的《新恶之花》。

那么魏尔伦在这一切中的角色呢？无疑，他肯定急得直跺脚。不过他得等到1866年4月28日第九卷，才终于发表了总共七首诗。他不得不忍耐了很久，但终于发表了。为此他不是在一首被采用的诗《金色的诗句》中对帕尔纳斯运动表示支持了吗？确实，他不是无情地嘲笑了"像树一样无声无息地生活"的空想家？他不是对"大喊大叫的爱情"和"愚蠢的烦恼"表示了蔑视？他不是捍卫"在大理石的自私中"静思冥

---

① 希腊中部的山，古希腊人设想缪斯们住在山上。

② 原文为拉丁文。

③ "虫子"在法语里与"诗句"是同音异义词。

想，反对感伤主义的假悲伤和脆弱？然而……怎能感受不到那些轻微的不谐和和弦，经过那样巧妙的盘算，无法挽回地损害了这一种表面上帕尔纳斯信念的宣扬？匆匆提出"两句话的诗论"，这种方式不免有一丝随便，指出如此精益求精的诗歌的卓越高度，"腰过细胸太肥"的诗人很难达到时，生理描写的过度精确，显出某种粗俗。始终缺乏诗意的形象选择与声称捍卫的美学大相径庭，从内部暗中挖了这种美学的墙角。这么多细微的偏差却足以无声无息地改变他加入新流派的性质，而且标题的更换也来点明了这一点。这首诗起初庄重地题为《正立面》，后来称作《金色的诗句》[48]。因此冒昧地讲，这些诗句不是实心纯金的，而只是镀了一层金。骗人的把戏，伪装的幌子，闪光片和媚俗的玩意。镀金的诗句和尼禄在罗马奥匹乌斯山上的金屋①一样：金碧辉煌、哗众取宠的住所，就是想吸引人的日光。他的帕尔纳斯朋友怎么意识不到魏尔伦是在给他们贴金？他稍稍让调子走了样，从而自己不走调。这已经是"半戏仿[49]"的做法，使诗歌写作处于根基不稳的境地，而且它成为魏尔伦的惯用手法。他的帕尔纳斯诗歌已经是仿作。事实上，魏尔伦不会不知道帕尔纳斯美学的矿化和大理石化，形式的生硬刻板无论如何也不能适合他的模糊与蒸发的做法。帕尔纳斯把真实固定成清晰的线条，而他只有在模糊和颤抖中才是真正的自己；帕尔纳斯肯定物质的强度和稠度，而他却总是站在溶解与雾化一边。在《感伤集》的后记中，魏尔伦似乎重新对帕尔纳斯的美学信条表示支持："我们因此，用思想的凿子雕刻/完好的美的石块，无瑕的帕罗斯岛，/让它在我们殷勤的手下生出/身披闪光长衣的纯净雕塑。"尽管如此，他还是精心地在这几句诗前加上堪与奥麦先生媲美的恼人的废话："米洛的维纳斯，她是不是大理石的？"论据的令人不快的实证性，更添上过分通俗的表达方式，事先暗地里破坏了结论的大理石般的升华。

在第一卷《当代帕尔纳斯》中总共出现了三十七位作家，按发表的先后次序是泰奥菲尔·戈蒂耶、泰奥多尔·德·邦维尔、何塞-马里亚·德·埃雷迪亚、勒孔特·德·李勒、路易·梅纳尔、弗朗索瓦·科佩、奥古斯特·瓦克里、卡蒂勒·孟戴斯、夏尔·波德莱尔、莱昂·迪耶克斯、安托尼·德尚、保罗·魏尔伦、阿尔塞纳·乌塞、莱昂·瓦拉德、斯特凡·马拉美、亨利·卡扎利斯、菲洛克塞纳·布瓦

---

① 原文为拉丁文。

耶、埃马纽埃尔·德·埃萨尔、埃米尔·代尚、阿尔贝·梅拉、亨利·温特、阿尔芒·雷诺、欧仁·勒菲布尔、埃德蒙·勒佩勒捷、奥古斯特·德·夏蒂庸、朱尔·弗尔尼、夏尔·科朗、欧仁·维尔曼、罗贝尔·吕扎尔什、亚历山大·皮埃达尼埃拉、奥古斯特·维利耶·德·利尔－亚当、P. 费尔蒂奥、弗朗西斯·泰松、亚历克西·马丁。虽然其中许多人除了对于饱学之士和文学史的专家，只是些无名之辈，但这个鱼龙混杂的队伍却既有对过去的回顾——这是就其最关键最杰出的人物而言——也包含现代诗歌的未来。

说来说去，《当代帕尔纳斯》的推出并未引起轰动，这都在意料当中。它也绝非只激起热情的反响；而其中最激烈的批评之一一定触动了保罗·魏尔伦的痛处，因为把他说成假波德莱尔："一个清教徒式的波德莱尔，阴郁和滑稽的结合却无波德莱尔先生明显的才华；加上散见的雨果先生和阿尔弗雷德·德·缪塞的影子。再就什么都没有了！

"在某个地方谈到不知道什么人时，再说，是什么人也无关紧要，他说：'她富于变化的亲切声音沉寂了。'我们听保罗·魏尔伦先生说话时，希望他除此之外别再有别的变化。"

这番尖刻的描述见于《帕尔纳斯的三十七幅圆形小像》，是文坛元老于1886年①10月和11月发表在《黄侏儒》上的。深受魏尔伦景仰的朱尔·巴尔贝·道勒维利确实一下子大发雷霆，因为他的朋友阿梅代·波米埃，一个事实上十分平庸的诗人的一首诗未被收入《帕尔纳斯》。为了报复，他有条不紊地逐个挖苦参与了《帕尔纳斯》的三十七位作家。这真是一场算细账的报复，每个"被画了像的人"都逐一受到批评。对泰奥菲尔·戈蒂耶，他说是"这批称之为大师的青年"和需要有个父亲的"所有这帮诗歌的私生子们"的"温厚、懒散还有些……卑贱的国王"，"本不应该在这里，这根本不是他的位置，他与这些'圆形小像'根本不相称。倘若他对自己的才华、过去和年龄感到应有的自豪，人们就根本不会在这套《帕尔纳斯》的开头看见他"。"泰奥多尔·德·邦维尔的诗［……］不过是维克多·雨果先生和安德烈·谢尼耶的诗在一个波西米亚玻璃杯里熬出的一堆烂糊糊；还不是那个伟大的'*真诚的*'②

---

① 原文如此，疑为1866年。

② 原文为英文。

雨果先生的诗，而是也去搞神话、搞文艺复兴的仿古的雨果，唉！因为他也沾染了这些阴郁的日子的风俗。模仿在这个既无思想也无胆量的时代如此风行，有时甚至像棵稗草一直攀上天才的额头。"至于勒孔特·德·李勒，他"可不满足于像浴女萨拉那样只悬在两个仿效对象之间，永远摇摆下去。他有三十六个仿效目标来表演空中杂技。这是个精力旺盛、变化多端的人。他也仿效雨果先生——雨果先生，他们的天数！他们所有人的'阿南刻'^①——但是得了！他还仿效很多人呢。谁能相信，他竟然去模仿奥西恩^②了？他把下巴悄悄塞进这部假胡子里。他是斯堪的纳维亚人，他是蛮族人、希腊人、波斯人。他可以是波斯人！孟德斯鸠要大吃一惊了！总之，他什么都是，就不是法国人和19世纪诗人"。最后，倒霉的勒佩勒捷无非是"安德烈·谢尼耶的提高了嗓门的应声虫，文艺复兴的雨果先生的应声虫，应声虫的应声虫，因为他也是泰奥多尔·德·邦维尔的应声虫"。其实巴尔贝的话比他那些肖像漫画的过分夸大给人的感觉要严密得多："我想证明和揭露于光天化日之下的，不是一本过于自负的书唯一的模仿性是什么呢？我认为我已做出了这个证明，不仅仅是大体上，而是极尽其详，逐个人、逐首诗地考查了这本可笑的《帕尔纳斯》中三十七个诗人中每一个人的诗。［……］我指出了这本只有仿作者的不值一提的书中每首诗的出处，给这些亦步亦趋的帕尔纳斯诗人——套上他们仿效的那个人的枷锁。"巴尔贝还从更根本的角度上认为，帕尔纳斯派诗歌是唯物论的，因为它"只信奉物质和对物质的依恋"，只相信形式和形式的非人格化："［……］它只是劣等的押韵、停顿、跨行练习。跨行，一腿着地一腿划圈的舞姿！"^③人人都挨了剐，但如此严厉过分而不公，如此恶语相加而无度。面对这种情形，魏尔伦终于将此事当成消遣。他在罗贝尔·吕扎尔什的《韵报》中发了几首嘲弄人的二韵三叠句的八行诗，诗中他想起了巴尔贝·道勒维利素有穿坚硬的紧身胸衣用来挺直和加固腰板的名声：

　　　　对三十七人他大大嘲笑了一番，

---

① 体现命运的女神，希腊语的意思是"必然性"。

② 奥西恩：公元3世纪苏格兰传奇人物，吟游诗人。

③ 这里，ronds de jambe（舞蹈中一条腿着地、一条腿划圈动作，引申为卑躬屈膝）与enjambement（跨行）联系在一起，是文字游戏。

波米埃该给他宽衣解带了！[50]

即便这是最尖刻的反应，却不是唯一的反应。阿方斯·都德、保罗·阿雷纳、让·迪布瓦、勒纳尔和德尔沃出版了《帕尔纳斯》的滑稽仿作，名为《当代小帕尔纳斯：新诗集》。诗集前有篇《蓝龙公馆》，还配上一幅十分奇怪的铜版画，署名L.勒梅尔，1866[51]。巴尔贝·道勒维利的大肆攻击说到底只引起一片嘲笑，而这次情况却完全不同，因为这种戏仿牵涉到一些帕尔纳斯派诗人的私生活。在文中的确讲到中国官员系着水晶纽扣、身穿橘黄色华丽长袍夜访"蓝龙公馆"（其实是孟戴斯接待朋友的巴西公馆），那是最放荡下流的巢穴。他在那儿会见一些吸毒者，那些人以说教的口吻泰然自若滔滔不绝地讲不动声色的新信条。孟戴斯真的动了怒，辱骂相加，甚至还互相交代证人，差点打起来。魏尔伦呢，一次吃饭时（又一回）喝得太多了，毫无风度地袭击了背转身去的都德（我还会讲到这个事件）。另外，有人指责帕尔纳斯派——这更为严重或许也更有理——在做有利于制度的事，将艺术限制在纯形式的甚至形式主义的争论上："那些政治家插手进来，几乎指责我们故意用我们空洞无用的艺术之争来分散对帝国的'战争'的注意力。"[52]"第二帝国最后几个磕磕绊绊、要不停走动的年头对纯粹的文人——我们这些敏感而谨慎的诗人，真是艰难岁月，在不下流就是死的今天，我敢这么说！"（《鳏夫回忆录》）魏尔伦在大约二十年后写道。

然而，这些论战、嘲笑毕竟是在做广告，更糟糕的则是销售业绩的提高在这类具有风险的事业中理所当然地没有随之而来。书的出版只是被一般性地预告了一下，报纸对它的接待"冷淡而具讽刺意味，夹在最不重要的社会新闻中间"[53]，才有几份通告，还往往不怀好意。嘲弄"勒孔特·德·李勒采用的希腊名字的拼写方法，和被诗人在准备用于他的仍未完工的万神庙的这一系列壁画上提到的不同天宇的所有神明"[54]。这本书仅1866年一年的销售赤字便达2000法郎。如此的财政亏损定然令里卡尔和勒梅尔不快，只能终止出版。要等到1869年才开始出版第二卷《当代帕尔纳斯》，1876年第三卷问世。这期间阿方斯·勒梅尔成为大出版商，生意兴隆起来。许多疏漏得到弥补，许多新作者添加进来：尼娜·德·卡里阿斯、路易莎·西耶费尔、布朗什科特夫人、梅拉妮·布罗特、路易丝·科莱、奥古斯塔·庞科、阿克曼夫人、伊莎贝尔·居荣、圣伯夫、阿尔贝·格拉蒂尼、欧内斯特·德尔维利、埃米尔·贝尔吉拉、埃米尔·布莱蒙、保罗·布尔热、弗雷德里克·普莱西、奥古斯特·巴比埃、维克多·德·拉普拉德、L.拉蒂斯博纳、约瑟夫·奥特朗、奥古斯特·拉科萨德、马塞尔·莫尼埃、保罗·德·缪塞、阿希尔·米利安、亨利·雷依、安德烈·勒穆瓦纳、阿纳托尔·法朗士、莱昂·克拉代尔、阿尔弗雷德·德·埃萨尔、约瑟凡·苏拉里、阿尔芒·西尔维斯特、洛朗·皮沙、安托南·瓦拉布莱格、加布里埃尔·马克、安德烈·特里埃、让·埃卡尔、阿图瓦的阿尔芒、阿尔西德·迪佐里耶、C.格朗穆然、乔治·拉弗内特、亚历山大·科斯纳尔、古斯塔夫·普拉代勒、罗比诺－贝特朗、路易·萨勒、夏尔·克罗、欧仁·马努埃、克罗迪乌斯·波普兰、爱德华·格勒尼埃、莫里斯·塔尔梅尔、加布里埃尔·维凯尔、C.代尔蒂尔、莱昂·格朗代、罗贝尔·德·博尼埃尔、拉乌尔·吉内斯特、莫甲斯·罗利纳、朱尔·布勒东、阿梅代·皮荣、保罗·马洛、米尔泰恩、居伊·德·比诺斯、B.德·富尔科、古斯塔夫·兰加尔、N.里夏尔多、P.圣西尔·德·莱萨克。多么冗长乏味的罗列！在这些名字中山现了许多后来湮没不闻的诗人，如同战死在诗歌沙场的无名创作者。这说明，第一卷《帕尔纳斯》展示了一些将流芳百世的大名，而后来的两卷却只是挖掘资源，将彼此迥异的签名收集起来，因为从根本上讲，帕尔纳斯从来也不是一个教条的宗派的团体：

> 帕尔纳斯不曾是一个流派，甚至不是一个社团，更不是小集团。有人曾无缘无故地为之生气，而且有时，其实言不由衷。
>
> 帕尔纳斯没有过信条，也没有过美学教义。
>
> 同样也不曾有过关于诗学甚至韵律学的正式的理论——我指的是集体的理论。
>
> 这些被人指责为只是些拙劣诗人的人并不都主张迷信富韵的绝对完美性。
>
> 另外，帕尔纳斯派也没有——而且绝对没有——哪怕是表面上的一致的哲学、政治、社会学上的观点。我们中有些人，恰恰相反——我注意到这一点，但并不赞成——对所有这些问题公开表示出不仅仅是轻视，而是真正的鄙夷。
>
> 看看仍然在世的那些人吧，他们分散在各个派别中。
>
> 既非一种美学，亦非一种理论，甚至不是一种传统意义上的诗学！……这些

都不是，那帕尔纳斯是什么？

　　是什么共同的东西让我们团结起来？

　　一种表达方式！——仅此而已！

　　但这是一种宽泛的表达方式，我们任何人的个人发展都未受到它的羁绊，甚至妨碍。[55]

　　无疑，路易-格扎维埃·德·里卡尔在创办《帕尔纳斯》三十年后的1898年—1900年间写回忆录时，趋于将这一诗歌流派理想化。他曾在保证《帕尔纳斯》的推出中起了部分作用。而魏尔伦自己也持同样的说法，指出帕尔纳斯派诗人"除了一些不可避免的共同表达方式，他们任何人都与那些辉煌的前辈没有相像之处，与本世纪初的诗人也无相像之处"（《鳏夫回忆录》）。帕尔纳斯的确主要不是一种文学流派，而是在政治似乎没有提供任何真正的开放的时代里，文学本身的一种自我封闭，向纯文学性的自我封闭。因此1870年后，帕尔纳斯便失去了它的基本意义。

第五章

在咖啡馆一边

我在这家咖啡馆等你，

像在众多别家咖啡馆一样。

——保罗·魏尔伦《肉体》

据埃利·弗雷欧1878年发表的《巴黎生活》所说，市政最新统计显示，首都1875年12月31日拥有不少于24 800家酒店、咖啡馆和饭店。当然，单单消费酒的欲望不能说明这些买卖数量猛增的原因。于斯曼这个显然不爱外出的人，这个但求防范外界袭击和拥挤、深居简出的人，在首先发表于"巴黎人种种"[1]系列的《咖啡馆的常客》中探询，是什么奇特的原因促使一大批同代人出入如此令人厌恶、肮脏污秽的地方，里面挤满衣冠不整、昏头昏脑的人，又被烟斗搞得乌烟瘴气、臭不可闻。为什么并非迫不得已，却要忍受顾客不停地来去、侍者的往回穿梭、邻座震耳欲聋的闲侃、服务员的吆喝叫嚷？为什么要在那儿消费通过混浊不清的蒸馏做成的如此劣质的饮料，臭烘烘又掺了假？"有些饮料具有这种特点，若不在咖啡馆喝，它们就完全失去了味道和存在的理由。在朋友家、自己家，它们变得可疑，可以说粗劣，几乎令人异常反感。[……] 在昏暗的跳舞咖啡馆或豪华的咖啡馆端上来，这些饮料散发出非常可怕的'暴利气息'。经茴香酒的润色，巴旦杏仁糖浆或树胶的软化，又加了糖，苦艾酒变得温和些了，可依然有股铜盐味，在口中留下百无聊赖时长时间吮吸的金属纽扣的味道。那些开胃苦酒仿佛是从芦荟苦汁中提炼，加上苦西瓜汁更是苦上加苦，充满了胆汁。它们让人想起做砸了的博托水，因浸泡了苦木和烟臭变得酸涩；马拉加麝香葡萄酒是被长期遗忘的煮过头的李子干沙司；马德拉葡萄酒和味美思酒是发臭的白葡萄酒，是用藤黄加工的醋加上不知什么植物煎出来的污秽的东西的香味！然而，这些让人倒胃口的开胃酒——每个让它们伤了胃的人都承认这一点——却成为那些一朝不慎在没擦干净的大理石平台桌前品尝了它们的人离不开的东西。这些人注定会再来；不久，每天，同一时刻，来喝那些腐蚀剂；而那些东西，他们本来可以在酒商那儿买到，论质量不那么有害健康，论价钱也更便宜，并可以更舒服地坐在家里品尝。但是他们却摆脱不掉出入公共场所的愿望，咖啡馆的神秘就这么开始了。"[2]

咖啡馆对那些着迷的奴隶般的顾客的魅力，绝不能仅仅归于单纯的酒的消费，于斯曼强调指出这一点是千真万确的。大家去那儿是去喝酒，但也是去打扑克、玩多米诺骨牌、打台球、会朋友、谈事情，尤其是寻找一个熟悉、安全的场所，正因为经常前去而变得令人渴望的场所。撇开细微的差别，对保罗·魏尔伦来说，酗酒丝毫没有改变什么。他既是酒中之人，也是咖啡馆中人；既惯于喝苦艾酒，也习惯于小咖啡馆的社会性；既是柜台的老主顾，也是没完没了的辩论的常客。

保罗·魏尔伦的整个生活确实由咖啡馆地形图支配。最初是阿登山区和阿图瓦省那些乡下简朴的小咖啡馆，提供数不尽多少种的发酵程度高低不等的黄啤或黑啤、奥瓦尔、希迈、罗什福尔、西马尔、圣西克斯特的"特拉皮斯特"，还有自然发酵的啤酒，酒精度很高的朗比克啤酒，味道十分特别。因为成分中有小麦，泡沫异常多的酸啤酒，比苹果酒还辣还酸；果味红克里克酒，里面含樱桃；朗比克的变种法罗酒；不时加上一小杯或几小杯刺柏子酒，刺激一下气氛，使酒意更浓。自从成了真正的巴黎人，魏尔伦便喜欢上了开胃酒——苦艾酒或味美思酒，也爱上了"女子酒店"。这种酒店从1867年世界博览会起大量兴起。世博会当日，确实，主楼周围布满了提供世界各国菜肴和美酒的店铺，它们几乎都选出这些国家最标致的女国民代表来斟酒布菜。勾引柜台里最漂亮的姑娘成了花花公子们的时尚，当时，这叫"去补充马匹"。既供应酒，又提供女人的女子酒店的主意得到大力推广。"于是，像一群蝗虫，女人们蜂拥进拉丁区的咖啡馆，拉丁区成为帝国警方鼓励和支持的'酒店青蛙们'的猎物"[3]，因为卖淫是阻止掩藏政体敌人的咖啡馆开展过于政治性的活动的一种方式。才是个年轻作家的哈里·阿利斯便展现了这些酒店喧闹的气氛："大学生们成帮结队吵吵嚷嚷地进来，和认识的女人们互相招呼着，她们则叫他们到她们桌上。从外面来的也有别的洗手不干的女人，带着情人到这些烟雾弥漫的厅堂来，吸引她们到此的是对嗓音的怀念和见见女友们的渴望。看看这些衣着十分寒酸的大学生们真让人怜悯，他们幸福地挎着妓女们散步。她们衣饰华丽惹眼，那是用巧妙地骗来的外省母亲的积蓄买的，然而这些服饰的某些可笑的细节却显露出从贫困到走运的日子的过渡的突然。[……]现在酒店全坐满了。厅堂里散布着臭味，烟雾弥漫，又加上地狱般的喊叫、狂吼、叱喝。醉鬼们纠缠着女人，女人挣脱着，和他们说着下流的脏话。所有桌子都满座。不时有个学生站起身，登上桌子更大声地叫喊。瘪了的帽子躺在地上，浸在唾沫中。昏昏沉沉的脑袋趴到大理石桌上，不时又抬起来，机械地结结巴巴地翻来覆去说几句话。"[4] 不可否认，魏尔伦一定爱这种女人和酒、放荡和纵酒混在一起的刺激。一旦露骨的性欲与沉湎酒中的欺人幻境紧邻……

从此，当上公务员的魏尔伦主要出入右岸的咖啡馆。在"天鹰和太阳"工作的三个月里，他便已养成习惯，和在下班时等他的埃德蒙·勒佩勒捷一起去巴蒂尼奥尔坡道上众多的酒馆和东方咖啡馆痛饮开胃酒。既然在区政府工作，里弗利街的加兹咖啡馆就成为他最爱的约会场所。母亲供他食宿，要满足需要和挥霍，他的钱绰绰有余。酒和妓女是（而且永远是）他主要的花销。但有时，和他在蒙马特尔和巴蒂尼奥尔的朋友，特别是勒佩勒捷和里卡尔一起，他这个右岸人就到左岸去远足。这些远足令人激动，在弗勒吕斯街波比诺剧院附近的一家小咖啡馆，他与弗朗索瓦·科佩和菲利普·比尔蒂碰头，在那儿谈论艺术和文学[5]。常常有"一个刚刚过完锦瑟年华的又高又壮的男孩"参加他们的啤酒和朗姆酒兑水的盛宴。那是记者维克多·努瓦尔，他于1870年被皮埃尔·波拿巴亲王一枪打死。

据魏尔伦的一些密友，特别是歌曲作者兼素描画家卡扎尔斯讲，咖啡馆对于魏尔伦既是个社交场所，又提供喝酒的机会。他们说，魏尔伦并不是饮料一上来就赶紧喝光。相反，喝开胃酒时倒的苦艾酒很长时间还留在杯中。等饭菜上来，另一个杯子里就盛满了葡萄酒，但葡萄酒也一样，很长时间碰也没碰。咖啡在杯中冷却，小杯烧酒在等待。不幸的是只要谈话的某个细节引得他说起他的挫折、爱情的失意或者还有出版困难、物质困难，他的情绪便立即亢奋、激动起来，一边咒骂着，一边一杯接一杯地狂饮，仿佛想把落下的一切一下子补回来。于是他很快便醉了。火气不断上升，指责最好的朋友做了最坏的坏事。他们只好竭力让他镇静下来，把他送回家。

其实，咖啡馆不只是个饮酒场所，在19世纪下半叶，它成为真正的文学机构，被称为"穷人的沙龙[6]"。比如，第二帝国期间，1860年左右，殉道者啤酒馆兴隆起来，波德莱尔、泰奥多尔·德·邦维尔、米尔热、纳达尔、普莱－马拉西和保罗·杜邦在那儿聚会。接着，他们到布雷达街和纳瓦兰街拐角处的迪诺寿酒馆中二层吃晚饭，在那儿又见到这里的另一批常客，托尼－雷维庸、卡斯塔尼阿里、卡米耶·佩尔唐和甘必大。19世纪，一个名作家便能让一家咖啡馆财源滚滚，因为他引来一大批仰慕者步其后尘。"保罗·魏尔伦让弗朗索瓦一世咖啡馆发了文学财，就像莫雷亚斯对瓦谢特、卡蒂勒·孟戴斯对拿波里坦、弗朗索瓦·科佩对沃日咖啡馆的作用一样。沃日咖啡馆位于塞弗尔街和蒙帕尔纳斯大道的拐角，从此光荣地成为沃日和弗朗索瓦·科佩咖啡馆。"[7]虽然在有些咖啡馆，一旦领头的换了地方，诗人们便融入普通顾客里消失了，却有另一些咖啡馆，在整个19世纪，都有一代代作家接踵而至，比如普罗科普和伏尔泰咖啡馆。甚至有些咖啡馆，作家、诗人、画家这些唯一的老主顾让它们红极一时。每个文学团体都选择自己的咖啡馆。《颓废者》的编辑们在佛朗德勒街一家打着贝朗瑞招牌的老式小咖啡馆聚会。在小教堂街街口的米朗聚集各家小期刊的人，所有雄心勃勃的年轻作家。在特吕丹大街红叫驴咖啡馆，集中了那些憎恶黑猫酒馆的带头人鲁道夫·萨利斯的艺术家和诗人。在雅各布街阿尔萨斯自助餐厅，阿尔弗雷德·瓦莱特于1889年左右招收《法兰西信使》杂志的创办者们。在伏尔泰咖啡馆，夏尔·莫里斯捍卫新唯美主义理论，而在二楼，奥克语诗人作家们则颂扬普罗旺斯寻根的美德。在金太阳咖啡馆，莱昂·德尚于1889年将组织《写作》的晚会。东方咖啡馆则将聚集起《瓦格纳评论》和《独立评论》的撰稿人，他们将在象征派历史上扮演主要角色。而魏尔伦本人晚年将在《〈鳏夫回忆录〉补遗》中盛赞奥代翁广场的伏尔泰咖啡馆，称之为"文学咖啡馆"。莱昂·瓦拉德、阿尔贝·梅拉、弗朗索瓦·科佩、热尔曼·努沃、卡蒂勒·孟戴斯和年轻的库特林在那儿相聚到深夜。但是，咖啡馆虽激发起文学争论，却未因此促进写作本身。魏尔伦在咖啡馆从没写过诗，他的朋友古斯塔夫·勒卢日总是这么说。他在魏尔伦晚年经常见他。他顶多在那儿校阅延误的校样，或匆忙地草草写一封紧急信函。

尽管如此，魏尔伦在咖啡馆可不仅仅是去喝水的，那个倒霉的卡扎尔斯万不得已只好想出一种至少是自杀性的策略来限制他过量。深夜将至，诗人已受到严重损害时，他便奋不顾身，去喝酒或喝完最后一点苦艾酒，那酒很可能彻底毁掉魏尔伦。一天，魏尔伦可能醉得太厉害了，正直的卡扎尔斯铆足劲竟然接连干掉四杯。痛饮了不知多少杯的魏尔伦虽然心不在焉而且很疲惫，却意识到了朋友的诡计，便让他去调换酒杯，以至于到最后得把烂醉如泥的卡扎尔斯送回家，令捉弄人的诗人十分开心。然而，文学团体亲善的快乐和酒醉的乐趣都不足以解释魏尔伦为何执意在咖啡馆活动，将咖啡馆变成他日复一日的主要活动场所，他的方位标，他真正的家。咖啡馆之所以成为他的藏身之所、他的巢穴，是因为他在那儿总能找到听众，总是在面对公众、在表演、在讲述自己、在忏悔。意大利作家埃德蒙多·德·亚米契斯在19世纪末一轮关于酒的学术报告会的最后，发表了一篇不同凡响的文章，提出了酒醉的类型，酒在不同种类的人身上产生的不同效果："最常见的种类便是'酒后吐真言'①一词的来源。在酒的影响下，人几乎不自主地泄露最隐秘的思想，没有别的原因，只是因为感觉不再完全与外界事物相关联，思想也不再与感觉完全相关联，对这些联系的意识的谨慎消失了，语言仅仅服从于当时主导的感情。酒醉状态下，所有人都泄露出某个秘密。但看看某些性格活泼开朗的人竟然能在坦白的路上到何种地步，真令人难以置信。"[8]怎能不想到魏尔伦呢？他从一而再再而三的当众忏悔中得到朦胧的快感。因为在咖啡馆，从各种意义上讲，诗人都是在展览自己，从肉体到精神，是什么样就是什么样，不可饶恕。魏尔伦之所以受不了孤独，就因为孤独不允许他吐露隐情，倾诉心曲。而咖啡馆之所以那么适合他，既因为这个地方总能提供专注而殷勤的听众，又因为痛饮削弱了可以反对他没完没了的坦白的超我的抵抗，摧毁所有意志、自制力与廉耻心。在咖啡馆他总能找到倾诉对象，哪怕是个陌生人、是个乞丐，他也会和他碰杯，而且他总能讲述自己。他的无节制起码既是纵酒无度，也是嘴上没把门。

魏尔伦年纪越大，咖啡馆在他放荡不羁的生活中所占的位置越重要。应当承认他当时糟糕的住房条件是不大能将他留在家中的。但其实，诗人那时已明白，抛头露面是他诗人地位的一部分。如果同代人不能每天看到他坐在某家咖啡馆的桌前，面对一杯苦艾酒，他就可能不是诗人保罗·魏尔伦了。由于卡扎尔斯在普罗科普自编自唱歌曲，魏尔伦养成了出入普罗科普的习惯。这个从前是伏尔泰和雷蒂夫·德·拉布勒托纳的普罗科普，在摄政时期和大革命时期声名远扬，经过很长时间的衰落后，19世

---

① 原文为拉丁文。

纪末又向流浪诗人和谈天成癖的人敞开了大门。每周四和周日晚上，一群"杰出"的青年诗人和艺术家，本区所有放浪形骸之士都聚集在此。大家念诗歌唱。晚会由魏尔伦主持，而他常常因喝多了以睡着告终。1895年，恰逢要在6月28日为米尔热在卢森堡公园的纪念碑举行盛大的揭幕式，让·埃卡尔准备在伏尔泰咖啡馆组织一次大型宴会，价格定在每人6法郎。6法郎！对科利纳们、肖纳尔们和鲁道夫们这是多大的挑衅！拉丁区的青年决定做出反应，卡扎尔斯为了调和所有放荡不羁之士的反对意见，提出在普罗科普2法郎的套餐。最后他也败下阵来，那些赢了的人在圣米歇尔广场的金太阳酒馆组织了每人0.95法郎包含一切费用的宴会。不过，大家还是在普罗科普得体地纪念了米尔热[9]。诗人从1890年起常常光顾的另一个店是圣米歇尔大街的弗朗索瓦一世咖啡馆。它地处拉丁区中心，几乎正对着卢森堡公园的铁栅栏。咖啡馆的第一个大厅成了真正的文学社团的活动场所，那里年轻作家与大报记者济济一堂，作家是来高谈阔论，记者是来采访大师。每天，诗人睡得很差，才几个小时。少了酒，他很快就难受起来，天一亮就起来，开始每天在先贤祠一带散步，中间一次次地在他早就熟悉的每家小咖啡店歇脚。这些店散布在笛卡尔街、圣雅克街，圣米歇尔和圣日尔曼大街的拐角，王子街和圣米歇尔街的拐角。他到哪儿都被人认出来，受到尊重，尤其是得到信任。这是指他用傲慢的手势指着茶托宣称他"付酒钱"，然后摇摇晃晃地离去时的姿态。吃饭的时间已经临近。于是，魏尔伦去苏夫洛街于谢特、塔尔莱饭馆或圣雅克街262号维拉沃饭馆。这些不起眼的小酒店里能遇见烟贩、无家可归的流浪汉、泥瓦匠、卖玩具和报纸的小贩[10]。维拉沃这个奥弗涅人，比他的同行精明，一听说这位杰出的顾客是何许人便主动提出可无限赊账。马上，维拉沃饭馆成了风行的文学餐馆。一吃完饭，弗朗索瓦一世就像磁石一样吸引着魏尔伦，天天如此。他的一些朋友和熟人已经在等他了，有夏尔·莫里斯、阿德里安·勒马克尔、让·莫雷亚斯、雷蒙·德·拉塔耶德、洛朗·塔亚德、亨利·博克莱尔、加布里埃尔·维凯尔。总有一个仰慕者要请他题词，一个无名诗人求他给处女诗集作序，一个朋友帮他把新诗送给杂志社或去拿校样。他刚要了第一杯苦艾酒，周围便马上围拢来一群忠实的谄媚者，听他翻来覆去唠叨不完的经历。渐渐，酒让他激动、亢奋起来。他便再也讲不完自己，讲不完自己数不尽的夫妻不幸和出版困难。你们瞧，我成了何种地步的受诅咒的诗人……也就是**诗人**。

第六章

真正初入诗坛

> 然而深奥的古书讲，卜卦之人
>
> 珍爱的土星，那浅黄褐色的星体，
>
> 凡在它的星相下出生的人，
>
> 命中逃不过灾祸和焦虑。
>
> 想象前来作祟，不安又虚弱，
>
> 让理性在他们身上枉费气力。
>
> 他们血管里，血如毒药般容易渗透，
>
> 如熔岩般滚烫，稀罕，流着，滚着，
>
> 让他们可怜的理想皱缩崩溃。
>
> ——保罗·魏尔伦《感伤集》

在莱克吕斯，亲爱的埃莉萨无法从一次流产的后遗症中复原，那次流产让她遭了大罪。某些人[1]想在《恶咏叹调》中身体不适的少妇身上看到生病衰弱的埃莉萨的形象，那少妇身穿"白色长裙"，"灰色的大眼仿佛天空，黑色的眼圈犹如地平线，但眼神中有无限冥想无限强烈激情"；走起路来，步履缓慢，若有所思，雍容华贵。那是一个近几年才不再年轻的康复者的脚步，刚刚恢复体力，她"总还可以在花园里进行些短途散步"（《鳏夫回忆录》）。有必要再一次指出这又是直接到作者生活事件中追溯文章的根源吗？为了缓解埃莉萨持续的疼痛，医生用吗啡治疗，但不是皮下注射，而是吞服。无疑埃莉萨抵不住难忍的疼痛加大了剂量，因为1867年2月16日，饭后甜点时，她正放开甜美的歌喉唱歌，"突然大叫一声，便可怕地昏厥过去"（《忏悔录》）。接到电报，魏尔伦母亲立即赶往莱克吕斯。诗人则在办公室苦苦等待了漫长的两天，终于接到电报，要他尽快赶到那里。在维特里下了火车，天糟透了，等他终于淋得像个落汤鸡、浑身泥水地到达莱克吕斯，却听到了丧钟。"太迟了，连换衣服都没想到，就这样一身泥、淌着水，像只落水狗一样，冒着没完没了下了一天的倾盆大雨，我跟随着表姐，我永远失去的亲人，善良，亲爱的埃莉萨［……］。"（《忏悔录》）每当魏尔伦生活中遇上什么克服不了的困难，便到酒中去逃避，这次也不例外："是的，在亲爱的表姐下葬后的三天里，我只靠着啤酒，还是啤酒，来支撑着。我成了酒鬼，以至回到巴黎，在办公室，本来就肝肠欲断，上司还火上浇油，'申斥'我超了时日，结果我把他撵走了。刚才我说回到巴黎，啤酒太差，只好选择苦艾酒，晚上、夜里都是苦艾酒。［……］这苦艾酒！多讨厌啊，想到当初的酗酒……和不久前的某个时候，但对我的尊严、健康，尤其是尊严却已够久远了。当我想到它时，真的，多么可恶。"（《忏悔录》）酒成了魏尔伦的习惯，他再也离不开这糟糕的苦艾酒，而且尚未发生更严重得多的其他不幸，他却开始遭遇十分可笑的不幸。因此，每当他在"老妪馆"和某个美女过了一宿，和夏尔·克罗及几个别的朋友一道痛饮无数杯苦艾酒之后，早上回到母亲家中便特别麻烦。母亲9点来叫醒他去上班时会惊呼道："上帝啊，保罗，看你成什么样了！你昨晚又喝醉了，是吧？"保罗则极力辩白："怎么说'又'啊？我从来不喝醉，昨天更没醉。我在某个老同学家吃的晚饭，只喝了红水，甜点后光喝咖啡，没有白兰地。回来晚点，因为他们家离这儿很远，但我睡得很安稳，你看见的。"（《忏悔录》）然而，母亲向他指出他忘了脱衣，还戴着大礼帽睡觉时，他还怎能矢口否认呢！

真是命运的嘲弄，恰恰在埃莉萨死后一个月，即1867年3月，《感伤集》开始发行，1866年11月17日《图书报》便已做出预告。该书于1866年10月印刷完毕，但黄纸黑字的封皮上却标着1867年出版的字样。该诗集是由作者出资，阿方斯·勒梅尔出版，正是埃莉萨提供的费用。魏尔伦虽已积极参与了《当代帕尔纳斯》，但这本诗集仍标志着他文学创作出版的真正开始。埃德蒙·勒佩勒捷认为魏尔伦的忧郁叹息纯属"思辨的、智力的"[2]，这也许没有错："整本书中没有一首诗能和诗人生活的某个明确事件、某种感觉、欢乐或悲伤联系起来［……］。写给女人的诗没有任何真实的、存在的、他认识的人为对象。他表现和吟唱的痛苦只是些假设。[……]他还没受到任何生活的打击。他年轻、健康，心中没有爱情，满足于可信手拈来的瞬间快感。钱包鼓鼓的，工作不太苦，下了班就去痛饮开胃酒，喝得兴高采烈；他生活在母亲家中，没有远忧，平静而有规律。"[3]路易-格扎维埃·德·里卡尔也做了一模一样的分析，不过他还是唱起了经久不衰的丑陋的老调："我认识魏尔伦时，他表面看来实在没什么理由自认为命中多灾多难。他和寡居的母亲一起生活，母亲爱他一往情深。在区政府的工作没占去他太多时间，根本不费他的智力。他没有物质忧虑，那时，我也不知他有什么感情焦虑。我相信他没有情人。他自认为很丑，确实，女人不觉得他漂亮；他倒有些特别，但他的特别不是能吸引她们的特别[……]。他在女人身边也很腼腆，带着有点气急败坏的笨拙，让人觉得他是个不随和的人。我深信，他年轻时没有过一次爱情或起码一次与女人的经常来往，这是一大不幸。也许他不会这样固执地迷信自己注定遭遇厄运，而也许，就因为一直这样认为，他真的自己给自己造成了这样的厄运。"[4]最后这一见解貌似浅薄，实则深刻。不错，魏尔伦给自己选择了忧郁的命运，未来便只剩下让他的存在符合诗的选择，让他的生活适应最初的文学倾向。"他不断养成的习惯"，里卡尔还说，"比起他指责土星的'这凶象的必然结果'"来，更使他从最初的有点希望成为的不吉之人成为后来真正的倒霉鬼[5]。

实在不能说这本诗集获得了熠熠放光的成功。印了491本（加上14本非卖品），这个小册子在25年后的1891年还没完全卖光。许多记者恶意嘲笑它。夏尔·伊里亚尔特在1866年11月17日的《名人世界》上指责《巴黎速写》的第一节：

银色的月光

洒斜辉。

5字形的炊烟从尖尖的屋顶

升起一段段密又黑。

因为他觉得这节诗特别荒唐："为什么是一'段段'，诗人？是不是厌恶传统的'缕'？"[6]夏尔·巴塔耶在1866年11月27日的《火枪手》上也批评同一节诗和最后一句诗："得了，这就明了了！炊烟形状像5，煤气灯两两并行。这种形式的颂歌，无非是有节奏的劳作，生硬枯燥，好不到哪儿去。最后，《感伤集》就是对古老神话的无可辩驳的审视。从此土星噬子就成了不容置疑的事实了。"[7]不过此语两天后招来了魏尔伦的答复，就在11月29日同一份报上："先生，这是想请你公允些，纠正［……］那个小小的让我梦想神圣的柏拉图的印刷错误，

"**两盏**煤气灯目光闪烁。

"在我书中却是：

"**蓝色**煤气灯目光闪烁

这也许更'生硬枯燥'些，但起码证明我没有那么荒唐地让煤气灯'两两并行'，那可是勉为其难了。"[8]批评界如此愚蠢倒正是不糊涂，它如同征兆般地指责魏尔伦诗学中最现代的东西。而亨利·尼科尔在1867年1月8日的《旗帜》上，对一些专有名词如赫克托尔、俄底修斯和阿喀琉斯①的复杂的拼写方式嘲弄一番后，又指出《菲利普二世之死》格调太低（这倒不假，该诗确实不是服人之作）。

尽管如此，《感伤集》也引起一些正面反响。勒孔特·德·李勒1866年11月5日给他写信说道，这些诗"无疑将招来一些傻瓜的厌恶和辱骂。他们只称颂与他们一样的人，不是出于成见，因为那就意味着他们还进行某种思考，而要归于让他们备受折磨的纯粹动物的嗅觉"。他还向魏尔伦担保，他的诗"出自一个真正的诗人、一个已经十分熟练的艺术家之手，不仅仅会精于表达"[9]。这只不过是些泛泛之言，和泰奥多尔·德·邦维尔的既热情又矫揉造作的恭维不相上下，费不了多大劲。邦维尔在1866年11月11日的信中说："［……］我一连读了十遍您的诗，印象总是那么好，而且越来越好。我既是作为公众，也是作为艺术家被牢牢地抓住了。我也可以肯定您是位诗人，而且确实不同凡响。因为，所幸我们都厌烦了各种可能的技巧，只会着迷于活的诗歌……您的诗有些我觉得完全是杰作，另一些我就不那么喜欢了；但没有一处，您陷入模糊和卖弄技巧中。［……］您将在当代诗人中占据最稳固、最佳的一席之地，我相信［……］这一点我绝对没有说错。"[10]总之"我"是一位诗人，"您"（起码总的说来）是又一位诗人：同行间的致意。当然，雨果少不了从根西岛发来他给每位诗人惯常的礼节性的贺词，笼统得很，用不着仔细阅读："我孤寂中的一种欢乐，

---

① 指魏尔伦未用这些名字的法文拼法，而是综合了希腊文与法文。

先生，便是看到在这伟大的19世纪的法国，升起真正的诗歌的年轻的曙光。可以预见到的所有进步都成为现实，艺术比任何时候都更焕发光彩。感谢您让我读到您的书。哪里有灵感，哪里有大门①。当然，您有灵气、诗句雄浑、富有灵感。向您的成功致敬。——握您的手。"[11] 很容易理解勒佩勒捷与魏尔伦抵不住把这封信进行一番戏仿的乐趣："同行，须知您是我的同行，同行中有兄弟②。我的落日向您的晨曦致敬，您开始攀登理念的各各他③山，我则在走下坡路。我是您攀登的山峰。我的衰落向您的上升微笑。继续攀登吧，艺术是无止境的。您是这漫漫黑暗中的一缕光线。握您诗人的双手，自不朽的④维·雨。"[12] 其实，唯一真正的赞美来自一个年轻人，刚刚在贝尚松被任命为英文教师，因为这封贺信有理有据：

先生及亲爱的诗人：

素不相识，您却细心周到地寄给我您的作品，请允许我将这看成是一种文学同感，一份未知友情的神秘预感。

您正应了我要紧握您的手的心愿，那是在读了您在《当代帕尔纳斯》上的诗之后许下的心愿。我要加倍感谢您——而且不仅如此，因为，在安家的忙乱中，我要做蠢事说蠢话的那几天，您的《感伤集》救了我，让我从现实的羞辱中重新站起来。

[……] 如精力衰竭的宠妃一样的各种古老形式，被诗人们一代一代继承下来，您却认为应从锻造一块崭新的纯金属开始，打造出属于您的好剑来，而不是继续搜索那些磨旧的镂花，留给事物一个古老模糊的外观。您现在给自己打好了武器，您将可以自由地深化它们（它们有时虽略显大胆，只在处女作中才如此合适）。但您的诗集，是一本处女作，带着处女作全部的美和浪漫的含义，它让我多少个夜晚遗憾只能将我的作品一次交出来，完美无缺，而之后只能是江河日下。

---

① 原文为拉丁文。

② 法文中，同行（confrère）一词中包含兄弟（frère），但也包含笨蛋（con），这里便暗含此意。

③ 耶稣被钉十字架的地方。

④ 原文为拉丁文缩写。

署名的英文教师当然不是旁人，就是斯特凡·马拉美，他始终没有背弃对魏尔伦的钦佩与好感。

又到了假期，又回到阿登山区，再次小住在帕利瑟勒寡居的格朗让夫人家，这次小住依然是那么迷人，那么让人精神大振。

他在给亲爱的莱昂·瓦拉德的一封信中提到："［……］我身在美丽的旷野上，请您别见怪。不过我放过您，不作任何节选式的描述，尽管这个地区有确实特别崎岖的景点和一些芳香甘美的产品值得描绘——比如火腿，真是太好了（可绝不是要学蒙斯莱①）——小孩子们到树林里——那儿够恐怖的——去吃一种小果子，他们不加区分地叫作覆盆子和越橘，吃得他们满嘴满腮成了紫罗兰色，就像紫罗兰花一样。不过真的很好吃，我给您讲这一切时，牙齿都是绿松石和紫水晶色。"[13]不过乡下的魅力并未让魏尔伦忘记文学动态。就在假期之前，1867年6月20日，《爱尔那尼》重新上演。魏尔伦就在6月23、24日的《国际报》上写了一篇热情洋溢、充满溢美之辞的文章。文章里他什么都称赞，一切的一切："高乃依式的崇高融入了莎士比亚的激动，还有雨果独有的特别激动和高尚的某种东西"[14]，奥古斯特·瓦克里在指导演员上的建议，终场赢得满堂喝彩的演员本人，布莱桑、莫邦、德洛奈和法瓦尔小姐，有戈蒂耶和大仲马观看的演出的气氛。"总之，辉煌的一夜，日后人们会骄傲地说：'我去了！'因为这一夜让我们永远接受了雨果的戏剧，并弥补了1830年古典派一伙的不公正做法。让我们牢牢记住这个日子：1867年6月20日。"[15]1867年8月1日，《布鲁塞尔日报》则带着嘲笑转载了由魏尔伦和十三个同伴签名的《致雨果》："要知道，"魏尔伦给瓦拉德写道，"比利时报纸取笑我们呢（关于《致雨果》——那还用说——），俨然他们是《面具》或《月亮》，那些自以为是的家伙。是的，亲爱的朋友，您知道在布鲁塞尔，在布拉班特，我们现在可出了名了。这很好，也很滑稽，那更好。我们十四个都上了报，都是全名，还没有印错！这够不够荣耀！"[16]魏尔伦欣喜若狂：报界在谈论他！

诗人之所以这般活跃并在一封拥护信上签名，是因为他渴望让自己的名字流传，巩固他在文学界的声望。从某种意义上说，难道不正是要让这种声望合法化，得到认

---

① 夏尔·蒙斯莱（1825—1888），法国作家，记者。将其闲暇用来撰写18、19世纪作家传记。作为美食家，写过《好吃者年鉴》。

证，就在1867年8月，他决定去布鲁塞尔拜访维克多·雨果吗？雨果每年都离开根西岛的住所到巴里卡德广场他的儿子夏尔家小住。正像日后在《比利时速写》中讲的那样，魏尔伦下榻列日旅馆，一换好衣服，便迫不及待地、兴奋地奔向巴里卡德广场。在那儿，女仆告诉他"先生"还没回来，不过很快就会回来。女仆引路，他怯怯地走进一间小客厅，十分晦暗，因为百叶窗和窗帘遮住了阳光。在这间客厅里，他和雨果夫人交谈起来。她"仿佛罩着面纱一般，戴一顶当时妇女戴的那种大草帽，一根长长的松紧带拿在手里，一旦刮风或日晒可以随时把帽檐儿拉近。"[17] 她兴奋地讲她的神经痛、眼痛、疗法和眼药水，魏尔伦津津有味地听着她充满活力的话，似乎都忘记了他是为维克多·雨果而来。"[……] 我怀着异常强烈的兴趣打量着那火热的头、那双痛苦可怜却闪着奇异光彩的眼睛、那既细腻又非常清晰的线条、那西班牙女人的脸色和几乎像黑白混血儿一样的头发，以及她主要的特殊之处，那高高的凸出的前额，在1830年那是一种美。现在在这充满激情的头上，仍然像是智慧的最高标志。这位本身已如此有趣的女性，在我看来，从某种意义上如同浪漫主义的缪斯，她原谅了天才丈夫的思想、观点甚至错误。就连过分的行为，她也明知其过分，却又意识到或者找到这些过分行为的理由，往往是残酷的理由。"[18] 其实，这在魏尔伦是常事，由于女人、由于缪斯而忘却作家，回归到启发灵感之人。

雨果终于出现了，他确实仪表堂堂："头发七分白三分褐，唇下长髯七分黑三分白，唇髭则几乎还是黑的 [……] 这是在我看来他相貌（physique）的突出特点，此处为了讲地道的法语，我不得不用 'physique' 这个词略微粗俗的含义。除此之外，从脸上看，依然炯炯有神的小眼睛，不无狡黠；五官端正，鼻子有点大，牙很好；脸色晒得略有些黑，还没多少皱纹。他已过六十五岁，但精神还很好，相当好。"[19] 首先诗人就是在给自己塑造形象，在魏尔伦眼里首先出现的是诗人的外表。魏尔伦1895年做这番描写时，不能不想到自己体力的衰退，想到自己永远也活不到六十来岁，这一点他很清楚。魏尔伦这个雨果的崇拜者激动万分，因为这次会见相当于授予骑士称号、盔甲和武器的仪式。老奸巨猾的雨果很在行，也非常会搞公关，引用了他的几首诗（也许就是头天晚上背的！），但也没忘了在进行慈父般的友好的争辩中提到魏尔伦最初几篇文章中的某些批评。他不是在关于巴尔贝·道勒维利的文章中写过："《静观集》不是雨果的代表作，恰恰相反，我甚至认为这是他最差的一本书；但并不能因此而藐视天才，即使是在衰退的天才。"[20]维克多·雨果最后还提出了对帕尔纳斯的看法："'勒孔特·德·李勒是位非常出色的诗人，但我知道阿希尔、维纳斯、尼普顿，至于阿喀琉斯、阿弗洛狄忒、波塞冬，啊，不……'以及许多真知灼见……关于"不——动——声——色"，我们帕尔纳斯派当时的伟大口号，他加上一句：'你们会摈弃它的。'"[21]魏尔伦确信雨果对他感兴趣，他怎能不精神抖擞、心满意足地返回帕利瑟勒呢？

假期的尾声可远没有那么振奋人心了。就在见到维克多·雨果不到一个月之后，目睹法国诗歌另一盏伟大的指路明灯消失绝非易事。8月31日星期六，上午11点左右，瘫痪近两年的夏尔·波德莱尔在星星广场附近迪瓦尔医生的诊所去世。9月2日星期一，魏尔伦参加了在蒙帕尔纳斯墓地的葬礼。只有一百来人参加在圣奥诺雷教堂的安葬弥撒，而护送夏尔·波德莱尔一直到他最后的居所的就更少了，顶多六十来人。时值假期，又是星期天，通知朋友故交很困难。葬礼那天，酷热难当，雷声隆隆可以部分解释如此的冷落不假，但作家协会及其主席保罗·费瓦尔没有出席，没有任何政府代表，许多作家都未到场，这些又怎能说得过去呢？魏尔伦一方面对文学及艺术要人的莅临感到欢欣，其中有泰奥多尔·德·邦维尔、夏尔·阿斯利诺、尚弗勒里、阿尔塞纳·乌塞、布拉克蒙、皮欧热博士，还不算年轻人，有欧内斯特·德尔维利、阿尔芒·古齐安、欧仁·维尔麦希；一方面也少不了指出特别令人气愤的背叛："遗憾的是大家发现一位名人没有来，并认为这种缺席有失礼仪；更令人遗憾的是这种评价是正确的。"[22]这当然指的是泰奥菲尔·戈蒂耶，《恶之花》就是题献给他的。他当时住在日内瓦附近加尔洛塔·格里齐家。

波德莱尔之死肯定对保罗·魏尔伦产生了深刻影响，他感到纳入波德莱尔的诗歌轨迹的需要（和时机）。12月1日，他向普莱-马拉西打听自己的最新诗集《女友》是否出版了，那是弗朗索瓦·科佩建议、嘱托他写的。普莱-马拉西正是波德莱尔的出版商，他请他放心，他那些"疯狂的女人"眼下正在印刷当中，月底即将问世。12月底，《女友》的确在布鲁塞尔出版了，标的是"学士帕布罗·德·埃尔拉涅兹的十四行诗"，十六页，小八开，印了五十本。不幸普莱-马拉西没按魏尔伦特地要求的那样，将给作者的八本样书委托给《文学艺术评论》的主编阿尔芒·古齐安，而是随一批走私品，将其寄往法国。这些走私物品几乎全被海关扣押。那八本书最后是回到出版商手中，出版商又将它们转交作者，但引起了司法机关、里尔检察院的注意。1868年5月6日，里尔轻罪法庭下令销毁该作，以及波德莱尔的《残骸》。这对魏尔伦是多么大的荣誉！这表面的不幸是天大的幸运！他那完完全全波德莱尔风格的诗集遭到了与大师诗歌同样的惩罚！真正的走红是同年出现了几乎与它一样的盗版；1870年，该书将重印一百本，标题明确附上《女子同性恋图景》。其实《女友》只是魏尔伦自由作品的最早雏形，尽管这些诗主题十分大胆（在当时），但它们关注的首先是形式，仍非常婉转。"在可被称为幻象的等级方面，这些'女子同性恋图景'表现得如赛马前的试跑，受到精心雕琢的考虑和学艺必要的羁绊。它们更像是未经任何内省或对自身经历隐约的回忆玷污的色粉画，沉闷昏暗，对欲望纠缠不休的呼唤充耳不闻，对生活经历的粗糙无动于衷。这些场面的色情性如梦如幻般轻盈，从一堆感觉中经化学升华而来，诗人还没完全估量出这些感觉的重要性，也不记得它们的缘起，而只满足于迎接诗歌的降临。"[23] 不过《女友》虽未真正成为具体化的形象，也不管这些诗如何矫揉造作，形式如何带有游戏性，它们指出了具体化的必要，确定了具体化的地方。

也是在这个1867年年底，魏尔伦开始与弗朗索瓦·科佩联合创作，成果便是《谁要奇迹！》，将于1868年1月2日发表在《金龟子》上。那是本带插图的文学及讽刺性刊物，由未来的公社社员欧仁·维尔麦希主持。我们至少可以说，表面看来"这本关于1867年的杂志"和魏尔伦风格不符。前言足以定下基调，非常随便，甚至具有蛊惑性，近乎粗俗：

可贵的订阅者，可爱的买主
本期，两位才智横溢的作者
送给您他们夜战的果实，
为了让你们欢欣快乐，他们打定主意
模仿新试过的步枪
并创造奇迹。
……

首要主题显然是人人都想参观的1867年世界博览会。杂志将我们先后带到博览会上用绳索系的气球吊篮里——而绳索断了——带到法兰西剧院《爱尔那尼》的首演现场，带到名人气十足的女演员奥尔唐西娅小姐家，带到下午5点时的瑞典咖啡馆的露天咖啡座，带到批评家弗朗西斯科·萨尔塞的神秘居所。最后，在"1868年电灯照耀下的辉煌的巴黎"的背景下，"四通八达的宽阔大道，有许多套间的漂亮的大房子，包着金属护栏的树，数不清的照相馆"，后记让警察、银行家、大马路上的人们、女里女气的小伙子和与之为伍的姑娘们发话：

> 直到颈项的男式短上衣
>
> 赋予我们完美的线条，
>
> 我们的发髻发挥奇效
>
> 女里女气的人也抵御不了。

　　显然这一切根本不符合我们通常对魏尔伦的看法：一个描写摸不着的轻盈梦幻的诗人，但无疑是受到科佩的某种"现实主义"吸引，感到惊奇的魏尔伦想与他合作。须知魏尔伦并不讨厌现实主义流派，他欣赏尚弗勒里，十分愉快地读《玛丽埃特小姐》和《圣佩利娜的情人们》，盛赞《安托万·凯拉尔》，夏尔·巴塔耶和欧内斯特·拉塞蒂的作品。他甚至已开始与勒佩勒捷合作并完成了一部大型五幕话剧的第一幕，剧名叫《铁匠》，"在《小酒店》之前成为工人风俗画和工人风俗心理学"[24]。

　　然而，受到科佩征服的同时，魏尔伦也竭力保持距离，和他始终维持一种暧昧的、表里不一的关系。1868年4月16日，还是在《金龟子》上，他发表一篇献给《亲密生活》的文章。说它是一篇文章，是言过其实了，因为这篇文字不过十五行左右。魏尔伦首先指出他不想着重强调"这些精美的诗句，异常精练，但看似不费功夫，甚至还巧妙地故意任由悲哀宣泄出来，这种放任有时又受到一丝哀伤的讽刺笔调的讥嘲。"[25]但魏尔伦真在谈科佩吗？这样的诗歌情调不正是魏尔伦特有的吗？他太清楚自己的诗歌，不可能不意识到这一点。况且，很快文章便中止了，突然收尾："而且，注意到、看过弗朗索瓦·科佩先生新诗比起早期诗歌的巨大进步——当然他的早期诗歌已经那么出色——毫无保留地称赞过这些给人快感的小杰作的富有节制、精明和精致，我只想向您呈现《亲密生活》的有趣序诗——在这儿没有发表过：

"为了更好地称颂您骗人的魅力，等等。

"这句引语免去了一切评论，故而——不是吗——我有理由就此打住。"[26]大家还是可以推断，魏尔伦也许没有时间写得更好、更长，刊物没有更多的篇幅留给他，但毕竟是短了点儿，而且特别随便，还带着挖苦的口吻。

魏尔伦之所以和科佩在这本期刊上合作，也是因为当时他对戏剧感兴趣。和勒佩勒捷一道，他坚持不懈地去观看肖泰尔剧团在蒙马特尔和巴蒂尼奥尔的两个剧场的演出，以及大杂烩和圣马丁门剧院的保留正剧和巴黎各大剧院的轰动一时的喜剧。他在舞台上为仍然不知名的新人帕拉德、多布雷、奈尔当、普里斯通鼓掌。魏尔伦身上确实有奥芬巴赫和埃尔韦的一面，他在欢乐罗什舒阿尔剧院看过一出名为《胆小鬼一家》的愚蠢的滑稽剧后，忍不住要写一出闹剧，名叫《沃科傻一世和小沃科傻》。他还为夏布里埃起草了一出轻歌剧《星星》的剧情梗概，可能还写了首《尖桩刑》的歌曲，比起梅拉克和阿雷维毫不逊色：

尖桩刑

所有酷刑里

最重的刑，

开始很快乐

尖桩刑

结局却悲惨……[27]

直到他生命的终结，魏尔伦始终需要在某个地方重新给真实定位。由于真实曾因梦幻而离开过，它的回归便益发缺乏诗意甚至粗俗下流。

对于帕尔纳斯这个团体来说，1868年的大事是进入向他们敞开大门的玛丽-安娜·加亚尔·德·维拉尔，即德·卡里阿斯伯爵夫人的沙龙[28]。这位伯爵夫人，熟人都叫她尼娜。第二帝国末期的少妇如何吸引名流呢？首先，应该有一点点怪僻，即便不误入歧途，精神不太正常，也得十分特别、反常。最好长得有棱有角，而不是古典、端正的相貌。尼娜二十五岁，"矮小、敏捷、丰满、风趣，患有神经官能症，有点歇斯底里，十分讨人喜欢。"[29]勒佩勒捷后来写道。这是个"矮小的女人，侧脸很像阿尔及利亚女人，大大的眼睛；裹在红色晨衣里，头发上插根耀眼的钻石簪子。"[30]，钢琴家夏尔·德·西夫里第一次见她后更细致地讲道。"……眼睛、头发黑黑的，肤色深暗，腰身那么柔软，应该说很特别，而不是真的漂亮。她又小又瘦，穿着那件没有什么修饰但非常合身的白色羊绒长裙，简直像个孩子。"[31]夏尔·德·西夫里的同母异父妹妹玛蒂尔德·莫泰回忆道。其实，尼娜的遭遇令人瞠目结舌，正当少年，初进社交界便光彩夺目，征服了上流社会。但由于生活放纵无度，耗尽了精力，发了疯，在沃弗精神病院孤单一人，几乎被人遗忘，四十一岁便告别了人世。年纪轻轻，她便是钢琴明星，既是演奏会上的演奏高手，又是受欢迎的作曲家，她的第一首乐曲——《浪漫曲》盛行一时。此外她还是诗人，感情容易冲动。她先是痴迷于红极一时的歌手朱尔·勒福尔，继而读了阿方斯·都德的诗便迷上了作者，又因小仲马、男高音蒙托布里、音乐评论家费欧朗蒂诺兴奋不已。最后，十六岁时爱上了六十岁的老作家梅里。其次，要拥有最低数额的财产，当然，多多益善了。她是里昂一位富有的律师加亚尔先生之女，少女时期，律师每年给她不少于两万法郎当零用钱。在她童年和青少年时期，"她的每一点点欲望都得到满足，要什么给什么。十二岁起，尼娜便开始骑马。每天早上，身着宽大的长裙到林间去骑马溜达。她有两个女仆、一个意大利文女教师、一个德文女教师，还有最有名望的钢琴教师：埃尔兹、塞利格曼、马蒙泰尔。家里没有因他们的巨额酬金而却步"[32]。第三，要符合时尚。这方面尼娜无人能及：她总是穿最高雅的服装，吉奥尔尼姐妹制作的最新款的短袖衫，不停更新全部服装。她经常出入社交界，去德·博尔尼耶夫人的星期五晚会和伯雷夫人的星期六沙龙，参加斯克里布的送葬行列，出席法兰西学士院的一次会议，观看戏剧的首场演出，为当红的演员喝彩，去看马戏表演，瓦格纳的音乐会一场不落。在尼斯鲜花节上看到她，又在维希、比亚里茨、埃姆斯看到她。这已不是个女人，而是社交生活的百科全书。1864年尼娜嫁给埃克托尔·德·卡里阿斯，出色的名记者，《费加罗报》的社会新闻编辑和"铁面人"，但也是个职业酒鬼，一流的苦艾酒专家，经常光顾死老鼠和新雅典咖啡馆。三年时间里，他们成为一对奇怪的夫妻，各自刺激着对方的失控和放荡。乌塞讲道，他们结婚后的那一年，他"在埃姆斯遇见他们正吃午饭，除了法国葡萄酒，还有两瓶约翰尼斯堡"[33]。不断翻新的苦艾酒只能给夫妻的性格和争吵火上浇油。1867年，二人便分居了，埃克托尔·德·卡里阿斯陷入了可怕的酒精中毒之中，和魏尔伦中毒的情形相比毫不逊色。

其实要确切了解尼娜的沙龙的气氛并不容易，而且她的沙龙的气氛很可能随着岁月的变迁和女主人情绪的变化而变化。几年以后谈到莫里斯·罗利纳，即《神经官能症》的著名的病态的作者时，总是那么偏头偏脑、讲人坏话的龚古尔兄弟说，他是"这座卡里阿斯府、这个大脑失常车间的一个十分古怪的产物，那里造就了那么多疯疯癫癫的人、怪里怪气的人、真正的疯子……他向我们讲到瑟西①式的诱惑，讲到这座房子确实不可抗拒的魅力，弄得他在区政府整天都在看表，呼唤着可以让他飞奔向那个巴蒂尼奥尔门的那一刻。那里，在一位漂亮妇人和一位有点痴狂的缪斯亢奋的主持下，从吃晚饭时起到深夜，一批年轻而叛逆的聪明人，在酒精的刺激下，随心所欲地展开各种放荡的思想，说各种滑稽可笑的话，煽动起最大胆的与习惯观点相反的论调和最具有颠覆性的美学观。一种吸了大麻似的精神陶醉，罗利纳说，让人无法工作，却将他整个投入纵情的高谈阔论中。他心想，在这座府里讲话，和在巴黎别的任何地方都不一样"[34]。有人说尼娜住在僧侣街82号一座公馆时期，所有来客都受到款待，大家在一片令人难以置信的不修边幅的环境里，吃着煮烂了的牛肉和啃不动的肉，直接用手到盘里去取。费利西安·尚索尔甚至声称"人们在每级楼梯磴上用餐，周围是数不尽的猫、狗、豚鼠。戈利岑亲王一天在那儿吃饭，就坐在一根劈柴上"[35]。这俨然是让·洛兰在《游荡的恶》中想象的诺隆索夫亲王破落的室内图景。而另一些人却另执一词："菜美酒佳，桌上装饰着鲜花，水晶玻璃杯和银餐具闪闪发光。"[36] 勒佩勒捷则描绘了一幅连续轮班运作的沙龙图画，简言之实行三班制。"登门造访尼娜没有定点。门永远是敞开的，桌布一直铺着。有三张长沙发，大部分常客走后，便被占据，那是住得远的人休息的床，他们担心回去时已是清晨，或者门铃声对于不太友善的凶恶的看门人不听使唤的耳朵显得太迟。不论何时离去，都不是最后一个。我始终也没弄清尼娜何时终于剩下一个人，躺到床上享受一下应得的休息。"[37]

1868年，尼娜和母亲住在夏普塔尔街一套漂亮的单元里，就在大杂烩剧院经理比利庸先生家楼上，女邻居喧闹的聚会简直把他气疯了。那时，都有什么人来尼娜家呢？起码是混合型的，兼收并蓄的。首先是艺术家、作家，其中有所有帕尔纳斯派

---

① 瑟西，又译喀耳刻，希腊神话中埃亚岛上的女巫师，赫利俄斯和珀耳塞的女儿。她曾把俄底修斯的伙伴们变成猪，而把俄底修斯本人留在岛上一年。

诗人，但也有朱尔·瓦莱斯和维利耶·德·利尔－亚当；音乐家，夏尔·德·西夫里弹钢琴，迪蒙在他的齐特琴上即兴演奏匈牙利乐曲；画家、雕塑家；演员，如弗朗塞斯，王宫剧院的喜剧演员。也有政界人物，其中有很多"赤色分子"："学者草地"和"孤堡"公共集会的创始人之一、律师阿贝尔·佩鲁东；德雷克吕兹的《觉醒》的编辑埃米尔·里夏尔；革命者古斯塔夫·弗路朗斯，他将惨死在夏图，被一个宪兵所杀；还有未来巴黎公社的检察官拉乌尔·里戈。是否因此便要把尼娜的沙龙看成是一个真正的反对派之家，人们在那儿策划破坏帝制、激起共和信仰？是否要把它当成一个纯粹放荡不羁的人的沙龙，任何资产阶级都必然被排斥在外，即使他悄悄混了进来，也很快要被打发走？其实，尼娜从来也没有无政府主义和革命情绪，她的全部秘密也许就在于融合各个社会阶层和出身，不分职业和性格。据勒佩勒捷说，尼娜的沙龙倒像"黑猫"①的前身，尤其是魏尔伦已经在那儿尝试那种黑话文学，这种文学将让阿里斯蒂德·布吕昂及其小酒馆一举成名。

一段时间以来，魏尔伦在埃德蒙·勒佩勒捷陪伴下勘察孔巴和梅尼尔蒙当的舞厅和下流酒吧。两个伙伴精心穿上工作服，戴上鸭舌帽，那是他们"在维莱特一带绅士们的供货商、新桥街的帽商代福那儿买的"[38]。倘若不想冒无谓的风险，让人当成没太化装好的警探的话，遵从那些地方的穿着习惯很要紧。他们去了梅尼尔蒙当路的热兰舞厅。魏尔伦扮演随时准备给人一刀的"硬汉"，他毫不费力地咽下大盆劣质葡萄酒，从而显得更加可信。要讲痛饮，魏尔伦可是擅长此道，虽然此外他只是满足于旁观和抽烟。不过，当一个瘦得可怜的男孩走到他面前时，他还是有些许不知所措和不安。那男孩脖子上挂一个货筐，里面有苹果、橙子、水果香糖和麦芽糖：

"点火，"他低低地，声音嘶哑地对诗人说，"杠子左边，有阿那客。"

接着又说，声音压得更低，也更嘶哑：

"我一个子儿也没有，爷们儿，赏咱个小钱吧。"[39]

勒佩勒捷解释道：小流氓把《感伤集》的作者当成了一个同道，向他通报说门的左侧有个密探。然而没准儿这是报信人的诡计？他看出那两个作家是"正道的"，尽管他们乔装打扮得像"好汉"。谨慎起见，埃德蒙塞给男孩他索要的十生丁，两个朋

---

① 即巴黎的黑猫咖啡馆。

友便赶快溜到外面的马路上，混在妓女中间。一旦可以隐蔽在代尔塔咖啡馆附近女报贩的木棚后，他们便脱下那身实在太冒险、太连累人的装束。这次探险的成果便是在尼娜家诵读"这种黑话文学的一个样本，它将一度大为风行，并让阿里斯蒂德·布吕昂连同他的小酒馆出了名。是魏尔伦最先定下这种下等人粗鲁的调子，后来又被人们大肆滥用。而当时拉皮条的和强盗是绝不能登大雅之堂的"[40]。魏尔伦在尼娜家背诵《自然之友》时，诗的独特和生动大获成功：

我并不唾弃巴黎，挺不错的！
可我有颗诗人的心，
礼拜天都走出我的罐子
和我的女伴一起
去乡下。

坐上郊区的火车
它咕噜噜运我们到几里外
真正的劣酒之乡，
要知道可不总能喝到香槟
在乡下。

她穿上长裙像白王后
我带上最白的烟斗，
衬衫我没有，可我套上袖儿，
要知道总得像模像样
在乡下。

另外还有练剑，尼娜可是个厉害的斗剑手。她经常穿上护胸甲和短衬裙，同一位剑术教官科尔德卢瓦的副手上课。"餐厅转眼变成击剑教练厅。旁边的客厅回荡着拉科齐进行曲的声音，而斗士们则喘着粗气扑向对手，挡过三招，回刺到底，在倒霉的比利庸先生头顶用力跺脚大叫。"[41]最后，还有本诗画集，每个人可以在上面誊诗或作画。魏尔伦在上面抛下两幅速写和一首诗，诗中展现了尼娜家无拘无束的气氛：

头上转圈长者眼睛
米尔热书中如是说。
并不太善。机智绝顶
伴着云雀般的笑声。

雕塑师、音乐家、诗人
都是座上客。上帝啊，我们度过
怎样的冬天！有苦涩
也有甜蜜。是狂欢！是盛会！

那一头浓密野性的黑发
野蛮的首饰闪闪发光，
将她变成女王，也变成傀儡。

见了这邪恶天使，
"我的十四行诗呢？"阿尔维尔①说。
西尔佩里克则道："活见鬼！"
　　　　　　　——《昔日与昨天》

　　那么他自己呢，他的表现怎么样？仍然根据龚古尔兄弟所言，这个沙龙的气氛特别令他亢奋，痛饮之下，头脑一热，他会干出最出格的事来。一天晚上，"有一位十分漂亮的姑娘，裸露的胳膊罩着黑色的花边，特别性感诱人……魏尔伦突然兽性大发，抓起火钩子想用烙铁给她的胳膊打上烙印。""在可怜的姑娘的尖叫声中，有人不

---

①　费利克斯·阿尔维尔（1806—1850），法国剧作家，诗人。作品大多被遗忘。

得不扑过去，从他手里夺下火钩子。"[42]于是他酒喝得太多的日子，据说，大家宁可将尖头的刀藏起来。大家太怕他过激的行为了。很可能他未来的妻子玛蒂尔德·莫泰，在这些地方见到他的那天，他还是有些分寸，既然她没有特别注意到他："她觉得他难看，衣冠不整，样子很穷。"[43]一个瞬间的印象，玛蒂尔德并未多去想它，她太沉浸于欢会的令人陶醉的气氛中，这晚会令她兴奋不已。

恰好在1868年春天，发生了一件事，魏尔伦不可能感到它的重要性，因为他对此事毫无察觉：他第二次被玛蒂尔德·莫泰见到。这一回她知道了他究竟是何人，并决定读他的《感伤集》和《戏装游乐图》。原来，雕塑家莱昂·贝尔托夫人在去诺曼底之前，举行了一次跟朋友们的盛大告别晚会。她去日索尔既是休息也是工作，梦想在那儿完成她的杰作。她刚刚获得一枚奖章，因为在美术沙龙展上展出了雕塑《一个年轻的高卢人——罗马人的俘虏》。她经常在蒙马特尔的加布里埃尔街19号她的工作室接待她忠实的常客，其中有埃德蒙·勒佩勒捷和夏尔·德·西夫里。西夫里是玛蒂尔德·莫泰的同母异父兄弟，当时二十岁。西夫里既是音乐家又是歌曲作者，他决定给勒佩勒捷写的一出短小的双人滑稽轻歌剧配上音乐排演，剧名是《临产痛的犀牛或尴尬的博物学家》。两个角色将由勒佩勒捷和魏尔伦扮演。魏尔伦毫无准备地成了男高音，并为此被引见给夏尔。于是西夫里不无惊愕地看到一个男高音突然到来，他"头发蓬乱，样子粗野，眼睛像流放的日本人"，穿着"一件长斗篷，围条黑白格羊毛围巾，戴顶软帽"[44]。保罗和"西夫罗"立即成了特别要好的朋友，他们坚持不懈地排练："剧本情节很简单，街头艺人（埃德蒙·勒佩勒捷）只有一个观众看他的魔术杯戏法，一个资产阶级（保罗·魏尔伦）。经过一番充满各种荒诞不经的玩笑的交谈之后，魏尔伦向勒佩勒捷说要娶他的女儿……为什么？……勒佩勒捷同意把这看不见的手交给他，并叫道：'这让我想起。'又是为什么？……《临产痛的犀牛或尴尬的博物学家》。"[45]下面就是结束曲：

一天，在植物园，
一头年轻的犀牛，
苦啊，苦啊，苦死啦
一头年轻的犀牛

吞下一根老骨头，
　　声声呻吟真凄惨
　　苦啊，苦啊，苦死啦
　　吞下一根老骨头。
　　守园人说："弄不好，
　　那根骨头走错了路。"
　　不想一位名学者，
　　抓起他的柳叶刀，
　　看出那只可怜虫
　　疼痛皆因要临产。
　　这就是为什么
　　犀牛痛苦实不堪。

　　于是博物学家将给它接生，博物学家本人家中也刚刚有个新生儿。不幸小犀牛出生时死于破伤风。这下可乱了套，因为仆人根本没听懂主人的吩咐：

　　博物学家昏了头，
　　可怜家伙酒精里投，
　　对着忠实仆人把话讲：
　　"带着娃儿去见市长。"
　　这样的事儿，
　　实在很平常。
　　可惜搞错了瓶儿，
　　仆人到市府，
　　带的是咽了气的犀牛，
　　却把娃娃大口瓶里放，
　　嘿这畜生，嘿这畜生，
　　把孩子放进了大口瓶。

其实我们不禁觉得魏尔伦参与创作了勒佩勒捷这首荒唐的歌，因为把孩子放在广口瓶里，这样的事，他再清楚不过了。他出世以来，每搬一次家，母亲都要把好几个瓶子运到新居。一次次搬家，竟从没把它们打碎。晚会很成功，正像西夫里所说，"当然啰！这不是瓦格纳，但引起的轰动却差不多。前进，音乐！"[46]勒佩勒捷也说，魏尔伦正式演出时虽然比排练时差一点儿，但他那角色演得"那么滑稽，腔调那么可笑，从教堂唱诗班的深沉男低音到用腹部发声的男声最高音，真让人摸不着头脑、目瞪口呆。这是冷峻的诙谐与欢快而惊人的阴森可怖的混合。[……]'您真像格拉索！'一个叫佩克吕斯的画家说。这恭维言过其实了。格拉索是当时王宫剧院最走红的喜剧演员，丑角之王，他那有名的打嗝声，魏尔伦做了翻版，在每个词之间有节奏的加上一个沙哑的嗝，但不是模仿他"[47]。魏尔伦成了小丑，成了演粗俗闹剧的喜剧演员。那时候，"魏尔伦下巴上已长了胡子，眼里带上一种牧神的表情，一笑——要知道他经常开怀大笑——嘴巴一直咧到耳根，这具有无法抗拒的喜剧力量。最后，说话用邦维尔的办法，故意把词咬掉一半，同时食指抛向前去，再郑重地竖起，加以强调。穿一件浅黄褐色长斗篷，日久天长都褪了色，戴顶黑色大礼帽，手杖插在兜里，他真的引起了轰动"[48]。

晚会上，玛蒂尔德不免对一位"面目有趣的青年"产生兴趣，他"留着长发[……]侧脸很像在布里埃纳的波拿巴"[49]。当然这不是魏尔伦，而是弗朗索瓦·科佩，玛蒂尔德可能多么希望有人把自己引见给他！魏尔伦则太难看。这是玛蒂尔德第二次见到诗人："他演出穿的是排练时的同一套服装[……]那种不雅可不是要美化他的。我看，他当着观众是怯场了；他神情温和，有点惊恐。他那天晚上和在德·卡里阿斯夫人家一样没注意到我。"[50]但最后夏尔向妹妹吹嘘："这是[……]一个非常温柔、非常好的小伙子。他爱母亲，和母亲住，她是寡妇。他特别聪明，有才，日后一定会成名。"[51]

总之魏尔伦过的是过节一样的生活。一如既往，他的假期既是在阿图瓦也是在阿登山区度过的。一年之中，也是他一生之中，总是这样，在兴奋、如火如荼的阶段和平静休息的时期之间摆动。在莱克吕斯，他退隐起来，平淡地生活在平坦而平淡的地方，正如他在一封给弗朗索瓦·科佩的信中讲的："我说的地方是全法国最平淡的地方：甜菜、罂粟、罂粟、甜菜，外加几棵树，这是惯例。不过在莱克吕斯这里，就在我住的房子旁边，有一个十分可爱的小'开发牛仔'［原文如此］①；我的假期就泡在那儿了，嘴里叼着烟斗，一句诗也不作，您可以感觉出来。"[52]确实，他"接连三次大醉"，因为他那些恶习不分城市乡村，田野与城市同醉。不过，他还是过着相当规矩、相当有条理，甚至是田园诗般的生活。毕竟他在田野上，一个村一个村地信步而行，下身一条旧裤子，上身一件脏兮兮的工作服，头上一顶奇丑无比的草帽，拄根手杖以利于走路。

1869年1月14日在奥代翁演出了弗朗索瓦·科佩的《过路人》，这成为帕尔纳斯的巅峰。能够演出该剧多亏阿加尔小姐的支持，她说服了奥代翁剧院的经理，德·希利和迪凯思奈尔先生，上演这出两个角色的小独幕剧。她和萨拉·伯恩哈特小姐扮演两个角色，伯恩哈特小姐演查奈托。"排练中间，德·希利把科佩拉到一边，科佩面如死灰，以为《过路人》还没演出就要退还给他。"

"'听我说，朋友，'这位善良的经理说，'我们将上演您的小杰作。但我得提前告诉您，我们不能在海报上保留它。我们已经向两位认真、知名、稳重的作家，总之两位职业人士约了一出大型悲剧，很厚重感人的东西，我们相信能演一百五十场。我马上就告诉您，这样《过路人》演几场就撤掉，您就不会怨我们了！'"[53]

为了挽救奥代翁的生意，他的确寄希望于德·圣乔治和洛克卢瓦先生的《侯爵小姐》。该剧讲的是"一个少女，出身贵族，但家财微薄，被迫嫁给一个俄国王公，人家让她在没有事先阅读的情况下签了一份文书，承认那个俄国特权贵族与一位贵妇的私生子"。这一整套故事能让铁石心肠的观众落泪！然而这出戏惨遭失败，《过路人》却赢得难忘的意想不到的成功。这一胜利"只要重演便足以挽救奥代翁的生意。德·希利先生大为惊讶。首演当晚，他在走廊上，听到大厅一片欢呼喝彩之声，他断定这一定是《爱情喜剧》。那也是一出小诗剧，让·迪布瓦的，也在这天晚上演出。当德·希利先生得知是《过路人》引起所有这番反响，他惊讶万分。这个善良人到死大概也弄不明白其中的奥秘"[54]。而魏尔伦也不一定明白科佩这出独幕剧成功的原因。科佩这个一直在陆军部工作的默默无闻的"小职员"，从此一举成名。《过路人》首演之后没几天，泰奥菲尔·戈蒂耶把科佩介绍给了玛蒂尔德公主。他甚至于1869年

---

① 因为原文用了复数，而又只是"一个"牛仔。

8月被公主邀请到圣格拉蒂安。又气又恼的魏尔伦的嫉妒之情显而易见，据埃米尔·布莱蒙所言，他甚至在看完首演后叹气道："又一扇门向科佩敞开，又一扇门向魏尔伦关闭。"[55] 未来的魏尔伦夫人在《回忆录》中写道，她的丈夫特别怨恨弗朗索瓦·科佩和阿纳托尔·法朗士，他们在剧本成功后，"照他的说法，把他甩了"。1869年4月29日，《过路人》在玛蒂尔德公主家演出之际，是科佩把法朗士带去的："我甚至还有他当时画的一幅十分恶毒的漫画，表现的是他的两个朋友仆役打扮，站在一辆车后，大礼帽上饰着帝国的饰结。"[56]

从此两位诗人只能是分道扬镳，一个注定要名声大噪并得到官方认可，一个则要走一条混乱和艰难得多的路。《戏装游乐图》1869年2月20日印刷完毕，3月发行三百五十册，开始销售。作者极力鼓动没什么劲头的勒佩勒捷，想得到一篇极尽称道之能的书评（"给你寄《戏装游乐图》可不是白寄的［赠阅］；所以不是篇恶心的吹捧文章就是死"）[57]。他也收到维克多·雨果的亲切贺信以及马拉美的一封令人愉快的恭维信；在8月19日的《国民》上还读到了邦维尔对他这本"精彩的小册子"的称赞。但这都是枉然，总的说来，新闻界几乎只字不提，书也卖不出去。而科佩呢，《过路人》成功后，巴黎到处哼唱剧中的小夜曲，他的诗集也再度被推出，并像注入了兴奋剂，很快被抢购一空。《感伤集》本来就没同时出版的《圣物集》受欢迎，现在那本书则一下子赢得了所有的荣耀，一致的承认。魏尔伦永远不能容忍，他将一直把科佩看作他恪守法规和成功的复身。他的**另一个我**①接受了法律的义务，立即得到了报偿。

当时被他人的成功搅得心神不定的魏尔伦只对文学和他的前程感兴趣，他竭力让自己相信写作可以救自己，证据便是他在阿登山区表现出极端的放肆，而那时他已不必证明他无比眷恋这些地方。他亲爱的姑妈路易丝·格朗让于1869年3月22日去世了，正好在《戏装游乐图》问世后几天。就在前一年8月的假期，他还在她家住过几周。诗人赶到帕利瑟勒参加她的葬礼。有人说[58]他姑妈因为担心亲爱的保罗，预感到什么，觉得他变坏了，最后数月忧心忡忡。就在临终之前，她发了两封态度坚决的电报要侄儿前来，想陈述她的告诫，要求他郑重许诺，劝他在阿登山区安家，在那儿找个可靠健康的伴侣。当然他没来。现在，老夫人的朋友故交想转达她没能做的所有指责

---

① 原文为拉丁文。

和训诫。一如既往，他用酒来自卫，在一个叫维尔科维克的酒店柜台上，一小杯接一小杯地喝。两天里酒都没醒，拒不再见、聆听任何要接近他的人，甚至匆匆以佩罗先生的名义签了份旨在尽快了结遗产问题的全权委托书。不过别人总算说服他，如果遗产问题必须要求他在场，就于4月回来。好像他果真回到帕利瑟勒，听了关于亲爱的亡者讲的那些富于教益的故事、本堂神父的善意规劝。他当时之所以能听听所有这些令人作呕的外省道德教训，是因为他不是不知道自己处于堕落的边缘，他只是在一种无休止的向前逃避中苟活，纵酒行乐，在这逃避中他自己也日益感到难以找回自我。道德（显然是大写的）对于他不再是无关紧要的事。

尽管如此，眼下，只有《戏装游乐图》的成功对于他真正重要——至少他竭力紧紧抱住这个令人快慰和安心的信念。万一公众不明白这诗集根本不是把绘画的东西搬移到诗歌中怎么办？诚然1865年拉卡兹博士向卢浮宫捐赠了他的绘画藏品，其中主要包括18世纪荷兰人和法国人的作品。但画是1870年3月15日才展出的，因此不能听信埃德蒙·勒佩勒捷的话，他声称《戏装游乐图》诞生于一次次的卢浮宫徜徉，保罗和他自己不厌其烦地"去欣赏《吉尔》《发舟西苔岛》①，弗拉戈纳尔的《秋千》，纳蒂埃表现室内家庭生活的画，以及朗克莱、夏尔丹的画。总之，那种既私密又如仙境一般、既现实又富于诗意的艺术，这种艺术的大师便是格勒兹、华托和布歇②。很有可能从这一次次频繁而狂热的参观18世纪艺术藏品中，诗人产生了一个想法，就是用词语和韵脚，以小幅图画的形式，画出华托背景下的布歇的人物。"[59]其实——即使自龚古尔兄弟及他们的《18世纪艺术》研究以来，18世纪风行一时——魏尔伦并不想要做艺术的搬移，那意味着表现与现实的相对坚实可靠性。而诗人则不是不知道，他已达到他的存在渐趋弥散乃至消失的关键节点，处于破灭和虚无的边缘。

《过路人》大获成功之际，《黄侏儒》的戏剧专栏记者，性如烈火的维克多·科

---

① 希腊岛屿，是阿弗洛狄忒的崇拜中心之一。《发舟西苔岛》和《吉尔》是华托的画。

② 文中提到的画家分别是：弗拉戈纳尔（1732—1806），法国画家、雕刻师，原坚持罗可可风格，后期倾向于新古典主义。纳蒂埃（1685—1766），路易十一的宫廷肖像画师。朗克莱（约1690—1743），画《戏装游乐图》的法国画家，华托的朋友及仿效者。夏尔丹（1699—1779），法国画家，擅长画静物、家庭场面及色粉画肖像。格勒兹（1725—1805），法国风格画和肖像家。华托（1684—1721），法国画家，深受提香影响，主要画戏装游乐图，背景带有忧郁色彩。布歇（1703—1770），法国罗可可风格代表画家，多作神话或寓言、牧歌题材的装饰性绘画。

希纳，见到决定大张旗鼓支持朋友科佩剧本的舒瓦泽尔巷的那帮人热情澎湃、狂热喝彩，真是火冒三丈，第二天禁不住写道："嘿！这可真是龌龊（或丑恶）之徒大聚会。"立即，帕尔纳斯诗人们赶紧把这一辱骂据为己有，将它作为聚会的标志。的确，一段时间以来，他们每月聚会一次，共进帕尔纳斯晚餐。如费利克斯·雷加梅后来所讲，晚餐"发起于波比诺剧院咖啡馆。在那遥远的年代，波比诺是夫人街与花街拐角处一个不起眼的低档咖啡馆，而今已被七层楼房所取代。当时它的老客商是圣埃尼昂·肖莱尔，一个不知疲倦的杂志撰稿人——如《当心水》——这些杂志是该区的欢乐。最初的聚会在钱匣街卡莫安饭店，就在圣日耳曼-德普雷附近的圣伯努瓦巷里，那里依然充溢着对1830年浪漫派的回忆。晚餐后来迁移到河对岸蒙庞谢街的千柱饭店，而后又回到出发点，在拉丁区和圣日耳曼区边缘经常更换巢穴。开始晚餐没有名称，亏了我们众女友中我们最爱见到的漂亮的勒达灵机一动，差点就叫'天鹅晚餐'"[60]。1869年年初，大家决定让这些同道人的宴会更加光彩夺目，费利克斯·雷加梅提议称之为"龌龊之徒晚餐"。他这借用批评家的无礼呵责的命名立即被接受了，而他最初设计的每月晚餐请柬草图却遭到拒绝，大家认为它太不成体统（虽然他声称其意正好相反）。画上是从背后看的一个一丝不挂、臀部带有挑逗性的女侍者，正端着一个托盘，盘里盛着食物和十四行诗。雷加梅最后只保留了上半身，肩膀和后背上方腼腆地嵌入Dîner（晚餐）一词的大写的D里。魏尔伦在一幅画中展现了龌龊之徒晚餐[61]：饭后，面对摆满咖啡杯、小长颈大肚瓶和小酒杯的桌子一角，从左到右，可以看见那三个人都因喝得太多有点萎靡不振、没精打采，保罗·魏尔伦以其习惯的姿势抓着烟斗，莱昂·瓦拉德扣眼上插着一束紫罗兰，阿尔贝·梅拉也异常严肃地吸着烟斗。三个朋友每人都为光轮笼罩，可能表示他们是帕尔纳斯派的三位使徒、三位圣人、三个支柱。但简洁的评语"去他妈的！"立即来否定了这种纯属戏仿的神圣化。在龌龊之徒晚餐上，有个传统，一到餐后甜点时，白兰地和白酒已经起了作用，就要朗诵诗歌，用猥亵的诗句和图画、恶念和坏主意丰富那本由埃德蒙·梅特尔精心保存的纪念册。魏尔伦认真——或者是极力——给自己一个在这种气氛里毫无拘束，十分自在的假象。其实他已完全不知自己到了什么地步。

第七章

蜜月和战争

你说要有个孩子

却只有一半秘诀。

唇上的亲吻，开始，

当然有利于

生子这样的活计。

但不得不抱憾

你追求的纯洁思想，

在这粗糙的人世上。

你还得做我妻子

我则须证明是你夫郎。

——保罗·魏尔伦《关于她的一句天真话》

保罗·魏尔伦已过了二十五岁。说实话，大家仍没见他有过真正的感情经历，起码同一个女人。也许有过，毕竟我们无法彻底排除那将永不可知的事，即对埃莉萨的那种其实可能纯粹柏拉图式的爱。但除此之外，便没有了，绝对没有。没有轻浮的爱情，逢场作戏的调情，没有和某个要好女友的甜蜜纯朴的恋曲。那么何不相信他朋友埃德蒙·勒佩勒捷的话？他说魏尔伦的纯粹性冲动只满足于妓女们的照价服务[1]。这个冥顽不化的单身汉，每日转完咖啡馆便在妓院平息他强烈的欲望，这个"浪荡子"

委实不具备未来丈夫的素质。很难想象他这个似乎只知道爱情的纯粹肉体快感的享乐者成为一个热恋中的温柔情郎、一个对未婚妻及未来的岳父岳母的要求和任性体察入微殷勤照应的腼腆的未婚夫。尽管如此，就在1869年的6月，魏尔伦突然坠入爱河，决定结婚了。全部的问题在于要弄清，他是爱上了一个名叫玛蒂尔德·莫泰的十六岁的可爱姑娘还是婚姻本身，爱上了一个迷人少女还是一种安稳的社会惯例？他是要同玛蒂尔德结合还是与婚姻关系结合，与另一个人结合还是与律法结合？

几周以来，魏尔伦常去拜访夏尔·德·西夫里。诗人确实曾试图同吕西安·维奥蒂合作（也许，甚至无疑，合作是虚构的，只是用来解释那些共度的漫长时刻）写一出滑稽歌剧脚本《沃科傻一世和小沃科傻》[2]，而他刚刚写完[3]。然而本来预计由埃马纽埃尔·夏布里埃谱曲[4]，他却始终没有打定主意。魏尔伦实在等不及了，便寄希望于他亲爱的"希弗罗"，这个寻欢作乐、长年累月的夜游神，并不急于认真投入工作，魏尔伦经常为此在黄昏时去找他。西夫里住在位于蒙马特尔高地斜坡上的尼科莱街14号一座小公寓三层的一个房间，因此魏尔伦命中注定有一天会遇上那一位，她就是西夫里的同母异父妹妹。因为莫泰夫人开始嫁给德·西夫里侯爵，夏尔出生不久侯爵便去世了；她后来改嫁花城的莫泰先生，一个富有的食利者。正好我们有关于保罗与玛蒂尔德初次相遇的两方面的叙述，是事后多年两个当事人分别所作，魏尔伦写于1894年，前保罗·魏尔伦夫人写于1907年。她写作是因为被勒佩勒捷发表的传记刺痛，里面有许多她前夫指控她本人及家庭的信件[5]。在关于订婚及夫妻生活期间的叙述方面，保罗的《忏悔录》和玛蒂尔德的《我的一生回忆录》一样都是辩护书，既在指控又在辩护，旨在将责任推给对方，开脱自己。尽管文中有嘲笑挖苦，含沙射影，竭力让对方掉进陷阱，揭穿其无耻行为及背叛，尽管有精心安排的谎言和不约而同的省略，这些文字却道出了很多真相，即使用的口吻并不相同。魏尔伦这边一切开始得俨然如一部短篇小说：

> 我怎么也没料到，在我未来的内兄，这个天才的而不仅是有才的音乐家夏尔·德·西夫里刚刚醒来的小房间，走进来，真的，我一点也没料到，三下敲门声后，走进他的妹妹，更准确地说，是他的同母异父妹妹。她是二婚所生。那大约是晚上5点，正是我那夜游的伙伴通常打算起床的时候，而我正准备谈完

话——如果我没记错，谈的与某出合作的轻歌剧有关——到紧邻的三角洲咖啡馆等他喝开胃酒。这时，我说了，她悄无声息地进来了，而后做出要抽身离开的样子，西夫里则对她说，或者大致是这么说的：

"别走，先生是位诗人，就是魏尔伦，你知道的。"

"啊！我很喜欢诗人，先生。"

——《忏悔录》

咚咚咚！"小仙女"走进来，"身穿灰绿两色带褶边的连衣裙"。简单平常的几句客套寒暄、略带拘谨的殷勤和蔼，魏尔伦却已经被吸引住了，迷上了"这个女朋友。不错，要不怎么称呼这个人呢？她刚刚让我蓦地，犹如一阵……平静的喜悦，产生这种散发着天真淳朴气息的焕然一新之感"（《忏悔录》）。这真是超音速的一见钟情。确实，一切发生得似乎还没遇见将要爱的人就已做出了爱（甚至娶）的决定。玛蒂尔德不过是来得正是时候，或者说不是时候。因为不管怎样，必须有一个好仙女在魏尔伦即将无可挽回地迷失方向的歧路上遇见他。玛蒂尔德的叙述要有分寸得多，也远没有那么激动，这是本来就该料到的：

> 一天，夏尔夜里参加德·卡里阿斯夫人家的聚会。午饭时没见到他，我便上去找他，于是碰上了魏尔伦。他肯定是头一次见到我，如果我也是这样，很可能要对他那奇特的形象感到惊讶；但在贝尔托夫人家，他演戏时，我曾有充裕的时间打量他。我已经习惯了他的脸，干脆说吧，他的丑陋。因此我是微笑着亲切地向他问好，而且，十分自然地和他交谈起来。想的只是客气地接待他，和对待夏尔的其他朋友一样。
>
> 我很知情地和他谈起他的诗，因为我不久前读过。我由衷地称赞了他的诗，因为我很喜欢它们。我甚至竭力对他比对别人更友好，恰恰因为他不漂亮。不过，没有丝毫媚态；我从来也没有过媚态；没有任何别的想法；那天要是有人对我说，我将成为魏尔伦的妻子，我会大吃一惊。[6]

玛蒂尔德首先是资产阶级，她想表明自己很会待人接物，举止得体，很有教养，具备应有的宽厚和敏感。也许她真的开始就比未来的丈夫要谨慎得多，因为她怎么可能猜到自己正好被纳入一个生活计划、一种道德打算中？这样的盘算远远超出她那小小年纪的能力，然而她还是怀着狡黠和诡诈，对一个比一般人丑得多的人，在应该表示的亲切之外加倍做出友好的表示。这是永恒的美女和野兽的故事，而且玛蒂尔德也没忘了提及，从而向我们说明，激动幸福的魏尔伦被爱改变了面貌，不再丑陋了！至少在丑陋问题上，她完全同意勒佩勒捷的说法，当然也是几乎其他所有人的看法，无论相识还是批评家，因为要挽救可怜诗人的灵魂，给他所有酗酒和性生活的失控行为提供一个身体上的依据很重要。那不幸之人既没有选择他的身体，也没有选择他的命运。在玛蒂尔德后面的叙述中，她不厌其烦地一再点明："因为*只有我*见到一个与和别人交往的人截然不同的魏尔伦：恋爱中的魏尔伦，也就是从精神到身体都发生改观的魏尔伦。[……] 看着我，他的容颜变了样 [……] 他不再难看。精神上的变化几乎也是完全的。"[7] 当时，从佩阿隆[8]和费利克斯·雷加梅[9]的十分吻合的画上看，魏尔伦显然做出一副富于灵感的诗人的浪漫挑衅的形象，长长的头发，嘴上叼着烟斗，这不应说丑，而是一种类型。玛蒂尔德那么年轻美貌，并不急于结婚，家道殷实，嫁妆也不成问题。如果保罗那样讨厌的一副猴相，也就是说爱情没让他容颜焕发光彩，无论如何，怎能相信，哪怕是一瞬间，玛蒂尔德会做出决定呢？在整部《回忆录》中，她津津乐道于魏尔伦出奇的丑陋，没有别的意思，就是为他的粗俗，给将来的丑行和倒错铺平道路。这样前保罗·魏尔伦夫人便能在后世面前打赢这场官司。

首次相遇之后，魏尔伦将全力促成此事，而他才见了玛蒂尔德一面，而且时间很短。说穿了，他对她毫无了解。她相当年轻漂亮，异常清纯诱人，这都毋庸置疑。但她究竟是什么样的人？事实上，这并不重要，既然婚姻的绝对性比只是婚姻的偶然化身的新娘更令人渴望，既然法律超越执法者。几天后，他和母亲匆匆赶往芳普的舅舅朱利安·德埃家。从他给勒佩勒捷的短信看，他好像身体不爽："突然很难受，仍匆匆走了。母亲给我上司的信。日后详谈，或旋即回转，视回音而定。"[10] 这里讲的是什么回音呢？无疑在遇见玛蒂尔德之后的日子里，魏尔伦开始一再审视自己的处境和僵局，无休无止不着边际地推论。一边痛饮苦艾酒，每次以下决心彻底改变生活开始，接着，喝过之后，喝多了之后，以根本不做决定告终。由于犹豫不决，反复思量，借酒浇愁，他可能终于病倒了。没办法，只好躲到乡下，在阿拉斯附近，希望在"宁静祥和的乡下"找到某种慰藉。在那里，他痛苦地感到改变生活的需要，但那些恶习，酒和妓女，所有这些放荡生活的令人愉快的臭味，他却仍从巴黎带来了。须知人的本性变得没有那么快。即使是三十多年后，魏尔伦在写《忏悔录》时，又强烈地体验到强加于自己的所有这番艰难痛苦的自我说服工作，迫使自己不再去"感受嘴唇、胸脯、整个肉体的味道，内行的邪恶女人们的兴奋和刺激，而且毕竟是永远，啊，是的！永远难忘的那么多女人的爱抚"。

一天，他到阿拉斯城里解闷，沿着斯卡尔普河岸富于诗意地徜徉一番后，恶习难改的酒鬼那种"四处闲逛豪饮"的放任自流的情形又开始了。他从这家咖啡馆（永远是最后一家，和最后一杯酒一样）出来，又迈进另一家。"[……] 我几乎去了阿拉斯为数众多的所有的咖啡馆，然后，又光顾了这个阿图瓦省前省府的几家小咖啡店。这种店真是数不胜数，我也就进了八到十家吧。结果，喝晕乎了，便到妓院收场，在明码标价的'快感的海洋'中平息酒劲。"（《忏悔录》）酒后，是"让人泄气的呕吐物""要全部呕出①的恶心"，悔恨的折磨及其反应，重大决定，痛下决心。必须痛改前非，有规律地生活，是时候了，要让自己有一个固定的框框，履行一些约束人的义务。这正是典型的魏尔伦做法，放纵无度之后幡然回归律法。因此，他不假思索地赶紧给夏尔·德·西夫里写信，向他的妹妹求婚——这就是说，是由同母异父的哥哥来允婚。特别指出他不假思索，因为这个优柔寡断，而且永远优柔寡断的人，一旦思索便又要去喝酒，重新陷入决定刚要做出便被推迟而流产的恶性循环。三天以后，7月20日左右，西夫里回信了，不过他还是对这样迅雷不及掩耳的激情和立即要得到法律认可的愿望感到瞠目结舌。信中他告诉魏尔伦（这是魏尔伦向埃德蒙·勒佩勒捷神秘地提到的企盼的回音），他把请求转告了妹妹，并且，玛蒂尔德后来说，哥哥为朋友说了好话，说他是个好小伙，本性多情，但由于相貌不济（永远的老调）很腼腆。然后，他又把求婚一事转告了母亲，母亲又去请示了莫泰先生。希望总是可以的（尽管事实上玛蒂尔德的父亲可能对这种前景毫无热情！）。最后他告诉魏尔伦，他将亲自到芳普找他，这样，他们两个人可以对形势做出估计，采取必要措施。

对于魏尔伦，这段神赐的、牧歌式的爱情的开头真是意外而神圣（其实是在想象

---

① 原文为拉丁文。

中计划好的）。在他看来，这场爱情就等于他的得救。一段时间以来，他切实感到前面就是深渊，而且吸引着他，甚至除此之外没有什么真正吸引他。令人晕眩的堕落与沉沦的诱惑在他心中已挥之不去，日益成为他的一个主要特征。首先，酒精在他生活中的地位日趋重要。开始，弗朗德勒的黑啤和刺柏子酒得到他的青睐；而今，他喜爱并大量饮用的则是味美思酒，尤其是苦艾酒。当时人称"阿拉伯办公室"，即斟得满满的苦艾酒（似乎是因为此酒在阿尔及利亚殖民部队中大受欢迎）。每天，百无聊赖而又没完没了的办公时间过后，苦艾酒的神圣时刻——"绿色时刻"便来到了。正如夏尔·克罗出色地赞美的那样，他自己也醉心于对"绿色仙女"的崇拜：

> 思想摇漾盘旋，
> 似在悠荡的吊床上，
> 这一刻人人的胃肠
> 都在苦艾酒的绿波中发胀。

> 酒香穿透空气，
> 此刻宝石般翠绿，
> 不止一个游荡的鼻子，
> 饥渴中嗅觉更加敏锐……

> 蓝宝石般明眸大眼，
> 博学的目光环顾四望，
> 喀耳刻探寻风自何方，
> 轻轻吹拂她的鼻腔。

> 向着未知的晚餐，
> 穿过乳白色的雾霭。
> 她奔跑而去。维纳斯，
> 在淡绿的天空发出光彩。[11]

这些诗句尽现了苦艾酒对它的迷恋者产生的诱惑、包围和令人沉醉的力量，那不单单是酒精的诱惑，也是嗅觉与色彩的诱惑。19世纪下半叶，沉溺于苦艾酒的绿香中直至麻木的人不在少数。男女酒鬼的这种木然状态，正如德加的油画《在咖啡馆》（也叫《苦艾酒》[12]），固定下来的那样。画上再现了女演员埃莱娜·安德烈那种萎靡不振的极度麻木状态，那正是诱惑、吸引魏尔伦的状态。因为只有醉本身令人渴望，而并非葡萄酒和利口酒甜得多些或少些的味道。《昔日与昨天》中魔鬼便向他的恋人点明了这一点：

> 你们真以为我为喝酒
>
> 喝酒，似你们这些母猫，
>
> 高脚杯装甜葡萄酒，
>
> 酒鬼只是贪吃人的一种？［……］
>
> 啊！我是为醉而饮，并非为喝。
>
> 醉酒，你们不知这是对生活，
>
> 怎样的胜利，这是何种赐予！
>
> 忘记，重见，不知却又知。

喝，还是喝，为的是进入第二状态。那里，烦恼尽散，一旦醉意渐浅，就再喝。为的是长醉不醒，为的是既忘却又记忆，同时不知道又知道，反正沉醉不知有矛盾原则。但魏尔伦很清楚，酒精能让他干出最不可饶恕的暴行，最恶劣的杀人暴行。有一回他不是竟然要用剑杖刺透亲爱的埃德蒙·勒佩勒捷吗[13]？一天，他们很晚从尼娜家出来，大清早，在布洛涅森林的普雷－卡特朗，他们尝过鲜鸡蛋、喝过牛奶，魏尔伦灌了些烈性烧酒，和邻座争执起来。勒佩勒捷压住了他的火气，把他拉走。但魏尔伦总想返回普雷－卡特朗了结这场争执，埃德蒙就是阻拦。他终于把怒火发到了埃德蒙身上，从杖中抽出剑身，冲向朋友。对方没有武器，只能逃向森林。幸好魏尔伦由于夜里和清晨的狂饮体力衰退，受到自己斗篷两摆的羁绊，在灌木丛中跌跌撞撞，把短剑失落了，勒佩勒捷赶紧将剑夺去。最后，看到森林警察过来，魏尔伦才稍稍冷静下来。马上，袭击者与受害者言归于好，臂挽臂匆忙逃窜。宪兵莫名其妙，试图追上他们，却是枉然。早在1866年便出过一件事，那是阿尔贝·梅拉在金房子举行的一次宴会上，梅拉庆祝他的《幻影集》荣获法兰西学士院颁发的马耶－拉图尔－朗德里奖。魏尔伦暗地里深怪阿方斯·都德在《小帕尔纳斯》上写了恶意取笑的文章。席间安然无事，突然，喝多了的魏尔伦从正在一张桌前看报的都德背后冒出来："'嘿!'他吼道，'就是他，这头猪，嘲笑伙伴们!'他扑上去照他的后背猛击一拳，然后等着……人家道歉。对方当然转过身来，怒不可遏，要扑过来；大家冲上前，将他们团团围住，用手臂紧紧拦住，用胸膛挡住；但费好大劲才将他们拦住。一时间大厅内两下里来来回回一片骚动，椅子翻了，东倒西歪……侍者惊恐万状……最后，总算把魏尔伦拉走了。都德这个总会让人尊重他的人，必要时会握剑在手，这次却愿意用句笑话收场：'没什么，这是个醉鬼。'"[14]魏尔伦的朋友只能将他带到布洛涅森林去散步，以驱散宴会最后的硝烟。

就在1869年，魏尔伦甚至责怪起母亲来。7月的一天，他喝醉酒回来，不是竟和母亲激烈争吵起来，扬言要杀了她，还从父亲的一堆兵器中取下一把军刀、一把匕首、一把猎刀来威胁她吗？魏尔伦夫人吓坏了，幸好想到去叫醒佣人、路易丝·格朗让从前的女仆薇克图瓦·贝特朗，两个女人齐心合力，终于遏制了狂徒的袭击。大家总是通过仆人了解主人的秘密，正如让·洛兰在他的许多故事中展现的那样。目睹了如此惊心动魄的场面，女仆赶紧给帕利瑟勒的佩罗先生写信，通报小魏尔伦的可耻行为[15]。几天后，他故伎重演，再次喝醉，再次大吼大叫，再次威胁母亲。这次发火更明确，更暴虐，他打碎了魏尔伦夫人盛流产的神圣遗物的碰不得的广口瓶。几乎不敢想象当时的情景。醉醺醺的保罗暴叫着："给我钱！见鬼去吧，这些瓶子！"那些前面几次怀孕留下的脏兮兮的器官遗骸撒满湿漉漉的地板，眼见自己的后代无法挽回地失去，母亲泪流满面。当晚魏尔伦夫人只好将它们埋进院中的土里，以免腐烂变质。控制不了局面，她唯有写信给姐姐罗斯，叫她来巴黎。罗斯这个女强人，一直给小保罗留下深刻印象。她随即赶来，严厉训斥了罪魁祸首。他遂悔过，满口许诺。不幸不久她就走了。几天后，一切照旧重新开始，喝醉，威胁，而且变本加厉。保罗再次抓起军刀，当然那是父亲的权杖，他要显示自己永远得不到的在母亲面前的权力，他吵吵嚷嚷地索要据他说欠他的四千法郎。她要不给就给她点颜色看看，她将不能活着出去。

过于简单化的观点认为，酗酒者喝酒时已不再是他本人。这观点相当普遍，但恰恰相反，其实酒精通过解除一部分抑制作用，扫除超我的障碍，道出了主体的真情。我们的确会注意到，魏尔伦第一次袭击母亲后，第二次发作时，仿佛偶然地扑向那四个胎儿的圣物盒，然后才再次转向母亲。他绝不是杀害瓶中的哥哥姐姐，而是将他们从母亲的控制中解救出来。他们被浸在防腐剂中、在子宫的代用品中多年之后，终于由魏尔伦还他们亡者的自由，这一点怎么会不明白呢？至少他们可以摆脱她……显然，19世纪时，儿子们不断绝望地企图摆脱母亲令人窒息的权威[16]，但魏尔伦酒一醒，超我便重获威权，而且更加专横。正因为罪恶感加强、增长了它的权力。这正是酗酒者的内心悲剧：每一次努力挣脱锁链，结果只是加强禁锢，每一次发作都进一步强化了需要摆脱的超我。

也许那是当时最深切地折磨魏尔伦、最令他焦虑的事。他的同性恋倾向的吸引力与强度丝毫未减，要知道魏尔伦从根本上讲是个有同性、异性两性性行为的人。为何不能像他在临终前一样简单地接受这一点呢？让·洛兰在魏尔伦去世前最后一次见他时，问这个"一脸海盗相的老小孩"，在这个酒足饭饱之后的膨胀时刻，他的爱情进展到什么程度了。他得到了"这样既是玩笑又很辛酸的回答：'我以前爱的男人都和女人跑了，我以前爱的女人都和男人跑了！我总是孤零零一个人'"[17]。因此没必要没完没了地探讨魏尔伦究竟是否爱女人胜过男子，这首先是一个无用的问题，和天使的性别问题一样；其次是一种虚伪的企图，想把诗人"正常化"，最终得出异性恋的结论。不过很可能当日魏尔伦很难接受个性中的同性恋成分，不能完全承认这一点，感到这是一种令人担忧的威胁。不管怎样，就是在后来，他不把同性恋对他的吸引力升华便不肯罢休。

1869年时，魏尔伦对吕西安·维奥蒂的爱远未止熄。魏尔伦可能从高中起就认识他，但仍无法弄清他们是始终没有离开过彼此的视线，还是西夫里帮助他们在1868年春天重逢。吕西安在夏普塔尔上学时便是西夫里的朋友。对这个在西部铁路公司供职的小职员，对这个迷人的小伙子，魏尔伦燃烧起炽热的激情。后来，他这个伙伴先是于1870年11月29日在阿依-雷罗斯战斗中脚部受伤，后于1871年1月18日在马扬斯一家医院惨死于天花。魏尔伦回忆起他时，主要赞美的是他身体的魅力："[……]你的双眸和往昔一样向我闪着朦胧的光芒，你的声音依旧如从前低沉模糊传到我耳畔。你二十华龄那高雅清秀的整个人，你那迷人的脸（像马尔索且更美），你绅士服下英俊小伙身躯的完美匀称，都透过我缓缓流下的泪水浮现在眼前。"（《鳏夫回忆录》）

1869年2月，吕西安的朋友在寡居的亚当夫人家为他举行了一场音乐会。吕西安确实运气不佳，面临服兵役的危险。魏尔伦积极地关心他年轻的宠儿的利益，在给弗朗索瓦·科佩的一封信中请求允许阿加尔小姐在这个晚会上朗读他的一首诗《祝福》。在给同行的信中，魏尔伦强调指出"维奥塔尔"的艺术家气质，"具有热爱一切美好事物尤其是诗的可爱性情"。这不足为怪，但更奇怪而且更说明问题的是他竟觉得有必要在前面点明他"就是［……］正派本身"[18]。还有一件事证明两人间的关系并未彻底结束，吕西安很关心魏尔伦的婚事，他向夏尔·德·西夫里本人打听："你为朋友办的事，你也只字未提——这件事怎么样了，你的家庭怎么对待这个提议——总之同意了没有？我给他①回了信，并未涉及这一切，不管怎样我很想知道结果。"[19]故作慎重，却不打自招道出真正的关注。而且我们纳闷西夫里对当时的情形以及魏、维关系的真正性质究竟有多不了解，只能对维、魏和监护魏与自己妹妹婚事的西（无意识还是玩世不恭？）之间奇特的亲密提出疑问。勒佩勒捷认为维奥蒂入伍是因为暗恋将成为魏尔伦妻子的人。玛蒂尔德则孤芳自赏地随声附和这段过于优美的故事，补充说保罗不是让想进市政府办公室工作的维奥蒂学习，而是"带他去咖啡馆，喝一大堆开胃酒，还想让同伴喝。维奥蒂很少喝酒，很快厌烦了这种做法，为结束这种所谓的功课，到勒阿佛尔去了半月，未给保罗留地址。保罗显得很恼火，给我哥哥写信抱怨，把小伙子说成是狠心肠的人，还称他'木头人'……从这天起他们就反目了，我想维奥蒂的失踪就是缘于不睦，因此在我订婚那年再没在家中见过他"[20]。显然可怜的玛蒂尔德根本不明白维奥蒂是对魏尔伦醋劲大发。也许不仅由于嫉妒，还有起码的一点谨慎和小心，吕西安离开了他情敌的家。不睦倘若是实，也须长久地正式化，以免引起怀疑。吕西安若因这场婚姻绝望，很可能是为保罗而非为玛蒂尔德，从此就更清楚魏尔伦何以在得知朋友死讯后那样伤痛。写给亡友的那寥寥数行，确凿无疑地显示了将二人结合的情感之炽烈，而魏尔伦由于婚姻的净化而背叛了这种情感："可叹！啊，不详的温情。啊，绝无仅有的可悲牺牲。啊，我这个笨蛋，竟未及时猛醒！

---

① 指魏尔伦。

那场差点亡国的可恶战争来临时，你参与了。你伟大的心灵本来免去你的兵役，你痛苦死去，光荣的孩子，全是为了连你一滴血都赶不上的我，和她，和她！"（《鳏夫回忆录》）

1869年的这头几个月，魏尔伦感到自己偏离正轨，完全失控，他害怕自己，想反抗，必须反抗。他一度觉得皈依可以挽救他，四年后的1873年，在布永的一家咖啡馆，当着兰波的面，他向欧内斯特·德拉艾诉说了当年的事。据说兰波"面带微笑，不过没有讥讽之意，也未发一句异议"。他说："一天，他走到一座教堂前，突然走进去，走得很快，寻找着。看见跪着的女人、教士的白色法衣，那教士消失在狭窄的忏悔室里。我们这个好冲动的人冲进去，拜倒在地……又犹豫，又吃惊……但在他颤抖的唇边那块小木板已转眼掀起：'我的孩子……'这一句话，这乳母曲起的臂膀！它柔软地接住发脾气的孩子仰着的脑袋，于是心里话源源不绝、一丝不苟地倾泻而出。这时间可不短，你以为呢？……那些虔诚的女信徒不耐烦地咳嗽，等着轮到她们。但魏尔伦忠于他的本性，只想到自己，这个'自私的人'！他膝盖骨紧钉在小条凳上，讲了那么多。听忏悔的神父认为他的情况很有意思……很严重。下星期日他再做一次忏悔后将得到彻底宽恕，然后允许他领圣体。悔罪之人离开教堂有说不出的幸福，也有点担心……能坚持住吗？坚持住了。一种清新、一种无边的沁人心脾的纯洁包围着他，支撑着他，保护着他。"[21] 其实这段清白，也许是过于清白的阶段仅仅持续了一两星期。魏尔伦皈依天主的时机尚未成熟。他会重新考虑这个问题的，但这次，只是初次排练，一次流产的准备。另一种解决办法没有那么高的精神升华，但更易达到，更易实现。没有那么彻底的皈依，也更令人愉快，那就是与玛蒂尔德的婚姻。它应相当于驱魔法，避免聚积的风险上升。必须阻止有罪的情感，安家立业，适应法度、责任、规范，从而得救[22]。这一来，花城的莫泰小姐所有原本可指责的缺点都变成宝贵的优点，表面的消极因素反而成为美妙和令人放心的积极因素。可别说这是个傻妞，没心眼，要说她是一个真正的少女。别含沙射影地说这是个相当传统、保守、思想正统得要命的小姐，还是说她有礼节礼法观念，重视良好的举止。别提她那些愚蠢傻话！那证明您根本不理解她孩童般的单纯，生来的诚实！别强调她小资产阶级的吝啬！要看到她节俭、有远见，善于安排筹划，这都是要建立一个稳固的家庭特别宝贵的持家素质。最后，切莫愚蠢地想起指出她的拼写错误、她对句法和什么是一个好句子的全然无知会在一个诗人看来难以忍受，相反，这是毫不做作的可爱标志，未经任何"女才子气，哪怕万分之一的"腐蚀。娶玛蒂尔德，就预示着肉体和精神的新生。以后，甚至没多久，魏尔伦的调子就会改变，但眼下，他很安心愉快，喜不自胜，心花怒放。崭新的保罗·魏尔伦来到了，8月，他骄傲地告诉朋友莱昂·瓦拉德的就是这个："一个崭新、美好、鲜花般的魏尔伦，各方面都很健康，与前几封信中的那个家伙判若两人，这就是我可以用优美的词句向您宣布的。发生了什么奇迹？——寻找女人！（我指是梦想的女人，我散文诗中的妻子……几乎不是真实的）。谁？您会问？——真好奇！您只要知道她很迷人、娇小可爱、聪明伶俐、爱好诗歌，总之，与我的理想分毫不差。即使我仍焦虑伤感，那也十分美妙。[……]

"您知道在这样迷人的形势下，我已放弃任何半醉半醒和去阿拉斯纵酒行乐：我要配得上她！"[23]

现在我们回过头来再看1869年7月底时的魏尔伦，他在芳普，心急如焚，等着朋友西夫里。7月17日他还没到，因为保罗向尼娜·德·卡里阿斯诉说他几乎像得了肺结核的人一样消沉绝望："亲爱的夫人和朋友，我的确极度痛苦，我在这里呼吸的新鲜空气，几乎进不到我不顶用的肺腔。满眼'美好自然'并不能让我双目得到消遣，没有什么能引起我的兴趣，无论是田野的安宁，还是森林可怕的静谧。农民让我恼火；农妇，没必要提了，是吧？总之，无聊透顶。"[24]尽管如此，他还是暗中抱着一线希望，倘若他精神的相对平静再持续若干日，他打算冒险"做一次奇怪而心怀叵测的拜访"[25]。其实，倘若亲爱的保罗……要吃惊的是尼娜，但还没到那一步。

终于夏尔驾到，给魏尔伦蒂来了宽心的消息，但也告诉他，不久，莫泰全家，包括父母、玛蒂尔德和妹妹玛格丽特，他自己，都要去诺曼底待两个月左右。尽管如此，令人欢欣鼓舞的未来已经呈现、明朗起来。西夫里和魏尔伦在乡下度过愉快的一周，夏尔星期天还在教堂的风琴上演奏了非宗教的曲目，让当地人开了眼。"整个瓦格纳、整个埃尔韦以及尼娜家所有的小节目都在芳普的大教堂涂着石灰的拱顶下回荡。"[26]8月初，魏尔伦又是孤身一人待在阿图瓦的小村子里，他想的只是美丽的意中人，正暂住在离讷沙泰勒昂布赖三公里的布埃尔城堡。情郎于是试图忘怀这痛苦的离别，"千般苦中之最苦"（但诗歌却那么丰产！），为玛蒂尔德写作，频频传书。多亏朋友夏尔从中鼎力相助，将《美好的歌》中不同的诗歌寄去，这诗集"就像新郎送与新娘的结婚礼物"[27]。往来信件何其甜蜜："啊，她当日的信笺！还有我的！/不会有比这更美好的东西了。/我真的很好，没有更好的形容。"在后来的《爱心集》中，诗人这样回忆道，这是把往事理想化了。当时，他可没那么有信心："也许她太兴奋，忘情了？"魏尔伦没想到自己言中了。玛蒂尔德尽情玩乐，玩昏了头，演唱轻歌剧，跳沙龙舞，在这些无可指责的消遣中，这个轻率的姑娘有些把可怜的诗人丢在脑后了。一边是诗人的焦虑，忠诚激动的盼望："还有漫长的十五天加上六个多星期/已这么久了"；一边则是青春无忧无虑的嬉戏。这种差距很说明问题。婚姻对保罗和玛蒂尔德的重要性确实不同，尽管不能过于夸大，不能完全听信艺术家培植忧愁的故作姿态。其实，魏尔伦痛苦与无聊至少各半，也许三分痛苦，七分无聊，但既然是为了他好，为了正当的理由！他给埃德蒙·勒佩勒捷的信中便这样说。

当真，你得了这个吗？——这下可全了！监狱，还有**这个**！你现在可是真正的男人了。我恐怕永远也成不了这样的人（——我们俩可得把这一点说明白！——）至于**这个**，要知道……莫作身［声］，莫作身！

所以，我是彻底在乡下度假！释义：我郁……闷，有益健康的郁闷。要知道，说到底，我在好转，肉体上，精神上……证明就是……莫作身！莫作身！

不过还是懒：刮了抽屉底儿寄给勒格莱尔。你呢？但愿你收到这封信时，已经又见过巴图尔……和维纳斯——**平常的**①，今天我可瞧不上眼，既然……莫作身！莫作身！

让你不痛快了，这句副歌？看一看人芯［心］的些［细］微差别吧，我可觉得好玩，嘿！嘿！——一人一个样。你嘛，你……我呢，我……莫作身！——够了！——[28]

怎会注意不到这句操着阿登山区口音反反复复像锤击一样使劲敲出的"莫作身！"，含义何其暧昧呢？正常情况下，这种沉默应该是用来保护恋人的秘密、生活的改变、所有幸福吉祥的事。但同时，在他那用方言讲的粗话里，最终给人的印象是

---

① 原文为拉丁文。

指这些事很不光彩，不该说出口。仿佛在寻欢作乐者中间，一种完全道德的行为反倒变得不可告人，因为无疑埃德蒙得的，和监狱一样（勒佩勒捷由于违反出版法罪，在圣佩拉日拘留了一月，这曾让魏尔伦大为恼火），最终给他正式加冕成为男人的，是种什么性病。和这使人变成一个真正的男子汉的双重启蒙相比，魏尔伦的良好品行岂不是极大的懦弱，在男人中间，成了真正的不法行为？这就是说，魏尔伦意识到他的美德何其违反他的天性。这种暂时选择最狭隘的资产阶级道德是否不合情理地（至少表面上）相当于冲下深渊的另一种方式，即采取一种根本受不了的生活方式，最终只能得到最坏的结局？不信教的人一旦决定出家，很快一切都变糟了。最后，为了散散心，魏尔伦去莱克吕斯的奥古斯特·迪雅尔丹家过了十二天。

8月底，一回巴黎，像人说的，魏尔伦逼着自己规规矩矩。就是喝酒，也不喝醉，办公兢兢业业，早早回到母亲那里，急行军式的向天使化迈进。他甚至开始融入资产阶级的圈子里，他陪母亲去军人妻子、遗孀家，分享外省习惯：打牌，喝茶，吃小蛋糕。看到这些，大家觉得在做梦。按这种步伐，他很快就会成为不久以前他无情嘲讽过的那个普吕多姆先生："他很严肃：是市长和一家之长。/假领包住耳朵。他的眼/在不尽的梦中漫不经心地游移，/繁花似锦的春光在他的拖鞋上生辉。"（《感伤集》）

终于，10月初，盼望已久的正式引见的日子到了。莫泰一家回巴黎的当晚，魏尔伦和母亲便去了未来的岳父母家。为了这一场合，魏尔伦精心打扮了一番；打着大花结的领结，穿上礼服和外套，戴上大礼帽。见面客套，各自讲些无趣的话，聊些无关紧要的话题。表面看来一切非常顺利，其实事情没这么简单，玛蒂尔德在《我的一生回忆录》中说。在这点上，她的叙述好像非常可信。不错，魏尔伦夫人是给玛蒂尔德留下好印象，相应地，诗人母亲好像也被少女迷住了。但莫泰先生尽管答应魏尔伦夫人次日就去回访，却在她走后，发表了充分的保留意见：操之过急了，这是在强迫他。最好等几年，一切都还不成熟。女儿失望，莫泰夫人插手，说服丈夫遵守诺言。可次日，在魏尔伦家，印象糟透了。莱克吕斯街四层这套四间屋的小套房尽管"刷过、擦过、上了蜡，一尘不染，井然有序"[29]，却又难看又暗淡；家具既俗气又褪了色，没有装饰，没有小摆设，"一副没落人家的光景，穷得傲慢体面，但毕竟是穷"[30]。一见魏尔伦家这样不富裕，莫泰先生认为，这门婚事对于男方就是一项精明的投机，目的是免于迫在眉睫的败落。因此他决定，倘若结婚，他不给财产，但提供与未婚夫收入相等的年金。故此在勒佩勒捷的传记中有那段尖酸的评语，大大刺伤了前保罗·魏尔伦夫人："那出了名的：**没有嫁妆！**仍是资产阶级婚姻最好的'芝麻，开门'。"[31]而玛蒂尔德又气又叫以示不满，却否认不了没有陪嫁的事实。总之，事实究竟是怎样的？一方面，魏尔伦可能由于他放荡与艺术家的一面令胆小怕事的资产阶级担心，甚至不悦；一方面，他又不是一个太差的结婚对象：业士毕业，区政府供职（在靠年金生活的人眼里，有什么比机关职员更稳定的呢）。无疑，他暂时才拿1800法郎的薪水，但他可以通过内部考试不断晋级，甚至还有一些继承遗产的希望。确实，就是在像莫泰先生这样不太了解魏尔伦的人最没经验的眼里看来，他的求婚显得实在意外、特别、仓促，足以引起严重阻力，可以感到内中有蹊跷。从某种意义上讲，魏尔伦当日无可挑剔，但正是这没过错与他不符，让人担心。

从此，他将锦上添花，叫亲友们放心。瞧，他成了毕恭毕敬服首帖耳的未婚夫，过上了规规矩矩的生活。很长时间，只当着未婚妻父母的面见她。在近十个多月的时间里，每晚去莫泰家看玛蒂尔德。每周日，去他们家吃晚饭。他既然决定照章办事到底，就乖乖地和玛蒂尔德商议他们共同的未来，"家具陈设、安家、共同生活的计划。""她喜欢哪种套房呢，低层不用爬几级楼梯，还是高而明亮？当然了，毋庸置疑，她喜欢亮的。呸，黑洞洞的中二层，甚至阴暗的二楼！……再说，要知道这'节省'而'未雨绸缪'的小妻子时不时要那样可爱快活地抛头露面，那可能是、那**一定**是最经济的［……］。家具摆设的问题，我们最感兴趣。一次，谈到了床。她想要两张，一张红木的，给我，朴素、简单、格调高雅，等等；一张给她，用粉红或蓝色印度印花布缝合成菱形图案。两张各得其所。我的放在书房，18世纪的雕刻，日本青铜器；她的在一大堆香木脚桌、帝国时期的布勒①风格家具、活动穿衣镜中间，谁知道还有什么！"（《忏悔录》）考虑到他纯洁的爱人神圣的无知，简直和孩子一样，即使面对很不诱人的两张分开的床的展望，魏尔伦也注意不提出异议。真可谓一个圣人！不论是修身洁行还是荡检逾闲，魏尔伦总要做过头。话题终于落到"小衣物、褴褛和根据性别取的教名"上，玛蒂尔德声称他们将有一个孩子，魏尔伦像夫妻之间一样"非常天真地"答道："但愿吧，甚至有几个。"（《忏悔录》）而突然地意识到玛蒂尔德

①　布勒（1642—1732），法国家具名匠，作品特点为镶嵌龟壳、金或铜等。

以为吻了一个男人的嘴就能生孩子，既然他们已经拥抱过……当然，三十年后，魏尔伦用挖苦的口吻讲述这些幼稚的想法，恶意取笑玛蒂尔德落入俗套的言语。但无可否认诗人好像也美妙地沉浸在这种幼稚的回归中。这种反常的快乐，有时人在流于习俗、保守与平庸时会体验到……"美德"本身可以是自杀性的，可以成为堕落的一个新版本。而这幼稚化尤其美妙动人，更因为这门婚事首先让母亲高兴。终于她亲爱的保罗放弃了恶习，总算重新过上规规矩矩的生活，成了正经人。可以想象，一想到要把独生子让给另一个女人，这位骨子里占有欲很强的母亲开始并不热心。但无疑，玛蒂尔德的年幼和缺乏经验让她放了心，她不会有能力与她抗衡，不会侵犯她的权威、她做母亲的神圣特权。魏尔伦，不过是一个温良驯服、弃恶从善、品行端正的魏尔伦，仍然在她的掌握之中。

一有机会并得到许可，保罗就和玛蒂尔德出门，去喜歌剧院、歌剧院、去夏特莱，有时去帕德卢的音乐会。另外，未婚妻也去保罗在母亲家中组织的小型聚会。在那儿经常遇见魏尔伦的诗友，瓦拉德、梅拉、里卡尔、勒佩勒捷、孟戴斯和他的妻子朱迪特·戈蒂耶，以及当时受聘于国家图书馆的哲学家朱尔·苏里。她的哥哥夏尔和埃马纽埃尔·夏布里埃演奏四手联弹为大家助兴。有时某位作家念自己的一篇作品。维利耶·德·利尔-亚当朗诵《埃来娜》或《摩尔加娜》。勒孔特·德·李勒、马拉美和迪耶克斯的朋友让·马拉斯首次朗诵新编的发生在印度的幻梦剧。

不过，魏尔伦与文学界的联系还是有点趋于疏远。他星期四不再去泰奥多尔·德·邦维尔家，星期六也不去勒孔特·德·李勒家。但就是在这一时期，他和弗朗索瓦·科佩一起去拜访圣伯夫。圣伯夫1866年12月10日曾对他寄来的《感伤集》做出善意的回应："才华是有的，我首先要称道这一点。您的志趣高远，不满足于灵感这种昙花一现的东西。"[32]圣伯夫虽少不了注意到魏尔伦有"像风景画家一样的速写和完全动人的夜之印象"[33]，但总体而言，他在极力称赞这本集子中包含的最非魏尔伦风格的东西、那些史诗般的伟大杰作时，却彻底搞错了。总之，不过是又多了一个"圣"谬误："[……]我尤其喜欢您把您那庄严的风格用于一些需要它并包含它的主题上（《恺撒·博尔吉亚①》和《菲利普二世》）。"[34]尽管如此，魏尔伦肯定因大师这

---

① 恺撒·博尔吉亚（1475—1507），教皇亚历山大六世的私生子，曾任巴伦西亚大主教，枢机主教。

封溢美的书信而大受鼓舞。他去拜访他时，开始是对他的外表、那种在他身上丑陋与衰老之间的关系印象深刻。更确切地说，这是三十年后他眼中、想象中的圣伯夫。哪里是对方的肖像，哪里是自画像，这是需要探询的问题："他依然在我眼前，面貌清晰，年龄带来的丰腴已驱除了最初的丑陋；秃顶、剃了胡须，有点中国式的小眼睛，咧嘴一笑，七分精明三分狡黠，尽管已经够狡猾的了。头上扣着黑绒小圆帽，全身裹着白色法兰绒长袍，这都因为他的风湿病（唉！我后来也要亲身体验），他坐在宽大的太师椅里俨然一个古怪的教皇。除此之外，还真真切切潜伏着一种忧郁，那是神色严峻的神学院学生的忧郁，也是一个追溯往昔、满怀精心埋藏起来的回忆的恋人的感伤……"（《忏悔录》）必然吸引魏尔伦（即使不是1869年的魏尔伦，至少也是1894年写回忆录的魏尔伦）的，是在同一个人身上并存的写《情欲》的作家和写《月曜日》的批评家、声色犬马与规范准则、娱乐与评判，一句话，性与法。圣伯夫"带着钦佩与保留"谈论维克多·雨果，"不太像父亲、倒像叔父般地亲切祝贺"科佩与魏尔伦不凡的处女诗作。据魏尔伦所说，谈话最后转到了私生活方面，这位赫赫有名的作家，得知诗人的婚姻计划，最后"既不激动也［……］不尖刻"地以一句"再看看，再看看……"作为结论。就是他持保留态度也那么优雅！尤其当我们知道了保罗·魏尔伦婚姻冒险的结果，这句结束语更是太精当了。

　　尽管从此婚期的临近比以往任何时候都更牵动诗人的心，令他兴奋，文学并未失去所有权利。《美好的歌》1870年6月12日由L.图瓦农印刷完毕，在1870年12月3日的《图书报》上登出了预告，但直到后来，大概是1872年年初才开始发行。因为出版商阿方斯·勒梅尔不想在战争的不幸与灾难中推出一本如此温情闲适的集子。"一朵炮弹中的鲜花"，维克多·雨果甚至会说。也就是说，魏尔伦认识玛蒂尔德还不到一年，婚还没结，他们爱情的作品却已完成。毫不夸张地说，还有结婚的必要吗？总之，《美好的歌》中那二十一首诗不是他们爱情的见证，而是让爱情稳固和长存的规划。这里的文字就相当于传记的提纲，故而生活要好歹去和创作保持一致！要知道，这其实是诗文的关键，首要的是符合道德甚至是训诫，事先给自己规定好夫妻的义务责任。它起码既是本诗集，又是规章教训严格规范的记述，将来必须要遵守，绝不许违背：

　　　　我们处在可耻的时代，

心灵的婚姻

　　必须浇铸胆量的结合；

　　在这血雨腥风的时刻

　　两份勇气并不多，

　　要在这样的战胜者下生活。

　　这不是激情肉欲的战栗，而是高尚坚定劝人尽责的勉励。这不再是爱情诗篇，而是一支军人颂歌，要给自己勇气、力量。主旨不就是在给自己打气，摆脱懦弱与不久之前的缺点？"而今阴郁的思想一扫而光"，"去你的吧/在万恶的饮品中寻求的遗忘！"我冒昧地说，来吧，结婚的孩子们！

　　对，我想径直平静地迈向生活，

　　向着目标，命运将指引我的脚步，

　　没有暴力，没有悔恨也没有嫉妒：

　　这将是愉快战斗的幸福义务。

　　既然这门婚姻意味着跻身资产阶级秩序内，表现出要最终获得体面的意愿，魏尔伦为了立下这一生活纲领，便选择经过实验的原有模子，抒情诗与韵律学中最传统的形式。规范大获全胜。确实，科佩式的十行诗看来是最适合赞美未来的家高贵的平凡①的形式，"灯的狭小微光"。因此，批评界对《美好的歌》穷追猛打，它标志一种"惊人的倒退"[35]，灾难性的退化，对以前作品的真正否定。一个大学研究员毫不犹豫地冠之以"平庸的歌"，大家对这一作品叱责、抨击够了吗？"抽象或趋俗的用词，浮浅的寓意［……］，说教式或毫无诗意的诗句！"[36]还不说"矫揉造作、貌似不拘礼节的卑躬屈膝，那连伏日拉都嫌过时的'倾斜'一词，那些'天鹅的单纯'，面对情人'加洛温王朝'②的名字的神魂颠倒"[37]。是否须以不这么粗暴而更细腻的方式看

---

① 原文为拉丁文。

② 此处原文故意将"加洛林王朝"与"墨洛温王朝"二词组合，改写成加洛温王朝。

到魏尔伦用《美好的歌》赋予"平淡的爱情"一种文学与诗的庄重？这种平淡"结合了［……］空的诱惑的各种成分——［……］未婚妻的性无知迫使诗歌不能令人难堪——也结合了这种洁白在一个过于老练的未婚夫身上激起的各种下流遐想。玛蒂尔德的纯洁无瑕与保罗的淫荡在此要协调起来，只能在一种时间空白的、近在眼前的诗中。在一种未必平衡的平衡、即平淡的平衡中才有可能"[38]。其实，即使是平淡这一概念，从感官反响上如此诱人如此丰富，也并未真正反映出这本诗集中诗歌与生活两方面的错位，它对即将发生的事的预见已经从内部埋下了。有对过去、对《戏装游乐图》的轻浮与放肆一定程度的否定不假，但在文字中也已显出积极活跃的对否定的否定。魏尔伦刚刚背叛自己就已经背弃了头一次背叛。因为他果真道德吗（这里道德的意思是指他自己好像在捍卫道德陈规、宣扬最传统的价值观），只想象如此天真的少女突然变成女人和妻子？魏尔伦从诗集中删除最轻浮的诗，想让它成为非物质的贞洁的完美表达；但无济于事，人们可以感到被那"天鹅的单纯和孩童女人羞赧中绽开"的给人极大希望的微笑激起的肉欲显露出来。在夫妻平淡安逸的幸福中钻进了浪荡子的声音，走了调了。不错，"魏尔伦摆出重新堕落的人一贯的姿态，因为他刻意追求一种声音打滑的艺术：笔误是他诗学的原则，事先就迫使含义要变质"[39]。从这种意义上讲，魏尔伦的诗学不是一种持续的堕落，而是一连串的否定、放弃。出尔反尔就是他的动力。

最后的准备：6月23日和24日，在克利希的公证员托潘先生处签署婚后财产制度合同。读着它[40]，很难不产生这样的印象，是男方在提供陪嫁，真是完全颠倒了。确实，未婚夫不仅提供2万法郎的现金和证券"作为嫁妆"，加上母亲给的2万法郎，还有继承姑姑路易丝·格朗让遗产的权利，数额可达6960法郎；而未婚妻则只拿出4206法郎的现金，加上总价值相当于5794法郎的家具和衣物，还有首饰（但首饰"仅供未来的妻子使用"，明确指出这一点，可能是为了防止丈夫将其变卖或抵押——真是信任有加！）以及一份利息3％、50法郎的国债。不平衡一望可知、不容争辩，别忘了通常是女方家提供这笔钱的大部分，但可以看出在魏尔伦看来经济问题不是首要的。他是受到婚姻的约束而非婚姻的便利的吸引。也许夫权在他看来更有说服力，正因为那是要付钱的。然而莫泰先生接受这个未婚夫归根结底肯定与他几乎不用花钱大有关系。他虽不大讨他喜欢，毕竟确实不花他多少钱。

确实是时候了，该结婚了，因为魏尔伦的欲望与日俱增。以致关于结婚及教堂为之所做的圣事，他也许只记得新婚之夜与年轻新人的无限春意，他已把纯肉体享受婉转地重新纳入道德义务中，这绝对是他的做法。欲望日益强烈，尤其因为婚期不幸一再推迟。本来结婚预告已经发出，婚礼定在6月29日，玛蒂尔德却病了：是可恶的天花。得了这种病，人脸变形，长满丘疹。魏尔伦走进亲爱的玛蒂尔德白蓝两色的房间，见到她漂亮的脸上布满淡紫红色的斑点，两颊开始浮肿，他感到多么难受——尤其想到新婚的快乐又一次延期。"在我非常真切的痛苦中，而且，和任何真真切切非常纯洁的精神或肉体痛苦一样，我得承认，掺杂着一种很不光彩的沮丧。对这种感觉我很自责，几乎感到脸红。我斗胆这样说，一种好像肉欲的失望［……］我好像感到很惭愧地找到这个词，表示这意味的禁欲、斋戒……我自己在一边就像一个人，原谅我用粗俗的言语形容一种粗俗的情绪，本来人家答应多给黄油少给面包，结果面包、黄油都没捞着。"（《忏悔录》）这可不是一个瞬间的邪念。婚前数月里，魏尔伦不停狂热地想象着那传授秘密的美妙而决定性的一刻，为之献上了几首诗歌。自己都觉得最好不要放进《美好的歌》："亲爱的宝贝我要教你/直到现在/你一定知之甚少的事。"（《初学者》）"新婚之夜的战栗/在我从不僵硬的亲吻下/你从前童贞的身体/终于变成了新娘，谢天谢地。"（《最后的心愿》）这样念念不忘让十六岁的年轻处女失去童贞，魏尔伦已经泄露出他给自己订的严格计划（幸好如此）。尽管有这等肉欲的想法，他还是于7月5日在送给忍受煎熬的玛蒂尔德的一本《美好的歌》上加入一首十分宽慰人心的献辞：

在这天佑的幸福时刻

病魔何必要把你

从我惊骇的柔情里抢走

还不让我靠近你床头？［……］

希望吧，我的爱，让我们希望！

别怕！那些福中之人

不久自会艳美我们！

我们将相爱不尽！

魏尔伦的欲望抑制不住地增长，但必须承认他实在时气不佳。玛蒂尔德在医生安托万·克罗即那位诗人的兄弟和波蒂耶的精心治疗下，刚刚痊愈，她母亲却又病倒了。虽然她康复得很快，婚期却又一次推迟了。魏尔伦怕一旦战争爆发要应征入伍，因而更是又担心又焦急。为平息强烈的欲望，也许在玛蒂尔德的劝说下，他同夏尔·德·西夫里和玛格丽特到诺曼底地区特兰附近的穆瓦西待了半个月，住在马努里侯爵夫人家。她是尼娜的一个朋友，是她邀请魏尔伦前来。小住期间，驾车出游、临时安排的聚餐、愉快的谈话间以妙趣横生的趣闻逸事。女主人年轻时曾经是大仲马的学生和朋友。我们有一张魏尔伦7月22日作的自画像[41]，画上的诗人衣着随便，穿着乡下人的服装，戴着尖顶大草帽，旁边是弹钢琴的夏尔。另一幅画也出自1870年7月[42]，表现的是征兵清查场面（也许是收税），魏尔伦依旧戴那顶大草帽，站在最后一排，至少是很暧昧地倚着站在他前面的女人。

等他回来，什么也没解决。其实，好像一切联合起来妨碍他，阻挠他的计划，全世界似乎商量好了对付他。7月19日，法国向普鲁士宣战。很快，战事的消息恶化：部队在麦克马洪统率下先于8月4日在维桑堡失利，又于8月6日在弗洛什维勒败绩。这一战，重骑兵在掩护撤退的著名的雷什奥芬突击中伤亡惨重。同一天法军在福尔巴克也被打败。魏尔伦的婚期定在11日，而8月8日，他看到一个同事，鲁瓦西的欧内斯特·朗贝尔走进他的办公室，脸色苍白，精神委顿，说他的情人刚刚在分娩时死了，他想要自杀。他交给魏尔伦一封信，只能在他死后才能读。等惊呆了的诗人回过神来，想要他解释一下，或许能打消他那个致命的计划，他早已不见了。魏尔伦拆开信，原来是份遗嘱，委托他照管幸存的孩子。多么奇怪的想法，竟会选中魏尔伦，他连自己还照管不好呢！第二天，魏尔伦收到一封电报，求他火速赶往帕西的指定地点。等他赶到那儿，只见鲁瓦西的朗贝尔"直挺挺地躺在床上，衣服未脱，额头穿进一颗子弹。啊，这张面孔，曾经很英俊，透着火热的苍白，一头浪漫的长发；而今这可怕的面孔，青紫，半睁的眼睛依然哀怨，嘴巴扭曲歪斜，在痛苦地呼出最后一口气时露出牙齿。"（《忏悔录》）说实话，不知现实做得好还是不好，反正它总是设法不让魏尔伦忘却死亡。已经有过他亲爱的表姐埃莉萨，现在又有这个鲁瓦西的朗贝尔，不久又有吕西安·维奥蒂。每一次都是一个正当华年前途无量的生命受到摧毁。

魏尔伦只好去请示死者母亲的旨意。她实在没有精神自己操持丧事。因此是魏尔伦办理死亡手续，还是他负责去见本堂神父，请求允许自杀者的尸体进入教堂。因此婚礼前一天，魏尔伦参加了一个葬礼。不详的先兆！他回到的是一个既激昂又颓唐的巴黎。就在两天前，首都的居民还相信麦克马洪会胜利，而他们刚刚获悉灾难的程度，打了三场败仗：阿尔萨斯已完全失守，洛林受到严重威胁。在周围的紧张情绪中，诗人自然感到口渴，他坐到马德里咖啡馆的露天座位上。一团士兵走过，一声高叫"共和国万岁"从所有胸腔里响起。魏尔伦稍微欠身靠近人行道，以更好地表示他的支持。一个人一边把他指给警察，一边粗鲁地冲他叫道："应该喊法国万岁，公民！这样的日子没有党派，只有旗帜。"可魏尔伦执拗地竭尽全力声明是共和国，警察就试图逮捕他。多亏了露天咖啡座上的同伴，勉勉强强把他从治安警察手中拉出，他才得救，从儒夫鲁瓦巷逃掉了。这毕竟太过分了！魏尔伦差点因政治示威被捕，而其实他一生都生活在所处时代历史的边缘。但在这婚礼的前夕，魏尔伦的痛苦还没到头呢，想解解渴（这回是逃跑跑渴了），他走进木屋咖啡馆，照例要了苦艾酒，看起《祖国报》来。当头一棒！"凡1844、1845……届适龄未婚男子，未列入应征兵额的，均被征集入伍。"诗人以为他的婚礼又一次无法举行了。他的反应很有意思。要是正式的婚礼没有指望，总得挽救那破坏童贞的希望，他想。把一切告诉了目瞪口呆的玛蒂尔德之后，他向根本问题迈出了第一步："我情绪异常激动，彼此呼天怨地半天之后，我跪倒在地，头几乎碰到她十分简朴的白色晨衣的裙子。晨衣使她矮小的身材略显高大，也使她渐趋丰满的身体像天使一般。我终于仗着胆子，陪着多少小心，让她明白（但也许，从吻过嘴那天晚上起，她已经对婚后等待她的事有了更多了解），不论发生什么，万一，第二天，根据帝国法令，拒绝给我们宣布期盼已久的结合，在出发之前不能给我向她要求的一切，哪怕是那件我献给她的最后一首小诗中提到的附加的东西，那对她是残酷的，不人道的，对我们俩都是有害的。她答应我想怎么样就怎么样……"（《忏悔录》）。多奇怪的对美人身体从衣着上的天使化，没有别的用途，只是用来结束一种显然持续得太久的童贞！

经过这么多次延期、这么多的担心，婚礼终于在1870年8月11日星期四举行了。先以世俗的方式在第18区阿贝斯广场蒙马特尔区政府登记，后以宗教方式11点在克利尼昂库尔圣母院举行仪式。保罗请朋友莱昂·瓦拉德和一位退休的一级医生A.-N.于埃做证人，玛蒂尔德则选择维克多·雨果的内弟保罗·富歇和路易·塞迪约，后者是博学的东方学家，1832年起便任法兰西公学的秘书。只有零星几个朋友到场，其中有费利克斯·雷加梅和卡米耶·佩尔唐，其余的都应征入伍去了，玛蒂尔德的女友们8月间都住在乡下。魏尔伦自己指出："[……]婚礼唯一的对我却是很好的特别之处，是在圣器室有路易丝·米歇尔小姐[1]在场"（《忏悔录》），她认识任区小学督导的莫泰先生。这一时期，她的确在照顾残疾儿童之余，教授一些法文和图画课。她为这一场合写了一首豪迈的祝婚诗，把对幸福的祝愿融入反对国王的雄壮革命之声中：

> 可爱的诗人妻子
> 娇艳盛开的百合
> 可知，书写英雄赞的是先知
> 我预言您幸福祥和
>
> 边境所以炮声隆隆
> 周围所以漆黑茫茫
> 皆因为这最后斗争
> 纠集国王那帮豺狼
> ……

我们到了关键之处，魏尔伦自不会不在《忏悔录》中讲述，而且是恬不知耻地讲述："新婚夜吗？——它和我指望的分毫不差，我敢说我们，她和我彼此约定的一切，因为在这神圣的时刻，既有我的体贴、她的羞涩，也有两方面真正的炽烈的激情。这一夜，她在我一生中是独一无二的，我担保，也是在她的一生中，整整一生中。"（《忏悔录》）一个对自己的战绩感到满意的男人多大的海口！多么粗鲁的沾沾自喜！

---

[1] 魏尔伦非常忠于对巴黎公社社员的友谊，尤其是对欧仁·维尔麦希和路易丝·米歇尔，他还为她写过一首《献给路易丝·米歇尔的谣曲》，收入《爱心集》。

"我的妻子，**含着笑**①，芳龄二八，从此完全属于我和她的，应该说亲爱的家，而不是年轻的家。"（《忏悔录》）就算是吧，但既然魏尔伦已得到他梦寐以求的东西，他还剩下什么呢？妻子——肉体享受的合法替代品，以及身为丈夫的约束性的责任。"一个男人不是想到女人时把她作为性的补充，而是想到性时把它作为女人的补充，在爱情上就成熟了。算他倒霉吧。"安德烈·马尔罗在《王家大道》的开头写道[43]。无疑魏尔伦还没结婚就已逐渐从对女人的第二种观念过渡到第一种观念。也就是说"魏尔伦像人们说的，是不宜结婚的"[44]，德拉艾正确地指出这一点。可既然他已合法地结了婚，就只能勉勉强强地适应新形势。然而，夫妻的赌注至少是已经投下，形势却一点也不作美。

眼下，年轻的家先安在红衣主教－僧侣街2号，图尔奈勒堤岸拐角处一座楼的顶层：风景美不胜收。从圣母院到市政府，近景是塞纳河，远处是蒙马特尔高地。小夫妻将是不久即将在都城上演的宏大历史场面的最好的见证人。甜蜜的夫妻习惯也开始固定下来，非常宁静。魏尔伦知道从此他从各方面来讲都不在动员入伍之列：身为区政府职员，抽签结果（他找了一个代替入伍的人）；尤其是，他那届（1864）属于尚未被征集加入常备军或别动队的兵额；最后，他结了婚。不可能积聚更多的保证了。他现在正安安心心地在他那美丽的小单元里扮演年轻新郎的角色。房子陈设雅致，卧室里是真正的古老家具："安乐椅、长沙发、五斗橱、书架，纯路易十五风格，上着白漆、饰有粉红的细线条；粉红的擦光印花布做的帷幔上有灰色花束"；客厅里有"一架普莱耶尔三角钢琴和荷兰古老收藏橱，里面是象牙色的，还有小镜子"[45]。所有小资产阶级女人的梦想！至于魏尔伦，在家就拥有总的说来属于他的《戏装游乐图》的18世纪，他怎么会抱怨呢？再说他可以按时回家而不是在加兹咖啡馆吃午饭。可口的"便饭，全新的碗碟，闪亮的银餐具，绣了我们姓氏开头字母图案的白餐巾"[46]。他可以在阳台上喝咖啡，坐车在巴黎漫步。也可以观赏玛蒂尔德的杂技表演，她身体柔软至极，能够像蛇人一样盘成圈，能用脚拿下发带，用脚趾执梳子梳理头发。多么幼稚的行为！什么样的节目！要把魏尔伦这样死硬的坏孩子长期造就成一个满足于自己安乐窝的守家之人，这毕竟远远不够！

---

① 原文为拉丁文。

9月2日，法军在色当被围，被迫投降，帝国灭亡。4日，一片狂热中，共和国在市政府宣告成立。但军事形势却陷入绝境，除了被封锁在梅斯的17.3万名士兵，法国已没有正规军。而不久梅斯也被巴赞献给敌人。因此，甘必大发出号令要大家集体应召入伍。魏尔伦的许多伙伴早已入伍，其他的也应募参军。勒孔特·德·李勒戴上军帽，披上国民自卫军的军大衣。西夫里被编入别动队，派到马恩河畔诺让要塞。埃德蒙·勒佩勒捷属步兵一一〇团，守卫上布吕耶尔棱堡，在蒙特鲁日和犹太城之间。魏尔伦实在和战斗英雄无缘，尽管他有多次爱国声明。他是出于对同伴的支援，觉得从道义上必须应募，还是受到了玛蒂尔德和岳父狂热的沙文主义推动？反正他在拉培－贝尔西的一六〇营报了名，在西部防御工事一带值勤，在伊西、旺弗和蒙特鲁日之间。从此，他两天里只有一天待在办公室里，非常高兴能"在这美妙的9月，有早起习惯的人特别偏爱的微寒而浅淡的清晨"，而不用总关在屋里。不在区政府时，他便肩上扛着沉重的步枪上岗。在1870年10月15日夜他自己画的一幅画上，他戴着军帽，披着军大衣，穿着长筒靴。速写还附上了说明："保罗·魏尔伦费尽艰辛给自己画像。"[47] 他是想说扛着枪完成一幅自画像可不那么容易，还是说，他这个艺术家，跟军事义务根本不沾边？确实，这个吸着烟斗的兵做派实在太过随便。

其实魏尔伦又一次面临的危险不是别的，而只是酒。要知道，军队生活的诱惑将让他重新恢复老习惯。是命里注定他又和贝尔西的小伙子们碰到一处？贝尔西当时设有都城所有的葡萄酒货栈。那些小伙子是一些结实的年轻人，经常泡在酒里，常常大杯喝酒、轮流请客、没完没了。常常玩赌色子，同时纵酒狂饮。谚语讲："喝过酒的人还会再喝（本性难移）。"魏尔伦在《忏悔录》里没忘了重复这句老话。于是一天，注定要发生的事发生了：魏尔伦"从防御工事上很晚回来，酩酊大醉"（《忏悔录》）。年轻的妻子抽抽噎噎，责备丈夫："啊，年轻家庭内的第一次吵嘴！难忘的日子，而且往往注定带来不幸！"（《忏悔录》）据玛蒂尔德称——她已经见过一次丈夫喝了酒回来，但没完全醉倒。她说婚后他第一次真正喝醉是在后来，1871年4月中旬左右——一到第二天，魏尔伦就跪在床边，痛哭流涕，请求原谅。犯错带来的快活之后，是罪恶感和得到原谅的乐趣。而魏尔伦则另执一词，说夫妻吵架竟演化到他最后给了她一个嘴巴。孰真孰假？各个片断纠结重叠，确实不容易弄清魏尔伦当时的生活。诗人越是显得审慎和简略（这是不是已经承认那些道德决心已不坚定了？），他的妻子越是详细讲述他的软弱、卑鄙、怯懦，以便让他翻不了身。他真的由于夜间在防御工事上站岗得了气管炎，从而免除了现役吗？"这相当阴郁、引起严重感冒导致未来……和现在的风湿病的数月英雄主义。"还是如玛蒂尔德所述，他试图强行从一位医生那里取得一份证明，而他身体好得很？这一尝试未果，他又生一计，让玛蒂尔德给他的营长捎去一封信，告诉他自己有一件紧急工作，离不开办公室，同时他通知办公室主任自己不得不去防御工事。此计奏效了一段时间，但不久他们团的一个自卫军士兵，正好住在魏尔伦家楼上，发现了这种弄虚作假的行为，赶紧告发了此事。随之而来的结果：魏尔伦被判监禁两天，关在谢尔什－米迪街27号的拘留所。在《狱中杂记》里，他自己讲述这件不幸遭遇，非常轻松，好像那不过是个玩笑（应当承认，回头看来，这两天和未来等着他的长期监禁相比实在不算什么），说监禁的地点[48]在奥尔良大街，靠近1848年在街垒上被杀的布雷阿将军的赎罪小教堂。善良的玛蒂尔德做了一切该做的事来减轻监禁之苦：暖和的衣服、毯子、香烟，甚至还有一罐山鹑酱。经证实，那其实是耗子肉做的。

处分执行过后，魏尔伦只有一个念头，彻底逃避兵役。为此他躲到巴蒂尼奥尔的母亲家，给营长写信说他搬了家，换了街区，被分配到另一个营。一切本来都很好，反正营长是不去核实的，只是玛蒂尔德愿意待在自己家。为了让她搬家，魏尔伦向她陈述了她面临的危险。不是有个炮弹落到圣路易岛上？无疑魏尔伦夫人要对儿媳施加压力，让她到尼科莱街与保罗团聚。她来帮腔，向玛蒂尔德表明，如果住在一起，共同做饭，可以大大节省已开始要耗尽的储备品。重新将儿子置于自己保护之下，再次将他关进自己无微不至的关怀的蜘蛛网里，她当然不会不高兴。这方面，在玛蒂尔德的回忆录中有特别不同寻常的一段，其中细述了母亲的所有关照，也即是奸诈的控制形式："饭桌上，她先给儿子上菜，给他最大块，声称他需要增强体质；她让他养成睡觉戴棉帽的习惯，像个老头或者医院的病人；我想就是由于这个荒唐可笑的习惯他才早早地谢顶。她给他耳里塞棉花以免牙痛。婚前，她给他穿得很难看，总觉得他穿得少，给他裹上奇丑的羊毛长围巾。出门时，她叮嘱他当心汽车，不要从正施工的房子旁边走，也别走太僻静的街道。总之，她把他当成六岁的孩子，用她那种做法把他弄得懦弱、自私、滑稽、可笑[49]。"受到母亲如此疼爱的魏尔伦，自然用不了多久又恢复了在里弗利街加兹咖啡馆的宝贵习惯。在那里，以一种惊人的预感和直觉，费利

克斯·雷加梅于1870年11月29日给他画了像[50]，带着几分消沉和懒散，将来他常常是
这个样子：

> 保罗·魏尔伦（费利克斯·雷加梅）
> 怡然自得，不问街上的嘈杂，
> 消化，哪管咫尺外他人厮杀，
> 他那份肥膘和他那块鳕鱼。

从此人人都为围城做出安排。玛蒂尔德的母亲离开蒙马特尔，那里尤其面临轰炸
威胁，她搬到圣日尔曼大街，对着克吕尼广场。莫泰先生作为善于安排、富有远见的
人已让人送走祖母，搬走家具，自己一个人住在尼科莱街，在那儿慷慨地设了一座供
伤员住的临时医院。年轻夫妻则决定逃离魏尔伦夫人的监护，重回图尔奈勒堤岸上的
套房。魏尔伦重新开始每两天去区政府上一次班；另一天则很谨慎，绝不出门。这一
年结束得还不赖，诗人在公务员生涯下又越过一级，晋升为城市财产办公室的公文拟
稿文书。从此他的薪水升至每年2100法郎。

尽管又是饥荒又是严寒，魏尔伦家的社交生活却很活跃。几乎每天晚上，夏尔的
朋友们都来莫泰夫人家拜访魏尔伦夫妇。三位克罗；诗人夏尔，也是个科学家、发明
家；医生安托万，兼诗人和水彩画家；雕塑家亨利，卡米耶·佩尔唐，费利克斯·雷
加梅，维利耶·德·利尔-亚当，莱昂·瓦拉德。为了消磨时间，忘掉战争的严酷，
大家互画肖像。亨利·克罗完成了一个玛蒂尔德的上色蜡像，以及好几幅埃玛·科
尔米欧的肖像。埃玛是年轻画家，玛蒂尔德哥哥夏尔的未婚妻。她也为魏尔伦作了
一幅铅笔侧画像[51]。又一次，那浓密顺滑的头发和合着的双眼赋予诗人一种沉思的样
子，诗人没有什么特别丑陋之处，恰恰相反。而卡尔雅在大约同一时期拍摄的魏尔
伦[52]却无可否认要令人担心得多，眼神发直、内向，额头秃了一大片，下巴两撇小
胡子。会不会正是在魏尔伦和玛蒂尔德（因此和律法）的关系就要急剧恶化的这一时
期，他的相貌也开始突变了呢？

每天晚上，在魏尔伦家，大家开心逗乐："一天，维利耶·德·利尔-亚当拿来
一条熏鲱鱼，然后，由于在防御工事上过的夜，他要求在客厅的一张沙发床上休息。

夏尔·克罗在他睡觉之际进来，用一根线把熏鲱鱼吊在熟睡者的头顶上。金色的鱼在那里摇摇摆摆，他则取来一张纸写道"：

烟熏鲱鱼

从前有一面白色高墙，光秃秃，光秃秃……[53]

为了补偿战时的食品定量配给，大家吃一些奇怪的食物：蔬菜马肉汤、红酒洋葱烧猫肉、狗后腿。由于玛蒂尔德在九月四日街一家改做食品买卖的妇女服饰店买的东西，圣诞节过得很愉快。那家店铺从植物园进货，园中的动物随着需要逐渐被宰杀，该店推荐猴肉、长颈鹿肉、熊心。玛蒂尔德觉得有些恶心，不得已选了"内拉克山鹑罐头"。克罗医生仔细检查了那些小骨头，发现那原来是老鼠肉。魏尔伦夫妇另外去拜访了流放回来的维克多·雨果，他安顿在巴黎，住在罗昂公馆。他们被介绍给德鲁埃夫人、诗人的两个儿子夏尔和弗朗索瓦－维克多，以及夏尔·雨果夫人和她的年幼的孩子乔治和让娜。在雨果家，他们遇见了保罗·默里斯及其妻子，奥古斯特·瓦克里及其侄女勒费弗尔夫人，埃德蒙·亚当夫人。他们去了勒孔特·德·李勒家，他在残老军人院附近和孟戴斯夫妇合住一套房子。也去了比尔蒂夫妇家，在那儿遇见了欧内斯特·德维利、龚古尔兄弟、蚀刻师布拉克蒙和雕刻师利奥波德·弗拉芒。倘若这种社交生活不是证明当日魏尔伦非常合群，这一切可能纯属逸事。他实在一点不像一个失去社会地位、脱离社会的人。

1871年1月5日，巴黎从白天开始受到轰炸，炮弹很快将卢森堡公园夷为平地，炸碎了蒙帕纳斯墓地的坟冢。一天，一颗炮弹击中了雷恩街克罗的住处，房顶塌落到他们的卧室里。1月19日拂晓，京城部队在难以形容的混乱中，试图做最后大突围。真是一场灾难，一次放血：五千多名法国人在比藏瓦尔村前死伤。1月28日，朱尔·法夫尔签署了巴黎投降书，获得了三周的停战期。3月1日，1月25日讨论签订的和约预备性条文在波尔多得到认可。同日，德军在圣克卢、絮莱斯纳、比扬古尔从浮桥上穿过塞纳河。生活勉强继续着，3月6日，夏尔·德·西夫里娶了埃玛。3月18日，巴黎发生了暴动。梯也尔派去占领首都、控制国民自卫军中央委员会的军队拒绝作战，和巴黎人友善相处。克洛德－马丹·勒孔特和克莱芒－托马将军奉命拆除国民自卫军装在蒙马特尔高地的大炮，他们中了圈套，落入起义者手里，并立即在蔷薇街一个花园深处被枪决。公社取得政权。然而就在3月18日这一天举行了夏尔·雨果的葬礼，诗人去送了葬，身旁是依然为其兄弟之死神伤的埃德蒙·德·龚古尔。据《巴黎公社回忆》的讲述，从奥尔良站直到拉雪兹神父墓地，横穿巴黎时，见到街垒耸立，国民自卫军敲鼓吹号如潮水般汇集，魏尔伦十分兴奋；而龚古尔这个守法度之人尊敬梯也尔，为暴动的升级深感遗憾。这是在群情激昂的巴黎的一次非凡葬礼。送葬行列要绕很长的弯路才能避开街垒。一路上，军队举枪致敬，在巴士底广场甚至自发形成一列仪仗队，枪口朝下。怎能不指出魏尔伦的自传体叙述写得很晚，1891年6月才在《黑猫》上发表？怎能不注意到龚古尔在讲述了自己看到可怕的革命的升级感到的悲哀和看到瓦克里借机在酒吧前宣布民主社会共和国成立感到的厌恶，本来会很高兴在《日记》中揭发魏尔伦的激动，实际却只字未提？

魏尔伦是革命派？的确，19世纪60年代末的魏尔伦，据里卡尔说，"几乎是个马拉分子"[54]。在勒梅尔店中，在帕尔纳斯圈内，魏尔伦幸灾乐祸地提出很多"革命的悖论"。他的一句诗当日很有名："让-保罗·马拉，人民之友，非常温柔。"[55]另外，魏尔伦也声称自己思想中充满别致的埃贝尔派①主张，因此他应该是站在最激进、最激烈的革命派一边（尽管在《人民之友》满腹经纶的记者和《迪谢纳老爹》嬉笑怒骂、污言秽语的笔战者身上很难同时认出自己）。也确实在1869年，魏尔伦在5月8日和5月15日的《回顾》上写了两篇文章，报道在特里亚体育馆为阿尔通·希子爵举行的竞选集会，并以"巴拉"的笔名发表了一首诗赞美"共和二年小鼓手/兴高采烈胆儿大/枪林弹雨全不怕"。这份激进共和派日报，由维克多·雨果、夏尔和弗朗索瓦·雨果、保罗·默里斯和亨利·罗什福尔创办，主编是奥古斯特·瓦克里。但当日，魏尔伦可能更想要在文学上站在雨果一边，而不是在政治上。不管怎样，主张纯粹的共和思想与主张巴黎公社思想还相距甚远。

"3月18日以后我留在了巴黎"，魏尔伦简简单单地写道，这与《忏悔录》那令人难以忍受的含糊笔调形成鲜明对比。这正是精心盘算的结果。须知魏尔伦要让读者相信，他不仅完全同意巴黎公社的宗旨，而且确实参与了进去。同时又怪自己"在这

---

① 雅克·勒内·埃贝尔（1757—1794），法国记者和政治人物，创办极端革命派报纸《迪谢纳老爹》。

幻想的两个月，由于幻想的无私"扮演了"十分愚蠢的角色"。但他并不为这些幻想本身懊悔，因为它们确实很慷慨。可见魏尔伦想盘盘皆赢：既参与了，又自己站出来反对自己这种参与。究竟是怎么回事？他确实与一些成为最重要的公社成员的人很熟悉。拉乌尔·里戈是他的老同学，3月29日至5月14日被委派为公共安全局代表，简言之，就是公社的检察官；5月24日未经审判，被凡尔赛军队在盖-吕萨克街枪决。他很熟悉朱尔·安德里厄和莱奥·梅耶，前者属于第二执行委员会，负责公共工程，后者在3月26日选举中在第13区（戈布兰）当选。此外，他处于各种事件的中心，工作在成了革命者指挥所的市政府这人来人往、公务繁多的地方。魏尔伦自己则极力强调他立即从政治上赞同巴黎公社："[……] 我从一开始就热爱、理解，我当时认为，怎么说也是对这场既和平又令人生畏地符合那句至理名言"要和平，就得备战"①的革命很有好感。"（《忏悔录》）在这一点上，玛蒂尔德又一次没有否认他的说法，承认他对巴黎公社的满腔热情。（但从她那保守、规矩的小资产阶级观点看，这不又是让他罪加一等的一种方式？）其实魏尔伦内心存在着无政府主义的底子，就算它开始反常地代表一种对约束力不够的律法的失望的爱，就算它巴不得颠倒过来，变成对律法的狂热和专制的眷恋。魏尔伦在巴黎公社期间积极吗？他担负了真正的政治责任吗？据他说，他担任要职，在革命政府垮台后理所当然感到自己处境危险："[……] 保留我那卑微的预算拨款公文拟稿员职位之外，我接受了份闲差，皆因在这样一个继六个月几乎'一样糟糕'的政府部门之后的政府，没有任何可能拨款。那份闲差，类似'新闻办公室主任'一职的名誉头衔，其正式任职者后来受到军事法庭的重判，但在前述前内务部即已存在。"（《忏悔录》）魏尔伦到底做些什么呢？他浏览右派、左派的报纸，找到有关巴黎公社及其领袖的文章，剪下来贴到大张直纹纸上。每天早晨，他要向公社秘书处提供"经过这番摘录、剪切、分类、贴了标签、粘贴过的主要喉舌摘选"[56]。这是一种意味着政治责任之类的工作吗？关于这一点怎能不相信埃德蒙·勒佩勒捷呢？他有幸是巴黎公社的见证人，甚至通过主持报纸《民权卫士》产生一定政治影响。他"平和客观"[57]地写了一部《1871年公社史》[58]，仍然是最常被引用的文献

---

① 原文为拉丁文。

之一，然而在写魏尔伦的传记——这部从根本上说圣徒传记式的书——时，他却丝毫未把魏尔伦写成历史事件中的角色，反而着重强调诗人的部门"帝国时在巴黎行政长官办公室就存在，9月4日时被保留下来。负责的职员无须发表任何看法，只要指出摘录文章出自哪份报纸以及日期。这是公开的阿耳戈斯①。有用有趣的工作，但既无评价也无参与。一份记录仪的工作。魏尔伦从来也没有新闻办公室主任的头衔。如果确有其事，人家不会不控告他越权"[59]。是否还是应该说魏尔伦总还有一定权力？我们读到1871年5月4日，龚古尔在比尔蒂的引领下，试图在市政府找到"转眼当上新闻办公室主任"的诗人，给一个想逃走的可怜虫弄一张空白通行证。还是这个龚古尔讲到，晚上，在那个比尔蒂家，"魏尔伦供出一件令人难以置信的事。他声称不得不制止了一项要出台的提议，该提议要拆毁圣母院"[60]。

5月21日，星期天，凡尔赛军兵临巴黎城下。城里依然很平静，晚上魏尔伦出席了在圣德尼圣事教堂的一个公开集会。但最后的战斗已迫在眉睫，从战斗要打响之时起，保罗和玛蒂尔德关于双方的行为态度的说法便大相径庭。魏尔伦说，5月22日，玛蒂尔德请求允许她去已返回蒙马特尔的父母家，他宽宏大度地答应了。同时也想到，反正那个女佣随着事态变化越来越害怕，也待在家中，而且一等只剩她单独和他在时，便好像巴不得有人来安慰她。但玛蒂尔德却说，在这血腥的几天里，他一直表现出可悲的懦弱，极度的胆怯。确实，魏尔伦从晚间来看望他们的一个朋友那里得知，凡尔赛军已包围了奥特伊和帕西，并夺取了夏约山岗，22号黎明，又亲眼看到炮弹像雨点一样纷纷落到都城里，想到可怜的母亲在巴蒂尼奥尔受到轰炸的威胁，他便哭了起来。早上5点，玛蒂尔德便提议两人一起去莱克吕斯街，把她接到他们家。魏尔伦提出反对意见，说这样他就可能被巴黎公社的战士抓住，被迫到街垒上去作战。玛蒂尔德好心地、无私地提议单独前去。一见自己没有危险了，她的丈夫立即非常关切地给她炮制出一条更长但更安全的路线，以为军队在香榭丽舍，劝她"从市政府后面过去，沿着塞瓦斯托波尔大街一直走到罗什舒阿尔大街，然后走到克利希大街直到莱克吕斯街"[61]。早上6点左右，她上路了，自己承担一切风险地穿过一连串街垒，在罗什舒阿尔和奥尔纳诺大街的拐角甚至还赶上了枪战。毕竟要尽量设想一下遭到凡尔

---

① 希腊神话中的百眼巨人，睡觉时还睁着一些眼睛。转义有监视者、密探之意。

赛军残酷镇压公社起义最后几天里巴黎的情形，那是各种暴戾恣睢、以血还血行为的现场。也要想象一下这个少妇穿过这么多战火、枪击，每个阵营都是当即处决俘虏。玛蒂尔德明白自己处于战斗的中心地带，便决定躲到父母家去。她慌慌张张跑上克利尼昂库尔路，到达尼科莱街，她的父母为她丈夫如此荒唐，竟让她一个人这样出来深感遗憾。直到下午5点，枪战一直没有间歇。最后，父亲答应送她回家。22号这天要穿越巴黎实在不可能，公社战士以为他们会像1848年那样受到正面攻击，几乎在巴黎各处，在每条进城的要道上筑起街垒。"多么凄惨的场面！在克利尼昂库尔路上，死者都横在地上，有的躺着，手还紧扣着步枪，有的趴着。我们必须从尸首中间穿过，走进一条小路，一直来到奥尔纳诺大街。在那儿，一颗流弹打断我们头顶的树枝，父亲要我跟他转回家。"[62]没别的办法，只能放弃，玛蒂尔德只好在父母家过夜。次日即23日，刚早上6点，又一次尝试。父亲一直陪她走到蒙马特尔大街。她再没走多远，在圣罗什，一列士兵挡住了道路，原因是大火。这一天，塞纳河两边的巴黎，从协和广场到王宫都着了火。杜伊勒里宫、荣誉勋位团、行政法院、审计法院、巴克街、里尔街、红十字会都起火了。玛蒂尔德去了比尔蒂家，想让他们指条路，而他们三天没出门了，什么情况也不了解。玛蒂尔德泄了气，又回到蒙马特尔，路上还在拉罗什福科街停下来，去了哥哥家。哥哥见她在枪炮大作的巴黎乱跑，真是目瞪口呆。对于一个十七岁的少妇，还怀着四个月的身孕，在对公社成员进行不断增加的卑鄙屠杀的巴黎行走，确实荒唐透顶。夏尔劝她赶回蒙马特尔，却派自己的妻子去告诉魏尔伦夫人她儿媳无私的鲁莽行动（显而易见，在对于闭门不出的丈夫们如此危险的暴乱时期，妻子是最出色的信使）。玛蒂尔德只好返回蒙马特尔。正是在这23日星期二，经过激烈战斗，高地陷落。在这些战斗中，路易丝·米歇尔和伊丽莎白·德米特耶夫在保卫由女子支队把守的白色广场时出了名。第三天，玛蒂尔德又固执地上路了，她顺利抵达圣日尔曼区，那里一个街垒刚刚被拿下。在一片混乱中，她差点被枪打死。不过她总算到了家。她的婆婆是大约一小时前到的。她也见到了埃德蒙·勒佩勒捷和埃米尔·里夏尔，他们从头一天起就在那儿了。

　　魏尔伦从22日星期一早晨6点起这段时间都干了什么？照《忏悔录》上所说，他告诉他一时高兴爱上的女仆，他马上回来，并建议她在门房等他，之后便出去打探消息。见到大火吞噬着杜伊勒里宫和财政部，他觉得说什么也要去巴蒂尼奥尔看看母亲。一直走到水塔,"一个瘦长条,半像士官,半像老百姓中的支持者,佩一把长马刀,戴顶镶着巨大饰带的军帽,一个街垒的指挥"把手枪顶在他的太阳穴上,命令他立即往回走。即使是魏尔伦向他出示的盖着公社大印的通行证,他也不当回事。他几次企图"强行突破防线",毫无结果,便返回红衣主教-僧侣街。门房告诉他,两个国民自卫军战士在等他,那不是别人,正是埃德蒙·勒佩勒捷和埃米尔·里夏尔,"浑身尘土,从附近一个街垒出来,请求避难"。他把他们领进屋,赶紧用火烧掉他们制服上所有记号,绑腿、军帽、纽扣。他们狼吞虎咽地吃了饭,10点、11点左右,他们听到枪战之声越来越近,目睹组成弗卢朗斯①复仇者军团的少年排开阵势,看到市政大厦起火:"同时从市政府的钟楼里冒出细细的一股黑烟,顶多过了两三分钟,大楼的所有窗户都噼里啪啦响起来,从里面窜出巨大的火苗,房顶在一团高大无比的冠状火花中坍塌了。大火一直烧到晚上,从此像堆巨大的炭火一样减弱了。在随后几天里,成了一堆尚未燃尽仍然冒烟的大火炭。"(《忏悔录》)有必要提醒一下市政府23日没有着火吗?这就是说魏尔伦的时间表是错的,行政长官让-路易·潘迪是在24日上午10点左右才下令把大楼点着的。

也许,一定要准确地、一天挨一天地重新排出保罗·魏尔伦在这血腥的一周里的时间表是徒劳无益的。毕竟过了这么长时间,事件所发生的日子有点混乱不是很正常吗?确实,历史的真实时间与自转叙事的时间的差距显示出,在《忏悔录》里,有些时间消失不见了,那些可能是不可告人的时间。在这些时间里,除了等着事情过去,自行结束,魏尔伦什么事也没做。那些正在书写的历史中无他在场的时间。次日,早晨4点左右,魏尔伦正在新房里独自睡着,客人正在餐厅的席子上休息,他们听到一声响亮的门铃声。魏尔伦夫人经过一整夜时间,越过被包围的座座街垒,刚刚还在普瓦西街目睹了对起义者的一场可怕屠杀,终于到达了儿子家。第二声门铃响,是玛蒂尔德。夫妻互相倒在对方怀中!无比幸福的重逢,对于保罗则更加圆满,因为他没冒一点风险……

其实这两个大事年表和埃德蒙·勒佩勒捷的都不一致。他坚持说5月24日才到魏

---

① 古斯塔夫·弗卢朗斯(1838—1871),法国革命家,参加1866年克里特反抗土耳其人的起义,巴黎公社成员,被凡尔赛军队杀害。

尔伦家，而玛蒂尔德和保罗都写成他从前一天便到了他们家。1871年5月24日星期三，埃德蒙·勒佩勒捷的朋友埃米尔·里夏尔，未来的巴黎市议会副议长，受到左右夹攻。一边，凡尔赛军重新登上塞纳河河岸；另一边，公社战士继续把守诺南-迪埃尔街、蒙日街、圣日耳曼大街、布尔东大街的街垒。进退两难，他们决定到魏尔伦家躲躲。他们见到的是完全吓傻了的魏尔伦。害怕炮击，他躲在没有窗户的盥洗室里，脑子里只有一个念头：引诱那个小女佣到这间小黑屋里来，"好让她定心，他说，可能也是让自己定心，有两个人就会更勇敢"[63]。一方面，人们可能会对保罗·魏尔伦的态度感到失望、惊愕，历史就在他家门口上演，他却只想着调戏年轻的女佣人。另一方面，在这种对大写的历史的完全拒绝中也有一种违反常理的伟大，用这种方式表明没有什么政治的战争的大事能抵得上成双配对，哪怕是和女仆间的短暂的下流的恋情。须知这将始终是魏尔伦的情形：私人行为无可救药的无法无天总是比政治介入更加扰乱正常状态。

卑鄙的镇压，血腥、野蛮。这是各式各样的恶毒检举的可耻时期，匿名揭发，报私仇。魏尔伦惶恐不安，觉得自己受到追捕，在家闭门幽居。他不肯去卢森堡宫，自从市政府被毁，市政部门便迁到了那里。5月28日，埃德蒙·德·龚古尔在玛德莱娜广场遇上比尔蒂，忽然玛蒂尔德上前来攀谈：他"和她谈着怎么让她丈夫藏起来"[64]。他真的受到威胁吗？应当承认，当时没有人高枕无忧，夏尔·德·西夫里的痛苦不幸遭遇便是证明。他在内里斯温泉浴场找到份工作，指挥乐队。7月8日被捕，后转移到萨托里集中营。6月中旬，日益慌张的保罗和怀孕五个月、被丈夫的神经质弄得日益疲惫的玛蒂尔德去了芳普的舅舅朱利安·德埃家，后来去了莱克吕斯。在芳普，他们住在农场一座房子里，靠着"蒸汽打谷机、卫生保健犁和电动钉齿耙"，这种农家生活让玛蒂尔德增强了体质，也让保罗放了心。"我，农民，"他7月1日给朋友埃米尔·布莱蒙的信中写道，"我对你说什么好呢？说艳阳高照的天气又回来了，说我趁机尽情散步，说我作了几首诗，读了书房里的许多书，这一切有意思吗？我若再补充说我身体非常之好，并且满意地看到妻子迅速从一切劳顿中恢复过来，亲爱的朋友，您就会对什么是乡野有个全面的认识了。[65]"魏尔伦的确对乡下生活感兴趣。走进他卧室的母鸡、由于寒冷找不到虫子几乎全部死掉的燕子、可能是普鲁士人带进来的牛瘟，这一切他都感兴趣。他的幸福简单而平静，晚饭后在奥古斯特·迪雅尔丹的花园里，在蜡烛台一样的梨树和倚墙成行的桃树中间吸一两袋烟，下午喝七八大杯啤酒（即使在莱克吕斯那种乡野的平静里，他也毫不含糊），随便读本书，看着夜幕降临到林中，他别无所求了。他之所以取笑未来的新郎、不久就会正式迎娶的布莱蒙，是祝贺他运气好，并承认作为前辈，他对自己的婚姻没什么可抱怨的。暴风雨来临前夫妻间宁静祥和的最后阶段。8月底左右，魏尔伦夫妇回到巴黎，但保罗还是疑神疑鬼，担惊害怕。他便决定和玛蒂尔德住到尼科莱街，岳父母家……

魏尔伦在弗朗索瓦一世咖啡馆（多尔纳克摄）

（雅克·杜塞文学图书馆馆藏）

Moi, ma gloire n'est qu'une humble absinthe éphémère

(Dédicaces)

ennemis sont les gens sérieux

(Dédicaces)

Ah! si je bois c'est pour me saouler, non pour boire...

(Jadis et Naguère)

魏尔伦在咖啡馆（卡扎尔斯绘）

（雅克·杜塞文学图书馆馆藏）

1866年的魏尔伦

（勒内·托马斯收藏）

魏尔伦、瓦拉德和梅拉（魏尔伦绘） 　　　　　　 1869年的魏尔伦（佩阿龙绘）

（雅克·杜塞文学图书馆馆藏） 　　　　　　　　 （雅克·杜塞文学图书馆馆藏）

征兵清查场面（魏尔伦绘）

（法国国家图书馆馆藏）

婚后不久的魏尔伦（卡尔雅摄）
（皮埃尔·珀蒂菲斯收藏）

魏尔伦国民自卫军形象自画像
（路易·克拉耶收藏）

第三部

兰波危机

（1871年8月—1875年3月）

第八章

流　星

什么鬼时候我们才开始这受难之路，嗯？

——保罗·魏尔伦（1872年4月2日致兰波的信）

　　8月底回到巴黎，魏尔伦在舒瓦泽尔巷勒梅尔处看到他的来函中有封信盖着阿登省沙勒维尔的邮戳。这肯定是他亲爱的朋友奥古斯特·布列塔尼的信。他现在该城一家糖厂工作，头衔是间接税监督员。这小伙子近来怎么样了呢？从他们在芳普往来之时起，他就是出色的小提琴手，有才气的漫画家，滑稽的歌曲作者，那时在他表兄朱利安·德埃的糖厂工作，他们常常一起去兜咖啡馆。其实，布列塔尼这封亲笔信中，有整整"十行是在极力推荐"[1]他的朋友，一个叫阿蒂尔·兰波的人。魏尔伦便读到一封文笔精练的长信。信中这个兰波首先表示是他作品的读者和热情的仰慕者，接着说出"他的理想，他的强烈欲望，他的热情，他的烦恼"[2]，他的一切，最后呈上他的诗，他的五首作品，让他评判，征求他的意见、建议。魏尔伦开始肯定暗想，又是一个讨厌鬼，外省一个微不足道的蹩脚诗人，想要摆脱守寡、虔诚的母亲的监护，借口她任凭他没有收入，只是每周日给他十个生丁付教堂的座椅钱；指望倚靠他到巴黎干一番事业。他许诺说如果前来，不会"像查奈托那么碍事"[3]，可这也白搭，魏尔伦宁愿朋友弗朗索瓦·科佩在《过路人》中搬上舞台的那个年轻迷人的流浪者只是个纯粹的戏剧人物（尤其是由萨拉·伯恩哈特那样绝妙地演出这个角色）；他毕竟不信任一个自命为"小渣滓"[4]的人。不过，为了让朋友布列塔尼高兴，他还是读起信中确实装着的精心书写的五首诗：《惊愕的人们》《蹲姿》《海关职员》《被偷的心》和《坐

149

着的人》。魏尔伦立即被这些"真是美极了的"[5]诗震住了。当然他不全喜欢，生造的词太多！ doigts boulus①是什么东西？科学用语太多，特别是医学行话太多！露骨的词太多，至少德拉艾这么说。须知魏尔伦在他的《女友》中就没太节制使用这样的词，日后就越来越不节制[6]。然而，和赋予这些诗句以灵动之气的令人难以置信的超凡才华比起来，那些不过是细枝末节。他赶紧把诗给朋友们看，梅拉、德尔维利、瓦拉德、夏尔·克罗、菲利普·比尔蒂。他刚开始向人展示这一非同寻常的发现，就接到兰波的第二封信，言辞更加恳切、急迫。信中又夹了三首诗，和前几首一样不同凡响，《我的小恋人们》《初领圣体》《巴黎又人丁兴旺》。这回，魏尔伦完全被征服了。他急忙给兰波回信，对他忧郁不安的情绪抱有同感："我和您臭味相投。"他鼓励兰波投入未来的文学战斗："您有绝对非凡的武装作战！……"[7]尤其是他试图与朋友们安排，大家凑钱来维持兰波的基本生活，因为他显然不能让这样一个奇才在偏远的阿登山区、在他母亲家中烂掉。首先，他和岳父家商量好，在尼科莱街接待年轻诗人。接着，他就可以邀请他来巴黎，随信寄去一张汇票，用来买火车票："来吧，亲爱的伟大的灵魂，我们呼唤您，我们等着您！……"[8]灵魂不久便到了巴黎，还有他那绕不过去的明摆着的肉体……

9月10日，兰波到了斯特拉斯堡火车站，即今天的东站。保罗·魏尔伦和夏尔·克罗到站台上接他，又兴奋，又急切，又好奇。然而他们没接着他，又失望，又恼火。他们一边咒骂着自己没运气，一边大步流星往回赶，从马让塔大街一直走到拉梅街的下边。等他们到了尼科莱街，发现兰波已经舒舒服服地坐在客厅里，正同玛蒂尔德和莫泰夫人聊天呢。初次相遇，第一印象，无疑也是第一次诱惑，须知确实应该尽量弄清是什么使魏尔伦和兰波从情感上、爱情上、肉体上、性上接近。"当时，"魏尔伦后来讲道，"那还是张地道的娃娃脸，鼓鼓的，气色鲜润，高高的瘦削的身躯，好像不太灵巧。这是个正在长个的少年，操着抑扬顿挫的阿登省口音，近乎土话，带着变声期时高时低的嗓音。"[9]对于魏尔伦，兰波首先、立即是一张面孔、一个声音，永远都是一张面孔、一个声音。保罗对阿蒂尔面容的爱再没有停止过，他那"流放天使般的无懈可击的鹅蛋脸，配上乱蓬蓬的淡褐色头发和令人不安的淡蓝色的眼睛"。

---

① doigts是手指的意思，boulus则是兰波造的词，让人想到goulu（贪吃的）和charnu（多肉的，肥的）。

很久以后，他在1884年瓦尼耶出版社出的《受诅咒的诗人》的序言中，强调了他书中所有的肖像描写的真实性。显而易见，最让他念念不忘的是阿蒂尔的脸：

> 埃蒂安·卡尔雅1871年10月给阿蒂尔·兰波先生照了相。读者看到的就是这张出色的照片，用制版影印的方式［……］复制出来。

> 这不正是那"超群脱俗的孩子"？没有夏多布里昂那可怕的相悖，但早已性感的嘴唇和一双陷入久远回忆而不是早熟的梦想中的眼睛却不无抗议。一个小卡萨诺瓦①，但这更高级的冒险专家，不是在大胆的鼻孔里冷笑，这起伏的美丽下颌不是在对凡非出自坚定不移的意志的幻想说"你给我滚！"吗？最后，照我们看，那漂亮的一头乱发只能是聪明的枕头，加上胳膊肘像苏丹般随心所欲挤压的功劳，还有男子汉对梳洗的那种不屑一顾，梳洗对于这不折不扣的魔鬼之美又有何益！

我们知道接近兰波的人都为他那张脸着迷。欧内斯特·德拉艾回忆1871年的兰波时，强调他美丽绝顶的"眼睛（淡蓝中辐射着深蓝的光辉）——我见过的最美的眼睛。认真时，带着一种准备牺牲一切的勇敢无畏的神情；笑起来，充满童稚、优雅的温柔，几乎总是有种出奇的深邃和温情"[10]。1879年德拉艾·又见到他时，再次受到这双眼睛的震撼，在这张脸上"英国孩童的鲜润肤色"已让位于"卡比尔人②深暗的面色"，"那双眼睛——真可谓超凡脱俗的美！——淡蓝色的虹膜周围一圈更深的长春花色的圆环"[11]。魏尔伦对兰波的面孔真是到了痴迷的地步，程度超过任何人，而且日胜一日。在他晚年，他"仔细品评他知道的他的肖像——全都不够像——调查研究他从未见过的那些画像，试图再作出一些肖像。他这个兰波的肖像学者，计划出'一套尽可能完整的'他作品的'豪华版'。其中'辅助的具有强大吸引力的东西③'应是五幅诗人肖像，由他本人、福兰、雷加梅、马奈和方坦－拉图尔所作"[12]。魏尔伦是兰波

---

① 卡萨诺瓦（1725—1798），意大利冒险家和作家，浪荡公子。主要作品有自传《我的生平》。

② 是指居住在阿尔及利亚的柏柏尔人。

③ 原文为英文。

的肖像学者，这还说明不了什么，他完全成了肖像崇拜者。后来发生的一切仿佛都在表明日益重要、主要的，是让兰波成为可见之人，是完好地重新找到他的美，与他毫无出入的相像。如同他在《阿蒂尔·兰波1884》中强调的那样，文中有一张"十二岁的阿蒂尔·兰波"的肖像（死后问世），由帕泰尔纳·贝里雄所作，标注的时间地点是1897年4月29日。罗什："不要太相信给兰波画的像，包括旁边这幅漫画，不管它多么有趣，多么富于艺术性，兰波在十六七岁，即已作了诗并在写众所周知的散文时，应该说很英俊——而且非常英俊——而不是丑。正像方坦在他的《桌子一角》的肖像中所表现的那样，此画今在曼彻斯特。在这双冷酷的淡蓝色眼睛里，在这张嘴角略带酸楚的厚厚的红嘴唇上有一种温柔在闪光、在微笑，神秘而性感，而且何其强烈！总有一天，会得到终于近似的形象的。"[13]

在魏尔伦眼里（在这种情况下，没有更好的表达方式了），在未来写兰波，必然是重新激起对他的面容的回忆，要尽可能相像。为他1895年在瓦尼耶出版社出的《兰波全集》，他凭记忆画了两幅著名的肖像。第一幅《阿蒂尔·兰波——1872年6月》[14]，诗人两手插兜，吸着烟斗，长长的头发，戴着草帽，身穿他那漂亮的外套，俨然一个盛装进城的年轻农夫。正是一个刚刚告别童年的年轻少年的轮廓，略显做作，苗条甚至是纤细，并略显太瘦了。第二幅画[15]其实有好几个版本，画上兰波依旧戴着那顶帽子，胳膊肘支在桌上，正若有所思地吸烟。既然发表了诗人的作品，何必非画出他来不可呢？仅仅是一个后来再没找到如此迷人的伴侣的无法慰藉的情人的怀旧心理？想用图像来定住、凝固住那"御风而行的人"，来辨认他的渴望？一心要找到、要作出越来越相像的画的志愿？因为毕竟兰波从来不像他自己，总是逃脱那像自己的狭隘而约束人的认同外形。这些理由可能兼而有之[16]，但什么也不能抹杀魏尔伦从最初一刻见到兰波时体验到的无法抵御的魅力的第一感觉。

其实我们还没到那一步。什么都还没有发生，即使一切已成定局，既然保罗和阿蒂尔相遇了。我们再回到1871年9月10日晚上的莫泰家，至少可以说兰波在魏尔伦的岳丈家给人的印象不太好。可以料到玛蒂尔德少不了指出他们的客人"什么行李都没带，连手提箱也没有，也无内衣、外衣，除了身上穿的，就这么来了"[17]，同他所受的热情接待很不相称。对于她这个注意衣着，总是穿得很好、很得体的小资产阶级来说，整洁是基本的美德。在她看来，兰波就是一个农民、乡巴佬、衣冠不整的人。

"这是一个高高的结实的男孩，面颊红润，整个一个农民。样子像个小中学生，长得太快，裤子都短了，露出母亲精心织的蓝色棉袜。头发蓬乱，领带扭得像根绳子，穿戴不修边幅。眼睛是蓝色的，挺漂亮，但有种阴险的神情。我们很大度，以为那是腼腆。"[18]但应当承认保罗自己也没想为他客人的友善辩护。这天晚上他一点也不合群："我们的客人尤其得意那汤，整顿饭相当沉默寡言，对克罗的问题不怎么作答。克罗在第一天晚上也许也显得有点好问！这个无情的善于分析的人，竟然询问起某个想法是怎么来的，何以用这个词不用那个词，可以说在让他交待他的诗的'起源'。对方呢，我从来没觉得他很健谈，一般说来感情也不太外露，他只是有些厌倦地"嗯啊"应付着。"[19]无疑，魏尔伦见他的天才不肯证明他是天才，肯定有点尴尬。诗人（面对这一资产阶级环境的阔绰与自负胆怯了？已经对这间客厅里笼罩的循规蹈矩的气氛产生反感了？见到他的魏尔伦龟缩在这么傻的守家持业的生活里已经很不痛快了？）根本不想道出他诗歌创作的秘密。正巧莫泰家有条狗叫加斯蒂诺（也许是讽喻邦雅曼·加斯蒂诺，一个"红色"作家，1852年被放逐，成了巴黎公社社员后再次被流放，因为那是一个表面看很可怕的动物），它真是奇迹般地脱险，因为围城期间巴黎人把所有能吃的动物都变成了烧烤和肉酱。它的在场招来兰波这一晚说出的唯一一句既了不起又神秘的话："狗是自由派。"[20]德拉艾认为，这句话的意思是，"它们对谁都主动接近，由于兰波是'布尔什维克'，自由派的称号，在他嘴里大概等同于活宝"[21]。说完这句谜一般、神谕一般的话，兰波迅速上楼睡觉去了，他一路实在累了。

从第二天起，魏尔伦便带着新朋友在巴黎漫步，扮演向导，扮演都城秘密的传授者。他抓紧吧，赶快抓紧时机吧，须知他这个启蒙师傅当不了多久。过几小时，过几天，他就要被超越，就只是个专注听话的徒弟了。阿蒂尔很惊讶，保罗完全自由吗？对，绝对自由。自从他没有重新到区政府就职，就不再工作了，他靠利息过活。眼下，这样有空闲只会令渴望发现巴黎的阿蒂尔喜出望外，很快却要作为保罗的懒惰和懦弱性格的证明而令他恼火。不用问，他们彼此有一大堆事要互相讲述，互相倾吐。他们的青春，志趣的显露，最初的诗作，目前的追求。他们探讨诗歌的未来，兰波重述、阐释了他5月写给保罗·德梅尼的信："诗人经过对全部感官长期、巨大和有意识的打乱，使自己成为通灵者。各种形式的爱、痛、疯狂。他寻找自我，耗尽自身全部毒素，只留精华。难以言状的折磨，需要全心的信仰，超人的力量，在折磨中尤其变成重病之人，罪大恶极之人，备受诅咒之人——和至高无上的大知之人！因为他达到了未知！既然他培养了本已过人的灵性！他达到未知。当他如癫如狂，最终可能失去对幻象的理解力，他看到了幻象！让他因闻所未闻、道不出名称的事物在向前跃进中死掉吧！别的可怕的勤奋耕耘者将会来到，他们将从那个人倒下的天界开始。"[22]这个眼中充满天使般纯真的少年所持的这样激进、全新的言论让魏尔伦真是又喜又怕。他这个永远都是有分寸和不确知的人，一个在两者中间模棱两可、踌躇不定的人，玩起让别人吓唬自己的游戏。他任凭这些从根本上反对他全部美学的鲜明立场恐吓自己，感到十分快意（受虐狂？）。从起码的艺术观点上看，他对兰波的爱违情悖理，因为兰波的强暴必然摧毁他诗学脆弱的精致。魏尔伦在即时的快感之外是否意识到这点呢？他真的估量过后果吗？说穿了，他是否准备为阿蒂尔牺牲他的诗学？还是什么也不想知道，宁愿忽视、不理会、忘掉朋友的理论观点，只记住诗人的脸。而诗人不过是一种方式，肉体投入到作品中的一种方式，作品表现诗人的一种方式？这都是解不开的问题，但它们至少可以让人想起一切从诗学上讲永远将魏尔伦与兰波区分开的东西。生活中相遇绝不意味着美学的契合。

不难想象，保罗和阿蒂尔抵不住互相阅读各自文字的乐趣。最初的争执也随即产生了，阿蒂尔怎能不由衷地嘲笑《美好的歌》里那些情侣间情意绵绵的诗句？魏尔伦不快、恼火；他先是为自己的诗辩护，很快意识到在兰波面前这些诗是站不住脚的，便开始为自己的妻子感到羞愧，因为他为她唤起的文字感到羞愧。一开始，怎能忍得住（无疑是天真）不去编造两位诗人之间无休无止的长谈？谁在讲话，谁在倾听？凡见过兰波的人，首先是德拉艾，都强调他对遇见他的人所产生的不同寻常的肉体、智力和精神的诱惑："他的相貌不是一般人们设想的美或奇异而引人瞩目，他的相貌有种粗犷、健康的朴实：厚嘴唇，微笑时，嘴角形成的皱纹流泻出坦率；罗伯斯庇尔式的细细的翘鼻子；又宽又高的穹顶似的前额消失在浓密柔滑的褐色头发下面；粉红的面颊，是在山岗上新鲜空气吹拂下成熟的果实的坚实写照……但他那深邃清澈的蓝眼睛，不像山间沉睡的湖水，却似早晨清冽的碧空，看不见的云雀在那里发出颤抖的声音，那双可爱又可怕的眼睛，既带着纯真又充满无情的理性［……］。人以为自己是一个国王、一个英雄、一个魔法师、一个圣人的知己；人觉得仿佛光明射进体内，受到保护，被不可抗拒的力量抬起来；人感到安全、骄傲，一种神秘的无法形容的幸福。"[23] 就算是吧！这些表达方式优美，富有说服力，但怎能确定在这种奔放的激情中它们是否言过其实，是否是神话？不管怎样，什么也不会召回这个主体，他对别人的影响方式永远都将是秘密。因为说到底，我们知道什么，更确切地说，通过各种见证，我们猜到什么？也许兰波在表达上、态度上毫无保留，他的毫不妥协迫使对方在最短的时间里妥协让步。故此还用想象德拉艾描述的保罗和阿蒂尔之间整天进行的天才的交谈吗？"在这两个不受世俗之见约束的人之间，进行的是一场才思激情、讽刺机智、唇枪舌剑的较量，一种波德莱尔所谓欢乐的两重因子令人困惑的交叉：有意义的诙谐和绝对的诙谐。这情形持续数小时，如圣西门某些集会那种哲学与情感陶醉的场面，这情形一发而不可收；在别的咖啡馆继续进行，到处都关门以后，在街上继续进行。"[24] 从某种意义上说，只有最低级的"庸人"才会想象"天才"总是进行顶尖的讨论。即便开始禁不住遗憾没能亲耳听到这样的讨论，而保罗与阿蒂尔的交谈肯定往往令人失望，而并非激动人心。须知他们想不了那么多，他们应付眼前的生活及欲望的需求，顾不上表达未来传记作家们恭敬地抄写的深刻的思想。

酒暂时不是比诗学还重要吗？他们在巴黎共度的最初的日子里，保罗一心要向这个阿登省人细细道出每家酒馆，尤其是他无一不晓的拉丁区的酒馆的优缺点。他们去克吕尼咖啡馆，去保罗在区政府时期常去的加兹咖啡馆，去塔布雷、代尔塔和瑞典咖啡馆。他们不会忘了马德里咖啡馆、死老鼠咖啡馆，经常光顾殉道者啤酒店，老主顾们都叫它"巴蒂尔家"，因为堂倌叫巴蒂斯特。可以肯定对酒的爱好使两个人亲密起来。他们反复逛咖啡馆，为的是认真测试一下它们，却从未止住焦渴。财力一直有限的兰波是占了大便宜，魏尔伦则总是缠住他不放，好给自己一个最佳的理由继续喝个没完。在试过的所有咖啡馆中，兰波对圣雅克街的学士院有不争的偏爱，在稍后的1872年6月他便对德拉艾吐露道："这儿真有一个我喜欢的喝酒的地方，阿布松夫①学士院万岁，尽管跑堂的不乐意！在冷饮商的鼠尾草、阿布松夫作用下的沉醉，真是最微妙、最战栗的外表！可之后，就要睡到他妈狗屎里！"[25] 坐落于圣雅克街176号的学士院曾红极一时，那时阿尔弗雷德·德·缪塞和亨利·米尔热是它的常客。传说创建之时，大约在18世纪末，酒馆的四壁布置了装满烧酒的四十只大桶。店主，一个叫佩

---

① 此处原文 Absomphe 应是对 absinthe，即苦艾酒一词的游戏改写，且兰波将该词故意大写。

罗里耶的人，沿墙整齐的排开四十只大酒桶。每次一位学士院院士刚刚去世，就在一只酒桶上饰以黑纱后在桶上开洞取酒。故此人们叫这个店学士院，拉乌尔·蓬雄曾愉快赋诗："巴黎城里，/去他的……去他的……凡尔赛/巴黎城里/有两个学士院。/一个共有四十人/生活靠的是年金。/一个就在拉丁区，/烧酒之家聚名人。"[26]魏尔伦拉着兰波一家一家地逛，也是想要把他的宠儿介绍给他的熟人、朋友、与他来往的诗人：夏尔·克罗、莱昂·瓦拉德、阿尔贝·梅拉，介绍给能遇见的所有人。兰波到哪儿都成为关注的焦点。他那种粗暴，那些与通常见解对立的反论，引起人们的兴趣，让人无言以对，容易激起愤慨。魏尔伦非常愉快能炫耀他的奇才，而这个奇才很快更令人不安，而不是让人着迷。"他不受欢迎，相信我，"魏尔伦在去世前一年写道，"除了一小班独立的帕尔纳斯派诗人，那些重要的帕尔纳斯派诗人（科佩、孟戴斯、埃雷迪亚）并不完全欣赏或根本不欣赏这个新奇才。"[27]是的，兰波令人不安，人们"面对这样的年少和才华与如此的野蛮和实实在在的变狼信仰结合在一起目瞪口呆"[28]。的确，这个年轻奇才吓唬世人不会转弯抹角！当他为有意的放荡无耻辩护以确保诗歌的新生时，人们觉得他夸大其词；当他陪福兰去卢浮宫临摹名画，向福兰扬言巴黎公社本应该把这些陈旧过时的东西烧掉时，别人可一点不再觉得他有趣；当泰奥多尔·巴雷尔的《潘多拉的盒子》在疯狂剧场首演幕间休息时，人们见他去买了一支白土做的烟斗，然后悄悄走近一辆出租马车的马，冲那可怜的家伙的鼻孔吹气，大家暗想显然他残忍恶毒。就连最轻佻的缝纫女工，据魏尔伦讲，见到这个似乎"没有，一点儿没有想她们"的男孩走过也要背后冒凉气。不过就最后这一点而言，是否真能相信魏尔伦这个局内人的话呢？

既然对他们在一起做的一切都感兴趣，就到了问那个本书尤其不该问的——粗俗、下流、不得体的——问题的时候：他们什么时候开始有床上关系？传记作家们遇到某一高尚的异性恋情时，不会落下爱情进程中任何一个细节，第一个吻是哪一天，第一次性交是哪一天哪一刻，出奇地精确。保罗和阿蒂尔的情形就奇怪了，一切似乎从未开始就继续。他们是否从一个酒馆出来后选中了拉丁区的某家龌龊旅馆掩护他们最初的拥抱？还是觉得趁玛蒂尔德和岳父母不在之机在尼科莱街相爱更有趣？也许他们的恋情到后来的1872年1、2月间，在那间积满污垢的房间里才开始。魏尔伦在《诗人和缪斯》中既在招供又在翻供，一边承认一边又矢口否认，非常暧昧地赞美那个房间。标注着蒙斯，1874年的手稿上记录着："关于乡间第一街的一个房间。"即使自保罗和阿蒂尔之后无数对情侣先后在这房间里留下他们的拥抱（"[……]也许从那以后多少/新婚夜夺去他们夜晚的纯洁"），只有这个房间知道他们的真情实底："他们多么留恋那些夜晚，那些海格立斯①之夜！/人们爱怎么理解就怎么理解吧，不是这样；/你们对这些事根本不懂，善良的人们。/告诉你们那不是人们想象的那样。"（《昔日与昨天》）幸好，虽然无法说出他们最初的爱情举动的时间和地点，但我倒倾向于认为它们立即发生了。

魏尔伦在外面的时间势必越来越多，照顾怀孕的妻子和家越来越少。倘若阿蒂尔就待在莫泰家中，不是总招惹是非，寻衅滋事，保罗经常不在倒也不太严重。理所当然，兰波先责怪的是玛蒂尔德，因为别忘了他们几乎是同龄人，一种强烈的嫉妒（即使二人永远都不承认）让他们成为冤家对头。保罗只能属于一方或另一方，不可能同时属于两个人，因此阿蒂尔恶毒地也是合乎逻辑地打碎他痛恨的那位妻子心爱的东西。"他先拿走一个祖母传下的古老的象牙基督受难像，魏尔伦费了些劲儿才叫他还回来。"[29]另一次玛蒂尔德讲到此事，竟称兰波在卑鄙地将这带耶稣像的象牙十字架毁损得面目全非后，"带着它整宿在拉丁区，在女子酒店闲逛"[30]。但这还不够，因为重要的是伤害、打垮对手。"[……]他故意打碎我珍爱的一些东西，而且做出一些十分不雅的举动，终于激起我们的强烈不满。"[31]他要求把他住的那个房间墙上挂的一个什么祖先的像摘下来，理由是他额头上有块霉斑，这块讨厌的甚至阴森的污迹让他不舒服，让他不安。还有一次，他顺着柏油路躺在10月的阳光下，从这条路上几级台阶就到莫泰家。尽管台阶和柏油路都在院中，墙和栅栏将它与大街隔开，对面的邻居太乐于目睹这样的丑事。可以直接眺望这样特别的场面，一个少年在露天昏睡，而且就在本区如此有名、如此体面的莫泰先生和太太家的院子里[32]。这一切花样，这一切挑衅，表面看来有点幼稚，"恐怕，"魏尔伦指出，"隐藏着某种阴险的恶意和绷着脸说笑话的意思。"[33]这些行为很快使兰波在莫泰家成为不受欢迎的人。不久就得另想办法。大家决定，确切地说是魏尔伦终于让他们决定，他的朋友轮流接待沙勒维尔的诗人。魏尔伦后来兴奋地写道，他在都城受到的接待，"真是热忱而……实在"；"最

---

① 通常也译作赫拉克勒斯。原为希腊神话中的英雄，后被移植到拉丁神话中。

亲切，最慷慨的接待……也是最循环着的，也就是说，说穿了，是最合适的接待方式。在花费很大而又冰冷的季节，一天一天轮流接待，我想没有人曾受到过如此友好的同行之谊，如此高尚的团结表示……"[34] 第一个负担起至少是个刺头的诗人的是夏尔·克罗，他把他安顿在他住的房间里，那是在塞吉耶街13号一家旧公寓里。那既是他的住所也是他的实验室。克罗不写那些后来构成《檀香木匣》的诗时，便试验制造合成宝石，他还没到发现彩色摄影的时候。没多久他就把兰波撵走了。据古斯塔夫·卡恩说，因为兰波为了纯粹卫生之用途撕掉了一套《艺术家》。克罗的一些诗就在该杂志上发表过，因而尤其珍惜它们。半个月左右，兰波自甘沉沦，陷于极度赤贫中。魏尔伦担心极了，对于他来说，自断退路是不可想象的，他接连数日寻找兰波，最后在莫贝尔广场附近的流浪汉中间找到他。他便开始在拉丁区的作家和艺术家中间组织捐款，让阿蒂尔能有最低生活费，然后委托泰奥多尔·德·邦维尔给他安排住处。《奇巧颂歌》的作者给他弄到一间单独的房间——确实是用人房间，要从仆人们上下的楼梯进去——就在奥代翁附近比西街10号他住的楼房里，但他实在没得到好报。一到家，兰波立即脱掉衣服，因为自从混在流浪者中间，他的衣服就传染上寄生虫。他把它们扔到房顶上，一丝不挂地出现在窗前。街上看热闹的一片骚动，邦维尔大为不满。这一回，据马拉美说，兰波宁可道歉："'那是因为，'阿蒂尔·兰波向《流亡者》的作者答道，'我不能穿着这身爬满虱子的旧衣服进这样干净、洁白无瑕的房间。'当然，《流亡者》的作者只得承认这个意见的正确性，而怪自己没有先见之明。"[35] 这一次阿蒂尔客气得有失诚实，好心给他提供替换衣服的邦维尔后来吃了亏才明白这一点。确实，据鲁道夫·达尔藏[36]讲，阿蒂尔从头一晚起，就不脱衣服，脚上沾着泥在干净的床单上睡觉；第二天打碎了所有瓷器，水壶、脸盆和夜壶；最后，在以后的几天，卖掉家具弄到一点点钱。这些也许是过分夸大的流言，但无风不起浪。阿蒂尔就是一心要粗野无礼，他的粗鲁行为是经过深思熟虑的。如此行为不端，如此忘恩负义，邦维尔又反感又气愤，一星期后就把兰波赶走了。毫无疑问，阿蒂尔的古怪和挑衅行为每次都让魏尔伦处境尴尬，他得去道歉，弥补损失，再找一个住处。但从根本上讲，他又震惊又兴奋，因为阿蒂尔做了他永远不敢做的一切：他间接地得到解放。他是否真的明白这些炫耀式的怪异行为符合一种更深刻的意愿？"这些来源分散的逸事，让人吃惊，引人发笑"，然而，恰如让-吕克·斯坦梅茨在他的

《兰波传》一书中精辟指出的那样："应当看到它们的连续性；它们暗示对一种存在方式的肯定。"[37]保罗只看出是玩笑和恶作剧的那些行为，在兰波则主要是一种彻底的拒绝，坚决不肯回到这些行为引起的一种债务和义务的逻辑和道德观中。保护自己的自由意味着什么也不欠，不受束缚显然就是忘恩负义。

从此轮到卡巴奈在诅咒诗社的总部接收这个讨厌的家伙了。原来，10月份时，夏尔·克罗发起成立了一种朋友聚会的非正式的俱乐部。总部是在陌生人旅馆的一个房间，旅馆位于拉辛街与医学院街拐角，对着圣米歇尔大街。欧内斯特·卡巴奈身兼俱乐部的门房、秘书、男招待数职，就是说，他住在那个房间里值班。这个卡巴奈可是个怪人，"喝了3年苦艾酒的耶稣基督"，魏尔伦这样说他。卡巴奈好容易接近不惑之年，后来也只是刚刚活过四十岁。他在拉丁区很有名，原因是他的怪癖，有时这些怪癖让人忘了他是个出色的音乐家，是音乐学院马蒙泰尔的学生。尽管他而今在那些小酒店的舞池和低级咖啡馆里施展才华，基本上满足于创作点小作品。他曾给他的朋友相知、里什潘、邦维尔尤其是克罗的诗及其著名的《熏咸鲱鱼》谱曲。他生于鲁西永的佩皮尼昂，父亲在那儿开了个客栈。自从二十岁从家乡到这里，一次也没越过城墙大门，城门以外有什么他全然不知，他以此为骄傲。他装作对时事不闻不问，因为他只关心艺术。他几乎毫不关心巴黎被围。一天，老是心不在焉的他一时醒来，甚至问道："欸，怎么！……一直是普鲁士人在围困我们吗？"由于人人都惊愕地叫起来，他又加上一句："天哪！……从开始，我就一直以为是别的民族呢。"[38]乍一看很奇怪，也许因为他总是在，他是这个组织各成员之间的联系人和传令兵，是诅咒诗社众人的笑柄。兰波只用一句玩笑表达了对他的看法："重要的是杀了卡巴奈。"大家不停用漫画手法描绘、不停取笑的正是他，有莱昂·瓦拉德和卡米耶·佩尔唐的这些诗句为证：

> 一道隐匿不屈的缝分作两半，
> 他扁扁的长发贴在额前，
> 汗水涔涔将它打湿，
> 多少夏天才勉强晒干。
> [……]瘦骨伶仃，见他走向管风琴，

有人问："你往哪儿行？去太平间？"

冒着汗，他应道："不是去，是从那儿来！"[39]

谁到俱乐部来？夏尔·克罗（和他的两个兄弟——医生安托万，雕塑家和蜡像师亨利）、阿蒂尔·兰波、保罗·魏尔伦、一些帕尔纳斯诗人、莱昂·瓦拉德和阿尔贝·梅拉、漫画家安德烈·吉尔，加上几个几乎完全被遗忘的人，比如将创办《新世界杂志》的亨利·梅西埃、海景画家珀努泰（他让人叫他海伊的米歇尔），还有米莱、让·凯克。在俱乐部干什么？朗读背诵诗歌，讨论争吵，赌咒骂人，弹钢琴（靠墙有架欧内斯特·卡巴奈的竖式钢琴），开怀痛饮（比在咖啡馆便宜得多），抽烟，打嗝，吸大麻。尤其照应那本留言簿《诅咒诗画集》，大家创作、补充完整、饰以漫画[40]。这个诗社的机构非常松散，而且异常短命，总共才坚持了两个月，即1871年10月和11月。但总算还留下那本《诅咒诗画集》，可以再现聚会的气氛和热闹。热罗姆·博斯[①]式的让人目瞪口呆的卷首插画，形形色色的荒诞人物和妖魔鬼怪，是医生安托万·克罗所画，他的素描很棒。插画后面，书是这样开始的：

诗社谈话拾零

（梅拉）五个苏！要让人破产了！跟我要五个苏？

真是肆无忌惮！……（珀努泰）老兄！我从富有咖啡馆来；

我看见了卡蒂勒……（凯克）我可想有钱……（魏尔伦）

卡巴奈，拿烧酒来！（H.克罗）先生们，你们醉了！

（瓦拉德）见鬼，别这么吵！楼下的女人

在生产……（米莱）你们可看见关于奥地利的文章

在我的杂志上？……（梅西埃）可恶！先生们，卡巴奈不老实

在小金库上！……（卡巴奈）我……应付……不了……所有人！

（吉尔）我啥也没喝着，我付钱！去找喝的来，

---

① 热罗姆·博斯（1450或1460—1516），荷兰画家。有人说，他带有神秘、性、象征成分的作品预示了超现实主义。主要作品有《天堂乐园》《圣安东尼的诱惑》《最后的审判》等。

给你十个苏！（A.克罗）就是！就是！请相信我，

诅咒派真是社名！（Ch.克罗）其实，

权威，是我！是我说了算……

（雅凯）没人弹钢琴！真讨厌我们在浪费

时间，梅西埃，弹那支欢快的……（兰波）唉！他妈的！

　　多么吵闹！多么混乱！七嘴八舌，并以兰波总挂在嘴边的脏话结束。这个诗社因而恰恰和习惯意义上的诗社相反。诗社通常都以其高雅讲究和良好举止、谨言慎行著称，这里的人则一贯大呼小叫，扯开让酒灌得嘶哑的嗓子，呼么喝六，满嘴酒后之言、下流甚至喷粪的玩笑。《诅咒诗画集》共收集102篇作品，有兰波（共20首，他是最热忱的撰稿人）、瓦拉德、努沃、夏尔和安托万·克罗、夏尔·德·西夫里、拉乌尔·蓬雄、让·里什潘、欧内斯特·卡巴奈、保罗·布尔热、卡米耶·佩尔唐和安德烈·吉尔的贡献，还有12首出自魏尔伦。理所当然，他向家庭发难，莫泰先生首当其冲：

　　杀掉岳父必须要下定决心，

　　这是以弑父壮举万古留名。

　　　　　——一个女婿

　　这可不像表面看去那样只是个遗闻逸事，因为诅咒诗社这个只有男性的协会，是构想出来的同性恋小社团，与任何恋家倾向作对。一天，卡巴奈为兰波作了一首奇怪的诗，诗中他探问沙勒维尔的诗人在巴黎干些什么："[……]天才在这儿苟延残喘，/行将饿死道边。/去吧，回到你母亲身边/她曾照料你的童年"，即使有"一个人还算体面/非但不表示反对，还赠你床铺，桌子，/洗浴需要的东西"。最后一节以呼唤结尾，更加淫秽，是否得到兰波片言只语的答复就永远不得而知了，这一节之前：

　　这是为了探测自然，

　　孩子，我同你把话谈，

我可以送你：食物，

衣衫……床，你若喜欢。

是的，我对你会比母亲

还强，只因多年以来

在地上寻找一个朋友

我等待，等待，等待。

出于同样的意图，魏尔伦在《诅咒诗画集》上录入的用双关及同音异义词做的两个文字游戏与其他参与者的基调完全一致，主要就是诙谐和猥亵：

鸡奸是一种罪行

一种可以勃起的情形①

　　　　——P. 德·莫里埃

占有就是强奸②

　　　　——蒲鲁东

相反他的诗本身则更具破坏性，因为它们把模仿推向极致。当他在《天真十行》和《粗糙的马来诗》中戏仿阿方斯·都德的《女恋人》，当他用"老科佩们"模仿弗朗索瓦·科佩的正统思想和一钱不值的谦恭，在和兰波合写的《屁眼十四行诗》中模仿帕尔纳斯诗人时，是在从事一项真正的破坏事业。我们在《关于一个现代诗人》中已经看到后来成为对魏尔伦的一大诱惑的东西显露出来，即自我戏仿，那既是诗歌技艺的顶峰，也是存在渐弱的顶峰，内容上，该诗是对勒孔特·德·李勒及他对荣誉、勋章的爱好的恶意讽刺，这不假，但其形式本身，简短的、省略的、不连贯的诗句已

---

① 魏尔伦将莫里哀的喜剧《德·普尔叟尼亚克先生》中的"一夫多妻是一项重罪，一项可处绞刑的重罪"这两行台词中的 la polygamie 一夫多妻和 pandable（可处绞刑的）分别改成了 la pédérastie 鸡奸和 bandable 可勃起的，bandable 和 pandable 发音相近，而 cas 有情况、病例、特殊事件等意思，也有罪行、案件之意。

② 这里，魏尔伦将蒲鲁东的"财产（propriété）就是盗窃（vol）"中的 vol 改成了 viol（强奸）。

经预示了未来的《无词浪漫曲》的某些篇章。

10月初，魏尔伦和瓦拉德决定带兰波参加醍醐之徒晚餐。魏尔伦一心想要展示、推销他的"新发现"。我们记得，创始于1869年的醍醐之徒晚餐，其奇怪的称号得之于科佩的《过路人》在奥代翁演出的次日有人对帕尔纳斯派的谩骂。饭后，兰波朗诵了他的《醉舟》。从莱昂·瓦拉德1871年10月5日寄给埃米尔·布莱蒙的信看，他的朗诵无疑深深打动了听众。

"您没去参加醍醐之徒晚餐损失太大了。在那儿，在魏尔伦——他的发现者，和我——他在左岸的施洗约翰的支持下，展示了一个不到十八岁的可怕的诗人，名叫阿蒂尔·兰波。大手掌，大脚丫，整个一张孩子脸，说他是十三岁的孩子都可以。眼睛金黄深邃，性格孤僻腼腆，这就是那个毛孩子。他的想象充满强大的力量、罕见的腐蚀性，让我们的朋友们又着迷又惊骇。

"'真是一块传教士的好料！'苏里惊呼。德尔维利说，'教师中间的耶稣[①]。这是魔鬼！'大师向我宣称，我于是得出这个更好的新说法：'教师中间的魔鬼。'我不能给您讲述我们的诗人的生平，只需知道一点，他来自沙勒维尔，打定主意永不再见他的故乡和家庭。

"来吧，您会看到他的一些诗，您来评判评判。除非有石头悬在头顶，这种命运常常让我们面临的危险，**这是一个天才在崛起**。这是我三个星期来所下的判断的冷静表达，而不是一分钟的迷恋。"[41]

他的文字产生了轰动效果，因此大家带他亲自到泰奥多尔·德·邦维尔家，让他把它念给大师听。虽然据德拉艾说，大师没有表示任何敌意，可他毕竟诧异，有人竟然直接让一只小船讲话；而且，谈论一艘大船岂不更符合诗意？对此兰波当时什么也没说，但出来时他耸耸肩低声骂了句："老傻瓜。"[42]很可能德拉艾是在11月来巴黎时有机会参加了这次值得纪念的碰面，耳闻目睹了这种传统与现代完全的互不理解。德拉艾一到都城，立即赶奔尼科莱街14号，魏尔伦会告诉他阿蒂尔在哪儿。女佣让他走进优裕舒适的套间，喊魏尔伦出来。"我看见，"德拉艾后来写道，"一个瘦长身材的

---

① 这一形容少年兰波的说法源于《圣经·新约》中《路加福音》第2章第46节。思高本将原文的"docteurs"译为"经师"，和合译为"教师"，此处采用和合本译法。

年轻人，样子腼腆、温顺、面目清秀、温和而又热情奔放。宽宽的额头的象牙色稍稍被稀疏的深棕色头发涂上阴影，丝一般的鬈发垂下，漂亮的眼睛仿佛天鹅绒做成，遮着长长的黑色睫毛。肤色深暗，唇髭纤细金黄；整张脸细节与色调深浅对比十分相宜。"[43] 这一描写[44] 很重要，因为它证实了魏尔伦当日根本不是奇丑无比，恰恰相反，他对其身体一步步的摧毁举动尚未真正留下显著印迹。德拉艾问他在哪儿能找到兰波，他的回答既含糊其辞又明确无误："我可不是说兰波有个固定的住址，但我想我知道今天在哪儿找到他；您要愿意，我们一起去。"[45] 这证明魏尔伦脚踩两只船生活：在家他是个舒舒服服的资产者，有人服侍，但他对那个朋友的活动无所不知。他们走上拉梅街，克利尼昂库尔路。当然，在代尔塔歇了歇脚，保罗喝了杯荷兰柑香——苦开胃酒，坐上"皮加尔广场—酒市"的公共马车一直到"米什大街"。他们走进陌生人旅馆中二楼的一间大厅，卡巴奈接待了他们。兰波自从在诅咒诗社住下便担任了二"老板"之职。他正在睡觉，但朋友一来，他就醒了，边赌气边揉眼睛，告诉他们他吸了大麻。"结果呢？……"魏尔伦问。"结果，什么也没有……白月亮、黑月亮互相追赶……"[46] 这次，人造天堂是没见到，魏尔伦是否和他一起进行探索呢？《诅咒诗画集》里瓦拉德的一幅画①，画着他头发蓬乱，从他烟斗里冒出这样一个圈，里面一个命令口吻的句子："魏尔伦可**不该吸大麻**。"我想这是对诗人有一天说的"我不该吸大麻"的揶揄的翻版。正如他利用尼科莱街温暖舒适的住处与陌生人旅馆保持距离一样，他对兰波试验使用大麻表示怀疑。保罗总是缩在后面，留有余地，这让兰波大为恼火。现在，兰波想去换换空气，缓和一下头痛，在先贤祠周围漫步很长时间，兰波指给德拉艾看，柱子上露出点点白色，那是子弹打的裂缝。当问到他，巴黎在思想观念上进展到哪一步时，他不胜厌倦地以寥寥数语做了回答，流露出"希望的破灭——虚无，混沌……各种反动可能出现，甚至大有可能"[47]。照德拉艾所说，兰波很绝望。犹如一片黑夜覆住了他革命者的满腔热情，他不再信仰首都。巴黎，"阳光之城"，巴黎，"法国之首与心脏"，真是天大的笑话。在这一惊人见证中，德拉艾没提魏尔伦的反应，也许他一言未发，原因不必说了，我们还记得他在巴黎公社最后几天的惊恐万状。他又一次尽量小心地保持距离，以便能继续脚踏两只船。

---

① 依原画，绘画者似应为梅拉，此处可能是作者的笔误。

虽然如此，魏尔伦夫妇的关系却每况愈下。保罗尽管竭力要分开两种生活，让两种生活并行，兰波占的位置却日多一日，将他与玛蒂尔德拆开，无法弥补，无可挽回。他完全左右了保罗，保罗离不了他，只想着他，只信任他。一天，魏尔伦告诉玛蒂尔德，兰波在沙勒维尔为了搞到书，起初，先从一家书店的架子上拿了书，读完了再放回去，后来决定卖掉它们，以免在放回架上时被人捉住。玛蒂尔德容不得一点不诚实的行为，大着胆子批评起这个无懈可击的阿蒂尔："这证明你的朋友不太高尚。"[48]这正是绝对不能说的话。登时翻了脸，吃醋、争吵。魏尔伦本来就受不了别人对他的阿蒂尔有一点点责难。妻子刚刚躺下，他抓住她的两只胳膊，把她扔到床下。幸好落地的声音引起她哥哥夏尔的注意；保罗不敢动了，玛蒂尔德被这一意外的粗暴行为吓坏了，一声不吭又躺下了。真有必要强调这些日后反复出现、日益恶化的争吵及令人难以置信的卑鄙吗？有些人愿意原谅诗歌天才的一切，他什么权利都有，甚至还有更多。其他人会认为没有什么能允许对即将临产的母亲有失尊重。这都是过于直接从道义上下的判断，没有什么意义。但拒绝根据道德思考，拒绝再一次重新玩弄那些没完没了的善恶范畴，却不应导致我们否认这卑劣的暴力。绝对毋庸置疑，19世纪下半叶的文学是在粗暴、痛苦、恐怖、贫困中写成的。同一个人展现了华托式的最微妙的东西，却烂醉如泥地回到家痛打十八岁的年轻妻子，这怎么可能，又为什么可能？

乔治1871年10月30日来到人间。一连三天，一切都很好，魏尔伦扮演着专注忠诚的一家之长的角色，和岳父母共进晚餐，在妻子那儿度过夜晚。可刚到第四天，他就凌晨2点回家，喝得酩酊大醉，一副凶神恶煞相。"看孩子的女人害怕了，想叫我父母。我没让她叫，她恳求我丈夫去他自己房间睡觉，但白费力。他衣服不脱就躺到我床上，头在下脚在上，戴着他的软帽，沾着泥的鞋搭在枕头上，一会儿他就睡得像头死猪一样。早上母亲一进我的房间看到的他就是这个样子。"[49]当然玛蒂尔德的话不可全信，她在写《回忆录》时，只有一个愿望，让魏尔伦翻不了身。但毕竟实有其事！的确——可说到底，这不能算理由——魏尔伦又一次跟兰波有了麻烦。昙花一现的诅咒诗社没了，认为兰波加速了它的消亡不是不可以，他纵酒、吸毒无度，还逼得卡巴奈忍无可忍，宣布放弃。于是又得重新给他找住处，这次酒杯已满，不可能向任何人求助了。最后的忠实信徒们决定凑钱给他租一个房间，在地狱大街和乡村第一街拐角的一家寒酸的旅馆，对面是蒙帕纳斯墓地。这几乎算不得一个房间，只是一间可怜的屋顶阁楼，它肯定改善不了阿蒂尔的心情。而且命运安排，一楼住的是一个叫特雷皮耶的人，开着面包坊和酒店，这对他戒酒是不会有什么好处了。

这年年底，魏尔伦和玛蒂尔德的关系更难修复，因为保罗和阿蒂尔已成了招来纷纷议论的一对，给整个巴黎提供了话柄、谈资。兰波来了以后，魏尔伦"故意穿得极其随便；又戴上那奇丑无比的羊毛长围巾和软帽；有时一个星期不换内衣，不擦鞋"[50]。当他刚刚在外面过了一夜，从一家柜台逛到另一家柜台时，显然比任何时候都更令人恶心，都更邋遢。至于兰波，据玛蒂尔德讲，他本人就脏得出奇。他离开莫泰先生家后，在他的卧具里发现了一大堆那种肮脏的叫虱子的小虫子。"我把这事告诉丈夫后，他大笑起来，说兰波喜欢在头发里生这种虫子，好把它们抛向遇见的教士。"[51]11月13日，他们去法兰西剧院观看弗朗索瓦·科佩的一幕话剧《被抛弃的女人》的首场演出。魏尔伦蹬着沾满泥的靴子，穿着皱巴巴的上衣，戴着油渍麻花的帽子。兰波比以往衣着还要随便，头发还要蓬乱。不难想象这对伙伴给人的印象，他们粗俗的服装在男人们的黑衣服、大礼帽、白领带和女人们优雅的晚礼服中间肯定极不协调。演出后，魏尔伦和兰波少不了又去逛了一圈咖啡馆。魏尔伦凌晨3点回到莫泰先生家，醉得不轻，就等着转变成恶毒和暴虐。他指着玛蒂尔德大叫起来："被抛弃的女人，在这儿呢！科佩的成功让人恶心。可我的老婆和孩子是我的人质，我要杀了他们！"[52]魏尔伦这时脑子里只想把莫泰先生放打猎用具的一个衣柜点着。"这个衣柜在我卧室旁边的屋子里，靠着我的床挨着的隔板。他想要，他说，炸掉我的房子，连我一起。"[53]魏尔伦暴跳如雷，怒不可遏。幸好看孩子的女佣采取了预防措施，把火钳放到了火上，猛然间将它对准他的鼻尖。魏尔伦且战且退，谨慎地回到自己房间，两个女人趁机将他反锁在房内。人们当然会看出，保罗尽管醉成这样，还是知道自己在做什么。或者，至少，酒醉让他做出他不喝酒时从不敢向人承认，向自己承认的事。他嫉妒科佩的成功，再也受不了家庭生活，他糊涂了，把两方面混为一谈。他尤其感到耻辱的是兰波就在他的生活中，是这种平庸的小资产阶级感伤主义和恋家主义的无情和冷嘲热讽的证人。

第二天，女佣将可怕的场面讲给了莫泰夫人。她自然狠狠责备了魏尔伦。一切再次重演：道歉，为自己的恶毒感到难过；痛哭流涕，跪在妻子面前，狂热地吻她的手。有那么几天，他又能有所节制，稍稍平静一些。然而此事却传了出去，究竟是谁泄露的永远也不可得知了，再说这也无关紧要。在11月17日的《十九世纪》上可以看到这样阴险恶毒的言论：

> 他们真客气，当代帕尔纳斯的小诗人们！
>
> 大家知道，他们的兄弟弗朗索瓦·科佩的《被抛弃的女人》首演之时，他们全部到场。我们看到他们为身为玛蒂尔德公主亲信之一的诗人的新剧如醉如痴地鼓掌，然而那纯粹是虚情假意。其中一人，这个小团体的主要领袖……先生，整个晚上巴掌都拍痛了，回到家，却由于自尊心受到伤害想要杀掉年轻的妻子和一个新生婴儿以泄愤。幸好有人阻止他犯下这双重罪行；但倘若科佩先生不久又有话剧再获成功，我们可担保不了那两个可怜生灵没有性命之忧。他们就是用来长期美化这位帕尔纳斯诗人的家室的。

11月15日，两个朋友又一次到奥代翁剧院，看的是阿尔贝·格拉蒂尼的独幕爱情剧《树林》的首演。这一次是勒佩勒捷本人，以加斯东·瓦朗坦的笔名，在11月16日的《人民至上》上发表了一篇对这一晚的犀利报道：

> 整个帕尔纳斯都齐了，在出版商阿方斯·勒梅尔的注视下，像在家一样来来往往，亲切交谈。随处可见金黄色头发的卡蒂勒·孟戴斯挽着黄发的梅拉。莱昂·瓦拉德、迪耶克斯、亨利·乌塞四处聊着天。感伤诗人保罗·魏尔伦挽着一个美丽动人的女子，兰波小姐。
>
> 一言以蔽之，奥代翁的良宵。[54]

多么厉害的恶言恶语，旁敲侧击地暗示那受土星影响的诗人的忧郁变成了酒神节的纵情狂欢！可以认为勒佩勒捷，魏尔伦的一个密友，玩笑开过了头，走得有点太远了。怨恨、嫉妒的表示？自从兰波独得了保罗全部的注意和欢心，他有点被遗弃之感？其实他也许不过是公开在报章上说出了首都文学界无人不晓的事：保罗和阿蒂尔成了真正的情侣。几天后，勒佩勒捷去尼科莱街，大概想向魏尔伦表示尴尬的道歉，却只见到了莫泰先生和夏尔·德·西夫里。他解释之所以发表了那几行文字，是因为他"觉得魏尔伦和兰波的举止太扎眼，他们搂脖抱腰"，想要给他们一个教训。稍后兰波和魏尔伦受到勒佩勒捷邀请，兰波试图报复一下。他要招人嫌。他完全做到了。席间，开始那段时间，他一言不发，然后变得咄咄逼人，不断抛出与别人意见相反的反论来伤人和挑衅。他取笑勒佩勒捷向一列出殡队伍脱帽。对方提醒说他两月前刚刚失去母亲，并让他闭嘴。兰波变得气势汹汹，抓起一把餐刀想站起来。勒佩勒捷用手按住他的肩膀，强迫他又坐下，对他说，普鲁士人他都没怕过，这样一个顽童怎么可能吓倒他。有必要的话，他可以一脚把他踹到楼梯上。魏尔伦插进来打圆场，背诗以缓和气氛。兰波赌气不说话，直到吃完饭，只是一个劲喝酒、抽烟。从此他称勒佩勒捷"向死人致敬的人"，"老大兵"，甚至还有"常放狗屁的家伙"[55]。在这样的场合下，魏尔伦肯定很难受。他天生的懦弱叫他逃避各种口角，只有醉意才给他勇气；或者说白了，让他头脑不清醒。他之所以接受这些紧张，这些暴力，就是因为兰波对于他已经不可或缺，和酒精一样必不可少。

　　兰波是费钱的，非常费钱。乔治出生后的六个星期，魏尔伦花掉了两千法郎——这很可观，比他过去在区政府一整年挣的钱还多——来满足他的小乐趣。他供养兰波，在咖啡馆、饭馆。每顿饭，每次消费，都由他结账。在诅咒诗社，他慷慨地请客付账。要知道，摆出贵族气派，打动他年轻的朋友他可没什么不乐意的。但按这种速度，很快就破产了。魏尔伦在迅速处理了书架上的一批书，"换点苦艾酒和马尼拉雪茄烟钱"[56]后，找不到搞钱的办法，便想起帕利瑟勒的公证人还欠他姑姑路易丝·格朗让给他的6660法郎遗产。真是意外的收获！12月中旬左右，他便出发去比利时。临行前一天，又是醉醺醺回到尼科莱街，还带来兰波和福兰，理由是他们住的地方有点远。他把他们安顿在自己房间，自己回玛蒂尔德房间睡觉。清晨5点，去坐火车前，他嘱咐妻子，他们醒了给他们做个美味的洋葱汤。这显然是在告诉玛蒂尔德，他人虽不在，但他的习惯和交往却不会因此有任何改变。魏尔伦趁这次在比利时停留期间，和朋友进行了几次远足。一次是去默兹河谷，那里白雪皑皑的景色让他欣喜若狂："我在糖做的景色中漫步。"[57]另一次则带有爱国色彩，去了色当附近和巴泽耶的战场。在那儿，他也许作为合格的法国人，在掩埋尸骨的地方凝神静思，参观了最后的子弹纪念馆。不久之后阿方斯·德讷维尔的名画《最后的子弹》[58]让人永远记住了这个地方。他也趁机去沙勒维尔看了德拉艾，和他的约会定在喝开胃酒的神圣时刻，地点是车站旁边的宇宙咖啡馆。5点左右，在布列塔尼老爹和德韦里耶尔（在罗萨学校教书，兰波在那儿开始学业）陪同下，他走了进来，"挺着胸，脚步有点一颠一颠的"[59]。他少不了给欧内斯特带来兰波的问候，这正是此行的理由。可其实他尤其关注那些继续占领沙勒维尔的富有魅力的"蛮子"，毫不厌倦地欣赏"那些身材修长的巴伐利亚军官，一身天蓝色，喇叭裤，一点褶没有的紧身制服上装，十全十美的大盖帽，他们在邻桌毫无恶意地喝着啤酒"[60]。他那狂热的沙文主义虽促使他厌恶该死的侵略者，可他身上另一种东西却让他看到毕竟他们不是只有不好的方面。终于在帕利瑟勒，公证人的手续办好了，他得到了欠他的那笔钱。于是在佩罗家中过完了圣诞节，吃了午夜饭，做了子夜弥撒，他返回巴黎。但就在去重见兰波，尽快花掉所有讨回的钱之前，他给内兄夏尔·德·西夫里寄了封信，无非是想缓和家庭关系，而此时正是他准备变本加厉地背叛家庭的时候。夏尔要是给那个胖大的布列塔尼写"一封充满傻里傻气的日本风格[1]的优美书信"，会令布列塔尼多么开心！

保罗在阿登山区期间，他的家庭为财政上的巨大损失担心（玛蒂尔德甚至把六万法郎夫妻共有的股票委托给婆婆，防止丈夫把它们卖掉，使他们不至于破产），密谋为他重新找到工作。他有份工作，就可以少见点兰波，生活可以更规律些，少喝些酒。魏尔伦夫人到区政府打听，她儿子被开除只是由于长期缺勤，并不是无可挽回的，恢复职务是可以考虑的。她活动了一番，发现埃德蒙·勒佩勒捷的一个姨妈，德·拉肖维尼埃夫人是区政府一个办公室主任的熟人。她设宴请客，有十二人参加。事关重大，魏尔伦夫人为此一改往常的精打细算，大排筵宴，请来了贵客。那位办公室主任及德·拉肖维尼埃夫妇、埃德蒙·勒佩勒捷和在其父母陪同下的未婚妻欧仁妮·迪穆兰、他的妹妹洛尔、夏尔·德·西夫里和妻子埃玛，最后是保罗和玛蒂尔德。魏尔伦来晚了，晚了三刻钟，但也许就是故意没让他知道这顿晚饭的重要性，以便在他到来之前把主要问题解决了。不可避免，他又是醉醺醺的，衣冠不整，给人的印象糟透了。那位办公室主任明白了那竟然就是要成为他未来的职员的人时，至少是

---

① 此处魏尔伦将japonaiserie（日本画、日本工艺品等，带贬义）和niaiserie（蠢话，幼稚笨拙的行为）两个词结合，自造了japoniaiserie一词。

很尴尬。要恢复职位是无望了，不过多亏勒佩勒捷和西夫里共同努力，保罗的那些胡言乱语才没太搅乱这顿饭。喝咖啡时，他来了脾气，扬言"女人、孩子，这都让人讨厌；人真蠢，要结婚。至于他嘛，他已受够了婚姻，等等，等等"[61]。一片惊愕，玛蒂尔德一见情况不妙，赶紧设法早早带走保罗。保罗一上车就安静下来，甚喜躲过了重回他那讨厌的办公室的威胁。勒佩勒捷呢，他决定把迪穆兰一家和住在同一街区的夏尔一直送回家。回首往事，玛蒂尔德重新体验最后结束这一晚的争吵，快乐之情溢于言表："迪穆兰夫人一到街上，便发泄了对魏尔伦的强烈愤慨。勒佩勒捷替他的朋友辩解，迪穆兰夫人于是声称，让我嫁给这样一个人，是把我牺牲了；至于她，她不会牺牲她的女儿；既然勒佩勒捷支持他的朋友，说明他跟他没什么两样。因此，她不会把欧仁妮给他。"[62]这对未婚夫妻的婚姻暂时中止了，这位善良的勒佩勒捷后来费尽千辛万苦，才让迪穆兰夫妇回心转意。不知我们看的是出悲喜剧还是出闹剧，但有一点可以肯定，魏尔伦非常清楚自己的欲望，即使是醉时也执拗地力求破坏出现的每个成家立业的企图。

1月中旬，确切地说是13号星期六，情况更糟了。保罗在晚饭后回来，灌了一肚子酒，情绪躁动，不耐烦。莫泰夫妇希望平息事态，还是命人把饭给他热了，甚至还陪着他。然而，当魏尔伦回到玛蒂尔德房间，玛蒂尔德有点不适，正在摇她膝上的小乔治。他和往常一样亢奋，他抱怨起来："你父母［……］让人给我端来凉咖啡；给我抽屉钥匙，我要拿钱去咖啡馆喝一杯。"[63]这真是无稽之谈，无聊、可笑的借口，魏尔伦哪是要再喝咖啡，正像玛蒂尔德淡淡指出的那样："尽管这个意见是平心静气提出来的，可它却能让我的丈夫气冲斗牛。他向我扑来，抓起我们三个月的小乔治，狠狠向墙上扔去。真是万幸，是孩子有厚厚的襁褓保护的脚撞到墙，又掉到床上，颠得很重，但没有弄得太痛。他可能给杀死，我吓得一声惨叫，被父母听到。他们还在一楼，三步并作两步跨上楼梯，进了我的房间。等着他们的是多么悲惨的场面！我那一叫，保罗更加光火，把我推倒在床上，跪在我胸前，使劲掐我的脖子。父亲进来时，我已经不能喘气了，父亲猛地紧紧抓住女婿，一把将他揪起来。魏尔伦怔了一阵，打开门，连滚带爬滚下楼梯，出了家门。他没回来，跑到魏尔伦夫人那去睡的觉，对她他肯定没说实话。"[64]

是的，要详细讲出这一切见不得人的行为、可耻的行为，我们看到的又是左拉的自然主义、妻子挨打、孩子受虐。《戏装游乐图》的那些娇弱温柔，小树阴下那些亲切感伤的倾心密谈都到哪儿去了？父亲大为惊愕，义愤填膺！次日，玛蒂尔德病了，即使事情没有这么严重，换了别人也要生病了。为了不让这样的丑事传开，没有去请他们家的至交医生安托万·克罗，却找来了一位老医生。他觉得玛蒂尔德非常虚弱，非常苍白："［……］魏尔伦在我脖子上留下的指印清晰可见，形成紫色的瘀斑。在父亲请求下，医生出了一份证明，确认我所遭受的暴力行为。"[65] 第一份司法证明，第一次分居，因为玛蒂尔德为了得到身体与精神上的休息去了外省，在佩里格的一家小旅馆住了六个星期。魏尔伦呢，他意识到做得太过分了，开始两天不动声色，只是让一个人送来"一封荒唐的信，信中，由于他那愚蠢的傲慢，他把所有人指责了一番，除了他自己"[66]。第四天，没有收到任何回音，他感到奇怪，终于去了尼科莱街，从莫泰夫人口中得知他亲爱的玛蒂尔德病得很重，去南方过冬了。他要想写信，他们可以转给她，但不可能给他地址。魏尔伦目瞪口呆，他原以为可以不受惩罚地脚踩两只船，一边是小资产阶级异性恋的舒适享乐，一边是同性恋的邪路。但他很快意识到这种局面的好处：他完全自由了，可以整个献身给阿蒂尔，不用节制自己。既然妻子想在佩里格休息，她就在那儿休息吧，但愿对她大有好处！等她回来再考虑总来得及！

　　1月底定期的龌龊之徒晚餐又在波拿巴街拐角圣绪尔比斯广场一家酒店上面举行。大家吃得丰盛喝得痛快。婚宴上人们在吃甜点时要扯开酒后嘶哑的嗓子唱民歌，与此相仿，在这个作家团体中，大家朗诵诗歌。于是一个叫奥古斯特·克莱塞耶的念起他那讨厌的诗，蹩脚的《战斗十四行诗》。听着这冒牌诗令人难以忍受的连篇废话，兰波生气了，恼火了，开始显出不耐烦的神情，对这一可笑的表演表示抗议。起初是低声说，后来提高了嗓门，中间夹着逐渐加重的"他妈的"。"对此，埃蒂安·卡尔雅，那位摄影师兼诗人，依我看插手得太快也太激烈。因为朗诵者是他的文学艺术上的朋友，他把打断人说话的人说成是耐不住酒劲的毛孩子。"[67] 兰波在水平太次的文学晚会上，酒没少喝，诗没享用多少，已醉得不轻，这一来犹如火上浇油，他"抓起放在我们身后的我的剑杖，我们的座位是紧邻的，隔着宽约两米的大桌子，将出鞘的剑身刺向对面或差不多是对面的卡尔雅先生。幸好没有造成太大的破坏，因为我相信我这事记得很清楚，那可爱的《大马路》的前任主编只是受到很轻的一手宽的划伤"[68]。大厅里一片惊慌，乱作一团。魏尔伦本能地从暴怒者手中夺下剑，在膝上一折两段。

最后，他把这个因自己的强暴行为而酒醒了不止一半的毛孩子委托给画家海侬的米歇尔，这位身强力壮的男人迅速将兰波送回他在乡村第一街的住处，并狠狠申斥了他。划伤再轻不过，几乎没怎么流血，尽管如此，结果却是灾难性的。正如勒佩勒捷所说，"袭击产生恶劣影响。温和的瓦拉德、阿尔贝·梅拉，其他性情平和的诗人决定不再邀请兰波参加龌龊之徒晚餐；魏尔伦想到这友好的饭桌上来，他还会受到热情接待；但别再带这个讨厌的男孩来，他太承受不住酒劲和不是他作的诗。"[69] 路易·福兰赶紧从这一冲突得出教训，在他画着兰波天使般面孔的画[70]下注上一句谨慎的警告："谁惹他谁倒霉。"巴黎放荡不羁的艺术界见得多了，却也认为这个叫阿蒂尔·兰波的人未免走得太远了。的确，有时他玩笑开得有点过火，甚至几乎是犯罪。比如有一天，安托万·克罗发现他的啤酒杯装着沸腾的液体（同一"玩笑"的另一说法是，洛朗·塔亚德说，肺有问题的卡巴奈发觉他的牛奶里有同一种毒药）：那是兰波刚刚倒的硫酸。开除兰波确实将对魏尔伦产生巨大影响，他内心少不了把这归咎于对他和阿蒂尔的关系的猜疑。他做错了，他触犯了法则，他被抛弃了。然而，魏尔伦最受不了的莫过于脱离社会，失去社会地位。放浪形骸，对于他不过是有产者的奢侈品。在他看来，那绝不是要义无反顾地脱离社会体制。不过，此时此刻，魏尔伦最为遗憾的是，据说，怒不可遏的卡尔雅毁掉了保罗带着年轻宠儿来时他摄下的几乎所有底片。保罗至少带兰波来过两次。看了那两张奇迹般幸免于难的漂亮的底片[71]，就更能体会魏尔伦的伤心了。阿蒂尔带着那副稍稍皱着眉赌气的神情，什么刷子也梳不平的头发竖立着，真是很有魅力！两张照片。一张上面，年轻的初中生面孔还有点圆，穿着一件衬衫，纽扣一直扣到项下。一张上面，年轻人的脸已经纤细一些，戴条小领带，随便绕着脖子系上，他那特别的眼神充满"流放天使"的灵感。这眼神在那令人难以置信的澄澈中带着两面性，既是克制的、内在化的、内省的，又朝向外界。仿佛他既在场又不在场。

龌龊之徒晚餐引起轩然大波，它的另一影响就是对前一年方坦-拉图尔就开始着手的大型油画造成的重大改动。该画是为纪念1821年4月7日出生的夏尔·波德莱尔诞辰五十周年而作的。他想模仿1864年的《向德拉克洛瓦致敬》[72]，那时他在一幅大师肖像周围聚集了当时最著名的画家。这次他要召集最有威望的诗人，照方坦自己的话说"十二使徒"，围在《恶之花》的作者受人敬仰的面容周围。"名字要叫'一个生日'，由于有波德莱尔的肖像之故，它将放在大厅深处，这些先生中的一位在念他的一首诗。"[73]他委托埃德蒙·梅特尔召集最重要的模特，有维克多·雨果、泰奥菲尔·戈蒂耶、勒孔特·德·李勒、泰奥多尔·德·邦维尔，但其中大部分人说什么不肯来。结果，预计的致敬变成谦逊得多的一幅朴素的《桌子一角》[74]。《向德拉克洛瓦致敬》将最后一位浪漫派画家置于稍稍高于所有的仰慕者之上的位置，而这回，绘画构图形式则更自由，随便，少几分庄重，多几分亲切。方坦的确只好退而求其次，选择一些当代文学界的知名人物，但没有那么家喻户晓。因此他可能从魏尔伦－兰波这一对开始作画，他们坐在左侧桌边，逐渐加上帕尔纳斯派的诗人们。"魏尔伦以这幅画为借口，"玛蒂尔德抱怨道，"整天不在家，从来没在8点前回来吃晚饭。"[75]岳父让他7点即岳父母家开晚饭的时间到，他回答说方坦－拉图尔让他去在光线下做模特以获得新的效果。这次为什么不相信他呢？要知道对他来说，也许没有什么比在兰波旁边露面更重要的了，哪怕那样他和他会形成奇特的一对。显而易见，画家决定尽量强调两人相貌上的所有差别。阿蒂尔优雅地用手托着下额，在他光彩夺目的美映衬下，魏尔伦黯然失色，额头秃了一大片，样子异常僵硬，仿佛兰波的在场像墨杜萨①一般把他变成了石头，这绝非虚言。方坦的油画随着巴黎生活中发生的事件而进展。1872年3月18日，龚古尔兄弟参观他的画室。他们还是那爱讲人坏话贬低别人的老习惯，只瞄准缺陷，指出画的不完整："[……]画架上有一巨幅油画，表现的是魏尔伦、德尔维利等人的帕尔纳斯派的鼎盛，鼎盛中却有一大块空白。因为，他如实告诉我们，某人某人不想被画在他们当成拉皮条的、盗贼一样的同行旁边。一句话，一幅不无优点的画，但不够坚实，仿佛被萦绕着画家闪着红棕色光芒的脑袋的烟雾蒙住。"[76]的确，阿尔贝·梅拉由于龌龊之徒事件很气愤，又听说魏尔伦和兰波不怀好意地在他们的《屁眼十四行诗》中戏仿他对女子的荣光表达的热情洋溢的致意，更生怨恨，不肯来当模特。结果，他永远被一盆花代替，在右侧最前面。很快魏尔伦就会忘记他丑陋的脸而只记得兰波出奇的美，连泰奥多尔·德·邦维尔都被兰波打动。他显然不太记仇："这就是阿蒂尔·兰波先生（原文如此②），一个非常年轻的人，一个正当小天使

---

① 墨杜萨，又译美杜莎，希腊神话中的蛇发女怪，被其目光触及者即化为石头。
② 指原文中兰波的名字末尾字母被印错。

年龄的孩子，美丽的面孔在理不清的乱蓬蓬的怒发下现出惊异。有一天曾问我是否快到了消灭亚历山大体的时候。"[77]

魏尔伦只关心阿蒂尔，开始与朋友们疏远。这时，他没料到玛蒂尔德也开始要疏远他。她把赶走兰波作为回来的条件。保罗勃然大怒，固执己见，什么话也听不进去。为了叫他屈服，莫泰先生决定诉诸法律。他写信给他的诉讼代理人居约–西奥奈斯特律师，委托他申请分居。根据是保罗多多少少试图掐死玛蒂尔德那次开的医疗证明。魏尔伦接到传讯，指控他殴打、虐待和严重辱骂妻子。威胁立刻奏效。每当法律与他作对，魏尔伦便倒下去。这次也一样，他后悔了，给妻子写信说他让兰波走，剩下便是要告诉阿蒂尔。这可不那么简单。很容易想象争论异常激烈。为了说服他，保罗提供他一小笔钱到阿拉斯落脚，他在那儿静等尼科莱街一切风平浪静。依靠"保护人"的兰波不得不让步，违心地、满怀怨恨地去了阿拉斯。一个星期后，钱一用光，他就只能踏上回沙勒维尔的路，说他怪魏尔伦不再给他消息，不管他是轻的……他要报复。

3月15日左右，玛蒂尔德回到巴黎，而他父亲决定在南方再逗留两个月，以免成为新的争吵的借口。魏尔伦重回他在岳父母家的住所。尼科莱街又恢复了平静和欢乐。魏尔伦每天上午去见朋友，但像一个好丈夫一样回来吃晚饭，晚上保罗和玛蒂尔德一同安静地出门。在母亲帮助下，他去找工作，5月初在一家保险公司——比利时卢瓦德公司——当上了公文拟稿员。他甚至还相对少喝了点酒，每天虽和福兰喝开胃酒，但起码不再喝醉。家中平安无事，但灰堆里藏着火，诗人对妻子提出的那个怪论便是证明："我和小棕猫一起走时，我很好，因为小棕猫非常温柔；我和金黄色小猫一起走时，我很坏，因为金黄色小猫很凶狠。"[78]玛蒂尔德当时不太明白，如果她猜到保罗根本不满足于同小棕猫，还和好心的福兰喝开胃酒，依然和那只金黄色恶猫联系，在咖啡馆里偷偷给他写信，她会更担心一些。因为她和莫泰一家都没有原谅阿蒂尔对他们的损害："他们恨你，恨之入骨！……犹滴①！夏洛特！"[79]保罗不久对兰波写道。他知道兰波对他被放逐到沙勒维尔又失望又恼火，恨自己恨得要命：兰波认为魏尔伦背叛了他，由于性格软弱，向莫泰一家屈服了，宁愿要资产阶级的舒适安全，不要诗歌探索的风险。于是保罗试图哄他，恭维、谄媚、顺毛捋他（既然比作猫）。"我

---

① 犹滴，犹太女英雄，相传杀了亚述大将荷罗孚尼，救了全城，载公元前2世纪或1世纪《犹滴传》。

管你，我想要你。"他对他说，安慰他，证明没有忘了他。他先和福兰把阿蒂尔的旧衣服、雕刻和极少的一点家具搬走。他热情感谢阿蒂尔寄给他法瓦尔词曲的《被遗忘的小咏叹调》。他好心地提出支付所有邮寄费用，把错都揽到自己身上："'小男孩'接受了挨板子，'顽童的朋友'一切都归咎于自己。"[80]他要求主人保护："是的，爱我吧，保护我；相信我吧，我非常弱小，非常需要关怀。就像我再也不做那些小男孩的蠢事来讨你嫌一样，我也不再用这一切去烦我们可敬的神父。"尤其是他给他描画他们的未来，用预言似的言词谈论这一切，仿佛他一下子明白了他们的探索将是真正的"受难之路"。他试图让他耐心等待，提醒他回来的所有困难："当然，我们会再见的！何时？——再等等！衣食难弄！机会未到！"[81]他请他"始终保持联络，等着情况好转，等我的家事料理停当之后"[82]。这样的意见能让兰波怒火满腔，去他娘的魏尔伦的家庭！他的愿望是回巴黎，其他一切，玛蒂尔德、乔治、莫泰夫妇、家庭、家事，他才不在乎呢。是的，魏尔伦不是不知道，得赶快帮帮阿蒂尔，他在街上脚步匆匆以便准时赶到夫妻的饭桌上的时候，心里却在筹划着千般诡计，要弄回兰波。然后，回到家，泰然自若两面三刀地在玛蒂尔德额上温柔地吻一下。

暂时的平静对于玛蒂尔德一定为时太短，只有两个月。5月初的一天，保罗大约夜里11点回来，非常亢奋，醉得不轻。他奇怪地心血来潮，要和小乔治去他母亲家睡觉。玛蒂尔德一再说她要给乔治喂奶、他需要她；可是白搭，他蛮不讲理。玛蒂尔德只好把丈夫和娃娃送到婆婆家，第二天早上又去接回来。她要是敏感些，就会立即明白那是兰波回到巴黎的不容置疑的征兆。就在她为丈夫的良好品行高兴之时，丈夫却在积极负责筹备亲爱的"兰布"回来。终于，4月底或5月初，魏尔伦通知兰波，回来的日子就是星期六。5月4日，魏尔伦好像得到了必要的信任，立即让阿蒂尔"逮住"他，他听从他的支配，放弃自己的自由，由兰波全权指引他们的生活："往加夫罗什①[福兰] 那儿给我写信，告诉我我的义务。你认为我们该过的生活，欢乐、痛苦、虚伪、玩世不恭。如果需要，我，全是你的，就是你——都知道！"[83]激动之下，他答应要对阿蒂尔在阿登山区的两个月和他这六个月的晦气的责任人（莫泰）实施"虎狼行动""愉快的饱腹 [报复]"②。但与此同时，自相矛盾的是，已经在思忖自己是否太

---

① 名字源于雨果小说《悲惨世界》中的一个人物，指巴黎街头机灵调皮的流浪儿童。

② 此处魏尔伦模仿北方阿登山区的口音，将vengences（报复）写成vinginces（饱腹）。

过分，不想再冒犯玛蒂尔德和岳丈一家的魏尔伦嘱咐他各方面要极尽小心谨慎。通信上的慎重："[……]所有殉道者似的信寄到我母亲家，所有涉及重逢、谨慎之类的信，寄到L.福兰先生处。"[84] 衣着上的慎重："[……]尽量，起码一段时间内，外表不要像以前那么让人受不了：**内衣，鞋油，梳理，举止**。你要想实施虎狼计划，这些很必要；再说我就是洗衣妇、梳头匠……（你愿意的话）。"[85] 然而都是徒劳的劝说，兰波一回来，放荡又以各种形式变本加厉地重新开始，夜逛咖啡馆，烂醉如泥。魏尔伦把兰波安顿在王子先生街的一家旅馆，每晚一干完行政工作，就去和他碰头。魏尔伦家的气氛很快便令人彻底无法忍受了，争吵成为家常便饭。因为保罗天天凌晨两三点回来，酩酊大醉。单从他上楼梯和关门的方式看，玛蒂尔德便猜到他喝到什么程度。显而易见，他越来越恨这个侵占了兰波位置的女人，他骂她，打她。一天，他把一根火柴拿到玛蒂尔德脑袋跟前，还没等她做出制止的举动，火柴在她头发里灭了。另一次，他狠狠一拳打裂她的嘴唇，把她的手和手腕抓得道道伤痕。玛蒂尔德也许有点添油加醋，还说为了不供出造成这些伤痕的罪魁祸首，她对父母解释说她掉进了一堆煤里。但怎么能怀疑魏尔伦制造的卑劣的暴力气氛？怎能不相信玛蒂尔德完全控制不了这种局面？

就在这该死的5月的一天，魏尔伦这一次没喝酒，回到家时腕上带着两条重重割开的伤口，大腿也有三处伤。看样子他疼得厉害。他解释说练习刀剑时受了伤。在这种情况下，莫泰先生很好心，给他包扎。5月24日[86]，魏尔伦夫妇和比尔蒂夫妇应邀去雨果家，魏尔伦步履蹒跚，他向大师说是腿上长了疖子。事实却残酷得多。"我们三个人，魏尔伦、兰波和我，在死老鼠咖啡馆，"夏尔·克罗后来对玛蒂尔德讲道，"兰波对我们说：'把你们的手放到桌上，我要让你们见识一种体验。'我们以为是玩笑，就把手摊开，他从兜里抽出一把打开的刀，照魏尔伦的手腕挺深地割下去。我及时缩回了手没有受伤。魏尔伦和他那阴险的伙伴出去，大腿上又挨了两刀。"[87] 阿蒂尔就是这样惩罚魏尔伦把他流放到阿拉斯和阿登山区度过那糟糕的两个月的。从这一刻起，为了报复兰波让他遭受的伤害（伤口过了半个来月才愈合），魏尔伦自己成了有刀癖的人，随时掏出那把正是从岳父那儿窃取来的小刀，试图显示他永远缺少的权威。因此，不久之后，一个星期四，保罗和玛蒂尔德在魏尔伦夫人家吃晚饭。借着在房中走来走去之机，每当妻子从房间里出来，魏尔伦便从兜里抽出打开的刀威胁她。为了不让他觉得自己害怕，玛蒂尔德只是耸耸肩。吃完晚饭，夫妻去比尔蒂家，他们每周四招待客人，而且住在附近，巴蒂尼奥尔大街15号乙。在这短短的路途上，喝醉了的魏尔伦样子凶恶，又开始进行威胁。玛蒂尔德告诉比尔蒂夫妇设法让她坐车离开，同时把魏尔伦留在客厅。在尼科莱街，她把一切讲给了父母，他们赶紧把小乔治的摇篮搬到楼下，把女儿安顿到另一个房间。等半小时后，魏尔伦得知妻子匆匆离去，他也回到家并立即露出凶相，还抽出剑杖。但莫泰先生把它从他手中打飞，并以非常威严的语气奉劝女婿去睡觉。魏尔伦一下安静下来，走开了。这个教训对保罗还不够。他白在岳父面前不太光彩地退却，他并未因此不再随时舞刀弄剑，仿佛他是个"硬汉"。他一定是觉得自己的一切威信都被剥夺了，才沦落到用这样蹩脚的方式来树立威望的地步！他接二连三地划伤莱昂·埃尼克、威胁卡米耶·佩尔唐，最后将矛头指向可怜的阿纳托尔·法朗士。一天，别人念起《美好的歌》，这是对那从此阻挠他的新欲望的已经消逝的爱情的矫揉造作的颂歌，魏尔伦听到，不胜其烦，一杯接一杯地喝白兰地。阿纳托尔眼见事态可能恶化，宁可先走一步，悄悄溜走。但魏尔伦却不这样理解，在道边追上法朗士，紧紧抓住他，强迫他回去待到晚会结束。每当他要放慢脚步或逃走时，魏尔伦便把刀尖压在他的胸部。幸好魏尔伦经过一家酒店时忍不住要去凉快凉快，法朗士趁机脱身逃走。第二天，他发现胸部留下了红色的斑点，可见魏尔伦会毫不犹豫地将刀尖危险地压下去，迫使受害者就范[88]。

被保罗持刀威胁的第二天，玛蒂尔德得知兰波回来一段时间了。因为欧内斯特·德尔维利在儒夫卢瓦巷已经遇见他好几次，这下她全明白了。她要是知道兰波由于夏天炎热，又失望又疲惫，情绪恶劣，因此不断捉弄保罗，她会更加担心。魏尔伦把兰波从王子先生街的旅馆，搬到索邦大学附近维克多－库赞街的克吕尼旅馆，但也是枉然，一切照旧。他在1872年5月18日的《文学艺术复兴》第1期上看到在《无词浪漫曲》的标题下那些诗句，怒气更不打一处来：

　　　　这是爱的沉醉①，
　　　　这是爱的疲惫，

---

① 传记作者此句诗引文有误，将langoureuse（疲惫无力的、因爱而忧郁的）误写成amoureuse（爱恋的、充满柔情的）。但因langoureuse此处尤其暗示欢爱之后的娇软无力状态，加上诗韵之故，仍译作"爱的"。

这是和风怀抱里

树林的战栗摇曳，

这是向半醉的枝叶，

轻轻响起的合唱。

　　　　——《无词浪漫曲》

从这些诗句异常的女人味中，他认出了玛蒂尔德的影子。对阿蒂尔而言，最令人恼火的是，保罗没忘了把他从沙勒维尔寄给他的法瓦尔的《被遗忘的小咏叹调》中的两句作为题词。这首诗毕竟还保有性的相对不明确性，当他在6月29日那期上念到下面这些诗句时，他的猜疑得到了证实：

纤纤玉手亲吻的钢琴

在粉红清灰的夜隐隐闪光

此刻轻轻一声如振翅膀，

一支古老、柔弱迷人的歌

谨慎、惶恐地悠悠回荡，

是怕她香气常在的小厅堂。

　　　　——《无词浪漫曲》

好吧，既然他显而易见地对玛蒂尔德还不死心，他可要吃苦头了，他将尝尝各种滋味！阿蒂尔不怀好意地从叱责、折磨保罗中取乐，一有可能就让保罗想起自己下不了真正的决心，他是一个懦夫。在尼科莱街，不愉快的日子又开始了。醉酒、悔悟、暴力、愧疚，痛苦地周而复始，魏尔伦"一直"——玛蒂尔德写道——"是定期悔悟的人：他一生一半在作恶，一半在懊悔"[89]。恶的问题，由她对她的评价承担全部责任；但后悔的问题，我们却只能表示同意。

第九章

在比利时

太美了！太美了！别说话。

——阿蒂尔·兰波《布鲁塞尔》

"前一天我们根本没有吵架；出门前，丈夫深情地拥吻了我。/他不会回来了。"玛蒂尔德在回忆录中写道[1]。总之，这是亘古不变的故事，丈夫只是去街尽头的烟店买盒火柴，却再也没回来。但魏尔伦的失踪来得最不是时候，玛蒂尔德脆弱的身体始终让夫妻俩焦虑，现在由于他最近的越轨行为又受到严重损害，一次不如一次。6月22日，他整夜未归，她十分担心，早早赶到婆婆家。果然，头天晚上，她丈夫和兰波一起来吃晚饭并在母亲家睡觉，他刚刚又去上班了。玛蒂尔德既放了心，又很恼火，请婆婆以后没跟她打招呼就不要留宿保罗。半个月后，7月7日，她精神上、肉体上崩溃了，剧烈的头痛伴着高烧。这次魏尔伦看她受罪似乎发自内心地难过，甚至提议在去办公室（据玛蒂尔德讲）或者更有可能的是去咖啡馆（好像那是个星期天）途中绕道去医生克罗家。一天，接着是一夜过去了，始终不见医生，始终不见保罗。次日玛蒂尔德更加难受，让父亲去请大夫，并找她丈夫。无论是他母亲那里，还是比利时卢瓦德保险事务所办公室，都没有保罗的消息，而且他已经一个星期没去办公室了。这足见保罗的出走并不像看上去那么匆忙。一个星期以来，他已中止职业活动。万不得已，莫泰先生寻遍拉丁区的所有咖啡馆，又去警察分局，甚至去了陈尸所。没有，什么消息也没有，哪儿都没有，保罗真的没影儿了。克罗医生好歹稳住失魂落魄的玛蒂尔德，认为肯定是酗酒过多的结果，保罗正在朋友家恢复体力呢。接下去几天又开始寻找，还是没有结果。可怜的玛蒂尔德这段时间里担惊受怕、苦苦等待……

　　到底怎么回事？据说，就在那个星期天魏尔伦出门时，碰上了兰波，他到尼科莱街送一封绝交信。两个朋友随即走进第一家咖啡馆，商量起来。魏尔伦听到阿蒂尔疾言厉色地对他说，他再也受不了这愚蠢的生活，受不了在一对资产阶级夫妇中间像个讨厌的第三者，在那难以忍受的尼科莱街套房里扮演扫帚星。另外他也受不了在索邦广场克吕尼旅馆那间"三平方米"的小房间，他在那儿喘不过气，整宿喝水，睡不着觉。巴黎的夏天把他热死了。"我恨夏天，"他6月写信给德拉艾说，"它稍微露头儿就要把我杀了。我要渴出毛病来了，阿登省和比利时的河，那是我深深怀念的地方。"[2]因此，结束了，到此为止，他走了，永远。保罗要想跟他走，那好，跟着吧，说走就走。什么也不能让他回心转意。多少天以来，他的忍耐已到了尽头。魏尔伦不得不选择，天知道，他可不是这种人，他本是优柔寡断、含糊其辞的人。他只生活在模棱两可之中，设法永远不用做出决断。选择就是放弃，而他总想同时兼得。但这次非此即彼：要么继续夫妻和行政事务的单调安稳，要么义无反顾远走他方。要么是枯燥乏味的日常生活，要么是历险。他再一次试图拖延期限，向兰波摆出千种留在巴黎的充分理由。但他明白都无济于事，他拗不过阿蒂尔。于是，这一次，也许是他一生中唯一的一次，他做出选择。对，对，真的决定了，他和阿蒂尔走。当然并不排除几天来他的恐惧很大程度上有助于他的选择，至少欧内斯特·德拉艾是这样暗示的[3]。巴黎公社被血腥镇压后的一年多，还有些报复心切的记者惊诧地看到一些他们以为被处死或至少流放的人在大街上，依然活着而且自由自在。就是这样，活着而且自由自在，未免太过分了。清算还不够，应当继续进行。魏尔伦觉得他的名字在一篇这样的罪恶的文章中出现过，仅此便已构成尽快离开首都的充分理由。兰波好不容易让魏尔伦下决心出走，是反过来由魏尔伦选定的目的地，又近、又稳妥，甚至怯生生的，那就是阿拉斯（也许接下去是比利时，到时候再说）。因而，总之，他离开了夫妇的安全感，却更好地回归到童年回忆中的家庭的安全感中。和妻子远了，却离故乡近了。暂时，他低估了风险，尽管他不费力地给自己一种放弃一切、令人目眩的印象：

　　　　我们泰然舍弃
　　　　所有累赘在巴黎，

他嘛，若干被戏弄的傻瓜，

我呢，某位老鼠公主，

她已不仅是憨愚……

——《平行集》

至少两个人都将他们再也受不了的东西抛在身后。兰波抛下的是他以其挑衅行为愚弄过的所有假诗人，魏尔伦抛下的是他合法的配偶。1872年7月7日这天晚上10点左右，两个逃跑者在北站登上了即将发车去阿拉斯的最后一班火车，一大早便到了那里。在城里很快转了一圈后，两个朋友一边等着可能接待他们的人家或熟人起床，一边在车站餐厅吃早饭。他们空腹喝了好几杯开胃酒，便来了起哄的兴致。魏尔伦"尽管已过了二十六岁，仍然是个孩子"。他自己也承认，兰波"异常早熟严肃"，"有时甚至是阴郁"，却也会"一时兴起，冒出些有点令人毛骨悚然或非常特别的怪念头"（《狱中杂记》）。他们决定叫那些吃饭的商人和资产阶级们吃吃惊。气气资产阶级是多么痛快！他们聊起谋杀、盗窃，讲得有鼻子有眼，细节一个比一个揪心，一个比一个恐怖，好像他们与这些事有牵连似的。但这种中学生的闹剧有可能坏事，因为就在不远，他们那张长凳上，"一个家伙，几乎算得上老了，穿得很一般，一顶已不鲜艳的草帽扣在一张刮过的讨人嫌的脸上。那张面孔又傻又阴险，他轻轻连吸几口一个苏的雪茄，再喝口十生丁的大杯啤酒，咳嗽着，咯着痰"，他们的谈话一句他也没落下，那种"专注可不是愚蠢而是不怀好意"（《狱中杂记》）。这就是不光彩的眼线的画像，当然他赶紧报告了警察局，来逮住了这两个寻开心的人。两个宪兵把他们带到市政府，检察院设在那儿。兰波太会演戏，抽抽噎噎地哭起来，好让共和国的宪兵和检察官心软。魏尔伦呢，听到法官的指责，说在公共场所这样的谈话是何等令人遗憾，适逢几天前在阿拉斯刚处决了犯人。魏尔伦心头火起，决定采取十分傲慢的态度，一一拿出所有身份证明（信件、护照、钞票）后，他又加上一句说，由于生在梅斯，需要在法国和德国之间选择国籍，看到这样任意抓人，他真的开始犹豫了。法官发现这个玩笑开的时间够长了，只想甩掉两个恶作剧的人，便决定派人马上把他们送回火车站，他们必须坐上第一班去巴黎的火车。说干就干，但两个伙伴获准走之前可以吃顿早饭。宪兵队长给他们指明了"合适的地点"，然后他们同宪兵们喝了一小杯烧酒，在阿拉斯车站彼此亲热道别后激动地分手了。这一切都不太严肃，甚至很幼稚，但恰恰不应该过分夸大这次出走，从许多方面看仍然没有什么，因为很孩子气。

就这样，这对情侣回到巴黎，但他们并没在巴黎耽搁，从北站一下车，保罗和阿蒂尔就去了紧邻的斯特拉斯堡车站。第一次没走成，显然魏尔伦一下子是脱不了身的，他必须先有一次失败的尝试，才能成功地起飞。7月8日，他们坐上色当快车赶往沙勒维尔。这真是个奇怪的主意，从达隆夫①的城市经过，他们很可能被人认出来，也许还会被抓住。但他们知道在那儿可以求得援助，夏尔－奥古斯特·布列塔尼不会不管他们的，而且兰波肯定喜欢这个小小的挑战。魏尔伦当然还没完全放下胆怯，必定觉得去往一个知道的目的地很放心——阿登省，没有任何问题，因为它和阿图瓦都是他所青睐的地方。7月9日凌晨3点，保罗和阿蒂尔到了梅尔尼维尔街11号布列塔尼老爹家，这一造访让布列塔尼喜出望外。他们大概一整天都在聊天，聊得很多；在吸烟，烟是从瑟穆瓦河谷走私来的，吸了一大堆；在喝酒，喝得更多，喝阿蒂尼区的劣等红酒。等到晚上，终于决定去车站时，开往法国伸入比利时土地的最前端，跃入未知前的最后一站——吉维——的最后一班火车已经开走了。也许是兰波这个长于走路的人决心要步行连夜走那森林中的十八公里路程；也许是魏尔伦胆小得多，大叫大嚷表示反对。布列塔尼呢，从来不会束手无策，雇来了一辆有人驾驶的马车。传闻说，为了说服不太热心的赶车人在这样的时间进行这样的旅行，他把魏尔伦和兰波说成是他的两个教士朋友，由于一次重要的布道必须在最短的时间里赶到比利时[4]。这个传闻至少很符合两个诗人当时爱开玩笑的孩子口味。他们必须悄悄穿越国境，不让巡逻的海关人员发现，因为他们没有官方的证件。在皮斯芒日附近，热斯潘萨尔和叙尼之间，在那覆盖着异常茂密的森林的山岗上，他们不费吹灰之力越过国界——后来他们将为之受到责难。成功了，他们到比利时了。他们越过了防线，真正的出逃开始了。相比于阿蒂尔这个专业出逃者来说，此次经历对保罗而言更新鲜，更激动人心。两人中是幼者对长者进行启蒙，保罗但求跟随"御风而行的人"并学习，因为从青年起，兰波就喜欢在阿图瓦和阿登省挨村挨寨地闲逛。对于魏尔伦来说真是奇妙的时刻，再没有罪恶感和过失感萦绕心头。但兰波母亲由于某个匿名的恶意举报人得知，有人在

---

① 兰波对其母亲的称呼。该词原文 daromphe 是对 daronne（娘）一词做的游戏式改写。

车站附近看见她儿子由布列塔尼和一个陌生人陪着。她去找布列塔尼，问个究竟（如果现在她儿子经过沙勒维尔连看都没来看她，他去哪儿了？），然后去警察局，请求尽快寻找。魏尔伦得知这一消息有多么不安，兰波便有多么兴奋。其实当兰波穿过瑟穆瓦河谷边上的针叶树密林时，这样的告发加上追踪的开始，只会平添他美妙的自由感。两人都像风一样轻，没有不能做的事，没有必须做的事，不用向谁汇报。大自然中，没有人监视他们，在太阳升起时沙沙作响的森林阴暗的树丛中间，公众说三道四的嘈杂声终于沉寂了：

> 我们上路——你可还铭记，
> 旅行者，何处已消逝？——
> 细风中一路轻盈飞扬，
> 两个快乐幽灵，活像！
> ——《平行集》

就这样走着，这样愉快地流浪。他们终于到了一个车站，那也许是魏尔伦在那头三节诗中赞美的瓦勒库尔。他一度试图停止旅行，住下来，享受深居简出的微薄幸福。因为对于这个永远的小资产阶级来说，旅行只是重新定居的前奏；而对于阿蒂尔，旅行本身便有意义。幸好兰波很快就叫他服从了指挥，从而能继续激动下去！

> 砖瓦小屋，
> 迷人温馨
> 遮风挡雨
> 给相恋情人！

> 忽布与葡萄园
> 绿叶鲜花
> 天造的帐篷
> 给痛饮之人！

明亮跳舞咖啡馆

啤酒，人声

亲爱侍女

迎四方烟客！

车站在前，

大路欢畅……

多好的运气

犹太流浪好儿郎！

　　　　　——《无词浪漫曲》

　　他们就像是弗朗德勒的以撒·拉克代姆①（在给埃米尔·布莱蒙的一封信中，描写布鲁塞尔的《简单的宏伟画幅》的第一首前面，原有这样的按语：布拉班特省布鲁塞尔城附近。《以撒·拉克代姆的哀诉》），唯一的命运就是走遍世界的四面八方。他们乘火车经过了沙勒罗瓦地区瓦洛尼阴郁的工业景观。

　　走了这么多路，魏尔伦这个骨子里那样不爱出门的人自己都吃惊了，仿佛一个孩童发现了一件新玩具。他不无天真地——比利时毕竟不是世界的尽头！——告诉勒佩勒捷："我疯狂'女（旅）行'。通过我母亲给我写信，她几乎不清楚'我那些'地址，我'女行'了那么多地方！明确命令和行程。来诗来信至莱克吕斯街26号。——会收到的——我的母亲对我所到车站有个大概估计……喂！喂！——先生们，上车了！"[5]终于，他们到了比利时首都，也许是在魏尔伦要求下的，他们安顿在进步街1号列日大旅店。1867年他去见维克多·雨果时就和母亲住在那儿。须知他回到熟悉和去过的地方，尤其是和母亲一起，他觉得放心，而且永远是这样。即使是在逃跑，魏尔伦也不错过一点点机会，重新回到习惯中来。

　　我们很想知道在布鲁塞尔最初的日子里的一切，那时"不祥的旅行的狂热"（《狱中杂记》）还没有熄灭，魏尔伦还没有受到疑虑的动摇和悔恨的煎熬。先是一连

---

① 《以撒·拉克代姆》是大仲马未完成的作品，是根据传说犹太流浪者的故事创作的。这个犹太流浪者，在耶稣受难途中不肯表示同情，因而被判永远在世上流浪。

几天寻欢作乐，疯狂逛酒吧，让人难以置信地没完没了地大吃大喝，痛饮所有想象得出的酒浆，"从法国上等葡萄酒/直到这种法罗啤酒，直到最浓的黑啤酒"。布鲁塞尔是最好客的一座城市，在大广场及其漂亮的巴洛克式行会作坊周围，有数不胜数的咖啡馆、各种档次的小酒店、油炸食物摊铺、啤酒馆。暂时是不缺钱的，因为走之前，保罗不得不设法从母亲那里骗来一大笔钱，所以想干什么都行。可以想象在所有酒馆、小狐狸咖啡店和别处没完没了的探讨：重整世界和诗歌，重整世界靠的是诗歌行动。还有那些无休无止的闲步，让他们千百次来回走过宽广的摄政王大道。它是滑铁卢大街的延伸，绕过皇家音乐学院和皇家艺术学院、学院广场、布鲁塞尔公园。这条摄政王大道让兰波那样着迷："——大街没有车流，没有买卖，/默默无言，各种悲剧喜剧，/全汇聚在这里上演，/我认识你，静静把你赏观。"[6] 别的时候，他们会一直散步到圣吉尔市集场，在那儿观看旋转木马：

木马木马转呀转，

转上百圈，转上千圈，

转得经常，转到永远，

吹管声中转呀转。

——《无词浪漫曲》

有时他们也出发远行，坐上火车直到马利恩，直到列日，就是想享受享受铁路的运动：

车厢默默在飞奔，

越过静谧的山川。

睡吧奶牛！休息吧！

平川上公牛也和善，

天空虹霞刚出现！

列车无声在滑行，

车厢就是一客厅，

人在低语人在恋，

从容欣赏这自然，

皆遂费讷隆心愿。

———《无词浪漫曲》

还有，因为关于他们，人们总是忘记提起主要的东西，直截了当地说吧：他们相爱。这次旅行就是度蜜月，应该不带丝毫嘲讽地指出这一点。没有无性欲的蜜月旅行，他们的性欲没有止境，充满狂欢：

得到满足的激情

傲然超越任何极限

在我们头脑中注入欢乐

还有我们充分放心的感官

一切，青春，友谊

我们的心，啊，多么轻松

摆脱令人怜悯的女人

和低劣无谓的偏见，

把对欢饮的恐惧

和顾忌留给隐修士，

既已越过界石

彭萨尔[1]也不再要限制。

———《平行集》

---

[1] 彭萨尔（1814—1867），法国诗剧作家，法兰西学士院院士。他反对浪漫主义，试图在其悲剧中恢复古典主义法则。

尽管有这么多高兴的事，大约出走半月后，魏尔伦还是感到非得给玛蒂尔德写信不可。开始的那种美妙和激动情绪已经减退，两个星期足以让他犯罪感复活。历险的陶醉很有可能变成过失的灰暗。他的第一封信至少让人捉摸不透。"可怜的码蒂尔德，别忧伤，别哭泣；我做了个噩梦，我总有一天会回来的。"但魏尔伦既没说明出走的理由，也没指出归期。那是否只不过是纯粹的虚情假意？他和一个在编织完美的爱情，却又向另一个去诉苦！其实，他只有处在一种无法克服的情绪矛盾中才真正是他自己，魏尔伦在感情和性方面都是脚踩两只船。这封照玛蒂尔德所说"既深情又自相矛盾"的信至少让妻子放了心。保罗还活着，这是最主要的。她赶紧去把这个好消息告诉魏尔伦夫人，而她也刚刚收到儿子的一封信。但据她姐姐罗丝·德埃说，魏尔伦夫人念着信"突然感到异常绝望，用手指去抓脸"[7]。玛蒂尔德开始感到吃惊，继而知道了魏尔伦有意在信中隐去未提的事——他和兰波在布鲁塞尔——她就如从高处一脚蹬空。几天后，玛蒂尔德收到丈夫的第二封信，告诉她在布鲁塞尔他"和几个逃亡的公社社员有了联系，［想］写本关于公社和凡尔赛军暴行的书。他［还说］，由于需要在比利时待段时间，他［请她］把他的衣服和放在他书桌**没有锁**的抽屉里的好些文章寄给他"[8]。这是个奇怪的证明：魏尔伦必须去布鲁塞尔搜集关于巴黎公社社员的资料，这完全可以理解；可自从镇压以来惶恐不安的他现在要专为起义者著书，公开表明自己与其中最著名的暴乱分子经常来往，这样使自己受到牵连，至少很出人意料。反正玛蒂尔德想整理整理丈夫的文章字纸，为了给他寄去索要的材料，检查阅读起这些东西。她看到《美好的歌》的手稿；瓦克里、勒孔特·德·李勒、泰奥多尔·德·邦维尔和维克多·雨果祝贺魏尔伦这本小册子的不同来信；接着是兰波的几首发表了的诗：《捉虱女人》《元音十四行诗》[9]。至此没什么大事。但最后她终于发现了她在南方期间丈夫和兰波间的通信，是否应当认为她撬开了锁呢？魏尔伦坚持这样说过好几次，对勒佩勒捷和布莱蒙谈到他不在时"抽屉被反复砸开的裂口"[10]和"被撬的抽屉"[11]。不管怎样，有可能她在莫泰先生劝说下这么做了，他正寻找可以严重危及这个他从来不能容忍的女婿名誉的材料。再说，从魏尔伦这方面来说，他让玛蒂尔德探看他的私人文书，难道就一点没有责任吗？她大失所望，大惊失色。首先她发觉保罗说着两套话。她以彻底赶走兰波作为回来的条件，保罗遵令，写信给玛蒂尔德说他的朋友已离开巴黎再不回来了；可同时给兰波写信说，耐心等几天，他是违心地让他走的，[玛蒂尔德]一回来，他就让他回来[12]。兰波没有掩饰他强烈的不满，自己为一个"任性之举"而被牺牲了！如此说来，她丈夫赞同合法妻子反对一个外人纯属任性之举！接着，读着这些信，她终于明白保罗和阿蒂尔的关系的真正性质。真是可怕的发现，因为在她对忠贞的要求上和她的性别上，她受到双重的欺骗。但这还没完，在那些粗俗不堪的信中，兰波这样极端放肆地答复劝他找份工作的魏尔伦："工作和我的差距比我的指甲和眼珠的差距还大，算我他妈的倒霉！"[13]另一处，他辛辣地抱怨在莫泰一家中受到的接待："等你们看到我确实吃他妈狗屎时，你们才不再觉得我费钱费得要死。"[14]真是骇人听闻，在这封信里"康布罗恩①的那个字眼重复了八次"[15]。

在布鲁塞尔，那对情侣的生活开始步入正轨。当然，他们主要是与巴黎公社的暴动分子们往来，兰波是出于信仰，魏尔伦是寻求刺激，同时又不冒多大风险。须知头号逃亡分子在布鲁塞尔避难，这里只提一下让-巴蒂斯特·克莱芒，即《樱桃时节》的作者；利奥波德·德利勒；加斯蒂诺；阿蒂尔·朗克，此人1853年已被判过一年徒刑，后因参与了针对皇帝的跑马场阴谋而被放逐到朗贝萨；还有弗朗西斯·儒尔德，公社的财政部代表，他和五个同伴从努美阿逃跑。这些逃亡者中，他们特别经常来往的是乔治·卡瓦利耶，绰号"木烟袋"。乔治，卡瓦利耶1863年从综合工科学校毕业，成绩很差，接着进了矿务学校，作为民营企业工程师毕业[16]。从此他一边从事工程师的职业活动，一边参与拉丁区不满现状、生活放荡的人的活动。但为何叫"木烟袋"？是朱尔·瓦莱斯在伏尔泰咖啡馆遇见这位"丑陋的唐·吉诃德"后幽默地给他取了这个绰号，当事人自己接受了："这是一副聪明相，但生得很滑稽，全是鱼骨形，歪歪斜斜，弯弯钩钩，硌硌棱棱，仿佛是阿尔卑斯牧羊人的手捏出来的。/机智照亮了这张特别但并不丑的脸。他的话语有声有色地表达出激烈的思想。此公很讨人喜欢，我问了他的姓名，并没当回事。/这张用柴刀削的钩式把手形的脸，下面又高又干瘪的身体，像根竹竿，线条的不连贯，信仰的没商量。这一切让我想起那些市集上卖的十三个苏的用根茎做的烟袋：不满者的烟袋，不是圆形的，又细、又干、又硬的管儿，从来也不折，还冒烟。"[17]即便1865年12月5日星期二，在法兰西剧院，魏尔

---

① 康布罗恩（1770—1842），法国将军。在滑铁卢指挥旧部，表现英勇。据说那句脏话是他最先说的，但他始终矢口否认。

伦热烈支持的《昂利埃特·马雷沙尔》的首演上，这位木烟袋带头起哄，两人相遇时这一切肯定都被遗忘了，因为从那时起历史形势严重恶化。在咖啡馆、啤酒店和公共集会上当过演说家（为此多次因触犯公共集会法而被判刑）以后，木烟袋被公社任命为首都道路和公共散步场所总工程师，他可能把巴黎下水道平面图交给巴黎公社战士。为此他至少被设在凡尔赛的第三军事法庭判处流放到设防的壁垒中，他开始是被监禁在布瓦亚堡，接着由于政界上的交情，他于1872年1月11日被转移到比利时边界。在布鲁塞尔，他白天教数学，晚上在安特卫普剧院做舞台监督以维持生计。和其他流放者一道，他在昂斯帕施大街成立了一个俱乐部，发行一份报纸，刊名再鲜明不过：《炮弹》。很难相信魏尔伦能在这个逃亡分子圈中真的很自在，他可以无愧地承认巴黎公社期间他在市政府的职务，可他如何向人家讲述在起义最后几天里他的生活？那时，他惊恐万状，躲在家里不露面。相反，兰波的一些诗，如《让娜－玛丽的手》和《巴黎的狂欢》，确凿无疑地显露出他无政府主义的愿望，他在公社成员中间一定是如鱼得水。

这期间，在巴黎，玛蒂尔德决定坚决反击，做出最后的努力，将魏尔伦从他不道德的交往中拉出来。依她看（当然她在写回忆录时已经知道结局）这种关系只能引他做出疯狂的举动，导致他的毁灭。说来说去，真正的罪魁祸首不是他亲爱的保罗，他那样软弱，那样柔顺，而是这个无耻的兰波，为了报复他被迫在阿拉斯暂住而把他从她身边抢走。她想了很久，怎么给保罗写信，还不让那个人看到这封信。是婆婆告诉她一个办法，说保罗在一封信中要求给他写信总要分成两部分，一部分可以给兰波看，一部分关于他"可怜的家庭"。这种将信件分两份的奇特方式，可以一封信满足两个通信者，这又是魏尔伦情绪矛盾的显示。玛蒂尔德于是用这种策略给他写信，说她第二天、7月21日到列日旅馆。"一个纯粹的忠诚之举"[18]，她后来这样评价这次"主要出于责任而非感情"[19]的旅行。但在当前情况下，她已忠诚过头，此举就不可能不掺杂别的念头：她之所以让诗人一直欣赏的母亲陪同，是因为她已打定主意志在必得，重新征服他的保罗。此举既出于真正的感情，也是为已婚女人的脸面。不可能将各种动机都考虑到，因为一切总是搅在一起。她就这样踏上去布鲁塞尔的路：途中她思索着怎么叫回丈夫，怎样引诱他。她要是什么吸引人的计划都提不出来，他会宁愿待在布鲁塞尔，这是肯定的。她想出一个主意：为何不去新喀里多尼亚？既然他寻找关于公社社员的第一手材料，在那儿他会得到的。他可以在那儿自由自在地会见许多流亡者，其中有路易丝·米歇尔、亨利·罗什福尔、阿方斯·安贝尔，即洛尔·勒佩勒捷的丈夫，还有其他很多人，他可以随心所欲地与他们交谈。他们还会把乔治留在外公外婆或祖母家，他因而更加自由，带一个九个月的婴儿进行这样的游历毕竟不可思议。在新喀里多尼亚岛待上两年：这样就有充裕的时间忘掉那个该死的兰波，恢复健康。这显然是个天真得出奇的提议，原因有好几条：首先是相信了魏尔伦不过作为借口的东西；其次是把她亲爱的诗人当成一个大探险家；最后根本没有意识到这样一次远征的种种困难，而把它想象成一次愉快的远足。不过这样的提议足以证明，玛蒂尔德已决定什么都可以接受。清晨5点，莫泰母女抵达布鲁塞尔列日旅馆，在那儿得知那两个朋友已不住那儿了。也许他们认为最好让暴风雨自己过去，至少保罗想着留了个口信通知玛蒂尔德他8点来。他如约来到，在经过一宿艰苦旅行正在休息的妻子房中见到她；而玛蒂尔德经过这一番担惊受怕，重新见到他激动万分，又笑又哭，蜷在他怀里。重逢也许比这还要温柔，还要亲密，就像在《夜鸟》中暗示的那样：

> 您犹在眼前。我半推开门。
> 您躲在床上好像很疲惫。
> 啊轻盈之躯插上爱的双翼，
> 您赤身跃起，喜泪横流。
>
> 怎样的吻啊，怎样的拥抱！
> 连我也透过泪眼在欢笑。
> 这些瞬间自是所有瞬间中
> 我最悲伤的瞬间也最美好。
>
> ——《无词浪漫曲》

读了这首充满怀旧激情的诗，有着耻心的玛蒂尔德只是对"赤身"一词提出异议，明确说她"躺在床上穿着［她那件］'黄白两色大花'连衣裙"[20]。这就是并不否认其余……她对他讲她全部的忧伤，她哭着，恳求他同她回巴黎。然而保罗开始不肯。不，他不会离开兰波。"我不想在这儿讲，"玛蒂尔德后来写道，"他怎么回答我的，[……]直到很久以后我才明白他的话的意思。"[21]分居申请的第十小条将证实这一点："申请人将忠贞与忘我做到极限，亲自同母亲于7月21日赶赴布鲁塞尔[……]；在那里，他丈夫亲口做出最无耻的招供，而这位少妇没有完全明白，误解了他的意思。"该说什么呢？尽管有尼科莱街发现的通信那样令人难以忍受的昭示，她无疑仍然对魏尔伦抱着幻想，无视他的同性恋欲望。有了他们之间刚刚发生的一切，怎么能相信对于她仍是不可思议的事情呢？更何况魏尔伦比任何时候都更加深情。玛蒂尔德的温存毕竟那样诱人、那样煽情，一定打动了他、诱惑着他。他会记起这一切的，在《夜鸟》中我们已经看到了，这种情况下，这首诗比起稍后他从伦敦向勒佩勒捷所作的那个激烈而报复心切的说法可信得多。那是在得知玛蒂尔德正式要求分居以后："啊，是怎样的大亮相，皮脂性的愚蠢，诡计中的天真，自命不凡中的无知！我改天会给你讲讲我和妻子在布鲁塞尔的会面，愚蠢和虚假的结合从未达到这种程度。我从来也不准备作心理分析，立下什么规则。但对此，既然给我这个机会，我正为诉讼代理人准备的诉状将成为一部小说的原型[……]。"[22]眼下，他觉得他的玛蒂尔德非常非常温柔。这个陷阱美妙无比，而且同时他受到诱惑，似乎对新喀里多尼亚岛之行的计划动了心，而其实却完全无动于衷。他们约好下午4点在布鲁塞尔公园碰头，乘坐5点去巴黎的火车。一言为定，保证做到。他和她走。

显然，玛蒂尔德认为已经胜券在握，她相信她的保罗，甚至让母亲放心。可当两位妇人如约又见到魏尔伦时，他不只是有点醉，而是完全醉了。这之前，他当然又见了兰波，并滥饮了一痛。这是不难想象发生的事情：保罗至少是很尴尬地告诉阿蒂尔，他要返回巴黎了，和玛蒂尔德一起。阿蒂尔恼羞成怒，又是冷笑，又是恶言恶语，因为他同时失去了情人和逃脱沙勒维尔地狱的经济来源。一切都能想象得出，保罗这个"可怜的兄长"要和老婆重修旧好，重新捡起办公室的苦役。保罗呢，没精打采，可怜巴巴，找出种种理由：婚姻的合法性，对儿子的依恋，必须处理的在巴黎的事物。每个新的借口在兰波眼里只是在加重保罗的罪责，兰波可不依不饶，他要击垮保罗。双方针锋相对，互相辱骂、威胁。兰波不想让他和玛蒂尔德走，是因为他再也不会资助他了。魏尔伦要和她一起走，他就坐同一趟车一直到巴黎。他寸步也不离开他们。每个人提出一个新理由，都有一小杯烧酒支持。等晕头转向、不知所措的魏尔伦在黄昏时分重见玛蒂尔德时，他的看法已完全改观。现在，在少妇的妩媚与诱惑力中令人担忧地显露出妻子（一个责任与禁令的可怕总和）来：

> 您犹在眼前！穿着连衣裙
> 黄白两色，还有大花盛开，
> 但含泪的欢悦已不在，
> 刚刚它还那样动人心田。
>
> 小媳妇和大女儿，
> 这身打扮下又出现。
> 这已是我们的命运，
> 透过您的面纱把我观看。
>
> ——《无词浪漫曲》

是玛蒂尔德讲了后来的事："和以往类似情形下一样，他显得闷闷不乐，情绪恶劣，不过他还是和我们上了火车。一坐进车厢，他就拿出刚买的一只鸡，没有刀叉，他就使劲用牙咬，用手撕。我们的邻座，两个文雅的青年嘲笑我们这个奇怪的旅伴。幸好，他几乎立即睡着了，一直睡到边境。在那儿，所有人都下了车；但海关检查之后，魏尔伦不见了，我们怎么也找不到他。火车就要开了，我们只好决定不等他，上车了。就在车门关闭时，我们终于看到他在站台上。

"——快上来！母亲冲他喊道。

"——不，我不走了！他应道，同时一拳把帽子压得很低。"

"我再也没见过他！"[23] 何必不相信玛蒂尔德呢？这个故事简直像闹剧一样，对于她来说太伤人了，不可能是编造的。没有什么比以这种方式被背信弃义地甩了更侮辱人的了。更糟糕的是在站台上，在不能再下来的火车上！尤其不幸的是，玛蒂尔德大概不知道她受到何种程度的愚弄。兰波可能就在同一趟火车上，和魏尔伦商量好，策划了他的逃跑[24]。保罗之所以那样津津有味地吃他的鸡，是因为他已品尝到即将取得的胜利的滋味，两个串通好的伙伴决定陪着两位女人，以便让她们离布鲁塞尔远远的，甩掉她们。魏尔伦在边境失踪时，他是去和阿蒂尔会合，向他证实计划成功了。也可能，因为不应该总是朝最坏的方面想，兰波自作主张和莫泰母女坐同一趟火车，在边境那一站，基耶夫兰，向魏尔伦做了最后也是决定性的要挟。当天，出于纯粹的报复心理，魏尔伦从边境给玛蒂尔德寄了一封无耻透顶的信："卑鄙的胡萝卜仙女，老鼠公主，两个指头和一个便盆等着的臭虫，您什么都让我干了，您可能伤透我朋友的心。我去找兰波了，如果在您让我做出这样的背叛后他还要我的话。"[25]他无疑是在激动亢奋中写了这封短信，完全没有意识到自己做了什么。须知这些无耻谩骂将和他其他的信件、兰波的通信一起交给莫泰家的诉讼代理居约-西奥奈斯特。这回，玛蒂尔德回到巴黎又病倒了，剧烈的头痛，发烧四十八小时，她再也不能原谅了。身体上的分居之后，法院认证的分居开始启动……

其实，魏尔伦受到的震动不比玛蒂尔德小。同往常一样，做出那个举动一两个星期后，悔恨又开始扎下根，苦苦折磨着他。同往常一样，他只好向母亲求援。她来了，安慰他，哄他。但就是这种援助也还不够。他觉得自己受到窥探、监视，几乎是围捕。什么都令他不安，因为他可能隐隐地害怕莫泰家策划的卑鄙的侦破阴谋，可既无证据，又没有丝毫迹象。其实，他还不知道，比利时警方的外国人办公室在关注这对奇怪的情人，并通过留局自取信件办公室主任，寻找阿蒂尔·兰波和保罗·魏尔伦先生的地址。魏尔伦要是得知威胁根本不是来自莫泰家，而是决定重新找到她那捣蛋儿子的兰波夫人，可能会深感意外。

我荣幸地寄给您兰波先生[26]的信，他要求寻找儿子阿蒂尔，他和一个 [删掉："青年男子"] 叫保罗·魏尔伦的人一起离开父亲家。

搜集的情况表明 [删掉："那个年轻的"] 魏尔伦住在圣若斯昂诺德的布拉班特街列日省旅馆。至于兰波先生，他的消息至今未通报到我部门 [删掉这句："兰波住处尚未发现，不过可以猜想他和他的朋友住在一起"]。[27]

魏尔伦甚至陷入略带谵妄性的焦虑危机中（这是被害妄想症的初起阶段），这可以从他稍后在给勒佩勒捷的信中对这些艰难时刻的记述看出来：

我母亲告诉过你那封开头写着"我亲爱的妈妈"署名为"安娜"（那是我在红衣主教街的女仆的名字）的十分荒唐的信吗？该信标注的地址是列日，寄往布鲁塞尔，我母亲返回巴黎三天后，也是在留局自取处出现了一个留下红红的天花痕迹的"胖夫人"，她留下的信一天后寄到我的旅馆。该夫人身材矮小，穿一条连衣裙，颜色是此时莫［泰］大妈习惯穿的裙子的颜色，她询问我的地址，我立即给了邮局职员。她是否还告诉你几天前一位**先生**也进行了同样的活动？尽管给了地址，却没有人到我的住处来，况且这些住处我的岳父母**向来**都是知道的——我说的那封信根本不可理解，除了已经很说明问题的"安娜"的名字，**埃玛**和**夏尔**的名字，也一笔一画地写在上面。还有我妻子和岳母知道的那句德语表达法：**和……睡觉**。笔迹显然是改过的，而且**清楚**得有失**自然**。最后一些**特别的**拼写错误让我毫不怀疑这场无耻的故弄玄虚——随便什么——的来历。[28]

　　当人开始觉得被奇怪的陌生人跟踪并对之无中生有妄加解释时（我从前的女佣的名字、我的朋友西夫里夫妇的名字、莫泰夫人连衣裙的颜色、我妻子和岳母的语言习惯），人的精神即便未受损害，至少也受到威胁。魏尔伦应该清楚意识到这一点。显然，玛蒂尔德这一来，败了诗人在布鲁塞尔的兴，只有另奔他方。再说换换空气对兰波这个永远的流浪者来说可没什么不高兴的。他对布鲁塞尔已经厌烦了，看到的总是同样的面孔，同样的老公社社员。他们又失望又念旧，总是没完没了唠叨过去的事。

第十章

在英国

我和兰波的情况也很奇怪——而且**依照法律**来看也一样。在这本即将写成的书中我也将分析**我们**——最后笑的人笑得最好！

——保罗·魏尔伦（1872年11月10日致埃德蒙·勒佩勒捷的信）

目标英国，越快越好。不难想象，一旦决定了，他们是如何匆匆离开布鲁塞尔的。说走就走，火速出发……快，快，从布鲁塞尔到奥斯坦德的火车……一出车厢，他们便望见港口、大海，听见了涛声和海鸥刺耳的啼叫。两个人都是第一次见到大海，这种体验对于兰波来说更加动人心弦，因为这一回创作先于生活。他不是在《醉舟》里已经宣布什么才是"诗/大海，浸满了星星，有如乳汁，/我饱餐青光翠色"？9月7日星期六，兰波（用《英国随笔：作为法国大师的我》[1]中对他的惊人的英语称呼就是"伟大的少年诗人"）和魏尔伦登上多佛尔的轮渡。七八个小时的渡海，比通常时间长，而且天气比较恶劣。但两位旅客，尽管是初次渡海，总的说来却显示了良好的水手素质，而其他乘客不幸大都有晕船表现。不过这恶劣的天气倒加深了初次经历的印象，平添几分壮观。仅仅是越过比利时边界已经无异于美妙的解放，渡过暴风雨中的大海又当作何评说？半夜他们到了多佛尔，在那儿睡觉，接着是难忘的日出照亮高高的白色悬崖，他们在崖顶漫步。不幸的他们是在一个星期天到达的英国，无人不知，英国的星期天——特别是在维多利亚时代——能把最欢快的情绪变得阴郁消沉。他们想吃饭时，发现所有饭馆都不营业，好不容易在一个做职业翻译的法国人帮助下，借着他们是**诚心诚意**①的法国游客的理由，才总算得到一点茶和几个鸡蛋。后来，魏尔伦不断提起这扼杀一切生命的该死的英国星期天。他永远也耐不住这些漫长的星期天的无聊，从下午1点到3点，从晚上6点到11点，只有屈指可数的几家公共娱乐场所和餐厅开那么一条缝，而其他活动全部停止，连擦皮鞋的也休息了，所有部门都死气沉沉。"当然没有任何戏剧演出。到处是露天布道和唱赞美诗的，直至法国的（因而令人反感的）莱斯特广场。"[2]没有什么比这一切教士的活动（皈依还没把他弄得神魂颠倒）更令魏尔伦恼火的了，这些活动竟然迫使摄政王大街一个着色摄影师撤掉"一幅用逼真到令人产生错觉的手法画的女人肖像，它在一个掀起的窗帘下面，似乎在邀请路人进来。星期天，窗帘放下，精巧的画像消失了，她星期天不应工作。显然，以上述……上帝的名义，她不让人产生错觉，是吧"[3]。

吃过这不只是简化的第一顿早餐，魏尔伦和兰波立即登上去伦敦的火车。他们在苏活区租了一个临时住所，这个位于牛津街南北小街纵横的别致街区，自从法国新教徒被抛弃流放以来，便成了流亡在外和放荡不羁的文人、艺术家钟爱的街区。他们先开始逛英国国都，这座城市令他们吃惊。魏尔伦完全惊呆了，甚至可以说震惊，他给朋友勒佩勒捷的一封封长信写成了这持久的惊讶的专栏。至少可以这样说，第一印象不佳："和臭虫一样平庸，还是黑的，伦敦！黑乎乎的小房子，要不就是'哥特式'和'威尼斯式'的大楼。"[4]更严重的是，咖啡馆达不到要求。对于魏尔伦来说，酒馆要是不好，什么都不好了："四五家咖啡馆还过得去（巴蒂尔还不免要嘲笑），其余全是不喝酒的餐厅和精神（烈酒）②被小心排斥在外的咖啡屋。我向一个'女服务员'提出这个狡猾的问题：'一杯苦艾酒，您愿意的话，小姐！'③时，她答道：'我们没有烈酒。'④［……］我刚跟你讲的还是拿得出手的咖啡馆。我还从没见过这么寒酸、这么不协调的：手指肮脏的愚蠢侍者，镀金成片剥落，*绘画连让•德•雷东和迪柯奈看了也都要脸红*。"[5]一封接一封，魏尔伦没完没了地反复唠叨他对咖啡馆的失望。也许除了采沙场咖啡馆和普罗旺斯咖啡馆，在伦敦就不可能在最好的条件下喝酒，在

---

① 原文为拉丁文。

② 原文为英文。

③ 原文为英文。

④ 楷体部分为魏尔伦将服务员的话译成的法文，法文中，esprit兼有精神和酒精之意。

宜人好客的环境里沉醉："[……] 干净的咖啡馆，休想，休想！必须甘心于肮脏的下等咖啡馆，所谓**法国咖啡屋**，要不就是莱斯特广场的旅行推销员夜总会。"[6] 魏尔伦甚至详细地对伦敦的啤酒店进行了抨击："严格意义的英国酒店值得描述一番：**外面优雅，里面却沾满油污**。门脸是木质的、上了清漆的桃花心木颜色，有巨大的铜饰。一人高的玻璃门窗用的是毛玻璃，饰有花鸟等……图案，那是光滑透明的，像迪瓦尔的店一样。您从一扇厚得吓人的门进去，由于门上有条了不起的橡皮带，门总是半开着——那扇门常常先划破您的帽子，再撞伤您的屁股。里面小极了：一个桃花心木柜台，上面是金属台面。沿着柜台，衣冠楚楚的人，面目可憎的穷光蛋，一身白的脚夫，和我们国家一样虚胖也一样粗野的马车夫，或站、或高踞于又高又窄的凳子上，喝酒、抽烟，带着鼻音讲话。柜台后面或者是男侍者，只穿衬衫，袖子卷起；或者是年轻女人，一般都很漂亮，披头散发，穿着考究俗气。人们用手、手杖或雨伞轻薄地抚弄她们，伴以粗野的大笑和显然的粗话，不过根本吓唬不了她们。"[7] 即使在酒的问题上，魏尔伦也决定对英国既毫不留情又不公正，证据便是他不笑话自己，竟敢责备起英国首都醉鬼的比率了："这么多醉鬼！"[8] 一天，他甚至抱怨，在莱斯特广场，他看到一个酩酊大醉的英国人夺过一个在咖啡馆前演奏的德国音乐家的乐谱架，猛打音乐家的头，周围众人却无动于衷。在英国，魏尔伦首先是一个在马路上看热闹、大惊小怪的人。他反复地絮叨伦敦如何不像巴黎，什么都令他惊奇，简直难以置信。那里有数不清的擦鞋的："一大群红脸男孩从晚到早为赚一便士'给您擦皮靴'。当他们用那糖浆状的混合物得到这种光泽"拉贝尔托迪耶以为自己独知其中奥秘"，他们便舔一下——确确实实——您的鞋，然后更卖力地重新开始，一手软刷，一手硬刷……靴子亮了，见鬼！这里是破衣烂衫的天下，根本想象不出这样褴褛的衣衫——比如说，多亏那讨厌的数不胜数的红脸小擦鞋匠，没有一个肮脏的乞丐的鞋，包括鞋底和脚趾，不被擦得像已故的居鲁士本人一样。"[9] 黑人比比皆是。"黑人仿佛下雪一样，在有歌舞杂要演出的咖啡馆，在大街上，遍地都是！而且是出色的活宝，习惯挨人踹，像好几个（阿纳托尔·）法朗士加一块儿。另外，美国进口。"[10] 旧城连同那"相当狭窄、黑暗的街道上闻所未闻的活动。街两侧是漂亮的房子：事务所、银行、货栈，等等"[11]。还有奇妙的码头，那是迦太基和提尔的结合。他也对伦敦塔的地下通道赞叹不已，这个"管道浸入泰晤士河下五十米，有一百多级台阶通到下面。那是个不折不扣的生铁管，有一人高的煤气灯，地面宽半米。这里臭烘烘，热乎乎，像吊桥一样颤悠，还有周围哗哗不息的水声。一句话，我非常高兴见到这个。"[12]

但魏尔伦主要还是没完没了地列举英国首都数不尽的麻烦事，不停地加以批评指责。饮料难喝，"咖啡太次，六个便士，还不含白兰地"[13]。啤酒是温吞的。鱼更糟，"[……]鳗鱼、鲭鱼、牙鳕……全和章鱼一样，软绵绵、黏糊糊、滑溜溜。一份炸鳗鱼会给你上半个大柠檬，像鸭心一样"[14]。魏尔伦虽然似乎很不情愿地承认肉类、蔬菜和水果很好，却忍不住补充说它们被"吹过头"了。对那糟透了的**牛尾汤**①又有什么意见呢？"呸，真恶心！简直是男人的臭袜子，上面漂着烂阴蒂！还有按杯卖的**纯**咖啡，是炒菊苣和肯定出自莫泰老爹的奶头的奶的混合物，呸，真恶心！还有杜松子酒，只能是从秃鹫的c……②里提取的茴香酒。"[15]"污秽不堪的烟草，贵得难以问津的雪茄。"[16]连英国火柴都说什么也不听使唤："哎，我的朋友！这儿的火柴呀！啪的一声像放屁，从来都划不着，你明白吗？从来。要从法国进口火柴——尽管运费贵些——肯定发财。而且给可怜的烟民们帮多大忙啊！我在考虑这事。"[17]剧院差极了，里面升起难闻的臭脚丫子味："[……]已故高尚的米瑟德时代的演员，畜牲的尖叫，女演员瘦得可怜——在公共舞台上，没有一点关照——剧院里只有嘈杂——在《胡萝卜国王》的芭蕾舞中间插进一组女人演的滑稽小丑的四对舞……哎呀呀，别提那些女人了！"[18]然而魏尔伦还是常常去看演出，尤其观看了在王妃剧院演出的《麦克白》、在喜歌剧院演出的埃尔韦的一出谐歌剧《烂眼睛》、在阿尔汉布拉演出的奥芬巴赫的《胡萝卜国王》。至于伦敦的女人和爱，只有妓女的放荡引起他们一点兴致。"女人问题：难以想象的发髻，天鹅绒的手镯配上钢环，红色的披肩（像鼻子出血——瓦莱斯精辟地说过）；都有姿色，但表情凶恶，声如'天使'。想象不出在这句'老王八蛋'③中包含的全部魅力（找找法语中对应的说法，因为字典上根本不讲），那是每天晚上美丽的小姐④对那些穿得很讲究却并不太稳重的老先生的称呼。小姐的醋栗色缎子长裙上，全是泥浆画的、肉汤染的花纹，还有香烟烧出的千疮百孔。"[19]关于受到棘

---

① 原文为英文。
② 此处"c……"可能是crotte（粪、屎）的开头字母。
③ 原文为英文。
④ 原文为英文。

手的性病扩散妨碍的性欲问题，魏尔伦也一样不留情面："至于这里的爱——好像女士们的十个手指在岛民阴茎周围发挥更大作用……花柳病的情况太多了！这些夫人，说起来还很漂亮，走路像鸭子，声音像水手，从来不换衬衫。我说的自然是漂亮女人，不过有点残花败柳了。"[20] 在英国（英国人的男人气值得怀疑）最好退而求其次，选择手淫，否则就只求助于**法国许可证**①，但他说，太长了而且实在令人恶心！到英国的最初阶段里，魏尔伦的信件总是致力于某种色情描写，大概是他离开玛蒂尔德后感到的这种真正的性解放在书信上的表达吧[21]。[……]

　　同时，我冒昧地这样说，首都的公共小便池真是萦绕在魏尔伦心头挥之不去，成了一个信息和评论取之不尽的矿藏。首先是语言上的："人要sh……时，别问厕所在哪儿，甚至别说water-closet，人家说：W.C.吗？只想小便的话，我还不知道呢。"[22] 然后是建筑和生活常识上的评注："［这些公共小便池］是比较大的——而且稀罕！——生铁建筑，分隔成单间。每个单间尽里头可以看到印着下面的良言：'离开前请整整衣服。'"[23] 魏尔伦提出的是真正的英国厕所现象学："全伦敦顶多有六个小便的地方；每个这样有趣的建筑都盖满了黄色的小广告，宣布城堡街的威廉·乔治有大量各式各样的'**法国许可证**'（英国烟囱罩②）。"[24] 显然诗人丢不开这个引人入胜的问题，因为在同一封信中他又旧话重提："英式厕所被吹过头了，水漫进抽水马桶桶身，就位的'来客'能看到自己，并且感觉被溅到身上。以至于就说我吧，面对这样干净的厕所，我几乎怀念起普安蒂老爹店里污秽但安稳的茅坑了，你知道！咖啡馆里的厕所叫**洗手间**③，因为就在那里面有水龙头、脸盆、肥皂。对那些不用纸的人是宝贵的器械。"[25] 总之，除了魏尔伦有些猥亵地津津乐道的这些卫生方面的新鲜事（如同一个学生在学校厕所的墙上门上乱涂乱画一样），他在伦敦的消遣很少，除非仔细去寻找，不过这正是他要去做的事。至少他去看了居伊·福克斯④的假人，即花炮制造节，每年11月5日庆祝"火药阴谋案"事发；他参加了海德公园的几个集会，参观无法尽述的杜莎夫人

---

① 原文为英文。

② 原文为英文。"法国许可证"和"英国烟囱罩"分别是英国人和法国人对避孕套的俗称。

③ 原文为英文。

④ 福克斯（1570—1605），英国天主教徒，为英国火药阴谋案的同谋者，在直通国会大厦的地下室埋设二十多桶炸药，阴谋炸死詹姆斯一世，事发被处决。

蜡像陈列馆，门票才一先令六便士；还观摩了市长大人极尽盛大豪华的就职仪式，鼓号齐鸣，兵士排开，旌旗招展。他也常去那些博物馆和国家美术馆，在那儿欣赏"意大利文艺复兴前期艺术家的优美作品"，尤其是富丽堂皇的乔万尼·贝利尼。相反，英国绘画令他大失所望："没有丝毫现代性，吹得比屁还响……我认为蒙提切利比透纳，比阿尔比贺加斯高出千倍。"[26] 在华莱士藏品中，他尤其赞赏雷诺兹。有一天大大出乎意料，他竟有机会在法国艺术家美展中看到，在其他画中间（马奈、莫奈、阿尔皮尼、雷诺阿等）有方坦的《桌子一角》。"我们刚才看见了自己。这是一个曼彻斯特的阔佬花四百镑（一万法郎）买来的。方坦万古留名了。"[27] 无疑，魏尔伦看到自己的面孔在阿蒂尔·兰波的面孔旁边，永远进入了艺术史册，他定然兴奋不已。

总之，伦敦在他看来就像一个假装羞涩和虚伪的城市，"滑稽事"数不胜数："这座令人难以置信的城市真是好，黑得像乌鸦，吵得像鸭子，一本正经下面潜伏着各种恶习。长醉不醒，尽管有关于酗酒的滑稽**法案**①。城市很大，可其实不过是一堆喜欢搬弄是非、敌对、丑陋、乏味的小城，没有**任何文物古迹**，除了没有尽头的码头（对于我越来越现代主义的诗学倒足够了）。"[28] 说穿了，同巴黎相比，这不过是座外省城市。它无疑非常伟大，但依然是座外省城市。"总之，除了大和非常可观近乎骇人的商业活动，即使对巴黎人以外的任何一个人来说，伦敦都是一座大卡庞特拉②——从大受嘲笑的布鲁塞尔来，我要说布鲁塞尔是座非常迷人的大城市（四十万人口），许多方面都比巴黎美丽和丰富，充满富丽堂皇的咖啡馆、饭店、剧场、舞厅和其他场所。而这闻名遐迩的伦敦，我再说一遍，在智者眼中不过是座发展太快笨手笨脚的卡庞特拉，而且这样说我也许诬蔑了卡庞特拉。"[29] 所幸泰晤士河美不胜收，"你想象一下那滚滚的烂泥，就像一个巨大的外溢的茅坑，真正巴比伦式的桥，数百个生铁桥墩，又粗又高像刚刚被毁的万多姆凯旋柱，涂成血红色"[30]。幸好英国首都往来交通异常繁忙，"[……]多亏各种车辆，双轮马车、公共马车（顺带说一句，臭烘烘的）、有轨电车、火车在壮观、沉重、巨大的生铁桥上川流不息。乘客粗鲁不堪，异常吵闹（鸭子的老家肯定是英国）。街道看上去即使不像巴黎（啊，真是亵渎！），起码很能

---

① 原文为英文。
② 法国沃克吕兹专区政府所在地。

供人赏玩"[31]。另外，魏尔伦这个北方人，对伦敦的大气环境相当敏感，那里的薄雾、浓雾造成各种朦胧效果，与他的诗歌风格正好相宜："我来以后天气好极了，也就是说，想象一下透过一层灰纱看到的夕阳吧。"[32]冬雾的来临非但没令他不安，反而从美学角度上引起他的兴趣。

因此，给勒佩勒捷的信函中记录的伦敦万象包含大量的批评，批评占绝大部分，赞扬则少得可怜，显然魏尔伦从总体上是偏颇和有失公允的。不过，到最后，发生出乎意料的大转变，他喜欢上了伦敦，像他所说，他沉浸于英国文化。他先是精辟地指出——无论是朱尔·拉福格还是于斯曼都没有否认——这座城市"什么都小、细、消瘦。尤其是穷人，他们脸色苍白，面庞消瘦，细长的手瘦骨嶙峋，山羊胡稀稀拉拉，可怜的头发泛着淡黄，天然地微微蜷曲。那是虚弱的东西开花，正如地窖里烦躁不实的土豆，暖房里的花儿，以及各种衰退萎缩。什么也无法形容这些很不起眼但很漂亮、很'高雅'的穷苦人那种卑贱、屈从甚至会去杀人的温柔"[33]。魏尔伦着迷的无非是物质和肉体的变薄、变轻、变得衰弱无力，就像在追求它们的升华。从同样角度看，他在12月底认为终于发现了伦敦真正的好处，那时他已克服了习惯和偏见的影响："[……]这是某种非常温柔、近乎稚气的东西，非常年轻、天真，带着有趣迷人的唐突和欢快。"[34]当然他继续指责英国人过于沙文主义，过于自私，但就是他们的自私中也充满天真。他举了一个至少出人意料的例证："家庭在法国很愚蠢，因为它很**弱**，这里却那么有组织，就是最放荡不羁的人也要上当。"[35]说白了：在英国，即便像魏尔伦这样放荡的人也会和他的玛蒂尔德待在一起，因为对于魏尔伦来说，家庭本质上是带有原初性的。他一旦不身其中了，即使他永远也不能真正成为其中一员，他便不再把它看成一种限制人的社会机构，而看成是人与人关系最自然的形式。这是幸福的起源和童年阶段，是尚未受到成人的堕落破坏的阶段。因此我们开始明白魏尔伦把他乡英国想象成一块无邪土地，也就是一个无瑕的空间，在那里他不再遭受罪恶的折磨。以后他常常重回英国，总是抱着同样的希望：洗刷自己的罪孽，重新找回某种纯真。

魏尔伦和兰波稍稍熟悉了这座城市后，便去看望故交。9月10日星期二一早，他们很正常地第一个拜访了画家费利克斯·雷加梅，他的画室在兰格汉姆街。他回忆道：魏尔伦"有他的美，尽管衣服很少，丝毫没有被命运压垮的神情。/我们度过了愉快的时光。/但他不是一个人。一个沉默的伙伴陪着他，举止打扮也不高雅。那就是兰波"[36]。三个朋友自然要谈论不在的人，雷加梅少不了用羽笔和铅笔画就一幅那奇特伴侣的肖像[37]：画的背景有个隐隐约约的警察的侧影，好像在监视他们。他们在伦敦街头流浪，衣衫皱皱巴巴、破破烂烂，魏尔伦在前，他的同伴跟着他，面有愠色。雷加梅还用木炭条画了一幅兰波的奇怪肖像[38]，画上诗人睡着了，陷在一把椅子里，几乎看不到他的脸，全掩在大礼帽下面，礼帽也遮住了他的目光，勉强能看出鼻尖、嘴、下颌和两颊的下部。据德拉艾说，这幅速写准确无误。"这是《彩图集》①的作者戴过的唯一一顶大礼帽。它的所有者花十个先令买的它，将它保留了将近一年，并把它带回阿登山区。他为之十分骄傲，爱之如可敬的伙伴，常用袖子捋平它的丝绸，那种小心又天真又动人。"[39]一幅写实的素描，但尤其非常说明问题。因为兰波尽管在场，却已变得模糊：如果他的名字没写在画上，根本无法猜出是他。同时，雷加梅画了魏尔伦的半身肖像[40]。画的是半侧脸，身子向前倾着。这样一来就像从上面看诗人一样，他向我们低下那大面积谢顶的苏格拉底式的头颅。保罗才二十八岁，然而从这幅肖像里显示出一种心灰意懒的感觉，仿佛生活的种种偶然使诗人过早衰老，仿佛他从青年直接进入老年。德拉艾1871年11月在尼科莱街遇见的那个年轻潇洒的资产阶级到哪儿去了？似乎这次出走一下子把魏尔伦变老了。从某种意义上说，1872年，诗人已经经历很大一部分生活，因为他留下那么多遗憾和悔恨，这一切在不停地削弱和摧毁他。

看到雷加梅这样作画，魏尔伦和兰波来了灵感，他们用两个珍品丰富了雷加梅的个人画集。保罗画了《色当之后的拿破仑三世》[41]，画上拿破仑三世一手托着忧伤的脸，头上顶一个公民花环，上面权杖和正义之手相交。他给画配上一首含讥带讽的十行诗："恺撒梦见昨天想着未来/他追念荣耀和秩序的日子/怀想信誉不是谎言的时光。"[42]兰波则用铅笔勾勒出一幅皇太子的漫画[43]，他系着领带，长着两个翅膀，像个小天使。此画也配了一首十行诗，嘲弄太子在萨尔布吕肯战役中的英雄主义表现："拾子弹的童子，进入青春期/身上流淌着流放和一个显赫的父亲/的血少年听到生命萌发希望/仪表堂堂想见那/不是王位和马厩周围的帷帐。"[44]两首诗连同各自的图画都

---

① 又译为《灵光集》。——编者

放肆地署名弗朗索瓦·科佩，用约瑟夫·普吕多姆式的浮夸而自我陶醉的缩写签的名。"其中共济会会员的三个点被一个小十字取代，生动影射卑微者们的诗人充满福音精神的温情。"[45]据说，玩笑变得荒唐起来，因为魏尔伦表现"卡蒂勒·孟戴斯用勒孔特·德·李勒的匕首，指着倒霉的卡尔雅，卡尔雅正在向那个'卖花小姑娘'献殷勤。这个孱弱的人，不年轻，在'学士院'的常客中间很是有名。她露出骨瘦如柴的腿肚，仿佛在说：'你休想得到我的玫瑰！'那善良的诗人卡尔雅在这种情形下，被风神戴上花冠。乳房松弛的复仇三女神之一在由披着古代大衣的勒孔特·德·李勒和孟戴斯组成的这个令人不安的小群体上空翱翔。/圣雅克街的'学士院'，换个说法叫'佩罗里那学院'，取自酿烧酒的人的名字，他的有四十只大桶的店铺是这一奇怪场面的背景。'学士院'战后顾客盈门，引来不只一首歌曲，向当时的政治热情吸取了一种特别的辛辣尖刻"[46]。不幸的是雷加梅自己承认这一寓言式作品的意义已不可知，只有作者才能解开其中之谜！其实，看来卡尔雅一只手指的那个风神正是兰波，另一只手按住太阳穴表示自己发了疯；而那年轻姑娘指着帕尔纳斯派两名成员，则意味着他们对《醉舟》的作者策划卑劣阴谋[47]。

在伦敦，流亡公社社员的圈子为魏尔伦兰波二人提供了主要交往对象。他们与朱尔·安德里厄过从甚密，这是个"非常老成持重而有文学修养的人"，保罗在市政府认识了他。还有欧仁·维尔麦希，"金发，有点胖"，由于在《迪谢纳老爹》上的文章被缺席判处死刑；他刚结婚，9月22日将他在霍兰德街一排古板的房子里的卧室让给他们住。这排房子是18世纪罗伯特·亚当所建。维尔麦希出版一份法文报纸《未来》，魏尔伦后来于1872年11月23日在该报发表《亡者》，那是一首相当浮夸的长长的旧诗（"中学生写的优美诗句"，他自己说），纪念1832年6月和1834年4月在圣梅里隐修院附近和特朗斯诺南街被屠杀的起义者。作家感到惊诧（或假意或真心，但若是真心就更糟），这个十分讨人喜欢的人——他称其为"虫-灯芯（煤油）"①——和他十分迷人的妻子居然养一只白鼠。"这些公社社员！真有他们的。"[48]显然，没有什么比看到公社社员、政治斗争中残酷的职业杀手、无情的纵火犯们喜欢动物更古怪的了。11月1日，魏尔伦和兰波在苏活区老康普顿街6—7号一个公共活动中心的二层听了维

---

① "虫-灯芯"（ver-mèche）和维尔麦希（Vermersch）发音相同。

尔麦希作的献给刚刚去世的泰奥菲尔·戈蒂耶的演讲。11月8日，他们又去听了第二场演讲，这次是关于布朗基。会上朗读了《未来》准备刊登的魏尔伦那首诗。11月15日，他们参加了第三场演讲，分析的是阿尔弗雷德·德·维尼。两朋友也常去利萨加雷的"社会研究社"，还走访其他流亡者，其中有马图泽维奇。但除了费利克斯·雷加梅和朱尔·安德里厄，总的说来，魏尔伦并不太想见这些公社社员。"全都分散在郊区，相安无事，只有乌代、朗代克和维齐尼耶除外。这几个人最近在流亡者全体大会上受到抨击，他们办了份不错的报纸，《联盟》，据说受到巴丹格①的支持。这是否属实？我才无所谓呢，我本来就决心尽可能少和这些先生往来。"[49]也许他害怕常到公社战士圈中来的众多眼线，因为法国和英国警方密切合作，监视那些很不受伦敦官方欢迎的流亡者，把他们看成是危险的无政府主义分子，阻碍他们找到工作。也许他不想让自己太受牵连，想为以后回法国留条后路。也许，从根本上说他对政治不感兴趣，流亡者们没完没了的空论，追究失败的原因让他厌烦透顶。后一种假设可能性最大，应该承认这一点，即便很难，魏尔伦尽管这样放荡不羁——恰恰和兰波不同——却没有而且永远不会受到极端自由主义思想的吸引，脱离社会永远不会妨碍他成为一个政治上保守的规矩人。他在称赞维尔麦希第一次讲演时，不是指出讲演"大受众多英国人、法国人（大部分非常高贵，与公社社员不沾边）欢迎，他们出来时说：这些家伙，不管怎么说，和上流社会的正派人一样正派，而且更加风趣（原话）"[50]？多么奇怪的赞语！既要指出听众不是公社社员，还觉得有必要点明一个流亡者可以是正派人！

要想在伦敦不太无聊，能做什么呢？一方面是工作。魏尔伦似乎试图在报业或商业谋个职位，据他说他谋划进入正创刊的报纸，甚至一度打算进入一家大商号负责写信，那也许是家玻璃进口公司，"巴卡拉水晶玻璃公司"[51]。该公司由伊斯塔斯先生领导，他是阿登省人，原籍帕利瑟勒，魏尔伦早就认识他。"我现在已挽好袖子，干劲十足；一句话，我就像那个傻……的巴尔贝的《结了婚的教士》一样，还没那么卑劣无耻！"[52]但这是在谁眼里呢？当然是在玛蒂尔德和岳丈一家眼里了！"我忍受了六个月地狱般的烦恼，懒得再坚持下去。逃离那可恶凶狠的父亲家，既是为了谋生和我个

<hr />

① 这里是指拿破仑三世。这种叫法后文多次出现。

人的尊严，也是想堵住那些人的嘴。他们会说我就是要去花天酒地，挥霍我妻子的嫁妆［……］。"[53]魏尔伦总是这样念念不忘要给人一个良好形象，证明自己有份真正的职业，绝不是一个游手好闲、由人供养的脱离社会的人。然而魏尔伦太乐观也太优柔寡断，又一次对自己产生幻想，自我欺骗，须知其计划永远也未成形。在他那里，总是不等过渡到行动，一切便止步不前了，好像只要声明他终于要做他（多长时间以来）答应做的事，就可以让人相信他了。另一方面——这还能当真些——魏尔伦再度关心起当代文学，有法国的，也有英国的，因为他10月1日竟宣称不久以后要结识斯温伯恩①。"我又转向我的朋友们和文学。[54]"为让这种关心具体化，为了掌握动态，他订了一年的《复兴》，他的许多故交，科佩、邦维尔、孟戴斯、迪耶克斯、克罗、卡巴奈、阿斯利诺、比尔蒂，都在上面写东西，他自己也在上面发表了两首诗，1872年5月5日的《无词浪漫曲》和同年6月29日的《小咏叹调》。他向布莱蒙提议在这本杂志上发表一个叫作《从沙勒罗瓦到伦敦》的组诗，是对比利时和英国的一系列古怪异常的记录。这就是说他在写作。据他自己讲，他从未如此工作。"在这个家庭中的一年，充溢着无数无谓闲谈、流言蜚语、尖嘴薄舌、说长道短的香味，现在终于摆脱了这一切，完全转向诗歌，转向智慧，转向纯文学的严肃交谈。"[55]当时魏尔伦先是收集了他的诗歌，想出本他欲命名为《无词浪漫曲》的集子。9月24日，他不免过于乐观地向勒佩勒捷宣布他打算一个月后就在伦敦印刷。一星期后的10月1日，他把内容明确告诉了埃米尔·布莱蒙："里面有一部分略带哀歌调子，但我想，并不是黏黏糊糊的，类似《美好的歌》的反面，但多么温柔！轻轻的爱抚和温和的责怪[56]。"10月5日，还是向埃米尔·布莱蒙，魏尔伦额外明确了几点："整个是一系列模糊、悲伤和欢快的印象，带点近乎天真的别致，这就是《比利时风景》。我认为里面没有一点英语的东西。迄今为止，尽管在这儿和周围看了很多，却丝毫没看出这个国家的诗意。"[57]确实，最有慑服力的正是英国的现代化丝毫没有进入魏尔伦的诗歌，这与兰波文字中的情形迥然不同。兰波那些虽未流于现实的模仿之类的东西，却折射出许多在英国大都会中产生的印象。仿佛魏尔伦的诗歌体系完全超越时间，对周围的一切无动于衷。10月中旬，他和一个出版商联系上，仍然希望在伦敦出版自己的诗。他原以为

---

① 斯温伯恩（1837—1909），英国诗人，文学评论家。

用不了三星期，小册子就该完成了。然而一个月后什么也没做好，他依旧正在准备把诗交给印刷商，预计1873年1月问世。事实上，在伦敦一直没有印成，首先是缺钱，因为预算太高，而且，魏尔伦也该意识到在伦敦出版这样缺少英国味的文字没有任何意义。

无论在做什么，尽管他和兰波在写作，魏尔伦终究忘不了法国，尤其是玛蒂尔德。一方面，他确实感觉到已经宣战，将来会越来越困难，他想讨回他的书、画和其他个人物品。他把留在尼科莱街的所有物品列了个清单，一份普雷维尔式的地道的目录。他最想索要的首先当然是一大堆肖像，有他自己的也有朋友的，因为他需要这些画像，以找回自己："我母亲的一幅石印肖像，镶框。我的一幅肖像，亨利·克罗作，镶框。我的一幅肖像，雷加梅作，底板活动的画框。朋友的照片十五张左右。我的一幅肖像（油画），F. 巴齐耶作。巴黎公社人士的照片十五张左右。[……] 四幅阿蒂尔·兰波自作的肖像漫画。此人的两张照片，我的表姐埃莉萨·蒙孔布勒的一张照片。"[58] 这份清单还包括一份手稿（那本不该有名而有名的《精神狩猎》）和兰波的一些信。此外还有：他的所有书籍（伏尔泰、让－雅克·卢梭、拉辛、拉方丹、贡戈拉、维克多·雨果），伦勃朗和阿尔贝·丢勒的铜版画，两件黑衣，一顶圆帽，一些袜子和衬衫，一个烟斗架和烟斗，一个烟草罐，一个子弹盒，一个刺刀套和军用皮带。整个一笔个人世界、私生活的鸡毛蒜皮的明细账。

另一方面，魏尔伦从此知道、明白、认可（只能说几乎认可，因为他感情上永远不能接受这一点）玛蒂尔德已下定决心从法律上给他们的分居以正式的处理。确实，在巴黎，诉讼紧锣密鼓地进行着。10月2日，材料齐全了，居约－西奥奈斯特律师向民事法庭提交了分居和财产分有的起诉书。几天后，魏尔伦收到克利尼昂库尔区警察分局转来的传讯，让他出庭以便进行调解。由于诗人未到庭，玛蒂尔德获准住在尼科莱街父母家，并扶养孩子，而他没有权利再去岳父母家见她。魏尔伦一点点得知诉讼的进展情况，他也越来越恼怒，9月时他已经暴跳如雷。"看来我妻子——在给我写完一封又一封不合逻辑、失去理智的信后，终于恢复真正的本性，极端的……**实际**和**胡说八道**。她不是向我要1200法郎的扶养金吗！她不是想让我目瞪口呆吗！"[59] 更有甚者，她竟敢诽谤兰波，忘了她在佩里格一个人待了两个月！"事实是我难过极了，要知道我太爱我的妻子。[……] 我强烈渴望妻子回到我这儿来，当然，而且这甚至是还在支撑我的唯一希望。"[60] 又是一封反常的信，情绪矛盾。保罗既不能容忍玛蒂尔德，她牟取私利的手段和卑劣伎俩、她恶毒的诡计和虚情假意、她戏弄人的鬼话和挑衅（在这个问题上，他绝对滔滔不绝）；同时，又只渴望玛蒂尔德，渴望她回来，他们甜蜜和好。一封接一封，魏尔伦用各种口气反复絮叨、发泄他的怒火、反感和愤慨。9月底："还有孩子，他们想从我这里窃取。暂时他们**不让我母亲找到**（他妈的，她也无能为力），但为此，我想，用不着干别的，只要信赖人的或神的法律即可！因为这是残忍的罪行。必要的话，我将是被迫出手的神的法律的执行者。"[61] 10月，"这一切不正当手段，粗野行为，阴险恶毒庸俗之举，抽屉反复被撬的裂缝，毕竟为之难过。更难过的是我妻子抛弃我，向着这样一个岳父。我说抛弃，因为我不停地呼唤她到我这里来，而她在发疯般地大骂我、侮辱了我母亲后，连信也不写了，**她甚至不把我儿子送到我母亲那儿了**！把这一切告诉我们的朋友中感到惊愕的人吧。"[62] 可以看出，魏尔伦像演戏一样言语夸张，情绪越来越激动。要是没人制止，他会付诸行动，到巴黎去找到他妻子的诉讼代理人，毁了他的前途。幸好勒佩勒捷让他冷静下来，说服他，他的问题用暴力是解决不了的，而要通过诉讼的较量。魏尔伦领会了教导，11月8日，他告诉勒佩勒捷，他决定准备一份长长的诉状，旨在尽快戳穿"对他进行的种种恶劣诽谤"。他声称，这些诽谤就是要对他进行卑鄙的讹诈，"诉状里，我清醒地，我相信我晓之以理，动之以情地陈述了那个卑鄙的女人让我忍受的一切痛苦和让我最后一筹莫展的一切。至于那肮脏的指控，我想，我把它驳得体无完肤，并将所有令人恶心的耻辱抛回到这些无耻之徒身上。我在里面讲了最近的这些闻所未闻的阴险恶毒的言行，一清二楚地昭示了他们无耻指责我的这件屁事只不过是恫吓（或者[①]讹诈），旨在捞取一笔更大的扶养金。各种自相矛盾、不正当行为、谎言和诡计，什么都没落下。我也在一种十分明白而又审慎的精神分析中，直截了当且毫不矛盾地陈述了我对兰波的非常真实、非常深厚和非常不懈的——我不加上非常纯洁的，呸——友情的极其可敬而善意的动机。"[63] 也就是说魏尔伦由于不断地以悲剧演员的口吻大叫大喊，最终自己也信了自己的话。至于违背明摆的事实，违背自己的亲身经历，哪怕是自己蒙蔽自己，他也觉得非要开脱自己和兰波的关系，非要为它辩解，以使其合法

---

① 原文为拉丁文。

化不可，因为他不可能生活在律法之外。1872年11月10日，魏尔伦在感谢勒佩勒捷支持他时，竟然显出好斗和攻击性：“当然，我是要为自己辩护的。像一个真正的魔鬼，我要进攻。我也有一大堆信件，有的是‘供词’，我会利用它们的，既然有人给我做出了榜样。须知我感到在我那非常真诚的情感（你今年冬天曾经亲眼见证过）之后，继之而来的是彻底的蔑视，就像靴子底儿对癞蛤蟆的感觉一样。”[64] 渐渐的，有步骤地用法律手段来为自己辩护对于他已在所难免。一些令人不安的消息从巴黎传来，有人可能到他母亲家打听兰波的事。区警察分局局长向他寄了份邀请，让他去见他。他觉察出，莫泰夫妇开始调查年轻的阿登人，以估量他在破坏他们女儿的婚姻中所起的确切作用，从而进一步损害女婿的名誉，以打赢官司。兰波夫人则收到好几封匿名信，揭发她儿子的卑劣行为。魏尔伦最害怕的就是在要求分居的诉讼过程中，兰波的名字被人道出：他随时会败诉。也许他也怕由于和兰波的关系受到起诉，没准会安上诱拐未成年人的罪名。两个朋友意识到不能再让日益严峻起来的形势继续发展下去了，必须在最快的时间里做出坚决的反应。阿蒂尔勇敢地决定写信给母亲，提醒她警惕有人对他们的友谊散布的种种诽谤之词。保罗也开始与兰波的母亲（求助于情人的母亲来说服妻子放弃分居，这毕竟太过分了）“定期通信”，他给她他的地址、他母亲的地址、莫泰家的地址、伊斯塔斯先生的地址，最后还有两个诉讼代理人的地址，其中一个是他的诉讼代理人，9月4日街的佩拉尔律师。再也找不出像兰波夫人这样恪守道德戒规的人，这种严格可以让她永远不接受事实，或者相反，承受一切。一了解到当时的形势，她片刻也不迟疑，因为事关挽救儿子的名誉。她叫阿蒂尔回来，并试图说服他与魏尔伦分开是绝对必要的。她儿子必须回来。然后她去巴黎尼科莱街，想要说动玛蒂尔德，使魏尔伦夫妇重归于好。“这位善良的夫人来，”前魏尔伦夫人讲道，“只是要请我放弃分居。因为，她说，这会损害她的儿子。”[65] 一连几个星期，魏尔伦继续违抗兰波夫人的建议和指令：“她以为让他的儿子和我离开，我就会屈服，你怎么看？我可觉得这就是把他们唯一的武器交给他们。他们害怕了，所以他们有罪。——而我们，兰波和我，已经准备好，必要的话，向那伙人展示我们（童贞的）c……①——‘就会有公道’。”[66] 魏尔伦大话说得有点过头，没想到被自己说中了，不久他将在布鲁

---

① 此处只写了开头字母c的法文词从上下文看来是culs（屁股）。

塞尔经受这种丢脸的考验。渐渐的，由于不断受到来自母亲和兰波夫人的重重压力，保罗灰心了，泄气了，听从了她们的劝说。他明白这局面无法解决，唯一能让敌人住嘴的就是让兰波回法国。迫不得已，他让步了。

最后，12月，兰波离开英国返回沙勒维尔。但这次是在怎样的心态下回去的？兰波是失望还是轻松了？他是否觉得不能违抗母亲的指令不在家过圣诞节？他是否认为和魏尔伦一起待在伦敦对他来说没有任何前途？他是否厌倦、嫉妒听到保罗和他谈的只有玛蒂尔德？说好也罢说坏也罢，反正挂在保罗嘴边的仍然总是玛蒂尔德。或者那只是两个朋友的一个诡计，想要让对手上当？他走后不久，魏尔伦告诉勒佩勒捷，他的生活将彻底改变。他母亲要来，他们要在便宜的街区租一个小房子。母亲的在场，他说，除了带给他极大快乐，还对他"非常有益，从'体面'^①的角度看。［……］这样我的生活又变得幸福起来，完全忘掉那些卑鄙的人，我将重新恢复平静。谁知道呢，没准儿重建一个家庭。"^[67]他还说，并不因为有人残酷地攻击他，冒犯和伤害了他神圣的母亲的全部感情，他就该永远放弃一个正派的家庭和欢乐。尤其是忍受了这番痛苦，经过苦苦哀求，做出那么多原谅之后，对他来说，除了发生不可能的奇迹，和玛蒂尔德是彻底结束了。他只能死了心，另做他谋。这是不是纯属战略上的言语，以便照顾、挽回面子？还是魏尔伦真想象他说的那样重新开始生活？那就要把阿蒂尔的离去看成是断交，平静而温和，但毕竟是断交。其实魏尔伦可能只是在充好汉，他自己制定着计划，给自己打气。因为阿蒂尔的离去对他的影响比他向勒佩勒捷倾吐的要深切得多："昨天圣诞节！今天一个更糟糕的星期天，几乎一样过于虔诚，不过鹅——the Goose——'味道好极了'；这些天在岛民这儿塞得满满的！（和苹果沙司一起吃！）/可还是很难过：孤身一人。兰波（你不了解他，只有我了解）不在。可怕的空虚！其余我都无所谓，这是些恶棍，证毕，而且将会得到证明。可是，嘘！去他的！"^[68]虽然魏尔伦还在炫耀他圣诞节的大吃大喝，在这12月末，他已筋疲力尽，由于不断担惊受怕，忧心如焚，不知在玛蒂尔德和阿蒂尔之间作何选择，他陷入可怕的抑郁中。他一下子垮了。1月初，他向埃米尔·布莱蒙发了简短的孤苦无望的告急信："我愁病一身，烦闷孤单，**奄奄一息**。兰波会把这个寄给您。请原谅一个病入膏

---

① 原文为英文。

育之人这种简短的问候，也可能是永别！"[69] 但是魏尔伦即便消沉至极，也还是精于算计之人。确实，他给布莱蒙寄的这封短笺，是一种更全面的战略的一部分。几天后，他便在一封给布莱蒙的长信中承认了这一点："我感到比往常病得厉害，担心这是末日不可避免的临近，我才决定给我真正的朋友写诀别信，也就是给那些最近给我写信的人，您、加夫罗什、勒佩勒捷和兰波。兰波去沙勒维尔一个月了，他接到我一封向他描述我的状况的信。我本打算给您以及福兰和勒佩勒捷写得更详细些，但我没有力气，便委托兰波赶快给您寄去您收到的那封短笺。至于他，他只听从友谊的呼唤，立即回到这里。他还在这里，他良好的照顾也许能有助于不那么痛苦地延长我可怜的痛苦的生命。同时，我以最迫切的言辞给母亲和妻子发了电报，让她们快来。只有我母亲来了！"[70] 总之还没有那么糟。保罗竟然能不嘲笑自己，以为可能同时叫来阿蒂尔和玛蒂尔德，他的情人和他的妻子？魏尔伦夫人当然来了，由一个表妹陪着（她到底是谁？一个待嫁的年轻姑娘？）。他甚至说服母亲通过勒佩勒捷寄给兰波五十法郎，让他能付从阿登省来的旅费。于是兰波匆忙赶来。他肯定在那座仍被普鲁士人占领的该死的沙勒维尔城里闷得发慌。他说服了母亲，魏尔伦真的病了，必须帮帮他，他不是随信附上给布莱蒙的和他那封一样的短笺？兰波夫人中了魏尔伦的诡计，她相信了，他的儿子可能也相信了。然而，就在几天前，魏尔伦还觉得自己死定了，别人那些卑劣下流的缺德行径那样摧残了他的生活，这一下，刚刚得到母亲和阿蒂尔的亲切关怀，立即完全病愈了。兰波已经感到自己太轻易地上了当，又一次被那个永远的哗众取宠的蹩脚演员占有了。

阿蒂尔可不想和一个岳母生活在一起。不久，魏尔伦夫人和表妹，被他逼来逼去，于1873年2月返回了法国。保罗至少趁母亲回法国首都的机会，让她给勒佩勒捷捎了封短信，向他宣布自己打算不久返回巴黎亲自了结所有事宜。这充分证明魏尔伦夫人强烈要求保罗回巴黎，这是离开兰波接近玛蒂尔德的唯一方式。这对情人的生活重新恢复正常，继续阅读《复兴》。他们在大英博物馆办了读者卡，重新开始向爱伦·坡、罗伯逊①和民歌学英文，和买卖人、书商探讨，让他们给自己纠正发音。

---

① 罗伯逊（1721—1793），苏格兰历史学家，著有《1542—1603年的苏格兰历史》《神圣罗马帝国皇帝查理五世统治史》和《美洲史》。

他们想搬家有个更舒服的住处。他们又开始远足，既然两个朋友对整个伦敦已了如指掌——特鲁里、怀特查珀尔、皮姆利科、恩吉尔、旧城、海德公园对他们不再神秘——他们便开始到郊区和乡间游走，到丘、伍利奇去。魏尔伦依然那么多愁善感，梦想着夏天能去布赖顿，甚至也许去苏格兰和爱尔兰。那难道不能成为庆祝他们重逢的一次美妙的蜜月旅行吗？暂时，他们首先想找份教法语和拉丁文的活儿挣几个钱，必须得有进项。须知魏尔伦夫人为了说服儿子和兰波断交，就算没完全断了生活补助，也大大减少了汇款。无忧无虑和好日子是到了头了！就是在这个时候，"传记企业"让阿蒂尔·兰波收走了全部"股金"，因为几乎所有传记（不过往往是为兰波作传而不是为魏尔伦作传，站在赢家一边也好），都不断拿兰波与魏尔伦来比较，如同比较绝对和相对一样。确实只要一比就可以得出一系列对立，让《戏装游乐图》的作者翻不了身。兰波是个追求新秩序的积极而极端的自由主义者，而魏尔伦则是个希望维持旧秩序的消极的反动派。一个是变革、现代、未来、进步；一个是停滞、传统、过去、倒退。兰波是毫不妥协，甚至不能容忍任何让步；魏尔伦则是放弃原则，接受所有和解、交易、妥协。兰波是集所有勇气于一身，魏尔伦则集所有懦弱于一身。阿蒂尔渴望强暴、自由、武力，保罗则可以忍受顺从、屈服法律、缴械投降。兰波是偶像，魏尔伦是崇拜者。一个试图做到彻底的放荡无耻，一个却只满足放浪形骸的新奇。兰波的实在的投入使之成为一个"通灵者"，魏尔伦的放任自流却让他成了个小流氓。兰波在其非道德性上已超越原罪，站在超越善恶的彼岸，魏尔伦在其狭隘的道德主义里却被迫要陷入耻辱、遗憾、悔恨、犯罪感。总之，等着哑口无言、不知所措的魏尔伦是"得过且过"，等着大胆果断的兰波的是"超越现实"[71]。这种程度的对比，如此巨大，如此鲜明，即便不是完全错误的，就从其过分失度本身便显得滑稽可笑，不足为凭了。因为归根结底，应该探询一下阿蒂尔·兰波为何一心和魏尔伦待在一起，不就是要充分利用魏尔伦夫人的钱摆脱他自己的家庭吗？

即使对1873年头几个月他们独处期间究竟发生了什么事我们一无所知，也可以猜到从根本上而言，保罗这方面一切照旧。既然阿蒂尔在场，魏尔伦又开始遗憾玛蒂尔德不在场，每天他翻来覆去地讲他想她，不久要去巴黎解决他的事，绝不能彻底失去她。他那令人不能容忍的唉声叹气、呻吟诉苦又变本加厉地卷土重来。伦敦已不足以令人忘却其他一切，因为新奇的魅力已有所减弱。显然热情已经没了，无论是对哪一个。

终于，4月3日，魏尔伦打定主意返回法国。他选择在纽黑文上船去迪耶普。他已经上了船，一个小时后船就要起航，这时却听到一些"穿礼服，长白唇髭的"男人用蹩脚的英文进行的奇怪的谈话，让他确信巴黎和法国对他仍很危险。他赶紧下了船，照他说，这个天意般的巧合使他"现在不用在美丽的法兰西境内，在共和国黑牢又湿又能羁押人的草席上呻吟"[72]。这真是天大的运气！不过，在纽黑文魏尔伦就算担心得太快，说到底他也并不是完全没有道理，因为他确实受到两国警方的监视。法国警方显然消息十分灵通，4月17日的报告中记录道："一个叫魏尔伦的人，公社期间在市政府任职，本月3日离开伦敦前往巴黎，自称是去解决家事。/请隆巴尔先生派人寻找这个叫魏尔伦的人，并将可能弄到的有关其履历、品行、暴动期间他的立场和行为的全部情况转过来。/他来巴黎干什么？"[73] 4月8日的报告中已经指出安德里厄和维尔麦希的这位朋友，也是社会研究俱乐部成员，已经一连几天公然前往维多利亚车站，假装出行[74]。魏尔伦多次假意出走是想躲过监视还是拿不定主意？反正他第二天又做了尝试，这次成功了。4月4日，他上了"弗朗德勒侯爵夫人号"，船把他拉到奥斯坦德。魏尔伦是一个人走的吗？有兰波陪他上船吗？这都是重要的问题，但无法解答。其实那几天，他们之间的气氛一定十分紧张，可能他们宁可分头走，以免不必要地互相伤害。在轮船上，一个美丽的少女引起了魏尔伦的注意，他为她写了首奇怪的诗《船舷》。他将它放到《无词浪漫曲》的最后，特意将渡海日期注明：

> 她一心要到浪波上行走，
> 如和风吹拂暂时平静的海面，
> 我们随她尽荒唐的雅兴，
> 也踏上这条苦涩的路。[……]
>
> 我们双足纯净大步滑行。
>
> 她转回头，露出一丝不安
> 以为我们没有放下心来，

但见我们乐于做她的最爱

　　便继续她的路，高高扬起头颅。

　　这个说服他们这样在海上行走的美丽少女是谁？是他希望尽快见到的玛蒂尔德的理想化身吗？然而，那就是说，四十八小时之内她完全变了个人，和两天前在伦敦写的诗《少妻》中的截然不同。那首诗中，她一脸轻率，气恼，眼里露出敌意，小胳膊恶意地挥来舞去，发出肺病患者似的刺耳尖叫。是不是他暂时离开却是要更好地重聚的兰波，总是向他提议做不到的事——比如在浪涛上行走——却允许他去做光彩照人的乔装改扮？这个头发金黄宛如金色阳光的少女也许二者都不是，只是这种对全新生活的希望光辉灿烂的表现。每当魏尔伦与人关系破裂并离去、每当他选择预示着另一种生活方式的另一个地方时，他都有这种新生感。它像幻觉一样光芒四射，让他以为总有一天能走出困境。

　　在奥斯坦德，魏尔伦坐上去那慕尔的火车。他一定是通知了玛蒂尔德他要在那儿待几天，因为她就是往那儿寄了封信，断然命令他不要再写信纠缠她。他如当头挨了一棒，这个打击太粗暴了，他喝了大量镇静水来疗治。真是场灾难！她甚至不放弃司法诉讼，而他不容置辩地向她表示过这场官司是没有用的，反正他是会赢的。她回敬说，是他魏尔伦害怕打官司，因此才对她说好听的；而她根本不怕打官司，因为她知道输不了。魏尔伦也许本来希望她来那慕尔，那样他可以再给她一次布鲁塞尔的那一手，这下没词儿了，沮丧了……一切都失去控制，他糊涂了。他需要恢复体力，恢复健康，既然法国在他看来还很危险，比利时好像是最合适的地方，他到永维尔城的姑姑朱莉·埃弗拉尔家避难。魏尔伦总是有这种在自然中获得新生的希望，去换换新鲜空气，在森林里信步徜徉，便重获新生。但刚到那儿他便急着告诉勒佩勒捷和布莱蒙，他强烈渴望回到大城市，这次离开只是暂时的，毕竟他找不到希望已久的安宁。玛蒂尔德的事继续茶毒他的生活，而且益发严重。在枞树林中闲步时，他不断地反复咀嚼他的苦涩。拿不定主意，晕头转向，他总去纠缠勒佩勒捷，向他打听消息。她真的对卡米耶·巴雷尔说过她差不多要和解了吗？而且让人告诉他魏尔伦，他得赶快回来了，的确是时候了。为什么？既然他没能去巴黎该怎么办呢？为什么她一定要诉诸公堂？为什么对他的态度发生这样的彻底转变，而直到布鲁塞尔事件，她在所有信中还只是爱的保证？她是不是受到她可恶的家庭的驱使，他们受不了她的诗人丈夫、艺术界和革新思想？但他难道不是和这一切正相反吗？他最渴望的不就是一种平静的幸福、一份持久和两心相印的爱，尽管他头脑轻率，举止冒失？勒佩勒捷究竟给他提什么建议？舆论又是如何看这一切？显然魏尔伦已完全不知所措。三个星期后，5月6日，他又开始了，又去骚扰勒佩勒捷："我妻子做到什么程度了？"[75]他需要回答，哪怕是两行，越快越好。他同意让比松先生做律师，因为埃德蒙向他推荐他，他必须尽快得到所有信息才能继续撰写诉状，并给这个比松写信。不能再耽搁了！十天后，5月16日星期五，他又来了。绝不可能接受通过友好协商达成分居，这是权宜之计，从他那方面来看仿佛是一种默认："我需要的，我说不是和解——我从来也没'翻脸'——而是我妻子立即回到我这来。"[76]魏尔伦甚至给玛蒂尔德写信要她立即回来，并事先说明这是最后一次。否则，他只得采取行动，因为为这样一个前后矛盾的女人大伤脑筋毕竟太"蠢"了。读到这些信简直像在做梦，魏尔伦头脑不清，不负责任已到了不可思议的程度。"他会错"（他不再属于法律体系）这样的想法本身对于他就不能容忍，不能接受。他只能把所有责任都推到别人身上。"我是被离弃的人。"他一口咬定，拒不承认事实，这就让他完全占理。但最后——既然保罗不管这是不是一百八十度大转弯——难道不可能让莱昂·贝尔托夫人插手，叫她向玛蒂尔德表明她的做法多么荒唐和不知羞耻，毫不考虑她儿子的未来？而且也要告诉她，如果她不放弃继续如此令人厌恶的行为，打这场卑鄙滑稽的官司，他已下定决心全力抵抗，因为他也知道这场官司他是输不了的。再者还要补充的是，以各种悔恨取代他们可能的幸福是愚蠢的。总是这样，一会儿威胁一会儿又松口，一会儿揭穿玛蒂尔德的玩世不恭和恶毒，一会儿又做出爱的保证。读着这些有失常态地兜圈子的重复的信件，就更能理解在伦敦时兰波得有多么恼火。

尽管夫妻间这种种焦虑苦恼彻底搞垮了他的身体，尽管他百无聊赖、备受折磨，又难过又泄气，魏尔伦还是没放下他的诗文。4月15日，他请勒佩勒捷向出版商拉肖或当蒂打听，看谁接受468行纯文学的诗句，并一有可能便给他寄去校样（而他还没给他手稿）。终于他完成了《无词浪漫曲》，5月19日，他给埃德蒙寄去了那完整的"著名手稿"，勒佩勒捷立即表示坚决不同意献给兰波的题词。也许他觉得魏尔伦应该避嫌，也许他希望在给朋友保罗帮了这么多忙而且仍在帮他之后，能成为此书幸运的受献辞者。但魏尔伦非常珍视它："首先作为抗议，然后因为作这些诗句时，他在，并极力督促我作这些诗。这些诗就是作为对他始终表现的，尤其是我差点死掉时表现的忠诚和爱的感激的表示。"[77] 由于埃德蒙好像还是没被这种理由说服，魏尔伦终于让他自行决定是否去掉这个献词。同时，在永维尔城，至少依他对他的通信者所言（因为并不排除他有点添枝加叶，甚至加得很多，来抬高自己），他在写一出话剧《奥班夫人》，将一个"卓绝的戴绿帽子的丈夫"，一个"特别机灵的现代"乌龟形象搬上舞台。他完成一出18世纪风格的谐歌剧，是两三年前和西夫里一起开始写的。他在写一本施虐狂的小说，要多凶残有多凶残。他构思一部长篇心理小说（不带任何自传性，他明确指出）。他也考虑筹备另一本诗集，可以题为《战败者》，包括他所有未出版过的诗，十四行诗、老"感伤诗"、政治诗和几首淫诗。他想在布鲁塞尔印刷这本诗集，附上一篇长长的序言，在序言里面针砭许多事和人，打倒所有诗，包括他自己的。他也怀有写本教训诗的想法，人将被从书中完全赶出去，可以题名为《谷仓的生活》、《水下》（"一首真正的水仙女之歌"）、《岛屿》，它将是"一幅花的巨大画面"……也许受到和兰波那些没完没了的讨论的影响，或者至少给自己提出了问题，他似乎梦想一种完全客观的新诗学，和任何浪漫主义的感伤截然相反，那些感伤诗是"一些'大粪'，像眼泪一样成行'拉出来的'诗，和拉马丁式的又臭又长的东西一样"[78]，但这个俨然新帕尔纳斯的体系仍然还很模糊（幸好如此）。他也在找份合算的报纸出售他对伦敦和比利时所知道的一切。他还打算去布鲁塞尔，想在阿尔卡扎尔上演他的诗剧《形形色色的人》①（其实直到十八年后的1891年，该诗剧才由艺术剧团演出，而且是在一次为他济贫的慈善大会上），并推荐他的谐歌剧。也就是说，他摆出一大堆计划，无疑是想抑制使他日趋衰弱的极度烦恼。计划太多了，以致掩盖不住感情的空白。不过，正像他对布莱蒙所言，他宁可重新在国外过流浪生活，也不愿回到他不再想要的巴黎。"万一有人在那儿见到我，那只是路过。"[79]

幸好保罗有时有机会见到兰波，和德拉艾一起，他们不时一同在色当、布永或阿登省别的某个村镇吃饭。但有时他们碰不到一起，有一次德拉艾提议的约会便是这样。他先提出5月18日星期日在叙尼碰面，就在边境上，在树木繁茂的美丽山岗上，

---

① 或译作《我们他们》。

俯瞰瑟穆瓦河谷。结果这次出行被魏尔伦自己取消了，他不得不提醒欧内斯特，布永和叙尼至少相距四法里半，他下午4点才能到。"不过，"在5月15日的同一封信里他明确地说，"我11点到12点会在布永，去散散步。在上面说过的那家阿登饭店，我会吃份牛排。万一您有幸找到下金蛋的鸡，这牛排巴不得连同周围的土豆分成两份。"[80] 魏尔伦之所以急着向朋友提出另一个约会，以碰运气，是因为他太无聊了，信里附上的众多速写之一便是证明。画上一丝不挂（但用一枚葡萄树叶遮羞）的魏尔伦雕塑状地踞于底座上，底座上刻着该雕塑的标题和作者名：烦闷。永维尔城作。画名为《1873年美术沙龙：被拒者画廊》。须知暂时他没找到任何准备接受他的《无词浪漫曲》的出版商。就在下面，作为对这种出诗遭遇困难的证明，另一幅画，署名P.V.，表现的是"沙勒维尔的毁灭，该城的印刷厂主和记者"。第三幅依旧是出版方面的画，表现埃德蒙和保罗扮作17世纪贵族模样，戴假发，穿长袜，佩剑。画中魏尔伦一边递上他的《无词浪漫曲》，一边向勒佩勒捷恭敬地深施一礼，预示着他将在送他的样书上题上谦恭的献词。还是在这封信里，另一幅题为《我们》的画上，只见魏尔伦和德拉艾被界碑分开，在佩尔希克一边，魏尔伦哭着，手里拿着德拉艾给他的一封信："怎么！一张也没画。呜呜呜！"在弗兰西①这边，德拉艾低着头想："唉！惭愧。"换句话说，魏尔伦责怪欧内斯特没给他寄几幅有趣的画，让他得到片刻消遣，忘却郁闷。不错，他烦闷，烦闷至极；不错，他只想着阿蒂尔。在这封书信的画集里，他也画了他。画中能看到兰波的大半身，坐在随便哪张咖啡馆的桌前，面对许多长颈大肚酒瓶，他戴着在伦敦买的那顶礼帽，右手拿着烟斗，画名为《他》。他总共只说了那句挂在嘴边的粗话："啊！他妈的！"从征兆看，魏尔伦感到有必要亲自出现在这个肖像画廊里。他在信中插入他自己的肖像，相当于签名。表现的侧脸，采用了文艺复兴时的纪念章的形式，下巴上留着魔鬼般的两撇小胡子，一副功成名就的姿态。上面标注的铭文是：森林诗人帕奥罗·魏尔拉尼奥。诗人得以传世，全靠留给后人的他的容貌。

回过头再说布永之约。不幸的是兰波通知德拉艾，他那天没空，欧内斯特也不能前往。这个"18号星期天"，倾盆大雨里，魏尔伦如约"11点至12点"赶赴"阿东夫饭店"，但谁也不在。"和色当的法国人及一沙勒维尔中学的高大的中学生共进午餐。阴郁的筵席！不过巴丹格落到屎堆里，在这个喜欢腐尸的国度这倒真是享受。"[81] 但依

---

① 魏尔伦故意模仿比利时口音，将比利时和法国改写成"佩尔希克"和"弗兰西"。

我们看，魏尔伦并未完全浪费光阴，因为他利用这下雨的下午给兰波写了封信，那语气极尽爱和性的两相默契。

> 兄弟儿，我的确有事要告诉你。但现在2点了，箱子要颠簸了。明天也许我会给你写信，告诉你我的全部计划，文学以及其他的。你会为你的老母猪（德拉耶子被打倒了！）高兴的。
>
> 暂时要亲吻你，但愿能很快相见，让我这星期能有希望。你一个手势，我就来。
>
> 我的兄弟（**直接叫兄弟吧**①），我非常希望。我很好。你会高兴的。
>
> 不久见，对吧？快点写信。说清楚。你很快会得到你的片断。
>
> 我是你**永远张开的还是开着的老生殖器**②，我记不清我那些不规则动词了。[82]

从性主动和被动的分配上看，保罗的信很少如此明白，就在他要彻底打败朋友德拉艾的那些淫秽笑话的方式上：我是你的老母猪，谁能说得更好？我对你永远都是张开的生殖器，虽然英语里我不会给打开③变位，它应该和我一样是不规则的，其实是完全规则的。我欢迎你，至少用英文，你用同样的语言接收我。还有这个"你会高兴的"，因为我不再为玛蒂尔德心神不宁了？我只想要你？我从母亲那儿得到再去伦敦的钱了？也许这一切都有。须知两人只想要去英国。两人都在阿登省闷得要命。魏尔伦再也受不了总是独自一人在永维尔城周围做同样的散步，兰波在罗什透不过气来。"我痛苦极了。没有一本书，附近没有一家酒馆，街上什么事也没有。这法国的乡下让人厌恶透了。"[83]只有逃走。5月23日魏尔伦详细制定了旅行计划，他告诉勒佩勒捷："明天我去布永，在那儿和梅济耶尔－沙勒维尔的哥们儿碰头；从那儿去列日，一座美丽的城市，我还没去过。从列日去安特卫普，从安特卫普去伦敦。海上18小时，还不算埃斯科河和泰晤士河，但很便宜，我又不晕船。我希望五天内就到*雾都*④。"[84]5月

---

① 原文为英文。

② 原文为英文。

③ 原文为英文。

④ 原文为英文。

24日星期六（也可能是25日），魏尔伦要在布永与兰波和德拉艾相见，准备远行。他到那儿时酩酊大醉（一路上他肯定喝遍所有咖啡馆，让自己确信决定的合理），因而迟到了。此事他念念不忘，在1875年7月1日从"黏糊面条（斯蒂克努耶）"①给欧内斯特的信中还提到："我那天够差劲的。但时过境迁，我不守时（况且这也不是我的毛病）的原因已不存在了。"[85] 5月26日星期一，保罗和阿蒂尔在下午4点左右上了大东部铁路公司的轮船。"十五小时，横渡海峡，罕见的美。"[86]这是风暴过后美妙无比的暂时平静，完美的和好。第二天黎明时分，他们到了哈里奇，在那儿坐上去伦敦的火车。

这次魏尔伦和兰波在坎登镇大学院街8号落脚，在金斯克罗斯站后面，离海格特村不太远。"一个非常令人愉快的街区，简直像在布鲁塞尔。"[87]魏尔伦特别指出。也许是由于住宅区附近那些小园环绕的小房舍之故吧，他看来很高兴住在这个房屋稀疏的街区，这里住着许多知名艺术家，尤其是邻近的西北部乡村看来很奇妙，他更加欣喜若狂，他以后将常常去那边散步。"伦敦现在很迷人。"[88]他满怀良好的愿望。他坚决要工作，又一次声称脑子里有无数打算。他开始写后来出现在《昔日与昨天》和《平行集》中的某些作品。同时，他挂念着古斯塔夫——这是他给《无词浪漫曲》手稿起的奇怪的别名——的命运，一再催促埃德蒙加快出版进程："不明白为什么政治会伤害这个脆弱的男孩，事先便注定沦落到**特卖**的命运，从而销量稀少。"[89]不久他认为他的话剧成形了，至少在脑子里完成了；小说也一样，也是在脑子里；还有下一部诗集，其中包括《岛屿》《谷仓的生活》《水下》《沙漠》，还是在脑子里。他重新和布莱蒙联系，以便得到没收到的七期《复兴》。他真的在伦敦安家了，以至于不再读法国报纸。他常去大英博物馆阅览室。作为最高奖赏，他成了"**家庭教师**②"，也就是说他上法文辅导课，每月一百到一百五十法郎。非常微薄，因为他暂时只有一个学生，而他在《每日新闻》《每日电讯报》上登了十五六个广告。他期望一个中学校长能提供给他别的职务，或许是学监，半年，供膳食，报酬还行，而且相当自由。"总之，"他明确表示，"我今晚就去见他。"[90]这不是什么了不起的事，一个学生，学监身份。但主要是不再站在局外，避免脱离社会。还是为了有利于重新融入社会，魏尔伦

---

① 是对斯蒂克尼做的文字游戏。

② 原文为英文。

认真地学起了英文，尤其是发音。他常去看望安德里厄和住在离他两步远的肯特镇的维尔麦希。他尽量常去剧院。显然魏尔伦轻松些了。他并不真想巴黎，在他比较欣赏的伦敦，他说，就像欣赏那里的"天真而严酷"的风俗一样，"在蛮人中间"，他重新找到某种生活的欢乐。他差点儿觉得自己是英国人，在对法国的蔑视上，比英国人还英国人："您看英国报纸对法国目前危机的评论吗？"他问埃米尔·布莱蒙，"多恶心！什么样的仇恨！一下子，他们就不再是嘎嘎叫的巴丹格派了！但还有，这个左派，这个梯也尔，这种臭不可闻的顺从！呸！尼尼！全都是 ba ba。"[91]也许他并未完全摆脱夫妻的忧虑，但他不再纠缠不休地谈论它了。他战胜了危机。他最先承认这一点，不像往常那样哼哼唧唧了："我丢人的不幸和那愚蠢的背叛，我曾以为会为之死掉，却因为太丢人、太愚蠢反而救了我。*我再也不去想那些事了。*"[92]这是康复公报。

    一切都在好转，虽然这一时期，魏尔伦的所有信件中留下一个严重的、令人担忧的盲点：他从未提及兰波。这样的沉默首先说明保罗尤其不愿引起别人对他这方面生活的注意（须知他始终在追求一定的体面），也说明他的生活不再完全依赖阿蒂尔。他试图找回一定的独立，最低限度的自主。当时他要融入社会的愿望便可以证实这一点。也未必不能认为这回是兰波有了妒意，后悔为保罗牺牲了自己的自由，而这个保罗却并不只关心他。他怎么会不觉得有点儿受到冷落呢？为什么他总是左右一切？于是吵嘴争斗又开始了。受到欺侮、虐待，魏尔伦又变得懦弱和感伤起来，他无数次地惋惜玛蒂尔德不在身边，他无法治愈的罪感又抬头了。兰波再也受不了他的犹豫不决、变化无常、遗憾懊悔、哭哭啼啼了，重新变得尖酸刻薄、粗暴凶恶。他嘲笑保罗，侮辱他，让他重新想起他一百八十度的大转弯，他那些翻云覆雨，向他证明他性格软弱、怯懦。多么"可怜的兄弟"，根本不配写诗！酒精让他们失去理智，在酒精刺激下，暴力又回来了，并严重起来。无疑，《彩图集》的某些篇章便仿佛有这些狂怒与心碎的可耻之夜压低了的回声："可怜的兄弟！多少糟糕的夜晚得归功于他！［……］几乎夜夜，刚刚睡下，可怜的兄弟便起来，烂嘴剜眼——依然像在做梦！——把我拽到客厅，号叫着他愚蠢的伤心梦。"（《浪子》）于是魏尔伦耐心筑起的整座社会和职业体面大厦可悲地坍塌了。很快，魏尔伦和兰波开始在法国流亡者小团体中引起议论纷纷。他们不可能不看到他们一次次的醉酒，激烈的争吵，不能不探究他们关系的真实性质（并谴责他们）。（因为，不幸的是，革命者往往比最顽固的保守派还要严守戒规。）朱尔·安德里厄由于公社期间身居要职，代表流亡者的精神权威，一天，他"接待兰波"，德拉艾说，他"情绪很不好，竟至采取粗暴做法"[93]——无疑，是把他撵了出去。这种方式意味着那对情人被伦敦的公社集团驱逐出去——这一开除，足以让魏尔伦再次失足。公开的流言甚至传到当局那里，因为伦敦警方6月26日的一份报告被转到了法国巴黎警察局："一个原塞纳省政府职员（公社期间依然在职），偶在《回顾》上发表作品的诗人，魏尔伦先生和一个常来其家庭所在的沙勒维尔的年轻人，在公社期间参加了巴黎自由射手的年轻的兰波勒（原文如此）之间有一种奇特的关系。魏尔伦先生的家庭对这一可耻事件的真实性确信无疑，要求分居的因素之一便基于这一点。"[94]奇特的关系首先因为是同性恋，但也因为从外观之，也可以感到这种关系浸透在一种极端暴力的氛围中。后来，在1873年8月1日的报告中，隆巴尔警官记录了魏尔伦如何试图向玛蒂尔德证明"他厌恶甜得腻人的家庭生活：'我们有残忍的爱情！'一边说着，一边给妻子看他的朋友兰波用刀划破刺伤的胸脯。这两人像凶猛的野兽一般撕打、相伤，为了得到和好的快乐"[95]。德拉艾也讲述了两个暴烈的情人互相施暴的情形："我们的疯子不是竟敢买来尖刀，像德国大学生一样作为武器用于决斗！并不太严重，他们用毛巾包住锋利的刀身，握在手中，只露出刀尖，对准脸和喉咙；但他们都一样不够残忍，因而不想狠打；刀划破拦挡的胳膊的袖子，如果流一点血，他们赶紧跑去对着一杯杯苦麦芽啤酒或白兰地①，言归于好。"[96]显然兰波和魏尔伦的关系中有施虐受虐的成分，恶魔般的丈夫虐待愚拙的童女。在所有传记中，魏尔伦不可避免地又成为大输家。将两个诗人每对比一次，他就变得渺小一些。因为在人心目中（而且又一次将那永远的男性与女性的对立照搬过来），大概只能看重积极，贬低消极，维护力量、果敢，抨击软弱、屈服。

这种无法控制的可怕的放纵暴力行为促使魏尔伦再一次请母亲前来，以期稍稍缓和一下这个游戏。这种情形不能再继续下去了。虽然魏尔伦夫人大驾亲临伦敦看来无误，因为她儿子交给她一封写给布莱蒙的信，她一回到巴黎就寄了出去，但她做了什么我们却一无所知。不过我们可以推断她劝保罗在最短时间内跳出这个陷阱。无疑他听从了劝告，因为他暗中采取了一些防备万一的措施。他的私人记事本上便指出，他

---

① 原文为英文。

把手稿和内衣委托给肯特镇的爱德华·斯蒂芬森先生，外衣托付给他在坎登镇的房东史密斯太太[97]；他打听去安特卫普的轮船时刻表。同时气氛必然更加恶化，因为又一次重新倒向家庭和夫妻阵营一边的魏尔伦，肯定重新不断向兰波说起玛蒂尔德和婚姻。恶性循环：分手在所难免。十天后，兰波在布鲁塞尔对预审推事的证言中声称，与保罗的交往变得无法进行。"上周初，我们吵了一次。起因是我责备他懒散，还有他对我们认识的人的处事方式。吵架后，魏尔伦几乎很突然地离开了我。"[98]故此，要想象一下把懒惰当成真正的美德的兰波指责保罗懒散！其实他们已到了这样无法挽回的地步，只能是很不公正地对待对方。

一到关系最紧张的时刻，总是一个荒唐的微不足道的原因导致决裂，这次也不例外。事情发生在7月3日星期四。听听欧内斯特·德拉艾给我们讲述的这个既带悲剧性又滑稽可笑的场面吧："一天早晨，魏尔伦'上市场'回来，提着一条鱼出现。他拎着鱼看着，一副笨头笨脑的可怜相。那东西，也许由于7月的炎热，味不太好闻，于是兰波冷笑着用很不中听的话形容这个临时'家庭妇女'。这真不是时候，因为魏尔伦刚刚已经在街上遭到'淘小子们'和'放肆的姑娘'的揶揄①，正在寻思。尴尬是件讨厌的事，他受够了，够了，够了！……他怒不可遏，把买来的东西照着挖苦他的人的脸甩过去，离开家，在泰晤士河上找到第一条去比利时的船，就跳了上去。"[99]这样的叙述，再怎么成功，也不免有虚构之嫌，因为上船去比利时的圣凯瑟琳码头在伦敦塔附近，离学院大街五六公里远。魏尔伦是连卧室都没去，也没拿一点行李就走了；还是相反，不顾兰波的阻拦，将主要的衣物塞进一个箱子里，这些设想确实于事毫无影响。但很难想象魏尔伦跑五公里路，兰波在后面追赶。更难想象魏尔伦提着箱子和包裹跑同样的路程，后面跟着当然不肯帮他一下的兰波。这不再是绝交，而是马拉松赛跑。而且怎么就那么巧，恰好在这个时刻，在这场意外的争吵之后，就有一趟去比利时的轮船？也许是有那么一次多余的讥笑（而且为何不就是关于一条鲱鱼或一条鲭鱼呢，这无关紧要），多余的争吵，多余的醉酒。在最后一刻，当轮船起航时间临近，受到伤害、忍无可忍的魏尔伦告诉阿蒂尔一切结束了。兰波不相信，他了解的魏尔伦是那样优柔寡断。但人们总是错误地不把一个醉汉的决定当真，因为醉汉常常

---

① 原文为英文。

意识不到自己正在做他说过的事。兰波直到最后一刻才在岸上赶上他。甚至也许是魏尔伦已经上船，在一个舷梯上，醉醺醺地取笑着兰波。兰波很可能真的极力挽留他，魏尔伦的离去意味着兰波将返回老家沙勒维尔。哪怕只是为了逃避阿登山区，兰波也还很需要保罗。

第十一章

惨　剧

我们在布鲁塞尔的情形犹在眼前［……］啊！他那下地狱的大天使似的眼里流露出恶毒、冷酷的光芒！我话都说尽了，想让他留下来。但他就想走，我感到什么也不能让他回心转意。

——保罗·魏尔伦《和阿道夫·雷特的谈话》[1]

不可能的决裂！魏尔伦刚刚离开兰波就已试图恢复关系。7月3日星期四，在将他载到比利时的渡船上，他给兰波写了封信，一到奥斯坦德就寄了出去。他先向兰波表明他不能再忍受"这种暴力和争吵不休的生活，这些争吵没有理由，只是由于你的任性"[2]，紧接着便是要挟，直接、突然、夸张而且富于戏剧性：

只是，我曾非常非常爱你（谁不信就让谁见鬼去吧），所以我也一定要肯定地告诉你，从现在起，三天内，如果我不能和我妻子在良好的状态下又在一起，我就自行了断。三天旅馆，一把手枪，这可不便宜：所以有我刚才的"**吝啬**"。你得原谅我——如果，我必须做这件最蠢的蠢事，因为这很有可能，至少我要做得像个诚实的傻瓜。——我最后的念头，我的朋友，将是想着你，想着刚才从**码头**①上叫我的你，我没想过去，**因为我得去了——终于！**

你愿意让我在要死的时候亲吻你吗？[3]

---

① 原文为英文。

我，你可悲可怜的保罗·魏尔伦，要自杀了，如果我妻子不回到我这里来……或者你，你不回来的话。这句话，信里没有明言，但这是此信明摆的目的。否则，魏尔伦为何还给阿蒂尔写信，如果一切都是要恢复从前的夫妻关系的话？魏尔伦像个十足的哗众取宠的蹩脚演员，使形势戏剧化，并添油加醋，以吓唬阿蒂尔，这是显而易见的。一切听来都有点虚假。而且，虚拟式未完成过去时，无疑用得过分而且不是地方，在这里发出刺耳的声音。这犹如悲喜剧中的一个滑稽动作，或者像埃玛·包法利婚礼上乡村小提琴师的琴弦。魏尔伦摆出自杀者的姿态，不过他确信兰波不会在英国逗留。因为他在英国地址"N.W.伦敦坎登镇学院大街8号，阿蒂尔·兰波先生"后面，留意加上："或，万一离去，法国阿登省，阿蒂尼区，罗什（兰波夫人家）。"[4]另外，怎么能看不出附言是在极力否认自己本来的愿望？"无论如何，我们不会再见了。我妻子如果来，你会得到我的地址，希望你给我写信。暂时，从现在起三天内，不多，不少，布鲁塞尔，留局自取——我的名下。"[5]在保罗设定的玛蒂尔德三天内不来找他便自杀的最后期限里，兰波会给他写什么呢？对呀，倘若没有回来的打算，能对他写什么呢？

兰波不会上这个圈套的当，而且冷酷地，极尽冷酷地回复了他，这很容易理解。这和他7月4日星期五下午，魏尔伦刚走后他立即写的那封信相比真是天壤之别，在那封信里，他显得温柔、爱抚、多情、令人快慰：

> 回来吧，回来吧，亲爱的朋友，唯一的朋友，回来吧。我向你发誓，我会对你好的。我惹你不痛快，是因为我执迷于一个玩笑，现在追悔莫及。回来吧，会忘掉这些的。你竟然把玩笑当真了，真倒霉。已经两天了，我不停地哭泣。回来吧。勇敢点，亲爱的朋友。还有救。你只要再重新回来。我们将在这儿重新勇敢、耐心地生活。[6]

是的，兰波提议继续进行感情和诗歌探索。勇敢、耐心地生活。这不单纯是情感的表述，也是要干的事业的表述。不，即使兰波接下去是恳求，也绝不像亨利·吉耶曼所持的观点（如果这是一对异性恋人，也许他的说法完全两样）那样，是一个"由于蛮横无理过了头，被保护人抛弃的少女"的手法，"答应只要那位先生愿意再接收她，便一定又温柔又可爱"[7]。怎么能感受不到这封信那种温柔稚气的抒情性呢？那是在奉承谄媚而不是在诱骗。这封信成了一首自由体的小诗：

是的，全是我的错。

哦，你不会忘了我吧，嗯？

不，你不能忘了我。

我可始终记着你。

喂，回答你的朋友，我们不能再一起生活了吗？

勇敢点。快回答。

我不能在这儿再待下去。

只听从你的心声吧。

快，说我是否该去找你。

一生属于你。[8]

但是兰波在收到保罗这份可恶的要挟，这封写"于海上"的讨厌的书信后，在7月5日的回信中语气完全变了。首先他的判断毫不留情："这回，你错了，而且大错特错。首先，你的信中没有一点实际的东西。你妻子不会来。或者三个月、三年以后会来，谁知道？至于撒手而去，我了解你，你会一边等着你妻子和你的末日，一边坐立不安，东游西荡，讨人厌烦。"[9]接着他指出魏尔伦失去的一切："只有和我在一起你才自由，而且，既然我向你发誓将来非常可爱，我为我全部的过错痛心，我终于有了明确的意愿，我很爱你。如果你不想回来，或者我不去找你，你就在犯罪。**你会成年累月地后悔的，由于失去全部自由，由于那也许比你尝过的所有烦恼都难挨的烦恼。**此外再想想认识我之前你是什么样。"[10]显而易见，兰波又控制了局面，即便是仅从实际方面看。在前一封信中，他对保罗说，只要他回来，就会拿到所有衣物；而这次，他告诉魏尔伦，他迫使他卖掉魏尔伦的全部衣服，他别无他法。这就像是家庭内的残忍的小动作，甚至有过之而无不及。总之，这是冷热水交替淋浴法，要么是胡萝卜，要么是大棒；要么是爱，要么是鄙视。"只有一句话是真的，那就是：回来吧，我想和你在一起，我爱你。你听我这话，就表明你有勇气，真心诚意。否则，我可怜你。"[11]

7月4日，魏尔伦抵达布鲁塞尔，下榻在列日旅馆。那是一个不起眼的小旅馆，坐落于北站一带，万国广场（现在的罗吉耶广场）和进步街的一角[12]。他早就熟悉这个旅馆，1867年，他来见维克多·雨果时就同母亲一起下榻于此，一年前的1872年7月9日又和兰波在此小住。他从那里把他的要挟告知亲友，首先是母亲。4日他写道：

> 母亲：
>
> 　　我打定主意，如果我妻子三日内不来就自杀！我已给她写信说明。我如今在这个住址：布鲁塞尔进步街列日旅馆2号房间，保罗·魏尔伦先生；永别了，如果必须这样的话。曾深爱你的儿子，保罗·魏尔伦。我特意离开伦敦。[13]

在这种至少是紧张微妙的形势下，两位母亲，魏尔伦夫人和兰波夫人都将做出强烈反应。魏尔伦夫人于6日，星期天，就到了布鲁塞尔。这就是说这位现年六十四岁的老夫人一刻也没有耽搁，儿子一有难处，她便火速赶来。只要事关援助亲爱的保罗，她随叫随到。至于罗什的兰波夫人，她于7月6日给魏尔伦写了一封长信，劝他打消那个致命的计划：

> 自杀，倒霉蛋！人不堪忍受不幸时自杀是**懦弱**；当人有一位神圣、温柔，会为您献出生命，会因您的死而死去的母亲；当人身为一个今天向您伸出胳膊，明天向您微笑，总有一天会需要您支持、忠告的小生命的父亲；在这样的情况下自杀是**一种可耻行为**。世人鄙视这样死的人，上帝本人也不能原谅这样重大的罪行，会把他从天国赶出去。[14]

接着她便开始进行大段的道德训诫，说明她早就预见到他和阿蒂尔的关系最后"不会有好结果，为什么？您会问，因为没有得到善良正派的父母允许、赞同的事，对孩子不会是好事。你们，年轻人，你们嘲笑一切，什么都不在乎，而我们有经验可以传给你们却也不假。每当你们不听我们的忠告，你们就要倒霉"[15]。兰波夫人接下去诉说了半天自己的痛苦，并说明她从未向厄运屈服。这样一封信不可能真正让魏尔伦走上所谓正路。不过应当承认，兰波夫人的头脑本来形成于阿登山区那狭隘的观念，她那最最传统的道德观却表现出承担往轻了说是意外、往重了可以说是闻所未闻的局面的惊人能力。使阿蒂尔和保罗走到一起的同性恋关系，她十分清楚；她知道他们的关系，当然绝不可能接受这种关系，但至少她不正面谴责它，而是提出她的以责任为重的道德典范。

正像兰波预见的那样，魏尔伦一味地讨人厌烦。7月5日，星期六，魏尔伦偶然在街上遇见画家奥古斯特·穆罗，他父亲认识的一个军官的儿子，魏尔伦把自杀的打算告诉了他。7月6日，他写信给勒佩勒捷："亲爱的埃德蒙，我要自行了断［……］"但他没把信寄走，魏尔伦夫人在保罗被监禁后，在他房中发现了这封信。他不知道，而且使这种局面显得特别滑稽可笑的，是玛蒂尔德连拆都没拆就把他那封信扔到了抽屉里。她从此最渴望的是清静安宁，她想忘掉一切，想不受侵袭，不论自己还是孩子，所以，她不再看他的信。"这封信和其他信一样，寄来后过了五年我才读，而魏尔伦还活得好好的。"[16]

不过，一方面他似乎坚定不移，绝不反悔；一方面却已开始放弃并拟订另一个计划，他给马图泽维奇的信便是证明。此人曾是公社军队的上校，到伦敦避难，兰波和魏尔伦在那儿遇见了他。魏尔伦对马图泽维奇说明他"不得不把兰波扔下不管（不论别人说什么），不管这会让［他］怎么伤心，真是的"[17]！他等着妻子，一直到明天中午，同时又明知她不会来。说了这些之后，他向他吐露了自己的计划："［……］我开始发现这样自杀太傻，宁愿——因为我在这事上面如此不幸，真的！——参加西班牙共和志愿军。为此，我明天便去这里的西班牙使馆，打算不久之后出发。"[18]显然，魏尔伦还在想着他的前途，认为自己有前途，因为他请求马图泽维奇立即去坎登镇学院大街8号，"索回兰波不会需要的衣服和书——因此——真有不少手稿，记事本……他肯定会丢下不要的。——我求您，*尤其是那些手稿*，快去要，我将是最感激您的人——去吧，我恳求您，*一收到此信就去*——并快点给我写信，快，快，收信即回复"[19]。这是要挽救那些衣物，如果还来得及，但尤其是要挽救那些手稿。

7月8日8点38分，魏尔伦给兰波发了封电报，10点16分伦敦收到了这封电报："西班牙志愿军来列日旅馆如可能洗衣女工手稿。"[20]魏尔伦的上封信让兰波冷酷无情，而这次兰波却对电报的召唤做了让步。要说明的是，头一天，他自己也寄了一封鼓舞人心的信，信中试图让保罗放心，告诉他所有书籍和手稿都安然无恙，"总之，卖的只是你的裤子，黑的和灰的，一件外套一件马甲，包和帽匣"[21]。总之，兰波还没犯下任何无法挽回的错误，一切从头开始是可能的。"是的，亲爱的宝贝，我还要在这儿待一星期。你会来的，是吗？跟我说实话。你可以做出勇敢的表示。但愿是这样。相信我，我的脾气会好起来的。"[22] 7月8日，星期二晚上，兰波到来后，两个朋友换了旅馆。也许是兰波的主张，他不想激起对去年夏天的某些痛苦回忆（玛蒂尔德和母亲到那儿带走了保罗）；也许是魏尔伦的主张，因为玛蒂尔德知道列日旅馆的地址，既然他有阿蒂尔为伴，他不希望看到她突然驾到。和魏尔伦夫人一起，他们住到市中心，老布鲁塞尔的心脏，大广场附近一家旅馆兼饭店"库尔特莱城"，位于啤酒商街1号。他们在二层不是租了三个房间，而是两间，而且两间房间相通。也就是说，他们既有些不慎，又有些无耻地让魏尔伦夫人做了他们关系的见证人！魏尔伦不是隐隐地渴望着通过母亲的在场，使其爱情得到这样的合法化吗？

星期三晚上，魏尔伦又一次饮酒过度。然而，次日，就是这个灾难性的7月10日星期四，他仍然一大早6点左右就起床，去了市中心圣于贝尔商业街一家武器商店，蒙蒂尼商号。他花了二十三法郎向蒙蒂尼的合伙人勒鲁瓦先生买了一把七毫米口径六响手枪和一盒五十发子弹。他让人讲了枪的功能，不久之后，在夏尔特尔街的一家小咖啡馆，他给枪装上了子弹，他曾到这家咖啡馆会过一个朋友。不过那极有可能不是他那天上午进的唯一一家咖啡馆；他要有整杯整杯的酒鼓劲，才能继续他的计划。总之，应当承认，魏尔伦是经过三思，有条不紊地照计划行事的。没有什么比魏尔伦行为的这种有序性更令人不安，但怎么能确定这一切暴力是要发泄到别人身上还是发到自己身上？他是想威胁阿蒂尔，还是想使其自杀的要挟具体化？中午前后他回到旅馆，当然喝醉了，情绪异常激动。他把刚买的手枪给兰波看，毕竟他做的一切，只有当着这个享有特权的证人的面才有意义。阿蒂尔问他打算用枪干什么，魏尔伦开玩笑地答道："这是给您，给我，给所有人准备的！"[23] 尽管如此，他们仍然一同去了大广场上的一家咖啡馆"啤酒商之家"，在那里他们也许争论、吃饭，但肯定喝了酒。午后他们回到旅馆。

无疑在"啤酒商之家"，阿蒂尔和保罗详尽地谈及他们的关系以后会怎样发展，还有没有继续的可能。争论很可能很快激化起来，因为虽然兰波似乎怀着最良好的愿望（就算兰波真会有"最良好的愿望"，不过，他最后那封信倒似乎可以证明他并不反对恢复关系）来到这里，但一见朋友过于激动的情绪却泄气了。"他就像疯了一样"，他在证词中反复说道，尤其是魏尔伦夫人的在场肯定令他大为不悦和恼火，他和保罗的关系又一次成了一件家事。回到旅馆，魏尔伦继续使紧张局面升级。他一次次地下去喝酒。在酒精刺激下，他越来越激动，极力劝说兰波不要回巴黎。但阿蒂尔根本听不进去，打定主意，甚至向魏尔伦夫人要路费。这无疑太过分了，这样的挑衅让人忍无可忍。按照兰波7月12日向预审推事所做的叙述（他的证言比他的朋友的所有声明都精确、详细得多。不过，保罗喝了那么多酒后，还能真正记得他做了些什么吗？），魏尔伦一怒之下，锁上了朝向楼梯平台的房门，坐到一把靠着这扇房门的椅子上。也许他想用实实在在的方式，把他关起来，向他声明，他走不了。于是到了故事的关键时刻，还是兰波的说法："我站着，背靠着对面的墙，他对我说：'这就是给你预备的，既然你要走！'也许话不是这么说的，但意思是这样。他把手枪瞄向我放了一枪，打中了我的左腕。几乎紧随着第一枪便响了第二枪，但这次枪不再对着我，而是压低了，对着地板。"[24] 第一枪击中了兰波的左腕，听到枪声，看到血，我们可以猜到，魏尔伦瘫软了，他的举动消耗了他全部的锐气。他绝望了，却并不妨碍他再演一出戏，那就是杀人犯请求为其行为受到惩罚和处决："他冲进旁边他母亲住的屋子，扑到床上。他像疯了一样，他把手枪放到我手里，让我朝他太阳穴开枪。他的态度就是对他遇到的事感到懊悔不已。"[25]

在所有证词、所有审讯中，这场戏似乎只有两个主角，但其实却像是有三个人。魏尔伦夫人很可能在场。确实，多年以后，阿道夫·雷特到布鲁塞医院去拜访魏尔伦，他讲了事情的整个经过，便把魏尔伦夫人说成了惨剧中的一员。那天，魏尔伦大大改写、编造了这个片断，他虚构了7月10日这天大量灌进的酒精作用之下已从他记忆中消失的大部分内容。他想象兰波走到楼梯并几级几级跨下楼梯后，母亲试图阻拦他。最后，他急了，骂着推开她："由于她想挡住去路，我一下把她推开，用力过猛，她额头撞到门框上……哦，我知道，这看上去很野蛮，但我失去了理智。为了再得到兰波我会不惜干掉一切。"[26] 反正他冲下了楼梯，在街上追上阿蒂尔，最后冲他开了两枪。应当认为魏尔伦是完全忘了，其实一切发生在他房间里。但母亲在场的情节是完全编造出来的吗？其实他可能推了她（如果他该记得什么，那就应该是让母亲遭受的暴力），也许是他和兰波关进房中时把她推到外面，或不让她进来。也不排除是兰波自己在两枪后开的门。下面便是她控制局面了。够了，伤害够大了！该做出反应了。阿蒂尔受伤，保罗完全瘫软了。简单包扎了伤口后，下午5点左右，在事件之后也许已经不知所措，失魂落魄的魏尔伦陪同母亲带兰波去布鲁塞尔城的另一边植物大街上的圣约翰医院。医生给他治疗包扎了伤口，伤势看来并不太严重。下午7点左右，这可怜的三人回到啤酒商街的旅馆。

一回来，兰波随即告诉魏尔伦他在来回路上的决定：他想走。很容易理解，必须躲开这种讨厌的紧张的暴力气氛。连魏尔伦夫人也肯定认为这是最明智的决定，因为她给了他二十法郎的旅费。他们将把兰波一直送到南方车站。但在去那儿的途中，一切又重演了。第一次灾难似乎还不够。魏尔伦竭尽全力挽留朋友，兰波坚定地继续走他的路。魏尔伦走到鲁普广场附近时，按照兰波向警察分局所做的声明，他抢先走了几步，然后向他回过身："我见他把手伸进兜里掏枪。我转身往回走。"[27] 兰波感到受到威胁，但照魏尔伦所说，兰波完全搞错了。在预审推事审问时，魏尔伦的说法完全两样（确实，那是第三天，7月12日，星期六，下午3点左右，其间他早该醒酒并镇静下来，并意识到为自己辩护证明自己无罪的必要），他说他只是想阻止兰波回法国："路上，我重新提出我的恳求，甚至走到他前面，就像要阻止他继续走一样。我威胁他说要一枪把自己的脑袋打开花，他也许当成我在威胁他，但这并不是我的意图。"[28] 就这样兰波逃跑了，向警察奥古斯特·米歇尔求助，讲了他刚刚遇上的事。魏尔伦被逮捕，押至市政府的警察分局。人们可能要指责兰波，这个极端自由主义者，竟去求助于警察局，由此引发司法程序，使魏尔伦进了监狱。但一方面，他肯定感到自己确实受到朋友的威胁，魏尔伦已经向他开了一次枪（"魏尔伦像疯了一样 [……] 他不断把手伸进放着手枪的衣服兜里；[……] 他的态度让我害怕他再次做出过激的行为"，他向预审推事声明[29]），一方面，他怎么会料到警察对魏尔伦的质询会有那么巨大悲惨的后果呢？但毕竟，多么可悲的事件，如此糟糕的社会新闻，将要出现在那外省小报社会杂闻专栏上！那些绝对的梦想多么具有讽刺性的破灭！

现在是晚上8点。副警长，布鲁塞尔市警察局的警探约瑟夫·德拉尔首先扣下魏尔伦的手枪和还装有四十七枚子弹的匣子（故而枪里肯定还上有一发子弹，既然魏尔伦开了两枪，阿蒂尔的疑虑的确是没有道理的）。他录下了阿蒂尔·兰波、保罗·魏尔伦和魏尔伦夫人的口供，她没有转弯抹角，而是立即直截了当地对儿子的朋友提出指控："大约两年以来，兰波先生靠我儿子生活，我儿子对他暴躁刻毒的性格很不满意。"[30]在她看来，那顶多不过是保罗一时失去理智，总之没什么大事。

兰波和魏尔伦夫人一走（同时必须听候司法机关吩咐），警察便将被掏空衣袋的犯人转送到布鲁塞尔市阿米戈拘留所拘留起来，阿米戈就在市政府后面。多年以后，魏尔伦自己讲述了在监狱度过的第一夜："由于我身上有钱——连同我的衣服，这是在警察分局给我留下的一切——他们**按规定**把我放到自费单间牢房，这倒挺好。这个单人牢房从一个高高的气窗通风和采光，里面有两张床，两张桌子和两把椅子，其他舒适的起居设备都省去了，只有一样除外。它并没给我带来应得的安宁。一个衣冠楚楚的醉鬼，最讨厌的祸害，很快便来和我同甘共苦！可怎么说他这一夜都让人受不了。外面传来歌声、叫声、大吵大嚷声，直到深夜。尤其是《安戈大娘的女儿》的曲子当时正风行比利时，它一遍遍地在我身边唱响，直到黎明。"（《狱中杂记》）也许此时此刻魏尔伦还没意识到自己上了什么样的战船……

第十二章

监　禁

那些酗酒的、拉皮条的、生活放荡的、各种层次形形色色的恶棍对于教会构成一批优先的顾客，因为他们是可塑之人，特别易于产生神秘幻象。这就是卡尔德隆在《对十字架的崇拜》中清楚地看到的。

——洛朗·塔亚德[1]

　　从此司法机器不可救药地启动了，什么也不能让它停下来。7月11日，吃过早饭，魏尔伦担心起来，开始对自己的获释提出疑问，因为时间在逝去，却什么也没发生。下午1点左右，一辆囚车，"外面涂成黄色和黑色的金属壁板，因而有点惹眼"（《狱中杂记》），带他穿过布鲁塞尔，把他送到小卡尔默监狱。在那儿，他正式"被控告犯有杀人未遂罪"。这时他才开始意识到他的事比原来预想的厉害、严重得多，他确实是进了监狱，不折不扣地进了监狱。笑到头了！可鄙的吵架酿成大祸！阿米戈监狱"纯粹是个序曲""短暂但很好"，这里却是真正的受难地。"我到了那儿，愕然，胆怯，好像还醉着。况且，我穿得很好，于是遭到我那些同伴们嘲笑、讥讽，还有怎样的眼神！这些真让我受不了。又有狱卒，一个打扮艳俗的粗鲁家伙用佛拉芒语向我催三喝四，我从话的语调上能明白话的意思。他用手指着一帮人，他们在剥土豆皮。这活儿很累，要站一个小时。有人敲钟，该吃午饭了。食堂涂着石灰。不干净的桌子和长凳。"（《狱中杂记》）魏尔伦总共在那儿过了三个月，幸好他的监禁条件还是要好转的。7月20日魏尔伦写信给维克多·雨果，请求他做玛蒂尔德的工作。当监狱长接到那位著名诗人写给他的囚犯的回信时，少不了要大为震惊。"可怜的诗人，/我会去见您可爱的妻子并以您亲爱的小男孩的名义帮您讲话。勇敢点，回到正路上来吧。"
（《狱中杂记》）

监狱长看到在这样一个没有什么可取之处的地方，一个人却和那样一位名人通信，惊讶之余决定改善这个囚犯的伙食。魏尔伦夫人已经恳请国王的检察官先生将魏尔伦投入刑事被告的自费单间牢房，监狱长见到雨果的信后，便允许他从此享受特殊饮食，他可以用现金享用改善的饭菜，起码的一点饮料以及其他几项来自外界的便利和甜食。几天后，确切地说是7月26日，诗人少不了在一封给雨果的长信中表达他不尽的感激之情：

> 由于长期隐秘的痛苦造成一时的复杂的疯狂，我离开了幸福宁静之路，我本是在经过极度焦虑不安才终于走上、终于回到这条路上的。不过，我可以证明，从第二天起我便想尽办法竭力回到这条路上（到现在正好一年），为此我两次从伦敦去比利时。我写了多少封信，苦苦哀求，诚心诚意。从这儿，从伦敦，从我父亲的家乡（比利时的卢森堡省），整个5月我都在那儿度过！绝望中我回到伦敦，设法开始学习和工作，这种生活本来定会结出善果，要不是一心想回到"正路"，我不会尝试这最后的绝望之举。在种种情势下和可悲的昏乱中，此举转变成这最后的不幸。[……]
>
> 这一切都是想象、神经、病态的敏感的事，也许也是——部分地——已受到弃绝的可恶的酒精这可悲的**安慰剂**①所致。[2]

魏尔伦口口声声说从那以后他首要的是竭力希望、依然并永远抱着希望，因为有他孩子的存在，这个"无辜的小生命，他的姓氏受到牵连"，他的存在毕竟应该促使玛蒂尔德放弃任何彻底的分离。这是对去年事件多么奇特的改写！将兰波多么令人眩晕地抹去，从未指名道姓地提及，只成了"我不幸伤害了的朋友"，因此感情上从未存在过！多么惊人的能力，惨剧刚刚过去两星期，便以一个品行端正和值得称道的人出现！多么富于感化力的家庭言语，我的妻子，我的孩子！最糟糕的也许是保罗·魏

---

① 原文为拉丁文。

尔伦真的相信，或者至少是自以为相信自己说的话。

眼下，魏尔伦在小卡尔默监禁的第二天，7月12日，星期六，调查便真正开始了。调查由负责此案的预审推事泰奥多尔·采尔斯蒂文斯主持。他先去了库尔特莱城旅馆，也去了圣于贝尔商业街的兵器店。将近中午，他到圣约翰医院审问兰波，兰波7月11日上午被接收住进1病室19床。他借机扣了兰波的钱包，里面装有魏尔伦的许多封信和其他文字，其中有那首惹事的"倒置的"十四行诗:《高徒》。不知预审推事是否常读现代诗，但无疑这首相当自由的诗最后极力赞美两位作家的同性恋实践的两行诗句正好证实了他的怀疑:

> 我被选中，我被判罚!
> 莫名的强大气流将我包围，
> 啊，可怕! 因为，主宰吧!
>
> 哪个冷酷天使这样击打
> 我双肩之间而正当
> 我要飞往天堂?
>
> 迷人的恶性发热
> 美好的谵妄，平静的恐惧，
> 我是殉道者也是君主，
> 生为鹰隼翱翔死为天鹅!
>
> 你这善妒者发出召唤，
> ［而］我来啦，整个的我来啦!
> 向你攀爬，却还配不上你!
> ——到我腰上来，踩踏吧![3]

至少可以说兰波向推事做的证词非常中性，不带任何感情色彩，仿佛他自己并不太在意这一事件及其司法后果。推事特别关心魏尔伦和妻子间不和的理由。兰波只是指出魏尔伦不希望妻子住在她父亲家，但预审推事肯定觉察出有同性恋关系的可能性，又追问道："她不是也把您与魏尔伦的亲密关系作为理由？""是，她甚至控告我们有不道德关系。但我不屑于驳斥这种诽谤。"[4]当然推事同日15点左右审问魏尔伦时又一次回到这个问题上："您和兰波之间是否存在友谊以外的关系？""不存在。那是我妻子和她家为了害我造出的谣言，在我妻子向法庭呈递的诉状中他们以指控我这个罪名来支持她的分居要求。"[5]不幸的是保罗·魏尔伦在他7月10日向警长做出的笨拙的声明中，自己将人家的注意力吸引到了这点上。他说他和住在巴黎的妻子正在打官司闹分居，"她硬说我和兰波有不道德关系"[6]。在口供中这一段用红铅笔在下面画了着重线。

由此，我们明白为何此事产生如此重大影响，造成如此严厉的判决，因为它处于风化案件和后公社多疑和镇压气氛的交点。德拉艾便这样指出："总之，此事微不足道，要是在平常，在巴黎法庭上，由我们的法官审理，他们是自由派，对宗教信条持怀疑态度，急着去干别的鸡毛蒜皮的事。——怎么搞的！没有原告没有'民事诉讼当事人'……不要任何损害赔偿金……在公共场所吵架，一个月，武器没收……执达官，传下一个案子！……——但是别忘了这一小小惨剧发生在战争和公社之后不久，在这样一个时刻，在法国及周边国家人人只谈这些巨大灾难，这些灾难劝人矫正思想和风俗。[……]维克多·雨果先生本人最近不就滥用了比利时的好客——愤怒的国民，让他感到了这一点——他不是违背道德地把他在革命广场的住所给罪孽的暴动同伙住？"[7]在这种后公社时代，外国人很快成了"政客"。危险的可疑分子！杀一儆百的愿望很强烈。尤其是兰波和魏尔伦在布鲁塞尔市警察局眼里并不陌生。1872年7月，他们曾坐火车去沙勒维尔，并偷越国境。两朋友没有填写外国人登记表，因此处于非法状态，尽管这种违法行为不怎么严重。同年7月，兰波夫人求助于布鲁塞尔市警方要求寻找阿蒂尔，于是警长将该情况转达公共安全部主管人员以便进行寻找。这就是说布鲁塞尔惨剧发生前，阿蒂尔和保罗便已经受到注意，登记在案了[8]。

第二个星期，调查继续进行。14日，星期一，宣过誓的外科医生夏尔·塞马尔到圣约翰医院去给兰波验伤，他精确异常地描述了伤口："状圆，边缘挫伤撕裂，直径五毫米左右。"[9]但这也是徒然，他好像仍然怀疑诗人腕中真有子弹："肿胀和不见任何异物凸出使其关于存在子弹的确认值得怀疑，有必要在进一步检查中保留补足调查的需要。"[10] 这样不肯定（由于水平不够？）可以说明子弹延误取出的原因。其实最坏的事、最让人丢脸的考验还等着魏尔伦呢。16号，星期三，弗莱明克斯和塞马尔医生到诗人的单人牢房里进行体检，这将要让他不堪忍受：

    1. 阴茎短，体小——龟头尤其小且渐细——在末端附近变细长。

    2. 臀部轻轻分开，肛门便扩张明显，深约一法寸。该动作使一个开口扩大的漏斗状部分显著，如截锥，顶端可能很深。括约肌皱襞无损伤，无伤痕……收缩性**基本**正常。

    结论，根据检查可见保罗·魏尔伦身体上带有主动和被动鸡奸习惯的痕迹。这两种痕迹都不太明显，不足以疑为**年深日久的积习**，而可能是在或长或短的不久前的行为……[11]

必须在这里引用这样倒胃口的文书吗？这些隐秘的生理的精确，"啊不可理解的鸡奸者，"洛特雷阿蒙不久前刚刚写道，"向您的漏斗状肛门投去鄙夷?"[12] 其实，要让这些文字流于沉寂，而不去过问可怜的保罗究竟不幸悲哀到何种程度，这毕竟太容易了。他受到蔑视、嘲笑，受到畜牲般的对待。看看他的要挟、他的醉酒、他的暴力把他引至何种境地，而不应只把这一切看成是"天才的背面和苦痛"[13]。保罗和阿蒂尔把他们的实验做到极限，这既是诗歌的实验也是身体的实验，二者密不可分。因此，掩盖肉体的挑战，只谈诗歌实验的纯粹炽热是太轻松了。我们知道如今这样的检查从法律角度上没有丝毫价值，但具体到魏尔伦的情况，由于对他和阿蒂尔的关系的猜疑，这个检查便是灾难性的。17日，子弹终于从兰波腕中取出，作为物证被送给预审推事。次日，下午4点左右，兰波再次受采尔斯蒂文斯的审问，采尔斯蒂文斯可能希望受害者对袭击他的人提出点指控，然而情况并不是这样。兰波也许对这样穷追不舍感到恼火，没有分毫改变证言。他再次把一切归咎于魏尔伦的犹豫不决和优柔寡断的性格："他的主意随时都在变，他没有任何准主意[14]。"他再次说一切都由于一时糊涂和大醉所致："他的理智完全失常，他当时喝醉了，他上午喝了酒。再说，没人管他时，他经常这样做。"[15] 总之他找不出任何正当的理由来解释这一在完全不负责任的状态下的行凶行为。最后他指出，不管怎样，他的伤再过三四天就会痊愈了。因此他提出许多论据来为朋友开脱责任。甚至，19日，星期六，一出院，兰波便交给预审推事一份符合规定格式的撤诉书，此举大概是得到魏尔伦的律师布鲁塞尔事务所内利斯先生富有经验的授意。

> 本人阿蒂尔·兰波，十九岁，作家，平时居住在沙勒维尔（法国阿登省）。为了尊重事实，我宣布本月10日星期四，2点左右，保罗·魏尔伦先生在他母亲房间里向我开了一枪，给我左腕造成轻伤。那时，魏尔伦先生正处于醉酒状态，对他自己的行为毫无意识。
> 我由衷地深信，魏尔伦先生在购买这件武器时，对我毫无恶意。在他锁上房门的行为中没有任何犯罪预谋。
> 魏尔伦先生酒醉的原因只是由于想到和其妻子魏尔伦夫人的矛盾。
> 另外我声明，自愿并同意无条件放弃一切刑事、轻罪和民事诉讼，即日起放弃将由或可能由公共安全部向魏尔伦先生就上述事件提起的任何诉讼的好处。[16]

兰波肯定从此以为他已做了一切让保罗走出糟糕局面必须做的事，事情也许到此为止了。他先去屠户街14号，在烟草商潘斯马耶夫人那儿租的一个房间里度过不可缺少的几天康复期。从热夫·罗斯曼为他作的画像看，他无疑受到整个事件的强烈震动，深为痛苦。诗人躺在床上，头枕在一个红色大鸭绒压脚被上，被单一直盖到颈部，那张披头散发的脸，仿佛惊恐、呆滞，足见他刚刚度过怎样的危机。在背景的右侧，在类似屏风的东西上，写着下面的题词：

> 法国式结局
> 被其密友法国诗人
> 保罗·魏尔伦酒后打伤的
> 法国人阿蒂尔·兰波肖像。
> 热夫·罗斯曼写生。布鲁塞尔，屠户街，
> 烟草商潘斯马耶家。

从枪伤和疲劳中一恢复过来，兰波便坐上去沙勒维尔的火车，然后回到罗什。他认为，自己的在场对于让保罗走出司法机关的魔掌已不起作用，而这的确不假。8月8日，终于到了开庭的日子，在布鲁塞尔轻罪法庭第六庭，国王的检察官显然决定不放过魏尔伦，全力控告他，对他毫不留情，继续指控他犯有"杀人未遂"罪。而自从阿蒂尔撤诉后，魏尔伦只是被控犯有对"上述兰波人身重伤导致其无力工作"的罪名；最后检察官要求"法律予以严惩"。尽管魏尔伦的律师辩护出色，他还是被判两年徒刑和二百法郎罚金——这是最高刑。离开审判厅回到前厅，魏尔伦便像孩子似的嚎啕大哭起来，这时他得到一个法警的安慰："这是暂时的结果，你还可以上诉啊。"（《狱中杂记》）他于是签了一份上诉书。然而8月27日，上诉法庭认可了8月8日的审判，应该说卷宗里又加了一份可怕的文件，从而更加沉重，那是巴黎警察局对7月22日调查要求的回复，时间是1873年8月21日。下面是警察隆巴尔在报告中所描述两位诗人的关系：

尽管魏尔伦有些荒诞的爱好，他的精神早就有点不正常，他的家庭还是比较正常。这时不幸把一个男孩兰波带至巴黎，兰波原籍沙勒维尔，他只身一人前来将其作品介绍给帕尔纳斯派诗人。无论从精神上还是才华上，这位十五六岁的兰波原来是而且依然是一个骇人听闻的人物。他精通诗歌技巧，无人能及，只是他的作品完全无法理解而且令人厌恶。魏尔伦爱上了兰波，兰波也分享他的爱情，他们去比利时品尝心的宁静，于是有了后来的一切。

魏尔伦无比欢快地丢下妻子，而据说她非常可爱，有良好的教育。

有人见到两个情人在布鲁塞尔公开做出相爱举动。[17]

可以料想这样的报告产生的可怕效果：在法律上是不可能翻案了。不过魏尔伦不会泄气，一回到小卡尔默监狱，又开始写起来，几乎有些狂热。要知道，说到底，即使法律压制他、打击他，却对他很适合。他很快重新捡起他的工作，"用管理人员借的仅供写信用的墨水瓶中仔细省下的存放在阴凉地砖缝隙中的墨水，拿一块小木条，在这一周左右的极不愉快的羁押期中，我写下了那几段魔鬼叙事诗，发表在我的《昔日与昨天》里，[……] 我的朋友，出色的诗人欧内斯特·雷诺得到它的最初手稿，写在包食堂的东西的纸上，该手稿就是亏了上述粗蛮手段才得以问世的"（《狱中杂记》）。在第二版一本样书的献词中[18]，他对这些写作条件的细节描述更加精确，"布鲁塞尔小卡尔默监狱（不在单人自费牢房），1873年8月用一根火柴浸在……P.V.家的咖啡里，写在一张包（食堂的）奶酪的纸上"。无疑，在小卡尔默监狱，创作条件艰苦甚至恶劣，没有作家办公室那些舒适美妙的便利条件。但魏尔伦难道不是在悲惨主义方面有点添油加醋，以便动人地退回到一种原初的匮乏，为他的复活奠定基础么？在拘留所的头三天，他便接连写下三首诗：《鼠夫人在跑》《院中盛开金盏花①》《致某夫人……并寄上一片思念②》。魏尔伦在极度惶恐中死死抱住写作，渐渐的，他的诗歌创作将改变性质和功能。它不再像以前那样，总是在缺席与死亡的边缘幻梦般随波逐流，而是相反在让自己放心、安心，对付那种智力与精神的不确定，在扎根固定从而摆脱精神无所依托的晕眩。既然他前面的经历、生活与作品一起将他送进监狱，就没必要执迷不悟，到了改变诗歌体系的时候了。在小卡尔默的单人牢房里，魏尔伦写了大量作品，三个月不少于十九首诗。这些诗总的说来风格很不协调，参差不齐，灵感与形式各异。魏尔伦在寻找、摸索。尽管如此，在这个很不一致的整体中，有那么一块非常协调，即那四首魔鬼诗：《爱之罪》《饶恕》《被诱骗的唐璜》《最后的不悔》。不久又有第五首魔鬼诗来补齐，《魔鬼的恋人》，写于蒙斯。除了不同凡响的《爱之罪》，这些诗放弃所有革新，放弃所有诗歌实验。它们甚至传统至极，重新捡起诗体小说般叙述格式，和阿尔弗雷德·德·缪塞和泰奥菲尔·戈蒂耶已经做过的那样。另外，五分之三的诗是用亚历山大体写的。这次，魏尔伦不是在戏仿这些古老形式，他重新捡起并接受它们，是要更好地嘲弄他与兰波经历的一切、他先前写的一切、他生活和诗歌中尝试的一切新的生活和创作的形式。魏尔伦在改变自己的看法，脱离他自己的一大部分，即以前的诗集的诗作者，要知道他想一劳永逸地结束兰波经历，结束这种经历同时意味着抛弃那些他曾经身为艺术家的重要组成部分。

　　如果的确从心理上看，魏尔伦最紧迫的任务是通过演出兰波那疯狂的造物主野心的彻底失败来与兰波把账算清；但从诗歌上看，他只是在《爱之罪》中真正做到了

---

① 此处是文字游戏，诗中的"金盏花"（souci）在法文里另有焦虑的意思。

② 与前面诗类似，此标题也可译作《致某夫人……并寄上一朵蝴蝶花（pensée）》。

这一点，在该诗中形式的设计承担起生活悲剧的责任。随着一次次改写，魏尔伦使他的节律装置更加精微[19]。在最后的定稿中，包含"两种建立在相同音步基础上的韵律结构，但它们追求的效果相反。二十五节诗中的头二十一节由于奇数音节的独脚节奏实现了绝妙的不整齐韵律。但最后四节诗，由于对诗句的卓越驾驭，成功地重新赋予十一音节诗节奏稳健的亚历山大体的和谐。奇数找回了偶数的平衡！这种双重节奏建筑术使阿蒂尔·兰波的精神悲剧、诗人创世神的大胆和失败可感可知"[20]。与表现兰波梦想及其新神秘主义的失败和破灭的诗节那种节奏的不一致相对立的是，标志回归正统信仰的最后几节那种旋律上的安详宁静和连贯。这样批判了兰波，魏尔伦就安心了，正如他9月28日在给勒佩勒捷的一封信中吐露的那样，他正处于创作的兴奋期："我有无数文学计划，尤其是戏剧，要知道我打算一出去便努力做到真正用'我的笔'来赚钱。"[21]

10月，兰波到布鲁塞尔领取《地狱的一季》的作者样书，他把该作委托给印刷商雅克·普特。取样书时，他没忘了给监狱的看守室留下一本，上面简练的赠言："献给P.魏尔伦——A.兰波。"不能再简短了！一段极简抽象派的献词，不带任何感情，只剩下一个作家向另一个作家纯粹同行间的致意。他设法见魏尔伦了吗？兰波10月23日在布鲁塞尔，次日离开，魏尔伦10月25日离开小卡尔默，他们可以相见。但极有可能兰波没想再去见魏尔伦。毕竟去要对他说什么呢？以他的自由来嘲弄他，让他难受吗？魏尔伦在这个10月末被囚车转押到蒙斯监狱，在许多人看来，尤其是在保罗·克洛岱尔看来，那是他赎罪的圣地。"标志在比利时境内的我们痛苦灵魂历史的最后一个，更准确地说是倒数第二个路标，是那座老钟楼。它的身影和勃鲁盖尔墓一道俯视着布鲁塞尔最底层的街区。不远处，是那条弯弯曲曲充塞了名声不好的旅馆的上街，它通向那个中世纪的阿尔门。就是在那儿，1873年7月，一个不幸的人，喝多了酒，大声吼着摇摇晃晃追着被他刚刚用手枪打伤手腕的阿蒂尔·兰波。我不想再谈这个极不愉快的故事，已有那么多人幸灾乐祸津津乐道于此事。在无垠的平原尽头，已有另一种苦药酒在向我们招手。那是蒙斯的钟塔和下面那座中央监狱，那里圣宠在等待那个愤怒的孩子。"[22]应该说，值得称赞的教会很会关心重大的罪人。如果这些人又是名人，他们的皈依将激发教会发展教徒的热忱，这样的教会将完满地管好魏尔伦。并不太难想象魏尔伦到达蒙斯时的极度悲苦。人家让他洗了个澡，收走了他的全部个人衣物，给他拿来"一项可以说是路易十一式的皮鸭舌帽、一件上衣、一个马甲和一条裤子。裤子的布料叫什么我想不起来了，似绿非绿，硬硬的，好像很厚、很粗，总之很难看的棱纹布。一条羊毛大围脖，一些袜子和套鞋"。他的整套行头中还"包括一个蓝布风帽，供囚犯在通过狭长通道去院中散步时遮脸之用"。另外还给他"一个黑漆大铜牌，有点像心形，用阳文刻着我的号码，像更美的金子一般闪光"。这个招牌在每次散步时都要挂在魏尔伦上衣纽扣上。有人把他领到陈设不单是简单的牢房，根据规定给他剃掉头发和胡子。他的囚徒生活便可以开始了。牢房，一张床桌（只有晚上才能铺开），一个矮凳，一个洗脸池，墙上有个洞似的东西，用于方便。饭菜，仍是而且总是大麦汤，星期天有豌豆泥，军用面包，水随便喝。散步在阴郁的院中，有一个小时用来抽烟和活动活动腿。

幸好过了八九天，他得到监狱长准许，被投入自费牢房，这样他的牢房大了点儿，有张真正的床，于是他狂热地投入阅读（英文的莎士比亚）和工作中。埃德蒙·勒佩勒捷成为他优先的谈话对象。眼下对诗人最为重要的，是他的《无词浪漫曲》的印刷。9月，从小卡尔默监狱，他已经去纠缠埃德蒙："我母亲肯定跟你说了迅速印刷和出版我那本小书对我的全部重要性。所以你如果办不了这件事，就把手稿交给我母亲，还有我寄给你的那些说明，好让她接着办这件事。"[23] 11月他又来问："那本小书何时问世？我想赠书名单中忘了阿塞纳和亨利·乌塞，以及吉尔，要记好。"[24] 其实勒佩勒捷越来越无力办好这件如此迫切期盼的出版事宜。1873年5月24日的议会政变推翻了梯也尔，让麦克马洪掌了权，开始全面实行戒严。[埃德蒙写文章的]"共和派报纸《人民至上》，五生丁的小规格大发行量的喉舌，《巴黎小人物》和《路灯》的先驱，突然被巴黎军区司令拉德米罗将军的一条法令取缔。要知道，在政治喉舌中，当时只有《小日报》是这个规格和这个价格。取缔的理由是关于新闻自由［……］的一篇文章，标题是《路易十五的一条赦令》，作者爱德华·洛克卢瓦"[25]。诗人傻眼了，为什么他毫不在乎的政治问题要来妨碍他的诗集的出版？终于，11月24日中午，魏尔伦收到了书的校样，勒佩勒捷终于让人在桑斯的大主教城里用他报纸的印刷机给书排了版。作为任人使唤的忠诚的朋友，勒佩勒捷操持了一切，选择纸张、字体、排版和校对。魏尔伦终于稍稍平静下来。他自己是被关起来了，可至少他的诗可以自由地在文学界流传——文学界在这种情况下却完全漠然置之。报界不提它，除了埃米尔·布莱蒙在《回顾》中的一篇文章。

另外，魏尔伦显然不自觉、不可救药，仍没对他的婚姻完全绝望，认为莫泰一家还可能放弃他们的"无耻诉讼"。他又一次改写历史，认为他从未做错过。总之，他没有记恨玛蒂尔德，随时准备原谅她：

> 嗯？多么不幸有一个坏妻子，她又傻又犟！她本来可以那么幸福，倘若想想她的儿子、再想起她真正的义务，在我求她时来与我重聚。尤其是最近，我通知她，如果她坚持爱她家（怎么形容啊，这个家？）胜过我，不幸就会降临。你们，你和你妹妹，都是1872年1月时我的忧伤和容忍的见证人。你呢，你见过我处于可怕的情形下，孤身一人，只想着这个不幸的人。一想到不能再见到她就发抖、哭泣，你看看她做了什么！
>
> 我一点也不记恨她。上帝可鉴。即使是今天，我还会原谅她的一切，让她过幸福的生活。只要她终于睁开眼睛，看到她对我和我母亲的行为的粗鲁。我母亲对她那么好，各方面都那么值得称道。[26]

显而易见，对丈夫身份的怀念仍在折磨着他：

> 你会相信吗？我的一件伤心事，**还是我的妻子**？这非常少见——考虑到巴丹格老头和老婆——我多么由衷地可怜她。她遇到的一切，知道她在那儿，在那个配不上她的环境里，被夺走了唯一稍稍理解她的性格的人，我指的是**我**。[27]

信中这些闻所未闻的知心话，表明魏尔伦多么善于颠倒角色，让自己当好人。是她有"这种想分居的坏毛病"，倒也并不是自发的，而是由于公众舆论，由于父母的压力。按他说的："那不幸的人肯定知道这里，在她把我抛到的这种耻辱之地，我想着这些事；她知道，想回来，却回不来！"[28]但让人这样想吧：魏尔伦不放弃，不缴械。他打算借助"所有合法支持"来抗争。让莫泰先生当心！至于他，他和玛蒂尔德的关系不会有丝毫改变："至于那亲爱的孩子，我将永远像从前一样待她，温柔、耐心、敞开双臂。"[29]

终于，最后的考验来到了，那是致命的一击。1874年6月的一天，监狱长亲自来到他的牢房，这种关心至少令人不安："'可怜的朋友，'他说，'我给您带来一个坏消息。勇敢点。读一读吧！'"（《狱中杂记》）监狱长确实是来向他转交印在盖章的纸上的分居和财产分有的判决书副本的，那是1874年4月24日由巴黎民事法庭第四庭做出的判决。判决理由很可怕，什么也没落下，离家出走、"酗酒习惯"、"和一个年轻男子的不正当关系"、布鲁塞尔轻罪泗庭由于开枪伤人对他的定罪，无一遗漏：

鉴于这些事实构成暴力、家庭虐待和重大侮辱，性质恶劣，足以按魏尔伦妻子要求判处分居。

由于以上判决理由：

——宣布魏尔伦夫妻分居财产分有；

——决定婚姻所生孩子将由母亲监护；

——决定由克利希公证人托潘对夫妻间曾经共有的财产和双方各自权利进行清理；清理有困难情况下，指定法官蒙萨拉做出清理报告；

——决定上述法官或公证人有事在身情况下，只要提出申请便可由本庭长下令予以取代；

——判处魏尔伦，自申请分居之日起至清理结束止，每月支付其妻100法郎抚养费，可以按季提前支付。判处魏尔伦支付诉讼费，其中包括给要求诉讼费的诉讼代理人的费用。[30]

一败涂地，魏尔伦涕泪横流。他一下子失去了妻子、孩子，每月要交100法郎的扶养费，甚至要支付高达428法郎64生丁的诉讼费。对他打击最大的是他没有料到这一步。维护玛蒂尔德利益的居约-西奥奈斯特律师确实利用魏尔伦被判刑的事实，尽快了结了在他的文件夹里拖了一年多的分居请求。能拖那么久多亏佩拉尔律师的努力，他直到那时借口总有和好的可能，一次次地获准延期审理此案。居约-西奥奈斯特律师通过一个比利时律师，一弄到公诉状和审判的副本以及诗人所受的体检的副本，便不费吹灰之力赢得分居的判决。4月24日，为玛蒂尔德辩护的马尼耶律师轻松胜诉。连佩拉尔律师感到案子毫无希望，也放弃了。

在这种情况下，魏尔伦很容易成为教会的战利品，其实布道神父已经坚定地等待他好一阵了。教士欧仁·德康时年三十八岁，他于1835年11月22日生于昂吉安，1865年1月1日成了蒙斯监狱的布道神父。他无疑从他在那慕尔拘留所的同行J.-B. 德洛涅教士那儿了解了罪犯的个性，德洛涅从前是帕利瑟勒的本堂神父，诗人父亲家族格朗让和埃弗拉尔家的好朋友。德康神父给他读戈姆阁下的教理书，八卷本的《坚定不移的要义或自世界起源至今的宗教历史、教理、道德与礼拜仪式论》，此书1860年出了第八版。该书想成为真正的神学概论，当时特别风行，就连《布瓦尔和佩居谢》中，福楼拜让他的两个伪君子念的也正是"戈姆教士的教理书"。魏尔伦认真读起这部作品来，开始他很失望，他既受不了那种风格也受不了那种论证方式，硬让人接受上帝存在的证据。他向神父求援，神父劝他读下去，读到圣体圣事部分，诗人在思考，也许他还祈祷。罪的摆脱、救赎、赦罪，这是多么甜蜜的诱惑！特殊的革命就这样完成了：

几天来，我牢房的墙上小铜十字架［……］下面，挂着一幅石印圣心画，十分可怕。这也好。画上，一张耶稣的大长马脸，遮在宽大衣褶下显得消瘦的上半身，细长的手指着心脏。

它在发光在流血［……］

不知是什么，是谁突然将我托起，抛到床下，连衣服都没有来得及穿，便流着泪，抽泣着拜倒在十字架和那幅额外的画像脚下，那幅现代天主教会可以让人联想到最奇特但在我看来最崇高的虔信的作品。

直到起床时，也许是这次真正小（或大）精神奇迹之后至少两小时，我才站起来，按照规定赶忙收拾屋子（整理床铺，打扫房间……）这时，当天的看守走进来，照例问我："都好吗？"

我立即应道：

"叫神父先生来。"

神父几分钟后走进我的牢房，我把自己的"皈依"告诉了他。

这当真是皈依，我相信，我发现，我好像知道，我受到启示。

——《狱中杂记》

对这个可以写到《圣徒传》里的小小奇迹还有什么可说的？我没有理由从理论上怀疑诗人的真诚，诗人皈依的真实性。当然魏尔伦在写《狱中杂记》时，已经以略带讥讽和嘲弄的口吻改写了他的皈依，从前的皈依之人变得有点哗众取宠。其实，他在叙述中给皈依一种突然性，一种彻底性，让人可以产生各种疑问。尤其是勒佩勒捷，他永远不会相信这种向天主教的回归："从魏尔伦书写它的方式本身可以看出，在皈依的突然性上有点假。"[31]埃德蒙还找出许多理由来否定这样的皈依的真实性，尤其是与酗酒习惯的彻底决裂："因为监狱制度大大改变了他的习惯、他生活和行事的方式。作为囚犯，他必须要戒酒，由此造成生理和心理反应。节制饮食改变了他的大脑状态，随着饮食的节制，他那几乎持续的刺激减少了。有节制的不热的食物和掺入少量红葡萄酒的水缓和了他平常的神经质，他渐渐能够控制自己。他精神上清醒了。"[32]后来克拉勒蒂讲述魏尔伦的皈依时，叙述的过于简单化其实不过是魏尔伦的叙述的后果："和帕斯卡尔一样，他有他的受到神示之夜。他在监狱里，白天得知一场判决结束了他的婚姻，他产生一种可怕的空虚、被弃、流亡感。他很痛苦，而苦难正是宗教伟大的弹药手。不幸——这个'蒙面骑士'——让他的心碎了，又给他重造了一颗心。他整天读教理书，夜里他突然发作了［……］他再站起来，已是基督徒、神秘主义者、着了迷的人、虔诚的信徒。"[33]相反总是那么相信人、那么友善的欧内斯特·德拉艾很兴奋。至于克洛岱尔，他当然不只是非常高兴，而是大喜过望。其实宗教皈依之前已发生了诗歌的皈依，它并非一个意外事件。在那种情形下，那只是在"过错"之后魏尔伦对律法始终渴望的一种可能的形式。他寻求避难所和保护，他没有别的渴望，但求卸去自己的责任，去信赖别人的法律，最高的法律，神圣的律法。

布道神父让他再思索、祈祷几天，因为他不信任这些在监狱环境里司空见惯的突然皈依。终于，7月底、8月初左右，"那重大的日子，盼望已久、迫切期待的忏悔的日子"来到了。魏尔伦将充分利用这个机会：

> 这次忏悔很长，极尽其详。这是在初领圣体后重领圣体那次忏悔以来的第一次忏悔。尤其是肉欲的过错、发怒的过错、纵酒的过错，还有以下诸多过错：小的谎言、无关紧要仿佛无意的欺骗、肉欲的过错，我着重强调这一点……
>
> 教士不时在我交代过程中帮我一下，对我这样奇怪的新教徒，在这种情况

下，交代总是有点艰难。

各种问题中，他以平静的、既不令人惊异也毫无惊讶的语气问我这个问题：

"您从来没和动物**搞**过吧？"

对这一审问我感到不无惊愕。我答道，没有！做过这次非常诚实、认真——我保证——的忏悔，我还是用谦卑、懊悔的额头得到了赐福，但仍不是热切觊觎的宽恕。

——《狱中杂记》

在等待中，魏尔伦又开始阅读。1874年8月15日，圣母升天节，他领了圣体。当天他写了《智慧集》中最著名的诗篇之一："啊，上帝，您用爱伤了我……"

"从这天起，一直延续到1875年1月16日的监禁显得短了。要不是有我母亲，我会说太短了。"(《狱中杂记》)这种情形下，应当相信，被监禁和皈依的魏尔伦很幸福，因为他没有任何办法摆脱法律。

第十三章

重逢无望

已经基耶夫兰递解到法国边境

——保罗·魏尔伦的囚犯入狱登记卡背面内容

1875年1月15日，监狱的管理部门将魏尔伦的手表和钱包交给他，钱包里面装着他攒的一小笔劳役金，正好133法郎9生丁。此外还有他的衬衫、假领和几件考究的旧衣服。魏尔伦能享受到175天的减刑，并非由于母亲之故，她在伊斯塔斯先生的忠实帮助下一次次向司法部递交申请书，希望得到国王特赦，减轻刑罚。魏尔伦和任何因犯一样，是他的良好表现和模范品德（干脆直说了吧，皈依）使他的监禁时间大大缩短。在他那张"犯人出狱情况"[1]卡上可以看到：

学校教育：高等

遵守教规：近几月来严格遵守

性格和品德：懦弱

            ：较好

表现：有规律

改邪归正：可能

这至少是一笔模棱两可的"道德账"，"可能"一词最后使之罩上一层大大的怀疑阴影。1月16日上午，办完出狱手续，和监狱人员热烈道别，从监狱长到布道神父，包括办公室职员和看守，之后，魏尔伦走出了"城堡"。当然，只会原谅人的母亲，永远那么亲切、那么宽容，正在监狱门口的人行道上等着他。自从儿子入狱，斯泰法妮多次到埃诺的首府来住，以便帮助他、安慰他，每星期天和星期四都拿着国王的检察官的许可证来看望他。"啊，这些探视多么痛苦（而又甜蜜），透过两道相隔一米左右的铁栅栏，无法拥抱，只能在嘴唇上做个手势。说话都有人在紧挨着的门后监听，门上装着猫眼，可以随意监视你。那又何妨！善良的母亲兜里揣着一份车站买的《费加罗报》，拧成极细的长长的花剑形，伸过铁栅栏递给我。多么惊心动魄，想象一下吧！而且，打开报纸然后读它时，又是多么惊心动魄。倘若被人发现我手中拿着这报纸，我就得被关禁闭，剥夺探视权，取消收费牢房，还有其他麻烦！"（《狱中杂记》）其实保罗尚未真正自由，作为被判刑的外国人，他受到驱逐出境的法令的制约。两名宪兵，无毛的头上顶着毛皮高帽，把他送到蒙斯火车站；在那儿，诗人和另外几个被释放的法国人，杀人犯或强盗，都是被驱逐出境的，在严加看护下，一直送到法国边境。他可怜的母亲，混在这一队至少是可疑的人中间，坐三等车厢旅行。到了基耶夫兰，魏尔伦说出名姓和身份后，受到宪兵队长、一个同胞的很不热情的接待，此人"令人恼火，令人警醒，'还是警察'[1]。'尤其记住了，别回去了。'"（《狱中杂记》）这回坐瓦朗谢讷的火车直奔阿拉斯。

　　魏尔伦自由了，但他准备拿这重新获得的自由干什么呢？在杜埃短暂停留了一下，向那里温柔的钟声致意，确信自己回到了家乡。然后，他先去了在芳普的德埃家。"我从本月16日起到了这里，"他给埃德蒙·勒佩勒捷写信说，"和妈妈一起在家人、在最好的亲戚家中。我说不准哪天，甚至说不准是否可能很快回巴黎。这里人对我们太好了，呼吸乡间的——即使是北方的——空气太舒服了，大城市也就稍微有点吸引我。不过，我想我们用不了多久就会再见了，月底，也许之前，也许之后——我们会谈论我的计划。你大概会发现我变化很大，很大。"[2]其实，他受到的接待不是比他说的要冷淡得多？人家接待的不是他受了那么多苦的可怜的母亲，而非那个儿子？他那些荒唐事不会让这些乡下亲戚兴奋的。他不多耽搁，不就是迫不得已？2月，他到了巴黎。最先拜访的是勒佩勒捷，两个朋友先是滔滔不绝地回忆旧事。但保罗还有

___

① 此处魏尔伦利用发音字形相近的词做文字游戏，"rageant"（令人恼火的）是"encourageant"（令人警醒的）的一部分，"encore ageant"（还是警察）是将"encourageant"拆开，其中"ageant"与"agent"（警察）同音。

别的打算，上诉法院1875年1月3日的判决确认了民事法庭的分居判决，但这也没用，魏尔伦不是还觉得没有彻底失败吗？他究竟想得到什么？更有利的经济状况——倘若他能说服玛蒂尔德免去每月一百法郎的抚养费（他确实不太可能定期支付），甚至是彻底的宽恕，为什么不能有感人的破镜重圆？他的皈依不是净化了他，原谅了他吗？他不是有上帝本人在他一边吗？因此，他相信自己有充分理由，十分自信地去了维维安纳街居约－西奥奈斯特律师的事务所，却没意识到自己此举的滑稽可笑和徒劳无益。很久以后，依然耿耿于怀的他继续摆出受害者的姿态，在《鳏夫回忆录》的《礼节》中讲述了这段至少令人难堪的不幸遭遇，因为人家连见都不见他："受害者进来了。约会定在此时此刻，在这个诡辩行家们在法院停工，正如工人在车间停产一样的日子，他们待在自己的事务所，接待公众，不论是不是诉讼对方。/他坐下了，那个受害者，一个有冤要诉的普普通通的先生。当然事关一个女人，一个家庭，不是他的家庭，通常这种情况下叫岳父母家。/一小时过去了，两小时，受害者万不得已，尽管看到红棕色头发的诉讼代理人那西服上装好几次在他的私人工作间和书记员之间穿梭，却明白等待会持续很长时间。他向书记员口授了一封和解短信（这次事关孩子）——然后从祖传古老宅第的漂亮楼梯走了。"结果魏尔伦次日收到一封措辞极好的信，叫他不要再"打乱宁静"了。

魏尔伦傻眼了，垂头丧气地回到阿拉斯，他想隐退到一座修道院。他退隐到紧邻蒙特勒伊的讷维尔，在草地圣母查尔特勒修道院[3]，它建在俯瞰康什河的一座山的山坡上。修道院于1323年建立，遭受过英国人洗劫，被亨利八世和查理五世的神圣罗马帝国士兵拆毁，又遭胡格诺派的蹂躏，大革命前变成了农场，刚刚被奢华地重建。一百五十多名工人从1872年到1875年，重新盖起这座宏伟的建筑。又一次，是法规吸引了魏尔伦，是听命于律法的可能在吸引他。但是，虽然他乐于在宽大的回廊漫步，参观这新哥特式风格的庞然大物，"坚固轻盈的杰作，广大空间的杰作"；虽然他欣赏一个年轻的查尔特勒修会修士那么纯洁、那么无邪的神情；过了一星期，他便明白了，他，这个"卑鄙龌龊生活中的私生子""假苦修士，确切地说业余爱好者"，永远也效法不了一个那样完美的榜样，硬要坚持是没有用的。即便他一度当真考虑去当神父，也不过是他这个优柔寡断之人常有的一时冲动。其实诗人拿不定主意，甚至不知所措。做什么？献身于什么？他深感靠母亲养活有些不合适，他已经耗用了母亲大量资产，那只会加速已经显露端倪的破产。做什么来谋生呢？文学？"可首先是哪种文学？"勒佩勒捷有理由这样问，须知要把诗歌作为职业，他要拥有可观的年金。他不是不得不在1866年自费出版了《感伤集》，在1869年出了《戏装游乐图》吗？"他知道［……］新闻界上的困难，职位多么稀罕。他觉得自己毫无政治、论战才能，不适合做报纸那些有规律的工作，也就是说行政工作，是最有把握得到报酬的工作。他不会，也不想写商业性的稿子、社会新闻、书评、连载小说，他也不打算写长篇大作，长篇小说或评论。"[4]不仅如此，连续的文学活动就要迫使他住在巴黎，魏尔伦对自己的抵抗力和自制力并不抱幻想，很清楚首都对于他就是各种诱惑和各种陷阱之地。出狱后，他发誓不再喝醉酒，要过有规律的、体面的甚至是资产阶级的生活，因为他始终受到安稳的保守主义的约束的诱惑。然而，倘若和他那帮搞文学的朋友整天泡在大街上和小咖啡馆里，究竟会发生些什么？待在巴黎，可不只是危险，而是注定要再度沉沦。作为"新皈依人""新基督徒"，正如勒佩勒捷对他的称呼，他想向自己证明，向亲爱的母亲，向其他仍持怀疑态度，怀疑他良好的决心及能否坚持下去的人显示：他游手好闲，到处流浪的生活结束了，他的放荡不羁结束了。他换了个人，他将自己谋生，人们不久会把他当作样板来说。那么，既然他那么热爱乡间的生活，何不去经营农场？租赁或购买土地需要有大量资本，另外还需要真有种地的本事，而他没有。他也许把这事跟表兄德埃和迪雅尔丹说过，但他们可能有些不太愿意，甚至想到要有这样一个刚出狱的浪荡子做合伙人，态度十分冷淡。无疑他们已经看到他的破产显露端倪。

抛开做什么不谈，有一个决定异常紧迫，因为魏尔伦清楚地意识到他忘不了兰波。德拉艾在一封信中告诉他，兰波12月29日回到沙勒维尔，和军事当局办好了手续。他并未在阿登省逗留，2月13日便去了斯图加特。他寄宿在一个叫威廉·吕布克的人家，那人是斯图加特综合工科学校的教授和艺术史家；他学习德文，也许教点法语以供个人所需。魏尔伦不知道他的地址，但通过德拉艾，他给他寄去一封"有力而感人"的信，这是中间传信人所说[5]。其实，这封极具教化之功的书信肯定是夹杂着告诫、过度虔诚、劝人皈依的福音书般讨厌的集合，是一个新入教之人教诲人的一堆莫名其妙的话，旨在挽救不信神的人："让我们在耶稣身上相爱吧！……"[6]，深信不疑到过头的魏尔伦跟他基本是这么讲的。"这封信，我思考了半年。"保罗甚至说。"浅薄的思考"，兰波会叫道[7]，他在给德拉艾的回信中，用一页纸对"罗耀拉①"那些令人作呕、浮夸做作的宗教玩意冷嘲热讽。德拉艾尴尬极了，这个无能为力的信筒，不知道怎么把阿蒂尔那些恶毒嘲讽转达给保罗。魏尔伦非但并未因此泄气：他肩负着神圣的使命，他在和撒旦斗争，反倒又来询问，穷追不舍，坚持催逼德拉艾，要得到阿蒂尔的地址。欧内斯特终于招出同党，反正兰波最后也同意了。"无所谓。你愿意的话，行，把我地址告诉'罗耀拉'吧。"[8]魏尔伦于是得知阿蒂尔住在斯图加特的瓦格纳大街，他赶紧前去看他……

　　显然，他们3月2日在斯图加特重新见面时，重修旧好十分困难。带来福音的人和"恶魔般的丈夫"还怎能相处？嘴边只挂着上帝、耶稣和玛利亚的保罗那些虔诚的说教肯定让阿蒂尔又好气又好笑，而且他不怀好意地极尽各种花招要让使徒良好的愿望全线崩溃，把他拉到一家又一家酒店，让他喝了又喝，灌得他烂醉如泥。照德拉艾所说，"他们出了斯图加特，走了很远，很远，不知前面通向哪里。一直在争吵，一个讽刺挖苦，一个劝说、恳求、愤慨"直到"所有理由都说尽了"，会谈"以一场不再是舌战，而是拳头战告终［……］。在皎洁的月光下，就在内卡河边上，河水在两步之外流淌，仿佛为这两个狂怒的人的荒诞小说提供一个过于自然的尾声。绝对的清静，这场战斗没有别的证人，只有天边那大片幽灵般的黑森林的枞树。幸好双方都既无手枪也没有刀，连棍子都没有，只有调动肌肉和骨骼来伤人。兰波虽然高些壮些，却感到对方狂怒之中具有的显而易见的危险性；魏尔伦本来温顺，神经质，在酒劲过分刺激下，觉得在十八个月的德行之后，又被撒旦完全掌握、战胜，又羞又恼，绝望得发狂。他想打人，挨打，再挣扎、依旧……终于筋疲力尽，他倒下了，在河岸边不省人事；而兰波也疲惫不堪，勉勉强强回到城里"[9]。还是照德拉艾的说法，破晓时分，在被气急败坏地踩坏了的地上，一些农民发现了半死的魏尔伦，他们把他抬到他们的破屋里，照顾、救活了他。"等他起来，他们几乎不由分说地挽留他，让他完全彻底地康复再走。寒酸的住处最好的床，他必须在那儿再躺几天。临走，他要给他们钱，他们很惊讶，孩子似的微笑着，一口回绝。尽管他一再坚持，却只能用兄弟般的握手，用温柔感激的眼神来报答他们。"[10]

　　其实，从兰波1875年3月5日给德拉艾的那封充满讥诮的信看，事情根本没有那么悲

---

① 罗耀拉（1491—1556），西班牙教士，创立耶稣会。是一本著名的默念入门书《神功训练》的作者。

惨："魏尔伦那天来了，手里拿着念珠……三小时以后，我便否定了他的上帝，并让N.S.① 的九十八处伤疤流血。他有两天半时间很理性，在我调教下，返回巴黎去了，马上他就会在那边的岛上完成学习的。"[11]但也许保罗和阿蒂尔都不愿把这么野蛮、可耻的打架传出去，没必要大肆张扬无耻行为，公开加重布鲁塞尔插曲的痛苦。应该认为，至少不是不可以认为，多少还是发生了点什么，参考朱尔·勒纳尔1893年1月22日的《日记》："魏尔伦在黑森林中受到一个野兽的攻击，他认出了兰波。如果不是黑森林，也许比黑森林还黑。"[12]不过，即使真发生了这场血腥的格斗，他们肯定也在什么时候又和好了，因为兰波只有充分信任魏尔伦，才会交给他最重要的一项使命，把当时在保罗手里的他的某些文字寄给热尔曼·努沃。魏尔伦两个月后于1875年5月1日从斯蒂克尼给德拉艾寄的信确实仍然有些模棱两可和捉摸不透：

> 我之所以很想知道努沃的详情，原因如下：
>
> 兰波曾求我把在我这儿的他的"散文诗"寄去出版；于是在布鲁塞尔（我指的是两个月前），我马上把它给这个努沃寄去了（邮费2.75法郎！！！），当然同时寄去一封彬彬有礼的信，得到的回信也很礼貌。因此我离开伦敦到这儿来时，我们一直保持通信联系。几天前我写信告诉他，等安顿下来后就给他我的地址。
>
> ——从那以后，我什么也没做，原因有好几个，你会猜到那些主要原因，而最主要的，是无所谓（说穿了）。但我并不想在这个家伙眼里像个浑……突然无缘无故地不写信了，而且我如果可以肯定他不会把我的地址泄露出去，要不是不知道他现在的栖息地（他原话如此），就会写出动听的信来弥补这种遗忘。
>
> 也许你总能骗到这个G.努沃目前的地址，不说给谁，既然你（很可能）往斯图加特写信。不过，我也并不一定要得到它。[13]

至少有一点很清楚，魏尔伦受兰波之托，肩负一项决定性的通信使命[14]。更显眼的是保罗摆脱不了兰波，他想和热尔曼·努沃"恢复联系"（其实他根本无所谓，他承认这一点）只有一个目的，没有说出口，也说不出口，那就是有个正当的理由与阿

---

① 耶稣基督的缩写。

蒂尔保持联系，哪怕是通过德拉艾。通过第三者向他套出一个地址，这仍是没有完全一刀两断……

要知道，要和兰波本人相见，那是完了，彻底完了，无法挽回地完了："我和兰波的最后一次会晤，即1875年2月。"[15]魏尔伦很久以后向弗朗西斯·维埃雷-格里凡写道，那是1892年1月5日，距他的朋友1891年11月10日在马赛医院猝死不到两个月。他再也没见过阿蒂尔，但是很长时间里，他仍然继续关心兰波的命运，他怎么也忘不掉他，何况对什么死心从来就不是魏尔伦的长处，因此就更加无法忘怀。他不断努力通过朋友德拉艾得到兰波的消息。1875年一整年，他不停地纠缠他，以讨得那个人的些许情况。1875年4月29日，从斯蒂克尼："你要有'斯图加斯'①或别的地方的消息，告诉我，要写信，替你的P.魏尔伦寄去（说到底）非常亲热的握手。"[16]9月3日，从阿拉斯："有什么狂蝇的消息（不管怎么说）？他变得温和点儿了吗？"[17]10月26日："狂蝇有什么消息？"[18]11月27日：

给我奥麦的消息。[顺便问问，你告诉他万一他的小计划成形，我的共和打算了吗？]你可以告诉他，他往里昂街寄的所有信，都没寄给我[而是在我指示下，由我的一个忠实朋友阅读并保存]。至于伦敦的留局自取，没必要给邮局添乱，反正这些信永远不会有人"**领取**"②。他真当回事那天，就会知道把真诚送到我这儿的途径（你）。

回答这几个问题，尽量弄清寄到里昂街和留局自取的那些甜言蜜语都是什么。摸底，摸底，摸底，还要摸底！！！[……]

——比狗还蠢，比提议多种工科学校的残忍的畜生更烦人的是什么畜生？（这太不公正，太不公正，我成了腐尸，等等）——他住在谁家？我可以想象某个天使般的男亲戚或女亲戚，每天夜里被爬着回来、呕吐（我很有体会）和其他反常业绩吵醒！那位母亲呢，那个达隆夫，她对此怎么说？现在还是我的错吗？她还住在玛德隆夫码头5号乙吗？因为我又想起（也许你也记得）哪天，也许再

---

① 此处魏尔伦将Stuttgart（斯图加特）和garce（坏女人，婊子等意）两个词组合成Stuttegarce。

② 原文为英文。

过一年，也许之后（他**还不知道**①）我得和这位格拉古兄弟②的母亲联系，谈谈我的分居诉讼！请详细回复。[19]

多么奇特的复合心理，既怀着强烈的好奇，又想要漠然置之，关注与怨忿、爱与恨交织在一起，真是无法避开这句老套！要知道，这封信开头抄录的方括号里的内容是魏尔伦自己划掉的，因此可见一开始他假装对阿蒂尔寄的信完全知情，但好奇心占了上风，他改变了主意。那些信里到底写些什么？

8月，他就已经想给他寄去一封信，还是通过德拉艾，德拉艾又要扮演邮递员角色："随信寄去一封给兰波的信。请交给他，要是他走了就寄去。我想这是应该的。也许，谁知道呢？"[20] 有必要真的为这封信丢失了而感到惋惜吗？人们很可能失望而难过地看到魏尔伦完全无视形势，一味实施他那徒劳的劝人皈依的计划。在8月24日给欧内斯特这封信的背面，有一幅画，诗人表现的是兰波胳膊肘支在一个咖啡馆的桌上，闷闷不乐地吸着他那根长烟斗，在两个酒瓶和大小不一的几个杯子之间看着一本翻开的字典，其中一个酒瓶上印着"携带"字样[21]。这封信还加上了一篇报复性的"老科佩"，魏尔伦允许将它广为传播：

> 最后的最后的话
> 醉心于苦艾醇酒和科学
> 我讨厌但必要时却也欣赏
> 在加蒂看到的话剧
> 《九三年》有其妙处，不管张三李四
> 还是学士院怎么说，那里米尔热们喝着潘趣。
> 可没了伤痛，达隆夫讨人烦。
> 真他妈悲哀，可去干什么？想了
> 又想，卡洛斯？噢！不，太没意思

---

① 原文为英文。
② 提比略及盖约·格拉古，古罗马政治家。

枪炮连发实在他妈烦人！[22]

是德拉艾告诉魏尔伦，兰波打算参加卡洛斯军队："兰波现正在马赛，好像徒步转完了利古里亚地区。经过惊险刺激的奇遇和极度艰辛，可能被一个领事用行政［手段］遣返回国……不管怎样，他声明打算参加卡洛斯派军队！［……］，目的是去学西班牙语。眼下，仍然试图从他剩下的这些朋友那里揩油……"[23]魏尔伦通过对《惩罚集》中雨果一首名诗明显的戏仿，借助引起轰动的挑衅性的不规范语言，恶意地把《最后的话》变成《最后的最后的话①》，带着无情的粗俗和下流，嘲笑从前反军国主义现在却要从军的人的计划。"这首诅咒诗社风格的十行诗里，表现兰波操着他习惯的口头禅，有节奏地抛出'他妈的'，比浪漫主义忧郁的幻想家们好斗。在一些情形下，别人痛苦地耗尽他们的忧伤，用哀歌自我安慰，而他则是典型的闷得要死的人。"[24]

在魏尔伦给兰波的这封信中，以及在其他信中（须知许多信件在兰波不停的旅行中寄没了），他无疑一会儿是道德教诲，一会儿是报复性的下流话；一会儿是虔诚的训诫，一会儿是恶毒无礼的粗话。他就是不想明白这一点，从心理上，兰波已经离他很远，很远很远。"一星期前收到V.的明信片和信，"10月14日兰波写信给德拉艾，"为了省事，我告诉邮局把他那些留局自取的信寄到我这儿，因此你可以往这儿写信，要是还没有寄自取信的话。我不明白'罗耀拉'最近说的那些粗话，现在我不想再理那边的事了［……］不过，'罗耀拉'再来，好心地［……］再寄来。"[25]显然，魏尔伦那些感人的训诫丝毫也不会再打动兰波了。

在这些情况下，魏尔伦起码比过去谨慎多了。他小心地要求他所有朋友和通信者对他的地址绝对保密，须知兰波厚颜无耻地企图利用保罗对他的基督徒的感情（因为一个好基督徒必须帮助他周围的人）。他本想可以向他要钱，自己母亲给的钱不够，由他补差。说白了，就是向他敲诈、要挟。比如，扬言向魏尔伦5月起将为之工作的英国雇主揭发他的过去和判刑的经历。德拉艾便告诉过魏尔伦，兰波甚至想设法见到他住在巴黎莱克吕斯街的母亲，幸好看门人回答说她眼下正在比利时。这次魏尔伦即

---

① 原文为拉丁文。

使完全失魂落魄、不知所措，也竭力自卫，毫不让步，因为他认为自己有理。他向德拉艾解释说：

我们把兰波的问题说明白吧。首先，我尽了全力不和他闹翻，我给他的上封信最后一句是："由衷的致意。"我详细向他说明了我不寄钱的一清二楚的理由。他的回复是：1. 出言不逊加上隐晦的敲诈迹象；2. 一些虚账，证明供给他所说的那笔钱对我是笔好买卖。还不算一封满篇醉汉莫名其妙的话的信，我猜他是把我得"出钱"作为他以后写信的条件。否则，呸。总之，打我从前的愚蠢的算盘，打我不久之前有罪的疯狂的算盘——那时我只想靠他和他的灵感生活——加上一个被我惯坏了的孩子让人忍无可忍的粗俗。就是这个孩子，又以最愚蠢的忘恩负义回报我（啊，太合逻辑，啊，罪有应得）。他不是真的杀鸡取卵了吗？……说穿了，他没给我带来什么好事，这个爱科学的人。[……]我终于开始明白，在布鲁塞尔和伦敦这两年我对待一个人的态度太"痴愚"的一面，这可不是轻而易举的。此人，说到底，如果你和他打过交道就会发现，很多方面都很封闭、迟钝，而他极端的自私这一项却把他伪装成一个比他看起来聪明的人。[26]

幸好魏尔伦保存了最低限度的幽默，在1875年11月27日给德拉艾的信中画了和兰波的经济纠纷。富于诗意地题名《梦想与生活》，但副标题却更直截了当"他的（梦想与生活）"。这是个两面速写。左边画的是兰波掉在两个马鞍中间，它们代表两个地方，里昂街和留局自取。他不停往那儿寄信要钱。从扔在地上的断了的烟斗里冒出那些话："亲爱的朋友，等等。"右边，同一个兰波，有只监视的眼睛从上面看着他，他丢下一本厚书，《爱科学Ⅶ》。从他烟斗里冒出一股烟，意思明明白白："万一我逮着他。"两幅画中间可见一架钢琴及一个牌子："闭一次嘴100苏。"多大的嘲弄！多么小心眼！整个法国诗歌史上最非凡的聚首却以岔蒿的小业主的争执告终。1875年12月12日，魏尔伦从英国给兰波写了最后一封信：

亲爱的朋友：

我没有如约（如果我记得不错的话）给你写信，因为我向你承认我一直在等待你的最终令人满意的信。什么也没收到，什么回音也没有。今天，我打破这漫长的沉默，向你进一步证实我两个月左右前给你写的一切。

还是老样子。极端笃信宗教，因为这是唯一聪明的好事情。其余都是欺骗、恶毒、愚蠢。教会造就了现代文明、科学、文学，特别造就了法国。法国因为和它决裂而死亡。这很清楚。教会也造就了人，它**创造**人：我奇怪你不明白这一点，这很明显。我在十八个月里，有时间再三思考此事，我向你担保我珍惜它如珍惜唯一的最后的希望。

在新教徒中间度过的七个月，进一步肯定了我的天主教、我的合法性、我的顺从的勇气。[……]

因此还是那个人。依然爱你［有点变化］。我希望你完全明白，认真思考。看到你在愚蠢的路上对我是多大的悲哀，你那么聪明，**那么适合**（尽管你会惊讶）。我相信你对一切和一切人的厌恶本身，相信你对每件事永远的愤怒——说到底这种愤怒是对的，尽管你没有意识到**为什么**。

至于钱的问题，你不可能不承认，我就是**慷慨**的人的代表。这是我少有的优点之一——或者是我的众多缺点之一，你想怎么说都行。但，鉴于，首先是需要，通过积少成多，些微修补三年前**我们**荒唐可耻的生活给我微薄的财产造成的巨大缺口，然后是考虑到我儿子，最后是我新的、坚定的思想。你应该清楚我不能供养你。我的钱会跑到哪儿去？到妓女那去，到酒店老板那去！钢琴课？这可是"问题"！你母亲会不同意给你出钱，得了吧！

你4月给我写的信，太能说明你卑劣、恶毒的企图。我不可能冒险告诉你我的地址（尽管说穿了，所有要害我的企图都很滑稽，事先就是不起作用的。另外，我警告你，字据在手，那些企图将会受到**合法的**反击）。但我排除这种可恶的假设。我相信，这是你一时的"心血来潮"，大脑不幸出点意外，稍经思索就会打消这个念头。——再说，谨慎是安全之母，什么时候我相信你时，你才会得到我的地址。

故此，我请德拉艾不要给你我的地址，并托他——如果他愿意——好心地给我转来你所有来信。

发发善心，有点心肝，见鬼！稍微尊重、爱一下一个将永远——你知道的，

你友好的

保·魏

等你通过德拉艾**"得体地"**①回信后，我会向你说明我的打算——啊，太简单了——和我的建议，希望你听取，甚至除了宗教，尽管这是我最最最重要的建议。

另——没必要寄到这里**待取**②。我明天就出发远行，走得很远……[27]

显然，魏尔伦的皈依让兰波觉得非常好笑，他的讽刺挖苦对于魏尔伦无疑是最伤人的。不过，魏尔伦仍没有完全放弃，但这封信没有得到回复。从此从各种意义上讲，兰波在别处。

魏尔伦永远忘不了阿蒂尔。一连三四年，他借助于德拉艾提供的信息，尽量跟随着他的游历，两个朋友不断试图想象总在无止境地流浪的阿蒂尔。这绝非易事，因为他在跑，他在跑，要抓住那只白鼬实在不容易。因此，1876年，阿蒂尔·兰波，这个一贯离家出走的人，这个不知疲倦的流浪者到了哪儿了？在法国，他的朋友们，当然以保罗·魏尔伦为首，虚构了他的活动和言语：

哎呀呀，我啥也没干成，自从最后

的科佩！头顶真的秃了简直像个破

篓儿，嗓眼儿像有东西刮光我钱财

后背好像有点风湿的前兆，

我从来没觉得这——么烦。但无所谓

我会把这臭烘烘的嘴伸到塞内加尔

看三海伦岛③！（巴丹格，去他的！）苦中作乐，

---

① 原文为英文。

② 原文为英文。

③ 此处原文为"Cinq-Hélèn"（字面意思直译为"五个海伦"），应是用圣埃莱娜岛（Sainte-Hélène）做的文字游戏，拿破仑1815年被流放至此。

有什么！可这都是胡闹。我梦想做买卖

今儿，满脑子窍门，背包扛着老保险牌，

卖给卡纳克人换朗姆酒。[28]

大概在1876年年底或1877年年初，兰波在一直走到爪哇后终于返回沙勒维尔。魏尔伦得知后，写下了这首十行诗，诗中间画了一幅奇怪的美拉尼西亚人打扮的兰波[29]。兰波像黑人一样，脸上刺了花纹，一大绺头发朝天竖着，戴着耳环和一个巨大的手镯。他吸着一根（鸦片？）烟袋，拿一只大杯子，很可能是朗姆酒。更引人注目的是，这幅画的别致之处在于它本身的位置，确实处于文本内。因为画被魏尔伦的"科佩"围绕着，毫不夸张地盘绕在诗中，仿佛诗人赋予他那些幻想破灭的话语以召来他的面孔、赋予他形象的力量。一种近乎魔法的招魂，如同荷马笔下的古代内库亚①，能把死者从地狱召回。再说，他做丈夫时期就如地狱一般！

从此看到魏尔伦特别留心在诗中尊重兰波的阿登省口音也就不足为奇了，尽管这些"科佩诗"又完全是黑话和脏话。他不是在1876年的前一幅画边缘写了《啐新消息［最新消息］》[30]，表现兰波一丝不挂，只有手上拿着他的烟斗，在一座竖着"饱腹大街"的牌子的房前（刚在维也纳被一个马车夫洗劫一空，可以看到那辆出租马车远去），"巴黎阿登口音也丢了②"吗？魏尔伦把画变成文本，即使这些画本身源于那些十行诗，他希望在他那些"科佩诗"中重新找回兰波的口语性。仿佛只要恢复了他特殊的声音，他的形象就也会重新浮现。他的许多幅画（其中《最后的最后的话》和《该死的畜生！》[31]，在后者第七行和第八行中间插入一幅阿蒂尔漂亮的肖像，嘴上叼着烟斗，一手拿个杯子，一手在揉耳朵）之所以都伴随着一首"科佩诗"，目的是让对方的言语引出他的形象。这么做，魏尔伦只是在与兰波的体系取得一致，倘若在《彩图集》的作者那里，视觉的启动真的完全从属于声音和声音的接听，从属于乐感和口语性；倘若诗人的幻觉能力真的首先需要听说的刺激[32]。

与通常情况正好相反，阿蒂尔·兰波的肖像在魏尔伦那里是对他被重构的口语性

---

① 在《奥德赛》第十一卷中，一种可以招魂问卜的仪式。

② 原文为拉丁文。

的对话框圈，这一颠倒很说明问题。这些在两杯纯苦艾酒中间仓促作成的十行诗尽管是戏仿和讽刺嘲弄，却构成一个魔法手势保证诗人圣像的现时化。自己给自己造出兰波的形象（而远不止是形成对他的概念），这对于魏尔伦来说是再造那个人的声音的关键，此人曾是"愚拙的童女"的主人。

1876年，一整年里，魏尔伦、努沃、德拉艾不停地表现兰波。欧内斯特·德拉艾完成了三幅野人形象的兰波。头一幅《一个来自沙勒维尔的传教士》[33]，可以看到兰波脸和胸都刺了花纹，戴着缠腰布似的的东西，和一顶插着一支箭的帽子，挥舞着一大瓶"火水①"，一根长条带子将一本《奥唐托②字典》系到腰带上，正在训练一圈魔鬼附身般的野人。男人一丝不挂，女人裸露胸脯。远景像是几株棕榈树和一株仙人掌，证明兰波身在遥远的异国他乡。第二幅画[34]，用铅笔画在前一幅背面，《卡菲尔人中间的兰波》，戴一顶牛仔帽，一个手腕一只镯子，鼻子上穿着一支箭，领带飘在刺了一个酒杯和一个酒瓶的胸前（一只胳膊刺了两个交叉的烟斗），诗人面对一个黑人惊呼："这些卡菲尔人，又一些了不得的骨盆！……"第三幅，《黑人国王》[35]，诗人叼着烟斗，戴着王冠，由两名保镖保护，非常滑稽地蜷缩在他的宝座——豪华的扶手椅上。两个乞求的臣民毕恭毕敬地拜倒在他面前，等着他的上谕。也是在1876年，热尔曼·努沃在8月4日给魏尔伦的信中，推出一幅《黑人风光》[36]。上面一个青年无疑不是别人，就是非洲人兰波，正在去追他那顶飞走了的大礼帽。

没必要继续进行这种肖像清点。这已经很清楚，当时魏尔伦、欧内斯特·德拉艾和热尔曼·努沃的这种三角通信的功能（即使不是唯一，至少也是主要的功能），在于画出兰波的形象，这一形象由于他的一次次出走，不断脱离他们的视线。三个通信者彼此交换着他们附上插图的信来弥补他的缺席。他们玩着交叉图画游戏，给自己一种知道谁是他们从前的朋友的幻觉。欧内斯特·德拉艾写道："插图的放纵［……］比任何评论都强。"[37]他首先要表明，只有这才可能保留一点从空中赶上、抓住兰波的机会，才可能让他哑口无言。换句话说，就是揭穿他的面目、确定他的身份。1875年5月1日，在给德拉艾的信的第一部分里，魏尔伦表明（当然是矢口否认）对兰波毫不在意，却以意味深长的附言结尾："早点儿慷慨赠给我成段文字、图画和消息，包

---

① 此处将法语"烧酒"（eau-de-vie）故意写成"火水"（eau-de-feu）。
② 西方探险者们根据好望角的一个野人部落（khoisan）创造出的想象的人物。

括努沃，既然有努沃的份。"[38]同样，在同年9月3日的信中，魏尔伦又敦促他："来信，传言，画画。"[39]即使欧内斯特·德拉艾是众多图画的作者，魏尔伦却是图解行动的组织策划者，他索要、促成、激活这些速写。由于过去投入和受到的影响远远超过欧内斯特·德拉艾和热尔曼·努沃，他需要让自己相信"狂蝇"从一定程度上仍然是同一个"狂蝇"，仍然可以表现出他的形象。

兰波像（魏尔伦绘）（私人收藏）

《诅咒诗画集》插画（梅拉绘）

（雅克·杜塞文学图书馆馆藏）

《桌子一角》草图（方丹－拉图尔绘）

（法国国立网球场现代美术馆馆藏）

年轻的魏尔伦

魏尔伦像（雷加梅绘）

（法国国家图书馆馆藏）

《卖花小姑娘》（魏尔伦绘）

（雅克·杜塞文学图书馆馆藏）

1873年7月6日兰波夫人致魏尔伦信手迹
（雅克·杜塞文学图书馆馆藏）

1873年7月11日警方记录
（巴黎警察局档案馆馆藏）

1873年7月3日魏尔伦致兰波信手迹（比利时皇家图书馆馆藏）

1875年2月兰波致德拉艾信手迹（皮埃尔·珀蒂菲斯收藏）

魏尔伦自画像（拍卖会拍品）

第四部

在学校和乡间

（1875年3月—1886年1月）

第十四章

在英国

根根樊篱绵羊一般，

向无尽远方伸展，

清雾笼罩着明澈的大海，

散发着嫩蒿的香味。

——魏尔伦《智慧集》

　　刚从斯图加特归来，魏尔伦就只有一个念头，尽早去英国。为什么选择去英国呢？实际上早在1873年11月时，他就已经萌生了这个想法。那时魏尔伦从蒙斯的监狱给勒佩勒捷的信中说："我拼命地学习英语——当然……因为我要去伦敦生活。"[1]在蹲了十八个月的监狱以后，他不想马上出现在巴黎同行面前。这些人中的大多数都对他的行为表现出极大的反感和震惊。因此魏尔伦需要一个退隐之处以反省过去，把身体和精神都好好恢复一下，同时坚定自己的信仰，并彻底地戒掉酒。从这个意义上讲，巴黎这个集中了各种诱惑的都市对他也很不相宜。另外，他对警察依然心有余悸，生怕他们把自己的放浪和他在巴黎公社中的罪过（慢慢地他还真的信以为真了）加在一起找他的麻烦。他需要一个踏踏实实的工作，以免重蹈覆辙。1875年3月20日，魏尔伦抵达伦敦，在菲茨罗伊广场伦敦街10号租了一个房间。这里距霍兰德街34号仅咫尺之遥。他大概是下不了决心住回原来的住处，同时又离不开太远。这里离他过去

---

① 原文为英文。

的回忆既离得极近，又离得极远。他不失分秒地立刻开始着手安排自己的工作。在给《夜读》杂志写的一篇文章中他说："来到伦敦对我的一生具有至关重要的影响。刚一落脚，我就立刻去了一家专为教师和家庭教师介绍工作的事务所。我希望做家庭教师，就是说我想教法语，绘画和希腊、拉丁语，他们则为我提供食宿、浆洗。"[2]为了充分利用找到工作以前这段时间，他重新办理了大英博物馆读者证。随后，用他写给勒佩勒捷信中的话说，他"布下关系的种子，将来会有用处。当然，决不找避难人士"[3]。但他还是见了几位"老朽"。几番会面以后，他了解到利萨加雷"境况欠佳"，"安德里厄彻底站住了脚"，维尔麦希则去了瑞士。很明显魏尔伦不太希望重新启动在城市中及巴黎的关系，他想到农村去。一周以后，他"通过以前结识的一个中间人，大温德米尔街广告行的M. E.罗兰"[4]，在两三家报纸上登载的启事有了回应。人家告诉他，林肯郡一位校长答应雇用他，让他在其设在斯蒂克尼的学校里教授法语和绘画。斯蒂克尼是波士顿附近一座八百人的村庄，距伦敦二百公里。

次日，也就是3月31日或4月1日，魏尔伦在英王十字车站登上了开往西伯塞的火车。西伯塞是距离斯蒂克尼最近的火车站。整个旅行当中，他都在"观赏都城北方地区怡人的秋景"，"彼得伯勒周围的田野越走越美，波士顿周围的景色也极其赏心悦目"[5]。但是，魏尔伦在1894年讲述这次1875年的旅行时，多处出现错误。明明是4月旅行，他却讲什么秋景。他说伦敦北面的高地还没被亚历山大宫搞得面目全非，而实际上这座行宫于1873年进行了落成典礼，但几天后即毁于一场大火。他还给校长的房子安上了一个草顶，而实际上这所房子从未有过这样别致的屋顶[6]。实际情况是，魏尔伦二十年以后回溯往事，把当时即已理想化的旅行又大大加以美化。下了火车，一个长着圆脸蛋的约十二岁的小男孩汤姆·威斯特连同搬运工一起，把他的行李装上了一辆小马拉的敞篷车。鞭子轻轻一甩，他们开始了田园牧歌般的漫步："夕阳正将晚霞洒在前方的田野上。最后几抹阳光映照着美丽的大地，照在柔嫩得铺张的牧场和树木上。这些英国树木枝丫横生，极端'曲奇'——原谅我用这不纯的词汇。《圣经》上说，这样的树木的果实才是最鲜美的。道路两旁栽着好看的篱笆，可以说是点缀着肥硕的绵羊和自由欢跳的小马驹。"[7]

他们走了一个小时，中途经过一个收费站，来到了学校的新哥特式楼房前。校长威廉·安德鲁先生极其恭敬地接待了魏尔伦。安德鲁校长三十多岁，鼻下留着浓密的胡须，脸颊上蓄着美髯。他请客人到厨房洗手，因为在他对魏尔伦表示欢迎时，魏尔伦回答说："对不起，我满身灰尘。"这句英语虽然实在蹩脚，却可以说是含意深远。的确，魏尔伦很脏，真是太脏了。他真需要全身上上下下、里里外外彻底清洗一遍。可是，一进客厅，他就看见痛哭流涕的校长夫人，俯身在奄奄一息的小孙女丽琪的摇篮上。不用说，这个场面深深地触动了魏尔伦，他用手势表示自己的同情，并希望"在家庭中遭遇厄运的关头，外人的到来可以带给他们祝福"。"他们理解了我的手势，我们大家的眼泪交织在一起。他们极其热烈地同我握手。在这样的场合，我认为他们并没有把我当成不速之客。/冰雪融化了。/从这一天起，两位主人添了一位朋友，而不是一个下属，我则得了两位朋友。"[8]这可真是一段奇妙的叙述，说话人真像一个劣迹累累的可怜的罪人在圣地受到了欢迎。但是实际情况很可能远没有这样美妙。因为据可靠知情人的介绍[9]，一方面，威廉·安德鲁先生很可能因为去错了车站而未能接到客人；另一方面，魏尔伦到校长家时，家里只有两位妇女，安德鲁太太和一位女教师涵布斯托克小姐。见到来了一位（据她们说奇丑无比的）陌生人，他的主要行李是一个沉重的大黑箱子，看上去好像一具棺材，两人不免惴惴不安。直到几天以后，两人确定这只令人心悸的箱子里装的不过是些书籍，心里的石头才完全落了地。还有，只有魏尔伦一个人记得孩子在生病，且随着他的到来，就立刻奇迹般地不治而愈。因为次日清晨，小姑娘就已经好多了。魏尔伦差一点就把自己当成了圣人，给危难之中的一家人带来祝福，且在危急关头拯救了小姑娘。所有的回头浪子都需要相信自己是可以创造奇迹的圣人。

第二天一大早，魏尔伦就决定熟悉一下环境，到花园里转一圈。"村里的街道不很复杂。在从波士顿到斯皮尔斯比的公路两旁，排列着一座座小房子，房子的四周是花园。这条公路一直通到栽满参天大树的墓地门口，墓地中间是教堂。接着，公路拐一个硬弯绕过墓地。一个人面向教堂时，左手是学校和老师的家，右手是老客栈'玫瑰和花冠'。过去英国酒吧通常开在教堂旁边。但是在斯蒂克尼如果想喝酒则并不一定要到教会眼皮底下，因为村里有三四家很好说话的酒馆。"[10]在这里，喝酒和礼拜相距很远，这一点魏尔伦的确一直记得非常清楚。因为很久以后他还说过："斯蒂克尼路口，旅人面前路两条，一条可去喝酒，一条通往神庙。"[11]但是怀念起自己当时节制的情形，他不免骄傲地说："我选择了神庙。"的确，在魏尔伦愈演愈烈的酗酒生涯当中，在英国的这段时间是一个缓和的时期。他开始喝茶，有时甚至喝水，酒喝得很少，只限于喝一点本地啤酒。斯蒂克尼真是处处令魏尔伦满意，无论是装着拉窗的小屋，还是厨房、客厅、塔菲的马厩、家禽窝和住着黑色大母猪的建筑。在他眼里，斯蒂克尼的猪圈都比别处漂亮。他欣赏学校校舍的新哥特式风格，喜欢涂着粗石膏的墙，露在外面的那部分漆成暗红色的屋架，以及英国15世纪风格的窗户，小菱形玻璃用铅网联结在一起。他尤其对学校后面的绿色大为动情，那里栽着樊篱，并由几乎出自仙境的杨树环绕。树木之多，对于一个莎士比亚的读者来说几乎达到超凡的地步[12]。后来，魏尔伦认为英国的乡村过于漂亮，不免有些做作，倒不如阿登山区的险峻气象来得真切。可是眼下，他倒是觉得恰到好处。

开学的日子到了。安德鲁校长好不容易让学生安静下来，然后读祈祷文，向学生介绍新老师。据魏尔伦的自传讲，他决定第一堂课上绘画，这样可以更容易地了解学生，开始记住他们名字的发音，同时有更充足的时间准备法语课。"啊！我这第一堂课下来，学生们笔下画出了多么奇妙的鼻子、耳朵啊！只要是触及物件的形体的表现，儿童都有一种独有的视角，完全和原始人群一样。""在儿童和原始人眼里，唯一的艺术形式是多彩的塑像，它包括各种形式，无论是古典艺术的杰作还是最随意的漫画。[……]绘画只是他们一时的娱乐。你尽管把版画、木炭画、钢笔画和铅笔画放在他们眼皮底下，他们绝不会专心致志地遵照原件的形状、大小甚至物品的相对位置来复制。左边的东西搬到右边，右边的东西挪到左边，它们丝毫不觉得有什么不对。眉毛变成起伏的刷子，睫毛变成一根根小桩子，嘴是上下的蜿蜒起伏，鼻子是横向的起伏，如此等等，奇妙之处不可尽述。他们有时根本没有对线条和修饰的感受，即使有也要等到十二岁左右。我的学生和一般的孩子也没有什么区别。例如，他们画的影线就完全是杂乱无章的一团乱麻，擦笔则由于不断放在嘴里舔，不是把纸涂得画面无光，就是擦成大窟窿。"[13]从这几句话中读者不难看出，与其说魏尔伦是在介绍他的学生如何画画，不如说是在阐述自己对绘画的认识，他把它当作向童年的回归。就是在这个时期，他给自己涂抹的形象是："毫不夸张地说，每两分钟"[14]就在这个地区无数的栅栏、篱笆或栏杆中跨越一个。这个练习的确很累人，但是也很能够磨炼人。虽然他对自己的执教工作很上心，他还是不忘给自己画漫画。在给德拉艾的一封信中[15]，他给自己画了一幅画像，手执雨伞，身穿长袍，头戴英国大学那种挂着流苏的方形学士帽，正在看一份希腊语翻译作业。当时正在准备业士考试的德拉艾则被打扮成法国大学教授的模样，穿着长袍，披肩，头顶高帽，手里拿着一份拉丁语翻译。而兰波则打扮得怪模怪样，像个意大利刺客（当时他身在米兰，所以魏尔伦给他画上意大利剑客的装束），正在看一份意大利语翻译。画下面的说明是："如此下去用不了多久，我们都要变得臭烘烘了。看这一个个的模样！"

到英国一周以后，也就是4月10日，魏尔伦给勒佩勒捷写了一封信。从这封信中即可看出，他对自己的决定丝毫不后悔。他只是假意抱怨了一下身边的人连一句法语也不会说、一个字也不会。实际上他对这种语言的流放极其满意，而且说起自己用英语授课，他也颇为自豪。"英语！来到这里一个星期，*我已大有长进*。"[16]他没有什么娱乐，也不寻求娱乐。"每天看大量的书，和学生们在遍地绵羊的美丽牧场一起散步（以后你就会了解，这里不用排队，完全不是少年先遣军风格），一星期以来我的身体和精神方面感觉都出奇的好。"[17]他对自己的生活很满意，平静而又不过分乏味，井井有条而又不过分受限制，严肃而又不过于拘谨。这种生活很简单，单纯，甚至有些过于狭隘，但他喜欢的也正是这一点。"简单的生活，繁重的劳作，这是难得的事业，需要不少的真爱。"（《智慧集》）他不需要什么，只要"在某个乡间活着，或者想出去时在附近地区转转，如苏格兰、爱尔兰"[18]。他信奉的是**黄金分割**①的永久神话，中庸之道的种种益处。德拉艾和卡扎尔斯都切中要害地指出他追求的是第三位②，这是魏尔伦所能胜任的平庸规则，也正可以形容他这一时期的生活。"有一种对道德的关注，一种宗教情绪，和物质生活的考虑正相吻合。这构成了过去'钟鸣岛'③中许多小资产者的生活常态。"[19]魏尔伦的生活组织得的确不错。他和安德鲁互相帮助，他教校长拉丁语（也许是希腊语），而校长则教他英语口语和英国文学。一年当中他的关系网急剧扩张，结识了马克斯韦尔大夫，并评价他是个"好人，还有点自由思想"。邻近地区的显贵都求他给自己的孩子做家教。西伯塞的史密斯大夫把自己的四个女儿托给了他，吉尔厅的戈兰坦上校托给他三个女儿和自己的弟弟，西伯塞教区的英国教会牧师弗兰克·波桑特，则把自己一个需要学法语的学生推荐给了他。魏尔伦和安德

---

① *aurea mediocritas*，古罗马诗人贺拉斯的用语。

② 指一般男女靠苦修赎罪。

③ 拉伯雷的小说。

鲁一家人也越来越融洽。他学习驾马车，不断有人请吃饭，在教区长家，在邻村斯提克福特的斯科拉顿牧师家。他甚至参加卫理公会派教会的弥撒，以及学校的生日纪念活动。

不消说，这样的生活只会发展和强化他的信仰。原则上，魏尔伦对英国教会有些戒心，尽管他们的圣歌唱得好听。"这真是个死气沉沉的教会，而且没有存在的道理。[……] 不过说到底，你同意我对新教的看法。而且事情早已有了定论，况且是新教徒自己做出的，我指的是有知识的人。他们预见到，即使在信徒眼里，新教的虚伪也无法掩饰这一点：即他们仅存的教条，根本无法发扬宗教的本旨。"[20] 魏尔伦习惯了天主教弥撒的宏大场面，"带着一点艺术家的性感"喜爱天主教仪式的铺张。

> 神父的祭披金光闪闪一直垂到地，
> 台阶上拖着镂空制成的白色长衣。
> 助祭和副助祭穿着镶花边的祭袍，
> 珍珠黄金何处掠来富饶乡在何地。
> [……]
> 唱诗班的孩童个个英俊无与伦比，
> 身着鲜红短袍并洁白法衣。
> 一双双洁白的手把香炉摆来摆去。
> ——《题字集》

魏尔伦受不了英国教会弥撒的冷清和简单，看不惯光秃秃的教堂和简约的仪式。在他看来，他用宗教取代了自己的一切欲望，这宗教从根本上是感官层次的。所有的**亲热的礼拜仪式**的目的都在于表现宗教礼仪怎样使人亲身感受到上帝的肉身在我们中间，在于有血有肉地表现圣体的秘密。（"圣人是圣体后面的人。耶稣的肉中也有肉"），"真血"，"真肉"，"胸脯中之胸脯"。出于这种认识，魏尔伦对英国教会的拘谨，甚至是严格，很难接受。但是自从他认识了在斯蒂克尼教区当了四十年教区长的乔治·考尔特曼牧师，他的看法就开始变了。这位和蔼的教士不仅会说法语，而且博学多才。两个人很合得来，一起讨论神学和文学问题。考尔特曼牧师有时为村上举办的活动赋几首诗，据说上大学时甚至还结识过丁尼生①。但是每个星期日去教堂听新教的礼拜却不能令魏尔伦满足，尽管他此时已经认为他们的简朴颇令人仰慕，亨德尔的曲子也极其动人。他还急切地需要按时去忏悔，去参加"唯一真正的教会"的弥撒。每周六他都步行去十三公里以外的波士顿参加弥撒，斯蒂克尼的居民都对他的虔诚惊叹不已。弥撒由来自拿索大公国②的德国神父萨贝拉主持，地点在一个简单的小教堂，"一座矮长的红砖教堂，一个非常简单的四面透风的小钟楼，里面一座小钟"[21]。教堂装饰得再简单不过，只有一个"哥特式高耸的圣坛，一尊圣母和约瑟夫的小雕像，相传直接来自纽伦堡。左右陈列的是耶稣受难组图浮雕"[22]。人如果有了信仰，加上一班业余唱诗班演唱的莫扎特和海顿的圣歌，一切就都变得光明而美好。参加弥撒的有不少爱尔兰人、外国人和传统的英国家庭。弥撒以后，魏尔伦去看住在教堂不远和姐姐一起生活的神父。有这样一位渊博而虔诚的信徒，萨贝拉神父如何能不欣慰？他认为魏尔伦的信仰单纯而正统，淳朴而热烈。于是他鼓励魏尔伦多读感化人的读物，多敬奉圣母。可是魏尔伦把自己的信仰充分表现过以后，晚上到波士顿参加的活动就往往世俗得多，而且远没有那么崇高了。他的同时代人中有人说他从波士顿回家后经常极度的喜笑颜开。一位叫霍尔姆斯的人——这人以后当上了医生——甚至说诗人魏尔伦有几次回到家时竟然酩酊大醉[23]。魏尔伦在波士顿交了几个朋友，包括一个爱尔兰海关官员和一位杰拉先生。杰拉先生是个摄影师，一定是他带着魏尔伦在小城里的各个好地方去享用。有时甚至只消几个小时，我们的诗人就把一个星期缺的酒都补了回来。关于他在斯蒂克尼执教时如何节制饮酒人们说得不少，是不是因为有这几次越轨就要否定他的一切努力？不，出狱以后，魏尔伦没有马上重新酗酒，但他的意志却仍薄弱。如果一切顺利，他就可以坚持，但一旦出现哪怕一点困难，他就会故态复萌。

当初魏尔伦和兰波一起在伦敦时，魏尔伦实在咽不下令人倒胃的英国饭食。而现在海峡彼岸的风味却突然变成了美味佳肴。同时他也变成了美食家，津津有味地细加品尝。每一道菜都令他惊羡。首先是**牛排**："在法国哪怕是最好的餐厅，端给你的

---

① 阿尔弗雷德·丁尼生（1809—1892），英国著名诗人。
② 今荷兰境内。

也只是红红的一大团肉，而这里却是切得整整齐齐的一块，肥瘦分布得极为讲究，散发出的香味令人馋涎欲滴，吃下去担保你能饱。绝对不需要加什么汤，什么汁。蔬菜是连皮煮的土豆，[……]，用来代替面包[……]。在咱们这里，面包只用来抹黄油和果酱，而那里吃的面包是一种加柠檬皮的布丁（**柠檬布丁**）。异常甜美。这白白的、圆圆的布丁就作为一顿饭的甜点[……]。说到这里要补充一下，所谓布丁（来自法语的boudin，血肠）和法国人想象的完全不同。这里称作布丁的是用面包渣和牛骨髓、废糖蜜一起和的软面团，再随便加上一些葡萄干和上面提到的柠檬皮。然后把面放进模子里，在开水锅里隔水炖上几个小时。"[24]魏尔伦现在对菜谱也上心了！二十年以后他还记得一个叫作"夹馅脊骨"的菜，是厚厚的一块咸猪肉，切成薄片，肉片之间密密地夹上菜馅。一向关注魏尔伦吃喝的欧内斯特·德拉艾关于他改换口味一节曾大书特书："我们的诗人承认，甜奶配鱼和肥肉很合适；五颜六色的布丁只是表面上看着难消化；在先进的烤箱里烤的带血的肉味道更鲜美。吃着褐色的肉汁，舌头上感受着浓重的味道和赤道地区的火，因为桌上没有酒，他也就想不起喝。在这样质朴无华的饭食中，也会突然有一些花色，例如家制的甜点，有枯茗味、姜味或茴香味的，都异常精美。还有各类法国见不到的果泥、果冻、糖果等等。最后还有这么香的茶。"[25]其实情况再清楚不过了：这不仅仅是因为在伦敦的餐厅里随便只顾填饱肚子以后，魏尔伦发现了英国家庭饮食的妙处，更主要的是他把对酒的钟爱移情到了饭菜上。在人们的意念里，酒属于恶的一边，而饮食则属善的一边。难怪人们饭前要做谢饭祷告，饭后还要做祝福。不过在此之前，酒精在魏尔伦身上起到的是令他轻松甚至升华的作用，而此时饭菜则主要是令他体会肉身。从这个意义讲，信仰上帝和吃饭相互补充，怀疑上帝和饮酒也相辅相成。

既然此刻他的身心都得到如此的满足，他又可以安心致力于文学了。终于又过上了安宁的生活，他感到很欣慰。为了庆贺自己改邪归正，他首先想写颂歌。德拉艾对这个计划表示怀疑，魏尔伦解释说："这是大卫的《诗篇》类的东西，我要在里面放进悲伤的**自我**，尽我所能写出最好的字和最美的旋律。它将非常完整，始自'上帝拯救我于血'到'直到什么'。难道还要我说这里面没有所谓艺术吗？现在，尤其是今天，我憎恨巧言令色。"[26]意思是说，写作在于载道，而不在于美感，就相当于精神层次的练习曲。他还有一个巨大的计划，写一部庞大的圣歌，四五千行，甚至更长的一部史诗："它将向着圣母驶进。题目可能是'玫瑰经文'，从亚当夏娃一直讲到今天。他将包括所有的文明，所有的传说……我已经有了大纲，完全是神学的，但还需要消化。我需要进行很多旅行。"[27]这计划已经令人不安，因为庞大的历史性、教育性史诗根本就不是魏尔伦的诗风。他的作品表现的恰是转瞬即逝的内容，只要稍有扩展，就会纠缠进去不能自拔。最后他还考虑写一本"简短"的爱国主义作品。"我相信这篇作品会有新意，会很温和，很感人，而且会尽可能具有法国气息，但不会有'高卢'气。当然一定会非常天真，我会尽我所能写得无限真诚。总之，这些都加在一起足以让这本书在普鲁士，还有法国，成为禁书。"[28]这想法也真值得我们担心，况且他稍后写的《法国人法国游记》也证明这些担心并非杞人忧天。魏尔伦的确好多了，但是他的写作并未从中得益。他只是源源不断地寄给德拉艾一些诗歌，准备编成《囚室集》。但是这本书最终没有出版。

魏尔伦一定在英国接受了对酒精的解毒治疗，同时尤其是完成了对兰波的忘却。他首先想的是"痛改前非"，埋葬布鲁塞尔时期的故我。他认为，如果不靠宗教他做不到这点。"试想，如果这个自我是无神论的，那他现在会多么强大而危险。因为他对他曾批判过的世界无比仇恨，怀着在比利时这酒罐中酿成的各种宿怨。对于他一时的怨恨或谎言造成的后果，他都可以一概雄赳赳地说'我不在乎'。但我幸而心明眼亮，并且思想上因此得到了怎样的酬报啊！我全力钻研各种问题，而世界上的所谓欢笑，只能唤起我的怜悯！我觉得，只有大变动、大苦难（这词真是大而不当）才能最终理解。"[29]尽管如此，兰波的回忆仍然困扰着魏尔伦。否则他为何突然对热尔曼·努沃关心起来？他不会不知道，这位努沃1874年3月初在奥代翁附近的塔布莱咖啡馆见到将动身去英国的兰波时，当即决定陪他一同前往。第二天两人就动了身。真可谓一见钟情，兰波简直是劫持了努沃。努沃走时只拿了自己房间的一把钥匙，而没带任何手稿。真是一见倾心、势不可挡[30]。到了英国以后，两人的生活真是穷困落魄。因为这奇怪的第二家庭没有魏尔伦夫人的钱财撑腰。人们给两人的潦倒生活编派出很多故事。据说两人一起在赫尔伯恩的一个纸箱厂做过工，努沃做了家庭教师，兰波为一个机构当过守门人。但可以肯定的是，两人的积蓄用光以后，其生活必定捉襟见肘。他们在报纸上登的广告并没能招来多少学生。努沃这一次不想放浪自己，6月份回了法国，兰波则留在伦敦，一直待到年底。努沃和兰波这样不辞而别，当然让魏尔伦想起自己和兰波的一段经历，想起自己如何也是匆匆离开尼科莱街前往伦敦。所以，他又如何能对在兰波身边取代自己的努沃无动于衷呢？那么热尔曼·努沃到底是何许人呢？"那人是谁？什么道德先生？"他这样问德拉艾[31]。说实话，他实在不配怀疑和兰波一起生活的人品行是否端正。努沃是个南方人，1851年生于瓦尔省普列埃尔，童年生活极为不幸。首先是三个兄姊幼年丧命，随后母亲、父亲也先后谢世。他在埃克斯的小修院上过学（并一度想过做教士），后来进了波旁中学。1872年得了文学业士以后到了巴黎。一位同乡拉乌尔·吉内斯特把他引进了巴黎的文学圈子。两年当中，在塔布莱咖啡馆，在画家若利布瓦家和波利道尔家，他接触了"在世团伙"的成员，包括拉乌尔·蓬雄、莫里斯·布绍尔、莱昂·瓦拉德、路易·福兰、亨利·梅西埃，特别是让·里什潘。这些人很欣赏他画画和做诗的才能。从伦敦归来以后，他开始在北方省、阿登山区和比利时游历，然后又一次去了英国。就在向德拉艾询问兰波新朋友的情况之后几天，魏尔伦收到了一封努沃辗转曲折送给他的信，告诉他"东西"在米兰病倒了。魏尔伦当即想去看他："过几天，下周的周五或周六，我去伦敦接我母亲来这里待几个星期。我会利用这短短的几天（最多一两天）和努沃建立极其审慎的联系，因为我认为他是个不错的青年，以为现在的人们真的开始钟爱科学①了。"[32]魏尔伦无非是说他把努沃当作另一个兰波，因为他谈到兰波时经常用"钟爱科学"这个词，其中不乏讽刺意味，指为科学而爱科学。虽然她母亲决定推迟英国之行，他还是马上动身去伦敦。对于他可怜的收入，这次出行费用不菲，但是他实在想知道个究竟。就这样，两位诗人于5月中旬在英王十字火车站见了面，魏尔伦一下子就认出了努沃。在他的一幅漫画中，他说努沃是"两只脚的生物中个子最矮的"。努沃当时二十四岁，长得仪表堂堂："个子不高，上身偏长，头发向后一直披到衣领，耳朵完全露在外面。头发在前面分开，遮住部分额头。眼睛像东方人，鼻子略显鹰钩状。薄薄的嘴唇上蓄着很短的胡须，尖儿上打着卷儿。这种样子在普罗旺斯很常见。努沃就来自那里，到巴黎来搞文学。"[33]很久以后，在《题字集》中，魏尔伦忆起这次会晤，满怀深情地力图再现这位朋友在载说载唱中所说的话，引用了他的一些词，并模仿他的风格[34]：

---

① 此处使用"Philomathie"一词，是个19世纪流行的词汇。

我们初次见面，是在伦敦，
到处充满英国女郎的城市。
在铁轨脚步噪音交织的英王十字，
只一眼就从焕发的脸上认出了他是。

难耐的饥渴遂像无底矿井，
离开人群，我们举步飞奔。
跑向旧时一般诱人的酒家，
这里修长的侍女比白鼬白皙。

白锡桶中苦啤姜汁畅流，
水晶杯欢唱如空气般轻，
为未来友谊不渴也要尽饮。

祝福杯频举果不负望，
如今两人年纪又添几分。
看心里论腿脚我们皆温暖如春。

这些听上去真是动人。但两人见面的时候，果真得以推心置腹了吗？因为关于两个人分别先后结识的兰波，终究不好说得太多。而刚刚皈依不久的魏尔伦满口的道德和宗教，对努沃来说也不应该有什么吸引力。他的整个少年时期在小修院里受宗教浸染，但后来似乎疏远了。但是也不能不看到，魏尔伦的宗教热忱似乎对努沃还是产生了一些影响。十几天以后，即5月26日，努沃在给他叔父亚历山大·西尔维的信中说："由于某个神圣的原因，我将离开英国。我被安置在英国乡间的一个小修院里过了两天。如果上帝没有在那里等待我，我真会在这里待下去。我的道德观发生了彻底的变化，甚至身体上我都可能已经变成了另一个人。"[35]魏尔伦的宗教的确起作用了（就像药物和毒药药性发作），从某种意义上讲努沃是魏尔伦的单传弟子。1891年努沃因信教走火入魔而发了疯，被关进比塞特尔疯人院，以后他的一生就在教书与放纵，朝拜与流浪，节制与纵欲中度过。

在安德鲁先生家平和、安宁、活跃的气氛中，转眼一年过去。7月，魏尔伦首先陪安德鲁先生到伦敦参加考试，然后欢欢喜喜地回到阿拉斯市埃尔布龙院里母亲的家。难得这一次他没做什么对不起母亲的事，也没给她闯下什么祸。这时德拉艾刚刚成功考过了业士考试的部分科目，魏尔伦一方面为了给自己找些娱乐，一方面也为感谢他为自己提供的多次帮助，所以请他来自己家玩上一周。这些日子，里尔街2号一片喜庆气氛，因为保罗的生活终于稳定了下来。家里一片孩子般的躁动，"初中生样的吵，小学生似的闹！[……] 好一片鼓噪，大家边吵边笑。"[36]魏尔伦夫人腿脚灵便，不住地在饭厅和厨房间跑来跑去，做出各种各样的美食。她还异想天开，让保罗把一家人的相册拿给德拉艾看。她真是想入非非，错打了算盘！保罗打开铜制镀金的搭扣，开始无非是叔叔婶婶，表哥表妹，因为谁也不往心里去，所以相安无事。突然出现一个极其妖媚的少妇肖像，果然是玛蒂尔德。几个人都屏气吞声，继续往下翻。又出现一幅照片，还没有裱好。魏尔伦夫人不知深浅地说："这是兰波先生。"她根本没料到儿子会发出一阵狞笑："不错，是兰波先生……我的祸水。"[37]保罗受到了伤害，感情的创伤还远未愈合。他的反应很暴烈。"啊！这个人真是可怕。他怎么会这样？我真不该把这个倒霉的相册拿给他。…… 他夫人对面贴着一位普通亲属的照片。他把它取下来，换一个地方，随便什么地方，然后把兰波的照片放在那个位置，正与《美好的歌》妖媚的女主人公面对面。"[38]最后魏尔伦夫人终于明白自己惹了是非，脸色变得煞白，想阻止保罗出口不逊，可是毫无办法。保罗狂笑着急忙合上相册，不依不饶地说："就这么着，又怎么样？我就是要将这两个把我害得最苦的人放在一起。"[39]魏尔伦夫人绞着双手不住呻吟，抱怨自己孩子不争气，让自己心灰。"魏尔伦喃喃地说：'我……心灰……炉灰。' 野蛮人拿走相册，仔细地放进一个书柜。"[40]好在魏尔伦夫人已经见惯了这种紧张场面，急忙招呼大家来吃她刚做的肥肉丁摊鸡蛋。趁着两人吃得热闹，她又"飞快地抹去了保罗的罪过，把兰波的照片从亲属当中拿掉，按着时宜的顺序放回到相册最后的亲朋好友当中"[41]。

幸而并不是每天的日子都这么惊心动魄。保罗和欧内斯特经常和伊雷内·德克鲁瓦一起出去散心，到阿拉斯周围的乡村去郊游。德克鲁瓦一家住在离阿拉斯城不远的费府，个个都是魏尔伦的老朋友。父亲路易·德克鲁瓦曾经在沙勒维尔中学当过老师，是小学校长。三个孩子都已经不小，长子伊雷内推销葡萄酒，幼子叫蓬底库斯，一个女儿叫安东奈特。他们在圣波尔行政区的利莱尔、贝居恩和费府的美丽平原上散步，参观阿麦特市献给圣拉波尔的教堂，穿过大小树林。有时进了小咖啡馆，几个人不免多喝几杯。有时保罗关切地询问树林里面怎么会有那种令人不安的涩香，德克鲁瓦会带着完全的科学态度告诉他那是烂蘑菇发出的气味。如果是在过去，魏尔伦绝对不会满足于这样一个答案，而现在他却完全满足了。德拉艾给我们留下了那段时间的一幅画[42]，画的中间是魏尔伦和刚做了学士的德拉艾，正双双走在费府的公路上。旁边写着："打倒烂蘑菇!"他们的左右分别是一个端着美味菜肴的高大男仆和一个拿着一瓶两法郎的葡萄酒的女跑堂。这幅画充分说明保罗的馋嘴还远没有戒掉。

9月13日魏尔伦回到了斯蒂克尼，立即重新开始了同上一年一样的平静生活。"节制，严肃，工作，知足。"[43]在给伊雷内·德克鲁瓦的信中，他说他的时间"全部用来学习和散步。走在美丽的绿色田野上，虽说有点过于平坦，或者有些单调，但空气清新，有益于健康。我希望尽快使英语达到娴熟的程度，以便能够找一个待遇丰厚的职业（当然没有不切实际的野心。）"[44]然而他虽然下了不小的决心，可是困难却接踵而来。他本来想在英国作伊雷内·德克鲁瓦的葡萄酒代理，但是生意却一筹莫展，因为英国人讲究实际，要先尝后买。如果只是这样的挫折还没有什么了不起，更让他伤心的是诗歌方面的失败。7月，也就是上一学年结束的时候，魏尔伦听说将要出版《当代帕尔纳斯》第三卷。帕尔纳斯运动创始之初他可谓活跃，在前两卷中写得也可谓不少，所以他以为这次出版他的诗作理所应当。因此他通过埃米尔·布莱蒙给勒梅尔寄去几首诗发表。到了9月初，他不见任何回音，于是不耐烦起来，不住地催布莱蒙："两月以前寄去一封信，并几首诗给《帕尔纳斯》发表，措辞颇为诚恳。然而从此石沉大海，很不妥当。可否告知我的几首诗在这位'梅尔'那里命运如何。"[45]两个星期以后他再次发难："谢谢你为我的歪诗帮大忙。既然已经开始做了，我真劝你'趁热打劫'。"[46]10月底他听说他寄去的诗全部被拒，一同被拒的还有夏尔·克罗的诗和马拉美的《牧神的午后》，也都被"贬委"拉了下来（由泰奥多尔·德·邦维尔、弗朗索瓦·科佩和阿纳托尔·法朗士进行初选，然后由勒孔特·德·李勒和阿瓦斯·勒梅尔最后定夺）。邦维尔和科佩没说什么，法朗士的评价却斩钉截铁：太差!"作者可耻，诗也是糟糕之极。"[47]魏尔伦做出丝毫不为之所动的姿态："对所宣布的结果并不很吃惊，也不很难过。关于你说的那些人，这结果太恶劣下作。关于我，则是十足的鬼话。唯独勒梅尔是个好人，可惜了。"[48]后来布莱蒙告诉他没能向勒梅尔要回他的诗，他仍然处乱不惊："谢谢你去向**高等强权出版社**据理力争。损失几首诗无关紧要，他尽可以拿去取乐，放到他的退稿堆里充数，或是作别的（干净或不干净的）用途。我已经**不再去想了**。"[49]但实际上，无论是对魏尔伦的心理还是精神，这个失败都是一场灾难，因为他真觉得客观上已经没有道理再继续从事过去那种诗歌创作了。

很可能是由于这一系列挫折，他想换个地方。说不定这一次挪动又能改善一下他的生存条件。从11月起，就如同他在给德拉艾的信中说的那样，他开始行动："为改善境况，我四处活动。我的老板是个好人，一听说我有辞职的想法，就要给我加工资，提供各种好处。所以我决定干到**圣诞节**。"[50]这年年底，魏尔伦希望在波士顿语文学校找个职位。并不是说现在的处境有什么不好，其实这里大家都诚心诚意，同他很友好。相比之下波士顿的学校确实更大一些，薪水也高一些（要想有一些积蓄，钱还是第一位的）。而且在波士顿这样的小城，娱乐活动也要比斯蒂克尼丰富一些。在斯蒂克尼，到了冬天，就连镇子周围的田野也变得寡然无味："'现在田野里没有什么花开了。'就在我给你写信的当儿，外面正大雪漫天。冬天正是离开'小村庄'的好时候。"[51]尽管他不停地读书，读小说，读诗，包括丁尼生、朗费罗，以及约翰·班杨著名的《天路历程》，尽管他有时读英文，有时读《神学和神秘主义》《概论》和《圣泰雷兹传》，而且还继续写诗（以后收入了《爱心集》《智慧集》），但魏尔伦在斯蒂克尼的确颇感无聊。在这期间，努沃在巴黎，一边宣扬魏尔伦如何看不起帕尔纳斯派，一边一有机会就为他进行宣传，在孟戴斯和马拉美面前提他的名字。他伙同夏尔·克罗和其他几个朋友一起——如让·里什潘、安托万·克罗、莫里斯·罗利纳、奥古斯特·德·夏蒂庸、埃克托尔·勒艾斯特拉斯和夏尔·弗雷明，都是尼娜·德·维拉尔沙龙的常客——筹备出版《现实主义十行诗集》（1876年出版）。只要读一读努沃写的最后一首十行诗《在教堂》（署名弗朗索瓦·科佩，以示讥讽），就不难发现他还没有忘记诅咒诗社的教诲：

> 她双膝跪地露出双臀，
> 虔诚祈祷样子深沉，

欲窥究竟我靠近她的板凳，

撅起的裙下一片白墩墩。

空旷殿堂无些许阴影，

蓝色月光一片明亮皎洁。

不扰她的热忱我已成她爱人，

她祈祷依旧我则隐约发现

暮色柔美而她祝福上天，

我也不觉此举有多么荒诞。[52]

　　我想象不出，读到这样亵渎的诗，魏尔伦做何反应。这样的诗一定令他回忆起过去自己随心所欲的风格。他是震惊呢，还是怀旧？反正当他听说尼娜本人也还没有忘记他时，感到很欣慰。尼娜在自己的沙龙里对众人说："假如我是魏尔伦，我就会径直回到巴黎来。我也不需要去看伏尔泰，或看过去的伙伴（况且这些人本没什么意思）。靠我日记和剧作的成功，人们自然会来找我。我还不一定赏脸。"[53]魏尔伦本打算在伦敦过圣诞节，却突然改变了主意。12月底他去了巴黎，1月又回到了阿拉斯母亲家中，还有费府的德克鲁瓦家。此前他先给他们寄了一张自己的照片，以免造次。信中说："寄去这样一副嘴脸实在抱歉，我实已尽力而为。"[54]过去他已经给热尔曼·努沃寄过照片。努沃于1875年10月20日回信感谢道："感谢这么漂亮的相片和好看的题字①。也感谢那句'不像人想的那样讨厌'。"[55]这幅肖像是杰拉先生在波士顿为他拍摄的[56]。以后他还寄了很多张给他英国、法国的朋友，包括安德鲁、霍姆斯、涵布斯托克小姐、勒佩勒勒捷等等。照片上的魏尔伦严肃而稳重，穿着考究，（所剩不多的）头发梳得一丝不乱，胡子也修理得整整齐齐。他的右臂和臂肘放在桌上，正在奋笔疾书。魏尔伦表现出的形象一直这样在两个极端之间摆动，有时放浪形骸、无依无靠、完全自暴自弃，有时又突然醒悟、重振雄风。而且因为他认为诗人离不开自己的形象，所以精神既然振作起来，外表也需焕然一新。正因为此，他才乐此不疲地到处发放这样的照片，因为上面的形象正是他希望自己和别人的眼睛所看到的。

---

① 原文很多拼写错误。

魏尔伦因为尚未安排好在波士顿的工作，在法国度完假后，只好重新回到斯蒂克尼。这让他很失望。为了给自己在英国的流放生活增添一丝情趣，他想鼓动热尔曼·努沃来英国找他。他对努沃说努沃可以帮助装修萨贝拉在波士顿主持的新落成的教堂。其实萨贝拉的弟弟已经开始做装修工作，已经给耶稣受难浮雕上漆涂金，并给正祭台间画上了美丽的蓝天，上面点缀着颗颗星星。但由于手头拮据，努沃终于未能成行。魏尔伦只好独自留在英国。他非常失望，因为如果他能把努沃招来，一定会觉得自己和兰波一样，对努沃有同样的诱惑力和感召力，而他却是出于正当的理由，是为了完成在伦敦开始着手的对努沃的感化工作。刚到2月，他已经觉得孤寂难挨，"一个个钟点冗长而乏味。倒真是没有可能做错事，因为没有错误可犯，所以也就不能品尝痛改前非时的美味。用这里人的话说，是 no drawbacks①。没有什么'乐趣'，这倒是真的，不过我敢保证，还是有不少满足。同时变得身强体壮。除此以外，还有了积蓄，英语也学好了，人也正经了，拉丁语捡起来了。而且还有足够的时间认真学习，高兴的时候甚至可以写写诗。你看，有很多事可以干，更不要提本职工作了（我变成一个乡下人、一个岛民，是不是？）"[57]。其实这些话魏尔伦自己都不相信。如果这样无聊仅仅是为了不犯错误，那代价未免太高了。况且不犯错误就谈不上后悔、悔过，而这也正是犯错误的乐趣所在。这方面他已经很有经验了。所以他尽管在英语上下了功夫，尽管他反复表示并不后悔背井离乡，其实他心里只有一个念头，就是去波士顿，然后去都柏林或爱丁堡，或者干脆到伦敦去，总之只要离开这里就好。到了3月，他实在耐不住了。幸亏这一年（1876年）春，魏尔伦夫人来到了斯蒂克尼。她在这里的几周时间，魏尔伦有了一点乐趣，情绪稳定了一些。两人一起去参加英国教会的弥撒，其间她尽管读自己的天主教经文。但是对一个寻求重新出人头地、大红大紫的人来说，每天只是拿糖果喂喂小马塔菲、大卷毛狗尼禄，照顾照顾小黑猫，显然不能满足。

3月底学期结束，魏尔伦出发去波士顿。告别的场面非常感人，所有的人，包括保罗和母亲，安德鲁夫妇，亲朋好友和全体学生都落了泪。感人的场面同时也很有寓意，因为这几个小时当中，魏尔伦换上了格勒兹②哭天抹泪的风格，和他的个性很不

---

① 即"没有缺点"。
② 格勒兹（1725—1805），法国画家，其作品旨在弘扬道德感，追求声泪俱下的效果。

相称。抵达波士顿以后，母子二人在主脊街48号一个叫鲸鱼的旅馆楼上落了脚。四十年前，一条鲸鱼在港湾里搁浅，其骨骼变成一个最让观众感兴趣的展览馆的展品。这个展览馆设在一个由牡蛎壳、蛤蜊壳和其他各种贝壳装点的石窟里，里面陈列着各种海里的新鲜物品、武器、头盔等等。展览馆的主人也是旁边的酒馆的主人。魏尔伦母子就住在酒馆的楼上。魏尔伦很快就心灰意冷了，他知道当初想得太好了，实际上有别人帮忙还远远不够，波士顿语文学校没有固定教职给他。他只好在《波士顿卫报》和《林肯郡论坛》上登了一条小广告："保罗·魏尔伦先生，巴黎大学学士毕业，愿教授法语、拉丁语和绘画。具极佳供职证明。请致函波士顿主脊街48号。"但学生始终寥寥无几，或许只是因为老师住在一个酒馆楼上（真是不巧），而这环境实在不适于教书育人。萨贝拉神父为了带动他人，先送自己的兄弟来学法文。但学生还是不多。于是据说诗人搬了家。4月25日，他有三个学生；5月23日，仍然是三个学生，（很可能是同三个），从各方面来看学生人数从没超过这个数字。看来真有些出师不利。魏尔伦每日无所事事，终于厌烦起来。波士顿市有许多老房子，名字都稀奇古怪、意味深长；还有一座雄伟的堂区教堂，其钟楼有点像鲁昂大教堂的钟楼中的一个，另外老墓地的墓碑当中还有一尊《伦敦绘图新闻》创刊人尹格拉姆先生的白色雕像。魏尔伦还是决定离开这里。这里的一切都太单调了。他对德拉艾解释说："还不用说，在'城里'总是同一个大兵（因为这里只有一个大兵）、同一个警察、同一条围裙，商店里总是同一个小姐，提着小手提包，带着饭，总是同一个牧师、同一条长毛狗，总是那几条猎狗、那几只老鼠一般大的黑猫、那几个男女穷学生。这些人一看见我那雷打不动的阔边圆帽就哄然大笑。现在我的帽子就要和你的雨伞一样家喻户晓了。"[58] 6月初，他决定回法国。在归途中他可能在伦敦停了一段时间（开始他本想逗留两个月，但因为归心似箭，他大概没待那样长时间），为下一学期开学做一些准备，保证能有一个像样的工作。他终于穿过英吉利海峡回到法国，先在阿拉斯住了几天，然后回到阿登山区。德拉艾为了感谢上一年魏尔伦请他到阿拉斯，这次回请他去沙勒维尔待一些日子。故地重游，其味无穷。德拉艾几乎带着他去了所有兰波的故地缅怀旧事。这里是阿蒂尔住过的地方，这里是阿蒂尔玩过的地方，这里是阿蒂尔学习过的地方，这里是……不过好像尽管这样不可避免地唤起旧时的回忆，魏尔伦却并没有消沉，甚至没有一点不高兴。德拉艾叙述说："他果然表现出一贯的轻松而泰然的个性［……］，身体健康，行动敏捷，步伐矫健，精神十足。他的思想结合了加夫罗什①的无拘无束和生活的无限艰辛。他是一个饱经生活磨难的人，接触过各式各样的人物，有的文雅，有的乖戾，经历过、参加过各种可怕的变故，而最后终于练就一颗纯洁无瑕的童心，好像年轻了十五岁，变得更冷静、更善良。"[59]

到了9月，魏尔伦再次去英国。这次去的是伯恩茅斯，去教法语和拉丁语、希腊语。学校是"一个皈依了天主教的老牧师雷明顿先生办的寄宿学校，叫圣阿洛伊修斯。规模不大但筛选严格。校舍是山区木屋的形状，远远地对着大海，只能看见地平线，勉强看得见浪花和渔船的点点风帆，还有正在远去或已经消逝的渡轮排出的红烟……这样的城市在英国称作水城，漂亮、安宁，城市周围是美丽的树林，以冷杉树为主"[60]。不过魏尔伦真是选错了学校，在某些方面这里又像学校，又像管教所。这位弗雷德里克·雷明顿先生极其严肃，容不得半句玩笑。他接纳的是那些"哪怕是连公立学校最低要求也达不到的学生，他们智力迟钝，于是就超乎寻常地粗暴"[61]。而且教完课以后，魏尔伦还要当学监，带学生去海滩，和学生一起游泳。圣阿洛伊修斯学费昂贵，每个学生每年交纳至少一百几尼，魏尔伦的班里只有十几个学生，这是因为所有的学生几乎都是问题少年。所以魏尔伦班里的纪律问题就让他大伤脑筋，因为大多数学生其实都是小流氓。一天他挨了一个结结实实的雪球，出手像是怀着深仇大恨。他晃了一下倒了下去，甚至躺在地上昏迷了片刻。虽然大家当时都怀疑一个爱尔兰大个子，但最后终于没能确定凶手是谁。所以说在这个海滨城市，魏尔伦真的没过安生日子，想起斯蒂克尼那宁静的乡村生活、安德鲁家的生活、过去听话的学生，他真是追悔莫及。伯恩茅斯也有一些长处。每个星期天，他都可以参加"城北端一座美丽的小教堂里的天主教礼拜。教堂旁边是一个精致的耶稣会所。教堂的装饰有点像慕尼黑宗教艺术，豪华而不过分，有好听的音乐，神父们一个个无比博学，无比虔诚，同时还无限宽容"[62]。他尤其可以沿着海岸，在悬崖上面长时间地漫步，激起无限诗歌的联想，其中密切交织着海洋和天主教的情怀。"海洋之美丽，教堂不可比。忠诚作乳母，咆哮催眠曲。圣母马利亚，海面上求乞。"（《智慧集》）圣诞节时学校放假，他回到法国度假。也许是为了安抚一下因和帕尔纳斯纷争失败而伤的自尊心，所以趁回

---

① 雨果《悲惨世界》中的人物，是一个崇尚自由、个性极强的男孩。

国的机会给雨果寄去了几首诗。雨果的复信还是不改自己一贯的自我陶醉心态："你的诗甚佳。大部分功劳归我，因我给你灵感。你也有功，诗是你写的。再见。"[63] 简而言之，就是你的诗妙极了，因为归根结底我是作者，而你不过是个执笔者。但这还不够，信的结尾一句更像刀子一样扎着魏尔伦的心，让他后悔寄诗给雨果。雨果说："请将我放在您娇妻的脚下。"[64] 1月16日他再次出发去伯恩茅斯，并打定主意4月1日永远离开这里，回到法国，回到巴黎。他说："我在巴黎度过童年，很可能也在这里度过晚年。"孤独的折磨，加上学生们不服管教，令他度日如年。现在他只想找一个可靠的人定时定期给他寄一些巴黎的报纸（他可以每半个月预支报款，可见心情多么迫切），通过读报来找一些平衡。他在给勒佩勒捷的信中说："我又回来了，大概要待三个月，然后带上工作证明，我要离开这里回到'世界的首都'。诗人说过：'那里有乐趣'。回去以后，我会深居简出，唯一的乐趣就是偶尔见见我的孩子。"[65] 魏尔伦永远也改不了他的小家子气，永远梦想着循规蹈矩、刻苦用功的生活。此时他唯一的安慰就是可以经常见见自己的孩子，这点要求合情合理，无可指摘。

1877年很大一部分时间，魏尔伦的作息时间很不清楚。同样不清楚的还有他的愿望。在英国有一份工作，是留在英国呢，还是回到法国？按照预定计划，复活节时魏尔伦离开伯恩茅斯。但是据勒佩勒捷说，9月7日他似乎又回了英国，又回到了伯恩茅斯。他从那里给勒佩勒捷写信说："我打算不久回法国，因为法国马上就要招聘老师。我首先要去的就是鸡鹤街，然后去布吉瓦尔。如果碰上什么机会，求你想着我。"[66] 但是这段时间他在伯恩茅斯干什么呢？学校还没有开学。难道他7月就回到了英国，整个假期都在看管留校的学生，希望得到优良的品行证明，以便回法国时能够找到工作？抑或是勒佩勒捷搞错了，这封信根本就是从阿拉斯寄出来的？这后一个可能性好像更大。[67] 也不能排除魏尔伦在英国做了一个很短暂的停留，以便拿到品行证明，但这完全可以通过通信解决，而不需要他本人前往。可以肯定的是，8月2日他身在阿拉斯，而且好像生活得很安宁，只有星期六下午才去无畏咖啡馆看画报上的画片。这是一种隐士一样的生活，有很多时间用来写诗。

8月底、9月初，魏尔伦和母亲在阿拉斯接待了热尔曼·努沃。保罗带着他去观赏市容。对所谓世俗景点，例如城墙、城门、两个大广场、市政厅等等，他们都是浮光掠影地一走而过。但对老城里为数众多的圣迹，他们则流连忘返。这里有圣尼古拉教堂；在大革命时由"暴民"拆毁的大教堂原址上重新修建的大蛋糕似的希腊－意大利风格塔式教堂；14世纪修建的圣让·巴蒂斯特堂区教堂；庄严的圣热利教堂，里面的十字架给努沃留下了深深的印记；圣于尔絮勒修院小教堂；至圣加冕圣妇修道院；雄伟的小修院修道院，那是一所称为夏洛特的漂亮的小修道院。魏尔伦还带努沃参观了由洛昂主教自1746年重建的巴比塔一样庞大的圣瓦斯特修道院，以及修道院中由查理十世国王主持揭幕的大教堂。两位朋友快步登上庄严的楼梯，马不停蹄地穿过依照过去风格修建的带有考林辛式廊柱的建筑，因为魏尔伦急于把努沃带到圣伯努阿·约瑟夫·拉波尔的塑像前。"这位圣人是法国整个18世纪的宗教的唯一荣耀，但的确荣耀无比！"[68]魏尔伦感叹道："对于这样一块土地，人们怎会感到绝望？这里有这样的圣人、这样热爱艰难困苦的士兵。他们对我们时代的徘徊彷徨者又是怎样的鞭笞啊！"[69]然后他给努沃详细地介绍了这位圣人的生平。这位圣人于1748年3月26日生于加来海峡省利斯河上埃尔镇南部二十公里的一个小村庄阿迈特，于1783年4月16日死于罗马[70]。这位毕生执着追求理想的圣人对魏尔伦的诱惑正是其一生的颠沛流离。他敬佩他：

> 虔诚信念使其历尽磨难，
> 苦行向天热血几近流干，
> 百姓和圣人斩断万般俗念，
> 把贫贱当作妻子和王后爱美。
> 如同那阿列克西斯，就像那弗朗索瓦，
> 既是丑陋贱人，又像天使可亲，
> 把福音书的轻柔和恐怖实践。

魏尔伦还给努沃讲述了发生在阿拉斯大教堂的一桩怪事，一个推销员恶劣的表现。这人在城里约好和人见面，约会之前十分钟忙里偷闲，心不在焉地在教堂大殿里溜达[71]。他根本没看见圣伯努阿·约瑟夫·拉波尔的塑像，只是茫然地看着耶稣受难图，从主祭坛前经过时甚至没有弯腰。这时他忽然看见一位少妇，头戴面纱，刚刚做完祈祷，于是好像猛醒过来。刚才他的眼神还平静而漫无目的，现在却猛地一亮。他用持手杖的手抚了抚鬓角的头发，另一只手扶正了帽子，大厅里又响起咔咔的皮鞋声。他跟着美人儿走了四步，但是突然意识到约会的时间到了[72]。那人匆忙走出去，关门的巨大声响打断了一位主祭低声吟唱的圣歌。我们可以想象两位信徒当时是如何抱怨同时代人对宗教粗鄙的怀疑态度的。热尔曼·努沃潜心听着。这位行脚教徒、这位怀有虔诚信仰的游民，颇使他动心。而后来这位圣人，虽然先于1880年宣福礼，又于1881被尊为圣人，然而在罗马，人们却没有像努沃这样喜欢他，而是一直对他怀有戒心，认为他太特别、太不正常。

魏尔伦注意到这位圣人很令他的伙伴动心，于是又把他带到阿迈特朝圣。两人穿过小镇中分布在迷人的山谷里的房屋，一起参观了巨大的耶稣受难路。受难路上的圣绪尔比斯站的雕像是一个名叫G. 帕顿·哈兹布鲁克的人的作品，由本地一个有钱人出资，所以他的名字也就刻在耶稣受难的每一个时刻。两个人又参观了圣伯努阿·约瑟夫·拉波尔小时候的住处，这是藏在山谷深处一个又窄又长的房子，在一个斜草坡的下面。他们走过装着壁炉的大房间、面包作坊，在楼上圣人的卧室，一间在顶棚上切割出的又矮又窄的房间出神冥想。然后两人又去看藏在16世纪教堂里的圣人遗物：一本经文，一只鞋，在罗马仙逝时坐的草垫，入殓时戴的面具。最后一件也是最重要的一件，是一块膝盖骨（这块骨头十分宝贵，因为他经常跪着祈祷）。两人和乞丐流浪汉等其他朝圣的人混在一起，丝毫不觉得难为情。因为19世纪和现在一样，圣伯努阿·约瑟夫·拉波尔属于所有被社会遗弃的人。只要看一看上个世纪和现在祈祷登记册上的内容就会发现，虽然今天对就业希望逐渐取代了那时对健康的希冀，但圣伯努阿·约瑟夫·拉波尔的确是全世界各种苦难的圣人，基督的叫花子，他一直浑身长满虱子。他也曾经试着把它们除掉，但始终没能做到。后来他就忍着，干脆把它们当作苦行的另一种形式，一种可憎的活苦衣，用它们来不断地折磨自己的肉体。所有诽谤他的人都一直不断地讲他"身上的小动物"①，认为这不容置辩地证明了肮脏和宗教、污秽和信仰的不可分离。在1881年他被尊为圣人时，反宗教的左派利用这个寄生虫猛烈抨击教会的蒙昧主义。在参议院，高尔本认为教会将要尊为圣人的是"懒惰的代表，肮脏的代表，神秘主义自私自利的代表。他是人类中最龌龊的人。所有那些将

_____

① 原文为意大利文。

要尊他为圣的人，那些教会之长，还有你们这些先生，没有一个人肯用镊子去碰他一下"。另一位参议员更说拉波尔死的时候处于"肮虫状态"[①]，于是在左派席位上引起一场哄堂大笑。很能同时说明问题的是，魏尔伦和努沃选择了最龌龊、最不开化，要求最朴实的信仰的圣人。即使从天主教教廷角度来说，两人选择的圣人也是一个乖戾的人，因为他激起的热忱过于大众化，太具有迷信色彩，所以不免有些危险。这次参观给努沃留下了难忘的印象，十四年后，他还能给他的妹妹洛朗斯讲述参观的情况。他感慨道："真是圣人！伟大的圣人！那是多大的力量！多大的能量！走进阿迈特他的家里（是一个农家的大房子），就像走进一座磨坊。这样的房子法国只此一家。我有几次在黄昏时在那里祈祷过，每次都有一种奇怪的感觉。我怀疑我有没有勇气在那里过夜……我说：圣拉波尔，可怜可怜我。圣拉波尔，求你在上帝面前为我求情。我孤零零一个人。有罪孽的人真是奇怪。我们几乎不相信有圣者，总算有了一次这样的机会，又怕见到他们。"[73] 后来伯努阿·拉波尔成了努沃的护身圣人，努沃自诩为拉波尔的精神重侄孙，并把《爱的教义》中《谦逊》的第二部分奉献给了他。但是努沃离开不久，自己的宗教热忱稍稍冷却以后，魏尔伦又为前途担忧起来。在阿拉斯待下去不会有什么前途，于是他又踏上了去巴黎的路……

---

① 基督教认为人死后经过净化达到"恩宠状态"即可升天。

第十五章

在勒泰勒和瑞尼维尔

我一直梦想住在真正的农村，住在一个为田野包围的村庄，一所农民的宅院，一个农场。在那里，我既是农场主又是劳动者。一个极普通的劳动者，因为我懦弱而且懒惰。

——保罗·魏尔伦《鳏夫回忆录》

时值1877年9月中或月底。在巴黎一家不起眼的咖啡馆里，欧内斯特·德拉艾向魏尔伦坦承对自己的工作实在厌倦了。一段时间以来，过去在沙勒维尔市政府当工作人员的他，现在对勒泰勒中学里的工作真是觉得彻底地干够了。勒泰勒是兰斯东北方四十多公里处沿着埃纳河畔的斜坡而建的一座小城。1876年2月取得业士学位以后，德拉艾在这里任学监兼助教。这个地方环境不差，可以说是相当优美。圣母学堂紧挨着圣尼古拉教堂。教堂是辉煌的哥特式风格，虽然其"希腊风格"的钟楼的多林安式和考林辛式壁柱因不符合时代而显得荒唐，但是因为有杰松·巴依16世纪建造和雕刻的雄伟的大门，四个尖拱大殿，漂亮的彩画玻璃窗，整个教堂还是很有风采。学堂的校舍也相当不错。魏尔伦介绍说："宽阔的院落四面是砖石结构的房子，大窗子，轻挑棚。这里有树木，有空气，有欢笑，有娱乐，有严肃的工作。这一切给参观者、学生家长和喜看热闹的人看在眼里，悟在心上，感到一切在欢笑。这里有勤奋学习的青年，幸福的少年，简朴而讲究的建筑。"但是一段时间以来，德拉艾和负责纪律的学监德洛尚的关系搞得很僵，已经再不能忍受这里沉闷的气氛。的确，一个在俗人员在这样一所学校教书委实不易。德拉艾讲："名为'圣母学堂'的学校在法国为数不少，由神父按照和公立学校同样的方式办学，有同样的办学宗旨。他们也教中学生、小学生，也培养业士，也给学生准备报考中高等专业的证书，也办艺术和职业学校或阿尔夫尔兽医学校预备班⋯⋯ 教区把教师分为两类：由神父教授'古典'文化，由在俗人员教授自然科学以及拉丁语和希腊语以外的课程。教区从大修院中的优秀学生中选拔教士老师。以后如果他们确有意愿，有希望得到一个本堂神父教区或本堂神父之职。在此以前，教会暂时利用他们的'世俗'知识。"[1]这种招聘方式一定给这种学校带来一种很不健康的气氛，因为所有这些教士老师还都是不谙世事的大孩子。德拉艾不能再忍受的是和这些不成熟的老师们生活在这样一个封闭的空间。这些老师住的房间和在寄宿学校时完全一样，所以他们以为自己还在上学，仍然是而且永远是学生，永远也达不到成年。"娱乐方式幼稚，没有任何抱负——或者是绝无仅有。他们是长不大的孩子，永远无忧无虑，天真未凿，免不了孩子般的淘气。""他们小心谨慎地完成本职工作，等到课认真讲完，日课经读完，学生去了寝室，在夏日的夜晚，他们就会像一群小山羊一样无忧无虑地嬉笑玩耍。他们像发疯一样在没人的操场上、寂静的院子里追逐打闹，谁也管不了。"[2]这里有太多的孩子气，太多的吵闹！这里的孩子过于天真纯洁，过于无忧无虑，丝毫不考虑以后的生活。德拉艾于是决定到奥尔良去接一个职位。1877年9月，魏尔伦虽然口上说怀念法国的生活，但是仍然在英国找工作，此时他正要在迪耶普或加来上船。杯盏之间，魏尔伦似乎并没十分在意，而是随便地对德拉艾说："你随随便便辞掉的这份工作，在我简直是天堂一样。对我这样一个弃旧图新的基督徒来说，能够和这些虔诚的教徒在一起生活，那真是⋯⋯ 我要是能有这个福分多好，相当于半个修院而又没有那样严格的限制。真的要斩断尘缘，立誓出家，我又做不到。"[3]一周以后，德拉艾收到魏尔伦一封信，信中魏尔伦竟不无调侃地称呼他："我亲爱的前任。"魏尔伦没有去英国继续寻求职业，而是坐上火车去了阿登。到了勒泰勒，他去拜访了家住马萨林街的圣母学堂职业课主任欧仁·鲁瓦耶。"学校里的课程分为两个部分，一部分是古典课程，由神父们主持。其中就有那个大腹便便的多各尼，外号多各尼老爹，专爱玩文字游戏。还有库西纳尔和米耶特神父。米耶特尤其爱讲自己是共和派人，因为我主也是共和派。另一部分是现代课程，不太受重视，交给在俗人员教授，由鲁瓦耶负责。教师包括谢丕（物理），包栋（数学），勒罗（音乐）。"[4]魏尔伦一定给欧仁·鲁瓦耶留下了极佳的印象，因为他是当场就被录用的。德拉艾立即画了一幅画去祝贺，标题为"想不到先生"[5]。画中一只猫惊异万分地惊呼："真想不到，这位倒霉的魏尔伦竟然跑到那儿……呜呼！啊呀！"显然，在勒泰勒安顿下来，10月开学以后，魏尔伦丝毫不后悔自己的选择。在给伊雷内·德克鲁瓦的信中他说："无论从哪方面讲，我这里安排得都极其称心。学校安排我吃（伙食甚佳），洗衣服，为我供暖，提供照明。而且还单住一个房间，挨着前任住的小房子。"[6]基林神父的确把在被称为"修院"的老楼二楼上德拉艾住过的房间留给了魏尔伦。这样的巧合真把欧内斯特·德拉艾逗得乐不可支。他画了一幅画，上面神父向魏尔伦介绍房间[7]说："这就是那人的房间。放心，他走了以后我们已经消过毒。先生您不抽烟吧？"魏尔伦表现得极其热情而严肃，把长长的烟斗藏在身后，虚伪地答道："哪里，哪里，不抽，死也不抽。"这时候可真不能丢掉这样的好差事。每周三十节课，年薪八百法郎，况且有个理想的住处，他认为自己可以心满意足了，尽管这时他还不太欣赏周围的环境。后来到了1882年，魏尔伦为"我们的阿登"写了六篇介绍勒泰勒的文章，通篇皆是称颂之词。而此时他还没有这样的看法。在那几篇文章中，他写道："这座古老城市坐落在埃纳河畔。埃纳河到这里变得极其美丽，处处是迷人的小岛"，勒泰勒不乏壮观之处，因为这里"过去属于马萨林主教的古堡的断垣依然雄伟"，"这里的工厂很美，因其建筑精良，选址科学，分布合理。说它们美，因为几乎句句是真理的柏拉图说过，美是真的最高体现"。这里还有"会令巴黎人叹为观止的花园"，精美绝伦的圣尼古拉教堂，"菜市场那复杂得有趣的木屋架"，火车站"红砖砌成的亲切建筑"。如果勒泰勒的工厂和车站都美丽动人，那还有什么不动人呢？实际情况是，1882年魏尔伦刚刚离开瑞尼维尔，在城市里过着相当困难的生活，所以自然要怀念乡村和田园生活。不过无论是在身体方面还是工作方面，他在勒泰勒还是相当满意。魏尔伦是一个好老师，对教学工作极端尽职。尽管他对算术几何一窍不通，但是在这样一所严格区分文理科的学校，这根本无所谓。他的法语教得非常出色，尤其擅长拼写和修辞。这也难怪，因为这才是他真正的老本行。凭借他坚实的古典文学根底和熟练的希腊语、拉丁语，在纯文学方面他不比任何人逊色。在历史课方面，人们一定会觉得他的教学法很怪。由于对这方面知之甚少，他不做仔细分析，而喜好引用一些断语警句。例如讲到大革命时，他就断章取义地引用了米什莱[①]

---

① 米什莱（1798—1874），法国著名历史学家。

的一个论断："法国大革命是在咖啡馆里完成的。"这种做法至少不够认真，因为这样一个复杂的历史事件是无论如何也不能用一句话讲清的。另外，他的评论总是喜欢黑白分明，而不愿做细致分析，尤其是既然他现在给神父做事，他认为自己有责任捍卫最反动的论点。一次一个学生不无道理地指出，吉伦特派属于温和派，因为他们试图"终止革命"。魏尔伦勃然大怒，说他的说法是错误的，因为所有的人，既然是革命者，那当然就是魔鬼。"吉伦特派是那帮可恶的革命党人中最疯狂、最危险的疯子，懂了嘛?"[8]最后，他既然在英国教过书，理所当然是一个优秀的英语老师。这从马拉美写给《法国学校》杂志社社长费尔南·克列尔杰的一封信中可见一斑。马拉美对英语可谓精通，但对魏尔伦发明的教学法仍然惊叹不已。而对热衷于教学新发现的维克多·基林校长来说，这项创新当然令他满意：

尊敬的克列尔杰先生，你为小学教师——有几位是诗人——向我征求魏尔伦老师关于英语教学给我讲过的话。我称这位同行和同事为老师时——就像我自己在中学教室磨砂玻璃后面——禁不住感到欣喜，因为他给我讲述了他在勒泰勒，好像是这个地方，教英语取得的卓越成就；而且我们见面时他像行家一样眨着眼，问我教得是否得意。教学的秘密，见解；讲到他自己发明的一种教学法，他显得特别骄傲。他研究了（这是我的理解）英人学法语时难以去掉的喉音和齐齿发出的尖声。他一语破的，这在英人确是积习。此种发音法也是英人轻松漂亮说母语的永久特征。负责任的法国老师，要求自己学生练就如此难以达到的能力，何不近水解渴，令学生即便读布瓦洛①也用约翰逊博士的同胞用惯的错误发音。不是为做表面文章骗人，或者用单方向思维，认为如果学生像侍应生或赛马骑师一样糟蹋法语发音，就可以念出纯正英语。但语言方面确有秘密，因发音器官如若真的歪曲，或许真能奇迹般发外国音。通过如此训练，正确发音自然会为学生取得。故魏尔伦布置学生在其进入教室，走上讲台那一分钟时间，起立齐声对他说（怎么写得出呢，除非借用戏剧上的或搞笑歌曲的写法）：为耳抢唠时薥（魏尔伦老师好）。[9]

---

① 布瓦洛（1636—1711），法国诗人和文学理论家。

这种通过歪曲法语发音来学好英语发音的方法不免有些想当然。不过从魏尔伦的诗歌角度来说，它也的确表现了其重音效而轻意义的风格。

所以一切顺利，顺利得几乎无可复加。但问题就是这一切太好了。人们怎能想象，也实在难以想象，魏尔伦怎样在这样一所教会学校的刻板气氛中生活。他根本没有反叛，而是完美地融入了"满是宗教气息的香烟香蜡的气氛当中"[10]。作为学校中屈指可数的在俗人员中的一个，被学生称为"百姓"的他，甚至比神父还虔诚。他选择勒泰勒的总本堂神父皮埃莱神父作他的忏悔师，每个星期六去忏悔，每个星期日还要领圣体。他从未耽误过一个礼拜仪式，没缺过一次圣托马学院和圣樊尚·德·保罗的讲座，也没缺过一年一度的到依尼修道院的朝圣。德拉艾怀疑魏尔伦内心深处的梦想是通过参加宗教活动而变得几乎比神父还神父，而最严重的恐怕是，这样的怀疑几乎不过分："弥撒的确由神父主持，不过也许有一天，等到他取得了他们的信任，或许他也可以参加，跪在圣坛的台阶上，递上水晶玻璃洒水壶，在唱起'上帝羔羊'时摇动银铃，从领圣体的桌上撩起白桌布，'亲自'为兄弟们准备'美餐'。每天早上上课以前能够这样，那该有多么美好，多么清新、多么令人神往。"[11]到最后他的同事甚至觉得他的服饰过于拘谨，过于刻板，扣子扣得太严。他的一个学生亨利·雷尼奥后来回忆说："他去祭台的时候，胸脯挺直，两手张开，两条长长的胳臂高高地交叉在胸前。"[12]据说他的学生甚至称呼他为耶稣基督[13]。他总是低眉顺眼，一声不吭，凡事退避三分，不苟言笑，从不高声说话。有时在食堂里，他把头俯在盘子上方，极其严肃地听完圣人传以后，偶尔谁做一个文字游戏或说一个笑话，能令他莞尔一笑，那真是千载难逢的奇迹。他比那些彻底弃绝了尘世虚假乐趣的人还要郁郁寡欢，听天由命。

有时他简直就是彻头彻尾的卑鄙的卫道士。他几乎每天晚上都在小屋里敞开窗子写作。这是一座小楼，楼下是看门人，魏尔伦住在楼上，小屋里装饰着几幅日本版画和两幅圣母和圣约瑟夫的铜版画。靠楼有一条人迹罕至的小路。"青年男女工人有情感要在星光之下诉说，这是最方便的地方。所以窗户一开，不但时有嬉闹的小虫飞进来，而且还不时传来窃窃私语，有时温柔，有时催得很急，有时是虽然细微但很分明的声音，仿佛鸟语一般。诗人不以为然地耸耸肩，有些不自在，笔下却仍然不停，嘴里咕哝道：'年轻人啊！如何是好？如此不要脸！真是人心不古。'但是那'鸟语'一波未平一波又起。诗人不耐烦起来，过去关窗子。忽然心生一计，从桌上操起水壶，一甩手都倒在了一对恋人的头上。底下传来叫骂声，魏尔伦气愤地在黑夜中喊道："一帮无耻之徒！'"[14]他竟能做出这样的事！他自己不久前还是兰波的情人，不久以后又爱上自己的学生吕西安·雷蒂努瓦。但是眼下他身处勒泰勒圣母学堂，没有一个人了解他的身世，如此尽情品尝清教徒的细腻的乐趣，这是多么的甜美啊！新皈依的教徒总是最严格、最不近人情的。但要永远不暴露出自己的本来面目也不是容易的事，尤其是谈到文学题目的时候，他就会情不自禁地极力去捍卫那些因标新立异离经叛道而不甚正统的论点。人们不禁要问：这个教员到底是什么人？他为什么了解"先锋文学"，而且看上去好像还认识当代的诗人。但是到了最后时刻，魏尔伦又打住了，克制自己不说出不该说的话。一度成为千夫所指以后，能存有自己的秘密，能够不为人所知，也是极大的乐事。的确，如果教会一旦知道他们的一个教员曾向自己的情人开枪，并且坐过牢，那要出多大的丑啊！不过他们也许会谅解他，可他还不配得到他们的原谅。在众人都不知情的情况下为自己犯过的罪过做苦行，这难道不更有收获吗？

当魏尔伦的虔诚思绪不受外面偷情男女的干扰时，他就不停地写。1877年11月14日他让德拉艾为他找一本福楼拜的《圣安东尼的诱惑》，"听说这本书对这个题材处理得比较有头脑"[15]。这充分说明他已经开始考虑写作歌剧《圣安东尼的诱惑》了，据说作曲是夏尔·德·西夫里。1878年9月14日他给前内兄寄去"《诱惑》第一幕"。"你看行不行。我没有故作博学，只是老老实实地用了听起来最为响亮的魔鬼学的名称。下一幕开场是反异端部队鬼魂的合唱，七音步，六行的干巴小节：

"基督是我们的军执政官……

"军队带着饭盒，妓女，特别法庭，在安东尼周围扎营。因此生出各种冲突，宣叙调，歌曲……"[16]。在这第一幕中，安东尼感谢上帝保佑他得以免受过去的诱惑。"灾祸从四面八方一起降到我身上，撕扯、折磨、穿透、翻腾我的心房、我的骨、我的血、我的脚和眼皮，把我全身的肉化成一团泥。把我全身搅得粉碎，除去我的求乞。"[17]我们又一次发现，庞大的叙事风格不适合魏尔伦，他会写出极其低劣的矫揉造作的作品。1878年8月27日，他一边承认《诱惑》没有进展，一边又说乐师可以根据已经收到的部分开始谱曲了。他寄给夏尔和埃玛·德·西夫里一个"《原始祈祷》，一个原初的《上帝的羔羊》"，作为作品的补充，并说"看上去符合作品的风格（鬼魂弥撒的上帝羔羊）"[18]：

> 羔羊寻找苦涩的欧石楠，
> 喜欢咸而不爱甜。
> 脚步声像尘土上雨水点点。
>
> 心有目标什么也挡不住，
> 身虽弱小，敢用脑袋勇敢搏斗。
> 斗完叫着，跑向焦急跑来的羊母。
>
> 拯救人类的上帝羔羊，
> 点我们数目给我们名字的上帝羔羊，
> 上帝的羔羊，可怜我们这样。

这真是索然无味，令人难堪。张口闭口上帝，令人作呕。也难怪在写作这样平淡单纯的诗歌时，魏尔伦会受到男女欢悦之声的骚扰。好在这部风格矫揉造作内容无聊乏味的作品最终没能出手。我斗胆说，多亏后来酒精又一点点地来打乱了他的生活。

但此时魏尔伦还比较管得住自己，可是诱惑已经日渐增多了。在勒泰勒吃饭时上酒很随便。虽然四个人只有一瓶，但这已经足够让他逐渐重染恶习了。而且大家有机会就组织坐火车到同教区的同事家去，主人总是慷慨拿出本地产的淡红葡萄酒，干而刺激，有点儿火石的味道。尤其是，在学堂里，老师们喜欢互相邀请到自己的房间讨论道德和宗教问题，同时喝上一小杯酒。保罗很快上了瘾，两杯三杯也愉快地接受。然而礼尚往来，他喝别人那么多，当然也要回请。慢慢地他的家几乎成了学校的咖啡馆，房间好像利口酒的酒窖。虽然自从布鲁塞尔的风波以后，他对苦艾酒像对瘟疫一样防备有加，但对味美思、荷兰苦开胃酒、朗姆酒、马德拉、金鸡纳却越来越放得开了。另外，德拉艾讥讽地把勒泰勒称作"咖啡馆圣母堂"，因为这里有咖啡馆，而且有很多很多：费利咖啡馆、谷里咖啡馆、"马丁老爹"咖啡馆。在英国，一提到酒吧，人们就觉得不太健康，认为那是一个人偷偷摸摸过瘾的地方，而在法国，酒馆则是一个气氛融洽的交际场所。在斯蒂克尼和伯恩茅斯，作为一个教员，魏尔伦不好随便出入酒馆。所以他的酒也就自然而然戒得日渐彻底。到了勒泰勒，情况就完全不同了。他如果拒绝和大家一起喝一杯，大家甚至会觉得奇怪。在德拉艾画的一幅画上[19]，人们可以看见勒泰勒圣母张开双臂请大家畅饮。这位"圣母"实际上是圣夏尔·德·南希，负责做饭、洗衣、看病的一位修女。她的身边有两个人物，相当于好坏强盗：右边是交叉双臂、身穿黑袍的好神父，左边是抽着烟斗的魏尔伦。在身材高大的圣母前面，作为画的近景，摆着大小啤酒杯和葡萄酒杯。在这种情况下，虽然魏尔伦只是在学堂允许的范围内喝酒，虽然要等到任教的第二年他才明显饮酒过度，而且闹得沸沸扬扬，但无论如何戒酒的愿望是很快被忘掉了。

　　1878年10月，开学了。按道理魏尔伦对在勒泰勒的第二个学年没有什么特别的指望：一切都将是老一套，一样的同事，一样的课程，只是缺少了当初的热忱和兴奋。严于律己的快感已经被习惯渐渐消磨了，可是他的生活将再次发生转折。他的学生当中有一位吕西安·雷蒂努瓦，父母是武济耶行政区一个小村庄库洛姆的农民，距离勒泰勒十四公里。吕西安本人生于1861年2月27日，这一年十八岁。据勒佩勒捷说（他虽然措辞犀利，但很可能言之有据），吕西安"高高的个子，面色白皙，身材清瘦甚至瘦削，笨手笨脚，看上去既滑头又天真，算是个经过调教的粗人，有点儿自命清高，相当多愁善感。这是一个轻歌剧中牧羊人或刚进城的农民形象。他的父亲是个心眼活泛的农民，送他进学校，指望他出人头地，混个职员当，或捞上个一官半职"[20]。三年以后，欧内斯特·德拉艾和吕西安经常见面，他对吕西安的描写截然相反："这是一个个子很高的青年人，样子很灵活、很轻巧。相貌端正但不娇俏，因为风吹日晒而稍有点儿发黑。褐色的眼睛炯炯有神，看上去老实而有活力。目光柔和、天真而坚定，讲话时直视对方的眼睛。他已经基本上脱去了本地口音，句子完整，远比一般的农民流利自如。这说明他好学，明智，非常健康，发育得极好。"[21]但是我们能够见到的吕西安·雷蒂努瓦，只能是一张吕西安儿时的肖像，那还是从一张全班照上剪下的放大头像[22]。所以，对保罗在其诗作里不断美化的容貌，我们没法产生自己的见解。不过在这个问题上，我们可以相信卡扎尔斯的话，因为后来他本人也成为魏尔伦觊觎的对象。"魏尔伦觉得他哪儿都像兰波。无论是身高，口音，可能还有眼睛，雷蒂努瓦都让他想起兰波。"[23]开始正是吕西安的粗暴无礼和独立精神吸引了保罗，所以在他眼里吕西安就更像兰波。这是一个不好管教的学生，意见多，脾气大，敢顶嘴。一句话，是一个不怕惩罚的"刺头"。倔强之外他果真有多聪明吗？一个人一生中恐怕难以遇到两个兰波。

魏尔伦对吕西安一见倾心。魏尔伦承受不住肉体的诱惑。尽管众多研究魏尔伦的专家仍在绞尽脑汁，想把他们之间的关系描写成纯粹的父子友情[24]。他们认为，魏尔伦因为被残酷地剥夺了见到自己儿子的权利，所以把吕西安当成了儿子。的确，自从前一年开始，魏尔伦的父权就经受了严峻的考验。保罗一直念念不忘尼科莱街，一直幻想重新接近玛蒂尔德，重新见到乔治。他使出的第一个招数是，1877年他在离玛蒂尔德住处不远的一家咖啡馆里，让人给她传话，"让她把儿子父亲的一张画还给他，并把儿子交给收信人"[25]。玛蒂尔德虽然答应把那幅画着卡尔斯堡城堡的水粉画交给陌生人，却没有交给他自己的儿子。因为魏尔伦的一个表妹让他提防保罗，说他想把乔治拐走，"倒不是因为他对孩子割舍不下，而是因为她申请离婚而对她进行报复"[26]。第二个招数是，1878年他听说儿子乔治一连几个月得了重病，急忙赶到尼科莱街。他像一个慈父一样带来一份绝好的礼品——一整套骑马用具，有鲜艳的头盔、响亮的皮鞭、带铃铛的肚带。虽然六岁的漂亮小男孩儿还在卧床养病，而且对这套装扮的兴致还比不上爸爸长长的秃脑壳，但终于一切顺利：

> 我见了独生儿子，真好似
> 心上绽开最后一道创伤，
> 甜美的伤痛令我如此想，
> 一天若得抚慰我可欣然而死。

不过魏尔伦还是有些扫兴，因为玛蒂尔德不在。接待他的是莫泰夫人，他甚至和莫泰先生待了一会儿。然而他的岳父岳母却只字不提自己的女儿和过去的事情。尽管如此，魏尔伦还是高高兴兴、满怀信心地离去，同时请求允许他几天以后再来。莫泰夫妇立刻答应了他。他几天以后再来时，得到了莫泰夫人的款待。魏尔伦向她讲述了自己在勒泰勒"在和气、开朗的善良教士当中"的新生活，虽然辛苦但令他获益颇深。他认为自己既然已经来负荆请罪，就应该可以向她承认"希望有一天还能回到这个幸福的家庭当中，当初他离开真是发疯了。[……]但如今时过境迁，如果答应他回家一起过日子，他什么都愿意做"[27]。总之一套套都是那些永远的回头浪子的老生常谈。不用说，对方听了这番话完全无动于衷，他们早就听够了。魏尔伦总是在不断地悔过，但接着又重蹈覆辙。但无论如何，魏尔伦爱子之心复萌，乐坏了德拉艾。他为这个题材画了一大批漫画。其中一张[28]，魏尔伦左边是穿裙子的莫泰夫人，右边是戴草帽的莫泰先生，怀里抱着他的儿子。儿子在"爸……爸……"地叫。他们的脚下摆着一支巨大的箱子，上面的标签上写着："玩具箱，五百公斤。"另一幅[29]画的是一条狗正在追魏尔伦，而他正趴在地上给戴军帽佩马刀的儿子当马骑。讽刺的标题是："轻易干掉——做父亲的幸福。"还有另外一幅画[30]，显得不免有点过分乐观，画的是魏尔伦穿着佐阿夫团的军装，刚刚在奥斯特利茨的烈日下和他的岳父母一家进行了一场鏖战，并且取得了胜利，因为他怀里抱着孩子。此刻他正趴在通过激烈战斗占领的炮兵阵地上，这是一门巨炮，名为"岳父爸爸"。这场恶战打死普鲁士士兵无数，一个卧在炮口，另一个趴在炮筒上，两人合称"宿怨"。诗人就这样把别人对他的所有埋怨荣耀地一扫而光。就这样，每次魏尔伦的工作和生活中出现新的情况，他都被大画特画。当初他在勒泰勒任聘时，德拉艾就过足了画瘾，画一个"新老师"在一群教士中间。其中一幅[31]画的是看着魏尔伦到来，两个中学生目瞪口呆的样子。魏尔伦打扮得一丝不苟，身穿一件英式礼服，模样多少有些伪善。在另一幅画上[32]，魏尔伦的头上罩着一圈光环，正在试图取得多尼神父的信任。画儿的远景是一位当年新聘的同事，是靠近比利时边境阿登山区北部一个村庄出生的本地人。他正用怀疑的眼光看着这位来路不明的外乡人："至少我是塔耶特人，谁知道这位……"但德拉艾却十分怀疑诗人的决心，他把这次谈话命名为"圣人、葡萄酒和利口酒在一起"。这些图画中最可笑的一幅[33]的内容是魏尔伦和多尼神父拼命地想拉住对方的手，但因为两人都大腹便便而够不到对方。说到作画，热尔曼·努沃也跃跃欲试，他画了一幅极其严厉的魏尔伦，蓄着山羊胡，穿一身黑色衣服，正在给两个学生做听写，一边用威严、报复的手指指着他们。画的说明文字是："昨晚国王叫来首相。大约是早上5点半。一见到他就扑到他怀里对他说：'拉科勒努同学，你给我抄三百行诗。'"[34]魏尔伦艰难的一生，一直被别人画来画去。

总之，魏尔伦感到有了重新获得父权的希望，他几次给莫泰夫人写信，给乔治寄去几个小礼物，一本相册和一本插图英文书。玛蒂尔德说："可惜他没有恒心。后来他就不再给我母亲写信，忘了他有一个儿子，然后就彻底销声匿迹了。"[35] 实际情况是，魏尔伦本以为他回到尼科莱街他的家中会受到热情接待，但终于对别人给他的冷遇感到不解和失望。但人们只是欣赏和鼓励他变得懂事，却不愿他回到家里来。不过他很快又卷土重来，为和莫泰家重新建立联系而实施第三招。当时勒泰勒的音乐老师勒乐先生要来巴黎，魏尔伦托他去取回1878年9月借给夏尔·德·西夫里的几篇兰波的手稿。但是玛蒂尔德断然拒绝归还这几篇东西。这一次失败让魏尔伦非常难过，因为他很舍不得这几篇兰波的手稿。这一次保罗终于明白了，家里人虽然表面上彬彬有礼，但实际上却根本不会接纳他。魏尔伦终于感到人们永远也不会承认他是乔治的父亲。他如果真想给自己一个实施父爱的地方，只有去找别人。但是他真的想当父亲吗？他到底想做什么呢？是真正做父亲，还是通过做父亲的名义成为名正言顺的布尔乔亚？

把魏尔伦想当父亲的题材当作笑料来画的欧内斯特·德拉艾，是第一个构想吕西安代替了乔治位置的人。在这个故事当中，保罗扮演"爸爸"的角色。但魏尔伦"却有所顾忌，一个人一旦有了自己的儿子，难道还能爱别人的儿子吗？对自己'真正'的儿子，上帝赐给的儿子而言，这不是等于偷盗一样吗？这不等于是违背上帝的意志吗？这样的想法更让他急于'尽自己全部的责任'。所以现在一经失败，他就感觉失去的不是一个儿子，而是两个。有爱心而无处使！没有一个人要！……他太过分了！而且既然他母亲还在世，他还有错……可是上帝不单要求我们爱父母，上帝还给了我们一种爱自己的孩子的强烈需要。做儿子很美好，但是做父亲也至关重要。……至少应该有个安慰，假装就像有孩子一样，感受到那种幸福"……[36] 是魏尔伦成功地构筑了这样一个寓言，德拉艾只不过是听信了他的话。在完全用来写吕西安·雷蒂努瓦的整本《爱心集》中（这本书的题词是："献给我的儿子乔治·魏尔伦"，就是说从一个儿子到另一个），他的确对父亲和儿子的交互的声明大书而特书："我认你做我的孩子，因为我的亲子被人偷去。"按照他的说法，他唯一的罪过就是决定认领一个孩子，而不是等着真正的孩子回到自己身边。"正值长成人的时代，正当婚姻所得的儿子"，"这个认领是一个禁果"。为了抚慰"远离被上帝祝福的爱情所生出的儿子"造成的痛苦，他做出了这种"错误思维"。而通过吕西安的死，他为此付出了多么高昂的代价啊。真应该别"把你搅到我不安的眼中，像放逐者一样勇敢承受流放"。为了他的错误，难道他付出的还少吗？那么他为什么这样不断地为自己辩护呢？

> 既然愚蠢又一次炸开，
> 倒霉的诗人，请你从头讲来。
> 我认识这个孩子，我苦涩的甜蜜，
> 是在我执教的一所虔诚学校里，
> 他十七岁上的瘦削和不驯，
> 眼睛动作手势和声音，
> 表露的聪明还有实在美好的纯真，
> 抓住我心使我一意孤行。
> 认他为子，因我亲子，骨肉血亲，
> 作为对我的报复被人藏起，
> 不知我犯了什么何种奸情，
> 只为我傲然离家追求真爱，
> 过够了生活忍受已久的乏味。

只要仔细地重新读一遍这些诗作就会发现，对家庭的歌颂并不能抑制住性欲。吕西安首先有一个身体，而这个身体有不可抵抗的魅力。例如，他的冰上功夫真是顶呱呱：

> 苗条如同大姑娘般，
> 钢针样挺拔帅气有精神，
> 又像泥鳅灵活跳进。
> 视觉创造奇观，
> 眼中巧妙变幻，
> 他像妩媚的闪电。

有时他隐匿不见，

向一个目标飞旋，

那样遥远，目标也若隐若现。

　　由此可见魏尔伦的欲望是多么强烈。尽管魏尔伦在《爱心集》的最末一首诗
"这本书献给你，和奥维德的一样"中，把一切权力归还给亲子，这样搭起一整套建
构来美化和吕西安的关系；也尽管通过对死和对巴蒂尼奥尔墓地中魏尔伦家族坟墓的
描写，力图净化这一切，但我们还是一眼就能看出其中端倪：

一大块粗陶，四个姓名：

父母和我，加上将来我儿。

平坦墓地狭窄的安宁，

沿墙排开白、黑和青。

五块陶板，粗糙一座孤坟，

长方一块，高一米有余。

全部装点，一条铁链围绕，

城郊下面，现已寂静无声。

　　整篇作品的性欲可谓呼之欲出。实际上他的错误当然根本不是既已经有了亲子乔
治而仍认吕西安为义子。这样的事发生在作为基督徒的魏尔伦身上，他的错误要严重
得多，不可原谅得多。

　　转眼到了学年底。学校就要在8月1日颁奖了。但是就在这几天前，校长通知魏
尔伦，由于课程调整，他任的课将被取消。这当然是变相解雇，比干脆炒他的鱿鱼客
气不了多少。为什么这样突然发难呢？有人说，当时兰斯主教吉诺来圣母学堂访查，
并主持颁奖仪式，魏尔伦竟然把自己过去的一切，包括在比利时的失足和过错，都一
股脑儿连锅端了出来[37]。这样的不可抑制的忏悔欲在魏尔伦身上，丝毫不足为怪，尤
其是醉酒的时候。试想，能够把最严重的罪过向教会的最高权威坦白，那是多大的

安慰啊！但是承认自己过去的劣迹，自己固然得到满足，却也难免引火烧身，而他如果真这样急于讲出去，他又何以等这么长时间呢？也有人说，"上午10点半下课以后，他习惯去城里一家叫作'马丁老爹'的小酒馆，一喝就喝个烂醉，自己竟回不了学校"[38]。这样下午的课根本就上不了，不得已校长只好把他所有的课都安排在早上。甚至有人说，圣体瞻礼节那天，为了给四个送树枝和花卉到临时祭坛的大年纪学生解渴，他把他们带到城里喝了个大醉[39]。也许实际情况要比这些简单得多，而在学校的教士的眼里也远比这些更难以宽容，那就是魏尔伦和小雷蒂努瓦之间过于亲密的往来。学校再也不能听之任之，因为已经搞得满城风雨了。很可能学校对两人的特殊关系早有耳闻，但是这期间学校很可能调查了魏尔伦的过去，不想在学年当中闹出事端，以免让学校丢脸，所以等到暑假将至，再来处理这件棘手的事情。魏尔伦自己，眼见自己一世为人敬仰的美梦落空，也不愿再在这个是非之地耽搁下去。的确，当地的小报据说已经开始把他称作"库洛姆的英国人，魏尔伦"[40]。他自己也清楚现在再做出痛改前非的姿态也无济于事了。于是他不辞而别，急忙去了英国。关于他走得有多么匆忙，库洛姆的小学老师讲得明白肯定："1877或1878年，库洛姆的一个年轻人吕西安·雷蒂努瓦在勒泰勒圣母学堂上学，魏尔伦正在那里教历史、地理和英语。吕西安活泼可爱，很孩子气。魏尔伦喜欢上了这个孩子。一天人们听说，吕西安没有考过初中毕业证书，既没有回家，下学期也不回学校上学了。他跟着一个老师去了英国。我不清楚他们在那里到底干了些什么，尽管我和他们谈过几次他们在英国的经过。他们是像情侣一样旅游吗？魏尔伦是不是在一些有钱人家里教过法语？两种情况都有可能。他们在英国从8月底一直待到第二年1月。"[41]在诗人眼里，英国宁静的绿色田野，能够再一次让他休憩并获得再生。

魏尔伦可能是从安德鲁先生的一封信里听说，他在斯蒂克尼的位置又空出来了，因为当年继任他职务的马尔泰尔先生回了法国。为什么不让吕西安去干这个差事呢？安德鲁先生很轻易就被说服了。两人先双双到了波士顿苏顿家。约翰·苏顿过去是保罗在斯蒂克尼的得意门生，眼下正在波士顿当见习老师。家里还有他的夫人和妹妹。为了感谢他们盛情款待，魏尔伦送给他们一张自己在勒泰勒刚拍的照片，并题字："献给朋友苏顿，魏，1879年8月29日"。在他的眼里，这样的礼物最有诗意。他认为，从某种意义上说，诗人只是一个有署名的形象。一开学，这位在法国辜负了良师一番苦心、连初中毕业证书都没有的吕西安，竟然在林肯郡一跃当上了老师。魏尔伦把他托付给了信得过的人，自己则在英国南海岸的莱明顿找了一个位置。他到距离斯蒂克尼三百五十公里以外的这个通往怀特岛的小港去干什么呢？为什么到距离斯蒂克尼如此远的地方去呢？当然说起来这个地方也不完全生疏，因为莱明顿距离伯恩茅斯只有十八公里。最大的可能，除了难以在斯蒂克尼找到两个工作以外，是如果保罗和吕西安在同一座小城里生活，一定会马上和在勒泰勒一样，谣言四起并受到排斥。但是也不能完全放开吕西安一个人不管，这不仅因为吕西安刚走出阿登，对英国的生活很是生疏。我们也可以毫不避讳地说，这还因为魏尔伦的嫉妒心和强烈的占有欲，他不可能允许吕西安远离他的视线以外。在这方面，斯蒂克尼的家庭气氛让他绝对放心。这样，魏尔伦又在威廉·莫道赫先生领导的索兰中学开始了他的执教生涯。威廉·莫道赫先生是"一位精神，健谈，很能抽烟的苏格兰人"[42]。这一次的环境又是极其优美，极其英国特色，学校那些17世纪的老房子上爬满了绿色的葡萄藤，带着高高的钟楼的圣托马斯–贝盖特老教堂，老墓地里"石碑林立"，从主街道的斜坡高处可以俯瞰小港。更主要的是莱明顿四面森林环绕。校长相信清新空气和体育锻炼对学生大有裨益，所以让魏尔伦每天带着学生们出去散步一两个小时，把"三十几个学生，其中两三个年纪稍长，还有两个法国孩子带到不远的树林里。在那里常遇见一个女子学校的学生，由一个法国老师带着。这样的交往很有情趣。除此以外没有什么别的娱乐"[43]。在其《英国日月》一书中，魏尔伦对莱明顿一笔带过，而这句结语道出苦衷：这小城尽管美丽，但魏尔伦过得却孤寂难挨。后来吕西安死了以后，魏尔伦追忆这段生活时说，他全部的消遣是等他朋友的信和在森林里一边散步一边看书：

> 啊！新树林！仙境和武器的名字，
>
> 但从今以后唯存美丽，不再悲凄，
>
> 也不再神奇，仅遵照一种神奇逻辑，
>
> 围绕莱明顿，老城镇中最美丽，
>
> 最古老的昔日军事重地，
>
> 无数树林，徒有高傲的旖旎，
>
> 不远的大海，梦幻高起，

像旧时物事的回声有力。

我曾在那里生活了数月，独自一人，

或几乎，离群索居。［……］

到了学期结束，魏尔伦一心只想尽快去见他心爱的吕西安。他们约定在伦敦见面，但是也可能因为魏尔伦欲火焚身、急不可耐，先到了斯蒂克尼。可惜他在那里听到的消息远没有他设想的美妙：说是学生们不喜欢吕西安的课，实际上学生们讨厌这个只能勉强说几句英语，沉默寡言、性格内向的农民，对他缺乏起码的尊敬。在这种情况下，年仅二十岁的吕西安，被猛然抛到这异国他乡，又远离他的监护人，真是难以适应。他的态度也让保罗感到奇怪。他总感觉吕西安好像有什么事瞒着他。圣诞节那天到了伦敦，吕西安终于全盘说出了心事。原来是他和一个跟他学法语的女孩子，的确有过（或许是马上就要有）一次接触[44]。在雾都伦敦，原来预想的节日喜庆突然变得灰暗无比：

哦！可憎的阴晦，

一年中最喜庆的日子，

可怕的都市中，

决定了我们的运命。

没有等来幸福，

只有深深苦楚，无尽昏黑，

我形同死人，你也

飘摇在晦暗冥思中。

黎明，夜更深沉，

在窗上，也在我们的心，

宛如纯洁高尚的爱，

被龌龊的淫乱窒息。

可憎的迷雾

钻进卧室，一支蜡烛

像无声地抱怨，

淫乱的次日。

致命罪过的悔意，

压迫我们孤独的心……

　　仅仅因为和一个英国女孩的一次艳遇，这样的诗句未免过于低沉，过于严重了。有人认为这实际上是两人之间同性恋的叙述[45]。试想，布鲁塞尔以后五年的规矩生活，两人之间持续一年之久的健康的父子关系，终于以可憎的性关系终结。实际上魏尔伦使用的是极端狡诈的策略：他把吕西安的失足和他们两人之间关系的罪恶感，加上在伦敦这里对兰波的回忆重新唤起的负疚感统统混淆在了一起。三年以后，他对吕西安的这次失足给夏尔·莫里斯提供了一些细节，给他寄去一篇："旧作（1879年）[可憎的英国圣诞节]，讲的是你认识的那个倒霉的男孩儿的一次（英国）艳遇。他正直，信教，加上对我长辈样的尊敬，所以对我讲述了他的过失（果然很严重）；而且，尽管在他这样的年龄难免不听话，况且是这样的事，但在我的强烈要求下，还是决定一刀两断，并去做了忏悔。"[46]这里魏尔伦又一次表现出了卫道者的姿态。1881年，吕西安服兵役，其间魏尔伦担心其遭遇肉欲的危险时旧事重提（说："一年以前"），并训诫道："你的失足是环境铸成，但是你立即表示悔恨，诚实而崇高地向我打开你的心扉，且能够完全听从我的忠告，并通过走正路完成向上帝的回归（唯一的希望）。这一切都是你力量的保证，都可作为前车之鉴，这样你才能避开兵营里的各种陷阱。每天专为此节向圣母做个祈祷，定能使你对各种机会避而远之，并战胜肉欲冲动的侵扰。"真是怪论，先不管魏尔伦所谓的谨须防范的过失是什么性质，无论是向附近一个小女子的寻花问柳，还是士兵和士兵之间的偷情（而且在魏尔伦这个同性恋、异性恋兼而有之的脑子里，各种能够想象得出的过错都混成了一团），魏尔伦简直就像一个思想训导员，喜欢劝说、说教、发号施令。虽然在他眼里，吕西安在某种程度上等于另一个兰波，但是这次的权利次序却完全颠倒了过来。但是为什么在魏尔伦看来这个过失就那么严重呢？是因为雷蒂努瓦爱上了别人吗？还是因为他模仿了保罗的做法，勾引了自己的学生？是因为吕西安喜欢另一个人吗？他的背叛是因为喜欢上另一个人还是因为干脆喜欢上另一个性别？总之，无论是从教书的角度还是从感情的角度，英国这段经历显然不太令他满意。难道还有必要固执下去，耽搁下去吗？十五年以后，魏尔伦回忆说是他母亲的病实在让他放心不下，迫使他匆忙回到了法国。不过问题是，虽然每次他有难时老人家都赶来帮忙，可他对他母亲却远没有这么关心。实际上这不过是记忆的一道烟幕，用以掩盖英国这段经历的失败。1879年年底或1880年年初，两人双双回到法国。他们先去库洛姆吕西安父母家里，老两口急切地想见到自己的儿子，并为两位风尘仆仆回到阿登的旅人接风。不管怎么说，英国也是太远了。而魏尔伦则在思考：教书生涯真是够了，而且也实在不适合吕西安。他在阿登的田野里长时间地漫步，昔日的乡村梦不久又萌发出来。

决心一下，永不反悔。保罗决定永远放弃教鞭，去扶犁耕田。事不宜迟，说办就办。正好不远处、勒泰勒南边十五公里的瑞尼维尔有家上好的农场出售，这当然是千载难逢的好机会：只需三万法郎，钱可以从魏尔伦夫人继承父亲的遗产里出就是，根本不算什么。只是这笔遗产已经不知被保罗开销了多少次。连喝带花，早被他用掉了大部分。这处田产的买卖，保罗的愿望是再明了不过，但是具体的操作就要隐晦得多了。他把庄园放在了吕西安父母的名下。他对两位老人当然是绝对放心。魏尔伦夫人对这个主意当然不太满意：她出钱买的农场，却落到了儿子的朋友的父母名下，还没有任何反悔的余地。真是岂有此理。就是为了不留给玛蒂尔德任何要求和申诉的可能，保罗把一切都拱手送了吕西安父母，而且没有任何反悔的可能。每到要保证自己的（对性的）欲望时，魏尔伦总是能够找到充足的理由说服人：如果不谨慎从事，把农场直接写到魏尔伦的名下，将来可憎的莫泰家总可以要求将之没收，以抵偿他拖欠他们的抚恤金。还不如马上就把一切给别人，也免得日后被人搜刮盘剥。这个名为"小教区"的农场原属尼古拉·布鲁诺的后代，地处瑞尼维尔市阿比街，共有二十五公亩七分七厘地①，现在就名义上被雷蒂努瓦夫妇买了下来。这一对阿登农民，历来靠在库洛姆的微薄收入过活，如今有这样的好事从天而降，一定没有多想。他们把魏尔伦看成一个怪人，一个出手大方的富佬。既然那"巴黎人"有钱，那又何乐而不为

---

① 1公亩合100平方米。

呢？人家先生不是说要收吕西安做养子吗？只有疯子才会让这样到手的好事跑掉。

3月18日，魏尔伦到当地的宪兵队声明自己变更了地址，正式搬到了勒泰勒南部的瑞尼维尔。按照他热情洋溢的描述，世上没有哪个村庄比这里更美了："这个不小的乡府，以前被杜里先生修成奥斯曼风格，如今是马恩省副省府，很有风格。洗衣站令人称奇，小学校舍可与大城市媲美，公路能让工巧的古罗马人艳羡。墓地也宽松讲究，让人等不及想住进去。这就是瑞尼维尔，由回旋河（名副其实）千回百转盘绕其间，杨树林间溪流遍布，空气清新，枝叶宜人。还应该提一下那厚重的诺曼柱式的极古老的教堂，不久前刚刚修缮完毕，工作完美得无以复加。只是这令人静穆的小建筑眼下的内部风格也许过分欢快，有违教堂严肃的风格。"读到所谓"回旋河不辜负回旋的称号，总是任性地环绕并穿过勒泰勒众多村庄"，读者不免会心一笑，因为回旋真是魏尔伦一生中极有特点的活动。但是读者很难同他一起对这里的村落和田野欢欣鼓舞。固然，在那个时代，这个被称为欧百里香槟的地区要比现在树木繁茂得多。19世纪，由于大面积种植松柏树，这个地区一改过去"遍地干草，偶尔有几株树木或灌木，几乎像草原一样的植被"[47]的面貌。然而，即使当时这里尚未因为农田集中和工业化变成今天这样单调萧条，但魏尔伦选择的地区和他钟爱的地形丰富、植被茂盛的阿登地区也绝无相似之处。真会让人以为他是有意惩罚自己，故意不选择最怡人的地点。德拉艾于1876年前后画了一幅《勒泰勒风景》[48]，一座房屋，三座磨坊，宽阔的平原上长着可怜的五棵树。从这画中就不难看出这个地区的田野是多么单调。

魏尔伦就这样开始了可爱的田园生活。魏尔伦似乎很看重这种贵族加庄园主的生活内容。"他学着给马、牛、羊喂料、治病，学着耙地、翻晒草料，还准备着学收割和耕田。"[49]关于这一时期的画也多了起来，内容多是庆祝诗人的新生活。德拉艾画魏尔伦肩扛一只巨大的铁锹往田里走，同时还向一只栖在他木鞋上的母鸡喊道："走啊！忠诚的伙伴！"[50]另一幅画上[51]，魏尔伦欢快地跳着，把木鞋甩出去老远，烟斗也扔开了，手里拿的信掉在地上，口里说："原来是这么一回事！"一只母鸡也抬起嘴呼道："真没想到！"图下的文字说明了魏尔伦为什么这样兴奋，因为他刚刚有了一个重大发现："这是一个兆头，我思考了几个钟头，终于明白了'羊排'是什么东西。"这充分证明，要适应农村的生活也并不是那么容易的。而且在这两幅画上，魏尔伦都显得有些躁动，在嘈杂的鸡圈里有些茫然：那些鸡好像不太喜欢这位刚来的陌生人。德拉艾的另一幅画标题为《在大车上》[52]，画中魏尔伦戴着一个长长的棉软帽，抽着烟斗，趴在大车上。车上装着高高的一大车草料，车后一个农民扛着钉耙，满腔怨气地嘟囔着："这样的农民，可真够了。"德拉艾马上就明白，从赋诗到种田这样的过程是不可能一帆风顺的。晚饭以后，魏尔伦"给吕西安补课，要想只服一年的志愿兵役，吕西安需要经过一次考试。他的孩子不能服五年的兵役，因为在兵营待太长的时间，吕西安会失去他的天真，所以养父缴了'有条件应征'所需的1500法郎"[53]。这真是一幅田园牧歌一样的家庭场景，美好的生活，农田里各类活计，园子里的轻活，再加上"村里人好意的好奇心，健康的闲言碎语，令你如同置身一所玻璃房中，逼着你行为端正，不断注意维护你的尊严，以免令其懈怠"。魏尔伦的确很注意检点做人，他甚至不住在庄园里，而是一个人住在五十米开外的一间小房子里。每到星期日，他都到村子中间的圣阿芒老教堂去做晚祷和弥撒。"他异常庄严地走进低矮、永远阴凉的教堂，道貌岸然地坐到巨大的立柱支撑的穹顶下。他总是坐在神职祷告席的同一个位置，坐在'儿子'和工厂的先生们旁边。他总是用他稍微沙哑的嗓音和着唱诗班难听的男高音，听到他们拉丁语的错误，他会嫣然一笑。他令教区增光，受人敬仰，而从不显出一丝骄傲。"[54]弥撒以后，他一本正经地走进他家对面金狮酒家[55]喝上一杯开胃酒，并不会喝多，只是为了更好地品味平静生活的温馨。还有更重要的，是保罗端详在田里耕作的吕西安时那无穷的快感：

> 我看见你活动着的清秀身躯，
> 这美好工作为所有从事它的人祝福。
>
> 我在地平线上看见你修长的身影，
> 似在后面稳步跟着耕犁，
> 有时需要呵斥马匹，
> 一声驾，一声吁，态度平静。

1880年年底，吕西安应征入伍，被分到驻扎在兰斯的炮兵营里服役。魏尔伦曾去看他，以免自己的义子一个人孤立无援。他禁不住得赞美年轻人身着戎装的英姿：

> 我眼前仍见你骑在马上，
>
> 耳边响着军号的声音。
>
> 你可爱的战士风度，
>
> 也随着军号在歌唱。
>
>
> 我眼前仍见你身着作战服，
>
> 像做苦役的修长的皮埃罗①，
>
> 迷彩服下你精神无比，
>
> 飒爽英姿神采奕奕。

作为上校的儿子，魏尔伦一直保持着这种对军装和军队步伐的嗜好，并写出了题目为《真正的军旗》那样令人作呕的诗篇：

> 知晓和喜爱自己工作的士兵，
>
> 是坚强使命所需要的人。
>
> ［……］
>
> 神圣的使命，骄傲而温顺的服从。
>
> 重温家庭的呼唤，哪管当今
>
> 这个法国如何。

对于这一点，德拉艾做出了极端精辟的分析。在1877年的一幅画中[56]，他画了勒泰勒的本地圣人节圣尼古拉的赈济游艺会。走在游行队伍前面的是全副武装的消防队及其首长，随后是食堂女管理员，在她身后，魏尔伦挎着圣母学堂的绶带，神气十足地走在市军乐团好手的前面。所有的人都排列整齐，步伐一致，军人和教会走在社会的前面。这和臭名昭著的"家庭、工作、祖国"②相差无几。也就是在这一个时期，吕

---

① 西方戏剧中天真青年的角色。

② 第二次世界大战中法国被德军占领时期，贝当傀儡政府提出的口号。

西安的兵役唤起了他对自己父亲军事生涯的回忆，坚定了对秩序的喜爱，他开始着手写作恶劣的《法国人法国游记》。这篇作品，与其说是散文，不如说是论战檄文，满嘴是所谓祖国和教会之流的论调，令人不忍卒读，却很能说明问题。人们一定很难想象魏尔伦作为一个时政评论家有何作为，但在这本据说是出于"最强烈的爱国热忱"而写作的书中，他竟为君主制大唱赞歌。说什么当今的法国还戴着旧时的红帽①，可以说是危机四伏。这情形始自国王死在断头台上，大革命以后专制肆虐。而自从第一批信仰基督教的国王开始，恰是圣公会的影响和在天主教指导下一砖一石建成的美妙父权—法国君主制，制约了专制的横行。背离宗教加上共和思想，在1870—1871年失败之后，只能造就当时丑陋的法国。"人们再不懂得尊重，再没有家庭，只有一味的穷奢极欲，不，应该说是极端的淫荡。再不讲爱国，再没有哪怕是不好的信仰，甚至除了几个过去的贵族以外，连打街垒战的不虔诚的勇气也没有了。大学生整日花天酒地，工人变成流氓。过去的人暴动时，手里拿的是步枪，虽则也大逆不道，但至少直来直去，现在则被胆小鬼手里的选票代替了。钱可以说明一切，反对一切，战胜一切。懒惰与投机窃取了勤俭劳动所得。上帝每天被亵渎，被挑战，在自己的教堂里被钉死，在基督的身上遭人抽打，被赶出自己的领地，被驱逐，被否定，被挑战。论坛和报刊成了什么样子？青年和妇女成了什么样子？国家成了什么样子？"魏尔伦全盘采纳了巴尔贝·道勒维利②和约瑟夫·德·迈斯特尔③的最反动的论点，成了耶稣会士的同路人（真是无奇不有！）。他极力想证明法国社会的万恶之源是18世纪法国教会詹森派占了上风，并使耶稣会这个天主教信仰唯一的真正代表的一切努力前功尽弃。魔鬼撒旦不想让"圣伊尼亚斯④的杰出战士"像在17世纪一样继续让"正统的天主教"放出纯洁的光芒。他认为宗主社会是唯一正当的社会组织形式。在陈述了宗主社会必需的基础以后，他接着指控普选制和1801年的教廷和国家的和解协议⑤，指责礼拜日不全被用来敬仰上帝。最后，他还要指责当代小说家们如何"卑鄙猥亵"，对

---

① 法国历次革命中共和派的装束。

② 巴尔贝·道勒维利（1808—1889），法国作家，作品比较复杂，但表现出狭隘的天主教和王权倾向。

③ 约瑟夫·德·迈斯特尔（1753—1821），法国思想家，反对天赋人权观念，主张人的社会性。

④ 耶稣会创始人，主张向远处传播福音，教化青年，反对宗教改革。

⑤ 教皇庇护七世与拿破仑·波拿巴签订的协约，是法国政教分离制度的基础，承认国君权力由人民而非教会赋予，进而保证各宗教之间的平等。

宗教如何"无知得可怜"，指责他们"赞扬无耻的纵欲"。他们以古斯塔夫·福楼拜为首，然后是埃米尔·左拉、龚古尔兄弟、朱尔·瓦莱斯和阿方斯·都德。他们个个都是罪人，个个十恶不赦。难道他们不是把形式和风格凌驾于道德和责任之上吗？恐怕难以见到比这更反动的论调了。魏尔伦成了卫道士、王位和祭坛的捍卫者、社会恶习的批判者和道德秩序的守护者。这样的论调真是令人作呕，而出自魏尔伦的笔下，也实在令人瞠目结舌、怒不可遏。他常乐于把自己装扮成一个怪人，一个超尘脱俗的人。但是本质上，他却是一个信奉秩序的人，念念不忘过去的规范和法律[57]。他把君主制歌颂为美妙父权，是因为国王是父权理想的化身，是对缺乏生父的理想化补偿。而他在当时对法则的呼唤，则更是由于他需要以此来掩盖他对自己对吕西安犯下的过错的意识。只有在道德和宗教上严格到平庸自负的地步，才能使他对自己的作为视而不见。这里面最可悲的是，魏尔伦很可能是诚心诚意的，因为他在忘却现实、掩耳盗铃方面有极强的能力。关于这一点，玛蒂尔德一事就很能说明问题。德拉艾是一个颇晓分寸的人，收到魏尔伦的《法国人法国游记》书稿以后，画了一幅画回复他，画题为《扇子》[58]，他自己遮在一幅巨大的扇子后面，扇子右上方努沃露出的脑袋正在喊道："我早就说嘛！"，而左上方魏尔伦正在训斥他："快滚开，龌龊的詹森派。"画的说明再清楚不过："这是我看了一个孬种的《法国人法国游记》以后躲在扇子后面。"这无非是表示这本书臭不可闻。更让德拉艾头疼的是魏尔伦托他找出版社。他当然清楚，即使是天主教派的人，也不会有人愿意出版这样措辞激烈、没有深浅的文章。他在一封信中[59]告诉魏尔伦，多克美大人（可能指维克多·帕尔梅，也可能是他在天主教书店总会的接班人）认为这本书"极端复古"而拒不接受。一幅画上画着出版商受了惊从椅子上翻落下来，他的左边摆着一桶污泥，右边一桶面汤，惊叫道："这绝对行不通！"德拉艾拿着书稿在他面前，上面只写着三个词"维纳斯，普里亚浦①，淫乱"。确实，出版商们都不愿出这本书。另一幅画[60]也表现了同样的意思。多克美血淋淋的头插在一根木桩上，说明他因为接受出版《法国人法国游记》一书而上了断头台。总之，天主教书店总会不要，《天主教世界杂志》也不要。兰波的一个老朋友欧内斯特·米约，曾想说服沙勒维尔的天主教报刊《阿登通讯》主编乔治·蒂耶博刊

---

① 希腊神话中的小神。在一般艺术作品中，他的生殖器极为发达，被认为象征强烈的性欲。

登一篇文章介绍《智慧集》，同时也向他建议出版《法国人法国游记》，但同样碰了一鼻子灰。米约画了魏尔伦拿着吉他，毕恭毕敬地跪在蒂耶博的脚下[61]。画的说明说他痛改前非："此破落诗人畏而烂是也，拜伏于蒂耶博·啪擦脚下，发誓若不获恩准，万不敢再作歪诗。且许愿通读全套'至圣上帝金口箴言'，只写'健康向上'文字。"魏尔伦只好把书稿收回，以后的十几年间，他就背着它走南闯北，从家里到医院，从一家旅馆到另一家旅馆，最后终于连同著作权和出版权一起，抵押了欠他房东的二百法郎。这样臭气熏天的文章，出这么多钱还是便宜了他。

不过眼下我们这位刚诞生的道德秩序捍卫者却充分利用给他重新做人的机会，真有些飘飘然了。1880年9月，魏尔伦有幸在自己的庄园里接待了热尔曼·努沃，可惜一场剧烈的牙痛，给努沃减去了不少的兴致。不过在阿登田野漫步之余，他还是给吕西安·雷蒂努瓦画了一幅肖像，魏尔伦急忙题诗一首，略表讥讽和不满的意思：

这幅肖像不是太像，
你头发黑他画成褐色，
你皮肤褐他画成白色，
这幅水粉，它是多么的像！

因他画的是你美丽的心，[……]

你的鼻子固然不那样直，
但比水粉画上要短，
但比水粉画上更富生命，
和应该的一样长，一样直。

你的嘴唇和胡须的阴影，
没有这画上那样的红，
画上你完全没有胡须，[……]

你的颈项没有这样僵硬，[……]

可你的双眼，啊！这确是你的双眼，

忧郁而又快活的眼神，这确是你的眼神。[……]

——《爱心集》

　　我们这位诗人总是这样注重面孔，至少这次热尔曼·努沃送给了魏尔伦一幅阿拉斯的圣吉利教堂的基督复制像。在他的签字下面有这样一句题字："献给保罗·魏尔伦，阿拉斯圣吉利教堂，1880年8月"。努沃很可能先去了阿拉斯[62]，在那里画了这幅画。但魏尔伦对阿图瓦首府了如指掌，这个基督像一定是他1877年8月带着努沃参观阿拉斯的两大广场和为数众多的教堂时介绍给他的。他介绍说："这具木制上色的大十字架，初看有些怪异，但仔细看就会使你称奇。看他极端的新意当中体现的节制，古典的线条表现出的新奇，严峻中现出的具穿透力的温和，以及所有细部极度的完美，使整幅宏大的作品浑然一体。"[63]回去以后，魏尔伦为这幅画题了一首长诗，诗中首先赞美这具木雕像上救世主"在绿色金边十字架上，无限温柔而立"，以及"暗金色的荣光像削尖的舌头"在头和张开的双臂周围闪烁。随后，他又感谢他的好友送给他这样一幅"宗教艺术奇迹"的复制品。

一位好友打此过路，好画家又是好信徒，

又写一手好诗，三才和美集于一处，

见到如此杰作，欣然画得一幅

精美画图，令我惊叹不住。

慷慨将其遗忘到我的住处。

　　很显然，两人之间可谓情投意合，不仅仅是相处得融洽，而是一种心灵的交融。努沃一年前皈依了天主，眼下正在写诗，准备编成《爱的教义》。魏尔伦则开始关心出版他的《智慧集》。天主赋予的安宁是多么温馨啊！就连来瑞尼维尔探望的魏尔伦夫人看到儿子的变化也不由得喜出望外。归根结底，就算她的儿子不当父亲而当情人，那又有什么了不起？她见得多了。只要她的保罗生活幸福，不再酗酒，怎么都好。

而且瑞尼维尔和罗什也不远，两个小村落之间不过三十几公里。兰波一年前正好因病从塞浦路斯回到家里，1879—1880年冬住在家中，百无聊赖地和母亲在庄园里劳动，以后不久又去了亚历山大里亚。1880年3月的几天或几周当中，刚来瑞尼维尔定居不久的保罗和将要离开罗什的阿蒂尔，两人之间只有三十公里之遥。魏尔伦走在乡间小道上的时候，一定常想着兰波。我愿意想象他到离罗什很近的舒非利那边去散步，不单是因为那里古老的教堂为防范敌人之故修得漂亮，钟楼上开着炮眼，修着望楼；不单是因为教堂周围有绿草成茵的小公墓，有一潭清水和喷泉；不单是因为这一切让他怀念英国，而同时也是为了碰碰运气，谁知道呢，也许能碰上兰波也未可知。德拉艾很清楚这一切，他在1880年画了一幅《兰波和魏尔伦神遇像》[64]。那天明媚的太阳张着笑脸，表示它给阿登的大地带来无限温暖。在一片农田里，一个蓄着胡子的瘦小的农民，头上戴着长长的尖帽子，上面落着一只鸟。他拄着铁锹停了片刻。对面路上走过来另一个农民，也脚穿木鞋，头戴长长的尖帽子。第一个农民显然没想到会在这里碰上这位相识，不由得叫道："是你？！"另一个应声答道："唉，妈的……"

现在的情形真可以说是尽善尽美了。既然魏尔伦终于过上了安稳日子，下面的工作就是折腾了。的确，自从1880年年底吕西安从军走了以后，魏尔伦在瑞尼维尔真是百无聊赖。虽然因为他付了一千五百法郎的费用，吕西安服的是志愿兵役，是一年而不是五年，但是一年时间也还是太长了。尽管1881年春天，他曾到马恩河上的沙龙去看吕西安参加演习，但这短短的几天还是不足以排解他的离愁。其实，即使吕西安不走，魏尔伦也定会旧病复发。而且他旧病的发作也肯定是在吕西安离家之前。他只要一找到平衡，马上就要摔倒，而同往常一样，酒又成了魏尔伦的祸根（或者救星）。为了和附近的地主共享农家之乐，他开始学敲纸牌，后来甚至练得身手不凡。这本来是个上好的游戏，可惜谁要是赢了（当然也包括输了），都要有模有样地庆贺一番，尽情开销当地人家满满腾腾的酒窖。第一轮结束要喝，到了该扳局要喝，到了关键一局还要喝。"只是，这次喝的不再是体面人家桌上喝的几杯开胃酒，而是根据玩了几轮，不管是赢是输，大杯小盏地轮转着喝。这还不算别的饮料，像咖啡和当地产的葡萄酒之类，人家送给你，你总要拿着，赏人家脸。"[65]也许有人认为，德拉艾在他为魏尔伦写的传记中如此连篇累牍地讲他如何嗜酒如命，几乎显得有点偏执，但是要知道，如果认识不到酒对魏尔伦有多么重要，那就根本不能理解他的一生，不能理解他为什么反复不断地堕落。

他是因为喝酒而写作，还是因为写作而喝酒？有人会以为这又是先有蛋还是先有鸡的永远不可解的问题。也有人会认为这两件事完全不沾边，是风马牛不相及的两码事。但如果只看到魏尔伦虽然饮酒仍能写诗，或只看到他创作最丰的时期也正是他喝酒最少的时期，那就不免太简单化了。因为吸收了大量的酒精以后，人肯定会紧张，会乱方寸（但却不一定能够获得灵感），他有可能暂时获得一些动力，却可能很快就完全枯竭。魏尔伦这一年就是这样一个情况。毫无疑问，这一年他又开始酗酒，但是同时他又重新启动了一系列的写作计划。我们先回过头来看一下。1880年5月底，他通过写信重新和莱昂·瓦拉德取得了联系。在此之前，他已经很长时间既没和他见面，也没给他写信了。他的意思无非是提醒瓦拉德他还在，同时请他向梅拉和布莱蒙转致问候，也让他们记着他。"再过五六个月，我将出一本诗集《智慧集》。如果能蒙赐复——这我丝毫也不怀疑——我料想你将愿意收到其中部分篇章。此集将标志我在法国文学上的重新起步。"[66] 他确实到了该再生的时候了。早在1878年，左拉即在《当代诗人》上为不幸的保罗·魏尔伦的文学生涯写了悼词："如今已逝去的魏尔伦先生以一册《感伤集》灿然出世。他成了波德莱尔的牺牲品，有人甚至说他在生活上过分模仿先生，以致搭上了自己的性命。但别忘了他在和科佩先生的角逐中一度曾占上风。"[67] 一句"如今已逝去"真让人从头凉到脚。一定要争取尽快在文学上复活。现在到了把他多年来潜心营造的作品昭示给众人的时候了。早在最初几次去英国的时候，在斯蒂克尼、波士顿、伯恩茅斯，以及在勒泰勒教书的两年时间，还有再去英国在莱明顿的日子，魏尔伦一直不断地在丰富和整理过去在蒙斯写的诗集。在坐牢期间，他已经开始收集作品准备出版，而且到了1875年10月，也就是他出狱十个月后，他认为诗集出版已经成熟。10月26日，他给德拉艾写信说："集子编完。我的下一本作品中将有新作［……］。取一张纸，一折为二，在第一页贴上标题《狱中集，1873—1874》。不署作者。第二张纸第一页上列目录。把全集放进两张，并'珍贵'夹紧。如有机会付印（免费），即请告知。"[68]《狱中集 布鲁塞尔－蒙斯1873—1874》[69]：1875年5月他就已经为他的集子起了这样一个响亮的名字，并通知了德拉艾[70]。他甚至连扉页上的题字都选好了，是约瑟夫·德·迈斯特尔的语录："关到笼子里去！你再看诗人什么样子!"

　　这本包括二十个标题、三十二首诗的诗集,魏尔伦为什么又最终放弃了呢?既然已经汇集成册准备出版,他为什么又把它打乱了呢?他一定是不想把一个极像狱中日记的东西公之于众。也可能是他不想用诗歌叙述自己如何沉沦,而想叙述自己如何重新崛起。1875年11月魏尔伦就认真考虑出两本新诗集,诗集的题目他在19日写信告诉了布莱蒙:《智慧集》和《爱心集》[71]。直到1880年的五年间,他就一直不断地在酝酿,在改写,在丰富[72]。现在到了让人记起自己的时候,到了出版的时候了。但是经过了这样长时间的间断以后,这又谈何容易!这个时期,德拉艾代替了埃德蒙·勒佩勒捷,成了魏尔伦的代理人。他先把稿子交给勒梅尔。出师不利,德拉艾画了一张画作纪念[73]。画上,他自己火冒三丈地从"勒母乙"家走出来,已经准备好接受魏尔伦的惩罚上断头台。最后还是天主教出版商维克多·帕尔梅答应出版《智慧集》,条件是作者自筹印费五百法郎,共印六百册。诗集终于在1880年12月10日出版(书上的日期为1881年)。结果,这成为出版史上少有的失败。魏尔伦为自己的作品专门写了介绍,强调自己的新道德:"作者魏尔伦已为文学界所熟知,其作品也曾在真正的诗歌的爱好者中引起极大反响。但本诗集则以全新面目出现。作者如今已全心全意彻头彻尾回归正统,将以全部才能书写基督正统题材。"他还给众多地区性报刊寄去样本:《塔拉斯贡和勃凯尔和解报》《马赛公民报》《加莱海峡报》,以及《真正法国报》等等。其实只要看看这些报刊的名字就不难想见他是多么迫不及待地想见到评论。但是所有这些努力都于事无补。寥寥可数的几篇评论,包括埃米尔·布莱蒙在《旧事重提》上的、皮埃尔·埃尔泽阿在《大事》上的,还有埃德蒙·勒佩勒捷在《晨钟》上的,篇篇的反应都十分平淡。1880年12月14日,《时代》报上刊登了一篇朱尔·克拉勒蒂的文章,把魏尔伦的诗集批得体无完肤。对外是满盘输,对内也是一样。魏尔伦通过夏尔·德·西夫里给玛蒂尔德寄去了《智慧集》第一版的手稿,并题字为:"谨以此初稿致我爱妻,1881年"。结果玛蒂尔德看也没看,又原封不动送还给了哥哥。只有马拉美的一封信给魏尔伦聊以慰藉:"你这本书真美,招人喜欢,就像卧室的白窗帘,上面飘忽着梦想。清新,简洁,完美。"[74]但紧接着马拉美又在他的话上打了折扣,让魏尔伦不安的是在马拉美眼里,他此番不过是过去的魏尔伦的借尸还魂。"……千万不要忘了,别人不能忘,你也不能忘,我们热爱的从前的那个魏尔伦。老朋友，《戏装游乐图》是永恒的宝石……"[75]不过，一看那可怜的销售情况就知道，怎么安慰他也无济于事。前后一共只卖出了八本。没有一个人对他的脱胎换骨感兴趣。对于文学界来说，他早已经死了。两年以后，也就是1882年，当莫里斯·巴雷斯和莫雷亚斯听说有《智慧集》一书并希望向那勇敢的出版商买一本时，人家回答说"要在储藏室里找到这玩意，至少也得一个星期"[76]。

可是，文学上搁了浅，不等于就能种好田。农业也不是想怎么干就可以怎么干的。要有进项，刚收进来的庄稼总不能立刻变成酒来喝。欠债越来越多，短期贷款已经不够还债了。于是就有债主来讨债：

我们浅尝种田不欢而散，

但给我快乐、甘甜，很长时间。

整个这件倒霉事都不清不白。或者应该说，尽管德拉艾和勒佩勒捷竭力辩解，其实一切都昭然若揭。德拉艾的说法恐怕难以让人信服。他一口咬定过错在于雷蒂努瓦的老爸。据他说，这个农民一旦（名义上）当上了地主，就变得贪得无厌，想"四面扩张，农民管这叫'往肥里长'，很多人就变得不能自已，把它当作生活的唯一目的"[77]。他不住地买进田产，同时收成不佳又卖得不好，加上不断贷款而根本无力偿还，结果终于落得满盘空。魏尔伦直到最后才知道破产在即，真是如雷灌顶，难过之极。那么到底是谁决定出卖庄园呢？是雷蒂努瓦老爸看到反正破产在所难免，于是把田产卖了，钱款入了自己的腰包吗（这是勒佩勒捷的说法）[78]？其实，如果真有人相信大手大脚的魏尔伦能够经营好一个农庄也实在是怪事。反正是，魏尔伦夫人当初投入的三万法郎，只剩了不到一万五千法郎。真是一场大祸，不过人们已经见怪不怪了。失败是魏尔伦的正常生存状态。也有人说，这件事后，雷蒂努瓦一家人躲到了比利时。其实，他们一家人一定是被对他们来说庞大无比的亏损数目吓坏了，觉得还是逃到外国去为好。

真是屡战屡败。不过，什么样的失败也不能浇灭欲望的火（也幸亏如此）。魏尔伦突然赶回巴黎的原因，在很大程度上一定是由于他得到了吕西安的消息。雷蒂努瓦夫妇最后闹得身无分文，束手无策，只好来到巴黎，在夏贝尔街上租了一套极狭小的房子住下。两个阿登山区大字不识的农民突然来到大城市，一下子变得手足无措。老头子整日愣头愣脑地在城里逛，被街上的吵闹搅得头脑发昏。老太太则天天关在家里，不停地收拾从瑞尼维尔的灾祸中救出来的破烂和家具。这对魏尔伦正是一个好机会，他正可以一举两得，一方面找到吕西安，同时在巴黎文坛复出。他住进老朋友伊斯塔斯家，同时立即找善良的德拉艾帮忙，替吕西安安排工作。德拉艾几个月前刚刚放弃了一个教职，是塞纳河上布隆市的一所私立学校阿格索，校长是费尔南·埃斯诺。另一方面，魏尔伦通过勒佩勒捷的引荐，重新接触巴黎文学界。勒佩勒捷这时已当上了《晨钟》报编辑，《命令》报主笔，没办法只好把魏尔伦介绍给其他报界和文学界的朋友，并接受他的稿件。埃米尔·布莱蒙则给魏尔伦介绍了在他以后的文学生涯中起了重大作用的莱昂·瓦尼耶。瓦尼耶是《现代巴黎》的编辑，主编是雅克·马德莱纳、乔治·米耶和乔治·穆瓦诺（即库特林）。1882年7月25日，魏尔伦在巴黎文坛正式复出，在瓦尼耶的杂志上出版了《骷髅》：

> 两个大兵喝醉了酒，走在田中只见，
> 一具骷髅躺在深沟淤泥，
> 一条恶狼，恶狠狠地，
> 把那具人骨撕碎了一半。

> 完好的头颅露出狰狞的笑容，
> 让人心寒，不堪，躁急，
> 可我们的弗拉加斯上校不信神鬼
> 心想（约翰·法尔斯塔夫也会打个激灵）

> 他们喝了酒，凡酒喝下就滴滴渗透，
> 况且这死人脑袋大大地开启，
> 他也想再喝几口，说不定。

> 可是既然不应羞辱虚无，

骷髅忽然坐起半个身子，

向他们挥手，叫他们继续赶路。

——《昔日与昨天》

　　为什么要全文抄录这首并不出色的诗呢（杂志上标明的写作时间为1869年）？就是因为它入时入境，入的是其作者的时和境。这具被撕咬的骷髅、被彻底撕碎的躯壳（然而脑袋依然完好无损，因为魏尔伦不能容忍面容被毁，让人认不出他这个诗人），这具当然是饥渴难当的躯体，这次却因为不愿羞辱虚无而拒绝喝酒的躯壳，当然是指诗人本人，并且他对自己的未来不抱任何虚妄的幻想。可以肯定，文学上复生的人已经死了。人们固然找到了他，继续赶路的却是别人。他在文坛的重新出现，不过是把消逝推迟罢了。

　　无论是什么事情，一到了吕西安身上，就立刻变得复杂了。刚教了两个月的书，他又干够了：觉得实在没意思。其实有了英国的前车之鉴，这也是意料之中的事。况且在他看来，这工作的薪水也实在太低。正好塞纳河上的伊夫里城一家工厂有个好差事，条件是立刻上任。如果不能找个人给他在阿格索学校代课，这眼看到手的好事就要飞走了。那怎么行！魏尔伦毫不迟疑地接替了吕西安的教职，让他可以从容离去。据总也管不住自己嘴的德拉艾说，魏尔伦的牺牲倒也不大，因为工作不重，学生还算听话，即使是当过士兵的校长费尔南·埃斯诺安排的军训，他们也乖乖地去做。"他们在院子里操练，走出教室，听着军号声回教室，从老师面前走过时要行礼，右手指尖齐眼角，左手根据年龄不同，贴在裤子或是短裤的裤线上。"[79]德拉艾还说（不过这回的话干脆不好听了），虽然魏尔伦没有接受学校给他的荣誉，亲自教学生们行持枪礼或把当枪的棍子架起来，但是小城里的孩子给他行军礼时，他还是感到飘飘然。魏尔伦和权威之间的关系总是这样的暧昧，尤其是让他想起父亲的军衔的时候。不过保罗还是很快意识到，如今已经满三十七岁的他，不可能把这样一个临时助教的工作永远做下去。他需要找到一份真正的、稳定的工作，报酬也要好一些。而他现在的处境很荒唐，因为他为了离吕西安近一些，搬到了布洛涅帕尔尚街5号的商贸旅馆，可是吕西安却清楚地感到，因为魏尔伦对他偏爱有加，不论他行事多么自私，魏尔伦都不能将之奈何。所以他在伊夫利的巴黎街14号找了一套房，一方面离工作地点近一些，另一方面也让其父母来同他住在一起。不过魏尔伦对布洛涅还是有些割舍不下。即使当学校找到了人接替他的工作（如此迅速一定是因为他不够敬业），他还是住了下来，一是懒得动，二来是比较喜欢郊区的自由自在的生活气氛。没有了工作，他也不想找。慢慢地，每天只剩下一件事可做，当然是喝酒。他把"总部"设在库特莱旅馆，这里"离'上流社会'的美发厅'加朗比克'不远，离置办结婚礼物的'真正的'首饰店'金篮子'很近，就在一家叫作'巴黎商厦'的时兴商品商店旁边，离一家名叫'随时热面包'的面包房也不远"[80]。旅馆在一座小花园里，一面有一个小棚子。前面一家酒馆，过客站在柜台前喝，旅馆的客人则坐在两个厅里喝。诗人在这里喝得高兴，老板性情也随和，所以两个人很投机，不住地来回对请，早上喝苦艾酒，下午大杯喝啤酒（中午饭是休息，喝本地红葡萄酒），同时还不断邀请附近的工人喝上一杯，听他们讲工作和新闻。比如，附近面包房的伙计就"给他讲了烤面包的许多有趣的情况，告诉他不用鸡蛋黄，只用一把刷子，就可以让面包变得金黄。'难道就像擦皮鞋那样？！'我们的忧郁诗人就喊起来，很高兴终于看到人们有多么利欲熏心"[81]。一个这么诚实的劳动者，当然要好好犒劳犒劳。晚上，魏尔伦"浑身筋疲力尽，满脑子街上的歌声"回到自己寒酸的住处睡觉，但是"听着外面整夜不断的低放着帘子的马车声、板车声，四轮大车，拉废铁、破碎家具和污水的马车发出的声音，他却怎么也睡不着"。他意识到自己的生活日复一日，极其平淡，像一匹在巴黎这个苦役场上用完后被送回来的老马[82]。难以下咽的一日三餐，一个个的不眠之夜，难以忍受的左邻右舍。塞纳河上的布洛涅离奥特耶不远，而奥特耶却那么吸引人，"尽管那里有龌龊的外租房，像鹅一样伸长的脖子一直挺到允许的最高限度。尽管那里有漆黑的煤气灯，寒碜无比的沥青路面黏黏的让人受不了"。幸亏有公路桥，"真漂亮，一定是举世无双，扭动着向危险的天空拔高，高得让人眼晕"。透过巨大的桥墩，可以看见不远处塞夫勒和圣克鲁的全景。魏尔伦每个星期日去到"黎明"和吕西安见面。那里满是"不明不白的小伙子，和清清楚楚的女人，扎着粉色、蓝色领带，拖着肮脏的裙裾，屁股向后撅着，胸脯高高地挺着"。最后，身在布洛涅，巴黎文学界也绝非可望而不可即。坐上从奥特耶到圣绪尔比斯的一匹马拉的有轨车，很快就到了奥代翁广场的伏尔泰咖啡馆。他过去那帮帕尔纳斯派的老朋友们常在这里见面。莱昂·瓦拉德，阿尔贝·梅拉，卡蒂勒·孟戴斯，连弗朗索瓦·科佩本人都难免偶尔来一次。还有后起的一代：雅克·马德莱纳，乔治·库特林，加布里埃尔·维凯尔等。可是这些人"穿着都太讲究了！"魏尔伦如此抱怨。的确，诅咒诗社那样随便、那样喧嚣的聚会场面已经一去不复返了。他自己连喝朗姆酒也不加糖，而看到年轻诗人喝加了糖的咖啡，感到十分遗憾。况且他们也不按法国人习惯把糖砸成小块，而是像热带的人一样研成粉末。可是热带人至多也就喝一点不发酵的牛奶。如果连诗人都不喝酒了，那还成何体统？

可这种情形实在不尽如人意。要是能在行政部门找到一个稳定的工作，同时又能回到首都，那该有多好！恢复原来的职务也应该不成什么问题！不管怎么说，他并没被判过刑，没受过法律追究，甚至没有被正式除名。无论如何，1880年通过了大赦法。魏尔伦应该去找勒佩勒捷帮忙，他乐于助人，而且与塞纳省省长夏尔·弗洛盖以及巴黎市议会主席让·德·布代耶打得火热。对，他要尽快恢复工作。主意一定，他就不断催促勒佩勒捷，搅得勒佩勒捷不得安宁。勒佩勒捷立即为他走动，但是官僚机构的事情却不那样好办。1882年10月22日的信："我求你待省长一回巴黎，就立刻给他写信。你上次是这么跟我说的，以让我尽快恢复工作。"[83]同一个月又一封信中，他加了一些英语，用外语掩饰那急不可耐的口气："现在这种情况我该怎么办？是等待省政府再开会，还是直接递申请？（按照你的友好建议，当然还是通过你）。我完全拜托你了。你为我写一个条子好吗？"[84]同样还是在这一年最后一个季度："给市政府的'材料'准备齐了，已经交给管事的人，我盯着让他们快点办。"[85]1882年12月："〔……〕为我恢复工作的申请材料准备好了，这些先生们手里什么都有了。现在只需再紧一紧就好了。可是时间紧迫，不过抓得紧，也许是好机会。请你看可否在德·布代耶先生面前为我说一句话，他如果能给管事的人或直接和省长说一下，事情就办成了。"[86]1883年1月7日："我的材料已经准备得不能再齐了。他们不能要求我住过的所有旅馆都给我提供品行证明，况且十多年间在各种城市里辗转奔波，我也记不清都在哪家旅馆住过了，只从阿拉斯市政府要一张证明就费了我不少周折。我的确在那里住过一年以上，不过是在我母亲家里。"[87]真是步步紧逼。对于一个平时对什么都无所谓的人来说，也真是难得的执着。看到魏尔伦对一个小职员的位置如此锲而不舍，让人感到实在可悲。他如此急切，说明他意识到自己的处境是多么岌岌可危。他或者立刻结束这样的浪荡生活，或者永远一蹶不振；或者稳定，或者沉沦。此外他的健康也开始极度地衰败下去。他大量地饮酒，以忘记自己的失望、失意和挫折。他写的文章也越来越像和某些人算账，不断地在发泄积怨。他在1883年1月13日《晨钟》上发表的一篇文章（后来收进《鳏夫回忆录》，作为一章），题为《有闲阶级》，描述了住在格勒奈尔街上的富庶资产者如何愚蠢。岳父和女婿之间发生了激烈的争论。岳父"白色的秃头上歪戴着一顶绝顶漂亮的金色圆布帽，蓄着波兰大亨一样的大胡子，闪着狡黠的眼睛"（当然这位是莫泰先生），女婿喝了点酒（读者已经认出是谁）。两人愈吵愈烈，双方破口大骂"老废物""臭老头子"，接着女婿摔盘砸碗，最后连镜子、吊灯和四五把路易十四风格的椅子也砸了，然后大笑着扬长而去。保罗觉得这样自己占了上风，他把岳父岳母家砸个稀烂。虽然作品的主人公趾高气扬，作者本人却唯唯诺诺，只有指责和怨恨之功。这从他给勒佩勒捷的一封信中就可以看出。信中讲的是他的文章的第一稿，其中的谩骂更嚣张，更粗鄙："这篇文章讲的是'哭的人'或'笑的人'。我认为它具有足够的普遍意义和戏剧性，能让人感兴趣。如能通过，我建议用'老m……'①（你一定猜得出我指的是谁）。要是不行，也可以用'老m！'或'老牡蛎！'不过还是'老m……'让我解气。"[88]整篇文章就为了讨论怎么骂得更好，怎么更能中伤岳父。有时真文学和泄私愤之间，确有天壤之别。

真是应该戒酒了，他自己也意识到。但是只要一停下来，或者喝得稍微少一点，他就感到酒瘾难挨。他变得极其神经质，心跳，失眠。他每天加大氯醛的剂量，以求夜里能够安定一些。可是失眠没能治好，头疼却更严重了。实在没有办法，他只好求助于母亲。老太太当然呼之即来，在他家旁边租了一间房，哄他，安慰他，最后又回她的加来海峡去了。临走前力劝他离开这城郊的腐臭气，再一次回到健康的乡间。魏尔伦自然要争辩几句，然而最终还是回到了阿拉斯的家。他轻而易举地说服了可怜的斯泰法妮，让她相信，他唯有在巴黎和巴黎市政府才能有真正的工作前途。他们最好到巴黎安家，等待他恢复工作。这应该为期不远了，因为事情是勒佩勒捷在替他办。

这样，魏尔伦和母亲又于1882年11月回到了巴黎。他们没有选择剧场、出版社、报社、咖啡馆和文学会集中的街区，而是在巴士底附近罗盖特街17号的六楼落了脚。可能是因为这里靠近里昂火车站，而他的朋友伊斯塔斯在那儿开着一间咖啡馆。新家

---

① 这个省略号省去的是"大粪"一词。而后面所谓的牡蛎，应该指女性生殖器。

豁亮明快。斯泰法妮勇敢地担当起了安家的责任，安置起经过多次搬迁、历经劫难的旧家具。她尽量摆好蒙着豹皮一样的特别的丝绒的沙发椅，桃花心木的独脚小圆桌，上面摆上那本放有玛蒂尔德和兰波照片的该死的相册。她在墙上挂起保罗父亲的油画肖像，黑丝绒护胸和金色的肩章，她自己二十岁时神采奕奕的石版画肖像，一幅热尔曼·努沃装饰的血淋淋的基督，一幅格勒兹的铜版画和几幅第一帝国时期的水粉画[89]。书柜里的书鱼龙混杂，有异教的、基督教的、色情的、严肃的。怀疑论者的著作旁摆着斯卡龙①的《小说集》《模仿》②和佩特罗尼乌斯③的著作摆在一起。真是乱成一团。一切都陈旧不堪，土里土气。魏尔伦一家（不可救药的小布尔乔亚）还是高兴地住进了自己的新家，尤其是母亲又能和懂事了许多的儿子住到一起。每次生活有变，就搬家（二者总是同时发生，迁移作为再生的前提）。这一次魏尔伦又认为一切都有了希望，这次他真要切实地重新起步了。"关于我软弱的个性，您或许注意到（虽然这让我觉得还是不够年轻），我是帕尔纳斯派当中最年轻的一个（我想还有阿纳托尔·法朗士）。而且我的两本诗集是和科佩先生同时出版的。从那时起，批评界就对我很不留情，可是我的名字并没有为此失去光彩。在选择沉默了六年以后，我已下定决心，重新开始战斗，用散文，用诗歌，用戏剧。如果需要的话，也会用报纸。生活中充满暴风骤雨，但我找到了归宿。现在我早睡早起，身体大有改观。我的身体虽然底子像钢铁一样结实，但却一度十分糟糕。"[90]这完全是一个十分积极的姿态，与一贯的懒怠形成鲜明的对照。难道一个精神饱满、斗志昂扬的魏尔伦真的诞生了吗？六个星期以前，他看到了一篇对他1874年4月写于蒙斯、但1882年11月10日才在《现代巴黎》杂志发表的《诗艺》的严厉指责，或者说是无情抨击，这份批评文章刊载于1882年12月15日出版的《新左岸》第8期，它使魏尔伦得以与一群年轻诗人建立联系。他们是莱昂·艾斯比奈特（但让别人管他叫雷欧·特雷兹尼克）、乔治·拉尔和夏尔·莫里斯，他们办的杂志具有社会主义和反教会的倾向。这篇批评文章的题目为："布瓦洛－魏尔伦"，署名卡尔·莫尔。他猛烈而混乱地抨击了魏尔伦对诗韵的

---

① 斯卡龙（1610—1660），法国滑稽作家。
② 这里大概指的是《模仿基督》，作者为德国14世纪的托马斯·阿·肯皮斯，教人如何以基督为楷模完善自我。
③ 佩特罗尼乌斯（卒于公元66年），古罗马讽刺作家。

批判，认为韵应该是所有诗歌音律的关键。他还批评魏尔伦诗歌追求隐晦，拒绝清晰易懂，批评魏尔伦对雄辩的仇视和他乐天派的态度。夏尔·莫里斯对诗歌真是一窍不通，为什么要"音乐先行"？为什么偏好"比较含糊，比较易在空气中溶解，什么也压不住、放不住的奇数"？可是魏尔伦注意到的，首先是人们对他的注意，即使那是以一种猛烈抨击的形式表现出来，于是立即写了一封长长的公开信，由杂志于12月15日刊登发表。他当然明白这是一个千载难逢的绝妙的机会，可以让他在年轻一代当中再度成名。这封回信一定要滴水不漏，这样才不至于完全落空。这也的确不易。他首先试图证明他也关心押韵，即使他反对过于严格的韵脚（"首先你们可以看到，这里提到的那首诗本身也是押韵的。我以作为今天备受关注的帕尔纳斯派中最谦逊的诗人为荣，所以绝不会否认诗韵在法国诗歌中的作用。诗韵在法国诗歌中，尽可能代替希腊语、拉丁语、德语甚至英语中的数"[91]）。然后，魏尔伦对自己的诗艺进行了捍卫。他的表述十分空泛，几乎能让所有的人同意：

> 而且，为什么不能讲究**细微**和**音乐**，
>
> 诗歌中为什么要笑，既然已经可以在散文中、生活中笑？
>
> 为什么要**雄辩**？它的用武之地也许在议会。
>
> 为什么要**讽刺**？既然每天早上的报纸中已经有了？
>
> 我喜爱灵魂、智慧和感情这三种流露，甚至在诗歌中接受它们。没有人比我更衷心地敬佩写作《马尔多什》的缪塞，写作《惩罚》的雨果和写作《阿塔－特罗尔》的海涅。不过，如果我想梦想，请容我梦想；如果我想哭，请容许我哭；如果我想唱，请容许我唱。[92]

这样混沌而模糊的回答应该让所有人满意了。安德烈·丰泰纳认为，这是一个"外交辞令的杰作"[93]；R.德·古尔蒙则说，这封信"怯懦得令人痛心"[94]。但是魏尔伦的当务之急是重新出头，果然，老天不负有心人。第二天，那位卡尔·莫尔（这是夏尔·莫里斯写散文时用的化名）亲自到罗盖特街造访魏尔伦。两个人一面开怀畅饮，一面互相解释并握手言和。应该承认，这位被称为"美男之魁"的夏尔·莫里斯的确让魏尔伦心动。当时他年仅二十二岁，高大瘦削，清瘦的面庞修美如玉，双眸明

亮，笔直的鼻子很性感，前额宽阔，上盖一头浓密的黑发[95]。他的衣着体现出一种极其精致而讲究的漫不经心和不落俗套。一件宽大的礼服更给他增色不少。更让魏尔伦中意的是莫里斯喜欢热闹，喜欢狂欢。他喜欢在咖啡馆里长时间谈话，喜欢喝酒。可是这一次，两人之间的关系维持在单纯的文学和精神层次。被魏尔伦称为"冲动的尼奥托勒米"的莫里斯的确情感热烈，却只爱女人，所以维系两人之间感情的只有对写作的共同热爱。从此以后，对魏尔伦佩服得五体投地的莫里斯为他全心全意，事情不分巨细，呼之即来。于是魏尔伦就埋头整理自己的诗。他把一些冠以《昔日与昨天的诗》题目的诗交给《现代巴黎》出版，以后这些作品收进了《昔日与昨天》。还有一部分他交给了《新左岸》。乔治·蒂耶博当社长的《阿登通讯》从10月初开始刊登他的《勒泰勒和勒泰勒人》，以及《武济耶和武济耶人》。最后，从12月9日开始，瓦朗坦·西蒙主持的《晨钟》把以前勒佩勒捷的一个专栏给了他，供他以《活生生的巴黎》为题，发表一系列巴黎生活小景，以后被他收进《鳏夫回忆录》。他甚至重新有了一些社会生活，高兴地接待几位朋友，尤其是让·莫雷亚斯。他一下子就喜欢上了这个人。也得承认，这位在1910年其葬礼上被让·巴雷斯称为"波罗奔尼撒的贵族"的二十六岁的雅典青年，本名亚尼斯·帕帕代雅曼德普洛斯，的确是个怪人。他在德国、瑞士和意大利游学几次以后，定居在了巴黎。当时他正在筹备自己的第一部诗集《流沙》，并于1884年出版。魏尔伦和莫雷亚斯出于对法国文学的共同热爱，一拍即合。不能否认，莫雷亚斯很有天分，堪称奇才：

是英俊的让·莫雷亚斯，
让新闻编辑说这样话，
在这样旅人手里，
艺术定会衰败，可惜。

卓越时代的旅人，
残害田园牧歌，
正如天鹅的白色，
摧残多嘴女人。

但是莫雷亚斯并不是处处让魏尔伦满意。在许多方面，魏尔伦甚至对他厌烦之极。首先是他过度考究的服饰，让魏尔伦嫌恶不已，他自己已经习惯了流浪汉一样的外表，后来甚至把它当作了自己的形象代表。果然，莫雷亚斯"冬天穿的是带三四层披风的大衣，就像1830年一样，用来征服可怕的异性。夏天，在多少家小客厅里，他卧在沙发里，沙发在双重的体重之下发出呻吟。他一身银灰，带着浅灰领带和假领。而他在不同时间献给美人的心，比他的假领还要骄傲，但比他的假领还要灵活。但不论是夏天还是冬天，站着还是躺着，不论是黎明还是黄昏，他都拿着、擎着、举着、占着、吸收着他的属于另类的招牌，纯洁的大印，单独的、真实的、唯一的同时也是多个的、至高无上的单片眼镜"[96]！同样魏尔伦也受不了莫雷亚斯在理论方面的狂热，对宣言、教义和学派的热衷。当1886年9月18日，让·莫雷亚斯在《费加罗报》文学副刊上登出其著名的《象征主义宣言》时，魏尔伦很表示怀疑。当朱尔·于莱请他为象征主义下一个定义时，他（调和了美学和爱国主义）的回答就是证明："你知道，我讲常情。我也许只有这一点优点。象征主义是什么？不懂……大概是个德语词吧。能是什么意思呢？而且我根本不在乎。我只知道，当我疼、我好受或是哭的时候，我知道这不是象征。你看，这些区别，都是德国人的把戏。什么康德、叔本华、黑格尔或别的德国佬怎么看人类感情，这跟诗人有什么关系！我是法国人，听着，首先是个爱国的法国人。"[97]1891年，莫雷亚斯连同夏尔·莫拉斯一起参加"罗曼派"成立仪式，以和古典传统和解，同时在《热情朝圣者》前言中和在1891年9月14日的《费加罗报》上写了该派的宣言。这时，魏尔伦也与之保持了距离；然而魏尔伦还是敬仰他，因为他有着坚实的文学修养，并且非常博学。此外，1883年这一年，魏尔伦也实在需要别人的支持，以免被世人遗忘。五年以后，莫雷亚斯一反其一贯的温文尔雅作风，不乏粗鲁地提醒魏尔伦："我亲爱的魏尔伦，你在帕尔纳斯派的成功，当时只有莱昂·瓦拉德的脑子里还有一点印象。在拉丁区，拉乌尔·蓬雄，端着欧石楠烟斗的非凡的阿利埃尔还有时吟一句你的诗。除此以外，从哈尔库尔咖啡馆到福来啤酒店，除了如今在专区官署里享福的加斯东·塞内沙尔和我本人，在青年诗人当中，再也找不出哪一个关心您这位感伤诗人了。至于蒙马特尔这块山丘，它听从莫里斯·罗利纳的，他靠阿尔贝·沃尔夫的威望在那里称霸。"[98]在这种情况下，即使被编排在互不承认的派别里面，也要比完全默默无闻要好。在这方面，莫雷亚斯给魏尔伦帮了大忙，而且尽管两人之间也发生矛盾和争执，但是他们的友谊一直持续到魏尔伦去世。

而他的老母亲也真为事情的发展而欣慰（她忘掉糟糕事情的能力也的确惊人）。家里不论谁来，她都高兴得既像母亲又像孩子。她不管对谁都乐此不疲地拿出那已经说过上百次的玩笑，那品味真是堪比大兵："先生，我请您，不，是命令您，把您那第十七个字母①放在这里。"[99] 儿子为讨母亲的欢心，故意做出难为情的样子说："妈，看你！"而当母亲听到莫雷亚斯朗诵波德莱尔的诗，她简直飘飘欲仙了。她跳起来，冲到诗人面前，让他闭上双眼，然后"给他的嘴里塞上一块硕大的糖块，还逼着他一嚼到底，不然老太太就会十分伤心。因为她坚称，这是治嗓子疼的神方，她自己就大量服用"[100]。老太太这样天真烂漫是因为看见自己家又有了客人，以为好日子终于回来了。

但是，尽管魏尔伦下定决心振作起来，尽管生活看上去有条不紊（不过怎么能相信他彻底把酒戒掉了呢），然而他的身体不但仍旧不见好转，反而每况愈下。1883年1月，他晚上甚至不能自由支配自己的时间，甚至对勒佩勒捷也是一样。而勒佩勒捷眼下正在为了恢复他在市政府的工作而出力，几乎是他的恩人了。魏尔伦对他说："每次晚上我贸然出去都是这样，一阵咳嗽和一阵嗓子发痒突然袭来，闹得我好像一株咳嗽的芦苇②。所以我决定把自己托付给大夫十天、八天，节食、谨慎、烟熏、嚼药、闻药碗，然后彻底清洗，如此等等。所以除了周一晚上不得不去见个人应酬一下，此外天黑以后就不再出门了。"[101] 但是要真想脱胎换骨，追悔过去的光阴，挽回过去的损失，恐怕已经为时过晚了。他后来职业上和感情上的挫折之所以对他构成极大的打击，正是因为他觉得他是咎由自取，是他自己的身体垮掉了，是他自己不能重新融入社会，是他自己失意潦倒。第一个打击，是他终于没有能够恢复行政工作。重新录用他以前，巴黎行政区政府做了一个调查，自然从布鲁塞尔检察院了解到了他糟糕的前科。这样一个堕落分子，绝对不能录用他当书记–拟稿员。勒佩勒捷好不为难，只好向魏尔伦托词说是因为夏尔·弗洛盖从区政府辞职，造成人事部和政府办公室负责人的反对。实际上，很可能是他本来知道弗洛盖要辞职，所以等到他走了以后

---

① 法语里字母Q和cul（腔）谐音。

② 法国思想家帕斯卡尔说过人是能思想的芦苇。

才通知魏尔伦，以便为他复职失败给出一个几乎是技术性的解释，因为他实在不能告诉他被拒的真实理由。这是对魏尔伦的第一个沉重打击，因为他立刻明白，他永远也逃不脱一辈子流浪的可悲命运了，他已经被永远地烙上了恶名。他既然到了社会的边缘，就要在社会的边缘生活一辈子，而他最大的梦想就是重新过上标准的资产阶级生活。这样几乎公开宣布他不符合规范，无疑更加速、加重了他的堕落。很快，也就是1883年4月3日，魏尔伦获悉吕西安刚刚染上了伤寒，便立刻赶到拉赛派德街1号皮蒂埃医院，塞尔室。他的宝贝"儿子"病情严重，刚刚被送到这里来。魏尔伦见到他时，他正在满口呓语。魏尔伦每天都来看他，不过见到他的病情急剧恶化，魏尔伦也只能失魂落魄，束手无策。吕西安死于1883年4月7日，年仅二十三岁。后事办得很快，痛苦地入殓，把棺材放在阴森森的停尸房中央供人瞻仰。转眼到了入土的时候了，跟在灵车后面走完从皮蒂埃医院到伊夫里墓地漫长的路程。来送葬的男人寥寥无几，只有吕西安的父亲、魏尔伦、德拉艾。妇女的数量多一些，主要是来安慰雷蒂努瓦夫人并分担其痛苦。随后葬礼就结束了。

> 狰狞吃人的伊夫里，
>
> 土里埋了你的骸骨。
>
> 上面是无味的苍白花朵，
>
> 没有秘密的矮树几株。

　　魏尔伦向墓碑制造商定做了一个花岗岩十字，买了五年的使用权，并打算尽快换成永久的。这一次他没有让自己的计划付诸流水。六个月以后他给夏尔·莫里斯写信说："我会尽快寄去买花圈和管理坟墓的费用。墓碑匠叫布林，是从施瓦希大街过城门后左边第一家。把我的地址给他。"[102] 1884年9月又给莫里斯写信："什么时候去伊夫里先去墓碑匠那里去一趟（去年已经付清了，一直付到明年4月），买一个锡制的小花圈放到可怜的坟上。然后告诉我怎么样了。"[103]

第十六章

在糟谷

啊，妈妈，真是！原谅我说这个词。可是如果你不回家来，我就自杀。

——魏尔伦《狱中杂记》

一切都完了，彻底地完了。魏尔伦此刻只有一个愿望，就是把自己，连同对吕西安的美好回忆一起，埋葬在目睹过他们共同幸福生活过的乡里。他想尽快回到香槟，试着在那里重新振作起来，为此只需要把所有账目都彻底清算一下就可以了。对魏尔伦来说，好像每次只要把财产弄清楚，他就可以获得新生。一身清白以后，重打锣鼓另开张。这是所有嗜酒之徒的幻想，以为什么时候只要把恶习一改，一切就会一帆风顺。于是，1883年7月30日和31日，在巴黎-巴蒂尼奥尔公证人萨博先生的事务所里，奥古斯特·魏尔伦的遗孀在一项合同上签了字，在库洛姆买下糟谷（有名有实）这个地块，包括住屋和附属建筑、院落和花园，共占地七公亩六分。卖主是靠食利过活的让-巴蒂斯特·雷蒂努瓦和妻子玛丽-路易丝-德尔菲娜·莫洛，住在塞纳省伊夫里市第14区巴黎街。价格为三千五百法郎。按照合同，现款交易，财产立即归其使用。以前的几桩买卖已经不太清楚，这一桩就更蹊跷。魏尔伦是否想通过这桩买卖让雷蒂努瓦一家偿还上次出售瑞尼维尔庄园时所得的那笔不光彩的收入[1]？或者是通过几乎不花钱地收购本来属于雷蒂努瓦家的一套房子，拐弯抹角地收回一部分损失的钱款。那三千五百法郎真的付给雷蒂努瓦夫妇了吗？我们不得而知，但不可否认的是，魏尔伦的确是高才，他专会把自己卷入纠缠不清的财产纠纷当中，而每次都免不了折本，使自己的处境一次比一次窘迫。

库洛姆坐落在瑞尼维尔东北十五公里处。如果从这里往阿登方向走，风景会稍微宜人一些，而这里却是一个名副其实的不毛之地。幸亏房子还不像想象的那样糟。1883年9月魏尔伦给莫里斯的信中说："母亲原以为房子一定破败不堪，但是出乎意料，房子虽然不大，却极其坚固，而且布局合理，满是壁橱和角落用来堆放杂物。还有一个漂亮的花园，只不过荒废了几个月，需要重新整理。"[2]于是他拿出浑身解数，尽量把家安置得舒服："我在做全面整理。花园翻过了土，家具（有点残破）也放好了。我仔细地布置了朋友的房间，放了一系列从画报（《蝴蝶》《艺术生活》，还有以前的《插图杂志》）上剪下的诗人画像。"[3]作家的家，理所当然应当摆上名人的肖像。因为如果看不到作家，不时时把他们放在眼底，根本就没法写作。惩罚一个诗人的第一步是把他的肖像调转过来，所以在他的小画廊里，"勒珀蒂画的落日中的维克多·雨果就是头朝下，那是他罪有应得"[4]。奥古斯特·勒珀蒂以攻击雨果著名，他和费利西安·尚索尔一起主编《当代人物》周刊，并为之绘制插图。在第10期封面上，他画了一个奥古斯特·瓦克里端着一个圣体显供台，中间镶嵌着漫画风格的维克多·雨果。在第16期封面上，雨果被画成一个耀眼的太阳，左拉则端着一个"自然主义"的烛台。在他的漫画集《当代群生态》中的一幅画中，他画了一个圆圈，中间一盏油灯，在灯的上面雨果的头像太阳一样发着耀眼的光[5]。魏尔伦似乎还不解恨，干脆把漫画家的作品倒着贴上，以让雨果名望扫地。

安家的劳作渐近尾声，工人们的施工也大有进展，魏尔伦又重新认真开始写作。他刚在雷欧·特雷兹尼克的《吕代斯》杂志上发表了其《受诅咒的诗人》的第一篇习作：《特里斯坦·科比埃尔》，分三部分分别出版在8月24—31号、8月31日—9月7日号和9月21—28号上。他同时筹备写马拉美的三篇文章。他也开始酝酿下一系列，可以包括维利耶·德·利尔-亚当，马塞利娜·德博尔德-瓦尔莫，还有他自己的肖像，把名字破解，化为可怜的雷连（"这是一个玩笑，算是书的一个噱头"[6]）。他请人给他寄书，寄杂志，为自己的写作充实材料。他不停地读，不停地写。同时他又重新关注自己的作品。比如他关心起其《智慧集》的前途，想办法让出版这个集子的帕尔梅为之再做一次广告。他还让人把他发表在杂志上的文章剪下来寄给他。此外他还重新建构自己的关系网，并和报社取得联系，似乎因为他与世隔绝，只可以靠这种方法遥返社会。他和越来越多的人取得联系，或者说是通过夏尔·莫里斯和人取得联系，其中包括帕尔梅、乔治·夏尔邦蒂埃。他想让后者出版他的《法国人法国游记》，也可能想让他在《现代生活》杂志上出版（或再版）他的《受诅咒的诗人》的部分内容。他请人向所有的人致以诚挚、亲切的问候：科佩、莫雷亚斯、业余诗人加斯东·塞内沙尔、好心的瓦拉东、当时的小画家柯兰、托马斯·布朗歇（油画家、素描家、雕塑家，后来根据魏尔伦给他的兰波、马拉美和科比埃尔的画像和照片，为成册的《受诅咒的诗人》画了插图）。这时他最关心的就是《受诅咒的诗人》的插图。就这件事，他甚至和马拉美保持了极其密切的书信来往。他开始本打算用埃蒂安·卡尔雅拍摄的一幅照片做样本马拉美的肖像[7]，后来接受马拉美的建议，采用马奈一幅画的照片。他密切注意布朗歇工作的进展："他的肖像画得怎么样了［……］？他画完那些人物了吗？我急切地想看到马奈的马拉美像，看到兰波（然后是马拉美和科比埃尔）最后定稿的样子。"[8]他很关心最后的结果，分析其成败得失。阿蒂尔·兰波，"布朗歇的画很不错。脑袋有点儿长，但是表情更显得凝重。这幅肖像里小伙子的漂亮没有掩盖诗人的男子气概。向布朗歇问候，道歉，感谢。等三个人一定稿，就通过包裹寄给我。刻版和其他的费用算我一份"[9]。一向贫穷的魏尔伦这次竟不吝解囊，这多少是一种急迫的迹象。对特里斯坦·科比埃尔像："妙极了，而且很有'我走了'的味道。"[10]对斯特凡·马拉美像：他非常"喜欢他对某些造作而暗示性音律的小心的走神，喜欢他凝思的手里拿着的幻想的雪茄，喜欢他自然交叉的双腿。你既然见过照片和画，马奈真的把他画得这么老吗（这当然可能）？右眼真的稍稍有一点邪吗？除此以外，这张画真是好极了——你知道我从不妄夸——如果真有出入，向布朗歇提一下"[11]。这时的魏尔伦真是心思缜密、无微不至。他对插图的关注甚至超过了对文字的关注，这也充分表现了他一生未变的对诗人形象的关心。1884年版的"告读者"全篇谈的都是肖像，第一句话就说"画得非常真实"，"我们可以斗胆地说，我们很少见过用如此简单的但同时也正是最伟大的或者最可靠的手段，如此成功地绘出过如此完美的形象。人们可以看出作者豪放的刻刀释放出的激情或者狂热"。魏尔伦更是把诗人的外貌和诗艺直接联系在了一起。"但只要仔细看看就会发现，这几位'受诅咒的'诗人诗句写得都四平八稳（只看到他们的诗各方面达到如何完美），他们的相貌也一样稳重，像有点颓废的青铜塑像。但是其实颓废是什么意思呢？或者像彩色大理石，那就要打倒伪浪漫主义，而让完美、固执（同时不失趣味）的线条永恒。这样的线条通过看得见的结构，表现出不可抑制的理想。/这三张怪异的脸上都有一点无动于衷的表情，而且请注意，三位都很漂亮。唯其如此，各位下面将要读到的超群的诗句和本篇微不足道但是固执己见的文字就很值得看。"《受诅咒的诗人》由雷欧·特雷兹尼克出版，共印了253册，于1884年3月在瓦尼耶书店推出，尽管在报刊上反应寥寥，却在读者中引起极大反响。这样的反应并不奇怪，因为魏尔伦通过这个小册子使年轻一代了解到了几位对他们来说完全陌生的诗人。科比埃尔于1875年去世，年仅三十岁。他的诗集《黄色爱情》发表于1873年，出版以后如石沉大海。因此，1884年时，科比埃尔这个名字根本不为人知。而兰波，虽然认识他的人一直在传颂他的故事——费利西安·尚索尔在1882年出版的《第纳·萨米埃尔》中谈起一位阿蒂尔·辛贝时，称他是"世上最伟大的诗人"并引用了《捉虱女人》的两节——但是他也从人们的视野中彻底消失了。魏尔伦的讲述就像一种启示，使这几个人获得了新生。固然，马拉美出现在这里显得有些突兀，因为他既不是个反叛角色，也远非默默无闻。同时他还活着，而且还在写作。人们也许会认为，努沃在这个位置更合适。之所以马拉美在这本书里颇受恭维，而画像显得不那么重要，那是因为魏尔伦远比人们想象的要工于心计。对他来说，诗人在人们的心目中绝不能只属于死以及缄默的范畴。在这系列一开始，他就想把与自己为伍那些人描绘成"在想象方面绝对，在表现方面绝对"，并完全不为大众所理解的人。既然诗人是受诅咒的人，而魏尔伦也是受诅咒的人，那魏尔伦也就是诗人。但是怎样利用这个诅咒保证他能够重返文坛，并使他功成名就、赢得盛名呢？如果诗人注定要失败，如果他们都是不受社会条律制约的地道的不法之徒，那么他也就等于同时堵塞了自己的前途。这也就是为什么《受诅咒的诗人》模棱两可的原因。他只能在拒绝和承认之间，不断地和法律周旋。

与此同时，魏尔伦还认真而虔诚地做着纪念吕西安·雷蒂努瓦的工作，同时颇为得意地整理起和兰波一起时所作的粪便文学来。我们如果以为这两者之间似乎有什么不可协调，认为有什么矛盾，那就错了。从1883年10月开始，魏尔伦便一封接一封地把兰波的三首诗寄给了夏尔·莫里斯。"虽然零星片断偶见其才，但还是令人作呕。"[12]这三首诗是他筹备《受诅咒的诗人》时向德拉艾索要的，德拉艾在10月14日一封信中把这三首诗寄给他。10月20日，他即把《无耻》的第一首寄给了莫里斯：

我们的屁股不像他们，

透过栅栏我常见人赤条条，

童年无拘无束在那里洗澡，

屁股形状和效果我看得真。[13]

同时送给莫里斯的还有两首四行粪便诗歌。第一首据说"留在克吕尼咖啡馆100号墙上很长时间，署名为阿尔贝·梅拉"：

这副座子实在难缠，

搅得肠肚乱作一团，

这眼到底由谁搞成，

不知哪些流氓混蛋。[14]

另一首的污浊程度也差不了多少：

盛名的特罗曼击败亨利·金科①，

这刽子手定然坐过这个宝座。

巴格丹和亨利老五两个傻帽，

也该坐这个位子受受罪过。

同"地"同时。[15]

1883年10月25日，魏尔伦告诉莫里斯他要先完成《爱心集》中的长诗《我儿子死了》，因为这是"一笔沉重的债务"。同时他还给他寄去那首"屁眼诗"，并说明"四行部分是我作的，其他的是那一位作的"[16]：

紫色石竹般阴暗发皱，

---

① 指的是1869年在巴黎东郊发生的一起凶杀案。特罗曼接连杀害八人，手段凶残，令人发指，最后被处以死刑。此案把法国社会闹得一连几个月沸沸扬扬，满城风雨。

低声下气伏在乱草丛。

尚存爱的温湿，沿缓坡蠕动

从雪白大腿直到它的褶。

一丝丝像乳汁落泪，

狂风骤起刮走多少滴。

穿过泥灰石的小石子，

斜坡在那里招他们去。

我的梦常接到这个吸盘，

我的心为肉身的交媾妒忌。

用它作了野蛮的泪脸和哭泣的窝。

昏厥的橄榄和温存的笛箫，

绝妙的糖衣杏仁走过的管道，

禁锢于温湿中的雌性迦南。[17]

　　12月30日，他最后给莫里斯寄去了第三首"臭"诗："虽说略微朦胧，但也不失'有病'。可以原谅他吧？反正是最后一首了。[18]"

老兽们跑着尚可以交尾，

龟头上沾满血斑和粪便。

我们的父辈忍不住要炫耀那腿

穿过套上的褶和囊中的种子。[19]

　　同往常一样，魏尔伦的写作又一次充满矛盾。最伟大的感情却在最下流的作品中得以发泄。

　　如此一切逐渐走入正轨。但是这一切都过于顺利了。魏尔伦坐不住了，他需要马上把自己推入窘境，安定的生活对他来说是不可忍受的，为此他只需把所有的钱一股脑儿挥霍光就可以了。据卡扎尔斯说，在这一阶段，他曾在一周之内花掉七千法郎[20]。他那时极其慷慨大方，借给一个过路的杂耍艺人一大笔钱。当时他糊里糊涂，因为他喝醉酒时总是飘飘然，同时又多愁善感。他还借给一位萨拉尔神父一千五百法郎。从那时起，他的通信中就是不断地抱怨、哭穷。1883年10月19日给马拉美信中说："被钱压得抬不起头来！！！"[21]1883年12月7日星期三："烦死了！原以为有一千五百法郎进项，只得到一张白条，比上次明确一点。另外，公证人扣下一千五百法郎，至少还有五年期。（这都是雷霆喀巴的错！）"[22]雷霆喀巴就是指雷蒂努瓦的父亲。1883年12月20日还是给夏尔·莫里斯的信："钱！钱！钱！一个人如果手头宽绰过，一到受穷真不好过，让你吃、睡都不得安宁，连酒都快喝不上了。"[23]12月25日，仍旧是给夏尔·莫里斯的信："要用钱！用这里人的话说，就他妈的别提了。"[24]12月30日还是给夏尔·莫里斯："钱的麻烦大了！"[25]整个1884年都是这样度过的，魏尔伦想方设法捞些进款，甚至不惜向萨拉尔神父索要。1883年他曾借给这位圣热尔韦过去的副本堂神父一千五百法郎，现在他设法想要回来："上诉宣告萨拉尔神父无罪。去圣热尔韦代我去见他。"[26]1884年9月20日："现在手头很紧。如能寄几个钱给老爸解燃眉之急，将感激不尽。"[27]

那么这些钱都到哪儿去了？很大一部分肯定是喝掉了，包括他自己喝的，还有他慷慨地请别人喝的。并且魏尔伦的身体因此急转直下。他的日子很不好过。例如1884年9月："整个夏天都在得病，前天病得要死。神经病发作，简直受不了，几乎完全垮掉了。紧接着是一场嗜眠昏厥。闹得库洛姆所有的人都以为我完了，要去敲丧钟。真的，到现在我还没有完全缓过来。怎么会这样？就是因为一连串麻烦不断，钱，还有别的。因为'生命如此'。"[28]实际上还不只是金钱方面的麻烦，主要还是"别的"，醉酒以后第二天醒来，那日子一定不会好受。昏沉沉地睡了几个小时以后，魏尔伦早上很早就醒来，因为酒瘾已经发作了。他浑身发抖，心神不定，已经完全忘记前一天做了什么，晚上在哪儿喝的酒，同时发现钱包里一千法郎的钞票也不见了。这样醉生梦死糟蹋不少钱，因为自从雷蒂努瓦死后，他的性生活不再限于一个伙伴，而是昏天黑地的狂欢，无休无止的淫乱，他似乎总也不能得到满足。他当时写的一些诗对这样的生活似乎保存了一些记忆，例如《一千零三个》：

我的情人不是有钱阶级，

他们是城郊和农村的工人。

十五二十岁上下衣衫不整，

力大狂暴举止粗野，［……］

他们阴茎有力后臀活泼，

给黑夜和我的鸡巴屁股带来生气。

灯光下黎明中他们活泼的肉体，

再次激起我疲惫但永不屈服的爱欲。[29]

　　两个夏尔，一个像虎犊，一个是挺拔的大汉；奥迪龙虽未成年，但已经像个大人；安东尼的家伙大得出奇；金发的保罗有着田径运动员的体格；还有弗朗索瓦，灵活得像舞蹈演员；奥古斯特，一天比一天健美；亨利，令人惊叹的新兵。"喂，我说你们，无论是有先有后还是一拥而上，或是一人，或是成帮，俨然看见过去的时光。今天和未来的热情不断增长硬邦邦，众多的爱人，你们越多越棒。"[30]这里，数量和男人成了同义词①。快感叠映，姓名相接，肉体相随而混杂在一起。所有这些男孩都是魏尔伦从咖啡馆门口招来的，这些青年见这个人手里有钱，就很快跟他到一处篱笆后面，或到一个矮树丛，心甘情愿同时又看不起他。他们都是一些让人放心不得的小流氓，其中一些人是魏尔伦从巴黎招来的。魏尔伦一旦喝醉，要骗他的钱就很方便了。因为在库洛姆，是人都知道住在糟谷那个色鬼有什么需要。村里人都知道魏尔伦对婚姻的独特的认识。礼拜天看见他来做礼拜时，人们不免窃窃私语，暗中发笑。

　　在这种情况下，也就难怪他于1884年年底在瓦尼耶出版社自费出版的《昔日与昨天》，其内容极其芜杂了。可能这主要是由于整个集子拼凑了许多不同时代的作品，加上成书仓促的原因。但是，这也很能说明，其作者在日益垮掉，变得精力分散，茫然不知所措。各种类型的诗，包括对中途而废的计划的回忆，一次接一次的失望，与其说互相重叠，互相补充，不如说是互相瓦解。摇撼现实的眩晕和梦幻的旋涡现在成

---

① 在西班牙语里的"hombre"（男人）和"nombre"（数量）只有一个字母之差。

了偶然一现的昙花，本来就不很可信的政治热情现在变得徒有其表。皈依天主的热诚已成往事，如今信念已大打折扣。自从雷蒂努瓦死了以后，对儿子的赞美也已经过时。一句话，如今的魏尔伦已经分崩离析。

魏尔伦家中的气氛越来越紧张，变得让人难以忍受。每天保罗回到家里时，都是喝得酩酊大醉。每次他都极其激动，气汹汹地跟母亲要钱。这样的情形愈演愈烈，闹得左邻右舍鸡犬不宁。每次他都这样，对母亲又是祈求又是威胁。她开始先是不同意，儿子不依不饶，最后母亲只好答应。保罗要钱，没完没了地要钱。斯泰法妮这时已经七十五岁高龄，她受不了了。这么多年，她都一直默默忍受着儿子随心所欲，放浪形骸，什么都原谅了他，尽她所能帮助他。但是终于有一天，注定要发生的事终于发生了。斯泰法妮终于对保罗的吵闹忍无可忍，逃到了附近的一家比利时人达福夫妇家中，请求他们为她提供保护。她彻底崩溃了，再也不想和儿子住在一起了。于是保罗像所有酒鬼一样犯了迫害狂，失去了起码的辨别能力。他以为母亲被人绑了票，目的是向他勒索钱财。他感觉好像所有的人都在跟踪他，想迫害他，后来甚至以为自己性命难保。1885年2月16日他给夏尔·莫里斯的信中就让他"把所有寄给我的信都拿到你那里，星期三就全部开启。因为在此之前我可能被杀，而不是自杀"[31]。

这样，1885年2月11日，可怕而不可挽回的悲剧终于发生了，事情下流、卑劣得让人难以启齿。根据勒佩勒捷的叙述，我们知道魏尔伦为了忘记母亲的决定，为了忘记一切，突然去了巴黎。也许是为了和瓦尼耶讨论出版事宜。瓦尼耶从前一年开始成了魏尔伦的新出版商，因为魏尔伦的《鳏夫回忆录》就要在他这里出版，同时也准备出版《受诅咒的诗人》的第二个系列。不过，因为这时玛蒂尔德的离婚要求刚刚胜诉，所以魏尔伦此行的目的也可能是为了到玛蒂尔德的诉讼代理人那里再做最后一次活动。魏尔伦1月21日给夏尔·莫里斯的信中说："你知道吗，我老婆在跟我打官司离婚？"[32]好像这是什么天下奇闻似的。"倒霉的是谁呢？"他接着刻薄地说，好像在可怜那未来的丈夫。离婚判决于2月8日宣布，玛蒂尔德于1886年10月30日在巴黎第18区市政府与一位比利时工程师B.-A. 德尔鲍特结了婚。也可能魏尔伦干脆想去英国，因为这次他一反以往习惯的做法，没有去罗盖特街5号库图瓦烟酒店，而是住进了离圣拉扎尔火车站不远的阿姆斯特丹街上的一家叫福克斯的奥斯汀旅馆。不用说大家也能猜到，魏尔伦在巴黎的这48个小时过够了酒瘾。11日他从巴黎回到家时，其状态令人作呕。他回到了库洛姆家中，发现母亲不在，顿时怒气冲天。他一下子就想到母亲一定在达福家，于是赶了去，母亲果然在那里。然后一如既往，先是抱怨、吵闹、谩骂，后来魏尔伦火气越来越大。再后来，不用讲，大家也能猜到。据说魏尔伦狠狠地抓住母亲的手腕，甚至在上面留下了手印。他还威胁要杀了她（可是在他自传的忏悔中，他却说成他威胁要自杀）。据说他甚至从口袋里拿出一把刀来。于是开始了一场混战。最后大家终于把醉鬼推出了门，反正当时他醉得已经没有招架之力。他自己对形势完全没有意识，第二天甚至到武济耶的宪兵队报案，说是达福家侵犯了他家住宅。实际情况是，这家人只想帮助老太太，他们只是陪她回家取了几件生活必需品。达福一家人自然也不示弱，他们指控魏尔伦施暴并威胁杀人。就连魏尔伦的老母也被儿子吓坏了，变得心如死灰，证实达福一家指控属实。魏尔伦在整个这件事当中的表现真是可怜之至。

这样魏尔伦就开始了没完没了的官司。他在给夏尔·莫里斯的信中说："对不起这么长时间没给你写信，情况非同一般。现在事情变得麻烦死了。我把所有的时间和精力都搭给了他们。"[33] 他说得真对，因为他既是原告又是被告。2月23日他给瓦尼耶的信中说："非常忙，我在同时打三个官司。在两个当中是原告，另一个是别人告我。你说有多烦人。"[34] 同时打三个官司。首先是几个月以前的偷窃案。好像是1884年9月，一个小孩子偷了他一只不起眼的圣人遗骸盒，里面装的是圣伯努阿·约瑟夫·拉波尔的极小的一块舍利，是他非常珍惜的。魏尔伦愤愤不已，怒火中烧，顺便把对阿登农民的真实想法都抖搂了出来。他认为在这些人眼里，神圣的物件的价值只相当于"厚草和浓肥"：

> 贫穷如我，唯一的宝贝，
> 你微薄的钱财，假冒的珍珠，
> 一共四个法郎，竟有人想偷窃，
> 永不会开化的脑筋。
>
> 这些肮脏的农民，
> 几乎让你不想在世上活命，

和俄南和波提乏一类！[①]

他们猥琐而臭不可闻。

　　在这首题为《有人窃走圣骨盒》的诗中，他装得像一个好基督徒，让圣伯努阿·约瑟夫·拉波尔的上帝发慈悲救救可怜的小偷，以让他能够悔过自新。而实际上，魏尔伦却不依不饶，穷追猛打。他坚持要亲自出庭。1884年9月他给莫里斯的信中说："你知道我按计划星期一坐头班火车去参加我的案子。一定要让那小子坐牢。要严厉，但要心善。"[35] 11月5日给瓦尼耶的信中说："没办法，要在一个偷我家东西的盗窃案中作证。我在等着人大声叫我。我动不了。你把纸样给我寄到这里来。以后有变再通知。"[36] 11月17日他又告诉莫里斯他"因为同样的麻烦又回到了库洛姆"[37]。直到1885年2月案子好像仍未了结。魏尔伦是多么执着啊！看着魏尔伦道貌岸然地充当侠客、卫道士，的确让人难受，因为他自己实在不是什么道德的楷模。尤其是在这件事当中，人们甚至要问，他和那个孩子之间到底是什么样的关系。常和这些孩子泡在一起，打成一片，那也难免冒一些风险吧。第二桩案子就已很清楚了。指的是不是《鳏夫回忆录》中"终极理性"篇中含含糊糊讲到的那起斗殴呢[38]？魏尔伦正在给两个为了钱而大打出手的醉鬼朋友拉架，后面突然来了另一个伙伴，不由分说抓住他给了他一顿精彩的拳头，打得"很漂亮，但是很疼，而且过后还看得出来"。魏尔伦开始报了案，可是开庭那天口气又软了下来，因为据说打他的那个人向他认了错。这下他可倒了霉。因为那"罪犯"死不松口，一口咬定是别人干的。结果打人者被释放，而魏尔伦却因为公共场所酗酒而被罚了款。他为之劝架的两个人中的一个也因为在居民区夜间喧哗而被判了三天监禁。第三桩案子远比另两桩严重，就是达福诉他的案子。

　　在1885年3月24日，武济耶轻罪法庭审理此案。后来魏尔伦在《狱中杂记》中，用了一种轻松调侃的口气叙述这一段可悲的生活。他先悠闲地描述了他和一对为他来作证的夫妇在火车上的旅行多么美好，在这个地区的"金里昂"旅馆受到多么别具一格的接待，怎样到法庭，并在那里看见"在他一生过堂坐监的坎坷生活当中"，"最

----

① 俄南和波提乏分别为《圣经·创世记》第38、39章中的人物。上帝命俄南与丧夫的嫂子同房以为之生子，俄南知生子不归自己，不从，同房时将精遗在地上。波提乏用约瑟管家，其妻勾引约瑟不成，遂诬告约瑟勾引她，波提乏于是把约瑟囚禁于监。

漂亮的法官的三位一体"。庭长名叫亚当,右面的陪审员叫玛丽,可惜他忘记了另一位的名字,否则他真可以把这三位法官的名字按照基督教义好好地发挥一下。看到自己见惯了的环境,他也不免发笑(当然在这方面他已经成了专家了):"法庭里的陈设是司空见惯的,和任何一个法庭一样,都是橡木材料,深色壁纸,窗帘也是一种颜色。还有三位穿着白边儿黑袍的先生。"在魏尔伦的所有自传当中,人们总感到他好像叙述的是别人的故事:"我曾是另一个人!"讲述另一个过去的魏尔伦的故事,不管他怎样无耻,都好像跟这个魏尔伦没有什么关系。好像在说,对那一个不负责任的人,我并没有任何责任。不过在下文中,我们仍不免看出作者有些不安:"开始审理的是一些鸡毛蒜皮小事,有流浪汉、偷猎的人,小偷小摸,诸如此类。轮到我的案子,为数不少的听众席中突然变得鸦雀无声。在这一片地区,我也算得上一个人物,再加上名声不好,可以说是莱斯①结合几个埃德加·爱伦·坡,加上朗姆酒、苦艾酒、皮贡酒。这就是乡村中的左邻右舍对我的看法,他们都跑到城里来看'巴黎人'如何受审。"的确,他所受的指控性质都非常严重,他被指控狠狠抓住母亲的手腕,老人疼得叫出声来;手里还拿着一把刀说,如果老人不给他钱,他就要杀了她。如果我们相信勒佩勒捷的叙述,法庭调查时魏尔伦给大家的印象还不错。他承认那一天因为喝多了酒所以有点过度兴奋,也可能要钱的时候过于粗暴,但他把当时出言不逊和威胁杀人说成是醉酒闹事。最后他还表示他对母亲情深意切,对自己的行为追悔莫及。听完他的话,他的母亲推翻了原来的陈述,转而全力为儿子辩护:说儿子"对她一直是很好的"。也许自从到了库洛姆以后,他的性格有些变化。他对什么工作也不能持之以恒、和不三不四的人来往、不停地酗酒等等。但本质上,他的儿子不是一个暴烈的人,至多是有点淘气。"他从没对我施过暴。他的确让我破费不少,但是从来没有自己拿过。"至于刀子,她说根本没有见到。真是可敬的母亲,无论如何她也不愿睁开眼睛面对现实。魏尔伦的辩护律师布瓦洛的辩护也一定是极其巧妙,恰到好处。他强调这实在是一个不幸的意外事件,究其原因是因为魏尔伦偶然多喝了点酒。可惜,儿子、母亲和辩护人这些言辞尽管动人,但是达福夫妇和当地证人的陈述给法庭的印象太糟了,魏尔伦最终被判处一个月的监禁和五百法郎的罚款。

---

① 所指不详,可能是15世纪的吉尔·莱斯,因虐杀数十名少男而被判处火刑。

尽管我们不能附和勒佩勒捷那样轻松的说法，说魏尔伦几乎获得无罪释放，但是我们也承认魏尔伦这次运气不错，因为像这种对自己的母亲行使暴力的行为，一般要判二至五年，在中心监狱由重警把守。勒佩勒捷正确地指出，当时的形势对魏尔伦极其不利，因为农民自然都有排外情绪，在他们眼里，这个外乡人到底是个什么样的人呢？难道这个巴黎人每次喝一点酒就一定要闹个鸡犬不宁不成？他和他的吕西安到底是什么样的关系？他的做派和言语为什么都那样奇怪呢？他到这个地方来干什么？他不是这里的人。一个城里人到这里来强取豪夺，买一座农庄，图的是什么？况且人们对他早有成见。勒佩勒捷说："不要忘了，除了库洛姆本地的风言风语，从巴黎和比利时也一定传过来不少对他很不利的消息。在他的档案中，魏尔伦自己家里人的一些证词很糟糕，尤其是他的妻子。因为当初审理二人分居的案子时，还有一条对魏尔伦和兰波的起诉。布拉班特重罪法庭当初对他判决之严厉，服刑期间没有任何减刑措施，再加上过去当过巴黎公社社员这一条还跟着他。基于所有这些情况，法庭判决时不可能对他从轻发落。小城市的法官当然要受当地舆论的影响。"[39]

　　4月12日，上诉期限一过，魏尔伦到监狱报了到。关于这一段，他的自传又是异常的超脱，让人以为他是到一家舒适的家庭旅馆小住了一段。写自传时，魏尔伦总是改不了写细枝末节的习性，写一大堆鸡毛蒜皮的小事而不谈主要问题，以便为自己开脱："武×的监狱很小，窗上的栏杆是木头的，漆成黑色。我们和看守玩赌色子。犯人在这里都待不长，好像是一个月加一天，再长就要转到别处去。我在那里的时候，有一只嗓子沙哑的乌鸦，经常和监狱里唱得难听的猫打闹。后来因为在洗衣服的木桶里捣乱，被'头儿'一枪打死，熬了一锅汤。"这是多么张狂。在《鳏夫回忆录》里，他变本加厉，更加细致地讲了乌鸦尼古拉的故事，说它因为一只翅膀被剪短而不能飞走。说这些到底有什么意义呢？当然任何意义没有，只能转移读者的注意力。魏尔伦的整部自传都充斥着这样的琐事，以掩盖难于启齿的内容。

　　又到拿出狱证书的日子了，这简直成了魏尔伦最有特色的公文："保罗·魏尔伦，原名保罗·玛丽，现年四十岁，家住库洛姆，籍贯梅斯（阿尔萨斯－洛林）。因为暴力和威胁杀人于1885年3月24日被武济耶法院判处一个月监禁，于1885年5月13日服刑期满出狱。"[40] 在这么舒适的监狱服完刑以后，他能干点什么呢？何去何从呢？这时的魏尔伦成了一个"无固定居所者"①。因为在打官司以前，他要小聪明，卖掉了糟谷的农庄，以便搞几个钱准备回巴黎用（出狱后再也不可能在库洛姆住下去了）。同时，他这样做也是为了对付达福夫妇，因为他以为这一家人取得了他母亲的同意，图谋低价收购他的房子，搞得他倾家荡产。永远是迫害狂的心理！3月8日，他在阿蒂尼的公证人夏蒂埃处签了文书，把农庄以2200法郎卖给了当地农民朱尔·黎果，净赔1300法郎。是赔是赚都无所谓，反正过几天他就要销声匿迹了。迈出监狱大门这一刻，他可能后悔这次做事过于草率。尤其是这一次非同寻常，他的母亲没有来接他。她还躲在他的死敌达福家里吗？那样他总不能满面春光地去找她吧！她是不是去了阿拉斯或巴黎，回了娘家或是哪个朋友家？可以肯定的是，这第二次农家生活的失败，让魏尔伦的母亲痛心疾首，不再想张开双臂迎接那永远坐不完牢的儿子。魏尔伦心想，既然如此，那就先喝一杯，反正这总坏不了什么事，只能使头脑清醒一些。说干就干。随便找谁喝一杯都可以。于是他就请了武济耶监狱的典狱长到看守们常去的好去处咖啡馆喝了满满一瓶白葡萄酒。一个月的时间，看守和犯人之间交情已经不浅了。他最后又刻薄了一句库洛姆的农民："他们把我拔得一毛不剩，可是把［鹅］毛［笔］留给了我"[41]，随后上路回了巴黎。

回到巴黎，他到罗盖特街库图瓦家住了几天，马上就想回阿登。可能这一次是因为经济原因：魏尔伦已经山穷水尽了。他付了五百法郎罚款，打官司的开销，往返的旅费，再加上没完没了地喝酒。现在他身无分文，心想为了摆脱窘境，去瑞尼维尔的公证人加莱特那里说不定可以要到几个法郎。1882年出售农庄的时候，有一部分款项（九百法郎）存在公证人那里，为期六年，年息4.5%。他想即使根据法律规定，他要不回本钱，但是在这个款项中预支出几百法郎应该不成问题。这笔款项成了他的精神依托，很长时间他都一直以为这笔钱还可以拿到手。1887年9月26日他和瓦尼耶谈到这九百法郎时，仍然信誓旦旦："我在瑞尼维尔的债权没有问题，我一定能拿到我的九百四十法郎。"[42]11月28日在给勒佩勒捷的信中还是一个腔调："我原来蛮有信心11月可以拿到那九百法郎，现在要等到明年4月了。［……］这笔款子现在在瑞尼维尔（阿登）的公证人加莱特那里。告诉你是怎么回事：我记得好像是我在1882年出售一处房

---

① 这是法国的委婉说法，指流浪汉。

产时的订金。期限是六年。我把时间记错了，把利息的期限和本金的期限搞混了。"[43]
永远是这种破落户的心理，总认为还应该剩下点什么，自己不会真的沦落到了山穷水
尽的地步。其实这次重返阿登还有另外一个意义，就像一个罪犯回到犯罪地点，或者
一个放荡鬼回到淫荡的地方。"说实话，这次故地重游是受一种陋习驱使。陋习啊，
这个词在很多情况下是用词不当。"[44]这句话说得确实有点含糊。他的所谓陋习，指的
只是酗酒吗？看他后面的叙述，似乎指的不过是酗酒。但他自己多少次对喝酒都直言
不讳，这次何以这样含糊其辞呢？其实魏尔伦是想念村子里那些汉子，忘不了过去的
冶游之乐，于是先去了库洛姆，大概想顺便把那里人欠他的大笔款项要回一部分。过
去酒醉的日子里他借出的钱不计其数。两天的狂饮和淫荡，他把身上的钱花得精光。
现在他身无分文，还坐了牢房，却没有人借给他一个子儿。这是人们对他过去挥霍的
惩罚。一对靠卖柳条筐为生的可怜夫妇留他在他们的大篷车里住了一夜，并借给他十
个法郎。第二天魏尔伦步行到五公里以外的阿蒂尼，去乘坐经勒泰勒开往距离瑞尼维
尔九公里的回旋河上的夏特莱的火车。他一定以为读者不会到地图上查看他的路线，
写道："他坐火车的那座小城正逢节日。"[45]总有这样的巧事。其实，因为库洛姆距离
瑞尼维尔不过十四公里，坐不坐火车都要走同样的距离。实际情况是，魏尔伦一听说
阿蒂尼在过节，立刻感到有机可乘（当然是性方面的）。他在各种回转马车和射击摊
前面转来转去，这边听听演奏巴伐利亚风琴，那边听听女歌手的演唱，不停出入各家
咖啡馆，走到哪里都要喝上几杯刺柏子酒。他那可疑的神态、几乎不加掩饰的试探，
立刻引起了小孩子们的注意。他们对他冷嘲热讽。《感伤集》中注明"阿蒂尼（阿登）
1885年5月31日—6月1日"那一首，生动描绘出他的失意：

    委实奇怪，撒旦一定笑出声来。

    这个夏日我醉醉歪歪，

    哪个女歌手说不清楚，

    唠唠叨叨她倾吐个痛快。

    钢琴周围烟雾弥漫，

    上面挂着煤油吊灯。

回想当时我热血沸腾，
透过话语我能听见，

想我官能定然倒转，
怒气飘忽起伏不定，
啊！咖啡乐厅里回旋的乐声
被涂脂抹粉的面具搅乱。

无论是酒馆还是小镇，
我随处游逛，吃一口冰砖。
三个顽童不停打量我的苦脸
眼睛像同性恋的女人。

车站不远我明显受到
这一群流氓的嘲笑。
我把他们骂得狗血淋头，
自己险些把雪茄咽掉。

回到家里，耳边还响着一个声音，
隐约的脚步，有人还是没人？
有人和我擦肩而过。奇怪的一夜！
啊！转眼已然怪梦初醒。

　　这些小流氓不买他的账，不仅如此，拿了他的钱以后，还把他好一顿奚落。也许他们认出来他就是那位"库洛姆的英国人"。魏尔伦总算保住了去瑞尼维尔的路费，勉强够买火车票。到了回旋河上的夏特莱，他还要徒步走完漫长的两古里①。"在这

---

① 1古里约合今天4公里。

条香槟地区的白色公路上，沿路清一色的生了病的桦树。"见到一家小酒馆，他急忙跑去花掉剩下的三个苏。"走到半路，他实在饥渴难当。穿过一个村子时，一个相识的流浪汉叫住了他，跟他说：'渴了吧，喝一杯吧。''可我身上三个子儿也没有。你知道，没钱……我正要去J地，跟人要欠我的款子。''要是这样，我来请你喝一杯。'[……]"[46] 在公证人那里他当然什么也没拿到。也正是6月1日这一天，巴黎正在举行维克多·雨果的葬礼。十二个年轻诗人组成的侍卫队围在停放在凯旋门下的棺椁四周，二百万法国人跟随着遗体从星型广场一直走到先贤祠。在雨果的葬礼登记簿上，玛蒂尔德最后一次用她已婚妇女的身份签上了玛蒂尔德·魏尔伦的名字。她站在国民议会高高的台阶上，看着一辆辆堆满鲜花的彩车中间缓缓前行的"黑色的、光秃秃的穷人的灵车，上面只有很小的两只白玫瑰花环"[47]。维克多·雨果进入先贤祠，保罗·魏尔伦走进一家酒馆。

第十七章

在圣弗朗索瓦院里

他从很久以前就开始日益窘迫了。我是说他生活在穷人中间，住着一套带家具的小房。虽然他的拮据由来已久，但这里对他还是过于杂乱了。

——魏尔伦《鳏夫回忆录》

1885年5月15日前后，魏尔伦回到巴黎。为了尽快安顿下来，他住进了第12区莫罗街5号圣弗朗索瓦院里一座寒酸的小旅馆——南方旅馆。从纯距离角度来讲，这里距离罗盖特街17号只有两三百米。圣弗朗索瓦小院坐落在夏朗栋街和多米尼尔大街之间，距离巴士底只有五分钟的路程，但从社会层次角度来讲，二者之间却要遥远得多。从那里到这里，社会地位可以说一落千丈。这个地段极其贫穷，旅馆的等级也是最低的。勒佩勒捷对这里的描写简直是左拉式的："这个院落正在通往万森讷的铁路下面，像一个乞丐窝，住的都是贫困的工人。魏尔伦住在一楼一个葡萄酒商家里。他必须穿过酒吧才能进到自己的房间。"[1]对于魏尔伦来说，每次回家都必须经过酒吧的确不是好事，但是公平地说，他也正是因为这个原因才选择了南方旅馆，因为他每次出出进进都不能不喝上一杯。"房间狭窄阴暗，和屋外坏人出没的地方一样阴森可怕。没有木质地板，连瓷砖也没有铺。脚直接踩在略有些泥泞的地面上。来来往往的人从外面带进来的潮气湿透了地面。给他送饭的是酒商的儿子，来这里看他的人也只有本区的几个朋友，到病人床边的柜台上喝酒。一只小柜橱被魏尔伦当作了书架，上面堆着历经浩劫剩下的几本书和各种手稿。一只狭窄的桌子，两把草垫椅子，这就是这间阴森小屋的全部家具。"[2]卫生状况和舒适程度差不说，这里还吵闹肮脏得要命。因为火车每次经过时，屋顶就会落下一阵阵烟灰煤灰，把砖墙污染得越来越黑。旅馆老板名叫奥古斯特·山吉，是个奥弗涅人，由妻子和五个精神的孩子做他的帮手。在这么一个死气沉沉的地方，亏了有这几个孩子增添一点生气。老大"叫老黑皮埃罗，脸长得有点凶"，在院子里是一霸，靠着自己的拳头把伙伴管得服服帖帖。他也帮助父亲干活，给客人送个烛台或者毛巾。他总有各种各样的坏招，例如往盐罐里吐唾沫、到水沟里去踩水、故意把鞋弄得都是泥，或者故意把厨子撞个跟斗，让面包、肉馅撒上一地。这常把魏尔伦逗得乐不可支。于是国庆节一到，魏尔伦就给孩子们买来爆竹、花炮、焰火、转轮花炮等等。孩子们兴高采烈，高叫着恩人的名字，一会儿喊"保罗先生万岁！"一会儿又喊"共和国万岁！"。只有这些贫民区的小加夫罗什，还能给老气横秋的魏尔伦的心中带来些许的欢乐和新意[3]。

的确，来光顾圣弗朗索瓦院和南方旅馆的一群人都不太体面，很难给人带来好心情。他们当中有圣安托尼区的工匠和学徒、捡破烂的、要饭的、几个妓女，因为旅馆也做他们的生意。也有几个破落户和社会渣滓。一个叫胡尔莫的神父，因为奸情而被停了职；一个叫戈多的，曾经当过公证人，后来变成代理人，专管不清不白的事儿；还有夏尔洛，原来在莫伯广场当权杆①，最近刚从马扎斯监狱出来。可是我们不应该像几乎所有为魏尔伦作传的作者那样，过分强调这里的奇特色彩，所谓劳苦人民之间有多么友爱，多么喜爱嬉笑打闹，也就是弗朗西斯·卡尔科②喜欢描绘的那种苦难的诗歌和流浪者生活。要知道，一个女子和情人吵闹的时候，那场面绝无诗意可言。一个家庭没钱糊口的时候，那种苦难是很可怕的。现在魏尔伦在这样的环境中已经习惯了。洛朗·塔亚德叙述道："那是一个'穷人'，已经年过四十，像一个奇怪的苦行僧，小酒馆里的行脚僧人，满嘴粗话，不住的喝酒，嘴角流涎，步履蹒跚，每一句话里一定带出一个他娘的。他头上戴着一顶软帽，脖子上永远围着一条灰色毛围脖，围脖的两头耷拉在肩头上，像一条松松垮垮的领带。他走路时拖着两条腿，永远醉醺醺的。他出了一家咖啡馆，又走进另一家，走出'普罗科普'，又去了'金太阳'，后面跟着一大群跟班，有头发晾在外面的娼妓，指甲漆黑的美少年，喝了点酒，跟这样

---

① 权杆指跟妓女姘居并靠妓女生活的男人。

② 弗朗西斯·卡尔科（Francis Carco，1886—1958），法国小说家和诗人，以描写20世纪初巴黎底层社会生活而著称。

一帮人在一起，很有点飘飘然。"[4]1885年，魏尔伦虽然年仅四十一岁，但是看上去却俨然一个花甲老人。他的身体已经糟透了：（很可能是淋病引起的）膝关节积水、（梅毒引起的）腿部溃疡、心脏肥大、糖尿病、肝病（不用说是肝硬化）。也难怪人人都给他加上几岁。他在不久后写的《历史一点吟》中对此表示了不满：

> 真够了，我已忍无可忍，
> 他们的怜悯中带着挑衅。
> 一个叹息我曾生活坎坷，
> 一个怕我"将来"婚姻不幸。
> 但无论哪种闲言碎语，
> 都加上这条让我心痛。
> 在他们眼里我已成老朽，
> 实在我不过四十三岁。

魏尔伦尽管面相苍老，疾病缠身，但是看上去仍然有些气度不凡。勒内·吉尔后来讲到他异样的相貌时说："眼眶上面的眉毛沉重粗野，颧骨略微突出，鼻下的髭须湿、厚且长，一直延伸到芜杂的胡须里。他讲话时不住地走来走去，穿着讲究，永远围着一个围脖。有时他会突然停下来，挺胸抬头，像搏斗时的姿势。他光秃发亮的头，尤其吸引我的注意力，令我惊奇……魏尔伦头颅的奇特感人之处在于：相对不太高的前额部分，像椭圆形的凸起被夹在很突出的眉骨之间，向下平下去。这个奇特的、明显不对称的面容的最令人不安之处也恰在这里。而在看上去很紧凑的头骨上，肌肉像是在用力地拉着光秃的头顶。于是，在这团肌肉和肉感、像动物一样的不长的塌鼻子之间，似乎永远在酝酿着一股激情的风暴。"[5]

首都的人们渐渐听说魏尔伦回来了，有的人听说他还活着甚至感到奇怪。对于年轻的一代来说，他就像一个地道的起死回生的人，像一个幽灵。他的老朋友如埃德蒙·勒佩勒捷、欧内斯特·德拉艾、热尔曼·努沃、维利耶·德·利尔-亚当、路易·福兰等等；还有这几年新结识的，如夏尔·莫里斯、让·莫雷亚斯、雷欧·特莱兹尼克，都来圣弗朗索瓦院里看望他。这时期他还认识了一些新关系，其中有一个十九岁的诗人鲁道夫·达尔藏，是个兰波的崇拜者，还在学校里学修辞课时就办了一个杂志，取名《疯子》。另一名年轻诗人朱尔·泰利耶，来自谢尔堡，神情野蛮，眼中像喷出火来。后来魏尔伦在其《题字集》这样写他：

> 你像一条狼信奉基督
>
> 对不起更正：无所信服。
>
> 总之此狼不凶，领会生活妙处。

　　勒内·吉尔1885年刚刚出版了他的第一部诗集《灵魂和热血的神话》，此时正在准备1886年在吉洛那里出版的著名的《词论》的第一版。此外还有雕刻家费尔南·朗格鲁瓦，其独特的相貌深深地打动了魏尔伦。他骨瘦如柴，脸色苍白得像浪漫派作品中的鬼魂。魏尔伦对古斯塔夫·勒卢日说："你知道中国人怎么制造畸形人吗？他们把小孩放进一定形状的瓷瓶里，等到长成以后，用榔头把瓷瓶砸碎，才把他们放出来。这样得到的真是地道的怪物，只有噩梦中才能见到。有的小矮人长着巨大的头颅；有的巨人长着短胳臂和小手；有的像大肚子菩萨但没有脑壳，却长着长胳臂长腿，像蜘蛛一样……咱们这位朋友好像是在黑管套做的摇篮里长大的，又好像是炸鳗鱼和钓鱼竿乱伦交配的产物。"[6]魏尔伦又一次对人的外表表示了极度的关注。

　　所有到圣弗朗索瓦院里来看他的人都为他生活环境之糟糕而惊诧不已。弗朗西斯·维埃雷-格里凡的记述里就表达了这种感情，而其他辗转曲折找到诗人的窝的人也一定深有同感："没有地铁的时候，巴士底还是很偏僻的地方。过了巴士底，我们沿着万森讷铁路桥往前走。桥拱里那时还有很多店铺和住家。突然间只见一个拱门洞开，后面出现一条街道。这说明我们找对地方了。我们壮起胆子从这寒酸的凯旋门下穿过，感到一种新奇，但是不免心里惴惴。接着毫不犹豫地向左一拐，眼前陡然出现一个大院落，漫地的砖石上满是滑腻的洗衣水和残羹剩饭……蒸汽从一个洗衣房的烘干机中冒出。一帮强壮的妇女正把大盆的蓝色的脏水往沟里倒……我们很快见到了诗人。是在一楼的一个小房间，家徒四壁，一派索然，只有两张椅子，靠着没挂窗帘的窗前有一张桌子，上面摆着一些书。我们发现其中有我们刚出版的小册子，不禁诚惶诚恐。对着窗户是一张床，用一块绿油布做了帘。壁炉上方没有镜子，零乱堆着些书报杂志，一幅魏尔伦的画像，没有镶框，孤零零吊在一个钉子上。整个屋子阴森可怕。"[7]地方虽然不济，可是朋友们仍然可以讨论得热火朝天，一直到很晚。有时魏尔伦就把朋友带到山吉老爹的店里，站在柜台前喝上一圈。

最让人惊异的是，就是在这样差的生活条件下，魏尔伦竟然还可以致力于文学。甚至还有人向他约稿。例如瓦尼耶希望把原来由费利西安·尚索尔和安德烈·吉尔开创的、由辛卡尔布勒出版的《当今名人》系列继续办下去。于是他向魏尔伦约了一系列人物描写。魏尔伦第一个写的是他极讨厌的勒孔特·德·李勒。帝国垮台的时候，共和党人发现了一批官方档案，并揭发出，原来不断宣称自己的独立如何坚定的勒孔特·德·李勒，竟然每月从政府手中领取一小笔资助。魏尔伦在他的介绍中却很温和，他知道自己眼下立足未稳，承担不起过于激烈的论战。如果说他对勒孔特·德·李勒有什么伤害，那倒是因为过多的阿谀之辞："勒孔特·德·李勒的艺术到今天已经圆满了。他受到一群忠诚的青年所钦佩和敬仰，受到高水平的读者的欢迎，被公认为我们这个时代诗人中的佼佼者。最高的荣誉以一种未曾想到的形式落到了他身上。"[8]这样说是因为勒孔特·德·李勒刚刚当选了法兰西学士院院士，接替了雨果的位置。"只有勒孔特·德·李勒配得上这个位置。其作品之庄严，文学观点之伟大，生活之检点，作风之正派，确可为人师表，有儒雅长者风范。故此殊荣非他莫属。"[9]听话听声，了解魏尔伦此时的生活的人，看到他这样着力地夸赞各种形式的检点和节制，不免觉得好笑。他的第二个人物是弗朗索瓦·科佩。他是魏尔伦挥之不去的阴影。因为他和魏尔伦宛若一人，但是他功成名就。下一篇他给了他自己。封面用的是埃米尔·科为他画的一幅奇怪的漫画，上面"魏尔伦长着绿色的脚，一只爬虫尾巴，穿着一件红色宽袖外套，宽阔无比的前额上写着阿南刻①，手里举着一条竖琴，立柱是大石块砌成的，一定是影射蒙斯监狱"[10]。魏尔伦一共发表了二十七篇人物速写。虽然他做这个工作收入甚丰，但是这也绝不是他唯一的动机。他的确很喜欢这种体裁，他喜欢用几页纸或几行诗给一个人勾勒出一个轮廓。1889年10月，他把一份稿件交给了《写作》的主编，他的朋友莱昂·德尚，稿子的名称是《题字集》，原本是要给瓦尼耶出版的。很明显，这个可怜的小集子里面，除了有一些诗真心歌颂一些伟

---

① 希腊神话中的命运之神。

大的诗人以外，还有不少是应景之作，许多是为了向杂志主笔或记者献媚，向情妇、医生和一些不亲不近的人表示友好（其中包括墨城中学的英语老师、魏尔伦的绝对崇拜者马可斯·罗萨，以及圣米歇尔大街上的密勒咖啡馆的经理）。对他自己，魏尔伦也不抱什么幻想："这些诗的作者像暴风雨的碎片、遗迹、残骸，目的模糊而缓慢。"他的这本书就像是有韵的名片，费尽心思，极尽阿谀恭维之能事，而没有多少真正的灵感，但是也不能因此说魏尔伦只是为了糊口才作。他很清楚他以后的诗歌生涯与他的形象将紧密地联系在一起，因此也不可能对别人怎么表现他们自己无动于衷。他不止一次把自己放进这画廊当中：

> 给你灰白头发灰白胡须，
> 一个高兴日子向我讨要，
> 说是，要把它们摆到
> 我的"魅力"垂死其中的肖像周围。
>
> 多可怜的照片！我突然想，
> 等我双眼永远闭上的时候，应当［……］
>
> 小心，这些染了色的头发，
> 这些染成金黄橙黄
> 或其他某种合适颜色的卷须，
>
> 当叫一个好发师，在画彩的背景上，
> 尽情哭泣之时，先造一个陵墓，
> 为我应该做的那个年轻人。

真是一首怪诗，魏尔伦竟然梦想死后如何整容。

1885年10月，魏尔伦希望为马拉美出一集介绍，于是让莫里斯给马拉美寄去一系列的问题。11月10日魏尔伦还亲自写了信。几天以后，马拉美回了一封极有名的用铅笔写的信，题为《自传》。魏尔伦把它忠实地当作了自己文章的注解。从这里面也可以看出两人之间友情之真挚。寄给魏尔伦的信中有一个信封上是一首四行"应时诗"：

> 裹着你暖和的麦克法兰，
>
> 收到后请大声读这个信札，
>
> 地址是圣弗朗索瓦院六号
>
> 可是莫罗街？亲爱的魏尔伦［兰］？[11]

这样的信竟然寄到了。在给马拉美的回信中，魏尔伦说："可见富韵真是无所不能。法兰（Farlane），魏尔伦（Verlaine），真是好韵！"[12]更让人难以想象的是马拉美竟然亲自来圣弗朗索瓦看望他。之前魏尔伦给他写信详细讲解自己的住处："我家房东是个酒商。他在一个灯笼上写着：旅店。从铺子进来。人们会把你带到我一楼的'单间'。莫罗街通夏朗栋街，离十五－二十很近。'院子'是指莫罗街右边的一个死胡同，就在万森讷铁路一个拱洞旁边。这里10点关门，但是如果你晚上来，只要叫'请开门！'就会给你开。"[13]虽然好像魏尔伦专门收拾了房间，精心进行了打扮，但是人们仍然难以想象，这两个性格迥异的人，不论他们的友谊多么长久，在这样一个场合相聚会是怎样的情形。

1885年这一年，诞生了一个新的文学运动，主要特点是神秘化和模仿。这个运动加速了事物进程，对迄今为止各种零乱、分散的尝试进行了分化组合。因为从1887年以来，各种诗歌流派出现不断，名字一个比一个花哨、一个比一个挑衅，有什么"水病派""披头散发派""诅咒派""我行我素派"，以及鲁道夫·萨利斯创办的黑猫酒吧的常客。这些青年们发起的文学派别都不愿继续忍受帕尔纳斯派美学观僵化的形式主义，各自向法兰西学士院和法兰西研究院的老家伙们叫起了阵。他们虽然各自为营，但是都具有同样的反布尔乔亚、反传统的愿望，都具有反社会倾向，都为文明的枯竭而欢欣鼓舞，并把它作为他们现代性的基础。福楼拜说："我们正在眼看着拉丁世界的终结。"面对文明的沉沦，年轻的颓废派们有意培养自己的厌倦情绪，追求最稀奇、最强烈的感受，追求最烦琐的美学理想。1885年6月20日两名年轻诗人，《布雷斯珐琅》的作者加布里埃尔·维凯尔和《永恒之歌》的作者亨利·博克莱尔在瓦尼耶那里出版了一个模仿作品集，题为《没落集：颓废诗，作者阿多雷·弗鲁派特，附其生平，作者马里尤斯·塔博拉》（这个集子的第一版已经于5月2日在《吕代斯》上出版过，当时的规模要小得多，只包括两页的散文体《灯光》和十七首诗）。在其长长的传记性质的前言中，马里尤斯·塔博拉讲述了阿多雷·弗鲁派特生平，叙述了这个持神秘论的诗人对颓废文学的诗歌启蒙。一天晚上，弗鲁派特带着塔博拉去诗人们经常聚会的花篮咖啡馆听诗。塔博拉受宠若惊。他在那里见到了蓝棉（魏尔伦）、艾蒂安·阿尔斯纳（马拉美）、艾斯托克（洛朗·塔亚德）和卡拉巴提代斯（莫雷亚斯）。他在那里听到了对拉丁颓废的歌颂，因为这里要还它一个公正："这种颓废确实理解了爱情。由于不断发明官觉的倒错和魔鬼的想象，颓废使爱情变得极具刺激性。啊！颓废啊颓废，颓废万岁！爱情是在坟墓上生长的妖魔的花朵，沉重的花朵，散发令人迷惑的芳香……年轻的弗兰贝尔热插话说：'带着发绿的条纹。''带着各种明纹暗纹，在上面整个有机体的腐烂过程全面摊开，花萼里充满了毒汁，它之所以这样可爱而精美，正是因为人们嗅了它以后就会死去。要产生这样一朵花，的确要一个完全被腐蚀的文明的全部手段。自然的植物又傻又笨，它们倒是健康。真是健康！'"[14]很明显，博克莱尔和维凯尔的颓废派是仔细阅读了前一年出版的《逆流》，并完全记住了德·艾森特的趣味。他"首先放弃了真花儿而去追求用橡胶和铁丝，贝克林纱和塔夫绸，篮子和丝绒创造出的花的忠实的造像"，现在则进而想要让"真花去模仿假花"[15]，因为这比让假花模仿真花还要讲究"。能够跻身于花篮诗人当中，与马拉美并称为"未来诗歌两大鼻祖"之一，魏尔伦怎能不心花怒放呢？他能够出现在这样即使是讽刺性的集子中，也说明年轻的一代人并没有把他完全忘记。当他读到首先于1885年5月3日在《吕代斯》上发表的《瘸腿节律》时，他欣喜地认出它所指的是他1873年给勒佩勒捷一封信中写的《冬天》，并在1884年的《昔日与昨天》中题为《瘸腿诗》，因为这是魏尔伦写的第一首由十三音节句子组成的诗，而且三行诗节包含四行空白：

> 令我陶醉之当归，
>
> 甜美珍贵，
>
> 查尔特勒祝福的圣水，

使我无限欢愉。

所有妇女皆圣贤！
啊！让她们个个怀孕！

稠腻的本笃会酒精，
今天一早
我心里唱起晨经，
我将入本笃会中。

所有妇女皆圣贤！
啊！让她们个个怀孕！[16]

经过足足十余年的冷落之后，魏尔伦终于重新振作而崛起了。

转眼冬天到了。尽管在南方旅馆的条件极其艰苦，尽管由于寒冷和潮湿，他的关节积水日益严重，到了12月中，魏尔伦因为痊愈心切，以为腿的状况在好转，不久即可以拿掉固定托，甚至怀疑是否有必要接着裹膝盖。他给他的医生朱利安写信让他放心："我的腿好多了。肿消了不少。脚也可以动一点了。腿大约可以弯一厘米而不太疼了，不需费太大的力气就可以抬起来，向各面动一动。"[17]可是一个月以后，也就是1月14日，他仍下不了床："医学院要等到星期六才准备让我这具尸体站起来。"[18]实际上到了1月20日，他的腿还打着石膏，离真正能走路还差得远。魏尔伦没有料到的是，长时期对他的照顾使他的母亲也不行了。由于长期守在儿子床前，母亲染上了重感冒，并急剧恶化，支气管炎转成了肺炎。这一下魏尔伦一家两口都卧了床，儿子在一楼，母亲在二楼。房东山吉夫妇给他们当了护理，替他们母子传话。1月20日早晨，魏尔伦已经不抱什么幻想了："母亲情况日渐恶化，我很害怕。她十分虚弱…… 而且不想治病。"[19]斯泰法妮果然已经心灰意冷，不想再活下去。她不再吃药，也不再进食，并且一句话不说，终日脸对着墙躺着。她也许到最后还在关心着儿子，不想让他着急，不想让他起床。到了晚上，魏尔伦通知瓦尼耶母亲已经没救了："母亲大约明晨就会过世。书稿已写好。无论如何,仍要鼓起勇气。"[20]保罗真希望最后能亲一下母亲,但是固定托让他动弹不得。他央求人把他抬到楼上见一见奄奄一息的母亲,但是楼梯太窄,容不下担架。他只好作罢。第二天早晨,也就是1886年1月21日,魏尔伦母亲去世了,临死也没能让儿子看上一眼。魏尔伦因为卧床连葬礼都没有能够参加,他只听见殡仪馆的人员把棺木从窗口运出去,就一切都完了。他只剩下一张大卫·埃斯托贝画的他母亲在病床上的铅笔画,看上去很是怕人。真是命运的讽刺,是去年已经正式和他离了婚的玛蒂尔德代替他,或者说是代替他在蓬斯中学寄宿的十四岁的儿子乔治,参加了斯泰法妮的葬礼。在十五-二十教堂做完葬礼弥撒以后,玛蒂尔德上了一辆马车,跟着灵柩驶向魏尔伦家家所在的巴蒂尼奥尔公墓。两个女工模样的人也随着她一起上了车,于是一左一右,两人开始给她吹风。这个说魏尔伦母亲的死是保罗的错,是他让母亲冒着大雪到巴士底广场去买一种特殊的烟草。另一个则说他把阿登那里的地产卖了一万四千法郎,他把钱都带在身上出去,等到三天以后回到家里时,他喝得醉醺醺的,浑身上下破破烂烂,钱已经完全没了踪影(不知道是丢了,送人了,还是被人抢了)。说话人学着魏尔伦的语气和手势,满嘴粗话脏话。玛蒂尔德于是心想,这么说他有钱。可他却一直拒绝付给他们每年一千二百法郎的生活费。她把所有这一切告诉了父亲,父亲又马上通知公证人居约-西奥奈斯特。应他的要求,第12区的治安法官把死者的房间上了封条。在这件事上,玛蒂尔德扮演的角色很不光彩,也难怪她在自己的《回忆录》中对此事只字不提。

虽然在此以后魏尔伦又活了十几年,但从几种意义上说,在他母亲去世那天,他也已经死了,因为只有他的母亲才能支撑着他。"最后她已经斗不过我动荡的少年,而我成熟以后就更难。我们吵嘴的时候,她经常威胁我,可又明明知道我不相信。她说:'你等着瞧吧,你这样折腾,总有一天我会走,让你再也见不到我。'[……]果然!我经常,几乎每时每刻梦见她,梦见我们在吵架,我感觉我错了,跟她承认错误,求她安定下来。我梦见我跪倒在地,因为让她难过而伤心,我现在心里只有她。[……]她走了!我残留的梦迷失在不断增长的恐惧中,唯恐我做的无穷的探索徒劳无益。醒来的时候,多么高兴啊!母亲没有离开我,这一切都不是真的。可是,我的记忆回来了,多么沉重的打击:母亲死了,这是真的。"从此以后,什么也帮不了他,什么也不能挽救他,他彻底丧失了生活的目的,彻底丧失了责任感和义务感。经济上的破产又给他感情的破产雪上加霜。他母亲去世时，只剩下七千法郎的现金和一打价值为两万法郎的债券。过去他父亲的四十万法郎如今只剩下这些，而父亲当初已经因为投资屡屡倒运，把自己的财产损失了不少。后来魏尔伦继承了朱莉·格朗让姨妈的部分财产。1886年2月魏尔伦又继承了姨妈罗丝·德埃的两千四百法郎，但是立刻就当着公证人的面交出九百法郎给了债权人的代表、欧里亚克的公证人卡邦和阿拉斯的诉讼代理人小亨利，以免财产再被扣押。这么大一笔款子，现在几乎分文不剩，都被他吃喝浪荡，胡花乱买而挥霍殆尽。那时候，两万七千法郎是一笔不小的数额，魏尔伦完全可以把债券藏起来，因为只有房东知道这件事，是他把那一叠东西交给魏尔伦的。当法官来启封条时，只见诗人寒酸的家里没有一件值钱的东西，而他却一时冲动并良心发现，把那些债券拱手交给了法官。据说当时法官对他说："先生，您真是一位君子。"后来魏尔伦充分表现了他的自恋情绪，就这个题材大加发挥："我真希望大家都知道我不是喝苦艾酒的，也不是一个悲观主义者，也从未有过'神秘论'倾向。实际上，我是一个很有尊严的人，因为夹着尾巴做人，而落到如此贫寒的地步。我固然有缺点，也过于天真，但是我是个完全的君子和贵族。"[21] 1月26日，也就是他慷慨冲动之后的第二天，他详细地列清了他的资产负债表，其仔细程度在他身上实属少有，这说明他开始怀疑24小时以前自己的举动是否明智：

资　产

继承母亲的财产，扣除1886年1月25日我妻子的行为	3500［法郎］
继承姨母［……］	
不动产	1500［法郎］
东方公司（好像）的股票或债券	700［法郎］或者800［法郎］
	———
	5700［法郎］

负　债

大概去除母亲入殓下葬，或是和其他杂项费用	1580［法郎］
巴黎克里希公墓陵墓	800［法郎］

继承姨母登记费约	140〔法郎〕
（40〔法郎〕，委托登记费）	
去阿拉斯，诉讼费用（杂项）	250〔法郎〕
母亲债务，从11月初或10月底，医生，入殓布料，等等，约	300〔法郎〕
我的饮食和住房，每天约5法郎，共计一年	1825〔法郎〕
	4895〔法郎〕
资产（仍为约数）	5700〔法郎〕
负债（仍为约数）	4895〔法郎〕
剩余	805〔法郎〕

805法郎，即使是在当时，也不算什么大笔家当。向玛蒂尔德所做的姿态固然漂亮，但结果是灾难性的。不久以后，他就认为由第12区治安法官所代表的社会对他进行了掠夺。一年又三个月以后，1887年5月10日，同样是在写给瓦尼耶的一封信中，他甚至认为他的前妻应该返还他一部分钱，因为他这笔钱是给他"尚未再婚的妻子和孩子"[22]的。既然他对孩子已经没有任何权利，不能见面，不管教育，没有消息，而且他已经山穷水尽，那么还给他几个钱也是正当的。魏尔伦对这次剥夺一直耿耿于怀，却忘了这完全是他一手造成的。一天晚上他喝多了，连行步都困难，他突然大喊一声："我要去杀了我老婆！"[23]说着提起手枪，跟跟跄跄就走。咖啡馆里一个名叫奥古斯特的服务员跟他厮打了好一会儿，才把他送回家里，按倒在床上。

从此以后，魏尔伦就一直不断地到处哭穷，变换着各种腔调，有时恼怒，有时乞怜，东借一点，西借一点，名为救急，实际却从来不还。他对瓦尼耶说："送一张贴邮票的白纸来，如果可能，再来一百法郎。"[24]对勒佩勒捷说："〔……〕这是我的预算：一个子儿没有！情况很清楚。或者饿死，或者找点什么，越早越好，先胡乱找点什么，然后再说。"[25]甚至说："这些日子可不可以给我找个地方住，弄点面包吃？我会进一些钱。你，或者你认识的哪一个人，能不能先借给我百十法郎。11月16日返还，说话算话。"[26]

正是1886年，魏尔伦母亲去世这一年的10月30日，玛蒂尔德再婚了。地点是第18

区市政府，新郎是一位比利时籍企业家比安韦努－奥古斯特·德尔鲍特，是个财产颇丰的人，在阿尔及利亚有个农庄。实际上，1886年4月18日离婚法刚刚公布时，他们已经正式订婚了。虽然丈夫家住布鲁塞尔这个令玛蒂尔德心痛的城市，但是和他起码过的是实实在在的生活，她和诗人过够了。魏尔伦竟然好意思向马拉美诉苦："听说我老婆和别人又结婚了。我无所谓，只是可怜这个被逐出教会的女人。但是除非我完全搞错了，现在该是行动的时候了。我要照顾我的儿子。自从1879年，我就再没和他说话，没有过任何联系。［……］你看到了，我日子过得完全不是越来越好。面对这么多的不仁不义，有时我不由得怒火中烧。"[27] 他另外还写了一首诗《我对生活充满仇恨》，结尾的诗节充满了复仇情绪：

> 王子和公主们，你们这些宠儿
> 你们一路得胜，而我
> 深浅高低磕磕碰碰。
> 我对生活充满仇恨。

他还作了一首《永别》，措辞显得很崇高：

> 可惜，我天生不会如此仇恨，
> 忍不住的轻蔑也并非天生，
> 但为何让我做无毛的小羊，
> 为何让我的心如此愤愤？

他在这首诗中承认自己有错，并向玛蒂尔德的母亲致敬。可是至少草稿中的一个附注说明了这首道貌岸然的诗言不由衷："这首诗算是对德尔鲍特'夫人'的永别了。这个婊子，这种烂事，就算彻底过去了。"两年以后，他仍然念念不忘，还在伺机报复。一次住院的机会，他写了一首《吉他》，叙述他的夫妻生活：

> 大家多说我长得丑，

偶见一位小姐无比俊秀。

（我看她俊秀，因她的确俊秀）

老神父把我们结为亲人，

所有梦想逐个成真。

也有了孩子，据说还活着，

但她却变成恶魔毒蛇，

甚至不配这一首诗歌。

一个夜晚她终于离家而走。

为了解恨，他甚至为玛蒂尔德写了一篇十字形的墓志铭，趣味实在不高：

此处安葬

一个普通姑娘

不起眼的妻子

不称职的母亲

活着时人称她

赛塔麦娜①公主

她险些让两个男人打得不可开交

为甚？为谁？

她迫害诗人

把余生用来和

堕落的有钱人

度晚宴舞会

赏花灯迷影

再没有信仰

忘却了希望

---

① 魏尔伦自造的词，疑是"Sers ta méné"（服侍你老婆）的谐音。

慈善只在嘴上

并且偷窃成瘾

终于荒唐死去

没十字架在身

可影子已在

因上帝仁慈

无穷无尽[28]

　　过去终于永远成为过去。死去了母亲，失去了妻子（虽然过去已经有名无实），没有了钱，魏尔伦无依无靠，形单影孤。从此以后，他已没有真正的生活，而是一天天混日子，我是说他已经不再向前发展了，只是江河日下，不断堕落下去。按着时间顺序讲述他最后的时光已经没有什么意义，只能是一大堆杂乱无章的小事，没有什么因果联系，而且通常可悲可鄙。就像人们介绍一个明知没有希望治愈的病人病情时说的，情况稳定。

魏尔伦笔下的斯蒂尼克乡村

（雅克·杜塞文学图书馆馆藏）

魏尔伦在阿拉斯度假（德拉艾绘）

（雅克·杜塞文学图书馆馆藏）

魏尔伦和多尼神父握手（德拉艾绘）

（雅克·杜塞文学图书馆馆藏）

魏尔伦和儿子玩耍（德拉艾绘）

（雅克·杜塞文学图书馆馆藏）

魏尔伦做农活自画像

（皮埃尔·珀蒂菲斯收藏）

《兰波和魏尔伦神遇像》（德拉艾绘）

（雅克·杜塞文学图书馆馆藏）

1882年的魏尔伦

（雅克·杜塞文学图书馆馆藏）

《当今名人》中的魏尔伦（埃米尔·科尔绘）

（雅克·杜塞文学图书馆馆藏）

第五部

一落千丈

（1886年2月—1896年1月10日）

第十八章

辗转医院

那时我在医院，哪家？我真不知，

我已经那样熟识其地其事。

我在医院。问是哪家？我怎能知？

——保罗·魏尔伦《谩骂集》

保罗·魏尔伦在人世还有十年的时间，这是不断堕落、不断失败的十年，其程度令人难以想象，其速度骇人听闻，不可思议，越来越快，不可逆转。魏尔伦一直有一种堕落的欲望。在他"尚未接受基督教思维之前，他已经把人生看作一种堕落，这种堕落有时会因为欲望而加快：喝酒为了醉，摔倒为了昏厥。这种堕落是没有意义的、任性的，它即使不比稳定更好，至少更讨人们喜欢。魏尔伦已经被卷入，并把自己交给了命运，命运不断地把他拖到更深的深渊。一个人去挑战价值观的时候，总是要冒一些危险的。只要这个动作稍有停顿，只要稍有衰落的倾向，这个运动就会显露出其本来面目，在这一个普通的世界中无声无息地堕落下去。想用堕落时的眩晕来抗衡对重力的了解完全是徒劳的。魏尔伦却亲身去试过，同时他承认这条规律，并对这种眩晕进行指责"[1]。魏尔伦的矛盾之处就在这里。他所做的一切都使他全面地沉沦，同时他也很清楚，如此全面的崩溃是最可悲、最该受谴责的事。

我们这一位作家－流浪汉，看上去就像一个卖唱艺人，头上戴一顶软帽，身穿一件灰色发绿的大衣，领子歪歪拧拧，脖子上永远带着那一条本是白色而如今已经变成黑色的围脖[2]。如今他成了巴黎流浪汉中最奇特的人物，受诅咒的诗人的出色代表。

他用拐杖敲打着路面，一瘸一拐地从一个咖啡馆走到另一个咖啡馆，从弗朗索瓦一世到克吕尼，从克吕尼到金太阳，到处显示他的凄惨境况。到了晚上，他又回到寒酸的小旅馆或凄凉的带家具的公寓住宅。就是这个时期，也就是1886年，费利克斯·费内翁对诗人进行令人难忘的描述，着重强调他的暧昧和矛盾之处："开始的时候，他的名字注定把他拉向兰波一家，由此产生了婚姻的不幸和司法的纠缠。这些我们从他的诗歌和散文中得以了解。命运把狡猾、异想天开和天真，用复杂的配方混合在一起。在这个混合物上，飘忽着温和、怀旧的不确定的香气，有时飘着阵阵刺鼻的血腥气。[……]魏尔伦曾是马拉派、无神论者、巴黎公社社员，沉思的生活改变了他，他把圣人和王宫的最后一点好处，腌制到了教皇主义里。有时他会对政治产生一些主张，比如宣扬拿破仑一世值得崇敬的东西是他是鳏夫。他那卓妙的通古斯①人一样的醉酒而挖苦的头脸吸入了众多祖国、监狱、教堂、洞穴和邮轮的空气。不久前，他还像罗莎林德②一样住在阿登的树林中，现在他住在罗盖特广场附近，将来也很可能就死在那里。这样他将彻底击败弗朗索瓦·维庸。"[3]不错，费内翁真正理解了，现在的魏尔伦只不过是他动荡的一生中采取的所有的姿势和姿态的残余部分（而不是总和）。由于不断地违背教义、失信、食言，不断通过自己的矛盾而取消自己的承诺，他已经丧失了任何价值。他使自己成了过去所有一切的垃圾，终于变得卑贱无比。

在拉丁区，魏尔伦从一个酒馆到另一个酒馆，像蜗牛拉着自己的壳一样拖着自己的衰落。他向世人展示他的贫贱，并把它当成自己的形象代表。他要让大家看，当一个诗人是多么悲惨。他一面抱怨命运强加给他的苦难，同时又让人感觉这是自由选择自由承当。实际上，他与世无争的外表是一种姿态，他摆的姿态也是处心积虑的结果。他知道他这样做是在建构自己的神话，在把自己的身体变成诗。尤其是这种沉沦可以成为挑衅和控诉的工具。他之所以拼命地向身心健康的诗人展示自己沉沦的身体，实际上是在向他们表示，他们并没有真正介入并投入到他们的诗歌中。简单地说，他让当代文学悔恨交加，让成功的诗人内疚不已。也就是这个时期，魏尔伦给勒孔特·德·李勒狠狠地来了一手。他实在容不得德·李勒不可撼动、高高在上的社

---

① 过去西方人对西伯利亚和中国东北地区一些民族的通称，包括满族和鄂伦春族等。
② 莎士比亚剧作中的人物。

会地位，容不得他热心追求资产阶级对自己的尊崇，容不得他对名利的追求："大师身上挂的勋章多得像舍利盒，对巴黎公社仍怀恨在心。"而德·李勒据说对魏尔伦措辞也很尖刻，认为他过分游离于社会之外，也过于无政府主义了："那一位还活着吗？他难道总也不死吗？不要等着上断头台啊！"这样两个人的见面当然不会心平气和。"一次魏尔伦在美第奇街和死对头勒孔特·德·李勒不期而遇，他抬起头，目光紧紧盯住对方的眼睛。对方把自己的眼光移开，露出鄙夷不屑的神情，继续走自己的路。于是魏尔伦坚决地大步跟了上去，跟着他穿过圣米歇尔大街，走进（当初庄严之神想逃过群兽的）那家咖啡馆。德·李勒叫人把五个苏一支的雪茄拿给他，魏尔伦站在他身边，高叫道：'给我一支八个苏的。'把烟点着以后，他又急忙尾随对手而去，一边把粗大手杖的铁头在地上戳得山响，以便让大家都注意到他在尾随德·李勒。走到矿业学校旁边的一个房门前，德·李勒走了进去。这是他作为参议院图书馆副馆长的住房。魏尔伦这才停了下来，一副乐不可支的样子。"[4]这样的故事确实可笑，但同时也真可悲。魏尔伦一定要把自己的肮脏、龌龊的病体和流浪汉一样的打扮，强加给一个健康、体面，受人尊敬的人。他只是要给大家看看，他是勒孔特·德·李勒的相识，同时也就让他折了面子。到了买雪茄的时候，他这个穷困潦倒的人，又一下子精神起来，想打肿脸充胖子：他要买有钱人才吸得起的烟。

看到这里，人们也就难怪魏尔伦在其生命的最后十年中，把医院当作了他诗歌创作的首选场所。他把自己和那些生病、受伤、受苦的身体放在一起，与社会和生活中的失败者做伴。因为他是诗人，所以他就要和社会机体的渣滓为伍。"碘仿和酚的平淡气味，和精神世界截然不同的人摩肩接踵，病人的呻吟和垂死的人的苟延残喘，不但丝毫不影响他，反而为他的诗歌提供了灵感，专门对社会进行诅咒。"他说他"极其讨厌文学咖啡馆，而在生病的时候对住院则心甘情愿，这种情况出现了不知多少次"，这是可信的。有一天他说："我现在开始相信，诗人天生就是要住进医院的。他们在那里如鱼得水。如果他们不去那里，大家都会想念他们的。"[5]他把医院说成是"当代帕尔纳斯"，这的确不是笑谈，因为他确实把医院当成了诗歌的文学殿堂。虽然他说这话时有些挑衅意味，是为了给自己的脸上贴金而把垮掉的身体和生活中的不幸说成是自由的选择；但是对他来说，医院也的确是自由的体现："诗人和所有其他人一样，固然渴望奢华和幸福，甚至超过所有其他的人，但是更珍惜自己的自由。他不在乎普通人所谓的舒适享受，不肯为了屈从大众的习俗而牺牲自由。这样，到了生命的最后，诗人并不畏惧医院，就像士兵不畏惧救护车，烈士不畏惧传教士。这甚至是在庸人的眼里看来不逻辑的生涯的合乎逻辑的结果。我甚至要说，这是值得骄傲的理应追求的结果。"

生活也的确没善待他。他手头上越来越紧：再也没有现钱，将来的靠得住的钱也越来越少。他就总是这样窘迫："麻烦又开始了。穷困兄弟，倒霉兄弟，背运兄弟，回到你们天然的'医院'去吧。"从1886年到死，魏尔伦在巴黎和郊区的医院里住了至少二十次。[……]①魏尔伦一共在医院和收容所里度过了1309天，折合三年半时间。有一次竟一连住了180天，折合六个月。从这里可以看出，对他来说住院成了很自然的事。在他眼里，住院不是两个健康时期之间的不幸，而是对生活中最龌龊的一面的根本性的介入。

浪漫派诗人要回到纯洁的自然中去寻找灵感。他们游历于江河湖海、名山大川之间，写下美丽动人的篇章。魏尔伦则是去医院，在疫气和人生的苦难中去寻找灵感。是不是可以像洛朗·塔亚德那样认为，魏尔伦去医院，和那些有钱的作家去诺曼底海滨或者里维埃拉是一样的性质？"他时刻被朋友、弟子，以及那些希望永远记住他的容貌的画家和雕塑家团团围住。在这凄凉的疾病城堡当中，他充分享受着可以孕育杰作的娱乐。那里简直就是他的乡间别墅。在这里，我们的大师可以中止几个月糟糕的身体的摧残，而重新恢复体力和毅力。"[6]这真是对住院的田园牧歌式的描写，真让人以为，我们的诗人去医院只是因为那里有各种方便条件，有吃有住，有无微不至的关照，而他则可以休养生息，在两个放浪形骸的时期之间强制自己过一段检点生活。在医院他即使不能完全把酒戒掉，至少也可以有一些节制。医院也的确成了最后的办法，在他穷困潦倒之时，是医院给他伸出救援之手："至少可以避开人世的嘈杂，安安静静地受苦。在乙醚和酚的气味中，所有死的想法——无论是别人的死还是自己的死——都烟消云散。心跳得平稳了，脑子又重新思考，两只手又和过去那样姣好而平静。"母亲去世以后，魏尔伦所有的住院费用完全由公共事业救济局来负担。医院还是一个人生进行休憩的场所，人在这里几乎可以忘记在病房之外还有一个生活和劳作

---

① 此处略去二十家医院的名称和住院时间。

的世界："人很快适应这种修道院一样的生活，只是没有修道院里的祷告和规矩。你的生活中只剩下了床，床成了生活的全部。有时甚至会想到它。通常是软绵绵的，但有时充满力度，想得很崇高。诗人在那里不是睡觉，可是在外面也是一样，除非是身体精疲力竭的时候。最后简直不再向往外面过惯了的生活，只有不懂其中妙处的人才会向往外面。"一连数个月的长期卧床，让魏尔伦陷入一种昏睡的状态。昏睡就是"不再注意不值得我们注意的外部世界，但同时也不陷入黑暗和无意识之中，也就是让自己回旋于苏醒和睡眠状态之间"[7]。在这个意义上，住院竟然和酗酒有着异曲同工之妙，让当事人蒸发一般从世界上渐渐消失。

魏尔伦这样反复入院，也是为了治疗一身的疾病。年轻的时候，他曾经是一个体格健壮，精力充沛的青年。诗人很清楚自己身体每况愈下责任完全在他自己："我这一身的病，都是罪有应得。我可以忏悔了。我毁了自己，活该我自己倒霉。"[8]他一辈子放荡的生活，加上几千杯苦艾酒，终于使他成了今天这样的枯木朽株。要知道魏尔伦开始成为医院的常客的时候，年仅四十二岁。1886年7月他第一次下决心住院的时候，是因为他那条长满溃疡的"倒霉的腿"情况日渐恶化，令他焦心。诊断结果大家都知道，由风湿性关节炎引起的左膝关节不完全硬化，并因溃疡和化脓而恶化。由于关节炎只在一个关节上发作，所以毫无疑问是由梅毒引起的。"我在布鲁塞医院聂拉同先生的诊室已经住了一个月了。他说我的腿已经无可救药。[……]他说溃疡是由于过去的梅毒引起的。这对我真如晴天霹雳，因为我从未有过一点这方面的迹象。这世界上怎么会有这样无声无息毁人的病症。我的腿和其他病痛之间，有什么关联吗？"[9]医生们对这样的慢性感染有痊愈的希望表示非常怀疑，他们用尽了各种方法：按摩、用硫酸铜洗浴和做糊剂、吉贝尔糖浆。到了1887年9月，他们准备采用一种根本的解决办法："如果再过三个星期还不见明显好转，我们就给您麻醉，然后施行手术。"手术的目的是强行把腿扳转过来。"我不太喜欢这个办法，因为假如要把我的独眼瞎马换成两眼瞎马，把一个木桩换成破烂木头怎么办？而且我也不太喜欢氯仿。"[10]魏尔伦因为不想做手术，所以想办法让手术做不成："布兰先生带着一位来布鲁塞医院给我做手术的同行查房时向他介绍我的病，说：'关节炎，很可能是性引起的。'老天爷，这是什么意思？他们要给我麻醉，然后强行弯我的膝关节。因为在柯山医院和万森讷医院时我都被检查出有心脏病，所以我要求对我进行诊断。布兰先生介绍我的病时说了几句话，我没记住，可是最后他说不能给我施行麻醉，但是住院实习大夫说其实并不危险。可是在柯山时大夫建议我用碘化钠，而在这里他们一点心脏的药也不给我用。"[11]1893年8月，他的腿因为表皮擦伤外加淋巴管炎症而长满了脓肿。住院实习大夫马萨利先生要把脓包一个个剪开。魏尔伦自己画了两张画，讲述这一难挨的时刻，题为《小手术》[12]，画的说明文字是拉丁语，写着："保罗·魏尔伦躺倒接受治疗"。上面一幅画是穿着衬衣躺在床上的诗人，床的两边各站着一个助手抓住他的胳臂。一个对他说："坚强点！"大夫则用手术刀划开他的腿，一边试着安抚他："好了，就完了。"可是下一幅画就远没有那么鼓舞人了。只见肖法尔大夫侧身站着，头戴圆帽，双手揣在兜里，高声说："我看他完了。""肯定。"背着脸站着的那个监督员随声附和。不过其实魏尔伦如果只是左腿有病，那就相当不错。1891年11月13日他尚住在蒂多街时，向加布里埃尔·维凯尔介绍了自己糟糕的身体状况："好朋友，我已经住进了冬日的城堡，蒂多街96号布鲁塞医院，拉塞戈病室24号床。风湿，心脏噪音，糖尿病初期，梅毒末期。内容够丰富吧！而且需要时间！"[13]这已经不是有才华的诗人，简直成了疾病标本。

然而，尽管魏尔伦身体有各种各样的疾病，他并没有真正治什么病（虽然他无数次住院但却没能真正治好他的病），而是彻底地和疾病以及病体结了缘。在《医院杂记》中有一个故事值得我们认真看待，而不要只满足于欣赏其黑色幽默。一次他住进布鲁塞医院，院方指给他一个床位，其特点是睡在这张床上的病人都很快就呜呼哀哉。不用说大家也想象得出，没有哪位"爱好者"想睡这样的床位，都对它"敬而远之"。但是没有别的选择，或者睡这张死人的床，或者就回到街上去。魏尔伦留了下来，并眼见着他的前任腾出地方。"说不上美，也说不上丑。什么也说不上。只是一个又窄又长的形状，裹在一张床单里，脖子下打了一个结。胸脯上也没有放十字架。人就那样摆在床垫上，床也没有挂帘。[……]抬过来一只担架，是称作多米诺牌盒的那一种。人们把那包东西放到上面，就奔停尸房去了。又过了一会儿，我就躺到了刚才还挺着死人的床上。"他就这样躺到了死人的位置上："上面我已经坦白地说过，无论是强我所难，还是无所顾忌，抑或是老谋深算（不过这种可能性不大），反正我是躺到了他的床上。那是**我的**死人的床，听好，我躺到了他'冰冷犹存'的床上。"我们应该相信这个故事，魏尔伦全面接受了命运对他的诅咒。他一定意识到，既然他只是在自己事业完成之后苟延残喘（他的大部分著作已经写成，甚至已经部分瓦解），所以很有必要赋予这苟且的日子一定的象征含义，哪怕是与死亡联系在一起的。

魏尔伦住得最多的医院是布鲁塞。这家医院的房子是"非常简陋的砖木结构，只有一层，高高地建在木桩之上。上楼下楼要走外面的一个楼梯，刮风下雨没有遮挡。靠街的墙只是一面板壁。魏尔伦最喜欢的病房是摆了六张床的一个小间，在进门左手边，窗外就是环城铁路"[14]。他第一次住进这家医院似乎对其印象不佳，但来的次数多了，他就渐入佳境，像到了自己家一样。尤其是医护人员对他呵护有加，体贴入微，给他提供笔墨纸张让他写作，允许他夜读，允许他在探视时间之外会见亲友。他认识所有的医生护士，并成了肖法尔大夫的红人。一天，这位好心人甚至听了魏尔伦的介绍，接纳了一个满头长发的诗人。这位病人的唯一症状是长期手头拮据。魏尔伦说："他患的是'急性清寒'。"当大夫带着实习大夫查房时，总是显得对他恭敬之至："先生们，这是一位伟大的病人，非常伟大的病人，一位伟大的诗人，我们时代最伟大的天主教诗人。"女护士们精心照顾他。有时他轻薄一点儿，她们也不以为意，有时他手不太安分，她们也不发火。一次，一位护士竟然送给他一本性病大全，不知道是因为她一时糊涂，以此纪念魏尔伦过去性生活的放浪，还是作为对他的警告。"满本画着勃起的阴茎，颜色令人作呕。"[15]在魏尔伦一生最后的十年当中，他迫切需要别人对他的生活进行约束。在这一点上，医院很合适。早上6点吃早饭，上午9点医生查房。这是一天当中比较难过的时候，因为有时诗人会感觉到见习医生们想打听得太多，有时大夫的态度也傲慢得伤人。听完闲言碎语，他装上一个木烟斗，下到院子里去看报，散一两个小时的步。中午饭吃炖牛肉、豆角，星期五还有鲱鱼和无须鳕。下午主要的活动还是散步，看完上午没看完的报刊，会见来访的朋友，读从图书馆借来的书，还有写作。不知不觉很快就到了吃晚饭的时间，有肉、汤、青菜，一小壶酒，再休息一会儿，就该上床睡觉了。整个病房里只有魏尔伦享受特殊待遇，破例点着一盏灯，看书写字。他的生活有序而不太受约束。卡扎尔斯和勒卢日清楚地注意到了这一点："魏尔伦在布鲁塞的安宁而有序的生活，对他来说不乏魅力。"[16]而且他还是有一些自由的。有时来看他的人会给他带来一小瓶酒，医护人员假装看不见。同时，由于他极其和蔼可亲，简直成了病人中的长老和法官。"诗人把自己的床和床头柜之间的位置当作一个豪华咖啡馆前的露天座位,而把病房当作繁华的大街。"[17]大家聊起来,诗人一边像在文学沙龙里一样滔滔不绝地高谈阔论,一边和大家分享他珍贵的苦艾酒。

千万不要以为魏尔伦在医院过的是多么寂寞难挨的日子。那时候,到医院去探望这位诗人成了巴黎最露脸的事情。有人甚至说关于他在布鲁塞医院的文章,要超过关于他《智慧集》的十倍。在他的病房里不断出现各路名人,有阿纳托尔·法朗士、莫里斯·巴雷斯、拉希尔德、弗朗西斯·普瓦特万、罗伯特·德·孟德斯鸠、帕泰尔纳·贝里雄、若里斯-卡尔·于斯曼、加布里埃尔·维凯尔、黑猫咖啡馆的钢琴师玛丽·克里辛斯卡等等。时有美丽风流的妇女聚集在魏尔伦的床前。只见医护人员的白大褂之间罗裙摇摆,各色帽子晃来晃去,精美的香水味和病人的体味、氯仿及各种药剂的气味混杂在一起。"大师,请接受我这束鲜花!"于是大师倒掉夜壶,盛上清水,做成一个花瓶。而且当他一旦在拉塞克病房住腻了,看够他的病友了,他还可以跑到外面去放放风。他只需要事先通知一声肖法尔大夫,保证到点准时回来。可是有时候他难免出格。一天卡扎尔斯和魏尔伦同时住进了同一个科室,两人又同时都弄到一点钱,于是决定到拉丁区好好开开心。早上9点,两人到了圣米歇尔大街,先在弗朗索瓦一世痛痛快快地喝了一通开胃酒,又和加布里埃尔·维凯尔和让·莫雷亚斯神聊了一会儿。然后去小牛餐厅吃饭。一会儿有两位仰慕者闻风而来:一位是吕西安·贝尔,偶尔在瓦尼耶那里出版一本小册子;另一位是在《法兰西信使》工作的若泽·泰利。可是卡扎尔斯因为有事耽搁住,过了一个小时才回来。魏尔伦心里烦躁,加上喝醉了酒,竟然声称不想回医院。卡扎尔斯好说歹说,魏尔伦终于让了步,但是赌气一定要走回去。天上突然落下一场雨,两人躲进了布列舞厅附近的丁香园咖啡馆。雨住了,两人重新上路。又一场雨,两人又躲进了当费尔·罗什罗街和天文台大街夹角的一家小酒馆。雨过天晴,重新上路。又一场雨,又在贝尔福雄狮不远停了一站。不用说,回到医院时天色已经很晚,而且两人都喝得酩酊大醉。

他当然有时候也会抱怨,也会有感到失落的时候。那时他会"讨厌医院,所有医院。这个词本身即十分残忍,让人想到不可名状的不幸。在心灰意冷的时候,现代医院对于现代诗人来说,只能像死亡、坟墓、墓上的十字架一样冷冰冰地令人心寒。你无论把现代医院建得如何文明,也不能改变这一点。[……]有人跟我说,别人会利用医院而死去，以为这样对我会起一点安慰作用，而我则说，我（充分）利用医院来生活（或者享受）。［……］一个四十七岁的人，仍要靠公共救济来休息、糊口，维持日渐老化的身体，这是一件不幸的事。公共救济是靠不住的，到一定时候就会不再想帮助你了"。魏尔伦的确有时感到极其孤独，对社会充满怨恨，但是总体来说，医院给魏尔伦带来的好处是毋庸置疑的。服从规则绝不是委曲求全，而是一种真正的享受。"兄弟们、没有著作的工人们、有出版商的诗人们，无论你属于哪一种，都要学会忍辱负重，喝下这苦涩的药液，勇敢地吞下药丸，洗肠药，定心丸。一定要谨遵医嘱，俯首帖耳。一支支针剂多么甜蜜，一块块大粪多么甜美。不允许有半点意见，否则就把你扫地出门。虽然现在是春暖花开的季节，但是如果你囊中羞涩，家徒四壁，那可也不是闹着玩的。"所以魏尔伦竟然对医院产生了感情。"我们当然早晚有一天要离开这里，身体或好或坏，情绪或高或低，对未来或喜或忧，也说不定或死或活。那时我们会带着离愁别恨怀念这段时光。我在来医院的'间歇'曾有过这样的体会。对精神和其他方面的痛苦、对人道或不人道的医生、对恶毒或慈祥的护士、对被诅咒或因为极度善良而被极力赞美的监督（不是被我们，而是被别人），我们有时气愤，还有点挖苦，有时也免不了感激和记恨。如此等等。也许会有一天，我们会怀念你们这些劳动者休息、而我们诗人工作的日子。"在魏尔伦一生中，只要有机会遵守一项严格的纪律，不论是医院的还是监狱的，那么在一旦有机会脱离这种约束以后，他都免不了要怀念。这就是魏尔伦的悲剧所在，他在侵犯法律的同时，又很需要和渴望法律。

1890年1月8日星期三，一直对魏尔伦倾慕不已的皮埃尔·路易来看望了魏尔伦，并说服安德烈·纪德同来，为自己壮胆。这一天诗人正住在布鲁塞医院，在马拉可夫城墙对面。两位朋友先等了半个小时，等着大夫查完病房，然后两个人走过长长的走廊，穿过一个阴森的大厅，来到一间方形的病房。整间病房只有一个窗子面对着花园，里面摆着六张床，其中就有魏尔伦的。"一张脸简直就是地道的苏格拉底。眼睛像野兽一样，斜斜的，前额异常宽阔，一把大胡子一直疯长到眼睛下面，可是下巴上却不多。这是初次见面时最惹眼的。然后我看了看四周，真是太穷了。一张铁床上的粗布床单肮脏不堪。诗人坐在最里面，背后靠着的枕头瘪瘪的。他正在看《强硬》。他头上戴着一个白棉布的软帽，灰白的头发一缕缕垂落到粗大的脖子上，身上穿着一件粗布衬衣，上面印着大写的黑字‘布鲁塞医院’。衬衫大敞着，袒露出肥胖、多毛，肤色发灰的前胸。"[18] 魏尔伦在医院里的形象真是可怜，就好比一个发烧的老人想睡觉，而又由于不断来访的客人而不能入睡。他的手稿变成了"一堆烂纸，用一块旧报纸包着。用旧的松木床头柜上摆着一个玻璃杯，一只酒壶，一只锡制的壶里盛着一种浅黄的液体。另外还有一些寄给他和勒佩勒捷的信，还有一堆手帕"[19]。在皮埃尔·路易看来，这里面最引人注目的是魏尔伦头部上方挂的一个牌子：

保罗·魏尔伦　文人

　　他的病房的确成了他的书房。"一条狭窄的木板上堆满了信件、纸张，还有一摞用报纸包了的简装书，最下面的一本是《圣经》。"[20] 同时，"他的床头柜里，也就是一般人放夜壶的地方，也同样堆满了手稿和《感伤集》的重印清样。他拿给我们看，只见每页上都有几处用铅笔或钢笔修改的痕迹，但是几乎所有的修改处又都划掉了"[21]。魏尔伦在医院不分昼夜地写作，因为医院院长同意他用蜡烛。为了不妨碍其他病友的休息，一位朋友给他搞了一个用铁丝做的、很精致的灯罩，随着蜡烛的融化，灯罩也随之下降。"我的床、笔，我的小病房，我把这一切称之为‘我的工作室’。这比我的同时代人中某人去咖啡馆或在左岸的某家咖啡馆里对着苦艾酒昏昏欲睡要好得多，而那个人就是这几句话的作者。"[22]

　　既然皮埃尔·路易和安德烈·纪德赏光，魏尔伦站起身来，"缓慢地套上裤子，又穿上一件破破烂烂满是污垢的坎肩，上面又套上医院病人穿旧了的蓝粗布睡袍"[23]。在两位来访者的眼里，魏尔伦一下子变成了一个"长老。他身穿一件宽袖长外套，一个绒线软帽，戴在他头上好像威尼斯总督头上戴的冠冕。他举起拐杖，俨然是传教士手中的权杖举到成群的跛子和不可救药的病人的头顶上"[24]。在卡扎尔斯的很多画中，魏尔伦都是这样的打扮，即使已经孑然一身，但是仍然不可一世[25]。三位作家走到医院的花园里，在来往的病人之间，他像置身于一个文学沙龙一般向皮埃尔·路易和安德烈讲述最近的写作情况："《幸福集》作完了。这本书很残酷，和《平行集》相反。虽表现的是幸福，看上去却不像。"[26] 然后他又埋怨出版商，尤其是瓦尼耶，说和他签订了"极不平等条约"。即使在医院里，魏尔伦也念念不忘自己作品的出版事宜，就好像在自己的书房里一样。

在住院的这些年里，魏尔伦经历了一次从喝酒的角度上讲很奇怪的活动，即到埃克斯浴场进行温泉浴治疗。喝了一辈子酒以后，现在要用水来治病了。从他1889年7月8日住进布鲁塞医院那天起，肖法尔大夫就坚决让他去温泉治疗一个疗程。不用说，魏尔伦极不情愿。但是朱利安大夫送给他五十法郎作为花费之用，他也就找不到什么借口了。8月19日，魏尔伦坐着每站必停的慢车穿过勃艮地地区。他先做好了准备，无论是到吴若、伯纳，还是马贡，每到一站，他都一定要品尝当地最好的酒。到了马贡，他已经耐不住了，于是给卡扎尔斯写了一封信，中间附了一张画，题为《诗人对诗人的问候》。画上的魏尔伦身穿学士院院士的礼服，头戴三角帽，扬着手好像在高声讲话，同时吸着烟，吐出的烟圈化成说明性文字："这是索恩的白杨树。"在他的面前是一尊矗立在一个基座之上的拉马丁的雕像，围巾和大衣随风飘摆。这是第一封信，在此以后魏尔伦还寄出了大量的信件，因为魏尔伦只有通过和外界的通信来往才能避免过度的无聊。如此频繁的信件简直相当于一套完整的日记，由于其内容直截而真实，其价值远远超过他的所有自传作品。这次又是马拉美看出了这些信件的价值。当希尔根问他是否应该将其出版时，他回答说："你征询我对出版魏尔伦致你信件的意见，我受宠若惊。回答是如果您愿意，那就一百个应该，应该悉数发表。因为以鄙人之见，专为报刊所作的文章不值得付印，而这些文字则正因直抒胸臆而不落俗套。我们可以通过诗人自述了解其生平，他讲如何接受手术，生活如何困苦。他胸襟坦荡，把自己艰难的生活显示给世人，讲述每天的生活细节。他以为这样的用心固不足以活命，却使文学真谛可以流传。此美德将同其诗歌传芳于世。"[27]

如果魏尔伦不是为了争取他的收信人原谅他的某些行为，他不会从埃克斯浴场如此频繁地写信。这些信几乎都是寄给弗雷德里克-奥古斯特·卡扎尔斯的。魏尔伦是在1886年和他相识的。卡扎尔斯属于年轻的颓废派诗人，那时他们找到魏尔伦，想让他做他们新诗派的后台。卡扎尔斯1865年生在巴黎中心贫穷的菜市场区，父亲是个裁缝，母亲出身于一个斯特拉斯堡的音乐指挥家庭。他们一家六个孩子，他是长子，是个典型的加夫罗什型的人物，整天出入于巴黎的大街小巷。他很快就同时对绘画、唱歌和诗歌感上了兴趣。他开始时在一家印刷厂当工人，后来就过上了流浪生活，每天勉强度日。他刚刚十七岁时，就开始为马丁·吉努维埃的《巴黎-法国天主教》撰稿。

1886年阿纳托尔·巴居请他为《颓废者》撰稿。这位卡扎尔斯是巴黎生活中的一个奇特人物。他有时和穿齐膝紧身外衣和花边襟饰的莫里斯·杜·普莱西·德·立南来到弗朗德尔街的一家咖啡馆，立刻把里面的气氛搅得热气腾腾。要承认他的打扮出奇地显眼。他完全是1830年的装束，穿一件大垂尾的礼服，一件坎肩钉着镀金的扣子，裤子像骑兵一样一层层堆在鞋上。他专门喜好出口不逊，或是说一些无政府主义的言论来引起公愤。他顽皮、冲动、好开玩笑，友好正直，随时能从口袋里拿出一张漫画，或是说一句幽默的话，足足让人笑掉大牙。他永远喜笑颜开，生气勃勃，魏尔伦喜欢的就是他的活力：

> 在花朵上喘气的阿多尼斯不是他，
>
> 化作鲜花的那喀索斯也不是，
>
> 更不提阿尔巴特，像密特利达特一样的人。
>
> 他的身上没有半点烦恼的影子。
>
> 纠缠我们的烦恼和他无缘，
>
> 他是真正的小丑，用木剑把烦恼赶到天边。
>
> 他像皮埃罗，但我们并不吃惊，
>
> 因他的黑眼里笑在闪动。

魏尔伦极为赏识他机智灵活的头脑。卡扎尔斯模仿他的《智慧集》中一首名诗《我来了，平静的孤儿》写的打油诗让他十分开心：

> 我来了，一瘸一拐，
>
> 带着一只没用瘸腿，
>
> 大脑壳是先天愚型，
>
> 没人认我做有钱人。

魏尔伦的个性当中非常重要的一面就是他的幼稚，即使在最艰难的处境中，他也一直没能成熟，仍然带着孩子气。在这一点上，卡扎尔斯是他绝妙的翻版。卡扎尔斯成了继玛蒂尔德、兰波、雷蒂努瓦之后，第四个也是最后一个让魏尔伦怦然心动的人。但是直到1888年8月，两人之间一直保持着严师和忠诚弟子一样的关系。卡扎尔斯把魏尔伦所有的琐事都包了下来。他就像一个尽心尽职的秘书一样，尽力解决他的财务问题，代他去跑出版社，帮他取回稿子的清样。可是慢慢地魏尔伦对卡扎尔斯越来越依赖，越来越容不得别人，他要求卡扎尔斯对他绝对的专一。吕西安·阿莱西后来写道："魏尔伦对卡扎尔斯的友情，怎么说呢！谁也说不清魏尔伦的友情有多么复杂。他的感情中带着专横。从身体上来讲，他就像一个女人，绝容不得他的伙伴对别人有哪怕是再纯真的友谊。离开他绝对不行，他会觉得自己被抛弃，会变得小孩子一样气急败坏，出口伤人。他打破醋坛子，竟说卡扎尔斯是艾丝黛尔（魏尔伦的情妇）的情人。这完全是无稽之谈，因为在这以前他还曾经让卡扎尔斯严密监视过艾丝黛尔，而卡扎尔斯总是有意地把这个任务忘掉。"[28] 1888年夏天，魏尔伦越来越难以抑制自己的激情，试图在两人的友情中加进性爱的成分。欲火焚身之时，他完全失去理智，话说得越来越露骨。他在《幸福集》中写道："我的卡扎尔斯，我最美、最好的朋友。"在他的信中他一遍遍地写道："我全身心地爱你。我爱你，你将是人间最后一个让我动心的人。我说这话时表示的是完全纯洁的感情。"卡扎尔斯住在普罗旺斯街，魏尔伦甚至想离开拉丁区搬到蒙玛特尔的一间屋去，以便住得离他近一些。他不住地表白自己的友情是多么单纯："我对你的友情是纯洁的。我的心是孩子一样的心，绝对的天真。我绝没有不可告人的想法。我绝对单纯。"[29] 但是，关于他们两人之间的关系，文化界还是渐渐传开了风言风语。各种流言蜚语越来越多，对卡扎尔斯造成了极大伤害。终于有一天，形势陡然发生变化。魏尔伦一边表示他和卡扎尔斯的友谊多么纯洁（因为雷蒂努瓦事件以后，大家都知道魏尔伦很会耍两面派，道貌岸然的言语下掩盖着可耻的行径），一边竟然把话挑明了，甚至说不定喝多了酒以后还动手动脚。卡扎尔斯当时一定是义正词严地拦住了他，因为从1888年8月开始，魏尔伦的信谈实事的内容多了起来，感情少了，同时在多处请求卡扎尔斯的原谅。他求卡扎尔斯千万不要记恨他，他当时是因为一时冲动，两人千万不要坏了和气。同时他保证，将来一定老老实实，永不再犯。他虽然想尽各种办法和解，但是从他的行文中可以看出，他并没有完全死心，因为他所有的友好的表白都好像话里有话。例如1889年1月12日的信中他说："在这令人难过的时刻，我要带着全部的友谊，全部的感情，求你对我更好一些。我病了，已经不能掌握将来了。我看得出来，只有你能够对我有深刻、诚挚的感情。不论我有多少缺点，我的缺点都是因为感情过于丰富。我本质上是个好人，别人对我的爱应该是真挚、坦诚而无私的。我本人就是这样做的。我请求你，一定要坦诚，不要缩手缩脚，也不要过意不去。昨天我觉得咱们之间好像有点什么…… 实在对不起。我其实是嫉妒。就像一只虎发现自己不过是一只羊。我心中有一团火，因为我们的友谊将是我一生中最后的一次冲动。我可怜的心中堆积了太多的忧郁，我能感到上帝在呼唤我。"说得多好听啊！一边是蠢蠢欲动的邪念，一边却讲什么上帝的呼唤。整整一年，魏尔伦都在竭力压抑自己日益高涨的欲火，但是欲望却越来越强烈。卡扎尔斯一定是被诗人的友谊压得有点透不过气来，于是用自己写作歌词的天才，在1889年夏天写了《朗姆酒和行吟诗人的水》，其中有几段讽刺歌词：

从前在杰罗斯坦
生活着一位大诗人，
穷困潦倒身无分文，
于是每天东跑西奔。
一个书商有些头脑，
给他救急让他翻身，
为了以后再不缺钱，
他急忙跑去喝酒，
把那点钱花尽。

他爱上一位诗神，
于是走路步履轻健，
可是一句歪诗瘸了他的脚，
从此他一路歪歪斜斜。
他的嗜好颇为反常，
某个晚上祭奠了鬼神，
从此每作一首诗，

必要把它拿去喝尽。

爱情把他冲昏头脑，
他就喝得酩酊大醉。
口说"为了纪念布瓦洛，
给我的朗姆酒中加水。"
[……]

他死以后在墓碑上，
人请巴居为他题写
金色大字：**他心上人**
是**朗姆兑水**！

　　闲话少说，再说魏尔伦去温泉的事。一个大雨滂沱的夜里，他终于到了埃克斯，已经喝得醉醺醺的。穿过勃艮第地区真是要了他的命。他自己好像都不知道到哪里过夜。他到达目的地以后的第一件事，就是让卡扎尔斯尽快给他寄一些钱来。不能排除这次又有人趁着他酒醉把他的钱掏空了。中午的时候，他到了一家旅店门口，老板娘大概是被他的样子吓坏了，拒绝租房间给他。魏尔伦推开她就往楼梯上走去，自己也不知道想做什么。老板娘以为是贼，急忙叫警察抓人。幸亏魏尔伦带着卡扎利斯大夫的信，才终于得以脱身。开始一段时间，埃克斯浴场给他留下了极好的印象，因为萨瓦地区让他想起阿登地区。他很喜欢这座建在坡上的城市："贝雷帽，牛拉的车，意大利方言，人们很友好，起码表面上友好。"他也很喜欢这里的山，"这里有点像伯恩茅斯，只是没有海，却多了山。这里的山像布瓦洛所写的那样'高耸'，比埃菲尔铁塔还高些，山峰在云彩上方徜徉，很陡峭，很尖锐，呈锯齿形。"这里的警长是个非常和蔼的人，已经完全被他俘虏。接待他的吉朗大夫、莫纳尔大夫和卡扎利斯大夫都非常友好。他本来想住在旅馆，结果人们在穆克西路旁的"继承人"公寓给他找了一间房。店里女主人和气，店里的风气也很古朴，没有一点上层社会的世俗气。房间里的陈设很简单，一张床，一个床头柜，一张桌子，两把椅子，一只箱子，一个大理石壁炉，魏尔伦急忙把画像摆在壁炉上面：费尔南·福画的穿着礼服的卡扎尔斯、给他的朋友们画像的马里尤斯·米歇尔、吕西安·雷蒂努瓦、戴着无边圆帽和夹鼻眼睛的魏尔伦自己、他儿子乔治·魏尔伦，还有埃斯托贝画的他自己、鲁宾斯坦画的正在作画的卡扎尔斯、卡扎尔斯画的戴无边圆帽的他自己，还有帕泰尔纳·贝里雄笔下的美少年卡扎尔斯。魏尔伦把自己和朋友的这些画像摆起来的时候，简直就像在进行一个安放仪式，是写作开始之前一项必不可少的活动。也是无巧不成书，正好一个住在埃克斯浴场的雕塑家、法兰西学院院士让·布歇来要为他塑像。饭菜好极了："两盘肉菜，一盘青菜，甜食管够，奶酪，水果，馅饼，蛋糕，加上平均一大瓶当地产的上好的葡萄酒。"他饭量惊人。洗温泉浴虽然很早，在早上5点，但是他还是觉得蛮有乐趣："我们脱得赤条条的下到水池里，两个彪形大汉抓住你，按到板凳上，然后就用两条35℃的含硫温泉水的强大水柱往你身上喷。如果病情严重也有用47℃水的。然后，更准确地说是同时，给你在大水中按摩。很舒服，几乎有肉感。这么做上一刻钟，你站起来，他们给你前后左右在有病的部位用水喷。那水非常有劲，你如果不抓稳墙上特意安上的把手，可以喷你一个跟头。然后去睡觉或者休息。这就是我在这里生活的全部。"对于魏尔伦这样注重感官的人，这是一个绝妙的发现："淋浴简直就是按摩。像一双湿手和稍热的水同时抚摸你，水只有一点温热，而且有一点好闻的硫黄味，恰到好处。"有人照顾他，这又让他感到欣慰。他需要的就是有人照顾他，护理他，有人告诉他该干什么，必须遵守什么规矩。他总是这样想走下坡路（在洗浴人的手中他几乎变成孩子一样），不愿承担个人应负的责任。刚刚到新地方，精神就好多了，他感觉精神上好像获得新生一样："我可悲的'小产'以后真正的出生。"换言之，他的性欲已经完全净化成了纯粹的父子、兄弟的情谊："我像迷途的小羊被找回家［……］。跟你说，我现在是真正的我。你可怜那个死去的虚假的我吧。"犯了错以后幡然悔过是多么惬意啊！有人把这称作忏悔的甜美。他甚至变得多愁善感，给卡扎尔斯寄上从窗外墙上采的一朵埃克斯的小花。

但好景不长，魏尔伦很快就腻了。8月24日他就开始抱怨。雨下个不停，城市也不像他想象得那么好："没有几家精致一点的店铺。更没有几家咖啡馆，而且极贵。［……］教堂平淡无奇。［……］郊游贵得让人无法问津。"最让他不舒服的是教堂极端难看："一个失败的半哥特式教堂，什么都不像，墙上涂着拆泥、石膏，里面的油漆掉了大半；屋顶略微塌陷；钟楼的材料有石块、石板、铅皮、杂乱无章，而且形状有圆有尖，带走廊的钟楼。一句话，难看之极。"除了酒馆里有点发酸的酒还不错，这里什么都没有，而酒他又不能喝，或只能喝一点点。在埃克斯，温泉办的报纸糟得让人不忍卒读。"要知道这些报纸的编辑们都赚大钱。世道如此。平庸啊，你的名字是成功！无聊啊，你的王国就是这个世界！"什么都俗气，只有自然景观不错，可是又太不方便。因为是山区，到处都是陡峭的地形。魏尔伦生怕出门会把自己摔坏。"单调无聊，过了两个月的好时光，现在极度的寂寞。"没有任何娱乐，只有一个咖啡馆表演一些低水平的节目。"无聊俯瞰着山峦，至少是为了我，因为我天生是百无聊赖之人。"他刚刚听说维利耶·德·利尔-亚当去世了，这对他触动很大，尤其是他被葬在巴蒂尼奥尔公墓，而魏尔伦家的墓坑就在那里。"在世的时候这样相像，而死了以后又能有这样的巧合（从某种意义上说我已经和死人差不多了），这不能不深深地打动你。我们经历了同样的苦难生活，同样不为人理解，同样有着良好的愿望，但是信仰都没有能够很好地发挥。别人也会受到触动，但不会像你一样能够理解你可怜的保罗·魏尔伦，尤其是和维利耶相比。他其实过得不像我这么悲惨，但无论如何他已没有那么多尊严，而且没有什么过失。"魏尔伦此时不免万念俱灰。在埃克斯这一段时间里，他对自己表现得出奇的冷静和清醒，承认自己已经和死人相差无几。8月22日的信附了一张画，画上的魏尔伦衣衫褴褛，不堪入目。画像的四面满是各种箭头和说明文字："艾丝黛尔洗的毛衣""贞节的S……娜的大衣""你的围脖""艾丝黛尔送的袜子""海关人员的布鞋""泰利耶的裤子和衬衫""M……Gs老板的软帽"，"衣兜里的杂物和烟头（我的）什么时候捡别人的？""要出售的皮""成了古董的桌子""好手稿""黑猫""卡尔诺和市长""冰，壁橱"等等。图画的标题自然是《苦难的悲剧……着早礼服的保罗·魏尔伦》，因为如今可怜的诗人不过是好心人送给他或借给他的东西杂乱堆积的结果。画的背面还有一个说明："这幅画是收到**汇票**以前的情况（对不起，我头脑发昏，差点写成**会嫖**）。"魏尔伦对卡扎尔斯淫心太重，忍不住要做下流的文字游戏。他一面不断声称自己想法有多么纯洁，一面又不断流露自己的真实欲望。

　　终于魏尔伦对卡扎尔斯所表现的冷漠和隔膜（情有可原）失望了。卡扎尔斯的信变得冷冰冰的，没有一句闲话，只是就事论事。可怜的魏尔伦只好用低级的文字游戏来发泄自己一肚子的委屈。他不得已拿埃克斯浴场公园的鲜花簇拥的加尼米德①的雕像做文章："据说这是本地的大人物。说心里话，你看，竟然还有人这么看。你知道这个故事，是哪个诗人写的，说是一个年轻的牧人，漂亮的牧人，被朱庇特看中，于是命令他这众神之王的神鹰将他掳去做司酒官。不知这座雕像出自谁手，我会打听出来。很漂亮，很性感。男孩赤裸身体，十五岁上下的样子。他垂着双腿躺在鹰的背上睡着了。而鹰则双爪用力，正在振翅起飞。"于是他又幻想起孩子来："我从来都喜欢孩子。喜欢男孩胜过女孩。男孩不像女孩那样孩子气，把手指插到鼻孔里也更明白为什么。女孩已经懂得卖弄，男孩子休息，随随便便，无论是落座还是思考都有自己的一套。别人批评他或教他怎么做的时候，他会低下头想，会用快要流出眼泪的天真无邪的大眼睛看你。而一个小女孩，她的眼睛不是笑就是哭。"这样讲完以后他又自然想起了吕西安·雷蒂努瓦。曾几何时，他用天主教的幌子，炮制出一整套的自欺欺人的手法美化自己的行径，但同时又不停地对这些原则进行践踏。但是这个阶段过去以后，生命最后时期的魏尔伦心中只剩下了肉体，一心只追求肉体的欢愉。他所有对卡扎尔斯的所谓纯真的友情，对所有不带任何杂念的纯理念的关系的向往，都不过是对自己欲望的否定。当他一旦发现在卡扎尔斯身上得不到自己所需要的东西以后，他就完全地投身到女人的怀抱里。

　　幸而在埃克斯他还有些工作可以分散一下他的精神。他强制自己抄写《题字集》，并为以后名为《幸福集》的诗集准备作品。他不断把自己工作的情况写信告诉卡扎尔斯，同时又不断地催他给他寄钱来。《黑猫》该给他寄来《几个朋友》那几首诗的稿费了，《费加罗》也该加一把劲。魏尔伦永远不离口的一句话就是："钱，钱，我需要钱。"他什么事都托卡扎尔斯去办，寄书、杂志、文章，打听消息，给朋友送信，等等。他始终抱着有一天财运亨通的希望："再过一年得到解脱，过上好日子，而且声名远扬。我们从今以后亲密无间地结合起来，一定能做到。那有多好啊！在我这一方面，以我微薄的力量，我将尽全力为这样的结合而努力。我以我的人格和忠实朋友的身份向你担保。我也绝不怀疑，你一定也希望也有能力促成达到这样神圣的目的。"魏尔伦的话永远是这样模棱两可，话中有话，其中虚伪的宗教口吻更加重了他

---

① 被宙斯掳去做司酒的美少年。

话的含糊：他们的结合到底是指身体的自由结合还是思想的结合？到了9月2日的信，情况急转直下，性关系完全倒转过来。魏尔伦说："朋友，我有一个梦想，我有一个计划，同时我希望同样的计划在你那里也已经成熟了。无谓的争论过去以后，我们该携起手来向前走了。说出来你也许会笑，我把自己交给你了。一切事情你说了算（无论是和出版社还是普通人，无论是该软还是硬。怎么**拿**怎么**放**，都由你决定）。怎么样，你该高兴了吧。还有你的关于各种事情的意见，虽然有时略显幼稚，却总能切中要害。"同往常一样，"痴愚童女"又希望给自己找一个监护人、一个主子。卡扎尔斯无疑对魏尔伦的建议缺乏热忱。同样当魏尔伦说要给"过时、失效、被忘记"的卡扎尔斯（言外之意是可爱得令人垂涎的卡扎尔斯）写一首"极其晦涩、极其艰深"的抒情诗时，他也不免心有余悸。魏尔伦打算把诗的结尾献辞写成：男人和女人的王子。这样充满性暗示的艰深诗句，怎么能让卡扎尔斯放心呢？

　　魏尔伦于9月15日星期日回到巴黎，并于11点15分在里昂车站和卡扎尔斯见了面。接着，两位朋友去南方旅馆附近莫罗街8号阿勒莫兹大娘家的饭馆吃了午饭。然后两个人又去了《黑猫》和《费加罗》编辑部，希望能讨到一点钱。第二天，医院生活又开始了。魏尔伦又住进了布鲁塞医院的拉塞格病房。一段时间以来，在和卡扎尔斯的关系上，他尽力克制自己，但是他很快就开始纠缠不休，让卡扎尔斯招架不住。他不住地让卡扎尔斯替他做这做那，要求他随叫随到，不允许有片刻耽搁。于是，1890年6月，两人终于闹翻了。魏尔伦像个被抛弃的情人一样要求卡扎尔斯把他写给卡扎尔斯的所有信件还给他，并要求立即还给他兰波的照片。这真是不打自招！因为这等于说，你如果不要我的话，我就重新和兰波在一起。这一次两个人整整六个多月没有来往，一直到1891年1月。尽管两个人想尽办法重归于好，但是已经覆水难收。"卡扎尔斯已经不是魏尔伦'唯一的'那个人，而只是一个朋友，当然是好朋友，他诚心爱着的朋友，但也仅此而已。从此直到最后，两人之间再没有过龃龉，因为已经没有了感情的波澜、没有了嫉妒、没有了对第三者的排斥。"

第十九章

最后的艳遇

我是两个女人之间的诗人，

却不能说有两个灵魂。

我尤其喜欢我的所爱，

我也很爱！太爱你的所爱。

——保罗·魏尔伦《杂诗》

1886年1月21日，魏尔伦母亲刚刚过世。2月初，她的儿子就和一个妓女勾搭到了一起。这个妓女叫玛丽·冈比埃，祖籍亚眠[1]。身边没有母亲不停地唠叨对儿子的期望，没有母亲拉着他以免在社会上走下坡路，魏尔伦便完全生活在放荡和醉酒中。即使是"放荡"这个词对魏尔伦都太轻了。因为这个词虽然在道德上有否定含义，但是同时说明一个人在追求肉体享乐时有越轨行为，是纵欲过度，是过分的不检点。魏尔伦的所作所为却与理性和放纵所冒的险相反，它满足于胆小怯懦的淫荡，几近于无耻。他的感官在原地疲软地沉沦于肉欲，甚至没有了出走的愿望和勇气。

玛丽是个三十岁上下的漂亮姑娘，头发火红，在《平行集》中成了炽热如火的芦金①公主。"她随随便便的脑袋很讨人喜欢，鼻子太翘了些，脸色像惯常喝酒的人一样红，睫毛像白兔子的。至于她的衣着，卧床的病人记忆已经模糊，好像是一件带白点的红色短上衣，一条裙子也是红的。这一切让她看上去像一团火。非常可人疼。"[2]

---

① 这个词是法语中"红发女人"的谐音。

早上她就着一大瓶白葡萄酒喝热巧克力吃羊角面包，穿衣服，做家务，缝缝补补。保罗因为腿病行动不便，玛丽就帮他穿衣服，给他做饭。白天一天安然无事。保罗生病时，玛丽照顾他、守着他、哄他。玛丽虽然和一个诗人一起生活，但是她自己的职业仍然照做不误。每天晚上7点左右，她就去上班。11点左右回到家，她给保罗讲当天的生意如何，但闭口不说她具体怎么做。她也有自尊心！"这个工作实在下作，可是干这行的人有的老实，有的狡诈，她是个诚实的人。"[3]有时候，她回来的时候醉醺醺的，而她的情人也和她差不多。魏尔伦在附近仍然免不了拈花惹草，但是他离不了玛丽，尽管玛丽还和她的塞勒斯坦保持着关系。这个塞勒斯坦是个箍桶匠，原籍里尔，一直是她的心上人、让她钟情的人，但同时也是她的权杆。魏尔伦终于同意和别人分享玛丽的感情和肉体。因为玛丽的身体让他发狂，让他神魂颠倒。他爱她"大天使般的头发，发尖像燃烧的火焰"，爱她"浑圆的膀子"，爱她"坚实的乳房上面美妙的褐色奶头"，爱她"肥胖的腰身像缎子，仿佛散发着醉人的芳香"。洗浴时，她会摆出德加所画的浴盆里的女人的姿势，那样令人脸红，同时又那样令人心跳。魏尔伦因此就把什么都忘了。"她用一个大盆，一块海绵，两三块毛巾，把她美丽的胴体洗啊、搓啊、擦呀，摆出塑像一样各式各样的姿势，真是令人目不暇接。"[4]他们之间的关系持续了四个月，一直到1886年5月，玛丽·冈比埃离开魏尔伦，找了一个有工作的工人，"一个像样的人"。她当时说之所以离开诗人是因为两人的社会地位相差太远。"这不怨你，你没有什么不是，你是个好人。你是上面的人，你只要打理一下还是上等人，那时候我会给你丢脸的。"[5]说这话的却不是玛丽·冈比埃，而是沉沦、受到刺激的魏尔伦在写书时自我安慰的话。只需要打理一下，他马上就可以重新获得原本属于他的地位。有人认为此时穷困潦倒的境遇给魏尔伦增添了独特的光彩。其实这不过是诗人随遇而安、自暴自弃而已。但是同时，他又是一个没有限制就不能生活的人。

　　这种关系完全是性的结合，根本谈不上什么感情。尽管魏尔伦自我安慰地认为这些女人对他的追求忘我、勇敢而充满温情，但他只是自作多情而已。这样的事情一多，魏尔伦的经济自然窘迫，因为他的情妇跟他要这要那，而他根本不能拒绝。魏尔伦生命的最后十年，完全靠无数朋友的资助勉强度日。他的日子越来越艰难，于是朋友们认为，与其每个人每次等着他在咖啡馆、街上、医院或出版社里向他们伸手的时候再给他一点施舍、丢他的脸面，还不如组织一个大型的募捐活动，这样的所得能够让我们的诗人在几个星期不愁吃用……和喝酒。于是1891年，在夏尔·莫里斯的号召下，由保罗·福尔主持，艺术剧院在5月21日这天在沃德维尔慷慨义演，演出所获用来资助两位保罗——一位是保罗·魏尔伦，需要喝酒以作诗（或是作诗以喝酒）；另一位是保罗·高更，准备筹资去大洋洲作画。这场演出以后还加演了魏尔伦写的独幕诗剧《形形色色的人》，以及卡蒂勒·孟戴斯写的《子夜太阳》。魏尔伦希望看到自己的剧作被搬上舞台，以证明自己完全能够像科佩一样出名、发财。虽然除了这出"改编成戏剧的对话体风流聚会"（勒佩勒捷语）以外，他只写过一个独幕剧《奥班夫人》，他却坚信自己在戏剧方面大有作为。1889年他就开始催促朱利安大夫及他的兄弟和法国人剧场、奥代翁剧场、体育馆和沃德维尔剧场等联系上演他的剧作[6]。这次的情形看上去很不错。演出的前一天，保罗·福尔就先预支给他一百法郎，因为他预计这次演出收入会很不菲，每张票的定价是二十法郎。高更负责布景，罗什格罗斯、卡里耶尔、塞鲁吉耶、阿里·勒南和马奈负责节目单装潢。当时最好的演员都向组织者保证他们会参加演出。他们是塞贡－韦伯夫人、莫雷诺小姐、卡尔梅、马尔蒂、克劳斯、塔里德、小考格林、德海利、鲁涅·坡和佛努。一开场，先由达穆亚朗诵了马拉美翻译的爱伦·坡的《乌鸦》、泰奥多尔·德·邦维尔的《菲利斯》，还有拉马丁、雨果和波德莱尔的诗。然后是一连四个短剧，首先是魏尔伦和孟戴斯的，然后是梅特林克的《擅入的女人》和夏尔·莫里斯的《谢鲁班》。这样的阵容当然是一流的，而且在上流社会上，这场演出也一鸣惊人，整个巴黎文艺界有头有脸的人物全部到场。可惜票房收入几乎都花在了演出的费用上，《子夜太阳》的花销尤其惊人。演出的排场极其宏大奢侈，因为只演一场，所以票房所得勉强够用来支付费用。夏尔·莫里斯算是白忙了一场。魏尔伦不但没能像开始想象的那样，从中得到大笔的盈利，反而招来了不少的麻烦。他在1891年6月28日《法国通信》中狠狠地发泄了一通。他气愤地写道："大家千万小心！盈利盈利，我的利都变成了敝。"[7]魏尔伦极其失望，简直怒不可遏。为了挽回局面，并安抚困顿的诗人，马塞尔·施沃布在《巴黎回声报》上发起了一场募捐活动，共募到二百法郎，但是魏尔伦很可能连这笔钱的影子也没见到。他当时的正式情妇费洛梅娜·布丹——不过人们更熟悉她卖相时用的艺名艾丝黛尔——一定把这笔钱顺手牵羊了。就是在这个时期，更准确地说是1891年6月20日，魏尔伦告诉他的出版商瓦尼耶，以后他的钱"尽管交给一个带着他的字条的个头不高的女子"[8]。可是过了还不到三个星期，他又给瓦尼耶写信，突然说"可以完全信任带此信的柯兰兹小姐"[9]。这个变故最可能的原因是，魏尔伦不能容忍每次有一点钱都被费洛梅娜·布丹掠夺殆尽，不再信任她，转而把事情托给了另一个女人欧也妮·柯兰兹。

这个每次都把魏尔伦的钱财盘剥殆尽的可恨的费洛梅娜到底是个怎样的人物呢？艾丝黛尔——魏尔伦喜欢变换尾音，称她为艾丝黛格尔——其实不过是一个北方来的农家女。她的经历是人们司空见惯的，跟了人家，又被人甩了，于是逃到巴黎，靠出卖色相为生。魏尔伦死了母亲以后，大约是1886或1887年，在圣弗朗索瓦院附近的一家咖啡馆认识了她，那个时候她已经年过三十。渐渐地魏尔伦为她的"无忧无虑、天真无邪"所迷惑，终于再也离不开她。1890年魏尔伦住进布鲁塞医院以后，费洛梅娜每周四都来看他，"穿着讲究，很有身份的样子，可是却改不了贼眉鼠眼"[10]。1890年魏尔伦出了布鲁塞医院以后，干脆住进了笛卡尔街18号的蒙彼利埃旅馆，因为费洛梅娜就住在这里。旅馆的老板是一个叫拉康的，同时也是艾丝黛尔的权杆。可是保罗却发现，艾丝黛尔并没有因为他在而停止和过往的汉子苟合，于是慌忙离开，转到巴蒂尼奥尔的毕奥街15号的毕奥旅馆住了一段时间，和那里的轻佻女子、风骚女工不断来往，想借此挑起艾丝黛尔的醋意。后来他发现艾丝黛尔根本不把这个当回事，于是自己又主动回到了蒙彼利埃旅馆。但是也许是因为不肯悔改的艾丝黛尔又和另一个人勾搭上，他马上又离开，回到了莫罗街7号。随后因为左臂急性风湿发作，他住进了医院。于是艾丝黛尔又来探望他，他又被这个"好人，大好人"[11]所感动。1891年2月6日出了圣安托尼医院以后，他决定和她住到一起："倒要让你（他）看看我和我的野蛮老婆能过怎样野蛮的生活。这样的家庭有多温馨。我要努力摆脱困境，而且尽量不和所谓文学界有什么来往。"[12]这一次他又只是在艾丝黛尔住的蒙彼利埃旅馆租了一间房。此时的艾丝黛尔已经年近四十，但是仍然所谓"风韵犹存"，"一点也不像个烟花女子，那做派倒像是个境况不佳的有产者在'打算盘'……在生人面前，她往往直挺挺地站着，但更经常是蜷缩着，听别人说话总像有所防备，答话时带着小声的咳嗽，可以看出是个爱动感情的人。在私下里，尤其是酒后，她嬉笑打闹。总的说来，这是一个没有调教好的女人，依然带着野性，谈吐带着土话和乡音。人们会觉得，如果在一家农场里，她一定是个办事果断，雷厉风行的人，牲畜和人们一定会被她指挥得服服帖帖。如果他有一个丈夫，她又没有偷人，除非是出于狡猾或是为了气他，她会过得很好。但最可能的情况还是，她做一位脾气暴躁的合格的管家婆，养了几个孩子，其中一个被她大手大脚地娇惯，当宝贝一样不许别人碰一下。按道理这样的性格很不适宜做妓女，她却为生活所迫，同时因为对生活不满而终于干上了这一行。她为此而痛苦，她希望享受，她进行报复。她需要别人对她好，她想当悍妇，因为男人是肮脏的畜生"[13]。她对生活很失望，痛苦的命运使她注定作恶，她于是通过放荡来对命运进行报复。而魏尔伦自己也对生活心灰意冷，备感失意，所以和她一拍即合。既然在这一生中一事无成，那干脆就破罐破摔，管他什么廉耻，什么罪孽。总之，费洛梅娜无论是对自己的情人还是客人都来者不拒，所以她这时的权杆拉康对魏尔伦总是格外关照。的确，他能不保护这样一棵摇钱树吗？他说："魏尔伦先生是个大作家……谁要是敢动他，看我怎么收拾他。有时候他很晚离开咖啡馆回家，我经常悄悄地跟在他后面，离他二十几步远的样子，为的是不让他察觉，以防有人欺负他。"[14]而艾丝黛尔背着保罗做坏事根本不脸红。她喜欢打扮，喜欢"大洋"，如果认为保罗不够大方，她就偷着拿。她挥金如土，而保罗比起她来更是有过之而无不及。她酗酒成性，保罗喝得比她还多（而且在这方面他甚至不用难为自己）。两个人都性情暴烈，往往为一点鸡毛蒜皮就火冒三丈。这样两人当然动辄口舌，打闹不断，于是免不了拳脚，免不了哭闹，接着两人短暂的和解，然后再打、再闹。这里最让人不可理解的是艾丝黛尔竟然醋意十足，她几乎不让保罗和他的朋友见面，除非是那些出版商，因为从他们那里可以拿到钱。这叫什么生活！除此以外还有他那些下作的女友，专门传播关于他的风言风语，一件比一件令他难堪。可是魏尔伦已经完全落入了她的圈套中，已经对什么都不在乎，只要还能拥有她的身体，他就什么也不管不顾了。

不过，尽管艾丝黛尔顺手牵羊已经不是初试身手，但是我们似乎也没有绝对的理由认定偷了沃德维尔所进的款项的就一定是她。这几百法郎是怎么丢的，似乎还有另一种可能。由于晚会微薄的收入，魏尔伦有可能"在郊区一家餐馆的花架下与欧也妮分享了一顿极其丰盛的晚餐"[15]因而得到了她的青睐。那么这个欧也妮又是何许人也？她怎么可能这么阴险，一下子就把为魏尔伦组织的演出所得的收益一下子都据为己有了呢？如果我们相信德拉艾的话，我们至少可以肯定，这个女人没有什么姿色，一个四十出头的女人，"身高不超过一只坐着的狗，模样更是猥琐不堪"[16]。在多年以前的第二帝国治下，还是在她青年时代，她也曾大红大紫过一阵，可眼下共和已经十年有余。第二帝国垂暮之时，她也曾在布里耶的舞会上出过一阵风头。那时候的她因为一头卷发，得了一个很俏的绰号——"绵羊妮妮"。据说她在夏特莱的大型演出当中跑过龙套，还跳过舞。也有人说她的照片曾经和当时几位走红的交际花一起，刊登在《巴黎生活》杂志上。甚至还有人说（不过关于交际花人们也真能编派），她曾经认识甘必大、朱尔·瓦莱斯、诗人夏尔·弗雷明和所有光顾普洛克普咖啡馆的文人和政客，还认识曾经当过部长和驻东方某国大使的欧内斯特·贡斯当。这位贡斯当被布朗热派的魏尔伦称作"淘粪工"。只可惜，这种披金戴银被人供养的日子已经一去不复返了。如今的她已经人老珠黄，没有人光顾了。既然已经没有了市场，她倒也不像艾丝黛尔那样，还在拿剩下的一点色相讨价还价，而是改弦更张了。现在她专门做背心，用缝纫机为"漂亮女园丁"做儿童男装，并把自己在帕斯卡尔街上那间顶层室布置得井井有条。欧也妮固然生活安定，也没见她和谁姘居野合，但是她比费洛梅娜·布丹更卑鄙、更阴险、更贪婪。开始的时候，艾丝黛尔的浪荡生活和不干不净的手脚把魏尔伦吓坏了。因此，认识了欧也妮以后，感觉好像得了宝贝，以为终于找到了一个会勤俭持家、靠得住的管家婆，让他得以在社会上抬起一点头来。实际上，这个如今年老色衰的昔日交际花，一直因为被男人遗弃而愤愤不平，并因此变得贪婪、吝啬、尖酸刻薄。就连她的缺点都很小气。等到魏尔伦发觉她不过是把自己当作一棵摇钱树时，为时已经太晚，他已经不能自拔了。她的醋意也一点不比费洛梅娜逊色。一天，欧也妮·比费夫人在巴黎的街上行善，欧也妮不认识她，以为是自己的对手，也是来勾搭魏尔伦的，不然就是艾丝黛尔派来的，于是马上出口伤人，其恶劣程度令人瞠目。接着她又不依不饶动起手来，比费夫人败下阵来，一只胳臂被那泼妇抓出血来，衣服也被撕了道口子。

说话三年过去，10月25日，格扎维埃·普里瓦斯、欧仁·杜尔贝尔和皮埃尔·特利姆亚等三个人又在普洛科普咖啡馆为魏尔伦组织了一场义演。几位负责人明明知道上一次演出没能挣到多少钱，这次的精神就更加难能可贵。"普洛科普咖啡馆的掌柜叫泰奥多尔·贝勒丰，本是一个做铜活的车工。人们为了溜须他'品位高'，称他为'泰奥'①。真是改不掉的小市民气！泰奥多尔免费把自己的咖啡厅给普里瓦斯和朋友使

---

① 希腊语词根，意为"神"。

用，每天晚上他们就在这里念些幽默和爱情诗歌。这位泰奥个子不高，早过了四十岁，大肚子，秃脑瓜，颇能虚张声势，自以为了不起，一有机会就走出来对大家夸夸其谈，像个大主教一样指手画脚。一想到自己的小馆子里要来些院士和名媛佳丽，他就像吃了水蜜桃一样乐得忘乎所以。"[17]按计划，晚会上先由洛朗·塔亚德朗读一篇歌颂魏尔伦的文章，然后由乔治·瓦格、路易·布尔热、亨利·维莱和巴尔贝里尼小姐朗诵诗人的优秀作品。大家都热心地捧场，一个星期的时间，卖出去的票款就达到了一千多法郎。慷慨解囊的大有人在，有罗斯柴尔德家族的阿方斯、埃德蒙、娜塔尼埃尔、克拉勒蒂，还有阿尔芒·西尔维斯特和伊薇特·吉尔贝尔。不过也有不少人不肯赏光，埃德蒙·德·龚古尔称病把票寄了回来，玛蒂尔德公主忘了在信上贴邮票，漂亮的奥泰萝谎称不在。还有一向不把魏尔伦放在眼里的格扎维埃·德·蒙特潘，干脆让自己的贴身仆人代他出席，而且还忘了买票。演出开始了："魏尔伦正对着舞台而坐。这次他没有喝苦艾酒，甚至于没有醉，身上穿的衬衫比白鸽子还要白。他很受感动，不断地鼓掌，和演出的人拥抱。[……]演出结束出门，'绵羊'欧也妮·柯兰兹凶神恶煞地等在门口，让魏尔伦十分脸红。她在等着马上把魏尔伦的钱全部拿走。扣除所有的费用，还剩下三十个路易。欧仁·杜尔贝尔和几位朋友留了一个心眼，先把保罗·魏尔伦在拉丁区沃日拉街上一个又脏又臭的角落里居住的旅馆的老板找了来，付给他魏尔伦欠下的月租。另外魏尔伦还答应每周定期从余款中拿五十法郎花销，一直到把钱用完为止。欧也妮本来以为可以立刻把这笔钱全部拿到手里，而这样一来，她的如意算盘落空了。第二天，酒气熏天的魏尔伦闯到普洛科普咖啡馆，对几位恩人破口大骂。普里瓦斯和杜尔贝尔已经没有了耐心，于是让怒气冲冲的魏尔伦签了个收条，把头天晚上演出剩下的钱款悉数交给了他。一个小时以后，魏尔伦已经身无分文，醉卧在一个水沟里。"[18]无论魏尔伦酒瘾多么大，他也绝不可能在一个小时之内把这么多钱喝光，一定是在他喝醉以后，欧也妮把他的钱偷走了。

人们要说，命运似乎真是和魏尔伦过不去，爱神也似乎对他诅咒。艾丝黛尔以后是欧也妮，欧也妮以后又是艾丝黛尔！魏尔伦左右不能如愿，发誓就此打住，以后再也不会上谁的当，他要一个人过那自由自在而又体面的生活。他不再见她们，也不见替她们传话的人。"我想您一定不是艾丝黛尔或者欧也妮派来的吧？两个人都是一路货色，哪个也好不到哪儿去。一个是毒蛇，一个是蝎子。不过我如今已经和这两个婊子一刀两断了。"[19] 接着他扯着嗓子把两个你来我走的姘头大骂一通："两个臭婆娘，没一个好东西！都是贼骨头 [……] 真能看见她们的尸首才能解恨。"[20] 这两个把他盘剥殆尽的母夜叉，实际上满足了魏尔伦最迫切的需要：他需要被一种母亲般的怜爱所左右。两个人一个比一个专横，而他又酷爱服从，做听话的孩子。她们让他实现了他最大的愿望，就是永远也不需要选择。实际上魏尔伦和她们当中的一个反目时，马上投入另一个的怀抱。两个好朋友就是这样你方唱罢我登场，有时干脆同时受到保罗的宠幸。1892年1月20日魏尔伦住进了圣雅克街272号雷恩旅馆里艾丝黛尔家，可惜两人很快反目为仇——当然是暂时的。魏尔伦在圣热纳维埃夫山街和笛卡尔街15号住了一段时间，然后在1892年7月和欧也妮一起住进了圣雅克沟街9号。1893年11月3日他住到了布罗卡街5号艾丝黛尔家。12月5日到1894年5月1日他和欧也妮住在圣雅克街187号。8月25日他又和欧也妮住到了勒穆瓦纳主教街48号。1895年2月他又回到了圣维克多街16号欧也妮家。从1895年9月起，他和欧也妮住在笛卡尔街39号。

在这方面，他在1893年11月到12月期间在英国讲座时的来往信件真称得上是一个杰作。1893年这一年，魏尔伦又一次离开欧也妮，转而去和费洛梅娜打得火热。5月的时候，按照他对瓦尼耶的说法，柯兰兹小姐还是他的"最爱"[21]。可是6月一到，他就已经要求瓦尼耶把什么都交给艾丝黛尔了，魏尔伦对她一百个放心。还是在给瓦尼耶的一封信中，他甚至把艾丝黛尔称作"我的女人费洛梅娜"[22]。"如果有信，请交给这位美人。"到了8月，他仍在对艾丝黛尔表达爱意："费洛梅娜我的至爱，我一定会俯首帖耳。原谅我的急躁。为了你我愿意赴汤蹈火。"[23] 而欧也妮则被他当作"霍乱"[24]，"住在圣雅克沟街的神经病"[25]。同一个时期，他还向朱尔·雷表示他和艾丝黛尔终于和好了："您觉得很不舒适的摆着一张大床的小屋（您的确总是来去匆匆），连同里面那个女人，泼妇，那个女工模样的陈货，都一去不复返了①…… 我现在和旧时的所爱重归于好，几乎过上了夫妻的生活。"[26] 既然两人过得像夫妻一样，那就是说生活美满了？ 11月23日星期三，他在从牛津写给艾丝黛尔的信中说："你可以想象，我在这里有多么想你。我们还需要三四百法郎，而且我会尽我所能让你高兴。这永远是我最大的乐趣，也是我唯一的责任。给我回电报，只需一个词就可：行还是不行。"[27]

---

① 原文为英文。

他给她寄钱，给她讲在伦敦、牛津和曼彻斯特讲演的情况，向她发誓爱她，保证生活检点。"我在这里过得像个老爷，而且统统不用花钱，好吃好喝，又是剧场，又是咖啡音乐厅。我却觉得无聊。我真希望和我的费洛梅娜在一起，即使是她不太友好的时候，有时她确实会……！我也不喝酒，而且即使将来，如果我亲爱的好好跟我说，我也会永远不再喝了。"[28] 11月27日，他还在讲自己如何忠诚，但我们隐约可以感到他已经有些不安。很显然一个好心人（不用说，肯定是欧也妮）告诉他费洛梅娜在法国可远没有他那样忠诚。他的信中说："不要担心我找女人。在这方面二十年前伦敦让我吃了不少亏，而且我也太爱你了。同样你也要小心做人，咱们幸福的小家庭里可不要出乱子。我定会让你像王后一样幸福。我去挣钱，都给你，不给别人。"[29] 11月28日，他的焦虑已经明显流露了出来，信写得像一份最后通牒："我忍不下去了。我再说一遍，请你坦白告诉我，那事情是不是真的。如果属实，固然悲哀，但是至少坦白。如果是假，请你给我证明。我的意思是你应该对我挑明。那样我请你原谅，咱们就尽早结婚。你看，我对你不要什么心眼。你知道我有多爱你，一定知道和我一起一定会幸福。"[30] 之后整整二十四个小时，他都在苦苦思考是不是应该把这封信发出去："亲爱的妇人，寄出昨天那封残酷但是必要的信以后，我整整一天不能平静，长夜就更加难挨。我的心头很沉重，非此不能释怀。我简直喘不过气来，真的。这个打击太沉重了，我简直要发疯，想毁了自己。[……]给你写那封信，固然需要不少勇气，我也认为做得对，但是我因为莫测的命运而胆战心惊。说实话，我不知道如何是好。我离不开你，又几乎总也不能和你在一起。我请求你，告诉我让我安心的话。跟你说，再这样下去，我真要发疯了。"[31] 从大概同一天写的那封信开始，信的口气就突然完全变了。开始本来是对工作和感情的满腔的热情，突然变得消沉起来。发生变化的还不只是魏尔伦的情绪，还因为收信人已经变了。他对费洛梅娜灰了心，于是和欧也妮书信来往。魏尔伦告诉她"艾丝黛尔没有找到钱"（难道她不仅偷人，还丢了一大笔款子吗？还是魏尔伦不好承认自己戴绿帽子，所以找了一个说得出口的理由）："这样我一边安慰她，一边跟她说这说那。可是我越想，越不能容忍别人对我的背叛。我一定想尽办法惩治这个娘们儿。这不是一件容易的事，因为我太爱她了。"[32] 他还让欧也妮不要把这件事对别人提起。他反复重申："对谁也不要说。千万不要瞎顾面子。一句话，守口如瓶。说多了必定坏事。"[33] 30日他又强调这个条件多么重要："请你千万保守秘密。能这样就会一切顺利。千万,千万,最好是把我的信撕了。"[34]可是同时他也给费洛梅娜写着一封封热烈的信:"我可能这个星期回来,星期三或星期四。不过也可能再晚一些会更好,尽管我迫不及待地想见到你,想紧紧地拥抱你,我的宝贝。爱我,这是我对你唯一的要求。我将一如既往,为你做出一切。吻你,我爱你胜过我自己的生命。"[35]魏尔伦大人高抬贵手,轻易饶恕了"亲爱的",实际上是因为他已经在和"亲爱的朋友"联合,安排好了退路。这件事他仍让欧也妮保守秘密:"我保证后天再给你写信。不知道何时能回来。很可能周四。[……]仍要保守秘密。下一封信会长些,也会更好些。千万别声张,不然就会前功尽弃。"[36]12月4日星期一,他已经在欧也妮一面有了绝对的把握,于是对艾丝黛尔发起攻击。这里我们要全文引述他的信,因为它极能说明问题:

亲爱的,我忍无可忍!

写这封信时,我已经万念俱灰。一个人如果心里只剩下一个念头,那就全完了。看看我们的过去和现在,看看你自己一个人花掉或是存起来的三千法郎,没有一点好处给我,听听人们的风言风语,我预感到,而且所有的迹象都表明,你有一个情夫,而且和他住在一起。而他根本不在乎我,也不在乎你。在你这样的年纪,要和一个二十九岁的情人在一起,不可能不付出代价。

如今的我肝肠欲断,一天到晚都在想这件事。

以下是我考虑的结果:

随信附上二十五法郎,你知道我收入不多,还要买衣服,因为我这里什么也没有。我建议咱们仍做好朋友。咱们仍然可以见面,需要时我也不会拒绝为你帮忙。但我不会和你生活,况且我们从未一起生活过。你有诸多住处,是你信不过我。我不会再干自己花钱租房而让别人住的事,而且我也赔不起了。六百法郎的款子,就那样不翼而飞了,你还想让我把钱都交你保存。多谢费心!还有那些贪得无厌的乌龟,让他们见鬼去吧!

你威胁我说你会"生气"。天哪!你请便好了。我已经信不过了,而且从来就没有信得过,就连住院期间在内。比如,我很清楚你所谓的回老家完全是编造出来的,还有那个所谓卖绷带的,诸如此类。

不过我还是太爱你了——即使信不过的人也可以爱——还是割舍不下你。

你呢，住在帕斯卡尔街的时候你对我说过，你爱我只是图我的钱。对你来说，我不过是一个孤老，一个客人，是个出钱养着你的有钱人，而别人却是你的情人。住在圣雅克街的时候，你曾经当我的面和别人说过这话。你应该和气地给我写："对，我是和某某人住在格拉西埃尔街的房子里。我还有几个钱。用完了我会跟你要。"那样我们还能做好朋友。否则的话就会永远纠缠不清。这（对我来说）很可怕，但是有什么办法！

如果你真的没有恬不知耻地、恶劣地、肮脏地欺骗我，那你睁开眼吧！

钱我存起来了，会一点一点取来用。另外，我在这里写的东西，每月会得二百五十法郎稿费，这是肯定的。所有的证明，什么"我允许……"都无济于事，只有我一个人能够把钱取出来。

如果咱们准备在一起生活，那就结婚。这样我保证你在我死后也老有所养。我觉得这样够对得起你了。

无论你怎么想，以尽快来信为宜。我可能周四启程。如果你同意，会有人通知我。如果我确定可以信赖你，我会让你成为半老徐娘当中最幸福的。

在你眼里大概已经太老的

保罗·魏尔伦[37]

给艾丝黛尔的信一发出，他马上又给欧也妮写了一封：

亲爱的朋友，

一切按既定方针办。明天星期三，也就是你收到这封信的同一天，晚上7点，在巴黎北站，来自加莱的火车。我带来的钱不多，但大概每月将有二百五十法郎进项。只能在伦敦领取。

离开艾丝黛尔，我心情很沉重。我还爱她，而且会永远爱她。但是这个女人对我很危险，所以我的决定是对的。我也爱你，而你一直对我很好，只有和你在一起我才能好好工作。请你别再和我提起那一位。性子也再随和一点，一切都将顺利。

明天见。到时候咱们在火车站附近好好吃一顿。然后睡觉。

你的保罗

如果咱们处理得当可以非常幸福，但是要换一个区居住。我得离艾丝黛尔远一点。这个女人大概对我施了什么魔法，和她在一起总要坏事。

卡扎尔斯不再是你的朋友了，知道吗？我不在乎，虽然我觉得他不错。我们男人之间还能见面，例如在咖啡馆……

这里寄钱真不方便，所以请你原谅，并非是我吝啬。如果明晚7点你能来北站接我，就什么问题也没有了。[38]

魏尔伦就这样相隔数百里，靠几封信把情妇完全调换了过来，抛开了一个，跟上了另一个。很显然，他十分满意自己有翻云覆雨之力，很有些飘飘然。可是他好像忘了，他支配的两个人并不把忠贞当作最高的行为准则。从1895年开始，欧也妮在魏尔伦的心目中完全取代了艾丝黛尔的地位，艾丝黛尔却不甘心彻底离开魏尔伦，1895年5月29日她送给朱尔·雷的那封错字连篇的信就是证明：

对不起，我又给您天麻饭［添麻烦］。明天30号是保罗·魏尔伦先生五十一岁生日。我想请您去见魏尔伦先生，把这风［封］信替我交给他。别让欧也妮看见。您用拉丁语跟他说，这样她听不懂。出来以后请您来我这儿告诉我他说了什么。我等您到6点。白脱［拜托］您了。

多谢。

艾丝黛尔

拉尔巴莱特街14号右边第四个门[39]

其实，归根结底，和他同床而卧、颠鸾倒凤的那些女人，无论是叫玛丽·冈比埃、费洛梅娜·布丹，还是叫欧也妮·柯兰兹或者卡洛琳娜·泰森（平常叫作莉莉），那又有什么关系？魏尔伦渐渐已经不在乎身体是谁的，所有的肉体都混在一起，不再有任何区别。早就做出广告却一而再、再而三地推迟的《平行集》终于在

1889年6月由瓦尼耶出版了。虽然魏尔伦的早期作品已经包括隐约的色情内容，却基本属于意念层次，用的是潜在的、比较隐晦的形式，因为梦幻和死亡之类的内容和赤裸裸的肉体淫乐是不相容的。拥吻和我们的眼睛捉迷藏，而对肉欲的追求最终只能导致虚无。但是在《平行集》中对肉体的描写却达到了前所未有的直接和露骨，"在肉欲方面相当大胆，而没有太多的忧郁"[40]。在这个集子当中，魏尔伦不但插入了过去的"同性女子的性爱场面"，还包括1867年年底出版的《女友》当中的十四行诗。除此以外他还加进了一个题为《妓女》的系列。可以说，《女友》表现的色情还比较具文学性，还追求审美感受，但是这些新诗却要露骨得多了。身体在这里有了肉感，像"漂亮大腿""高耸的胸脯""喜悦的臀部""热烈的草丛"等说法，拥抱也变得下作、性感起来，带着"甜的、咸的、辛辣"的味道。场景也不再是那样田园牧歌式的，而是现实主义的陋室和床单。甚至就连淫乱以后染下的性病，如淋病等各种感染，也可以成为诗歌"讴歌"的主题，例如在《平贞》①中那样。

　　1889年8月31日星期六，魏尔伦就向卡扎尔斯表示希望把两个月前刚刚发表的诗集再做些充实。"想出版《平行集》的第2版。青年小伙儿和纯真少女的对话，维吉尔那样的风格。这将为我最新的大胆尝试提供一个场所。题目就叫《对歌》。"[41]从此可以看出，他已经准备把《平行集》中色情部分大大地充实一下。实际上，这些诗当他还在埃克斯浴场疗养时就已经开始写了。最终他们被收入了《女人》。出版这个小集子的是布鲁塞尔的出版商亨利·吉斯特迈克，共印了175册："秘密出版，哪里也买不到。"这里再没有《昔日与昨天》中《淫乱》那样对肉体的神圣颂扬。那时的魏尔伦还认为，灵与肉、理想与现实，可以在性爱高峰那一刻得到调和。现在，他已经不管其伙伴是妙龄女郎还是半老徐娘，无论是美色丽人还是猥琐丑女，无论是久经风月还是天真纯情。那腿和臀、缝和隙、屁股和性器官、嘴和奶头，所有淫乱的器官已经不再属于哪些特定的女人。所有的搂抱、交媾都大同小异，无甚区别。"《女人》中表现的色情受了词汇的限制，很少上升到抒情的高度。对过多的相同的性器官描写，太多的色情场面，使这种爱失去了生命力。这种爱没有面孔，一切都不断'重新开始'。"[42]魏尔伦在肉体中、在肉体几乎无形的丰盛中迷失。用他自己的话说，他从中

---

① *Casta piana*，一个妓女的绰号。

"抽象出来"：

> 我愿抽象出来进到你的腿和臀，婊子，
>
> 你是祭奠唯一真神的唯一真正祭司，
>
> 不管你的美色成熟与否，是行家还是新手，
>
> 啊！我愿永远生活在你的缝和你的沟。[43]

在这本诗集中，魏尔伦不再追求细腻和创意，只是随意地堆积污言秽语，通篇是猥亵、下流的脏话，到处是笨拙的表达法和淫秽的内容。甚至于，这些诗从文学角度来说到底是好是坏已经无关紧要，所有这些诗篇都极其缺乏诗意也无所谓。因为它们要表达的是肉欲的永恒。魏尔伦在这些诗中已经完全不再追求人的升华和美学的提升，剩下的只有肉欲和性满足，没有止境的几乎令人作呕的性强迫性冲动。习惯和反复占据了主导地位，取代了对新奇的追求和独特性所具有的魅力。质完全被量所淹没：脖子粗，胳膊肥，乳房重、有力、肥硕，肚子富态，腰宽，腚肥而豪华，股粗而肥，膝盖臃肿，腿肚结实而肥阔。通篇都是这样反复重复，所有躯体都像史前肥硕的维纳斯像一样臃肿。即使是魏尔伦对于自己和欧也妮·柯兰兹的关系有感而写的《献给她的歌》（莱昂·瓦尼耶1893年出版），还有主要是为费洛梅娜而作的《献给她的赞美诗》（1893年，仍由瓦尼耶出版），其实歌颂的都不是某一个特定的女人。在这种通篇的动物化处理当中，所有的个体都不再存在。这种动物化甚至并不是真正向创世之初人类尚未犯错时那种天真的回归，尽管魏尔伦装模作样好像相信这一点：

> 让我们不再拘束尽情挑衅，
>
> 雄鹿雌鹿挺着真正的角。

因为肉欲的泛滥，这些作品表现给人的感受不是天真，而是吃惊和愚钝。甚至就连器官也不是最重要的了，而变成了功能。"达到高潮然后睡觉，你可愿意？这将是我们首要和最后的功能，我们唯一而双重的作用。"他对文学表示出不屑一顾的态度，而不仅是出于嘲讽：

千万不要提起文学，

让读者、作者、出版社都去见鬼。

千万！让我们追随我们的天性，

忘掉各种拘束是多么的美。

　　的确，这样的文字，真可以说是对文学的肆意践踏，是一个诗人的文学自杀。在感官的愉悦中忘却自我，同时也是文学性的丧失。他在《献给她的歌》的最末一首中写道："女人夺走了我的全部"：

不！疯狂，冒失，淫乱，

流氓，野人

被塔菲娅酒醉倒，

有女人的时候，

我们不是博学的

所多玛①的男人。

　　女人的身体，是那种"在任何理智的、道德的和审美的考虑之外的"[44]身体。有意思的是，魏尔伦死后出版的第一本诗集的题目是《肉体》，似乎要从出版方面，用这本人们几乎不敢再称之为诗的书证实，诗人的确已经死了[45]。

---

① 《圣经》中描写的淫乱的国度。

第二十章

最后的创作

那是颓废的

舞蹈，[……]

但你不要过分欣喜。

看正在远去，

我的全部心智，

分崩离析。

——颓废舞会（《分崩离析》）

1886年4月10日星期六，一份四页纸的周刊出版，售价十五生丁，刊名《文艺颓废者》，出资者是阿纳托尔·巴居，主编吕克·瓦加尔梅。

这份杂志创刊后四个月，魏尔伦成了这个新诗派的领袖，"词语的旗手"，因为颓废派把出版在5月26日《黑猫》上的《惆怅》的前几句作为他们的楷模：

我是颓废之末的帝国，

看着高大的白蛮走过，

一边作着麻木的藏头诗，

金色风格中有太阳的惆怅跳舞。

但是他们忘了，这首诗是《昔日与昨天》中用来模仿甚至讽刺的《仿若干风格》

中的一首。因此，选择这首诗做他们的代表完全不合情理，但是在巴居却是有意为之。这位记者这一年二十七岁，其父原在贡弗朗乡的骑士桥开磨坊。后来，他念了几年中学，当上了圣德尼乡小学的助理教员，本人也写过一本诗集，题为《进军奥林匹斯》（不过这也可能完全出自巴居的杜撰）。巴居心里很清楚，自己要想尽快大红大紫，一定要找一个诗人为他撑腰，而这个人即使不是声名显赫，至少也要有一定的知名度。因此在1886年夏天，很可能是8月1日星期天，巴居、卡扎尔斯、莫里斯·杜·普莱西等一伙年轻的颓废派诗人，一起去台农医院看望魏尔伦，以期尽快把他拉上颓废主义的船。7月31日的第17期上已经刊登了原载于《瓦格纳杂志》的魏尔伦关于巴伐利亚国王去世的诗，后面附着一段按语："在萨尔塞出版的《信使》报在这首诗末这样评说：'你，魏尔伦，颓废殿堂的上帝，是奥托①和路易二世之类人的指定诗人。'这未尝不可！"在一周以后出版的第18期中，帕泰尔纳·贝里雄为当时还在台农医院住院的魏尔伦大唱赞歌，称他为"法国诗人中少有的真正的诗人"。他说："医院的苦恼只能使诗人的不朽光环更加明亮。将来总会有一天，人类将摆脱眼前各种力量的束缚，终会相信自己只能回到自身。尽管有了铁路、电报、电话、气球，一句话，尽管有了文明，但是人终要返回到过去、返回到他的心灵。到那一天，文学将跪倒在诗人的脚下。"一个月以后，在9月4日出版的第22期中，卡扎尔斯为魏尔伦描绘了一幅肖像：

> 林神或佛的头脸，
>
> 美，但是像"苏格拉底、拉马丁和波德莱尔合在一起"。
>
> 有时是**笑面人**，于是在鳏夫的脸上，嵌进诗人的名字，并不断派生。
>
> 受诅咒的诗人！
>
> 眼睛在加长，睫毛下垂且连到一起，鼻子和眼睛一样，淫荡地翘起。
>
> "疯狂而温柔"，骄傲而单纯。魔鬼同时又是上帝。——但永远受诅咒！
>
> 他同时永远充满恋情，像兰波一样。阿南刻。
>
> 他曾是巴黎公社社员，但艺术和政治难道不能各行其道？的确，命运使他成了教皇派，但同样是命运使他成了诗人、受诅咒的诗人。

---

① 罗马帝国内战中即位的三个短命皇帝之一。

时下，他躺在医院的病榻上，饱受疾病的折磨，等待着财富到来。二十年致力于文学，他却没等得到应有的回报。

啊！他为什么开了社会革命的小差呢？

很显然，开始时颓废派并没有特别注意到魏尔伦。在他们的刊物出版的头四个月中，甚至从未提到过他的名字。他是在运动发起以后才上了这辆车，或者说他在这个运动里进行了投机。不过魏尔伦的确于斯曼的《逆流》中埃森特一家的书架上占了很显眼的位置。于斯曼很欣赏魏尔伦独特的个性："他表达的是模糊而精致的心声，是傍晚时分的低声细语。只有它能让人感到某些心灵的超俗的令人疑惑的东西，思想的窃窃私语，心中的秘密，高高低低，似有似无。听到这些声音的耳朵也不免犹豫起来，不断把这些惆怅传到心里。而引起这种惆怅的，是一种神秘的声音，与其说是耳朵听到的，还不如说是心灵听到的。"[1]魏尔伦自己在《受诅咒的诗人》的序言中，也强调这些诗人的特点是"平静，正如有些颓废的青铜器"[2]。特别是，1886年这一年，魏尔伦心里很清楚巴居和同伙出版他的诗的真实意图，但是因为能够重新在文学舞台上出头，他坦然处之，甚至很高兴能够有一批文学青年前呼后拥，为自己壮门面。他需要给自己重整旗鼓的机会。因此，虽然一开始巴居和欧内斯特·雷诺去医院看他的时候，他骂给一本杂志取《颓废》这样荒唐刊名的人是个笨蛋，以后却改变态度，去捍卫这个标题，说这名字取得是多么恰如其分。他说："我喜欢'颓废'这个词，因为它闪着红色和金色的光芒。我当然不接受对其进行的诋毁，不同意它有什么沉沦的含义。恰恰相反，这个词表现的是极度文明的细腻的思想，极高的文学修养，一颗具有强烈感受的心灵。它能够迸发出热烈的火花和宝石样的光芒。它所混合的是肉感的精神和悲戚的肉体，以及所有王朝末世的强烈的辉煌。它散发的气味里有艺妓的脂粉、马戏表演、斗兽者的呼吸、野兽的跳跃，还有在敌人震耳欲聋的号角中因感受的力量强烈而衰竭的在火焰中跌倒的人种。颓废，是在火焰中点火的萨达纳帕路斯①，

---

① 亚述末代国王，据说自焚而死。

是割腕以后还朗诵着诗句的塞涅卡①，是用花朵掩饰自己奄奄一息的彼特尼乌斯②。如果找离我们近一些的例子，颓废也指那些走上绞刑架的侯爵夫人，在那样的时刻还面带微笑，注意自己的发型不乱。这是美好地死去的艺术。"[3] 但是在私下里，他对颓废远没有这样的热忱（但却急切期待着回报）。例如他在1886年12月13日给勒佩勒捷写信说："的确，我想我可以挣钱了，因为我现在已经走出帕尔纳斯和'颓废'（这个词真傻！）的阴影。"[4] 从1886年7月开始，他积极为《颓废》撰稿。在1887年12月出版的第35期刊登了他的《著名的鸭子》，即《致路易斯·米歇尔的抒情诗》。1887年12月，《颓废》杂志停刊而同名日报问世。在创刊号上，刊登了他的有名的歌颂性的《致颓废派人》：

全巴黎有数人，

我们贫贱但是不屈。

时常举杯痛饮，

但我们惯拿清水一杯。

口嚼着发干的面包，

胜过美味佳肴。

只有美丽不凋

我们在作家中佼佼。[……]

献　辞

固然囊中羞涩，

我们开怀大笑，

哪管他人品头论足，

我们在作家中佼佼。

---

① 古罗马哲学家、剧作家、政治家。

② 古罗马尼禄统治时期的讽刺作家。

这足以证明魏尔伦不愿意错过这个几乎是天赐的给自己扬名的良机。他在《颓废》上一共发表了五首诗和五篇文章。看了魏尔伦在《当今名人》中对阿纳托尔·巴居的介绍，人们会更准确地了解魏尔伦对颓废一词的理解，尤其可以了解魏尔伦对这个运动有什么期待："几个青年，读厌了所谓自然主义的千篇一律的陈词滥调。而且他们这一代人也比以往所有的人都更看破红尘，所以更急切地渴望一种能够表达他们愿望的文学形式。他们的理想严肃而深远，带着极其高尚的苦痛和极高的雄心。可能他们缺乏一些帕尔纳斯派的凝重，缺少（他们仍旧欣赏的）勒孔特·德·李勒那种不动声色的悲观。他们读了我的诗。我写这些诗时，完全没有任何派系的考虑，而是凭着自己喜怒哀乐的感受。是这些诗中表现的艺术的坦诚和内容的极度单纯吸引了他们。"[5]他在颓废派诗人身上最欣赏的，还是他们对他的推崇。他断然拒绝与那些"喜欢晦涩，散播深奥难解的理论和诸如此类的颓废派作家为伍，并不知通过哪种联想，也殃及了那些悲观的和信奉叔本华理论的作家"[6]，可是这些人明显属于这一类，但他却佯装不知。自己的作品登上了刊载大师作品的杂志前三期，这是对自己在诗坛上的地位的绝对的肯定，这怎能不令他欣慰？从此，他只关心宣传自己的著作，只关心这些作品能给自己带来多少荣耀。尽管生活贫寒，魏尔伦仍然念念不忘得到社会的承认。的确，即使在他生活最艰难的时刻，他也一直对此不能释怀。

但是魏尔伦和巴居的关系很快就急转直下。因为要想让魏尔伦容得下《颓废》及其主编，除非他们对他言听计从。他对这些杂志感兴趣，只是因为它们能给他带来好处，因此他一定要能够做主才愿意干。可是偏偏巴居一连几件事都伤了他的心。杂志第2期他一改常规的四千五百册，印了一万册，以便广泛宣传大师的作品，可是他忘记了给魏尔伦寄上一册。他还登了一首很可能是伪托的兰波的诗。第3期登载一首魏尔伦的诗，本来魏尔伦是打算以后再出版的。1888年，巴居在7月1日出版的一期上向巴黎的整个报刊界发起了一个极其感人的号召，希望大家帮助魏尔伦大师，说他被家人剥夺得身无分文，贫困交加。这个举动让魏尔伦大跌面子。他所有的努力都是为了给自己树立威信，可是就因为一个人对他过度关心，结果整个巴黎都知道他的生活有多么艰难。这简直让人忍无可忍。所以，魏尔伦一在瓦尼耶那里发表了《当今名人》中对巴居的介绍，他就和颓废派一刀两断了。

1886年9月，古斯塔夫·卡恩主持，并和让·莫雷亚斯、保罗·亚当一起出版了

《象征》杂志。这份杂志虽然一共只出版了三期，在文坛上却起了举足轻重的作用。魏尔伦自然还是把颓废、象征等当成是徒有虚名而没有实质差别的东西。他在1886年11月写给朱尔·泰利耶的信中，故意对两派之间的矛盾轻描淡写："谢天谢地，象征派、颓废派和其他一些矫揉造作的派系之间的争斗由于各方或死或伤，终于告一段落。"[7] 接着他又挖苦地列出那些仍不愿退出阵地的杂志。可是他还是拿出一首诗放到新杂志的第1期上发表，而且始终没有公开明确表态，声明自己不会加入到象征主义行列中去。说得不好听一点，魏尔伦实际上是同时脚踩几只船。从1886年到1895年几年间，他一共在不下二十二种刊物上发表作品，包括《吕代斯》《瓦格纳派杂志》《潮流》《文艺颓废者》《斯卡班》《颓废》《象征》《独立杂志》《大事记》《大众生活》《马鞭》《费加罗》《写作》《艺术与评论》《黑猫》《今日杂志》《艺术家》《巴黎回声报》《白色杂志》《基督教的觉醒》《吉尔·布拉斯》《世纪末》等[8]。等到这些文学流派对他没有什么用的时候，那就不论他是颓废还是象征，他都把它们一脚踢开。虽然他和巴居表面上是为了一些鸡毛蒜皮的小事分手，实际上最根本的原因是：魏尔伦已经名声大振、东山再起，已经不需要受制于人、寄人篱下了。魏尔伦关心的，是给他的新作造出声势。有一段时间，人们觉得他好像对莫雷亚斯的"罗曼派"很动心，但实际上他还是为了宣传自己的著作。魏尔伦很清楚，他自己永远也不会成为什么"学派领袖"，但他却摆出这个姿态，其目的无非是推销自己的诗集，并同时得到社会的承认。一个学派的领袖当然应该在社会上有一席之地。

魏尔伦还在不停地写、不停地出版。1890年，他出版了《题字集》。1891年，又由莱昂·瓦尼耶出版了《幸福集》。在他看来，继《智慧集》和《爱心集》之后，《幸福集》是自己的天主教三部曲的第三部。在这部诗集里，魏尔伦又拿出浑身解数，写作一些和自己风格完全格格不入的诗歌，背叛自己的诗风。从诗艺上来说，《幸福集》和魏尔伦风格完全背道而驰，完全违背了他自己的艺术真谛，是对他自己的诗情的肢解和蹂躏。此时的魏尔伦感兴趣的是后来成为罗曼派那些人所提倡的秩序和清晰，追求的是传统的文化和向传统形式的回归。因此他逐渐放弃追求诗句中的自由和音乐效果，放弃象征、暗示和比喻的手法[9]。我们只要知道，罗曼派是后来表现为布朗基主义的民族主义在诗歌领域的反映，那么这种诗歌"罗曼化"的用意就变得昭然若揭了。同以往一样，实际上魏尔伦生活在社会边缘是假，不甘心自己失去社会地位是真。他苦心孤诣地要回复到最保守的社会秩序中去。在诗歌方面，他希望循规蹈矩。同时，他的诗作和他的散文作品一样，总是不断地絮叨过去的事和回忆。他的诗没有任何新意，只是在永远不停地反刍过去，令人生厌。人们似乎感到，诗人陷到了自己生活的陷阱中而不能自拔：

> 啊！我反复思考
> 我的过错和我的痛苦，
> 像不够格的拉辛，
> 分析得我泪流簌簌。
> 用未得驯服的头脑，
> 我分析自己的心理。

从此以后，就是这样不断地犯错后悔过，堕落后振作，纵欲后悔恨，负疚后宽容。感觉犯罪以后，需要寻求拯救；肉欲满足以后，马上需要信仰。如此不断循环反复，直至令人作呕。魏尔伦已经完全失去了方向，却以为只要把自己习惯的内容机械地拿来并写进更僵化、更正统的诗中，他就可以用法律和秩序来补偿自己全身心的堕落。他以为在诗艺上拘板些就可以自救，可以保证自己不至于沉沦。1892年出版的《内心深处的礼拜》是对《幸福集》的发展，也是出于同样的目的，同样是一部追求秩序的作品。这些诗作所颂扬的都是崇拜的形式、礼拜仪式本身。礼拜当中最重要的不正是其程式吗？魏尔伦在其最后那些年，虽然在生活上极其穷困潦倒，放浪形骸，但是从严格的诗歌角度讲，却竭力追求法度，以平衡自己被排斥的感觉。

第二十一章

最后的旅行——寻求解脱

十八年前，我三十岁时，过的是极其躁动而无聊的生活。那时我考虑人生的意义，突然意识到，我们大家都或多或少挣扎于其中的现世生活，这个充满错误和过错的生活，并不是人生的全部。正因为此，我的诗歌在经过了浮躁动荡的青年时代以后，躲进了幼年的信仰及我家庭对我的谆谆教诲之中。当然，我做得很不完美，并经历了多少大起大落，包括在文学上，例如我的几本过于肉欲的作品，我不便多说。但这是真情。所以我写了《智慧集》《爱心集》和《幸福集》这一系列。这可以算是我所写的最有价值的东西了吧。

——保罗·魏尔伦："海牙讲座"之二

1892年11月2日，正好是诸圣瞻礼节，这一天，魏尔伦在巴黎北站坐上了开往海牙的火车。后来他在《荷兰十五天》中说，这是一个好兆头。他是调侃呢还是认真说的？再认真不过了，因为魏尔伦即使不是很清醒地意识到，他也知道，他就要开始一直拖到现在仍没有做的解脱的工作。他在死人节那一天出发，去寻求对所有死去之人的解脱，卸去过去不断加重的过去的负担。

此前一个月，魏尔伦在圣米歇尔码头的莱昂·瓦尼耶家遇到了一个荷兰书商兼出版商，名叫布洛克。布洛克建议他到荷兰去做一次巡回讲座。魏尔伦立刻抓住这个时机，条件是邀请方必须向他预支旅行所需的费用。在海牙和阿姆斯特丹组成了两个委员会，准备欢迎魏尔伦。委员会包括画家菲利普·希尔根、诗人让·图罗普、记者兼诗人阿尔伯特·沃尔威。这次旅行真是奢华透顶了。供魏尔伦使用的一辆双座四轮轿式马车，装着镜子，车厢和车板都由桃花心木制成。多么奇怪的旅行啊！魏尔伦独自一人穿过法国北方和比利时埃诺省的工业区，用散文重新走过昔日诗歌写成的爱情旅程。那时他和兰波一起先到阿拉斯，然后到布鲁塞尔，吟着《比利时风光》："[……]变换的景色不断被雾气所笼罩，无声地从眼前掠过。好像无所谓好坏的梦境。电话线此起彼落，电线杆上的瓷瓶宛如巨大而精瘦的纸牌。[……]土地一点点变黑，偶见几棵树，但是瘦小猥琐，像残废人的骨架。黑乎乎的工厂，烟囱冒着烟，接着满眼看到的是红砖，血红的砖，建成庞大的或者矮小的建筑，用于工业。远处，黑乎乎的高大的烟囱看上去有些骇人，上面翻卷着黑烟，接着像长蛇一样展开，告诉我们到了产煤地区了。[……]我了解这些地区，因为我在这里走过不知多少次，经历过这埃诺地区的孤独。几个村庄，砖顶和石灰建成的房子，让我们先感受到刚过布鲁塞尔就出现的弗拉芒乡村的情景。但是火车在不停地向前跑，穿过越来越黑的田野。不远处可以看见，沿着煤矿的铺满煤渣的路越走越黑。"[1]这篇文章之所以比魏尔伦的其他散文更具有他自己的风格，是因为他用和火车一样的速度，密集地、飞快地重温往事，重新回放过去在这同一片土地上面所经历的所有悲和喜，所有的钟情和遗憾。到了比利时海关，海关职员问他："你带有什么新东西吗？"[2]意思是问他箱子里有没有什么新商品要上税。但无疑魏尔伦把这个很一般的问题听成了完全不同的意思。的确，与他上一次穿过比利时边界相比，什么都焕然一新了……"我这一次旅行，俨然像一个帝王、一位大亨，坐的是软座，马车豪华之极，大小官员见了都毕恭毕敬。而上一次我则是坐着颠簸而坚硬的囚车，在宪兵和狱卒押解下去监狱服刑。"如今他是何等的踏实，何等的光彩啊！火车停在了蒙斯站，这是魏尔伦第一次可以从容地从外面打量这座城市。"蒙斯看上去一片红，进站以前我看见一座高塔，不知是岗楼还是钟楼。铁路左侧看见一个个巨大的煤堆，像一些黑色的山，更准确地说像丘陵，里面说不定有什么土神山怪，就是那种在壁炉的炉条上龇牙咧嘴，在冬天取暖炉的烟囱里酣睡打呼噜的那种。"[3]更让人惊异的事，他在那座稔熟的、红砖砌成的城堡前面经过时，竟然没有移开视线，而是极其仔细地审视："这座单人牢房监狱，是我从未从外面这样仔细地看过的。它建在城的尽头，像是嵌在四堵墙构成的四边形之间的一个车轮，上面由小教堂的圆盖封顶。[……]不过，因为我一心想着讲座，所以经过这个森严的流放之所时没有过分动情，尽管我九年前曾在这里大悲大喜过。"

过去的回忆越来越强烈，转眼布鲁塞尔到了。火车在南站停了两分钟，然后绕过布拉班特省省府到达北站。"坐在车上，我得以俯瞰布鲁塞尔全城，因为布城整个处于一片洼地之中。我曾在这座城市中生活。虽则只是短短的几个月，但是那段生活是何等的惊心动魄啊？现在看来，整个从外围看上去，布鲁塞尔还是蛮可爱的。"[4]此时此刻的魏尔伦是多么放松啊！从这个让他受尽各种磨难的地方走过，他竟然丝毫也不紧张。他甚至有情趣对比利时首都的建筑风格发表意见，认为在所有极其糟糕的现代建筑中，唯有法院脱颖而出："这座建筑建在一片高地上，看上去像巴别塔。其穹顶在我看来镀金不足，也不够宽大，但却俯瞰着布城和附近乡村。这建筑大胆创新，别出心裁，在清一色的丑陋建筑当中鹤立鸡群。"[5]的确此时法院已经不是他当初受审时的建筑，而是1883年10月15日新落成的。不过即使如此，魏尔伦也还是够坦然的。他竟能对这个让自己生命一蹶不振的地方大加赞赏。他的这种态度，我们只有把他的这次旅行当作对过去的全面清算才可以理解。眼前逐渐出现了荷兰的景色。小运河，一条条平行的狭窄的草地，风车。太阳向天边落下去，旅客一个个逐渐昏然入睡："眼前突然出现一片水，好像静止一样。目光所及之处，被夕阳最后的余晖映照得血红金黄且发绿。一行行风帆，在越来越暗的天色和突然降临的暮霭中，也好像原地不动。[……]当夜幕完全降临以后，不见了水色，而一个个村庄，则由于完全为水包围而好似淹没在水里。不过，终于有了人烟。一座钟楼，一架风车，隐约的房子的暗影在雾中闪着颤巍巍的光。据说是多德雷赫特到了。"[6]现实变成了虚无，所有的景色都披上了魏尔伦的色彩（是早期的魏尔伦，那个想彻底毁灭世界的魏尔伦），与庆贺和背叛之前的魏尔伦久别之后的重逢。接着魏尔伦在最后一站鹿特丹稍事停留。然后"远远看见一些停止不动的风车，在黑红的天空下像一个个巨大的黑色十字架"[7]。目的地已经不远了。

终于，"海牙，海牙"到了，朋友都来接他。首先去餐厅，要穿过一个玻璃长廊，马上令魏尔伦回想起布鲁塞尔的圣于贝尔商店。他就是在那个要命的地方买的那支手枪，一直就把他送到了蒙斯监狱。往事随时随刻不断涌上心头，与现实碰撞而消逝。他就是这样来完成忘却的工作。他们在一座豪华的餐厅用了餐，住宿是在林木掩映的乡间别墅——海伦别墅的菲利普·希尔根家。第二天没有安排活动，魏尔伦参观画家的画室，接见他的荷兰崇拜者，心不在焉地准备当天晚上的讲座。他一准备完毕，大家马上出发去参观海牙城。"海牙很漂亮，弗拉芒式房屋，漂亮的商店，整个城市是尼德兰式的干净整齐。脚下的砖墁地踩上去很柔和，看上去也赏心悦目。很少大型建筑，市政厅很小、很秀气，是文艺复兴初期的风格，排钟敲起来甚是动听。"[8]的确，荷兰很适合魏尔伦。在他一生中得意的时候，他一直幻想着能过上这样井井有条的生活。这样一个小国，看上去干干净净，人们恪守礼仪，过着有条不紊的生活。在一个无比宽敞的酒馆里喝过一杯苦斯希单开胃酒后，就到讲座开讲的时间了。讲座安排在共济会支部。讲座一开始，魏尔伦怯了场，他根本没有当众讲演的习惯。好在一切顺利。诗人哗众取宠，先向自由的荷兰致敬："高贵的国度，是作家，尤其是法国作家的流放地和避难所。在专制时代，他们饱受迫害，路易十四时代尽管是辉煌的专制，但终归是专制。"[9]可是他的讲座水平实在一般。他只是罗列了一些诗人的名字，朗诵了一些诗歌作品，包括科比埃尔、马拉美、兰波以及他自己的。他最注意的是自己表现得一定要一本正经，不要出语伤人，所有的话都小心谨慎，绝不标新立异。这在人们给他在荷兰拍的照片里也看得出来[10]。他一副道貌岸然的样子，有时在看报，有时在改稿，总是专心致志的神态。他刚一到海牙，立刻就有许多人为他做各种各样的像，有照片，有希尔根的画[11]，还有沃尔威的诗。诗里说："高高的头顶，很白，呈弓状。一双眼睑成直线，黑黑的。小男孩一样的鼻子，下垂的胡须里露出贪图享乐的嘴。下巴藏在修尖的胡子里，有时手来抚摸一下。那手指好像一根根木条，关节像是断了又接上。这就是给我留下的感觉。一条僵硬的腿直直地伸着。他坐下时不是这样吗？"[12]第二天在同一地点又进行了第二讲，内容是颓废派和象征派。这一次的听众比第一天少些，但是来的都是真正热心的。这是对魏尔伦的高度肯定。然后是开胃酒、招待会、晚餐，魏尔伦开心极了。所有的人都恭维他，夸奖他，对他推崇备至。魏尔伦这一辈子都没有受到过这样的礼遇，不免有些飘飘然。

下一个讲座安排在莱登。魏尔伦连夜乘马车前往。想起朱尔·拉福格①，他对四周的人文景观感慨不已："假如月亮不把她那神奇和错误投到这无比真实、无比人性化——至少是荷兰人的人性——的景色上，那她也就不像现在这样具有巫术和魔法了。这里的小运河简直就是一条条巨大的白铁皮，发着惨白的光芒；小块的草地，或

---

① 朱尔·拉福格（1860—1887），法国诗人。

者说不成块的草地，像是水面从天上飘过的云那里借来了涟漪。"[13] 在北方国家这次旅行好像把魏尔伦带回了最初的诗歌创作时代。他在莱登友谊俱乐部给青年大学生的讲演时，有一段话中用到"小流氓"一词。他哗众取宠地故意抬高嗓门，于是博得听众一片雷鸣般的掌声。魏尔伦当然知道大学生们对这种话语多么期待，所以轻而易举取得他们的信任。但是这同时也是为了表示对自己的过去负责，以便彻底忘却。然后，魏尔伦去了阿姆斯特丹，住在威岑和伊萨克·伊斯拉埃尔两位著名画家家里。从这以后对他的欢迎愈加隆重，规格愈高。他刚一进场，听众全体起立："这样细腻的感情表达，一直触到我的内心深处。我非常感动，一步步走上讲台，然后向大家三鞠躬，感谢他们对我这样一位衣着简单、瘸腿、相貌难看的寒酸的主讲人表示的敬意。"[14] 魏尔伦一颗心落了地，心里也有了底，不住地引用或朗诵自己的诗歌和散文作品。在阿姆斯特丹逗留期间，他参观了荷兰皇家博物馆，看了特尔博赫的风俗画和鲁伊斯达尔的风景画，但是最令他动心的，还是伦勃朗的《夜巡》。其中明暗色调奇妙的效果，令观众陷入一种极度的困惑当中，弄不清画家画的是白天还是黑夜，也令《感伤集》的作者惊叹不已："白天还是黑夜，响晴白日，面对令人困惑的问题；抑或暗夜，坚硬而温和，影子从中走出。"[15] 他同时也记住了埃德蒙多·德·亚米契斯的话：如果弗拉·安吉利科是个圣人，米开朗琪罗是巨人，拉斐尔是天使，提香是王子，那么伦勃朗就是幽灵。魏尔伦以前来海牙时就已经参观过了莫里斯皇家绘画陈列馆，欣赏了凡·戴克和霍尔拜恩的精美画作和保罗·波特著名的公牛，但是他尤其注意到了后来令普鲁斯特非常动心的弗美尔画的《代尔夫特风景》。这次故地重游，他去听了萨尔·若赛分·佩拉丹的讲座，这样描写当时惊人的场面："大厅尽头支起一个名副其实的讲坛，整个被一条红底黄十字的祭披覆盖住。讲坛左右摆着四个教堂里用的烛台，其中燃着的蜡烛，两个像复活节用的那样大，另两个像祭坛上的。佩拉丹是我在巴黎见过的，这时他远远地出现，黑衣带着花边和袖套。虽然有些怪异，却有一种独特的昂然之气。嗓音很动听，也是独特的，低沉，不很响亮。他谈到魔法，天使，天使的儿子。一句话，这就是佩拉丹，固然让人质疑，但仍不乏天才。"[16] 11月6日星期日，布洛克组织坐马车去施威宁根海边郊游，后来，另一个来自法国北方的作家保罗·加旦曾对这个地方大加赞颂。这里沙滩宽阔，一条沙丘沿沙滩排开，"夕阳映照下大海非常美丽，寂静中带着惆怅"。所有这一切，都让魏尔伦这个始终没有忘却故乡的北方人动情。

诗人容光焕发地回到巴黎，带回了九百法郎。这是他平生第一次时来运转，有了点钱。他得意地把一沓子钞票拿给欧也妮·柯兰兹看，让她把它们保存好。可是没过几天，欧也妮告诉他钱不见了。这明摆着是欧也妮贪心又起，终于禁不住诱惑。魏尔伦惊诧恼怒，几乎吓傻了。两人最后打成一团，看门人来看发生了什么事，并叫来了警察。警察见魏尔伦暴跳如雷的样子，以为他又喝多了酒（两人打得不可开交的时候，魏尔伦也很有可能喝多了一点），二话不说把他带到局子里关了一两个小时。刚刚在荷兰荣耀一时，转眼间又沦落到了这步田地：撒谎、偷窃、酗酒、蹲监狱。欧也妮还嫁祸于人，竟说服了魏尔伦，让他相信是艾丝黛尔摸进了他们的房子偷走了钱。能相信这样的信口胡言，魏尔伦头脑也一定是发昏了。

尽管荷兰之行在金钱方面终于落了一场空，但是魏尔伦还是领悟到，周游讲座倒不失为一个不错的生财之道。下一处就选在比利时。魏尔伦认为人们不久一定会请他去，于是干脆采取主动，1893年1月1日，他写信给《现代艺术》杂志主编奥克塔夫·莫斯，表示希望去比利时巡回讲演。莫斯很快回信，说这个计划正合他意。1月中，魏尔伦为了防止不测，先跟布鲁塞尔律师团的埃德蒙·皮卡尔律师打招呼，请他打听一下他和比利时官方是否还有什么瓜葛。皮卡尔建议他向比利时政府申请一个正式的批文。批文很顺利地拿到手了。魏尔伦还询问起他过去在比利时出版的艳诗集《女友》，回答是没有问题。显然魏尔伦此时最关心的是避免出错，避免触犯任何律条，因为他急于让过去那个走邪路的自己成为过去。1893年2月24日星期六，魏尔伦乘火车到达沙勒罗瓦。最后的准备工作颇费了些周折。魏尔伦穷得实在是叮当响，而比利时人又考虑不周，没有先给他预支些现钱。他只好各处求援，向罗贝尔·德·孟德斯鸠（尤其是反复向他的秘书讲）、奥克塔夫·莫斯和朱尔·戴斯特雷伸手，但还是不够置办全部行头，可是他又实在需要。不得已，他只好通过卡扎尔斯到欧也妮·柯兰兹那里拿回自己的袜子，至少一条手帕、一两件衬衫，还有几双皮鞋。他此时就是这样寒酸。他终于出发了，晚上5点到达了沙勒罗瓦。朱尔·戴斯特雷来车站接他，并安排他到自己在马尔西奈尔的家里住。乘车穿过瓦隆地区时，魏尔伦又不禁想起1872年和兰波一起去布鲁塞尔的路上写下的诗句。可是如今旅行中的魏尔伦可要规矩、正经得多了。25日星期日，他在伊甸剧院讲座。讲座开始前先举行了一场音乐比赛，随即魏尔伦面对一千五百人开讲。听众多是工人，主要是矿工、钢铁工人和他们的家属。大家鼓掌欢呼，因为会场嘈杂，谁也没听见他讲的是什么。然后进行的是大家期盼多时的最主要的节目——抽彩。第二天，魏尔伦经滑铁卢去布鲁塞尔：魏尔伦愤愤不平的爱国心不改，说什么这里上好的景色"完全被那个难看的小山包破坏了。至于上面那个狮子，和法兰西学院的那几个相比也是平淡无奇，要说有什么值得它们羡慕的，恐怕只有山顶上的冷风"[17]。

26日星期一，魏尔伦先在亨利·卡东·德·维亚特伯爵和夫人那里用过早餐，在青年比利时出版社参加了一个欢迎会，然后去莱昂十三俱乐部做布鲁塞尔的第一讲。这次讲座在城里宣传得家喻户晓。魏尔伦讲演时嗓音沙哑，人们根本听不清他讲的内容。讲完以后，许多热心读者显然称心满意，于是请他给《智慧集》签字留念。得承认，诗人从头到尾一本正经，没有越雷池一步：他只是泛泛地讲了本世纪文学史概况，自己小心躲在拉辛、莎士比亚等长者的后面。他说这些伟人都自成风格，功不可没。他摆出一种高姿态，不愿在颓废派和象征派的论争中倾向哪一派。更主要的是，他认为诗歌创作是最高的德行，因此要恪守道德："我认为，诗人要绝对真诚，作为作家也要绝对自觉，丝毫不隐瞒自己，但同时只能揭示可以示人的内容。在坦诚的同时，诗人要绝对讲求尊严，而这尊严表现在，即使做不到形式的完美，也要追求最高尚、最严肃的目标：那就是道德。"[18]这样的讲话，有谁能表示异议？谁敢提出让魏尔伦看看过去自己是什么样的人？当天晚上，他在莱昂十三俱乐部创始人、参议员亚历山大·布朗家里用晚餐。次日下午，也就是27日星期二，他先参加了一些法国音乐家的音乐会，然后做了第二个讲演，并被介绍给国务大臣诺东。晚上，他作为贵宾出席埃德蒙·皮卡尔在其金羊毛大街上的公馆里安排的隆重的晚宴。晚会上，各路名人显贵你来我往，让魏尔伦应接不暇，大开眼界。他完全忘记了巴黎生活的大小磨难，甚至忘记了自我，俨然换了一个人。3月1日，魏尔伦在安特卫普的文艺俱乐部面对一些瓦隆和弗拉芒最出色的作家讲演。他们包括莫里斯·梅特林克，比利时自然主义主要的小说家莱昂·勒莫尼埃，象征主义诗人马克斯·艾尔斯康普，《现代艺术》杂志的最初两位编辑奥克塔夫·莫斯和埃德蒙·皮卡尔，以及安德烈·丰泰纳等等。他在画家亨利·冯·德·威尔德家过了夜，3月2日回到布鲁塞尔。早上歇息，下午2点在二十人俱乐部讲演。次日，3月3日星期五，在文艺俱乐部做在布鲁塞尔的第三次讲演。各种迹象表明，这次魏尔伦又犯了老毛病，远不像前几次讲演那样精彩、那样有说服力。大概是旅途的兴奋加上各种招待会，让他把下定的决心都抛到九霄云外去了。他费尽心机赢得的大家对他的敬意这一次也受到重创。在路上，他喝了不少酒，到会场时已经迟到了。往台上走时，他磕磕碰碰，差一点趴倒在地。慌乱中他又把讲稿全撒落在地上，胡乱捡了起来，却找不到顺序了。他翻翻这页，看看那页，前言不搭后语，完全乱了方寸。等到讲完以后，会场的听众已经走了大半。幸亏还有人请他去列日讲演，这里的人对魏尔伦同样情有独钟，因为1873年5月25日魏尔伦和兰波曾经经过此地去安特卫普和英国。在列日的讲演本应该可以让魏尔伦尽快挽回在布鲁塞尔的失败，但结果是魏尔伦越陷越深。应该承认，是自由竞赛社的成员考虑欠周，竟然带着魏尔伦去参观了提耶尔地区的葡萄园。当然，当主人请他品尝自己酿的酒时，魏尔伦给了主人足够的面子。回到城里以后，他又少不了去喝了苦艾酒。他衣冠不整、醉眼蒙眬地上了台，立即招来台下一片抗议之声。魏尔伦醉醺醺地进行的讲演糟糕之极，口齿不清，把19世纪的诗歌发展史讲得一塌糊涂。台下交头接耳，说笑打诨，或拿出报纸来读，或干脆一走了之。晚会上的情形也是同样糟糕。这一次是香槟酒上了魏尔伦的头。轮到他祝酒时，他对女客的话轻薄肉麻，让主人不得不早早收场。

关键的一天到了。3月6日星期一，魏尔伦应布鲁塞尔年轻的律师团之邀在法院做在布鲁塞尔的最后一次讲演。他在1873年8月被审判时的那座建在加尔根堡山顶（这里的绞刑山，布鲁塞尔的绞刑架所在地）的法院大楼已经拆掉，换成了1883年落成的波莱尔特设计的高大丑陋的建筑。即使如此，当他重新感受到法院那特殊的氛围，看到走廊暗处出没的可怕的宪兵，看到安着巨大玻璃窗、拉着厚重的窗幔的冷峻的法庭，又怎能不感到心灵的震颤呢？他在一个法庭里讲演。这虽然不是他当时受审的那一间，却具有同样的功能，且正好坐落在顾问团办公室的楼上。听众有一百多人，绝大多数是律师[19]："女士们，先生们，你们很可能知道，我在此行之前，已经和比利时的司法机关打过交道。几年前，我曾经有机会和它进行亲密接触，当然和现在情形完全不同，远没有现在这样令人愉悦。我还得承认，正因为此，我在考虑经过贵国边境时，心中不免有些惴惴，并因此向贵国司法部申请了一份安全通行证，而上面的签字正好和我那个辖区的警署署长同名。真所谓无巧不成书。但是他还是慷慨接受了我的申请。现在这份通行证就装在我口袋里。我说这些是为了告诉宪兵先生们。因为刚才我还在你们阴森的走廊里，赫然看见几个彪形大汉的影子出没。"[20]魏尔伦甚至朗读了几段即将出版的新书，无独有偶，正好是《狱中杂记》。听众早就对魏尔伦心悦诚服，因此反应热烈，让魏尔伦心里很是受用，"感动得几乎流出眼泪，由于高兴和在这样的场合自然会感到的骄傲，差点昏厥过去。试想一下，二十年前也是这样的法庭。而今，我却在这里朗读《狱中杂记》且受到欢迎"[21]。我们不要以为魏尔伦在要小孩子气，为了报复过去所受的待遇而在进行挑衅。如今，自己不再站在审判席上，不再为千夫所指，他理所当然感到扬眉吐气。尤其，他由衷感到的却是，即使这次活动不是为了给自己平反昭雪，至少也让自己直起了腰板，洗清了恶名。更深一层的意义是，这是对过去的自我的清算，从此过去永远成了过去。在根特的艺术俱乐部，诗人做在比利时的最后一次讲演。这次听众多有些心不在焉，很多在聊天。为了给自己宽心，他欣赏了圣巴封大教堂、博物馆，但是最让他怦然心动的，还是圣伊丽莎白大、小修道院："一个不发愿修女修道院，就像一个四方院落构成的小城。里面的西班牙式房屋，一个比一个漂亮。其中的半信教、半世俗的尊贵妇女分别住在自己的家里，有自己的礼拜堂和祭祀天堂里各个男女圣人的祭台。我极其羡慕这些与世无争的尊贵之人，全身心地羡慕他们的幸福生活。"[22]应该相信，魏尔伦说的是真心话。这些修女的生活虽然清苦无聊，但是对魏尔伦仍充满诱惑力，因为它有条不紊。临回法国之前，他还应邀去拜会省长吉尔求夫·德·艾沙艾德男爵。在此之前，疲惫不堪的魏尔伦先游览了布鲁日，一饱眼福。这里的一切都合他的心，"可爱的小城，按照过于悲观的罗登巴赫①的说法，像睡去而没有死亡"[23]。城里的运河，圣让老医院里的曼灵②的画，高耸的城楼，旧房子，排钟和花边博物馆，都让他动心。在参观君士坦丁堡的玛格利特于1245年创立的美丽的葡萄园修女院时，看到其中大片草木周围排列的白色的小房子，他又一次浮想联翩，心想假如他一生知足守法，他的生活会如何温馨。

1893年11月，魏尔伦应当地一个小团体"洛林艺术家"之邀来到南锡。这次邀请多亏了他于1890年在科尚医院时认识的朱尔·雷。讲演在斯塔尼斯拉斯广场上的大

---

① 乔治·罗登巴赫（1855—1898），比利时象征主义代表人物，生于布鲁日。

② 汉斯·曼灵（1435—1494？），比利时画家。在19世纪，他的作品被当作中世纪宗教画的代表，曾经掀起一股"曼灵热"。

饭店进行，一开始，魏尔伦先免不了激动地讲起1870年祖国失败以后如何被迫割地。"而你，南锡，过去的幸福时光里，大家都称你作'俏佳人'，你当之无愧。而今，你的名字只能用光荣而痛苦的洛林来修饰了。你好！这是我第一次来访你，可是已经爱上了你。你既古老又年轻的城市，美好的历史，大方的建筑。我是你的土地的孩子，你的土地一部分的孩子。啊，都城，你曾为某个未来充当人质。你也许不久就能够回到祖国的怀抱。"[24]魏尔伦的讲演取得轰动的效果，但不是因为他把诗歌讲得如何好，更多是由于他讲演中那动人心弦的爱国主义的声音（在这个问题上魏尔伦倒没有言不由衷之嫌）。他在给欧也妮·柯兰兹的信中说："我的讲演获得了巨大成功。会场坐满体面的听众，报纸的反应也非常好。"[25]这一次魏尔伦又意识到自己回到了过去，因为他提到，他就出生在此时被德国占领的这个地区。他走过的是祖祖辈辈生活过的地方，是自己出生和长大的地方。他是通过家世来实现对过去的清算。第二天他就出发去吕内维尔，准备在市政厅的小礼堂讲演。当时情形非常不利。这里的冬日寒风料峭，大家谁也不愿意出门，没有一个人订座。这次看来真要赔了。可是事情凑巧，魏尔伦突然在南锡火车站站台上停下的一辆来自阿弗利库尔的列车前，碰上了一个莫里斯·巴莱斯所写的被称为贝雷尼丝的女人。"不知是否因为她一头秀发，体态轻盈，皮肤像是被心中的火焰烤着；还是因为她开始时在制鞋业干活，所以她得了这么一个芳名，反正总比她那'一阵风'的绰号或者其他的外号好听得多。不过她的小鼻子、略显悲剧性的脸庞、痛苦的遭遇，给她罩上一种女性的光环，令她带上巴莱斯发现她的地方的乡村色彩。她不讨厌去酒馆，但在那里有一种鹤立鸡群的感觉。一次有人在苗圃大街见她身后跟着一个身着全套阿尔萨斯装束的侍女。即使是这样一位饱受蹂躏的祖国的女神，如果没有什么特别的好处，恐怕也不足以拢住驻扎在边境的骑兵队的心。可是吕内维尔的军人一个个对贝雷尼丝恭敬有加。"[26]当魏尔伦和朱尔·雷来到被大火炉烤得热气腾腾的会场，只有诗人夏尔·吉兰的亲属在场。可是不久就来了不少年轻人，像耍马刀一样耍着手杖。他们是着便装的军人，被贝雷尼丝叫的。这位女杰通知了她所认识的所有部队，所以大厅一会儿就座无虚席了。于是魏尔伦就开始对着龙旗兵们夸夸其谈起来。回到巴黎以后不久，南锡市政厅通知他，他们将用他的名字命名一条街道。"怎么不给我一个酒窖啊！"[27]想起喝酒的开支，魏尔伦不禁叹道。

回来以后，立足未稳，魏尔伦马上又准备出发。这一次是去英国。发起人有两个，一个是英国画家威廉·罗登斯坦，朱利安画院的学生，曾在布鲁塞医院为魏尔伦画过三次肖像。其中一幅画的是精神饱满的魏尔伦躺在床上，平静地抽着烟斗[28]。另一个是亚瑟·西蒙斯，年轻作家，是夏尔·莫里斯在弗朗索瓦一世一次热火朝天的晚会上给他介绍的。两人很容易地在牛津和伦敦组织了接待委员会。这时正逢维多利亚时代，英国文学青年很关注巴黎那边的情形，以期摆脱本国道德正统的压抑氛围。他们很钦慕印象派、象征派，而魏尔伦作为被诅咒的诗人的大名已经传到伦敦。而且在巴黎的英国艺术家都无一例外地要去拜访魏尔伦，他已经成为拉丁区的一个活文物。此时的魏尔伦，既然已经走过了比利时，则有意无意地也想去英国完成自我解脱的历程。永远穷困潦倒的他一如既往，又要求邀请方预支些费用。但是这次大家有了先见之明。为了避免魏尔伦身边的人再伸黑手，西蒙斯想办法让在巴黎的一个美国人亲手交给魏尔伦一张支票，足以支付所有开支。诗人到了讲价的时候总是拉得下脸皮，这次又多要了三十法郎，以便自己不在身边的时候，他的女人得以维持生计。11月19日晚，他在圣拉扎尔火车站乘上了开往迪耶普的火车。到了诺曼底海岸，他听说因为风浪太急，海轮暂时停驶，而且旅馆也都爆满。他决定在椅子上熬过一夜，幸好一个旅店老板请他到旅店的饭厅里，那里有一个长沙发，即使不能睡觉，总还可以安安稳稳地休息。第二天大雨倾盆，他只好靠"吃完早饭吃午饭，喝完酒喝咖啡"[29]来打发时光。到了20日，渡轮终于起航。尽管风高浪急，但是魏尔伦因为在迪耶普彻夜未眠，所以仍然在他的二等舱铺位上心安理得地一觉睡到纽黑文。他在凌晨2点到达维多利亚火车站，可是西蒙斯因为记错了时间而没能接到他。没关系！魏尔伦找了一辆车就坐了上去："到坦布尔只有一刻钟的路程，月光明媚，冷风袭人，我开始愉快地感到，这真是我所经历过的最理想的旅行。当你从泰晤士河到威斯敏斯特，在伦敦的雄伟的建筑下走过，你会深深地为这座城市的富庶和美丽而折服。那一夜，伦敦从维多利亚车站到河岸让我感到美极了。"[30]此时的诗人走在过去曾和兰波和吕西安·雷蒂努瓦一起走过的城市，心情极其平静，因为他知道这是为了彻底和过去告别。到了亚瑟·西蒙斯家门口，两人才撞倒了一起。西蒙斯的家在坦布尔区的泉水苑，和伦敦这个"法律大杂院"其他喧嚣的街区相比，这里静谧得就像沙漠中的绿洲。魏尔伦又饿又乏，却丝毫没有睡意。两个人整整聊了两个小时，吃了满满一大盒松饼，一边喝着杜松子酒和汽水，一边抽着烟。魏尔伦极为兴奋，讲起了过去，说他的妻子玛蒂尔德离他而去如何令他痛不欲生，他如何见不到自己儿子乔治的面，兰波如何应当为他浪费的生命负责。亚瑟·西蒙斯说："一连几个小时，他坐在沙发上，情绪激昂，不停地讲着，好像在自言自语，有时停下来，有时歇一歇，有时突然爆发出有些猥亵的笑声，有时又不知因为哪件往事而大发雷霆。有时他眯着眼睛，口里含糊地喃喃地说，有时又突然语气坚定，手势有力。有时他改说英语，以表达幽默的内容。他的脸像个悲剧的面具，他在面具的后面讲话。"[31] 的确，魏尔伦在极其强烈地追忆过去，以便彻底地忘却。西蒙斯一定意识不到魏尔伦的忏悔所含的意义，他是在和过去的自我清算，而这样的活动只有在过去犯错的地点才能进行。"他的话非常奇怪，常常前言不搭后语，时而发自肺腑，时而神奇怪异，时而令人困惑，时而快乐无比。但是，它们总是和诗歌差不多。因为他的诗歌永远是某种情绪或某一时刻的选择或者集中。"[32] 其实魏尔伦此时所做的和诗歌创作全无关系，完全是一个净化过程。最后魏尔伦依依不舍地去睡了，因为第二天他还要讲演。不，应该说是当天，当天晚上。

第二天，西蒙斯家来了大批魏尔伦的仰慕者。有文学评论家埃德蒙·高斯，两位年轻的出版商海恩曼和约翰·雷恩，资助年轻作家的赫伯特·坡希·霍恩，还有威廉·罗登斯坦。诗人先饱食了一顿法式大餐，然后来到演讲地点巴纳德客栈。尽管票价昂贵，听讲的人仍然不少。魏尔伦不禁有些心虚，他在一张巨大无比的大桌子后面的一张大沙发椅上坐下来。后来魏尔伦自己画了这样一幅画，渺小的自己坐在一张巨大的桌子后面一张宽阔的椅子上[33]。他先请大家原谅自己不能用英语讲演，然后规规矩矩地开讲。平淡的讲演让大家有些失望，因为众人在等着看一个醉鬼，一个千人指、万人唾的怪人，可是眼前站的，分明是一位极其体面的老先生，干干净净，衣着得体，整个讲座从头到尾，只喝一杯清水。大家以为他的讲演定会多有惊人之语，可是实际上却出奇的规矩。他极口称赞邦维尔、波德莱尔，马拉美这样受到广泛承认的诗人，又讲了几段个人的回忆，朗诵了几首自己的诗。最后他又拿出那段在其他场合已经讲滥了的文学大道理："诗人作为作家，应该有绝对的自觉，不向自己隐瞒任何内容，写作时要追求绝对的尊严。这种追求即使不能达到形式的完美，也应尽可能表现在一种看不见但却有效的努力当中。"[34] 又是合乎道统，不容置疑的结论。但是恰恰太合乎道统，太不容置疑了，所以虽然也有不少听众为他鼓掌，并上前来对他表示祝贺，但无疑绝大多数听众却希望听到一个嚣张、狂妄的讲演。他们怎么能够理解，这时的魏尔伦正在寻求大家的尊敬，以便忘掉过去的那个魏尔伦。第二天一早，他就迫不及待地看报上对自己的评论。总的来说，反响不错，其中魏尔伦的朋友们功不可没，但最让魏尔伦满意的是看到在报上刊登的罗登斯坦为自己画的像。这一天剩余的时间用来访友和散步。晚上出版商海恩曼请魏尔伦及其英国朋友去餐馆吃饭。晚饭进行得很顺利，因为所有的人都注意不劝他喝酒。饭后大家一起去诗人过去和兰波一起常去的阿兰布拉音乐厅。无论是在法国还是在国外讲演的过程中，魏尔伦总是忘不了重游故地。

　　11月23日星期四，魏尔伦在帕丁顿火车站乘上了开往牛津的火车。他住在麦顿街19号威廉·罗登斯坦家。罗登斯坦、历史教授约克·鲍威尔和一位法国诗人夏尔·博尼埃一起来车站接他。魏尔伦下车时身穿一件宽大的外套，脖子上围着围脖，脚上套着便鞋。"真是几日不见，当刮目相看。"尽管魏尔伦打扮蹩跷，但是在罗登斯坦家看见魏尔伦和慕名前来希望目睹大师尊容的大学生们侃侃而谈，博尼埃仍不免这么想。"一定是有人告诉过他，在牛津一定要小心，不可唐突。可他拘谨的样子不免令人发笑。在他西莱努斯大肚神一样的脸上，不时滑过一丝笑容和狡黠。偶尔扮演一个角色，穿上一套晚礼服，这让他感到有趣。他不停地说着，但是声调中等，就像卡里耶尔给他的画像上的灰色。他给他们讲在英国学校里当法语和绘画老师的经历，讲在巴黎公社里当报刊审查员，讲他关于路易十七的悲剧。"[35] 魏尔伦又一次重温、讲述、表演自己的过去。开讲前他被邀请参观市区，"精巧雅致，几乎有农家风韵。商业区里有很小的店铺，便宜的糖果和大众的用品，没钱的平民百姓买的小玩意。有漂亮的小房子，赏心悦目的小花园，树上仅剩的红叶在平平的、富态的红屋顶上挂着。这一切都有点像波士顿朴素平凡的小街道"[36]。他还是对小的东西无限倾心。人们会感到，在荷兰、比利时和英国的巡回讲演当中，他总是不由自主地缅怀自己平凡的一生，为自己一生中逃避了大的动荡而欣慰。这一次讲演在一家书店后面的一个"陈旧的大厅举行，上面是石木结构的圆屋顶，家具陈设很肃穆"。听众不多，主要是大学生，"其中多数穿着传统的校服，黑色的袍子，根据学位不同有长有短，头上戴着传统的平顶方形制帽"[37]。此时的魏尔伦非常惬意。面前的学生既像教士、又像法官，带着学院的严肃和知识的庄严，恭恭敬敬地听他讲演。按照原来的计划，魏尔伦本来应该24日出发以便下午赶到伦敦，可是他却一直耽搁到25日星期六才坐火车。牛津真是太妙了，他后来向卡扎尔斯坦白说[38]。他这受诅咒的诗人得到这样老牌大学的博士和学者们的承认，他怎能不由衷的欢喜呢？

回到首都伦敦，魏尔伦参观了这座城市。他对这座城市有着深深的好感。和以往一样，他仍然对这里的辉煌和气势赞叹不已，那里"无论是阴天还是晴天都表现出无限的情调"[39]。他像过去一样去咖啡音乐厅，想说服自己这里一切如旧。这很能说明他的心态。"我已经不太钟情于剧场。但是我尽管这样身不由己地（有疾病等原因）变得如此孤独，寡合而老实，我却仍对咖啡音乐厅情有独钟。我本可以去，我本应该去最好的剧场看瓦格纳那样的大型乐队的大型演出，无论情节是否动人。可是我不，我依然是钟情于逗笑的歌曲，看人卖力气、演杂耍，看各种各样名目繁多的舞蹈。他们也许格调不高，似乎为大剧院所不齿，然而却极平易、极有趣，我甚至怀疑和巴黎的演出比起来也丝毫不逊色。天知道这些令人神往的地方，今天充斥着伦敦的各个角落，而伦敦城却仍像二十年前或十年前一样，虽然如今的伦敦已经发展成了国际大都市，像巴黎一样，却同时保留了传统的英国风格。"[40]此时的魏尔伦想看的，都是当初和兰波在一起时喜欢看的那些东西。甚至有人说魏尔伦在伦敦的时候，带着一笔巨款走得无影无踪，到伦敦城里最醒醒的苏荷区和西区鬼混了好几天，直到把钱花个精光。当然从实际情况看，这个故事实属子虚乌有，却很能说明问题。的确，魏尔伦在不遗余力地重新体验过去，全部的过去。这似乎是他用来减轻心里沉重的负担的唯一办法。

12月1日星期五，诗人在"美丽的圣潘克拉斯火车站乘上了去曼彻斯特的火车。这个火车站全部由砖和大理石建成，有着穹顶和钟楼，我1873年初次来伦敦时它尚在施工。1873—1874年，对一个流浪汉来说，真是光阴似箭啊"[41]！这里离当初他和兰波一起住的卡姆登城相距不远。到了曼彻斯特，来接站的是一位公理会的年轻牧师泰奥多尔·伦敦，还有他的一位朋友——日内瓦的老师埃米尔·巴利。他们根据西蒙斯寄给他们的描述，轻易地认出了魏尔伦。"这位老先生左腿瘸得很厉害，脸上一双眼睛很引人注目，头戴黑毡帽，一件大氅旧得令人肃然起敬，脖子围着一条褪了色的彩色围脖。"的确，他要想不惹人注目实属不易。在去萨尔福特西高街23号伦敦牧师家的路上，魏尔伦观察了这个巨大的工业城市，以及笼罩在城市上方的烟幕，还有高高的河岸上宽阔的人行道。演讲晚上8点在庙堂旁的新温莎学校进行,魏尔伦第三次重复那套老生常谈。粗看上去,曼彻斯特不在他英国故地重游的旅程中,可是魏尔伦后来却在一家英国报纸上写道:"我知道曼彻斯特不只是一个大工业城市,还是一个重要的文化和艺术中心。如果当初有时间,我本来会去参观1872年的画展,看到一幅得到大家瞩目的伟大的作品,那就是方坦–拉图尔的《桌子一角》。"[42] 所以说,即使是在过去没有到过的曼彻斯特,魏尔伦仍能回想起过去。

回到伦敦,本来似乎还安排有另一场讲演,却没有进行。眼看回法国的时间到了。这一次大海似乎深深地领会了魏尔伦此次旅行的深意,知道他此刻心境坦然,因此竟然"平静得像一面镜子"。虽然他的朋友请他再来,甚至表示希望他能再做一次巡回讲演,但是他已经不再需要了。对于此刻的他来说,过去已经彻底地过去,死去了,被埋葬了。

第二十二章

最后的面孔

酒醉的魏尔伦令人称奇。

——安德烈·纪德[1]

魏尔伦给他的同时代人留下了什么样的印象呢？请看看夏尔·莫拉斯是怎么说的吧："一个冬日的晚上，杜·普莱西、莫雷亚斯和我坐在高乃依和沃吉拉尔街角上的一家咖啡馆里。忽然走进来一个人。是魏尔伦。我们见到他都非常激动，而他却根本不理睬我们，拿着那根做拐杖的棍子，好不容易在一个桌边坐了下来。他醉了，醉得昏天黑地。他笑着，突然从口袋里掏出一方污秽不堪的手帕，从里面拿出一串念珠、一把刀、几块干面包，一起摆在桌上。杜·普莱西赶过去，口里叫道：'大师，大师！'魏尔伦看了看他，又看了看我们，竟然一句话也没有说，就把手帕、念珠、刀和面包一股脑拢在一起，收进口袋，向门口走去，然后消失在黑暗的街道里。"[2]这就是魏尔伦最后几年的惨状，终日乞食、酗酒，衣衫褴褛。我简直不忍心再说他肮脏和臭气熏天。许多见到他的作家和画家，都描写他终日出入于拉丁区的咖啡馆。在多尔纳克的著名照片中，有时他完全歪倒在弗朗索瓦一世咖啡馆的长椅上，有时他昏昏沉沉，神情恍惚[3]。但即使睡眼惺忪的时候，他的手边也总是摆着喝了一半的酒杯和他的便携式墨水瓶。卡扎尔斯的精美的素描则画他在普罗科普和伏尔泰咖啡馆里完全相同的姿势[4]。还有一幅据说是当时尚且年轻的画家加布里埃尔-亨利·伊贝尔的油画，画的是诗人穿着他厚重的大衣，在伏尔泰咖啡馆的绿色长椅上安然睡去[5]。1895年，后来化名让·里克图斯而闻名的加布里埃尔·朗东画了一幅画，上面的魏尔伦酩酊大醉，几乎倒在地上，正拼命地扶着一根路灯灯柱[6]。卡扎尔斯的一张速写则表现魏尔伦正在一家咖啡馆前翩翩起舞，一只脚抬起来，一只手举着拐杖[7]。一天，马萨利大夫在克洛德·贝尔纳遇见他。当时才早上8点，但是魏尔伦已经喝得步履蹒跚了。大夫问他近况如何，他竟觍着脸回答："多谢关照，不错不错，就是多喝了几杯。不过这也没什么奇怪。这个时辰谁人不多喝几杯呢?"[8]阿尔弗雷德·瓦莱特直截了当地说："直说吧，我什么时候在街上遇到魏尔伦，我都到马路对面去走。"[9]

可是如果我们看奥托拍的那一系列照片就会发现，在为数不多的、魏尔伦振作起来的时候，他还是蛮精神的。有时他的姿势摆得相当好，例如那幅正面半身像，他简直摆出拿破仑一世的帝王姿态，把手伸进大衣[10]。这时的他有一股盛气凌人的、坚定的浩然之气，就连他的秃顶都给他平添尊严。的确，1893这一年，魏尔伦在觊觎法兰西学士院里泰纳的位置，因此在不长的一段时间里，颇讲些虚荣。这从一些照片上也可以看出[11]。诗人身穿皮袄，围着宽大的围脖，头戴高帽，一手叉腰，傲然地拄着拐杖。人们几乎以为这是一位什么大人物。魏尔伦竟想进法兰西学士院！泰纳于1893年3月去世。1893年7月24日，《费加罗报》称"如今正在住院的诗人魏尔伦将角逐法兰西学士院里泰纳留下的位置。魏尔伦是一个出生在武济耶的阿登人"。报纸还说，"一经痊愈，他将立即写信给卡米耶·杜塞先生"。消息一出，整个巴黎文艺界一片哗然。许多人以为这是一个玩笑，是地地道道的寻衅。行吟歌手们一下子找到了绝妙的题材，想象魏尔伦脱下乞丐的褴褛衣衫，穿上新礼服去谒见四十个院士的情形:

> 他还得买双新手套，
> 头等的高顶黑礼帽，
> 有件事真让他为难，
> 他得去把德·李勒见。

可是众人都大错特错了。因为魏尔伦丝毫没有玩笑的意思。他尽管在1893年8月12日写给朱尔·雷的信[12]中把这个堂堂学院戏称为"昏懒院"，但他极希望以此博得一世芳名。对他来说，院士的绿色制服和两角帽，正可以圆了他对父亲的军服的梦想。他父亲穿的是法国军人的绒硬胸、带红黑道的深蓝裤，加上带三色羽毛的两角帽。魏尔伦需要的是官方对他的正式承认。早在1887年11月，他就在给莱昂·瓦尼耶的信中一本正经地说他的文学创作是多么正确："事情明摆着，我们的创作一定要高尚，因为我们的目标是学士院和十字勋章……"[13] 拉丁区的许多大学生、流浪汉、穷人，则都认为魏尔伦代表的是他们那些被社会所蔑视和抛弃的下层人，认为他是来向社会最神圣的机构挑战的。可是他们都完全错了。魏尔伦的念头只有一个，就是背叛他们，以投入另一个阵营。可是这需要另一方理解他，承认他是和他们站在一起的。对他来说，法律只有不可忍受才有魅力。当然，对面的那些一本正经的、反动的报刊却根本不会顾及他的思想的这些微妙之处。以《闪电》社的乔治·蒙奥戈伊（真名奥克塔夫·勒拜斯克）为代表，他们都被魏尔伦此举深深地震怒了。在这种情况下，就连埃德蒙·勒佩勒捷也不肯为他撑腰。7月16日，他在《巴黎回声报》上发表文章，劝魏尔伦放弃角逐。他解释说，尽管魏尔伦在文学上成绩卓著，足以进入学士院，但是他的生活却远不够规矩，社会交往和品行都达不到要求，而这些都是要想跻身于四十个院士中必不可少的条件。魏尔伦当然免不了做出回应，但那是过了相当一段时间以后。他的文章发表在1893年10月25日的《巴黎杂志》上。他说他是一个极其值得尊敬的人，关于他的所谓坐牢、行凶杀人、出入"伤风败俗的场所"的说法，完全是某些人的无稽之谈，是为了败坏他的名声而杜撰出来的。他的法律纠纷也被无限夸大了。他在诗中也不是故意抑善扬恶。他也不是生活在龌龊和堕落当中："我贫穷但不肮脏，我也不住在医院，而是一所简陋的小屋，且租金不菲。而所谓'伤风败俗的场所'，不过是白天草草吃饭，夜里可以睡觉的地方（这基本上是我的老友勒佩勒捷的话），是一些带家具的小客栈，有时可以喝上一杯，早上有羊角面包。当然这些地方和那些所谓记者呀、主编呀是无缘了。"[14] 从人格上来讲，于斯曼在《逆流》一书中拿他和维庸相比，然而他和维庸没有任何相通之处。魏尔伦竭力打碎人们为他造就的神话，表明自己的清白，不惜背叛自我、摒弃自我。1894年2月15日，他再次重申他继续角逐，同时又通知学士院的终身秘书自己身体不适，不能履行传统的谒见那些"不朽院士"的义务。2月22日，院士进行投票，候选人分别为魏尔伦、左拉（尽管几次失败，他仍然为了原则做候选人）、阿纳托尔·勒鲁瓦－博利厄、亨利·乌塞和埃米尔·蒙泰居。但是五轮以后，仍没有哪位候选人取得多数。不用说，魏尔伦和左拉一样，连一票也未能得到。就连弗朗索瓦·科佩都没好意思投他一票。5月31日，院士们不得已选了泰纳的遗孀伊波利特支持的阿尔贝·索莱尔。真是玩笑！

在魏尔伦生命的最后一个十年，他的画像陡然增多了，内容自然是不可避免的互相矛盾。但是矛盾也无关紧要，重要的是数量。对魏尔伦来说，关键是要人们见到他，因为人们对他诗歌成就的承认是与人们对他形象的认识分不开的。他荣耀的时候终于到了。在他的所有诗集当中，《平行集》最受欢迎。这个集子1889年由瓦尼耶印行了六百册（其中一百册为作者自费），五年间已经售罄。1894年再版又印了六百册。1891年，法斯凯尔出版社出版了一本他的诗选，题目为《魏尔伦诗选》，印数为一千五百册。直到魏尔伦去世的四年当中，这本诗选共重印了四次。从1887年起，魏尔伦的名望远远超出了文学界，超出了巴黎的小圈子。但是这名望到底是怎样得来的呢？是因为他的诗歌还是因为他的外表呢？是因为人们喜欢他的诗所以有人为他作像，还是因为有人为他作像所以人们读他的诗呢？人们认识他，是那种在街上、咖啡馆或各种招待会上对社会名流那种认识。难怪他变成了法朗士笔下的小说人物。在法朗士发表于1892年的《珠光匣》里，人们一眼就可以认出，那个杰斯塔就是他。这人是个"坏小伙子，会写世上最温情的歌。从他那张长着塌鼻子的脸上就可以看出，他将是一个耽于肉欲的罪人。每到晚上，他的绿眼里就现出不健康的笑意。他的年纪已经不轻，头上的凸起已经染上了古铜色，发绿的长发一直拖到脖子上。可是他却很淳朴，且保留了儿时的天真信仰。他不住医院时，就在先贤祠和植物园之间找间小屋来住"[15]。一天晚上，杰斯塔"一个一个按部就班地依次在咖啡馆里喝啤酒和烧酒"，因为"完成堕落的巨大工程需要井井有条、持之以恒的努力"[16]。这时他突然感到对自己的一股强烈的厌恶，迫切需要马上忏悔。可是他既找不到大本堂神父，又找不到二本堂神父，又找不到三本堂神父，就连一个再小的神父也找不到。幸而我们这位可怜的忏悔者找到一家卖酒的，才用苦艾酒聊以自慰，可接着又免不了后悔不已。在1894年出版的《红百合》中，是诗人舒莱特扮演魏尔伦的角色。他"奇丑无比，疯痴得让人发笑，一个失去生活坐标的老顽童，满身淳朴和天真的恶习"[17]。法朗士笔下的人物"一条腿瘸着，帽子推到满是疙瘩的后脑勺上，胡子拉碴，提一只编织的旧书包。他的样子几乎令人望而生畏，虽然已近五旬，但蓝眼睛依然熠熠发亮，瘦削的黄脸依然显得天真大胆，人看上去也就依然年轻"[18]。接着法朗士讲述了一个冬天傍晚的经过。"一天傍晚，天下着雨，舒莱特在一家酒店里遇到一位可怜的姑娘。酒店老板的儿子们不愿要她，可是舒莱特却看上了她的质朴。她的名字叫玛丽亚。[……] 她的彻底的穷困和窘迫打动了舒莱特。他和她以兄妹相称，吻她的手。从此她就不再离他一步。舒莱特带他去拉丁区的咖啡馆，和一些翻阅杂志的有钱的大学生坐在一起。有时玛丽亚围着头巾，有时干脆露着头发。[……] 于是两人喝酒，喝完以后就打。他爱她，叫她洁女，他的十字架和救星。女人的生活简单得完美，穷困得可敬，他生怕如果帮助她脱离这种境地，会让她的精神的完美打了折扣。"[19] 很难说法朗士的描写是为了讽刺，还是略带同情，很难说他是否在嘲笑此时魏尔伦的悲惨主义、酗酒、好色、宗教情怀、老年的淫荡和幼年的天真的大杂烩。这其实并无所谓。重要的是，此时的魏尔伦变成了一个绝妙的小说人物，他的诗歌与其肉体的表现越来越分不开了。

　　莫里斯·勃德第一次见魏尔伦是在1887年。"这时我才得以用一段时间，仔细端详他的非同一般的容貌。他坐着像一个神，帝国白色的壁纸上衬托着他纸一样白的脸色。魏尔伦隐约带着一点非同寻常的气息。蜡烛从半侧下方照着他，把他的身影投到墙上，几乎到房顶，是活的、动的，有时有一点像。他的面孔围在一个红色的围巾当中，很有点奇怪，略显庄严，有点像个高贵的喇嘛，幸福而恬静，有时突然快活起来。烛光从下面照亮他高耸的、拉向鬓角的眉骨。他那双蒙古人那样的小眼睛露出笑意，随着眼前的活动而转动，小、狡黠、明亮、闪光、可爱、媚人、实在平易。后来我曾见过这双眼睛流露出惊慌、悲伤或可怕的目光，但我那天见到的讥讽而又友好的目光才是他真正的眼光。他的翻起的鼻翼下面有一抹橘黄色，一高兴时就出现细碎的皱纹。两个巨大的鼻孔张得圆圆的，活动无常。烛光下看他的嘴也像野兽一样，很秀气，平时藏在络腮胡子里看不见。咧嘴笑时，胡子就被提到颧骨上。"[20] 1891年，阿曼·让开始在圣安托尼医院为魏尔伦画像[21]。魏尔伦对自己的肖像一向极为重视。例如，他在《回忆录》中提到年轻画家拉蒂斯拉斯·罗埃韦为他画的一幅水粉画。这个波兰籍犹太人，在1888年已经为他画过一幅油画肖像[22]。魏尔伦说："这个小伙子一会儿就给我画了一幅可怕的头像。本来我的样子并不凶，可是在一个火红的底上，简直就像被打入了地狱。"[23] 1888年11月费利克斯·费内翁在《独立杂志》上介绍了国际白与黑展览会上展出的这幅水粉画，他说："对拉蒂斯拉斯·罗埃韦画的这幅画像，肖像学者们应该小心对待。因为诗人本来紊乱的面孔变得浑圆，像个气鼓鼓的睡着了的资本家。"费内翁丝毫没有指责这幅肖像的意思，相反语气却相当缓和。其实，对肖像看法不同根本没有什么关系，只要它能够广泛流传就行，不管是在展览里，报刊上，还是同时代人的想象中。

1891年3月，朱尔·于莱在圣米歇尔大街上的弗朗索瓦一世咖啡馆见到魏尔伦，目的是作他那著名的《文学发展调查》。他所描写的魏尔伦，至少也应该说很含糊："他的头像个年老的魔鬼，蓬乱的胡子稀稀拉拉，生硬的鼻子，稠密的眉毛。狭长、硕大的头颅已经全秃，奇怪地长着一些包。这一切都让他的外表看上去很矛盾，既像是坚定的禁欲者，同时又像有着难填的食欲。他的一生像一出漫长的悲剧，生活是极度的怀疑论和'肉体的沉沦'的前所未闻的混合。这种肉体沉沦，有时偶尔演化成虐待狂，有时又悔恨得痛不欲生，有时又不得不干脆靠喝酒来忘掉这一切。"[24]同样是在这个时期，路易-格扎维埃·德·里卡尔，在南美洲的布宜诺斯艾利斯和里约热内卢长期辗转之后，此时又通过他和魏尔伦两人共同的朋友阿尔希德·布拉维，重新和魏尔伦见了面。很奇怪的是，在他的回忆中，魏尔伦的相貌又像是一只猴子了："当然，此时的魏尔伦已经不是1865年和以后几年中那瘦弱的样子了。这时魏尔伦几乎可以算高大，四肢发达，我觉得他甚至有些肥胖，完全不像有些消息过于灵通的人给我描述过的老犯人的模样。猛地看起来，他真像我不久前在巴达维亚①动物园见过的一只大猩猩。那只大猩猩关在一个铁笼里，我当时感到一种极度的同情，那感觉至今难以忘怀！［……］这次与魏尔伦的重逢又让我想起了那时的情景。"[25]

魏尔伦自己怎么看自己呢？一天他拍着前额，对古斯塔夫·勒卢日说："这儿有不少包。可惜现在颅相学已经不时兴了。我认为，这理论有道理，而且有趣。你一定听说过我长得像谁？"说完不等对方回答就接着说："像很多人。首先是苏格拉底，这倒让人受用，但是他那极不检点的作风除外。不过有人说他老婆赞西佩是个悍妇，结果最后他对所有的女子都嫌恶起来，转而信奉一种很不正常的兼收并蓄之说。听说也有人说我像俾斯麦。就算是吧。让我感到安慰的是我还有点像佛，而他不只和苏格拉底一样是个圣贤，还是个神，至少也差不多是个神。最后，也有人说我像个僧人，不过这个僧人不太正规，还有点儿像巫师，就是说这个僧人有点异端嫌疑，说不定哪天

---

① 印尼首都雅加达的旧称。

晚上就会被魔鬼招走，就像维利耶·德·利尔-亚当仔细照顾的特里特海姆神父①。不过，事情不会永远十全十美。我的敌人说过我像个十足的土老帽，或者一个卖弄学问的学究，或者简直就像一个猪贩子。"[26]我们至少可以认为，魏尔伦对自己特殊的长相相当满意，即使当自己的身体迅速衰老下去，他也没有对自己的外表有什么担心。从他最后十年中的画像和照片中可以看出，他地地道道地未老先衰了。他尽管只有五十岁，可人们完全可以给他多算二十岁。看卡扎尔斯经常画的魏尔伦拄着疙疙瘩瘩的拐杖的背影[27]，完全让人以为这是个老人。在魏尔伦的最后几年，所有常去拉丁区的人都会一眼认出他的身影。他永远戴着毡帽，穿一件旧外套和一条灰裤子，费力地拖着一条僵硬的腿。"在人行道上，魏尔伦艰难地走着，夜晚微弱的灯光把他痛苦的面孔照成高浮雕的效果。在空寂的大街上，人们老远就能认出他来。他半眯着眼，拖着腿，一只颤巍巍的手拿着拐杖敲打着地面，像个盲人在探路。他像个被生活征服了的人，在走着他孤独的路。因为别人看不起他，他也就看不起别人了。有时他突然停下脚步，一只手习惯地扯一下衣服，另一只手用拐杖在地上仿佛画了一个圈。他突然睁大眼睛，口里说出含混不清的几句话，好像在面对着看不见的观众，准备做讲演。"[28]

《写作》于1892年3月8日举办了一次宴会，朱尔·勒纳尔给参加宴会的人都做了无情的描述，说这些人都"丑得精致，像拐杖头"。其中对魏尔伦的处理更是登峰造极："魏尔伦令人望而生畏，像半死不活的苏格拉底，或是肮脏的第欧根尼，介于狗和鬣狗之间。他颤颤巍巍，等人把椅子放在他的身后，就一屁股跌坐下去。天啊，那从鼻子里发出的笑声，那鼻子和象鼻一样，那从眉毛和前额上发出的笑。有人给他端来一盘肉食，他就嚼起来。他忽然不安起来，问人把他的帽子弄到哪里去了。他像一个醉神。除了我们对他的崇拜，他已经什么都不是了。一身褴褛的衣裳，黄色的领带，外套肯定不少地方粘到肉上。脑袋像是拆房时拆下的石头。"[29]作为魏尔伦的忠实朋友，卡扎尔斯当然也未能幸免："像拉马丁小时刚在河沟里玩过脏东西。脖子上吊着一段花边。嗓子沙哑，软绵绵的手让人想替他拢起来。"[30]

朱尔·勒纳尔在给这场宴会尽情地抹了黑以后（所谓"侍应生的黑手，盘子里的黑东西，托盘里毛乎乎的羊腿"[31]，这的确是在抹黑），文章结尾时他又无情地给魏尔

---

① 特里特海姆（1462—1516），本笃会教士，极博学，著作甚丰。

伦勾画了一幅呆傻的肖像："魏尔伦的双眼像完全被前额的石头压扁了。"[32] 这样攻击之后似乎还不过瘾，同年10月勒纳尔又卷土重来。"魏尔伦啊，一个污浊不堪的苏格拉底。来的时候已经满身苦艾酒气。瓦尼耶让他打个收条，递给他一百个苏，魏尔伦就站在那里不停地说，不停地嘟囔，时而指手画脚，时而皱起眉头。头皮上的褶，一缕缕的头发。口臭得好像嘴里住着野猪，帽子和领带好像从垃圾桶里拾来的。"[33] 这样的描写的确下流，把阿登地区、野猪、猪窝等等，都顺口提起。不过，朱尔·勒纳尔却有意保留了魏尔伦对文学那持之以恒的兴致（在我看来则是想抹也抹不掉）。"他张口闭口提起拉辛、高乃依。"当然，朱尔·勒纳尔故意交叉叙述魏尔伦身上的两个方面，一方面是酒鬼的可怜相"看着面前的苦艾酒，眼神似乎会说话，那酒则好像是颜色绘成的湖面"；另一方面，则是他的文学话语，他引用的高乃依和拉辛的诗句。当然他不免"结结巴巴，让人恶心，脚步蹒跚，不停用脚敲着地面，保证自己不摔跟头"[34]，但是他随时不忘文学。朱尔·勒纳尔的《日记》中有一篇叫《魏尔伦桌上的拉辛》所描述的情景，极其感人：

施沃布说："一天早上我到一家名声很差的客栈去看魏尔伦。客栈怎样就用不着给你仔细描述了。我推开门，面前出现一张铁木结构的床，一只满是秽物的铁质夜壶，臭气熏天。魏尔伦躺在床上，头发蓬乱，胡子拉碴，我只能看见一点脸皮，如同黄蜡。

"您病了吗，大师？"

"哦！哦！"

"您回来得很晚吗，大师？"

"哦！哦！"

魏尔伦转过身来，我看见他整个蜡球一样的头，其中一块粘着污泥，几乎要脱落下来。

魏尔伦伸给我一段手指。他没脱衣服，一双脏兮兮的皮鞋从床单里露出来。他哼哼唧唧地又把脸转向了里面。

床头柜上放着一本书，是一本拉辛的著作。[35]

一方面是形容枯槁的形骸，另一方面是保持完好的对文学的钟爱。1889年春，一位二十六岁的瑞士青年雕塑家奥古斯特·德·尼德豪森－罗多为魏尔伦塑了四尊为一组的雕像。魏尔伦为其中第一尊题了诗：

此尊雕像将向后代
展现我
庄严的面容
满是怎样的凝重

这沉重的头颅
分量每日俱增
添一种思想，并不深刻，
只是去不掉的忧心忡忡

未来站在像前的男男女女
会做何想法？
"其实，在这些生硬线条之下

"在冒着黑色火焰的眼睛
"后面，是一个恶意的先生。
"不过雕塑家倒颇有才情。"

1894年10月25日，在《在普罗科普晚会上的座谈》中，洛朗·塔亚德提到了尼德豪森塑的魏尔伦像："前额完全为天才或痛苦扫平，看起来远比真正的年纪苍老，但是脸色却因孩童般的微笑和机智地闪动的斜眼而灿烂。一眼看上去，魏尔伦很像传世的苏格拉底的面孔，其中有难以名状的威严和雄伟，令人不禁心驰神往。他像庙宇的穹顶一样好看的脑壳里，一定有极深邃的思想和全新的节奏飞向天空。在这尊完美的雕像中，雕塑家奥古斯特·德·尼德豪森－罗多出色地挖掘出了这个刻着缪斯印迹的面孔几近神圣的特征。他所创作的魏尔伦令人想起《世纪传说》中的林神：那林神'红色的睫毛可以透过光线'，就着阿波罗的竖琴而唱，眼睛显得无限的深邃美丽。"[36]

归根结底，我们还是愿意把保罗·瓦莱里为保罗·魏尔伦最后几年所描绘的绝妙的肖像记在心里："一直有一股不可克服的力量，使我没有去见保罗·魏尔伦的面。那时，我就住在卢森堡公园附近，不消几步，就可以走到他所坐的桌子前。他总是在11点到中午之间，坐在一家咖啡馆的后面，不知为什么，这家咖啡馆好像一个假山堆就的山洞。他总有人伴随左右，隔着窗户就可以看见。杯子里盛着一汪绿水，好像是从台球桌上的翠绿色桌布上汲来的。尽管他正值春风得意，有着无穷魅力；尽管因为他的千万种音乐创造和精致、深邃使我对他无限神往；尽管他坎坷的身世和强大而苦难的心灵令我极端好奇，但那种无名的抗力却始终使我不能就范，使我不由地敬而生畏。我几乎每天都看见他从那可笑的洞穴走出来，指手画脚地走进巴黎综合工科学校附近的一家小饭馆。这个受诅咒而同时得到祝福的人，用流浪汉和残疾者使用的沉重手杖敲着路面，一瘸一拐地走。他看上去可怜之极，但是杂草丛后面的眼睛却闪着火焰，每从街上走过，他的粗暴的雄伟和洪亮的嗓音都会引来路人惊奇的眼光。他总有人相伴左右，一手扶着一个妇女伸过来的胳臂，一边敲打着路面，一边向左右虔诚相伴的人们大声说着话。他有时会突然停下脚步，口里高声骂着。然后骂声渐渐远去，套鞋和手杖声也杂然相伴而去。只听见他愤怒的嗓音，有时会神奇地突然变成一串孩子般的笑声。"[37]魏尔伦正是由于身体沉沦而声名远扬，或者说正是由于沉沦而蜚声遐迩。堕落终于得到了回报。

第二十三章

死而复生的面孔

最快乐者莫过于埋葬，

掘墓者歌唱，铁锹闪着光，[……]

穿白袍的神父祈祷得痴狂。[……]

唱诗班歌童的嗓音如女孩般清亮，[……]

美好的悼词简短而意义显彰，

后代们心花怒放，脸上放光，

神采飞扬！

　　　　　　　　——魏尔伦《埋葬》

　　1895年12月5日魏尔伦平生最后一次进城。这一天，孟德斯鸠通过他的秘书加布里埃尔·德·伊图利请魏尔伦去富尤饭店欢迎一位南美来的名叫曼西拉的所谓"将军诗人"。这个人物由于来自遥远的国度，所以伯爵认为很值得借机风光一下。他这个人从来也不放过任何机会，一有什么特色人物到手，总要拉到上流社会的晚会上显摆一番。最后一次出门，诗人仍然不违常例，仍然要哭穷。医生要求魏尔伦找一个修脚的治治病，这时他又要求人家马上借给他几个钱（他也许以为自己还有能力偿还那些越积越多的账吧），因为他急需买一双鞋，否则他甚至不能走到拉他去饭店的马车跟前。孟德斯鸠显然是很需要这位大诗人出面陪客，马上派人把钱送来，于是魏尔伦终于可以到富尤饭店去了。此时的他即使算不上气派十足，总算可以登大雅之堂了，尽管咳嗽得还很厉害，脚也还跛着[1]。可惜的是，到了最后，那位东家却因故不能出席，只能让自己的秘书前来作陪。六位客人饭后在一份菜单背面写了一句谢词："未能与您同桌共饮，至为遗憾。但在座各位以第一杯香槟祝您幸福。"可是魏尔伦丝毫未感到失望，反而更感惬意。下午4点，他已经准备就绪，跃跃欲试，好像一个孩子就要去游乐场坐过山车。伊图利终于来接他了。他津津有味地吃过了肥鹅肝和味道浓重的鲜美的螯虾以后，眼里闪过一丝狡黠的光，说道："今天晚上我感觉年轻了许多。"饭后，他满意而挑衅地提了一个天真而滑头的问题："我没太给你们丢人吗？"[2]大家都知道他通常在大庭广众之下是怎样丢人现眼的。不过话说回来，别人请他出面到底图的是什么呢？是希望他这一次能够规矩一点，以便使这位大作家配得上自己的诗歌和各种作品的美名、挽回一点自己的声誉呢，还是希望他多喝一点，以印证他那酒鬼诗人的名声？不用说，魏尔伦多次为让别人对他的失望而得意扬扬，别人说他如何嗜酒成性时，他却往往滴酒不沾；而当大家不希望他喝酒时，他却喝得酩酊大醉。他总是这样和别人捉迷藏，让别人不能得意，不能预见他将如何反应。

这次贸然出去应酬，魏尔伦自己也很清楚，不过是给别人装点门面，却对自己的身体造成了致命的伤害。一年以来，他本来明智多了，和欧也妮·柯兰兹住在笛卡尔街39号一套两间的公寓里，差不多过着夫妻生活。他自己也说，当时过的是和被缝衣女工珍妮收容的忏悔的司铎道克罗一样的生活。他甚至参加布置房子，按照阿登地区的古老传统，在壁炉上摆放的照片之间，均匀地摆上橘子。他像孩子一样兴致勃勃地给金丝雀的笼子刷上金漆，然后一发而不可收，又刷了蛋杯、花篮、凳子，最后连自己的笔杆都没放过。一面是诗人的书架，一面是欧也妮的缝纫机，其中的生活比前些年也安定了许多。放浪形骸的日子已成过去。他只是极偶然才去附近的小酒馆里喝上一杯苦艾酒。就在他那天晚上去吃了那一顿美餐之后，他身上的各种疾病突然一并复发了：感冒加重（也可能是流感或百日咳），肝炎发作，胃痛。该死的左腿又肿起来，肚子也胀起来。他的身体简直就是一本医科大全。他的主治医生巴立佐大夫也束手无策，只好死马当作活马医，给他制定了严格的生活和饮食制度。喝奶和卧床，严禁饮酒，只允许喝兑了维希矿泉水的奶，每天早早上床。至于他的经济状况，就更不要提了，因为现在他债台高筑，不得不每时每刻地为房钱、饮食和医药的费用着急。但是，尽管疾病缠身，诗人仍然对文学表示关注。1895年，魏尔伦在沙科尔纳克书店结识了《书像杂志》主编皮埃尔·道兹，他向魏尔伦订了二十四首诗，用来表现藏书癖的各种不同方面的所谓"书诗"。皮埃尔·道兹不是个好对付的商人。首先，他要求魏尔伦按他提供的没有任何诗意的题材写作："拍卖估价员、拍卖员、专家、封面、目录到来、当代原版书、拍卖、塞纳河畔旧书市、封面、黑带。"同时他还要求魏尔伦按照他给定的格式和开头去写[3]。魏尔伦一共写了十三首，每首十法郎，但是道兹对魏尔伦的创作却不尽满意，他不理解他给定的报道性写实题材对诗人的创作是一种束缚，令诗人没有想象的空间。他批评说："内容固然符合要求，但是也许过分符合，因而影响了形式，变得平淡，不够华美，失去了诗意。当然，要指使诗神肯定不是易事，但是以您的才能，我们自然有极高的期望，我也就不客套了。"[4]真是荒唐透顶了，换了别人一定会拍岸而起，但是魏尔伦乖乖地服从了，认认真真，字斟句酌地写了《藏书》《书癖》《书架》《目录到来》《当代原版书》《塞纳河畔旧书市》《恐书症》《书虫》等等。

是年12月，魏尔伦写完了《失望》（真是名副其实，无论是对魏尔伦自己，还是对失望的读者），在1896年2月发表的《写作》163号上影印发表，附编者介绍说："这是魏尔伦的最后一首诗（1895年12月31日）"。这次他又是在无计可施的时候，想通过自嘲来找出路。他讲的是一个书虫的故事。这个人"气急败坏地回到家里，简直想杀人，因为他没有在某一本书里找到头一天藏在里边的无记名证券"。在《我很少》一诗中，他先不无讽刺地叙述了自己身上无数的大病小灾，关节炎、眼病、胃病，他总想通过对未来的憧憬来为自己的失意寻求安慰。他对自己对书的热爱进行了歌颂：

> 终于，我全身心地感到，
> 开始灰——心——丧——气，
> 果真如此将是怎样的无聊！
>
> 幸而我有天大的运气，
> 不幸中的万幸，
> 我也变得有点像书虫。

魏尔伦的诗意精髓正在消逝、消亡、淹没、绝迹，这与书本所表现的浓厚的物气、与实实在在的一本本书，真是大相径庭。当初魏尔伦在沙科尔纳克书店里见到道兹时，他是去拿人家免费寄给他的书去换几个钱买酒喝，把实实在在的书本用来换取酒精的蒸汽和云雾。纸张升华而成为纯粹的陶醉。从此也可以看出，让魏尔伦的诗意来歌颂一本本精装豪华的书是多么的荒唐。他的诗只能用散页来做载体，而过于奢侈的装潢只能使其丧失生命。从此时起，魏尔伦变成了诗歌的苦役，履行一些无聊之极的订单，再没有什么诗意可言。但是他一边做着这些艰苦的劳役，背叛着自己的风格，一边还希望尽量维持自己作为作家的最起码的尊严，以免自己的名声和写作完全沉沦。所以，当爱德华·迪雅尔丹请他写其《忏悔录》的第二部分时，稿费开价之低，令他勃然大怒："这样一本中等篇幅的书，至少也应该出到每行十个苏，这算是一个比较说得过去的价格。可是如今出的价格只是一个刚挣钱的新手一篇文章的价格。所以另请斟酌，到这里和我当面推心置腹。这样咱们仍是朋友。"[5]

不过话说回来，既然想维持作家最后这一点自尊（尽量或多或少地维护自己的名声的价值，以免把早已经大打折扣的尊严完全挥霍掉），那要给家里挣钱就更加困难了。12月24日他向孟德斯鸠极其详细地汇报了自己一塌糊涂的经济状况：多亏巴雷斯斡旋，他拿到了朱尔·勒迈特的五十法郎；他给 M 神父写的一篇文章已经发表，可是五十法郎还没有付给他；一家英国杂志欠他的二百五十法郎已经拖了一年了。最让他放心不下的是1月8日到4月8日到期的钱能否拿到手。但是魏尔伦即使在经济最困难、最穷困潦倒的时刻，也永远保持自己的本色，所以他在信的末尾写道："寄上这几行字，委实令人难过。谨望能得到片言只语回复，令我得些安慰，也算不负我天真未凿之心。我天性幼稚胆怯，不愿强加于人。"[6]这简直就是要挟了。我天真，所以你不能拒绝我的任何要求。我幼稚，这正是我的强势所在。第二天，也就是12月25日，他又乞求加布里埃尔·德·伊图利向他担保，以保证他付得起1月的房租（102法郎50生丁）。12月30日他又可怜巴巴地给孟德斯鸠写信求救："这是真正绝望的呼喊了。家里一个子儿也没有了。我又重病缠身，呕吐不止。家里没钱，可是我需要买药，需要钱。欧也妮尽管不怕吃苦卖力，可是也已经精疲力竭，不免灰心丧气。如果可能，万望立刻送些现钱来，或是让投递员送，最好是你本人①。"[7]为什么魏尔伦突然又用起

---

① 原文为英文。

蹩脚的英文呢？因为用英文，一则算是对孟德斯鸠这花花公子的友好致意，同时通过用外语，又可以遮遮掩掩表示自己的窘困。因为此时高热发昏的魏尔伦，也在重温伦敦的生活，特别是和兰波在一起的日子。1月2日，他同时感谢孟德斯鸠和伊图利两个人，因为他收到了那一百法郎，"拔掉了房租这根要命的钉子"[8]。但同时他又说，如果《费加罗报》还不付给他钱，他不久又会黔驴技穷，束手无策了。健康方面也是空前的糟糕，失眠、胃炎、肝硬化，他很可能得了黄疸，腿的情况更是比前几年都严重。他虽然还理直气壮地认为自己是身体的主人，但是身体已经垮了。从此就日复一日，一日不如一日，每况愈下。不必要再逐项讲解身体的每一项恶疾了。我既不想在魏尔伦苟延残喘之时扮演法医的角色，同时我又希望陪他直到长眠。

　　1896年1月5日，魏尔伦比往常烧得还厉害，并开始说吃语。但他仍然念念不忘文学。直到生命的最后一刻，他仍是一个诗人，或者是他希望自己首先是诗人。下午三四点钟时，他趁着烧得轻一点见了《红色杂志》两位编辑朱尔·海纳和弗朗西斯·诺尔吉莱，他们俩给他带来了几天前他写的一首诗的清样。诗的题目为《死亡！》。诗人没有任何情绪激昂的表示。据古斯塔夫·勒卢日说："魏尔伦校阅诗稿的时候，显得很难受，很长时间没有说话。两位年轻作家对可怜的雷连佩服得五体投地，一片忠心，见他心情阴郁，想尽量缓和气氛，但是无济于事。两人离开的时候都心情沉重。"[9]乍看起来，我们可以认为魏尔伦是为自己作品中表现的死亡内容所打动，似乎是在为已经不远的生命终结写遗嘱。这时的诗人虽然还活着，也只是苟延残喘，实际上已经成为自己的著作的遗物：

　　　　这是我们众人爱慕的死亡，
　　　　　一生披荆斩棘道路的终结。
　　　　啊，再不用承受这些沉重的情感，
　　　　　胜利，预见着甘美死亡的来临。

　　实际上，魏尔伦在读自己的诗的清样时之所以如此动情，是因为他清楚地感到，这首诗是他又一次也是最后一次对自己的否定。这篇作品难道不是他对自己诗艺中最根本、最独特的内容的背叛吗？

从梦中找到我们的流亡，你可同意？

再不愿如此倦怠几近卑鄙地活，我们死去。

武器请说话！如果需要，你的命令

将让我们的刀锋上开出生命的鲜花。

这首诗通常不为人注意。正如奥克塔夫·纳达尔所说，魏尔伦在这首诗中"再次表现了对梦想的解放作用的怀疑。梦幻把做梦的人关到流放中，他甚至怀疑这种流放是否高尚。一种发自梦幻的肺腑的紧张召唤武器和死亡，以逃离他的惆怅和神话。这个呼喊把决定诗人命运的选择重现到记忆中。它把梦幻作为对抗生命的隐蔽所和武器。这也就是清醒地接受流放"[10]。这时向梦的流放受到了彻底的审判。虽然魏尔伦内心深处一直暗含着反抗、革命斗争和通过行动进行精神斗争，这次他却排斥了梦想，进而转向了行动，以为只有通过行动才能达到解放。真让人以为魏尔伦还是免不了用一个终极的否定为自己的全部创作画上句号。

1月7日星期二，魏尔伦身体好了一些，他趁机邀请古斯塔夫·勒卢日和他年轻的妻子来家里做客。午饭大家吃得都很快活。魏尔伦也吃了一点，甚至喝了几滴兑了维希矿泉水的白葡萄酒。对于正在节食治疗的他来说，这简直是一顿美餐了。诗人最后一次幻想自己在尽情享乐，可是在他生命的最后一个清醒的时刻，有一件事终于使他感到遗憾。自从母亲过世以后已经十年过去（他从来没有过真正的家庭观念，如果有也仅仅是把它当作法律的体现），他过了十年的浪荡生活，这时他终于感到，他将永远见不到从小就离开了自己的儿子了。他说："至少我给他留下了一个名字，丝毫不比别人的逊色"，然后就陷入了深深的冥想之中。

这次好转只维持了很短时间。当天晚上，魏尔伦就又发起高烧来。得承认，即使在他最后的时刻，他自己自由选择的厄运也不肯放过他。夜里他想爬起来，结果摔倒在地，欧也妮没有能扶他躺回到床上。她体弱无力，根本抬不动他，又不好意思叫邻居来帮忙，结果只好尽量就地照顾老伴。她此时终于良心发现，给魏尔伦的脑袋下垫了一个枕头，身上盖了几床毯子。直到第二天早上，等到年迈的女佣婕丽到了，两人才把他抬回到床上。重病缠身的魏尔伦在冰凉的地板上躺了一夜，不可避免地引起了肺充血。第二天早上，等到他的朋友勒卢日、科尔努蒂、卡扎尔斯和爱德华·雅克曼先后赶到，看到魏尔伦脸色苍白、呼吸困难、呼呼带喘时，几个人都极度震惊和难过，立即明白他的情况是多么严重。大家马上感到病人的时间不多了，应该马上通知亲朋好友。埃德蒙·勒佩勒捷、莫里斯·巴雷斯、弗朗索瓦·科佩、加布里埃尔·维凯尔、让·莫雷亚斯、洛朗·塔亚德等都通知到了。大家还唤来了著名的肖法尔大夫。大夫为了安慰魏尔伦，让他以为还有希望，给他实行了芥子泥治疗，企图唤醒他垂死的肌体。但是这种诱导法终于没能发生效力，只是让魏尔伦受了更多的罪。他不住地呻吟："疼死我了。"

《巴黎回声报》一名记者乔治·斯蒂埃格勒来到魏尔伦在笛卡尔街的住所，在这19世纪末，已经认为可以爆出一个独家新闻。他见到的是一个苟延残喘的垂危的病人。"刚进门，我就听到沙哑的喘气声。我循声而入，进到第二个卧室，只见屋里烧着炭火。在昏暗的灯光下，我开始只见到一堆白色的东西，里面发出沙哑的呼声。我走过去，只见一条胳臂伸出床外，光秃的前额上蒙着一条毛巾。这就是魏尔伦。"[11]这一次还是魏尔伦的脸首先吸引了人们的注意力，尤其是此时他已经彻底地面目全非了。乔治·斯蒂埃格勒写道："他的脸已经完全不比往常了。"[12]据斯蒂埃格勒讲，直到最后，魏尔伦始终在揉搓、抚摩、摩挲盖在他床上的报纸，似乎"对纸和文字有无尽的热爱"[13]。但是据勒卢日说，一个小时以前，他还曾"憎恶地抛开一份《世纪末》杂志，即使在这弥留之际，其高雅的情趣显然仍被杂志低俗的淫秽内容所伤害。他气愤地喊道：'快把这些屁股给我拿开！'"[14]为了给魏尔伦死后留一个正人君子的美名，勒卢日的为贤者讳也未免做得太过了一些。如果他讲的事的确属实，那真是十几年来魏尔伦头一次让人把屁股从他眼前挪开。也许他不过是让人把盖在他身上的毯子松一松，让他透一透气。

保罗·魏尔伦1月8日这天寿终正寝之时，只有年轻画家科尔努蒂和欧也妮在他的身边。是科尔努蒂叫了当时在圣艾蒂安·迪·蒙教堂当副本堂神父的年轻的舒恩汉兹，为魏尔伦做了临终圣事。神父给他最后敷油，却没能听到他的忏悔。多年以后，到了1931年4月11日，弗朗索瓦·波尔歇去见已经作了主教的舒恩汉兹时，这位主教只是"异常坚定地说：'先生，那是一位基督徒'"[15]。

一个人垂死的时候说的话，总让人觉得多少像是真的。据某些报刊报道说，弗朗索瓦·科佩本人在其所致悼词中也说，魏尔伦临死时口里只说了一个人名：弗朗索瓦。弗朗索瓦·科佩喜出望外，立刻把这最后的呼唤据为己有。然而鉴于两人之间差距甚大，魏尔伦的崇拜者中，许多人认为魏尔伦不太可能在最后一刻呼唤科佩的名字。例如路易·勒多芬就在《写作》杂志自由论坛栏目撰文说："我很清楚，开始魏尔伦不喜欢科佩的作品，认为过于整齐、过于对称。但是后来，他也曾称赞过《雅各比特》和《为了王冠》的文学价值。而且，他也的确喜欢科佩为人的温和与友善。但是，难道就因为临终的时候他说了弗朗索瓦的名字，我们就应该得出结论，认为他是在呼唤自己帕尔纳斯的对手来到身边吗？"[16] 的确，正如勒卢日后来指出的那样，从诗歌角度来说，弗朗索瓦·维庸要荣光得多呢。也有人认为，从感情上讲，人们会更希望魏尔伦想到的是圣弗朗索瓦院，那个他母亲十年前的1886年1月21日去世的地方。但是，的确，魏尔伦想到的很有可能是科佩。从某种意义上来说，魏尔伦一直把他看作自己的镜子，无论是在道德上还是在事业上用来反观自己。他代表没有沉沦的、成功了的那一个。他始终站在秩序的一面，并因此而功成名就。

保罗·魏尔伦于1月8日晚7时去世。

噩耗马上传遍了巴黎。无数的朋友急急忙忙地赶来吊唁。首先到来的是莫里斯·巴雷斯（欧也妮允许他拿走了桌上摆的一本圣伯夫的书作为纪念），卡蒂勒·孟戴斯、莱昂·瓦尼耶、孟德斯鸠伯爵，后面一定跟着加布里埃尔·德·伊图利。他们商量之后，决定把下葬的时间定在1月10日下午两点。不久，其他的朋友也到了。有加布里埃尔·维凯尔、洛朗·塔亚德、若里斯-卡尔·于斯曼、拉吉尔德、阿尔弗雷德·瓦莱特、阿尔贝·梅拉，以及莱昂·迪耶克斯。大家都想再最后看上魏尔伦一眼。毕恭毕敬等候的人群很快站满了楼梯，一直排到街上。亲朋好友一批批地被请进灵堂吊唁。经常为魏尔伦画像的卡扎尔斯就是在这个时候，借着烛光，为诗人最后一次画像。共画了三幅，一幅魏尔伦脖子上套着一条大领带，一幅胸口上摆着一个十字架[17]，一幅是灵堂的全景[18]。实际上，这时为魏尔伦造像的活动异常活跃，因为还有另外三位画家在为死者画像，一位是《日报》派来的拉蒂斯拉斯·罗埃韦[19]，另两位分别是莫里斯·弗耶[20]和诺埃·勒格朗。阿尔弗雷德·瓦莱特则照了一幅精美的照片[21]，被拉希尔德妥善保存[22]。与此同时，整个巴黎的人都上楼来在尊贵的逝者灵前脱帽致哀："诗人躺在盖着白单的床上睡去了。人们怀着崇敬的心情在床上摆满了丁香花和冬玫瑰。死者脸上的线条此刻显得更明晰、更高贵，还有一些褐斑，其温暖的颜色会让人误以为诗人还活着。他的前额宽阔雄伟，犹如庙宇的穹隆。这个受了诗神赐吻的额头侧向枕头一边，枕头也好像因为诗人思想的分量而沉重了。[……]尽管居所贫寒，尽管楼梯里刺鼻的漂白水味道，尽管有人在为明天的丧事做广告、拉生意，死者周围却有什么东西显得很伟大。"[23]

整整一夜，朋友们轮流守灵。可是一直到了第二天，也就是1月9日上午9点，弗朗索瓦·科佩才面色苍白、悲痛欲绝、泣不成声地出现在笛卡尔街，因为他是从奥代翁剧场看完自己的《为了王冠》以后才听到噩耗的。他一赶到，立刻怒不可遏地叫起来，怎么能够让《智慧集》的作者死后没有宗教仪式和一个葬礼弥撒呢？于是大家决定把原来的计划推倒重来。接着，莱昂·瓦尼耶终于为讣告定了稿：

保罗·魏尔伦 先生

诗人

于1896年1月8日，在其住所笛卡尔街39号接受宗教圣事后与世长辞，享年五十一岁。

送殡、弥撒及下葬仪式将于10日周五上午10点整在其教区的圣艾蒂安·迪·蒙教堂举行。

我从深处向你求告①

集合地点在死者住所

乔治·魏尔伦，其子；西夫里［原文如此］，妻兄；

及其 出版人，好友和崇拜人

敬启。

中午时分，法医赶到，只随便地往诗人的尸首上看了一眼，就宣布："肌体已经耗到骨头了，而且各种疾病不一而足。"这无情的诊断完全说明保罗·魏尔伦已经把他的身体耗尽了。

这时，所有的人都迫切感到需要保留一幅诗人最后的形象。就好像他的像还不够

---

① 《圣经·诗篇》第130篇首句。

多似的。首先是勒卢日和卡扎尔斯强烈要求为诗人的脸做模塑，可是这需要警察局批准。莱皮纳是魏尔伦的崇拜者，于是立刻予以批准。但是经办各种手续的当儿，时间在一点点地过去，尸体在慢慢地变质，面部开始下陷。到了星期四傍晚时分，制作模塑的人终于到了，是雕塑家法尔吉埃的一名助手梅奥尼，还有诗人埃拉斯姆·昂热帮忙。两人开始着手进行准备工作时，斯特凡·马拉美到了。大家把他让进灵堂，他把一大束紫罗兰摆在其他鲜花、花圈和花环堆上。卡扎尔斯回忆说："进行模塑时，屋里面死一般的寂静。当一把把的石膏开始盖住诗人仍带着亡者严肃庄重的脸时，大家不禁纷纷把眼睛转到别处。模塑就好像把解剖和挖掘尸体的丑陋合在一起集中体现。当模具取下来时，诗人可怜的面孔重现出来，好像被毁了容，变得臃肿，有些地方的胡子和眉毛脱落下来，粘在石膏上。我们一辈子也忘不了这个不堪入目的场面。半个小时以前，还是我们所熟识的保罗·魏尔伦，而现在摆在我们眼前的，却是一个地地道道的僵尸了。"[24]卡扎尔斯甚至还趁机绘下了面具模塑的准备过程[25]，画出了梅奥尼怎样在法尔吉埃①的协助下在诗人的面孔周围忙碌。

　　1月10日星期五，魏尔伦的尸体当着加布里埃尔·德·罗特雷克和莱昂·瓦尼耶的面入了殓。10点差一刻，圣艾蒂安·迪·蒙的教士来到笛卡尔街。可是正要收尸的时候，差一点出大乱子。因为欧也妮突然发现，不知道哪个崇拜者把魏尔伦的祈祷经本拿去做了纪念。在欧也妮的眼里，这简直是盗窃神圣不可侵犯的遗物。她勃然大怒，大喊大叫："有人把魏尔伦的祈祷经本偷走了。要是他不立刻还回来，一会儿下葬的时候我一定要大闹一场。"[26]幸亏被人"借走"的东西很快找了回来，送葬队伍才终于出发。不用说，运送尸体的是一部五等柩车，他的朋友们都慷慨解囊，才凑齐了殡仪馆专营公司所要的998法郎费用（艺术部长先生出了500法郎，弗朗索瓦·科佩出了300法郎，另外还有埃德蒙·勒佩勒捷、莫里斯·巴雷斯、孟德斯鸠伯爵和保罗·维洛拉）。可是千万不要以为魏尔伦的葬礼如何简陋，如何小气和寒酸。实际上，持引棺索的是弗朗索瓦·科佩、卡蒂勒·孟戴斯和罗贝尔·德·孟德斯鸠。一出教堂大门，他们又恭恭敬敬地让给了莫里斯·巴雷斯、埃德蒙·勒佩勒捷和艺术部部长亨利·卢荣。到场的一共不下五千人，黑压压的一片，跟着灵柩从笛卡尔街走到

---

① 原文如此。

圣艾蒂安·迪·蒙教堂。因为魏尔伦的儿子乔治不在场，由死者的妻兄、作曲家夏尔·德·西夫里、欧内斯特·德拉艾、弗雷德里克-奥古斯特·卡扎尔斯和莱昂·瓦尼耶走在队伍前列。紧随其后的是一小伙亲朋好友，包括莫里斯·杜·普莱西、欧内斯特·雷诺、圣乔治·德·布埃利耶、阿尔贝·科尔努蒂、古斯塔夫·勒卢日、爱德华·雅克曼等。欧也妮·柯兰兹则坐上了一辆马车，身边陪着两个"伴娘"，如果在这样的场合可以这么叫的话。

在圣艾蒂安·迪·蒙教堂，夏纳神父做了小弥撒，拉塞德尔神父做了追思祷告。加布里埃尔·福雷和泰奥多尔·迪布瓦演奏管风琴，格罗先生指挥唱诗班演唱了尼德梅耶的《虔诚基督》。总算一切顺利，可是有一段时间大家都捏了一把汗，因为魏尔伦的两位女友突然破口大骂，在教堂大殿里的灵柩前面互相揪住对方的头发不放。据莫里斯·巴雷斯说："欧也妮临进教堂之前，就打翻了醋坛子，说什么：'要是艾丝黛尔敢来，看我不闹得谁都下不来台。'大家说：'不要这样。魏尔伦只属于你一个人。你做得很了不起。要有牺牲精神。您不能不让艾丝黛尔进教堂，因为教堂是大家的。'欧也妮同意了。可是从我的位置可以看见她那张又宽又平的丑陋不堪的青蛙脸，因为痛苦而扭曲着，扭着头盯着教堂门口。她的左右还坐着两个妓女，也都不是省油的灯。我永远也忘不了这三个哭丧婆。"[27]的确，当时在场的人中，一面是身穿重孝的当代文坛精英，而另一面是过去跟魏尔伦来往的涂脂抹粉但现已人老珠黄的交际花。我们真难想象双方走到一起时是怎样的情形。魏尔伦的独特之处恰恰在于，他把两个本来没有什么相通之处的阶级拉到了一起。1897年欧也妮去世时，口里呼唤着所有参加了魏尔伦葬礼的人。她说："我要他们参加我的葬礼。当初葬魏尔伦时，我用的是上乘的被单，精细纯亚麻布料的，折边足有一扎宽。你们看，当初大师的葬礼是很像样的。"[28]

出了教堂，送葬队伍开始向墓地走，先后穿过苏弗洛街、美第奇街、图尔农街、圣热尔曼大街、圣父街，随后又穿过了卡鲁塞尔广场走上歌剧院大街，到达蒙塞广场，沿克利奇大街一直走到城墙，这才终于走到了墓地的大铜门。尽管巴蒂尼奥尔公墓在克利希门附近，距离城墙五百米，而距离圣艾蒂安·迪·蒙教堂相当遥远，可是一大群人还是跟着送葬队伍走完了一路。

莫里斯·巴雷斯、弗朗索瓦·科佩、卡蒂勒·孟戴斯、斯特凡·马拉美、让·莫雷亚斯和古斯塔夫·卡恩先后在墓前致辞。莫里斯·巴雷斯当然不会错过这样的好机会鼓吹他的民族主义。他说："如果我们承认，起码我是这样认为，对英雄的崇拜能够化为祖国的力量，并维护种族的传统，那么应当把文学家和艺术家放在捍卫祖国和种族的英雄们的最前面。"[29] 弗朗索瓦·科佩则把诗人比作一个孩子："一个孩子摔了大跤，哭着爬起来，但是马上就忘掉这件事，忘掉了疼痛，重新睁开为生命所浸湿的双眼。这样的孩子是幸福的。[……] 诗人同样是幸福的。我敢这样说，同时我没有忘记，魏尔伦曾为他的病痛和感情的痛苦受过怎样的折磨。是啊，他像孩子一样脆弱，常常遭到生活残酷的打击，但是天才往往要用痛苦做代价，而天才一词完全适用于魏尔伦。"这番话过后，接踵而来的是讲天主教会如何安慰亡灵[30]。卡蒂勒·孟戴斯讲了一套魏尔伦的作品和名望将如何不朽等陈词滥调。让·莫雷亚斯也没有讲出什么新意，只是说魏尔伦的诗歌如何发扬光大了法国的诗歌传统。古斯塔夫·卡恩强调说："此情此景，长篇大论尤其失去了意义。"[31]于是几乎就什么都没有说。在这些千篇一律应景文章、众口一词的阿谀奉承当中，唯有斯特凡·马拉美的讲话脱颖而出，因为他对魏尔伦采取了全盘接受的态度，没有否定他的任何一面：

坟墓立时爱上了沉静。

喝彩，赞誉，叫喊停止了，被遗弃的诗句的哭泣也不会追到这静谧的所在，以避免因自己出现而冒犯在此处安息的人的光荣。

我们大家此时都怀着悼念朋友的心情，不谈文学。文学自去占据所有的报纸。同时，中断的作品的白纸重新认识了它的广度，高飞而起，去把诗人仙逝的消息送给云雾和大众。

然而，死神却有意设立这块石碑，让一只脚能够走上去，以寻找解释，或消除误会。亡者钟情的符号向他问好。至尊的人，以为人们误解了他，如能再次出现，他会最后一次露面，并说："请细看我是怎样的人。"

先生们，一些人或因为无能，或因为眼中只看到虚妄，他们对我们朋友的外表理解错了。那么请告诉今天不在场的每个路人及所有持这种想法的人，恰恰相反，他的作为无可指摘。

是的，《戏装游乐图》《美好的歌》《智慧集》《昔日与昨天》《爱心集》和

《平行集》，将一代一代，在年轻的芳唇开启之时，把法国永恒的甘泉如同旋律优美的小溪，注入他们的口里为之解渴。这其中有多少见得到的高贵，要我们敬仰，令我们哭泣。我们对他有多少敬仰，多少尊重，可是看到他一个人面对命运的决然的态度，我们却无能为力，甚至难于体会。

保罗·魏尔伦的天才飞到了将来，但是他仍是英雄。

我们有时会装点门面，对外界做出某些妥协。与我们相反，百年难遇的我们这位同代人，却直面一个行吟诗人和梦想家的全部厄运。孤独、寒冷、寒酸和匮乏，它们是一个天真大胆的孩子在一生中通常难以逃脱的命运煎熬。作为回答，本来诗歌几乎已经够了，然而他又主动选择了对自己的其他折磨。当然，所谓天降大任，必苦其筋骨，而他则把痛苦和羞辱发挥到了极致。

该为千夫所指者，到底是谁？凭着自己的勇敢，他并不逃避命运，为了挑战而向蹰躅抗争，并由此成了可怕的廉洁的化身。先生们，这些都为我们所目睹。也有些时候，他出现在母亲面前，无论怎样、无论怎样遮着面孔，人群，灵感，生活，以及它产生的赤裸的诗人，如此成就了一个不驯的、忠诚的心，而不失朴素，满载光荣。

魏尔伦，我们谨以此，庄严向你的遗体致敬。[32]

也许正如巴雷斯所写，整个葬礼过程中最感人的一幕，还是欧也妮探身到魏尔伦的墓穴上时高声呼喊的情景：“魏尔伦，你的朋友都到了。”[33]魏尔伦的确幸运，他的葬礼没有像波德莱尔那样冷清。魏尔伦也许是个受诅咒的诗人，但他的葬礼来人无数，而且大家都动了情。

或许全盘接受魏尔伦一生的时机还尚未成熟。因为葬礼完成以后仅一个小时，“作家们聚在饭馆，时间已晚，大家又冷又饿。这时一个记者向马拉美索取他讲话的稿子。马拉美一面答应：‘好’，一面拿出稿子来删删改改，对罗尼说：‘我要画上晕线，添上些阴影。’他说的是当时的大家都处于悲哀之中，也指排字工用的浓黑色。可是这句话到了不求甚解、一心猎奇的小报新闻编辑那里，却被别有用心地歪曲成了：‘等我先抹一点黑。’”[34]这也证明马拉美的溢美之词难以为人接受。这时，一个偶然事件，让人以为刚刚去世的诗人真的有什么神祇保佑。卡扎尔斯讲述道：“这件事如果发生在古代，人们一定把它当成一个兆头。它让诗人的死更显得不同凡响。就在魏尔伦葬礼的那天夜里，歌剧院房顶上的诗神的手臂，连同怀里抱着的竖琴，一起掉了下来，摔到了地上。"[35]

让·洛兰没有能够参加魏尔伦的葬礼。但是1月10日这一天，大概没有哪一个人比他离诗人更近了。而他之所以没有出席葬礼的理由，那真是再有"魏尔伦味儿"不过了。"我前额上打着绷带，一只眼变成了乌鸡（夜总会里或者聚会的时候免不了的打斗）。一个女人撒野，……用不着多说……结果我今天没能有幸护送我们世纪末最受爱戴的诗人到他的安息之地。他那天才而稚气的诗是离我们的心最近的。"[36]他昨晚在巴黎喜剧院的后台饱尝了鲍勃·瓦尔特夫人的一顿老拳。原因是他吃了她丈夫请的饭，却又没有在《新闻》上大张旗鼓地吹捧她。不过让·洛兰却是诗人死后第一个见到他的人当中的一个，因为4月26日星期日卡扎尔斯给他"送来了魏尔伦的模塑像，诗人死后一小时从他脸上套下的石膏像"："真像苏格拉底的脑袋，生硬的鼻子，眼睛很美，露出知识分子的善良和强烈的思想。可是今天，创作《智慧集》的诗人的眼睛永远地闭上了。我从未注意过他的眉弓之下眼窝有多深。高大的额头异常宽阔，像一个古希腊哲学家。脸庞的下部却像一个猴子，虽然如今死了，不动了，但仍然因为巨大的颌骨而做着鬼脸。这张脸几乎像个类人猿，可是眼睛和前额却在与下巴和下颌搏斗，发出不同的信息。这的确是森林之神，或者畜牧之神潘的样子，脚踩在泥土里，可是头却在星辰间。他的心是人的，具有人的诸多弱点，几乎太具人性了；可是他又同时具有一个诗人固有的神性。"[37]纯粹而脱俗的魏尔伦又一次以一个野兽的身体出现。人们总是禁不住把人的身体动物化，以便和诗歌灵感的精髓相对立。

但是我最后还是更欣赏斯特凡·马拉美的态度。保罗·维洛拉慷慨解囊复制了五十个魏尔伦的模塑像，分送给魏尔伦的亲朋好友和崇拜者。马拉美和莫雷亚斯是仅有的拒绝了塑像的两个人。他在给卡扎尔斯的信中说："我们的住处狭窄，妻子染病，且有一女。一个过世之人的塑像，自然当摆在显眼处。我恐怕置于我家甚为不妥。况且我个人而言，心中深藏魏尔伦在世的记忆，且有先生所绘魏尔伦肖像数帧，我更愿保留这些友谊和艺术的纪念，不愿有死亡的阴影。这于我就足够了。"[38]葬礼才过了十天，就有人求他作一首《魏尔伦墓》。但是他更关心怎么样对付因为魏尔伦的儿子乔治没有出席葬礼而引起的流言蜚语。这件事没有逃过任何人的眼睛。马拉美首先赶快给《写作》杂志总编莱昂·德尚写信："我手头有一封几天前魏尔伦夫人写给一位女友的信，您一定感兴趣。夫人在信中解释了为什么乔治·魏尔伦没有出席父亲的葬礼。或许在您正在筹备的一期杂志中，提一下这封信，甚至由您和我适当摘选片段，可以充实杂志内容。"[39] 果然，报上发表了玛蒂尔德的两封信，一封是给欧内斯特·勒费弗尔夫人的（刊登在1月26日的《回顾》上），另一封是1896年1月10日写给玛格丽特·多芬的（刊登在1月26日的《写作》上）。玛蒂尔德解释说当她自己和丈夫离开北非回到布鲁塞尔时，乔治留在了阿尔及利亚。后来他不知受了什么刺激，患上了迟钝症。回到布鲁塞尔以后，病情逐渐好转。后来他去斯瓦尼住在了一个朋友家里，突然旧病复发，而且更加严重，干脆变成了嗜眠症。他在布莱纳－勒－孔德医院的德布瓦特大夫那里得到了有效的治疗，于是决定回法国服兵役，可是不幸又犯了病："我昨天看报才获悉可怜的保罗·魏尔伦不幸的消息，并立即写信给可怜的乔治。乔治一定非常难过，尤其是他从12月7日住进了军队医院，竟不能去参加葬礼，稍得一点慰藉。你知道，这两年，乔治一心想认识生父，这也是人之常情。[……]他一到家[比利时]，就立刻给他父亲写了两封信，表示极想见他，魏尔伦也给他回了两封，感情很是真挚。他写这些信时，乔治尚在病中。[……]他在里尔入伍，参加了一个骑兵旅。可惜他旧病复发，又住了院。我守了他八天，12月24日才离开。军医跟我说要准他病假，我也以为他不致在医院过年。可是直到今天，他的病假还未批下来。昨天我写信通知他这不幸的消息，可是他今天上午才能收到信，无论如何来不及请假出院去参加父亲的葬礼了。[……]我知道你先生和魏尔伦的不少朋友来往，例如马拉美，烦你向他们解释一下我的儿子为什么没有能够去履行这天赋的责任。"[40]

1896年2月，《写作》出版了魏尔伦专号，并刊登了关于诗人的长篇民意调查，题为《诗人大会结果》。实际上是给青年作家，文学杂志撰稿人和诗人提的两个很具体的问题："一、保罗·魏尔伦作品中最优秀的部分是什么，其在文学发展中的作用是什么？二、魏尔伦取代了勒孔特·德·李勒得到了年轻作家的青睐，那么谁能继承他的地位？"在杂志询问的200个人当中，169人做了书面回答发表，19人不愿公开答案，其他的人拒绝回答。在魏尔伦的所有作品当中，《智慧集》以93票遥遥领先，《戏装游乐图》以48票远居其次，《爱心集》和《无词浪漫曲》各得31票，《美好的歌》得27票。至于诗歌王国的权杖将落谁手，马拉美得了27票（杂志标明是清楚表达的）。

每个诗人都各抒己见（可是他们当中的大部如今已经鲜为人知。试问如今谁还记得奥利维埃·德·古尔科夫、莱昂斯·德·拉尔曼迪伯爵，或者米歇尔–洛桑吉·德·布拉迪呢？），而马拉美的回答又一次脱颖而出，他表示魏尔伦的诗坛宝座后继无人，这恰是魏尔伦的光荣，因为他是不可取代的。"我真希望删掉一个问题：谁可以继承魏尔伦，可否？他没有继承谁，也不需要谁来继承。大家一定同意，靠继承得到一个位置，这很有点王朝气息。另一种说法更好，人们引用句子时会说，'诗人云'，这是一种不定人称的说法，所有能写出好诗的人都配得上。写得出美妙旋律的人，没有什么会强求一个故人马上变成他人。尤其是这个人去世时，正奠定了自己的荣耀。留着空位子最合适不过。"[41]

"1897年1月15日，在圣克洛蒂尔德教堂的圣母堂，第一副本堂神父穆尼埃，以慈悲为怀，为魏尔伦做了忌日布道以求他灵魂的安宁。共有五六百人参加仪式，于斯曼和马拉美站在一起。出教堂时，马拉美对穆尼埃神父说：'我是魏尔伦的侍童。'"[42]这句话怎么理解都可以。一是只有魏尔伦才有资格祭奠诗神，他自己只配当助手。或者是他像侍童一样天真，因为他自己的诗歌创作和魏尔伦作品在生存问题上的激进相比，简直是太端正，几乎可以算"天真"了。最后，诗人，朋友和崇拜者们的队伍走向巴蒂尼奥尔公墓，在魏尔伦的墓上放了一个花圈。一年以后，马拉美又开了口：

黑石因清风推动而发怒，
不会在虔诚的手下让你停住，
手在戳摸石和人类之恶相通处，
像准备祝福一个丧气的模子。

这里野鸽几乎叫个不停，
非物质的哀悼用许多婚龄的褶皱
压迫着明日成熟的星星，
其闪光给人群镀上银色。

人群在搜寻，走遍我们流浪汉

刚刚露在外面的跳跃的孤独，

魏尔伦？他藏在草里，魏尔伦

他只天真地同意去碰到嘴唇，

而不喝或吸干他的呼吸

不深的河流诽谤死亡。[43]

魏尔伦像（卡扎尔斯绘）

（私人藏品）

魏尔伦自画像

（雅克·杜塞文学图书馆馆藏）

魏尔伦自画像

（巴黎卡纳瓦莱博物馆馆藏）

前往荷兰途中的魏尔伦

（热尔曼·努沃绘）（私人藏品）

魏尔伦在荷兰（私人藏品）

魏尔伦的背影（卡扎尔斯绘）

（雅克·杜塞文学图书馆馆藏）

魏尔伦像（奥托摄）（法国国家图书馆馆藏）

Désappointement

Le bon ou plutôt le mauvais bibliomane
Est rentré d'une humeur massacrante aujourd'hui
Pourtant dans la suspension la lampe à lui,
Autour de l'abat-jour dont son reflet émane,

Sur un dîner servi comme il n'est que chez lui,
Mais sur des tons d'Abner et de airs d'Orosmane
Il proclame qu'il n'a besoin que de Tisane
Et mange comme quatre, en train contre l'ennui !

Serait-ce qu'il serait le jouet d'une chance
Adverse, qu'à la Bourse aux bouquins il perdît,
Faute ~~~~ de vente ou d'achat bien vus, son crédit ?

Non, il est furieux, plein de vœux de vengeance,
Parce que dans tel livre il n'a pas su retrouver,
Les titres au porteur dont, hier, il put prôner

Paul Verlaine

《失望》手稿
（雅克·杜塞文学图书馆馆藏）

魏尔伦生前最后一张照片（奥托摄）

（法国国家图书馆馆藏）

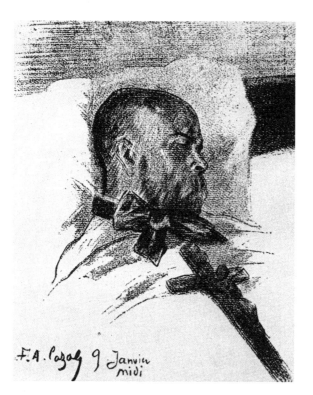

魏尔伦遗容（卡扎尔斯绘）
（雅克·杜塞文学图书馆馆藏）

《诗神在魏尔伦墓前哭泣》
（库蒂里耶绘）
（雅克·杜塞文学图书馆馆藏）

注　释

前　言

[1]　《与马蒂厄·林东谈话录》，1993年1月14日《解放报》第19版。

[2]　现存于美国达拉斯艺术博物馆。

[3]　详见加斯顿·普兰:《巴齐耶和他们的朋友们》，图书复兴出版社，1932年；弗朗索瓦·道尔特:《弗雷德里克·巴齐耶和印象派的起源》，艺术图书馆，1992年；弗朗索瓦–伯纳德·米歇尔:《巴齐耶，1841—1870》，格拉塞出版社，1992年。

[4]　在蒙彼利埃这次展览的目录《弗雷德里克·巴齐耶及其印象派朋友》(国家展览馆联合出版社，1992年) 里，狄安娜·皮特曼认为这幅肖像的作者存疑。"署名似乎是后加上去的。画框上面'巴齐耶绘于六八年七月'的字样也不能证明作者就是巴齐耶。因为这一天巴齐耶似乎并不在巴黎，而是在蒙彼利坎为他马克哥哥的女儿瓦朗蒂娜过生日。同一天，莫奈还从巴黎给他发了一封信，求他务必赶回来。况且，从肖像的风格来看也不像出自巴齐耶之手，无论是人物穿着 (类似戏装的打扮) 还是用笔。"(第148页) 尽管如此，但这幅肖像似乎的确由魏尔伦的母亲保存到 1886 年。因为它见于魏尔伦向莫泰一家索要物件的清单中〔详见埃德蒙·勒佩勒捷:《保罗·魏尔伦生平和著作》(下称"《保罗·魏尔伦》"），法兰西信使出版社，1923 年，第302页)〕，因此极有可能就是巴齐耶所作的那一幅肖像。况且巴齐耶写给埃德蒙·迈特尔的信中也提到了魏尔伦和几个他们共同的朋友如方坦–拉图尔、马奈、莫奈、雷诺阿和阿尔福莱德·西斯莱。另外，魏尔伦的几乎像戴了面具的扮相也更倾向于让人相信是巴齐耶的手笔。

[5]　夏尔·莫里斯:《魏尔伦生平及作品》，瓦尼耶出版社，1888年，第9—10页。

[6]　《保罗·魏尔伦》，第212—213页。

[7]　同上书，第88页。

[8]　同上。

[9]　卡扎尔斯、勒鲁日:《魏尔伦最后的日子》，法兰西信使出版社，1911年，第118—119页。

[10]　马塞尔·古隆:《感伤诗人魏尔伦》，格拉塞出版社，1929年，第32页。

[11]　《魏尔伦最后的日子》，第36页。

[12]　至少在这一点上，弗朗索瓦·波尔歇说的完全不错。他说，大多数传记作者和注释者都认为，"魏尔伦在性事上的另类是由于他相貌的丑陋，令女人敬而远之，男人也避之而犹恐不及。魏尔伦只好不得已而求其次，所谓'饥不择食'"。(《魏尔伦其人》，弗拉马里翁出版社，1933年，第96页。)

[13]　参见笔者的:《交叉的画 (兰波、魏尔伦和其他数人)》，载《布尔达斯: 写作与绘画》，《耶鲁法国研究》，1994年第84号。

［14］ 在我之前发现这一点的大有人在。1896年2月，魏尔伦去世次日，莱昂·马亚尔就发表了《魏尔伦画像研究》（《写作》，第163期，第124—127页）。欧内斯特·雷诺也在《保罗·魏尔伦的画像》一文中对这个问题进行了阐释（载《在象征派混战边缘》，法兰西信使出版社，1934年，第93—111页）。而古斯塔夫·勒卢日，则在1928年由斯盖尔出版社出版的"面具和思想"系列中的《魏尔伦派和颓废派》一书中，颇有意味地把其中的一章名为《魏尔伦的真实面目》。

［15］ 保罗·吕雄：《魏尔伦图像资料》，皮埃尔·卡耶出版，1957年，第13—14页。

［16］ 摘自菲茨杰拉德：《崩溃》。

［17］ 保罗·克洛岱尔：《自然诗人和基督徒诗人保罗·魏尔伦》，载《散文集》，"七星文库"丛书，伽利玛出版社，1965年，第505页。

［18］ 亨利·特罗亚：《魏尔伦传》，弗拉马里翁出版社，1992年，第71页。

［19］ 阿蒂尔·兰波（阿兰·博雷尔主编）：《著作–生平》，阿尔莱出版社，1991年。

［20］ 关于这一点，读者可以参阅笔者于1991年8月2—9日组织的以传记为主题的研讨会的论文集，发表在里尔第三大学《人文科学学报》，1991年第4季度第224期。

［21］ 让–保罗·萨特在其《恶心》一书中讨论过这个问题。

［22］ 见笔者：《普鲁斯特：1909年11月27日星期六》，拉泰出版社，1965年，第505页。

［23］ 关于这个问题请参见笔者：《在罗兰·巴特以后怎样写传记》，《踪迹》杂志，1993年第5期。

第一部　童年和少年住过的地方

第一章　外省

［1］ 参见马塞尔·古隆：《感伤诗人魏尔伦》，第466页。

［2］ 让–保罗·韦贝尔：《诗作的起源》，伽利玛出版社，1960年，第316页。

［3］ 同上书，第316页。

［4］ 雅克·博雷尔：《魏尔伦散文全集》（下称"《散文全集》"），"七星文库"丛书，伽利玛出版社，1972年，第1147页。

［5］ 同上书，第1147页。

［6］ 关于这一点参见奥克塔夫·纳达尔：《魏尔伦传》，法兰西信使出版社，1961年。

［7］ 《保罗·魏尔伦》，第47页。

［8］ 前保罗·魏尔伦夫人：《我的一生回忆录》，尚瓦隆出版社，1992年，第95页。

［9］ 欧内斯特·德拉艾：《魏尔伦：传记研究与保罗·魏尔伦有关的材料。未发表的书信、篇章、素描》（下称"《魏尔伦》"），梅森出版社，1919年；斯特拉基纳出版社翻印，1962年，第5页。

［10］ 同上书，第9—10页。

［11］ 三岁的保罗·魏尔伦（1847年），雅克·杜塞文学图书馆（《魏尔伦画册》，伽利玛出版社，1981年，第16页）。如果相信《忏悔录》的金培尔手稿（manuscrit Gimpel）的说明（参见《散文全集》，第1290页），这张水粉画作于1848年蒙彼利埃：那时保罗应该是四岁。有必要明确指出这些推定精确年代的问题最终的意义只是次要的吗？因为一部传记的准确性远不是个别精确事实的单纯而简单的尽可能全面的累加的结果。明确这一点很重要，因为我们时下正目睹"计时传记"的崛起，这种传记极力历时性地讲出一切，年代极为精确。

［12］ 五岁的保罗·魏尔伦（1849），凭记忆作的自画素描，雅克·杜塞文学图书馆（《魏尔伦画册》，第17页）。金培尔手稿的复制品批注如下：《保罗·魏尔伦的素描，7bre94，8岁》（参见《散文全集》，第1296页）。

第二章　巴黎

［1］1894年10月13日致费洛梅娜·布丹的信，载《通信集》（第二卷），梅森出版社，1922年，第326页。

［2］现在的诺莱街。

［3］《保罗·魏尔伦》，第16页。

［4］参见欧内斯特·雷诺：《保罗·魏尔伦的升华》。

［5］被马塞尔·古隆引用，《保罗·魏尔伦》，第27页。

［6］同上书，第28页。

［7］《保罗·魏尔伦全集》（下称"《全集》"）（第一卷），好书俱乐部，1959年，第912页。

［8］《通信集》（第一卷），第3页。

［9］参考皮埃尔·马帝诺：《魏尔伦》，布瓦文公司，1924年，第34—35页。

［10］弗朗索瓦·波尔谢：《魏尔伦其人》，弗拉马里翁出版社，1933年，第33页。也可参考安德伍德：《魏尔伦和英国》，尼泽书店，1956年，第16页。

第三章　在阿图瓦省和阿登山区

［1］1862年10月4日致埃德蒙·勒佩勒捷的信，见《通信集》（第一卷），第7页。

［2］1862年9月16日致勒佩勒捷的信，载《通信集》（第一卷），第3—4页。

［3］同上书，第5页。

［4］1862年10月4日致勒佩勒捷的信，第8—9页。

［5］1865年8月31日致格扎维埃·德·里卡尔的信，收入朱尔·雷：《未发表的魏尔伦书信》，《生者》杂志节选，梅森出版社，1929年，第4页。

［6］吉尔·德勒兹：《感觉的逻辑》，子夜出版社，1969年，第184—185页。

［7］同上书，186页。

［8］见埃米尔·沙尔多纳：《卡勒斯布尔：城堡的历史以及建立的第一个世纪》，德桑出版社，1946年。

［9］《比利时速写》，载《散文全集》，第555页。

［10］莱昂·勒费布弗·德·维维：《魏尔伦一家》，米埃特出版社，1928年，第38页。

［11］《比利时速写》，载《散文全集》，第553页。

［12］同上。

［13］保罗·克洛岱尔：《自然诗人和基督徒诗人保罗·魏尔伦》，第491—492页。

［14］同上书，第492页。

［15］《夏尔·克罗》，载《费加罗报》，1983年4月7日，载《散文全集》，第911页。

［16］参见笔者：《为了一个急行军的兰波》，载《阿蒂尔·兰波或诗歌的旅行》，塔朗迪耶出版社，1992年。

［17］参见雅尼·于罗：《兰波的阿登山区》，迪迪埃·阿蒂耶出版社，1991年，第131—133页。

［18］《散文全集》，第200—201页。

第二部　进入文坛和家庭

第四章　一家之子的两种生活

［1］《散文全集》，第290—291页。

［2］《通信集》（第三卷），第270页。

［3］《保罗·魏尔伦》，第75—76页。

［4］同上书，第78页。

［5］同上书，第78—79页。

［6］雅克·博雷尔在为魏尔伦的《诗歌全集》中的《早期诗歌》所作的序言中已经极好地做出了证明。《诗歌全集》，伽利玛出版社，1962年，第369页。

［7］《诗歌全集》，第7页。

［8］同上书，第1064页。

［9］《保罗·魏尔伦》，94—95页。

［10］《巴黎回声报》的文章，1897年7月25日《蒙比利埃报》转载。

［11］《保罗·魏尔伦》，第133页。

［12］同上书，134页。

［13］弗吉妮·昂斯洛出版了她的回忆录，书名为《1824—1864年间的一个巴黎沙龙》，当蒂出版社，1870年。

［14］皮埃尔·布尔迪厄：《艺术的法则：文学场的生成与结构》，瑟伊出版社，1992年，第348页。

［15］埃德蒙·勒佩勒捷：《蒙比利埃报》，1897年7月25日。

［16］卡蒂尔·孟戴斯：《当代帕尔纳斯传奇》，奥古斯特·布朗卡尔出版社，1884年，第7—8页。

［17］路易-格扎维埃·德·里卡尔：《一个帕尔纳斯派诗人的琐忆》；阿方斯·拉科：《帕尔纳斯派》，由米夏埃尔·帕克南作序并评论，米纳尔出版社，1967年，第38页。里卡尔的回忆原本以一系列文章的形式发表在1898—1900年间的《小时代》上。我们的一大部分信息来源于米夏埃尔·帕克南收集的出色的资料。

［18］同上书，第38页。

［19］路易-格扎维埃·德·里卡尔：《在波拿巴王朝周围》，萨维纳出版社，1891年，第22页。

［20］参见奥克塔夫·纳达尔：《魏尔伦传》，第38页。

［21］罗歇·法约尔：《关于保罗·魏尔伦的文学创作之初：〈艺术〉期刊》，载《人文科学杂志》第118期，1965年4—6月，第255页。我们所有的分析将详细使用这一出色调查。

［22］这令人难以忍受的夸张的散文出自埃德蒙·勒佩勒捷，他在1865年仍继续在颂扬科学领域与诗歌可能的互补性（《艺术与科学》，载《艺术》第2期，1865年11月9日）。

［23］勒梅尔出版社，1856年。

［24］罗歇·法约尔，第255页。

［25］《保罗·魏尔伦》，第67页。也参见乔治·伊藏巴尔：《关于魏尔伦的西班牙特色》，载《西班牙》，1918年4、5、6月，西班牙研究所出版物，第97—112页。

［26］《保罗·魏尔伦》，第67页。最后可参见乔治·扎耶德在其《魏尔伦的文学修养》中关于西班牙写下的精彩文字，德罗兹和米纳尔出版社，1962年，第118—122页。

［27］《通信集》（第一卷），第12—13页。

［28］雅克-亨利·博尔奈克在《保罗·魏尔伦的〈感伤集〉》（尼泽书店，1952年）中提出这种传记的阐释法，皮埃尔·珀蒂菲斯则重新拿来作为自己的观点，还歪曲《路易丝·勒克莱克》的情节，以便加强其自传性，更符合诗人的生活。

［29］《保罗·魏尔伦》，第163—164页。

［30］《一个帕尔纳斯派诗人的琐忆》，第49—50页。

［31］罗杰·法约尔，同上书，第266页。

［32］《一个帕尔纳斯派诗人的琐忆》，第86页。

［33］同上书，第87页。

［34］《当代帕尔纳斯传奇》，第191页。

［35］《一个帕尔纳斯派诗人的琐忆》，第90页。

［36］同上书，第90—91页。

［37］保罗·魏尔伦:《回忆泰奥多尔·德·邦维尔》，载《散文全集》，第283页。

［38］同上书，第283—284页。

［39］阿尔贝·拉科:《帕尔纳斯派》，第184—185页。

［40］《一个帕尔纳斯派诗人的琐忆》，第96—97页。

［41］同上书，第98页。

［42］《当代帕尔纳斯传奇》，第229页。

［43］埃德蒙和朱尔·德·龚古尔:《日记·文学生活回忆（1864—1867）》（第七卷），摩纳哥国家印刷局出版社，1957年，第158页。

［44］《保罗·魏尔伦》，第135页。

［45］该信被米夏埃尔·帕克南在《一个帕尔纳斯派诗人的琐忆》的序言中引用，第13—15页。

［46］《一个帕尔纳斯派诗人的琐忆》，第59—60页。

［47］同上书，第51页。

［48］《保罗·魏尔伦》，第159页。勒佩勒捷在这几句诗中看到魏尔伦当日没有丝毫问题地赞同非个人性理论和客观性的追求的一种明显补偿，这足以证明他的听力的局限性，对于魏尔伦的不协和音完全没有感觉，因为它们对于他来说太过细腻微妙了。

［49］这是采用雅克·罗比谢兹在《诗歌集》的引言中提出的极好的概念。

［50］至少照路易-格扎维埃·德·里卡尔所说，这些匿名诗出自魏尔伦之手。《一个帕尔纳斯派诗人的琐忆》，第119页。

［51］第一辑《当代小帕尔纳斯》1866年在巴黎美术街9号中央书店出版。

［52］《一个帕尔纳斯派诗人的琐忆》，第80页。

［53］同上书，第62页。

［54］同上书，第78页。

［55］同上书，第143页。

第五章　在咖啡馆一边

［1］由《费加罗报》在普隆-努里出版社出版的豪华系列，配有让-弗朗索瓦·拉法埃利画的插图。

［2］若里斯-卡尔·于斯曼:《咖啡馆的常客》后附《车站餐厅》、《卧车》，由勒内-皮埃尔·柯兰撰写前言，序列出版社，1992年，第21—23页。

［3］阿尔弗雷德·卡雷尔:《巴黎的女子酒店》，达尼埃尔·奥斯特尔和让·古尔莫在《巴黎生活：19世纪风俗录》中引用，桑德/孔蒂，1989年，第194页。

［4］同上书，第195页。

［5］参见魏尔伦:《在拉丁区：近年回忆》，载《散文全集》，第291页。

［6］关于这些文学咖啡馆，可以特别参考欧内斯特·雷诺:《在象征派混战边缘》第一章"文学咖啡馆"，法兰西信使出版社，1936年。

［7］同上书，第18页。

［8］埃德蒙多·德·亚米契斯:《酒的心理效应》，夏尔·杜普雷译自意大利文，阿纳巴兹出版社，1993年，第22—23页。

［9］参见吕西安·阿莱西:《普罗科普的晚会》，载《最后的放浪文人艺术家：魏尔伦和他的圈子》，儒夫出

版社，1944年。

[10] 参见弗雷德里克-奥古斯特·卡扎尔斯和古斯塔夫·勒鲁日：《保罗·魏尔伦在咖啡馆》一文，载《保
罗·魏尔伦最后的日子》，法兰西信使出版社，1911年。

第六章 真正初入诗坛

[1] 参见雅克-亨利·博尔奈克：《保罗·魏尔伦的〈感伤集〉》，第95页。

[2] 《保罗·魏尔伦》，第153页。

[3] 同上书，第152—153页。

[4] 《一个帕尔纳斯派诗人的琐忆》，第112—113页。

[5] 同上书，第113页。

[6] 在加尔尼埃·弗拉马里翁版的《感伤集》中引用，1977年，第236页。

[7] 同上书，第237页。

[8] 同上书，第238页。

[9] 同上书，第234—235页。

[10] 同上书，第235—236页。

[11] 维克多·雨果：《全集》（第十三卷第二册），法国图书俱乐部，1972年，第789页。

[12] 《保罗·魏尔伦》，第141页。

[13] 《通信集》（第一卷），第253—254页。

[14] 《埃尔那尼（首演-重演）》，载《散文全集》，第624页。

[15] 同上书，第625页。

[16] 《通信集》（第一卷），第254页。

[17] 《比利时速写》，载《散文全集》，第561页。

[18] 同上书，第562页。

[19] 同上书，第562—563页。

[20] 《J.巴尔贝·道勒维利眼中的作品和人物》，载《散文全集》，第613页。

[21] 《比利时速写》，载《散文全集》，第563页。

[22] 《夏尔·波德莱尔的葬礼》，载《散文全集》，第626页。

[23] 让-保罗·科尔塞提和让-皮埃尔·吉于斯托：《〈女人-男人〉序言》，空地出版社，1990年，第15页。

[24] 《保罗·魏尔伦》，第79页。

[25] 《弗朗奈瓦·科佩的〈亲密生活〉》，载《散文全集》，第629页。

[26] 同上。

[27] 参见《保罗·魏尔伦》，第85页。

[28] 要更好地了解尼娜的沙龙，可以参考很多研究。如，欧内斯特·雷诺：《第二帝国时期的放浪文人艺术
家》，图书艺人出版社，1930年。

[29] 《保罗·魏尔伦》，第170页。

[30] 皮埃尔·珀蒂菲斯在其《魏尔伦》中引用，第70页。

[31] 《我的一生回忆录》，第30—31页。

[32] 欧内斯特·雷诺：《第二帝国时期的放浪文人艺术家》，第80页。

[33] 同上书，第136页。

[34] 埃德蒙和朱尔·德·龚古尔：《日记·文学生活回忆（1885—1887）》（第十四卷），摩纳哥国家印刷局
出版社，1956年，第100—101页。

［35］ 在《第二帝国时期的放浪文人艺术家》中引用，第74页。

［36］ 同上书，第73—74页。

［37］《保罗·魏尔伦》，第177页。

［38］ 同上书，第180页。

［39］ 同上书，第181页。

［40］ 同上书，第179页。

［41］ 阿道夫·拉科：《帕尔纳斯派诗人》，第184页。

［42］ 埃德蒙和朱尔·德·龚古尔：《日记·文学生活回忆（1894—1895）》（第二十卷），摩纳哥国家印刷局
　　　 出版社，1956年，第228页。

［43］《我的一生回忆录》，第32页。

［44］ 夏尔·德·西弗里：《艺术河岸日记》，被前保罗·魏尔伦夫人引用，第63页。

［45］ 同上书，第63—64页。

［46］ 同上书，第64页。

［47］《保罗·魏尔伦》，第87—88页。

［48］ 同上书，第88页。

［49］《我的一生回忆录》，第66页。

［50］ 同上书，第66页。

［51］ 同上书，第67页。

［52］ 该信由让·蒙瓦尔在1931年3月10日发表在《通讯员》上。

［53］ 阿道夫·拉科：《帕尔纳斯派诗人》，第167页。

［54］ 同上书，第168页。

［55］ J.-E. 巴亚尔：《拉丁区今昔》，第193页。

［56］《我的一生回忆录》，第90页。

［57］《全集》（第一卷），第941页。

［58］ 参见莱昂·勒费布弗·德·维维：《魏尔伦一家》。

［59］《保罗·魏尔伦》，第161—162页。

［60］ 费利克斯·雷加梅：《素描画家魏尔伦》，H.弗卢里出版销售公司，1896年，第9—10页。

［61］ 同上书，插图1。

第七章　蜜月和战争

［1］ 参见《保罗·魏尔伦》，第211—217页。

［2］ 下面是魏尔伦在1869年3月5日致埃德蒙·勒佩勒捷的信中说的："后者，细腻高雅的诗人，大受欢迎的
　　　《感伤集》的作者［……］，此外也与吕西安·维奥蒂先生合作，是一部滑稽歌剧的作者，我们相信它
　　　 将大获成功，剧名迄今为止是《沃科傻一世和小沃科傻》。［……］星期四我没来，再说我不出门了，
　　　 因为《沃科傻》要在一两个月内完成、介绍并演出。"（《通信集》（第一卷），第34—35页。）

［3］ 至少根据他1869年4月18日写给弗朗索瓦·科佩的感谢信是的："我由《沃科傻》（业已完成）在这份
　　　 感激中就像他的合作者"（《书信补遗》，第50页）。但其实仍无法确定这个脚本是否真的完成了，我们
　　　 只有该剧本的两页。须知，倘若它已完成，为何很久以后，1889年，魏尔伦还要翻出这个年轻时的计
　　　 划，并试图引起卡扎尔斯的兴趣？他在1889年8月28日的信中说："还有我们的这部小说？要知道，显而
　　　 易见，我们要密切合作。我将在下一本书上宣布，公布我和A-F.卡扎尔斯的作品：《如此故事》《这样
　　　 的小说》《有些人》《歌》《沃科傻一世和小沃科傻》。"（《书信补遗》，第181页）

[4] 至少在《爱心集》中的《致埃马纽埃尔·夏布里埃》的头两句诗似乎在指明这一点："夏布里埃，我亲爱的朋友，/我们曾作词由您来为它们插上翅膀。"

[5] 关于这个问题的更多详情，参见米夏埃尔·帕克南为前保罗·魏尔伦夫人的《我的一生回忆录》所作出色序言以及注释。

[6] 《我的一生回忆录》，第67—68页。

[7] 同上书，第76页。

[8] 巴黎，雅克·杜塞文学图书馆。

[9] 同上。

[10] 1869年6月4日致埃德蒙·勒佩勒捷的信，载《通信集》(第一卷)，第26页。

[11] 夏尔·克罗:《全集》，法国书商俱乐部，让-雅克·波维尔，1964年，第45—46页。

[12] 巴黎，奥赛博物馆。

[13] 《保罗·魏尔伦》，第183—186页。

[14] 欧内斯特·德拉艾:《魏尔伦》，梅森出版社，1919年，第72—73页。

[15] 参见勒费布弗·德·维维:《魏尔伦一家》，第64—66页。

[16] 普鲁斯特的情形完全一样，正如我在《普鲁斯特及其书信》(里尔大学出版社，1983年)中已经证明的那样。

[17] 让·洛兰:《中毒的城市》，让·克莱出版社，1936年，第66页。

[18] 该信被皮埃尔·珀蒂菲斯引用，《魏尔伦》，第78页。

[19] 该信在《散文全集》中引用，第1079页。

[20] 《我的一生回忆录》，第119—120页。

[21] 《魏尔伦》，第75—76页。

[22] 正如雅克·博雷尔在《美好的歌》的引言中已经充分揭示的那样，《诗歌全集》，第135—139页。

[23] 1869年致莱昂·瓦拉德的信，载《通信集》(第一卷)，第255—256页。

[24] 1869年7月17日致尼娜的信，载《通信集》(第三卷)，第30页。

[25] 同上书，第31页。

[26] 1869年8月致莱昂·瓦拉德的信，载《通信集》(第一卷)，第257页。

[27] 皮埃尔·马蒂诺:《魏尔伦》，布瓦文出版社，1924年，第80页。

[28] 1869年8月17日致埃德蒙·勒佩勒捷的信，载《全集》(第一卷)，第947—948页。

[29] 《我的一生回忆录》，第85页。

[30] 同上。

[31] 《保罗·魏尔伦》，第225页。

[32] 此信在魏尔伦的《感伤集》中引用，加尔尼耶-弗拉马里翁出版社，1977年，第238页。

[33] 同上书，第238页。

[34] 同上书，第239页。

[35] 雅克·博雷尔:《诗歌全集》，第138页。

[36] 同上。

[37] 让·戈东:《美好的歌》序言，加尔尼耶-弗拉马里翁出版社，第19页。

[38] 让-皮埃尔·里夏尔:《魏尔伦的平淡》，载《诗歌与深度》，瑟伊出版社，1955年，第170页。

[39] 克洛德·阿比布:《魏尔伦与"灰色的痛苦"》，载《北方，北方加莱海峡文字批评与创作杂志》，1991年12月第18期，第52页。

[40] 该合同在《我的一生回忆录》中被复制，第223—231页。

［41］ 巴黎，法国国家图书馆手稿部，《魏尔伦画册》，第77页。

［42］ 同上书，第78页。

［43］ 安德烈·马尔罗：《王家大道》，收入《小说集》，"七星文库"丛书，伽利玛出版社，1976年，第175页。

［44］《魏尔伦》，第90页。

［45］《我的一生回忆录》，第94页。

［46］ 同上书，第99页。

［47］ 路易·克莱约收藏，《魏尔伦画册》，第81页。

［48］ 说得不对，按照皮埃尔·珀蒂菲斯的看法，见《魏尔伦》，74页。

［49］《我的一生回忆录》，第117页。

［50］ 巴黎，雅克·杜塞文学图书馆，《魏尔伦画册》，第82页。

［51］ 由阿方斯·塞谢和让·贝尔托出版：《大作家遗闻趣事：保罗·魏尔伦》，米肖出版社，1909年，第29页。在《魏尔伦：肖像资料》中复制，插图12。

［52］《魏尔伦画册》，第80页。

［53］《我的一生回忆录》，第102页。

［54］《一个帕尔纳斯派诗人的琐忆》，第121页。

［55］ 这句诗，也被克拉蒂在1880年12月28日的《时代》中引用，据说它是魏尔伦散失的一首诗中的一句。我倾向于认为这一明显的挑衅的诗句，始终只有一句。

［56］《保罗·魏尔伦》，第107页。

［57］ 三卷，巴黎，1911年。

［58］ 倘若相信乔治·索里亚的话，见《巴黎公社正史》（第二卷），狄德罗俱乐部出版社，1970年，第34页。

［59］《保罗·魏尔伦》，第107—108页。

［60］ 埃德蒙和朱尔·德·龚古尔：《日记·文学生活回忆（1870—1871）》（第九卷），摩纳哥国家印刷局出版社，1957年，第227页。

［61］《我的一生回忆录》，第128页。

［62］ 同上书，第129—130页。

［63］《保罗·魏尔伦》，第109页。

［64］ 埃德蒙和朱尔·德·龚古尔：《日记·文学生活回忆（1870—1871）》（第十卷），第13页。

［65］《通讯集》（第一卷），第275—276页。

第三部 兰波危机

第八章 流星

［1］《兰波的见证人德拉艾》，文本由弗雷德里克·艾戈尔丁格和安德烈·让德尔收集、评注（包括未发表的文本），拉巴科尼埃出版社，1974年，第136页。

［2］ 同上书，第135页。

［3］《又记兰波》，载《散文全集》，第974页。

［4］ 同上。

［5］ 同上。

［6］ 参见《兰波的见证人德拉艾》，第136页。

［7］ 同上书，第261页。

［8］ 参见《兰波的见证人德拉艾》，第261页。

［9］《又记兰波》，载《散文全集》，第974页。

［10］《卡扎尔斯手稿》，散页15，雅克·杜塞文学图书馆，载《兰波的见证人德拉艾》，第159页。

［11］ 欧内斯特·德拉艾：《兰波》，载《法国及香槟省文学评论》，兰斯-巴黎，1905年，第185页。

［12］ 埃莱娜·迪富尔：《阿蒂尔·兰波：肖像、图画、手稿》，第53页。

［13］《当代人物》，载《散文全集》，第803页。

［14］ 巴黎，奥塞博物馆。

［15］ 梅斯，市立图书馆。

［16］ 如我已试图在《交叉的画（兰波、魏尔伦及其他数人）》中证明的那样，《边界：书写与绘画》，载《耶鲁法国研究》第84期，1994年，第95—117页。

［17］《我的一生回忆录》，第140页。

［18］ 同上。

［19］《又记兰波》，载《散文全集》，第974—975页。

［20］ 同上书，第975页。

［21］《兰波的见证人德拉艾》，第139页。

［22］《兰波》，第251页。

［23］《魏尔伦》，第145—146页。

［24］ 同上书，第147页。

［25］《兰波》，第265页。

［26］ 见F.-A.卡扎尔斯和古斯塔夫·勒鲁日：《保罗·魏尔伦最后的日子》，1911年，第141页。

［27］《阿蒂尔·兰波大事年表》，载《散文全集》，第978页。

［28］ 同上书，第978页。

［29］《我的一生回忆录》，第140页。

［30］ 接受莫里斯·韦尔纳采访时所说，载1913年3月9日的《不妥协者》。

［31］《我的一生回忆录》，第140—141页。

［32］ 参见《又记兰波》，载《散文全集》，第975页。

［33］ 同上。

［34］《阿蒂尔·兰波大事年表》，载《散文全集》，第978页。

［35］ 斯特凡·马拉美：《阿蒂尔·兰波》，载《名人纪念章与肖像》，收入《作品全集》，"七星文库"丛书，伽利玛出版社，1970年，第515页。

［36］ 在他为兰波的《圣物·诗歌》作的序言中，热农索出版社，1891年。

［37］ 让-吕克·斯坦梅茨：《兰波传》，塔朗迪耶出版社，1991年，第113页。

［38］ 参见《魏尔伦》，第144页。

［39］ 此诗收入《诅咒诗画集》，参见下一个注释。

［40］ 关于《诅咒诗画集》，可参考帕斯卡尔·皮亚作序、评论的版本，共二卷，"珍贵书社"丛书，1962年；也见H.马塔拉索和P.珀蒂菲斯：《兰波、魏尔伦、热尔曼·努沃及〈诅咒诗画集〉》，载《法兰西信使》，1961年5月；以及M.帕克南为帕斯卡尔·皮亚的版本写的读书报告，发表在《法国文学史杂志》，1964年1—3月号。

［41］ 该信保存在波尔多市立图书馆。

［42］ 这件逸事是欧内斯特·德拉艾在致戈德肖上校的信中讲的，该信收入他的《不变的阿蒂尔·兰波》（第二卷），作者之家出版社，1936年，第141页。

［43］ 欧内斯特·德拉艾:《关于兰波的亲切回忆》,载《阿登省和阿戈讷评论》,1909年5—6月,第119页。

［44］ 德拉艾在其《关于兰波的亲切回忆》的最后一章又确认了这一描写:"步态自在、灵活""身形纤细",《兰波的见证人德拉艾》,第140页。

［45］ 同上书,第141页。

［46］ 同上。

［47］《关于兰波的亲切回忆》,载《阿登省和阿戈讷评论》,1909年5—6月,第12页。

［48］《我的一生回忆录》,第141页。

［49］ 同上书,第142—143页。

［50］ 同上书,第143页。

［51］ 同上。

［52］ 同上书,第145页。

［53］ 同上。

［54］ 被勒内·艾田蒲在《兰波的神话》中引用,《神话的生成1869—1949》(第一卷),伽利玛出版社,1954年,第20页。

［55］《保罗·魏尔伦》,第262页。

［56］ 如他很久以后在1883年11月17日致夏尔·莫里斯的信中回忆的那样,《致夏尔·莫里斯的信》,第34页。

［57］《兰波的见证人德拉艾》,第142页。

［58］ 该画确实将在1873年美术沙龙展上展出。

［59］《兰波的见证人德拉艾》,第142页。

［60］ 同上。

［61］《我的一生回忆录》,第149页。

［62］ 同上书,第150页。

［63］ 同上书,第152页。

［64］ 同上书,第153页。

［65］ 同上书,第154—155页。

［66］ 同上书,第155页。

［67］ 保罗·魏尔伦:《兰波〈诗歌全集〉序言》,载《散文全集》,第964页。

［68］ 同上书,第964页。

［69］《保罗·魏尔伦》,第261页。

［70］ 兰波的肖像速写,作为《让娜-玛丽的手》的卷首插图翻印,无双出版社,1919年。

［71］ 至于有关这两张底片的所有情况,可以参考埃莱娜·迪富尔的出色说明:《阿蒂尔·兰波:肖像、图画、手稿》,第44—48页。

［72］ 巴黎,奥赛博物馆。

［73］ 方坦-爱德华通信,1871年12月22日,载A.于连:《方坦-拉图尔:生平及友谊》,巴黎,1909年,肖像、图画第75—76页。关于这幅油画复杂的创作过程,可以阅读米歇尔·乌格在大皇宫国家画廊的方坦-拉图尔画展目录中的《桌子一角》(RMN,1982—1983年,第251—256页)以及吕斯·阿贝莱斯的分析,《方坦-拉图尔的桌子一角:魏尔伦、兰波和醒醍之徒》(奥赛博物馆资料,RMN,1987年)

［74］ 巴黎,奥赛博物馆。

［75］《我的一生回忆录》,第151页。

［76］ 埃德蒙和朱尔·德·龚古尔:《日记,文学生活回忆(1871—1875)》(第十卷),摩纳哥国家印刷局出版社,1957年,第80页。

［77］ 泰奥多尔·德·邦维尔，"国民专栏"第一篇，载《国民》，1872年5月16日。

［78］《我的一生回忆录》，第158页。

［79］《兰波》，第261页。

［80］ 同上书，第262页。

［81］ 同上书，第263页。

［82］ 同上。

［83］ 同上书，第264页。

［84］ 同上。

［85］ 同上。

［86］ 维克多·雨果在他的记事本里提及这顿饭，《全集》（第十六卷），法国图书俱乐部，1972年，第772页。

［87］《我的一生回忆录》，第165页。

［88］ 参见阿纳托尔·法朗士：《老实人》，1944年4月1日。

［89］《我的一生回忆录》，第161页。

第九章 在比利时

［1］《我的一生回忆录》，第161页。

［2］《兰波》，第265页。

［3］《魏尔伦》，第153页。

［4］ 关于这次夜间出发的荒诞情形，参见路易·皮埃坎：《一位兰波友人的回忆》，法兰西信使出版社，1924年；让-马里·卡雷：《一位兰波友人的回忆》，载《法兰西信使》，第621期，1924年5月；雅尼·特罗：《兰波的阿登山区》，迪迪埃·阿蒂耶出版社，1991年。

［5］《通信集》（第一卷），第37页。

［6］《兰波》，第82—83页。

［7］《我的一生回忆录》，第163页。

［8］ 同上。

［9］ 同上。

［10］《通信集》（第一卷），第53页。

［11］ 同上书，第299页。

［12］《我的一生回忆录》，第164页。

［13］ 同上书，第164页。

［14］ 同上。

［15］ 同上。

［16］ 关于这位惊人的人物，可以参考让-雅克·勒弗莱尔的文章：《木烟袋是谁？》，载《兰波研究杂志》，1989年6月，第6期。

［17］ 朱尔·瓦莱斯：《当代名人》，载《作品集（第一卷）1857—1870》，"七星文库"丛书，伽利玛出版社，1975年，第595页。

［18］《我的一生回忆录》，第166页。

［19］ 同上书，第166—167页。

［20］ 同上书，第182页。

［21］ 同上书，第168页。

［22］《通信集》（第一卷），第64—65页。

[23] 《我的一生回忆录》，第169页。

[24] 弗朗索瓦·波尔谢最先提出这种假设，依据是欧内斯特·德拉艾向莫里斯·蒙达吐露的底细。

[25] 《我的一生回忆录》，第170页。

[26] 兰波夫人签名总是写"V.兰波"。V指维塔莉或寡妇，调查人员以为那是一个男名，维克多或瓦朗坦。

[27] 参考D.-A.德·格拉阿夫：《围绕布鲁塞尔档案》，载《法兰西信使》，1956年8月1日。

[28] 《通信集》(第一卷)，第72—73页。

第十章 在英国

[1] 就是在这篇发表于1894年7月的《双周评论》上的文章中，魏尔伦自己讲述了他最初的英国印象。

[2] 《通信集》(第一卷)，第57页。

[3] 同上书，第58页。

[4] 同上书，第40—41页。

[5] 同上书，第41—42页。

[6] 同上书，第45页。

[7] 同上书，第60—61页。

[8] 同上书，第61页。

[9] 同上书，第41—42页。

[10] 同上书，第48页。

[11] 同上书，第52页。

[12] 同上书，第77页。

[13] 同上书，第60页。

[14] 同上书，第60页。

[15] 同上书，第65页。

[16] 同上书，第52页。

[17] 同上书，第50页。

[18] 同上书，第42页。

[19] 同上书，第48页。

[20] 同上书，第52页。

[21] 同上书，第74页。

[22] 同上书，第52页。

[23] 同上书，第56页。

[24] 同上书，第60页。

[25] 同上书，第62页。

[26] 同上书，第63页。

[27] 同上书，第84页。

[28] 同上书，第45—46页。

[29] 同上书，第53页。

[30] 同上书，第42页。

[31] 同上书，第43页。

[32] 同上书，第42—43页。

[33] 同上书，第78页。

注 释

［34］《通信集》（第一卷），第83页。

［35］同上书，第84页。

［36］费利克斯·雷加梅：《素描画家魏尔伦》，H.弗卢里出版销售公司，1896年，第22页。

［37］巴黎，吕西安·舍勒收藏。

［38］在《素描画家魏尔伦》中复制，第23页。雷加梅这幅素描还有一个卡扎尔斯作的非常忠实的摹本，《保罗·魏尔伦肖像集：油画、素描、照片》（下称"《魏尔伦肖像集》"），巴黎：吉罗-巴丹书店和让-克洛德·弗兰书店，1994年，第12号。

［39］《兰波的见证人德拉艾》，第243页。

［40］费利克斯·雷加梅：《素描画家魏尔伦》，卷首插图。画的原件出现在《魏尔伦肖像集》，第111号。

［41］同上书，插图4。

［42］《诗歌全集》，第297页。

［43］费利克斯·雷加梅：《素描画家魏尔伦》，插图5。

［44］《兰波》，第217页。

［45］菲力克斯·雷加梅：《素描画家魏尔伦》，第22页。

［46］同上书，第26页。该书插图7翻印了这幅素描。

［47］参见皮埃尔·珀蒂菲斯：《魏尔伦》，第157页。

［48］《通信集》（第一卷），第49页。

［49］同上书，第51页。

［50］同上书，第54页。

［51］有关在英国逗留期间的所有细节，当然可参考V.P.安德伍德不可替代的《魏尔伦和英国》。

［52］《通信集》（第一卷），第45页。

［53］同上书，第292页。

［54］同上书，第291页。

［55］同上书，第58页。

［56］同上书，第296页。

［57］同上书，第300页。

［58］同上书，第67—70页。

［59］同上书，第38页。

［60］同上书，第38—39页。

［61］同上书，第44—45页。

［62］同上书，第54页。

［63］同上书，第55页。

［64］同上书，第64页。

［65］《我的一生回忆录》，第173页。

［66］《通信集》（第一卷），第78页。

［67］同上书，第83页。

［68］同上书，第80—81页。

［69］同上书，第302—303页。

［70］同上书，第303—304页。

［71］让-吕克·斯坦梅茨在《兰波传》中大胆提出这种对立，巴黎：塔朗迪耶出版社，1991年。

［72］《通信集》（第一卷），第90页。

［73］ 被奥古斯特·马丁引用，《魏尔伦与兰波：从市警察局档案中提取的未发表的材料》，尚特奈印刷厂，非卖品，1944年，第7页。

［74］ 同上书，第5页。

［75］《通信集》(第一卷)，第94页。

［76］ 同上书，第95页。

［77］ 同上书，第101—102页。

［78］ 同上书，第103页。

［79］ 同上书，第309页。

［80］ 该信由让·里歇在其《魏尔伦》中发表，瑟热尔出版社，"当代诗人"丛书，1966年，第40页。在此书中可看到信中的不同速写的影印件。

［81］《兰波》，第269页。

［82］ 同上。

［83］《兰波》，第268页。

［84］《通信集》(第一卷)，第107页。

［85］ 亨利·蒙多在《魏尔伦与马拉美的友谊》中引用该信，伽利玛出版社，1940年，第43页。

［86］ 同上书，第107页。

［87］ 同上书，第312页。

［88］ 同上书，第313页。

［89］ 同上书，第108页。

［90］ 同上书，第314—315页。

［91］ 同上书，第318页。

［92］ 同上书，第317—318页。

［93］《兰波的见证人德拉艾》，第44页。

［94］ 被奥古斯特·马丁引用：《魏尔伦与兰波：从市警察局档案中提取的未发表的材料》，第7—8页。

［95］ 同上书，第11页。

［96］《魏尔伦》，第170页。

［97］ 参见《散文全集》，第1114页。

［98］《兰波》，第280页。

［99］《魏尔伦》，第170页。

第十一章　惨剧

［1］ 阿道夫·雷特：《象征主义：逸事遗闻》，巴黎：莱昂·瓦尼耶书店，1903年。在此书的一章里，雷特讲了他去拜访正在布鲁塞医院住院的魏尔伦，并转述了与他的谈话。

［2］《兰波》，第269—270页。

［3］《兰波》，第270页。

［4］ 同上。

［5］ 同上。

［6］《兰波》，第270—271页。

［7］ 亨利·吉耶曼：《兰波的相识》，载《法兰西信使》，1954年10月1日。

［8］《兰波》，第271页。

［9］ 同上书，第271—272页。

［10］《兰波》，第272页。

［11］同上。

［12］参见安德烈·居约:《兰波：传记》，载《48/14》，奥赛博物馆讲座，1993年第5期。本章很大程度上得益于安德烈·居约对1873年7月这些天所做的细致翔实、材料丰富的传记分析。

［13］参见莫里斯·迪拉埃尔:《魏尔伦事件》，梅森出版社，1930年，未标页码。

［14］《兰波》，第273—274页。

［15］同上书，第274页。

［16］《我的一生回忆录》，第172页。

［17］《兰波》，第272—273页。

［18］同上书，第273页。

［19］同上。

［20］《兰波》，第276页。

［21］同上书，第275页。

［22］同上。

［23］兰波1873年7月12日在预审推事面前的证词，同上书，第281页。

［24］同上书，第281页。

［25］同上。

［26］见《象征主义：逸事遗闻》。

［27］兰波1873年7月10日向警察分局做的声明，《兰波》，第277页。

［28］魏尔伦被预审推事审讯，同上书，第279页。

［29］兰波在预审推事前的证词，同上书，第281—282页。

［30］魏尔伦夫人在警察分局的声明，同上书，第277页。

第十二章　监禁

［1］洛朗·塔亚德:《斯特凡·巴耶阿施日志（关于魏尔伦的回忆）》，载《阿卡得摩斯：自由艺术和批评月刊》，1909年1月15日，第1期，第17页。

［2］《通信集》(第三卷)，第143—145页。

［3］《〈美好的歌〉和〈无词浪漫曲〉同期诗歌》，载《诗歌全集》，第215页。

［4］兰波在预审推事前的证词，《兰波》，第282页。

［5］魏尔伦被预审推事审讯，同上书，第279页。

［6］魏尔伦在警察分局的声明，同上书，第278页。

［7］《魏尔伦》，第175—176页。

［8］参见保罗·波斯塔尔:《关于布鲁塞尔卷宗》，载《野蛮闹剧》，1989年6月，第6期。

［9］参见莫里斯·迪拉埃尔:《魏尔伦事件》。

［10］同上。

［11］参见弗朗索瓦兹·拉朗德:《一个文人的体检》，载《野蛮闹剧》，1985年4月，第2期。

［12］《马尔多罗之歌》，加尔尼耶－弗拉马里翁出版社，1990年，第264页。

［13］安德烈·居约:《兰波：传记》，第19页。

［14］兰波的新证词，《兰波》，第283页。

［15］同上书，第284页。

［16］同上。

［17］ 奥古斯特·马丁：《魏尔伦和兰波：从市警察局档案中提取的未发表的材料》，巴黎：尚特奈印刷厂，1944年，第10—11页。

［18］ 参见《诗歌全集》，第1165页。

［19］ 可在《诗歌全集》中看到该诗的第一个版本，第1161—1164页。

［20］ 奥克塔夫·纳达尔：《魏尔伦传》，第156页。

［21］《通信集》（第一卷），第110页。

［22］ 保罗·克洛岱尔：《自然诗人和基督徒诗人保罗·魏尔伦》，第501页。

［23］《通信集》（第一卷），第110页。

［24］ 同上书，第113页。

［25］《保罗·魏尔伦》，第362页。

［26］《通信集》（第一卷），第114—115页。

［27］ 同上书，第117页。

［28］ 同上书，第118页。

［29］ 同上。

［30］《我的一生回忆录》，第241页。

［31］《保罗·魏尔伦》，第390—391页。

［32］ 同上书，第385页。

［33］《新评论》（第六卷），1900年，第385页。

第十三章　重逢无望

［1］ 这一材料在1933年3月17日的《年鉴》上被翻印。

［2］《通信集》（第一卷），第164页。

［3］ 参见P.珀蒂菲斯：《魏尔伦生平中的一点澄清：魏尔伦在查尔特勒修道院》，载《未来功业的准备者》，"世纪之交"丛书，米纳尔出版社，1975年。

［4］《保罗·魏尔伦》，第401—402页。

［5］《魏尔伦》，第209页。

［6］ 同上。

［7］ 欧内斯特·德拉艾：《兰波：艺术家与精神维度的人》，载《兰波的见证人德拉艾》，第47页注释。

［8］《魏尔伦》，第210页。

［9］ 同上书，第210—211页。

［10］ 同上书，第211页。

［11］《兰波》，第296页。

［12］ 朱尔·勒纳尔：《日记（1887—1910）》，伽利玛出版社，"七星文库"丛书，1965年，第147页。

［13］《通信集》（第三卷），第107—108页。

［14］ 多年以后的1888年，魏尔伦在其发表于《当代人物》上的《阿蒂尔·兰波〈1884〉》中，用至少是暧昧的迂回说法似乎表示《彩图集》的手稿是由兰波在德国交给他的："1875年2月见到他，很正派，爱到图书馆去翻书，正处于'爱科学'的狂热中，如他在斯图加特所说，在哪里，《彩图集》的手稿被交给了某人，此人便照管了这份手稿。"（《诗歌全集》，第802页）但是倘若魏尔伦自己不得不再通过兰波获知热尔曼·努沃的地址，何必还要经过魏尔伦呢？关于这"丛生的假设"，参见让-吕克·斯坦梅茨：《兰波传》，第226页。

［15］《保罗·魏尔伦：未发表信札数种》，第294页。

［16］《通信集》（第三卷），第107页。

［17］同上书，第109页。

［18］同上书，第110页。

［19］同上书，第112—113页。

［20］《保罗·魏尔伦：未发表信札数种》，第64页。

［21］雅克·杜塞文学图书馆，魏尔伦卷宗。

［22］《诗歌全集》，第298—299页。

［23］巴黎，雅克·杜塞文学图书馆，魏尔伦卷宗（第一卷），第255页。

［24］让－吕克·斯坦梅茨：《兰波传》，第232页。

［25］《兰波》，第298—299页。

［26］该信1932年4月2日发表在《弗加罗报》上。

［27］《兰波》，第300—301页。

［28］《诗歌全集》，第300页。

［29］巴黎，雅克·杜塞文学图书馆。

［30］同上。

［31］巴黎，克洛德·齐斯曼收藏。

［32］这方面可参见安娜－埃马努埃莱·贝尔热在《兰波的盛宴：口语性研究》中的精彩分析，商瓦隆出版
　　　社，1992年。

［33］巴黎，雅克·杜塞文学图书馆。

［34］同上。

［35］同上。

［36］同上。

［37］1877年1月28日致欧内斯特·米约的信，《兰波》，第302页。

［38］《通信集》（第三卷），第108页。

［39］同上书，第109页。

第四部　在学校和乡间

第十四章　在英国

［1］《通信集》（第一卷），第116页。

［2］魏尔伦：《英国随笔：作为法语老师》，载《双周评论》，1894年7月，载《散文全集》，第1470页。

［3］《通信集》（第一卷），第116页。

［4］参见《保罗·魏尔伦》，第404页。

［5］《英国随笔》，第1470页。

［6］关于魏尔伦在英国的部分主要基于V.P.安德伍德：《魏尔伦和英国》。

［7］《英国随笔》，第1470—1471页。

［8］同上书，第1471页。

［9］《魏尔伦和英国》，第187—188页。

［10］同上书，第188页。

［11］卡扎尔斯1897年6月刊登于伦敦《参议院》杂志的文章。

［12］《英国随笔》，第1473页。

［13］同上书，第1473—1474页。

［14］巴黎，雅克·杜塞文学图书馆。

［15］《保罗·魏尔伦：未发表信札数种》，第60页。

［16］《通信集》（第一卷），第65页。

［17］同上书，第66页。

［18］《通信集》（第三卷），第104页。

［19］德拉艾和卡扎尔斯1901年9月发表在《射手座》杂志上的文章。

［20］《通信集》（第三卷），第106—107页。

［21］《英国随笔》，第1478页。

［22］《通信集》（第三卷），第1487页。

［23］参见V. P. 安德伍德：《魏尔伦和英国》，第213页。

［24］《英国随笔》，第1475页。

［25］《魏尔伦》，第217页。

［26］《通信集》（第三卷），第104页。

［27］同上书，第104页。

［28］同上书，第105页。

［29］同上书，第105—106页。

［30］但很难肯定这是两人的初次会面，因为两个人都为《诅咒诗画集》撰过稿，有可能见过面。参见沃尔泽的文章，载：热尔曼·努沃《作品全集》，"七星文库"丛书，伽利玛出版社，1988年，第307—308页。

［31］《诗歌全集》，第1102页。

［32］《保罗·魏尔伦：未发表信札数种》，第58页。

［33］让·里什潘：《热尔曼努沃和兰波》，《法国评论》，1927年1月1日。

［34］欧内斯特·德拉艾：《瓦伦丁》，梅森出版社，1922年，第15—16页。

［35］热尔曼·努沃：《作品全集》，第824页。

［36］《魏尔伦》，第232页。

［37］同上书，第234页。

［38］同上。

［39］同上。

［40］同上书，第235页。

［41］同上书，第235—236页。

［42］巴黎，雅克·杜塞文学图书馆。

［43］《通信集》（第二卷），第4页。

［44］《通信集》（第三卷），第96页。

［45］《通信集》（第二卷），第3页。

［46］同上书，第4页。

［47］朱尔·穆凯：《魏尔伦讲兰波》，巴黎：法兰西信使出版社，1934年，第33页。

［48］《通信集》（第二卷），第6—7页。

［49］同上书，第11页。

［50］《通信集》（第三卷），第113页。

［51］《通信集》（第二卷），第14—15页。

［52］ 热尔曼·努沃：《作品全集》，第424页。

［53］ 同上书，第834页。

［54］《通信集》（第三卷），第98页。

［55］ 热尔曼·努沃：《作品全集》，第832页。

［56］ 这幅照片被用作1923年版埃德蒙·勒佩勒捷《保罗·魏尔伦生平和著作》卷首插图。

［57］《通信集》（第二卷），第17—18页。

［58］《保罗·魏尔伦：未发表信札数种》，第76页。

［59］《魏尔伦》，第239—240页。

［60］ 魏尔伦：《英国之旅》，载《散文全集》，第439页。

［61］《魏尔伦和英国》，第303页。

［62］《英国之旅》，第439页。

［63］ J.克拉勒蒂图书馆目录，第一部分，1918年，第1208号。

［64］ 同上。

［65］《通信集》（第一卷），第169页。

［66］ 同上书，第173页。

［67］ 皮埃尔·珀蒂菲斯似乎婉转地表达了这个意思。而安德伍德则倾向于魏尔伦回英国停留了相当长时间。

［68］ 魏尔伦：《老城》，载《散文全集》，第1062—1063页。

［69］ 同上书，第1063页。

［70］ 关于这位圣人的生平，详见约瑟夫·里夏尔：《上帝的流浪汉》，S.O.S.出版社，1990年。

［71］《老城》，第1062页。

［72］ 同上书，第1063页。

［73］ 热尔曼·努沃：《作品全集》，第891页。

第十五章　在勒泰勒和瑞尼维尔

［ 1 ］《魏尔伦》，第247—248页。

［ 2 ］ 同上书，第248—249页。

［ 3 ］ 同上书，第246页。

［ 4 ］ 皮埃尔·珀蒂菲斯：《魏尔伦》，第241页。

［ 5 ］ 巴黎，雅克·杜塞文学图书馆。

［ 6 ］《通信集》（第三卷），第101页。

［ 7 ］ 巴黎，雅克·杜塞文学图书馆。

［ 8 ］《魏尔伦》，第268页。

［ 9 ］ 斯特凡·马拉美：《作品全集》，"七星文库"丛书，伽利玛出版社，1970年，第874—875页。

［10］ 让－马里·卡雷：《魏尔伦、热尔曼·努沃和欧内斯特·德拉艾未发表的画作》，巴黎大学出版社，1949年，第33页。

［11］《魏尔伦》，第270页。

［12］ 夏尔·勒罗：《圣母学堂回忆录》，由皮埃尔·珀蒂菲斯转引，第242页。

［13］ 参见默热博士：《小勒泰勒》，1909年1月20日。

［14］《魏尔伦》，第270页。

［15］《通信集》（第一卷），第178页。

［16］《通信集》（第三卷），第329—330页。

［17］《诗歌全集》，第303页。

［18］信件，载《诗歌全集》，第1276页。

［19］巴黎，雅克·杜塞文学图书馆。

［20］《保罗·魏尔伦》，第416—417页。

［21］《魏尔伦》，第312页。

［22］V. P. 安德伍德在谈到这张照片则是说这个少年长相不错，胖乎乎的脸蛋，稍显稚气（《魏尔伦和英国》，第342页）。

［23］由V. P. 安德伍德在第326页引用。

［24］A. 亚当就是这么执着地分析。见A. 亚当：《真实魏尔伦：心理分析》，德罗兹出版社，1936年。

［25］《我的一生回忆录》，第184页。

［26］同上书，第184页。

［27］同上书，第185页。

［28］巴黎雅克·杜塞文学图书馆。

［29］同上。

［30］同上。

［31］同上。

［32］同上。

［33］同上。

［34］同上。

［35］《我的一生回忆录》，第186页。

［36］《魏尔伦》，第288—289页。

［37］参见弗朗索瓦·波尔谢：《魏尔伦其人》，第298页。

［38］魏尔伦的一个学生如是说，发表于1924年4月的《更高报》，载马塞尔·古隆：《感伤诗人魏尔伦》，第242页。

［39］皮埃尔·珀蒂菲斯：《魏尔伦》，第250—251页。

［40］《感伤诗人魏尔伦》，第244页。

［41］同上。

［42］《散文全集》，第440页。

［43］同上。

［44］参见：《魏尔伦》，第298页。

［45］《魏尔伦其人》，第302页。

［46］《魏尔伦致莫里斯的信》，第33页。

［47］让·迪尔：《勒泰勒和勒泰勒的香槟区》，载《兰波－魏尔伦路线》，《阿登大地》专号，1991年12月，第12页。

［48］巴黎，雅克·杜塞文学图书馆。

［49］《魏尔伦》，第291页。

［50］巴黎，雅克·杜塞文学图书馆。

［51］皮埃尔·珀蒂菲斯文件。

［52］巴黎，雅克·杜塞文学图书馆。但这些画作的年代存在疑问，因为F. 鲁雄怀疑它们创作于1878年，远早于买入瑞尼维尔田庄的时候。

［53］《魏尔伦》，第291—292页。

注　释

［54］《魏尔伦》，第292页。

［55］这家铺子是瑞尼维尔绝无仅有的逃过战时德军炮火浩劫的建筑之一，后来成了现存唯一的魏尔伦纪念馆。

［56］巴黎，雅克·杜塞文学图书馆。

［57］这里读者可以参考雅克·博雷尔的文章，载《散文全集》，第1449页。

［58］巴黎，雅克·杜塞文学图书馆。

［59］同上。

［60］同上。

［61］同上。

［62］珀蒂菲斯（第239页）显然把这幅画的时间说得太早了。它不可能作于努沃皈依以前。

［63］《老城》，载《散文全集》，第1056—1057页。

［64］巴黎，雅克·杜塞文学图书馆。

［65］《魏尔伦》，第296页。

［66］《通信集》（第二卷），第263页。

［67］埃米尔·左拉:《全集》（第12册），宝书圈出版社，1969 年，第379 页。这篇文章首先刊于18798年12月的《欧洲信使》，后转载于1879年4月16日《伏尔泰报》，最后又收入1881年的《文学资料、研究和肖像》。这篇尖刻的评论无疑让魏尔伦大受刺激。在《一个法国人游法国》的一篇短文中，他反击说："在当代诗人当中——随便提一下，平庸的记者也往往如此，显不出才华——左拉先生提到了我的名字以及我在1867年前后的角色。他说我是波德莱尔的受害者，意思是我'出于省事儿而模仿这位诗人'并自毁前程。此言差矣！自毁前程太容易了，还需要模仿某人吗?"（《散文全集》，第1459页）

［68］《通信集》（第三卷），第111页。

［69］让-吕克·斯坦梅茨为我们提供了这个集子的第一版。关于作品复杂的问世经过，参见欧内斯特·迪皮伊的文章《通过一部诗稿看保罗·魏尔伦的诗歌发展》，刊于1912年12 月 1 日的《两世界评论》；安东尼·丰加罗的文章《对保罗·魏尔伦一部诗稿的研究》（1913 年 7—9 月号《法国文学史评论》），以及斯坦梅茨的序言《一个缺少的环节》的注释，《〈狱中集〉产生过程》（1957 年 4—6 月《人文科学杂志》）。

［70］《魏尔伦致莫里斯的信》，第58页。

［71］《通信集》（第二卷），第10页。

［72］关于《智慧集》的问世过程，详见路易·莫里斯注《智慧集》，尼泽书店，1948年。

［73］巴黎，雅克·杜塞文学图书馆。

［74］亨利·蒙多在《魏尔伦与马拉美的友谊》引用的信件，伽利玛出版社，1940年，第55—56页。

［75］同上书，第56页。

［76］Ch. 多诺斯:《走近魏尔伦》，勒贝格出版社，1898年，第110—111页。

［77］《魏尔伦》，第310页。

［78］《保罗·魏尔伦生平和著作》，第425页。

［79］《魏尔伦》，第314—315页。

［80］同上书，第316—317页。

［81］同上书，第317页。

［82］这里姑且用魏尔伦自己回忆录里的一个标题。他自己在这里清楚地介绍了出卖田产返回巴黎的经过：《鳏夫回忆录》，L. 瓦尼埃出版社，1886年。

［83］《通信集》（第一卷），第179页。

［84］《通信集》（第一卷），第180页。

［85］同上书，第182页。

［86］同上书，第183页。

［87］同上书，第186页。

［88］同上书，第189页。

［89］对魏尔伦住所布置的了解主要源于德拉艾所著的《魏尔伦》，第323—324页；以及莫雷亚斯的《魏尔伦在罗盖特街》，1888年7月5日。

［90］《魏尔伦致莫里斯的信》，第7页。

［91］同上书，第3页。

［92］同上书，第4页。

［93］《文人魏尔伦》，德拉格拉夫出版社，1937年，第67页。

［94］《文学漫步》，第4季，第35页。

［95］关于莫里斯，详见《魏尔伦致莫里斯的信》，引言。

［96］《散文全集》，第231页。

［97］同上书，第1134—1135页。

［98］见1883年7月5日《蟑螂报》。

［99］《魏尔伦》，第324页。

［100］同上书，第325页。

［101］《通信集》（第一卷），第186页。

［102］《魏尔伦致莫里斯的信》，第14页。

［103］同上书，第70—71页。

第十六章　在糟谷

［1］参见:《保罗·魏尔伦》，第474页。马塞尔·古隆极力反对这种说法，认为雷蒂努瓦老爹根本不可能有意坑魏尔伦。他完全是没有能力经营。

［2］《魏尔伦致莫里斯的信》，第13页。

［3］同上书，第20页。

［4］同上。

［5］同上书，见第23页注释。

［6］同上书，第28—29页。

［7］奥赛博物馆藏的绘于1876年的马拉美肖像。

［8］《魏尔伦致莫里斯的信》，第28页。

［9］同上书，第25页。

［10］同上书，第42页。

［11］同上。

［12］同上。

［13］同上书，第45页。

［14］同上。

［15］同上书，第46页。

［16］同上书，第49—50页。

［17］同上。

［18］《魏尔伦致莫里斯的信》，第55页。

［19］同上。

［20］《保罗·魏尔伦最后的日子》，第247页。珀蒂菲斯正确指出，这两位作者把库洛姆和瑞尼维尔搞混了。

［21］《魏尔伦与马拉美的友谊》，第65页。

［22］《魏尔伦致莫里斯的信》，第43页。

［23］同上书，第46页。

［24］同上书，第50页。

［25］同上书，第54页。

［26］同上书，第69页。

［27］同上书，第74页。

［28］同上书，第70页。

［29］《女人－男人》，第95页。

［30］同上书，第96—97页。

［31］《魏尔伦致莫里斯的信》，第78页。

［32］同上书，第76页。

［33］同上书，第77页。

［34］《保罗·魏尔伦：未发表信札数种》，第278页。

［35］《魏尔伦致莫里斯的信》，第67页。

［36］《通信集》（第二卷），第32—33页。

［37］《魏尔伦致莫里斯的信》，第74页。

［38］或许事情远比这难说出口。不知道古隆讲述这段故事（第181页）出处是什么，后来还被波尔谢引用（第337页）。一天晚上走出库洛姆的一家酒馆时，魏尔伦照旧酩酊大醉。他被一帮坏小子推到一条沟里，然后一顿暴打，并且抢得分文不剩。魏尔伦虽说认出了几个坏蛋，可是几个人因为年纪小而且情节不重，只判了几天监禁。

［39］《保罗·魏尔伦》，第483页。

［40］同上书，第484页。

［41］同上书，第490页。

［42］《通信集》（第二卷），第99页。

［43］《通信集》（第一卷），第216页。

［44］《散文全集》，第209页。

［45］同上。

［46］《散文全集》，第210页。

［47］罗曼·罗兰语，见《老俄耳甫斯》，刊于《欧罗巴》1952年2—3月号，第25—26页。

第十七章　在圣弗朗索瓦院里

［1］《保罗·魏尔伦》，第501页。

［2］同上书，第501—502页。

［3］见《鳏夫回忆录》中的《哑剧动机》和《顽童》。

［4］《斯特凡·巴耶阿施日志（关于魏尔伦的回忆）》，第19页。

［5］在亨利·蒙多的《魏尔伦与马拉美的友谊》中被引用，第84—85页。

［6］古斯塔夫·勒卢日：《魏尔伦派和颓废派》，斯盖尔出版社，1928年，第97—98页。

［ 7 ］ 弗朗西斯·维埃雷-格里凡:《象征派诗人-美国公民》,尼泽书店,1976年,第90—91页。

［ 8 ］ 《散文全集》,第760页。

［ 9 ］ 同上书,第761页。

［ 10 ］ 《魏尔伦派和颓废派》,第82页。

［ 11 ］ 斯特凡·马拉美:《作品全集》,第82页。

［ 12 ］ 《保罗·魏尔伦:未发表信札数种》,第185页。

［ 13 ］ 见亨利·蒙多在《魏尔伦与马拉美的友谊》中引用的信,第93页。

［ 14 ］ 里夏尔:《没落:阿多雷·弗鲁派特的颓废诗》,尼泽出版社,1984年,第39页。

［ 15 ］ 于斯曼:《逆流》,法斯凯勒出版社,1970年,第123—124页。

［ 16 ］ 同上书,第71页。虽然这首诗也戏仿了让·莫雷亚斯的《跛脚节奏》,但无疑主要针对的还是魏尔伦。
其充斥着神秘主义和酗酒、神性与女性的主题即是证明。

［ 17 ］ 《通信集》(第一卷),第151页。

［ 18 ］ 同上书,第41页。

［ 19 ］ 《保罗·魏尔伦:未发表信札数种》,第281页。

［ 20 ］ 《通信集》(第二卷),第42页。

［ 21 ］ 同上书,第110页。

［ 22 ］ 同上书,第74页。

［ 23 ］ 雷诺:《警察的回忆》。

［ 24 ］ 同上书,第45页。

［ 25 ］ 《通信集》(第一卷),第207页。

［ 26 ］ 同上书,第209页。

［ 27 ］ 《魏尔伦与马拉美的友谊》,第105—106页。

［ 28 ］ 这首诗影印在《魏尔伦书目和肖像》的前面。

第五部　一落千丈

第十八章　辗转医院

［ 1 ］ 克洛德·阿比布:《魏尔伦与“灰色的痛苦”》,第43页。

［ 2 ］ 参见弗兰西斯·卡尔科:《魏尔伦传》,新评论出版社,1939年,第151页。

［ 3 ］ 费内翁:《全全集》,德罗兹,1970年,第548—549页。

［ 4 ］ 丰丹纳:《我的象征派记忆》,新评论出版社,1928年,第146—147页。

［ 5 ］ 《保罗·魏尔伦最后的日子》,第55页。

［ 6 ］ 洛朗·塔亚德:《红色杂志》,1896年2月号。

［ 7 ］ 参见皮埃尔·桑索:《感官消逝》,1993年11月11日《解放报》,第4页。

［ 8 ］ 《保罗·魏尔伦最后的日子》,第34页。

［ 9 ］ 1886年12月5日致于连大夫的信,载《通信集》(第三卷),第375—376页。

［ 10 ］ 1887年9月26日致莱昂·瓦尼耶的信,载《通信集》(第二卷),第98—99页。

［ 11 ］ 1887年12月23日致于连大夫的信,载《通信集》(第三卷),第161—162页。

［ 12 ］ P.瓦勒里-拉多:《医院常客:魏尔伦在布鲁塞》,吉耶莫和德拉莫特,1956年,第41页。

［ 13 ］ 《通信集》(第三卷),第356页。

［14］《医院常客：魏尔伦在布鲁塞》，第15页。

［15］《保罗·魏尔伦最后的日子》，第51页。

［16］同上书，第46页。

［17］同上书，第63页。

［18］皮埃尔·路易：《魏尔伦的话》，载《诗歌与散文》1910年10—11—12月第23期，第14—15页。

［19］同上书，第16页。

［20］同上书，第16页。

［21］同上书，第17页。

［22］《〈我的医院〉未发表的一章》，载《散文全集》，第1537—1538页。

［23］皮埃尔·路易：《魏尔伦的话》，第17页。

［24］《象征主义：逸事遗闻》，第104页。

［25］《未发表的致卡扎尔斯的信》，德雷兹，1957年，第3页。

［26］皮埃尔·路易：《魏尔伦的话》，第17页。

［27］A.希尔根在《魏尔伦：与〈荷兰十五天〉相关的未发表信件和资料》中引用的信件，弗卢里，1897年。

［28］吕西安·阿莱西：《最后的放浪文人艺术家：魏尔伦和他的圈子》，儒夫出版社，1923年，第66页。

［29］《未发表的致卡扎尔斯的信》，第118页。本章余下引文出处皆为此书。

第十九章　最后的艳遇

［1］关于这段关系，可参见波尔谢所著的《魏尔伦其人》第363页和欧内斯特·雷诺的《象征派混战》第二卷和《警察的回忆》。

［2］出自魏尔伦的短篇小说《一个女子二三事》，很像是叙述作者和玛丽·冈比埃之间关系的自传体作品。但是无从判断其真伪程度。《散文全集》，第170页。

［3］同上书，第176页。

［4］同上书，第173页。

［5］同上书，第179页。.

［6］《通信集》（第三卷），第173—174页。

［7］《魏尔伦遗作》（第三卷），梅森出版社，1903年，第102页。

［8］《通信集》（第二卷），第178页。

［9］《保罗·魏尔伦：未发表信札数种》，第287页。

［10］《魏尔伦》，第356页。

［11］《未发表的致卡扎尔斯的信》，第262页。

［12］同上书，第263页。

［13］《魏尔伦》，第354—355页。

［14］《保罗·魏尔伦最后的日子》，第87页。

［15］《走近魏尔伦》，第195页。

［16］《魏尔伦》，第522页。

［17］《斯特凡·巴耶阿施日志（关于魏尔伦的回忆）》，第19页。

［18］同上书，第21—22页。

［19］《魏尔伦派和颓废派》，第91—92页。

［20］同上书，第129页。

［21］《通信集》（第二卷），第225页。

［22］《通信集》（第二卷），第229页。

［23］同上书，第297页。

［24］同上书，第230页。

［25］同上书，第234页。

［26］《通信集》（第三卷），第292页。

［27］《通信集》（第二卷），第303页。

［28］同上书，第306页。

［29］同上书，第308页。

［30］同上书，第310页。

［31］同上书，第310—312页。

［32］同上书，第312页。

［33］同上书，第313页。

［34］同上书，第314页。

［35］同上书，第313—314页。

［36］同上书，第318页。

［37］同上书，第319—320页。

［38］同上书，第321—323页。

［39］《未发表的魏尔伦书信》，第15页。

［40］《全集》，第1284页。

［41］《未发表的致卡扎尔斯的信》，第194页。

［42］《〈女人-男人〉序言》，第20页。

［43］同上书，第47页。

［44］《魏尔伦其人》，第387页。

［45］在这部无可救药的集子里，色情本身也受到消磨。其诗歌的堕落可见一斑。

第二十章 最后的创作

［1］于斯曼:《逆流》，第230页。

［2］《散文全集》，第636页。

［3］欧内斯特·雷诺:《象征派混战》，第164页。

［4］《通信集》（第一卷），第204页。

［5］《散文全集》，第809—810页。

［6］同上书，第811页。

［7］《通信集》（第三卷），第334页。

［8］《魏尔伦其人》，第373页。

［9］见雅克·博雷尔为《幸福集》作的引言，载《诗歌全集》，第647页。

第二十一章 最后的旅行——寻求解脱

［1］《荷兰十五天》，载《散文全集》，第364—368页。．

［2］同上书，第366页。

［3］同上书，第368页。

［4］同上书，第369页。

［5］《荷兰十五天》，第369页。

［6］同上书，第371页。

［7］同上书，第372页。

［8］同上书，第379页。

［9］《海牙第一讲》，载《散文全集》，第882页。

［10］保罗·吕雄：《魏尔伦图像资料》，插图87、插图88和插图90。

［11］同上书，插图89。

［12］《荷兰十五天》，第384页。

［13］同上书，第392页。

［14］同上书，第401页。

［15］这部分内容属于《狱中杂记》最后一段的一种未发表版本，载《散文全集》，第1262页。

［16］《荷兰十五天》，第408页。

［17］《比利时十一天》，载《散文全集》，第418页。

［18］《当代诗歌说明》，载《散文全集》，第890—891页。

［19］《散文全集》，第580—583页。

［20］皮埃尔·珀蒂菲斯：《魏尔伦》，第485页。

［21］《散文全集》，第582—583页。

［22］《比利时十一天》，载《散文全集》，第419页。

［23］同上。

［24］《在南锡和吕内维尔的讲座》，载《散文全集》，第908页。

［25］《通信集》（第二卷），第300页。

［26］《未发表的魏尔伦书信》，第13页。

［27］同上书，第14页。

［28］见《魏尔伦：肖像资料》，第257页。

［29］《伦敦的日子》，载《散文全集》，第1490页。

［30］同上书，第1491页。

［31］亚瑟·西蒙斯，《北美杂志》1915年第201号，载 V.P.安德伍德：《魏尔伦和英国》，第397页。

［32］同上。

［33］《通信集》（第三卷），第10页。

［34］《魏尔伦和英国》，第400页。

［35］同上书，第408页。

［36］《伦敦的日子》，载《散文全集》，第1495页。

［37］同上。

［38］1893年12月5日的信，载《通信集》（第三卷），第82页。

［39］《伦敦的日子》，载《散文全集》，第1496页。

［40］《逗留伦敦》，载《散文全集》，第432页。

［41］《伦敦的日子》，载《散文全集》，第1496页。

［42］同上。

第二十二章　最后的面孔

［1］安德烈·纪德：《日记（1889—1939）》，伽利玛出版社，"七星文库"丛书，1949年，第203页。

［2］弗兰西斯·卡尔科：《魏尔伦传》，第203页。

［3］巴黎，法国国家图书馆版画藏室，《魏尔伦画册》，第216页。

［4］《魏尔伦肖像集》，插图30、插图32。

［5］同上书，插图33。

［6］同上书，插图67。

［7］巴黎，雅克·杜塞文学图书馆，《魏尔伦画册》，第285页。

［8］《医院常客：魏尔伦在布鲁塞》，第25页。

［9］弗兰西斯·卡尔科：《魏尔伦传》，第118页。

［10］《魏尔伦肖像集》，插图44。

［11］同上书，插图42、插图43。

［12］《通信集》（第三卷），第292页。

［13］《通信集》（第二卷），第114页。

［14］《散文全集》，第427页。

［15］阿纳托尔·法朗士：《珠光匣》，载《阿纳托尔·法朗士插图版全集》（第五卷），卡尔曼－莱维，1925年，第327—328页。

［16］同上书，第328页。

［17］阿纳托尔·法朗士：《红百合》，载《阿纳托尔·法朗士插图版全集》（第九卷），卡尔曼－莱维，1927年，第100页。

［18］同上。

［19］同上书，第33—34页。

［20］莫里斯·勃德：《回忆魏尔伦》，《沃州杂志》第二系列，第12册。

［21］现藏于梅斯博物馆。

［22］见让·里歇尔：《保罗·魏尔伦》，P. 塞热，1960年。

［23］《散文全集》，第293页。

［24］同上书，第1134页。

［25］《一个帕尔纳斯派诗人的琐忆》，第107—108页。

［26］《魏尔伦派和颓废派》，第106—107页。

［27］《魏尔伦背影》，载《魏尔伦肖像集》，第35页。

［28］W. G. C. 比万科：《一个荷兰人在1891年的巴黎》。

［29］朱尔·勒纳尔：《日记（1997—1910）》，伽利玛出版社，"七星文库"丛书，1972年，第119页。

［30］同上。

［31］同上书，第120页。

［32］同上。

［33］同上书，第138页。

［34］同上书，第139页。

［35］同上书，第131—132页。

［36］《写作》，1894年11月15日。

［37］保罗·瓦莱里：《文艺杂谈》，伽利玛出版社，1930年，第176—177页。

第二十三章　死而复生的面孔

［1］《保罗·魏尔伦：未发表信札数种》，第241页。

［2］莫里斯·巴莱斯:《莫里斯·巴莱斯全集》(第十三卷)，诚实人俱乐部，1968年，第37页。

［3］1895年11月20日皮埃尔·道兹致魏尔伦的信，载《诗歌全集》，第1322页。

［4］1895年12月12日皮埃尔·道兹致魏尔伦的信，载《诗歌全集》，第1233页。

［5］《通信集》(第三卷)，第130页。

［6］同上书，第241—242页。

［7］同上书，第243页。

［8］同上。

［9］《保罗·魏尔伦最后的日子》，第5—6页。

［10］奥克塔夫·纳达尔:《魏尔伦传》，第76—77页。

［11］乔治·斯蒂埃格勒:《魏尔伦的最后时光》，《巴黎回声报》，1896年10月1日。

［12］同上。

［13］同上。

［14］《保罗·魏尔伦最后的日子》，第12页。

［15］《魏尔伦其人》，第441页。

［16］《写作》1896年2月1日第163号，第123页。

［17］《魏尔伦肖像集》，第71号。

［18］《魏尔伦图像资料》，插图151。

［19］同上书，插图152。

［20］同上书，插图153。

［21］《魏尔伦肖像集》，第74号。

［22］卡扎尔斯和勒卢日说还有一个叫加亚尔的人也照了一张相。

［23］《斯特凡·巴耶阿施日志(关于魏尔伦的回忆)》，第23页。

［24］《保罗·魏尔伦最后的日子》，第19—22页。

［25］《魏尔伦肖像集》，第73号。

［26］《莫里斯·巴莱斯全集》(第十三卷)，第36页。

［27］同上。

［28］同上书，第93页。

［29］《写作》1896年2月1日第163号，第120页。

［30］同上。

［31］《保罗·魏尔伦》，第550页。

［32］同上书，第548—549页。

［33］《莫里斯·巴莱斯全集》(第十三卷)，第36页。

［34］《魏尔伦与马拉美的友谊》，第722页。

［35］《保罗·魏尔伦最后的日子》，第29—30页。

［36］《中毒的城市》，第64页。

［37］同上书，第93页。

［38］《保罗·魏尔伦最后的日子》，第20—21页。

［39］《魏尔伦与马拉美的友谊》，第248页。

［40］《我的一生回忆录》，第281—282页。

［41］《写作》1896年2月1日第163号，第96页。

［42］《魏尔伦与马拉美的友谊》，第263页。

［43］斯特凡·马拉美:《作品全集》，第71页。

魏尔伦生平和创作年表

1844年

3月30日21点左右，保罗－玛丽·魏尔伦在梅斯出生。父亲尼古拉·奥古斯特·魏尔伦（1798—1865）生于比利时的贝尔特里，母亲埃莉莎·朱莉·约瑟夫.斯泰法妮·德埃，生于加莱海峡省的芳普一个家道殷实的地产主、耕种者和制糖商家庭。

4月18日，在梅斯圣母院受洗。

1845年

魏尔伦一家随魏尔伦上尉搬到蒙彼利埃。

1845—1849年间，一家随上尉驻地改变去过塞特、尼姆，然后返回梅斯。

1851年

魏尔伦上尉辞职，一家迁居巴黎。先住在小马房街的一个旅馆，后定居在巴蒂尼奥尔区的圣路易街10号。魏尔伦进入埃莱娜街一所学校走读。

1853年

10月，进入朗德里学校九年级，寄宿。

1855年

上皇家波拿巴中学（今孔多塞中学）的课。五年级期末，71名学生中名列第六；四年级开始松劲儿，阅读下流作品，写诗；三年级，连喜欢的法文和拉丁语也不学了。

1856年

5月，第一次领圣体。

1858年

12月12日，魏尔伦把最早的诗作《死神》寄给雨果。

1860年

10月，进入二年级，结识埃德蒙·勒佩勒捷，勒佩勒捷成为他一生的朋友。

1861年

5月10日，写作《向往》，受到波德莱尔影响，表达一种对现实的不满足和对神秘的解放的渴望。

7月21日，写作《傻话》，有些诗向已显露魏尔伦特色。

10月，进入修辞班。

1862年

8月，通过中学毕业会考，获得文学业士学位。

10月，在巴黎大学法学院注册学法律，并上算术课，希望参加财政部的录取考试。但他主要是光顾苏弗洛街的咖啡馆。

1863年

魏尔伦一家搬到勒梅尔歌街45号。结识路易-格扎维埃·德·里卡尔。在里卡尔母亲里卡尔侯爵夫人家见到邦维尔·维利耶·德·利尔-亚当、科佩、埃雷迪亚等人。

8月，在里卡尔的《道德、文学、科学和艺术进步》杂志上第一次发表诗歌，《普吕多姆先生》，署名巴布洛。

1864年

1月，魏尔伦上尉设法让魏尔伦进入"天鹰和太阳"保险公司当职员。

3月，进入巴黎第9区市政府，担任见习誊写员。

年底，结识孟戴斯。

1865年

1月，正式成为城市预算和账目办公室职员。

从1865年起，经常参加在出版商勒梅尔的书店的聚会，出入勒孔特·德·李勒、邦维尔、孟戴斯的沙龙。

11—12月，在《艺术》杂志上发表批评巴尔贝·道勒维利的文章和研究波德莱尔的重要文章以及两首诗作《在林中我害怕》和《永远不再》。

12月30日，魏尔伦上尉去世。

1866年

和母亲搬到莱克吕斯街26号。

4月28日，在《当代帕尔纳斯》第九卷上发表七首诗。

11月17日，《图书报》刊登《感伤集》出版消息，出版商是阿方斯·勒梅尔，出版费用是魏尔伦的表姐埃莉莎·蒙孔布勒提供的。

11月22日，第一次给马拉美写信，寄给他《感伤集》。

1867年

2月16日，埃莉莎去世。她是魏尔伦家的养女。

8月，在阿登山区度假期间，去布鲁塞尔拜见雨果，受到很大鼓舞。

9月2日，参加波德莱尔的葬礼。

12月，《女友》在布鲁塞尔出版。出版商普莱·马拉西正是波德莱尔的出版商。

年底，魏尔伦与弗朗索瓦·科佩合作《谁要奇迹?》，发表在1868年1月2日的《金龟子》上。

1868年

和许多帕尔纳斯派诗人一样，开始出入尼娜·德·维拉尔的沙龙。在那里遇见克罗兄弟、迪耶克斯、科佩、法朗士、里卡尔、瓦拉德、维利耶、夏尔·德·西夫里。

5月，里尔轻罪法庭下令销毁《女友》和波德莱尔的《残骸》。

7月1日，魏尔伦的六首诗在《艺术家》上以《新戏装游乐图》的总标题发表。

1869年

2月20日，《戏装游乐图》印刷完毕。

3月发行。计划与吕西安·维奥蒂合作写一出滑稽歌剧《沃科傻一世和小沃科傻》。

3月23日，到帕利瑟勒参加姑姑路易丝·格朗让的葬礼。

6月底，在西夫里家初次遇见西夫里的同母异父妹妹玛蒂尔德·莫泰。

7月，去芳普的舅舅家。

7月20日或21日，给西夫里写信，决定向玛蒂尔德求婚。

7月25日—8月2日，西夫里在芳普小住，魏尔伦写下《美好的歌》第一篇。

8月底，返回巴黎，开始有规律的生活。

10月，魏尔伦与母亲正式拜访莫泰一家。和弗朗索瓦·科佩一起拜访圣伯夫。

1870年

6月12日，《美好的歌》印刷完毕，但到1872年年初才开始发行。

6月23日和24日，签署婚后财产制度合同。

7月，因玛蒂尔德患病，婚期推迟，与西夫里及其妹妹玛格丽特到诺曼底地区度假，住在马努里侯爵夫人家。

8月11日，与玛蒂尔德举行婚礼。住在红衣主教-僧侣街2号。

9月2日，色当兵败，法军投降。

9月4日，共和国宣告成立，甘必大号召国民入伍。魏尔伦应募参加国民自卫军，被分到巴黎南部拉佩-贝尔西营地值勤。因企图逃避服役被判监禁两天。之后，与妻子搬到巴蒂尼奥尔魏尔伦母亲家。

1871年

3月18日，参加夏尔·雨果的葬礼。

3—5月，巴黎公社期间，在市政府新闻办公室负责摘录有关巴黎公社及其领袖的文章。

6月中旬，与怀孕的妻子去了芳普，后去莱克吕斯。

8月底，回到巴黎，住到尼科莱街岳父家。收到朋友奥古斯特·布列塔尼推荐兰波及兰波本人的信和诗。

9月初，收到兰波的第二封信。魏尔伦与岳父家商量，接待兰波。

9月10日，兰波来到巴黎，住到魏尔伦岳父家。

10月，夏尔·克罗发起成立诅咒诗社，魏尔伦与兰波是主要成员。魏尔伦带兰波参加醒醐之徒晚餐。

10月30日，魏尔伦的儿子乔治出生。

11月，初次见到欧内斯特·德拉艾。

12月中旬，去比利时的帕利瑟勒索取姑姑留给他的遗产。参观色当和巴泽耶的战场。

1872年

1月，魏尔伦酒后打伤妻子。玛蒂尔德与父亲离开巴黎，到佩里格住了六个星期。

1月底，在醒醐之徒晚餐上，兰波刺伤埃蒂安·卡尔雅，成为不受欢迎的人，魏尔伦开始与其他朋友疏远。

3月15日，玛蒂尔德回到巴黎。回来的条件是兰波离开巴黎。

5月初，魏尔伦在比利时卢瓦德公司当上公文拟稿员。兰波重返巴黎。

5、6月间，魏尔伦写下大部分《被遗忘的小叹调》。

7月7日，魏尔伦离家出走，与兰波先去阿拉斯，后去沙勒维尔，然后偷越国境，到达比利时。经过一番旅行，在布鲁塞尔的列日旅馆安顿下来。与巴黎公社的流亡人士交往。

7月21日，玛蒂尔德和母亲前往布鲁塞尔。

7月22日，在列日旅馆相见，劝魏尔伦与她回家，并提出可以一同去新喀里多尼亚。魏尔伦与妻子坐上回巴黎的火车，但到边境基耶夫兰下车检查后，没再上车，当晚给玛蒂尔德写了一封狠心的短信。

7月底—8月，魏尔伦写下《无词浪漫曲》的《比利时风光》系列。

9月7日，与兰波乘船赴英国。

9月8日，从多佛尔去伦敦，住在苏治区。

9月10日，拜访画家费利克斯·雷加梅。

9月18日，在法国驻伦敦总领事面前，诗人选择了法国籍。

9月22日，搬到霍兰德街巴黎公社流亡者欧仁·维尔麦希借给他们的房间。

10月2日，玛蒂尔德向塞纳河省法庭提起诉讼。

11月底，兰波返回沙勒维尔。

12月，魏尔伦病倒，发电报叫母亲和玛蒂尔德前来。

1873年

1月，魏尔伦母亲及兰波先后来到英国。

2月，魏尔伦夫人返回法国。魏尔伦写下《无词浪漫曲》的新篇章。

4月4日，魏尔伦乘"弗朗德尔伯爵夫人"号到达比利时奥斯坦德，又坐火车去那慕尔。几天后，去永维尔城的姑姑朱莉·埃弗拉尔家。在那里，收到玛蒂尔德一封信，请他"不必再写信纠缠她了"。

5月19日，将《无词浪漫曲》的手稿寄给埃德蒙·勒佩勒捷。

5月27日，与兰波再次来到伦敦。住在坎登镇学院大街8号。

7月3日，离开兰波和伦敦，抵达奥斯坦德。

7月4日，到布鲁塞尔，下榻列日旅馆。写信给母亲、兰波夫人、玛蒂尔德，威胁说要自杀。

7月5日，魏尔伦夫人赶到布鲁塞尔。

7月8日，兰波到来，他们住到啤酒商街1号库尔特莱城旅馆。

7月10日，魏尔伦开枪打伤兰波。布鲁塞尔警察局逮捕魏尔伦。他被送到阿米戈拘留所，次日押送到小卡尔默监狱。

8月8日，布鲁塞尔轻罪法庭第六庭判处魏尔伦两年徒刑和200法郎罚金。

8月27日，上诉法庭作出判决，维持原判。在小卡尔默监狱的三个月，创作《爱之罪》等至少19首诗，后收入《昔日与昨天》和《智慧集》。

10月25日，魏尔伦被转押到蒙斯监狱。

11月24日，收到勒佩勒捷寄的《无词浪漫曲》的校样。

1874年

3月27日，收到勒佩勒捷寄来的《无词浪漫曲》的样书。

4月，创作《诗艺》。24日，巴黎民事法庭对玛蒂尔德的分居诉讼作出判决，玛蒂尔德胜诉。

5月，魏尔伦在狱中得知判决结果。

8月初，向布道神父做了全面忏悔。

8月15日，领圣体。当天，写下《智慧集》中的《啊上帝，您用爱伤了我》。

1875年

1月16日，魏尔伦获得减刑，提前出狱。先与母亲去了芳普的舅舅家。

2月，回到巴黎，见到勒佩勒捷。试图与玛蒂尔德和好未果。去讷维尔的普雷圣母修道院，试图遁世，但很快放弃这个打算。

3月2日，去斯图加特看望兰波，劝他皈依，遭到拒绝和嘲弄，以一场激烈争吵告终。之后，魏尔伦仍试图与他和好，通过德拉艾给他写信。创作"老科佩"系列诗歌。

3月20日，抵达伦敦，住在菲茨罗伊广场伦敦街10号。

4月初，到斯蒂克尼的一所学校教书。

5月，在伦敦见到热尔曼·努沃。

7月，将几首诗通过埃米尔·布莱蒙交给勒梅尔，试图在《当代帕尔纳斯》第三卷上发表。回阿拉斯母亲家，邀请德拉艾来小住。

9月13日，回到斯蒂克尼，继续教书、阅读、写诗，后收入《智慧集》《爱心集》。

10月底，得知寄给《当代帕尔纳斯》的诗被拒绝。

12月底，去巴黎。

1876年

1月，回到阿拉斯。假期结束，返回斯蒂克尼。

3月底，去波士顿。先住在鲸鱼旅馆，后住在在斯蒂克尼认识的朋友家中。私人授课，但只有三个学生。

6—7月，先去伦敦，想找份稳定的工作，后返回阿拉斯。应德拉艾之邀到沙勒维尔。

9月，赴英国，到伯恩茅斯的圣阿洛伊修斯寄宿学校教书。

1877年

8—9月间，在阿拉斯母亲家接待热尔曼·努沃。

10月，到阿登省勒泰勒圣母学堂教书。11月，开始酝酿歌剧《圣安东尼的诱惑》。

1878年

9月，将《圣安东尼的诱惑》第一场寄给西夫里，请他谱曲。

1879年

8月，被校方辞退。与学生吕西安·雷蒂努瓦去英国。先到波士顿，将吕西安安排到他原来在斯蒂克尼的学校任教，自己去莱明顿索兰中学任教。年底，回到阿登省。

1880年

3月18日，在瑞尼维尔买下一个农场。着手写《法国人法国游记》，但没有找到肯出版该书的出版者。

9月，在自己的庄园接待努沃。

12月10日，经过五年整理、修改，《智慧集》由诗人自费在帕尔梅出版社出版。

1882年

年初，清理瑞尼维尔账目。

7月，回到巴黎。

7月25日，在《现代巴黎》上发表《骷髅》，标志他在巴黎文坛复出。

10月起，在《阿登通讯》上开始发表《勒泰勒和勒泰勒人》和《武济耶和武济耶人》。

11月18日，与母亲回巴黎，住在罗盖特街17号。

11月10日，《诗艺》在《现代巴黎》上发表。夏尔·莫里斯在12月1—8日的《新左岸》发表了对该诗的批评文章，署名卡尔·莫尔。魏尔伦12月15日立即发表一封公开信，不久便成为该杂志的合作者，夏尔·莫里斯成为诗人一个最热烈的仰慕者。

12月9日起，在《晨钟》上发表《活生生的巴黎》系列，后收入《鳏夫回忆录》。

1883年

4月7日，吕西安·雷蒂努瓦死于伤寒。

5月26日，鲁道夫的《黑猫》发表几首魏尔伦的诗，其中有《惆怅》。

7月，魏尔伦夫人买下库洛姆的糟谷的房子。

9月，魏尔伦与母亲前去居住。

8—9月，在《吕代斯》上发表《受诅咒的诗人》第一篇，《特里斯坦·科比埃尔》。

10月5—12日，在《吕代斯》第89期上发表《兰波》。这些专题论文连同《诗艺》及《惆怅》开始使诗人声名大噪。

1884年

3月，《受诅咒的诗人》出版，在读者中引起巨大反响。

5月1—15日，《爱之罪》在《自由》杂志上发表。

11月30日，《昔日与昨天》在瓦尼耶出版社自费出版。

12月21—28日，在《吕代斯》上发表《最后的戏装游乐图》，将收入《平行集》。

1885年

2月8日，玛蒂尔德的离婚要求胜诉。

2月11日，魏尔伦酒后闯入邻居达福家，企图掐死母亲。

3月8日，卖掉糟谷的房子。

3月24日，武济耶轻罪法庭审理魏尔伦对母亲施暴案。魏尔伦被判一个月监禁和500法郎罚金。

5月13日，出狱。独自在阿登省大路上流浪。

5月18日，去巴黎。几天后去阿蒂尼，又从那里走到瑞尼维尔。

6月13日（或更早），住进巴黎穷人街区，莫罗街5号圣弗朗索瓦院的南方旅馆。为《当今名人》系列撰稿。

1886年

1月21日，魏尔伦母亲去世。魏尔伦从此生活在贫困和放纵无度之中。

4月或5月，结识年轻画家卡扎尔斯。

7月起，为《文艺颓废者》杂志撰稿。

10月，出版小说《路易丝·勒克莱克》。

10月30日，玛蒂尔德再嫁。

11月，《鳏夫回忆录》出版。

1887年

4月底，开始写《幸福集》。

6月17日，通过瓦尼耶，写信给于斯曼。1884年出版的《逆流》有助于魏尔伦为广大读者所知。

12月，在《颓废》第1期上发表《致颓废派人》。

1888年

3月26日，《爱心集》在瓦尼耶出版社出版。

4月，比利时批评家阿尔贝·吉罗在《年轻的比利时》上发表一篇称道魏尔伦的论文《波德莱尔式诗人》。

8月31日，《受诅咒的诗人》再版，内容大为扩充。

9月15日，已与瓦尼耶签有合同的魏尔伦和阿尔贝·萨维纳签订协议，授权出版《如此故事》和《幸福集》。

1889年

6月，《平行集》在瓦尼耶出版社出版。

8月19日，去温泉浴场埃克斯治疗。

8月底，《智慧集》再版，这次是由瓦尼耶出版。

9月15日，返回巴黎。

10月，将《题字集》交给《写作》主编莱昂.德尚。

1890年

1月8日，皮埃尔·路易和安德烈·纪德去布鲁塞医院看望他。

12月22日，《题字集》出版。

1891年

4月底或5月初，由瓦尼耶出版社出版了《幸福集》。

5月21日，由保罗·福尔主持，在沃德维尔义演，募捐资助魏尔伦和高更。其间演出了魏尔伦的诗剧《我们他们》。

11月，散文《医院杂记》出版。

12月26日，《献给她的歌》在瓦尼耶出版社出版。

12月底，在回答朱尔·于莱的调查中，批判了象征派运动。

1892年

2月，在《独立杂志》上发表关于兰波的一篇文章；他还将写数篇关于他的文章。

4月16日，在天主教杂志《圣杯书库》上发表《内心深处的礼拜》。

11月2—13日，应荷兰书商布洛克之邀去荷兰的海牙、莱登、阿姆斯特丹做巡回讲座，受到盛情接待。

1893年

2月25日，去比利时做巡回演讲。

4月，《内心深处的礼拜》由瓦尼耶再版并扩充。

5月5日，《哀歌》出版。

5月6日，由瓦尼耶出版社出版《献给她的赞美诗》。《比利时十一天》在《费加罗报》的《文学副刊》上发表。

6月3日，散文《狱中杂记》出版。

7月24日，《费加罗报》发布正在住院的魏尔伦要参选法兰西学士院院士的消息。

8月4日，写信给法兰西学士院常务秘书，正式提出申请。

11月6日，应"洛林艺术家"之邀去南锡等地演讲。

11月19日，应英国画家威廉·罗登斯坦和作家亚瑟·西蒙斯邀请赴英，在伦敦、牛津、曼彻斯特演讲。

年底，在巴黎和海牙发表《荷兰十五天》。

1894年

2月底或3月初，《平行集》再版，增加两首诗。

5月，将为世纪末出版社写《忏悔录》，每行10苏。

5月26日，《在炼狱中》出版。

8月，被选为继勒孔特·德·李勒之后的诗人之王。

10月24日，1886年出版的独幕喜剧《奥班夫人》在普罗科普咖啡馆演出，演出前，洛朗·塔亚德做了关于魏尔伦的讲座。

12月15日，《讽刺短诗》开始发行。

12月22日，《题字集》由瓦尼耶再版，增加大量作品。

1895年

5月15日，《忏悔录》印刷完毕，6月在世纪末出版社出版。

10月，为《阿蒂尔·兰波全集》作序。

12月31日，写完最后一首诗《失望》，在1896年2月《写作》第163期发表。

1896年

1月5日，《红色》杂志将魏尔伦几天前作的《死亡！》清样给他校阅。

1月8日晚7时，死于肺充血。据路易·勒多芬说，他最后一句话是"弗朗索瓦……"

1月10日，在巴蒂尼奥尔公墓为魏尔伦举行了隆重的葬礼。

2月，《写作》推出魏尔伦专号，发表他的诗集《肉体》，并刊登了关于诗人的长篇民意调查。

年底，瓦尼耶出版魏尔伦的《谩骂集》。

参考文献

一、在这部分我们首先列出那些直接关于保罗·魏尔伦生平以及那些涉及在其生命中起到重要作用的运动、文学场所的书籍和文章（按出版时间排列）：

1884 —Catulle Mendès, *La Légende du Parnasse contemporain*, Bruxelles, Auguste Brancart (republié en 1971 par Gregg International Publishers Limited, Westmead, Farnborough, Hants, England).

1888 —Charles Morice, *Verlaine, l'homme et l'œuvre*, Paris, Léon Vanier.

1896 (6 décembre)—Charles Morice, "Un portrait de Paul Verlaine", *L'Art moderne,* Bruxelles.

　　 —G. Stiegler, "Paul Verlaine. Derniers moments", *Écho de Paris*, 10 janvier 1896.

　　 —Félix Régamey, *Verlaine dessinateur*, Paris, Floury (republié en 1983 par Slatkine Reprints, Paris-Genève).

1897 —[F. Clerget], *Paul Verlaine et ses contemporains par un témoin impartial*, Paris, Bibliothèque de l'Association (anonyme).

1898 —Charles Donos, *Verlaine intime*, Vanier.

1900 —Philip Zilcken-*Souvenirs*, Paris, Floury.

1907 —*Edmond Lepelletier, Paul Verlaine. Sa Vie, son Œuvre, avec un portrait et un autographe*, Paris, Mercure de France.

1910 —Alphonse Séché et Paul Bertaut, *Paul Verlaine*, Louis Michaud.

1911 —Gustave Le Rouge et F.-A. Cazals, *Les derniers jours de Paul Verlaine*, Paris,

Mercure de France.

1914 (16 février) — Paterne Berrichon, "À propos des *Mémoires* de Mme Verlaine", *Mercure de France.*

1918 —(avril-mai-juin) Georges Izambard, "De l'espagnolisme de Verlaine", *Hispania,* publications de l'Institut d'Études Hispaniques.

1919 —Ernest Delahaye, *Verlaine*, Paris, Messein.

—Ernest Delahaye, *Documents relatifs à Paul Verlaine*, Paris, Maison du Livre.

—(1er novembre), G.J. Aubry, "Paul Verlaine en Hollande", *Mercure de France.*

—A. Lantoine, *Arras et Paul Verlaine*, Paris, F. Barbe (repris dans *Paul Verlaine et quelques-uns*, Paris, Direction du Livre mensuel, 1920).

1920 —Albert Lantoine, *Paul Verlaine et quelques autres*, Paris, Direction du Livre mensuel.

1923 —Lucien Aressy, *La Dernière bohème. Verlaine et son milieu*, Fantaisie-Préface de Rachilde, Paris, Jouve.

—(juin) "Le voyage de Paul Verlaine en Hollande", *Écho de Paris.*

1925 —Marcel Coulon, *Au cœur de Verlaine et de Rimbaud*, "Le Livre".

—Ernest Delahaye, *Souvenirs familiers à propos de Rimbaud, Verlaine et Germain Nouveau*, Paris, Messein.

—Gustave Kahn, *Silhouettes littéraires*, Paris, Éditions Montaigne.

1926 —A. Van Bever, *La Vie douloureuse de Verlaine*, Monaco.

1928 —Léon Le Febve de Vivy, *Les Verlaine*. Illustrations d'Alfred Martin. Préface de Thomas Braun, Bruxelles, Miette.

—Gustave Le Rouge, *Verlainiens et décadents*, Paris, Éditions Seheur.

—André Fontainas, *Mes souvenirs du symbolisme*, Paris, Éditions de la nouvelle critique.

1929 —Marcel Coulon, *Verlaine poète saturnien*, Paris, Grasset.

—Raymond Clauzel, *Sagesse et Paul Verlaine*, Paris, Société Française d'Éditions Littéraires et Techniques, Edgar Malfère.

1930 —Maurice Dullaert, "L'affaire Verlaine", *Nord* (revue républiée en reprint: *Le Disque vert*, t. III : *Le Disque vert* (1925) -*Nord* (1929-1930), Bruxelles, Jacques Antoine, 1971.

1931 —André Fontainas, *Verlaine-Rimbaud: ce qu'on présume de leurs relations, ce qu'on sait*, Paris, Librairie de France.

　　—(mars) J. Monval, "Paul Verlaine et François Coppée", *Le Correspondant.*

1933 —François Porché, *Verlaine tel qu'il fut*, Paris, Flammarion.

1934 —Jules Mouquet, *Rimbaud raconté par Paul Verlaine,* Paris, Mercure de France.

　　—(7 avril) G.J. Audressy, "Verlaine à Manchester", *Le Figaro.*

1935 —Ex-Mme Paul Verlaine, *Mémoires de ma vie*, avec une introduction de François Porché, Paris, Flammarion. Republié, avec une préface de Michaël Pakenham, chez Champ Vallon, collection "Dix-neuvième", en 1992.

　　—Maurice Barrès, *Mes Cahiers* (IX), Paris, Plon.

1936 —Antoine Adam, *Le vrai Verlaine, essai psychanalytique*, Paris, Droz.

　　—Ernest Raynaud, *En Marge de la mêlée symboliste,* Paris, Mercure de France.

1938 —Jean Ajalbert, *Mémoires en vrac. Au temps du symbolisme, 1880-1890*, Paris, Albin Michel.

1939 —Francis Carco, *Verlaine*, Paris, Éditions de la Nouvelle Revue Critique.

1940 —Henri Mondor, *L'Amitié de Verlaine et de Mallarmé*, Paris, Gallimard.

1943 —Henri Mazel, *Aux beaux temps du Symbolisme 1890-1895*, Paris, Mercure de France, Bruxelles, Éditions N.R.B.

　　—Laurent Tailhade, *Quelques fantômes de jadis*, Paris, Messein.

1945 —G. Vanwelkenhuyzen, *Verlaine en Belgique*, Bruxelles, La Renaissance du Livre.

　　—Maurice Kunel, *Verlaine et Rimbaud en Belgique*, Liège, Éditions Solédi.

1947 —Verlaine. *Documents iconographiques*, introduction de François Ruchon, Vésenaz-Genève, Pierre Cailler éditeur.

1949 —Jean-Marie Carré, *Autour de Verlaine et de Rimbaud. Dessins inédits de Paul Verlaine, de Germain Nouveau et d'Ernest Delahaye*, Paris, Cahier de la Bibliothèque Jacques Doucet.

1952 —P. Boucard, "La famille maternelle de Verlaine d'après les Archives du Pas-de-

Calais", *Revue des Sciences Humaines,* n° 66, avril-juin.

—J.H. Bornecque, "Les Dessous des *Mémoires d'un veuf"*, *Revue des Sciences Humaines,* n° 66, avril-juin.

—V.P. Underwood, "Verlaine lycéen", *Revue d'histoire littéraire de la France.*

1953 —Antoine Adam, *Verlaine, l'homme et l'œuvre,* Paris, Hatier-Boivin.

—Jean Richer, *Paul Verlaine,* Paris, Seghers.

—(juillet-septembre) Lhombreaud, Roger A., "Verlaine et ses amis d'Angleterre", *Revue d'histoire littéraire de la France.*

1954 (juillet-septembre) —M.P. Boyé, "Une soirée chez Verlaine pendant le siège de Paris", *Quo vadis.*

1955 —V-P. Underwood, "Le carnet personnel de Verlaine", *Revue des Sciences Humaines.*

1956 —V.-P. Underwood, *Verlaine et l'Angleterre,* Paris, Nizet.

—(1er août) Daniel de Graaf, "Autour du dossier de Bruxelles d'après des documents inédits", Paris, *Mercure de France.*

—Pierre Vallery-Radot, *Un habitué de nos hôpitaux. Verlaine à Broussais,* préface par Fernand Gregh, Paris, Guillemot et de Lamothe édit.

1958 —Marc Seguin, *Ce pauvre bonheur, la dernière passion humaine de Paul Verlaine,* André Silvaire.

—Léon Binet et Pierre Vallery-Radot, *Verlaine à Aix-les-Bains,* préface par Daniel-Rops, Paris, L'Expansion Scientifique Française.

1959 —Henri Mondor, *L'Amitié de Verlaine et de Mallarmé,* Paris, Gallimard, réédition de 1940.

1960 —Françoise d'Eaubonne, *La Vie passionnée de Verlaine,* Paris, Inter.

—Françoise d'Eaubonne, *Verlaine et Rimbaud, ou la fausse évasion,* Paris, Albin Michel.

1961 —G. Mombello, "Il Dossier Verlaine" delle "Archives du département de la Seine et de la Ville de Paris", *Atti della Academia di Torino,* volume 96.

—Henri Matarasso et Pierre Petitfils, "Rimbaud, Verlaine, Germain Nouveau et l'album Zutique", *Mercure de France,* n° 1173.

1965 —Roger Fayolle, "À propos des débuts littéraires de Paul Verlaine : Le journal *L'Art*", Lille, *Revue des Sciences Humaines*, n° 118.

1966 —Jacques-Henry Bornecque, *Verlaine par lui-même*, "Écrivains de toujours", Paris, Seuil.

1967 —Zimmermann (Eleonore-M.), *Magies de Verlaine. Étude de l'évolution politique de Paul Verlaine*, Paris, Corti.

—Louis-Xavier de Ricard, *Petits mémoires d'un Parnassien*, suivi de *Les Parnassiens* de Adolphe Racot, introductions et commentaires de M. Pakenham, Paris, Lettres modernes, Minard.

1972 —J.-S. Chaussivert, "Pour un dossier Viotti", *Studifrancesi*.

1974 —(septembre-octobre)—Jean Réandre, "Verlaine à Montmartre", *Europe*.

1975 —A. Vial, *Verlaine et les siens. Heures retrouvées*, Paris, Nizet.

1981 —Pierre Petitfils, *Verlaine*, Paris, Julliard.

—*Album Verlaine*, iconographie choisie et commentée par Pierre Petitfils, Paris, Gallimard, Bibliothèque de la Pléiade.

1985 —*Paul Verlaine en Ardennes. Croquis, lettres, poèmes*. Études et notes de Pierre Petitfils, Eva Thomé, Paul Humblet et Yannick Hureaux, Lyon, La Manufacture.

1988 —Jean Mourot, *Verlaine*, Presses Universitaires de Nancy, Nancy.

1989 (juin) —Jean-Jacques Lefrère, "Une version peu connue de l' 'affaire de Bruxelles', *Parade sauvage*, Musée-Bibliothèque Rimbaud, Charleville-Mézières, n° 6.

—(juin) —Paul Postal, "À propos du dossier de Bruxelles", *Parade sauvage*, Charleville-Mézières, n° 6.

1991 —Marcel Cordier, "Le logement de Verlaine", *Nord'Revue de création et de critique littéraires du Nord/Pas-de-Calais*.

—Jean-Luc Steinmetz, *Arthur Rimbaud. Une question de présence*, Paris, Tallandier.

1992 —André Guyaux, "Bruxelles, 10 juillet 1873", in *Arthur Rimbaud ou le voyage poétique*, Actes du colloque de Chypre, Paris, Tallandier.

1993 —Henri Troyat, *Verlaine*, Paris, Flammarion.

二、著作（初次在文集中出版或某些作品初版）

1. 诗歌

Poèmes saturniens, Paris, Alphonse Lemerre, 1866.

Les Amies, Sonnets par le licencié Pablo de Herlagnez, Ségovie, 1868. Imprimé
clandestinement à Bruxelles par Poulet-Malassis.

La Bonne Chanson, Paris, Alphonse Lemerre, 1870.

Romances sans paroles, Paris, chez tous les libraires, 1874.

Sagesse, Paris, Société générale de Librairie catholique, 1880.

Jadis et Naguère, Paris, Léon Vanier, 1884.

Amour, Paris, Léon Vanier, 1888.

Parallèlement, Paris, Léon Vanier, 1889.

Femmes, Imprimé sous le manteau et ne se vend nulle part, 1891. Imprimé sans doute par
Kistemaekers, à Bruxelles.

Dédicaces, Paris, Bibliothèque Artistique et Littéraire, 1890.

Choix de poésies, Bibliothèque Charpentier, 1891.

Bonheur, Paris, Léon Vanier, 1891.

Les uns et les autres, Paris, Léon Vanier, 1891.

Chansons pour elle, Paris, Léon Vanier, 1891.

Liturgies intimes, Paris, Bibliothèque du Saint-Graal, n° 1, mars 1892.

Odes en son honneur, Paris, Léon Vanier, 1893.

Élégies, Paris, Léon Vanier, 1893.

Dans les limbes, Paris, Léon Vanier, 1894.

Épigrammes, Paris, Bibliothèque artistique et littéraire, 1894.

Chair, Paris, Bibliothèque artistique et littéraire, 1896.

Invectives, Paris, Léon Vanier, 1896.

Œuvres posthumes, Paris, Léon Vanier, A Messein, succr, 1903.

Hombres, Imprimé sous le manteau et ne se vend nulle part, sans date. Paris, Messein, 1904.

Biblio-sonnets, Paris, Floury, 1913.

2. 散文和通信

Les Poètes Maudits. Tristan Corbière. Arthur Rimbaud, Stéphane Mallarmé, Paris, Léon
Vanier, 1884.

*Les Poètes maudits. Nouvelle édition ornée de six portraits par Luque. Tristan Corbière.
Arthur Rimbaud. Stéphane Mallarmé. Marceline Desbordes-Valmore. Villiers de L'Isle-
Adam. Pauvre Lélian*, Paris, Léon Vanier, 1886.

Les Mémoires d'un veuf, Paris, Léon Vanier, 1886.

Louise Leclercq, Paris, Léon Vanier, 1886.

Les Hommes d'aujourd'hui, Paris, Léon Vanier, sans date.

La Décoration et l'art industriel à l'exposition de 1889.

Mes Hôpitaux, Paris, Léon Vanier, 1891.

Mes Prisons, Paris, Léon Vanier, 1893.

Quinze jours en Hollande. Lettres à un ami, La Haye, Blok, et Paris, Léon Vanier, 1893.

Confessions, Paris, publications "Fin de siècle", 1895.

Correspondance de Paul Verlaine publiée sur les manuscrits originaux avec une préface et
des notes par A. Van Bever, Messein, Paris, 1922 (tome 1), 1923 (tome II), 1929 (tome III),
republié par Slatkine Reprints, Genève-Paris, 1983.

Jules Rais, Les dernières lettres inédites de Paul Verlaine, Extrait de la Revue des Vivants,
Paris, Messein, 1929.

Lettres inédites de Verlaine à Cazals avec une Introduction, des notes et de nombreux
documents inédits, par Georges Zayed, Genève, Droz, 1957, et Paris, Minard, 1962.

Lettres inédites de Verlaine à Charles Morice publiées et annotées par Georges Zayed,
Genève, Droz, et Paris, Minard, 1964.

Paul Verlaine. Lettres inédites à divers correspondants, publiées et annotées par Georges
Zayed, Genève, Droz, 1976.

三、当代主要版本

Paul Verlaine. Sagesse, texte établi et annoté par V.P. Underwood, Londres, Zwemmer, s. d. (1944).

Verlaine. Sagesse, édition critique commentée par Louis Morice, Paris, Nizet, 1948.

Paul Verlaine. Poésies choisies, avec un commentaire par Antoine Fongaro, Rome, Signorelli édit., 1954, et 2ᵉ édit. entièrement revue, 1959.

Œuvres complètes de Paul Verlaine, 2 volumes. Introductions d'Octave Nadal, études et notes de Jacques Borel, texte établi par H. de Bouillane de Lacoste et Jacques Borel, Paris, Club du Meilleur Livre, 1959-1960.

Verlaine. Œuvres poétiques complètes, Bibliothèque de la Pléiade, Paris, Gallimard, 1962. Texte établi et annoté par Yves-Gérard Le Dantec en 1938 ; édition revue, complétée et présentée par Jacques Borel en 1962.

Paul Verlaine. Fêtes galantes, La Bonne Chanson. Romances sans paroles, avec introduction et notes de V.P. Underwood, Éditions de l'Université de Manchester, nouvelle éd. revue et corrigée, 1963.

Verlaine. Sagesse, texte établi et annoté par Louis Morice, Paris, Nizet, nouvelle éd., s.d., 1964.

Verlaine. Œuvres poétiques, Paris, Garnier frères, 1969. Textes établis avec chronologie, introductions, notes, choix de variantes et bibliographie par Jacques Robichez.

Verlaine. Œuvres en prose complètes, Bibliothèque de la Pléiade, Paris, Gallimard, 1972. Texte établi, présenté et annoté par Jacques Borel.

Verlaine. Poèmes saturniens suivi de Fêtes galantes, préface de Léo Ferré, notes et commentaires de Claude Cuénot, Le Livre de Poche, 1972.

Fêtes Galantes, La bonne chanson, Romances sans paroles, Écrits sur Rimbaud, chronologie, préfaces, notes et archives de l'œuvre par Jean Gaudon, Paris, Garnier-Flammarion, 1976.

Poèmes saturniens, Confessions, chronologie, préface, notes et archives de l'œuvre par Jean Gaudon, Paris, Garnier-Flammarion, 1977.

Sagesse, Parallèlement, chronologie, préface, notes et archives de l'œuvre par Jean Gaudon, Paris, Garnier-Flammarion, 1977.

Paul Verlaine. Poésies (1866-1880), texte présenté et commenté par Michel Décaudin, Paris,

魏尔伦传

Imprimerie nationale, 1980.

Femmes Hombres, édition établie par Jean-Paul Corsetti et Jean-Pierre Giusto, Terrain vague, 1990.

Œuvres poétiques complètes, édition présentée et établie par Yves-Alain Favre, Paris, Robert Laffont, Bouquins, 1992.

Cellulairement, édition présentée par Jean-Luc Steinmetz, Le Castor Astral, 1992.

四、文献研究

Toumoux (Georges A.), *Bibliographie verlainienne ; contribution critique à l'étude des littératures étrangères et comparées*, Paris, Crès, 1912.

Montel (Fr.), *Bibliographie de Paul Verlaine*, Paris, Giraud-Badin, 1925.

Van Bever (Adam), Monda (Maurice), *Bibliographie et Iconographie de Paul Verlaine*, Paris, Messein, 1926.

译名对照表

A

Abélès, Lucie　吕斯·阿贝莱斯

Ackermann, Mme　阿克曼夫人

Adam　亚当

Adam, Mme veuve　亚当夫人

Adam, Paul　保罗·亚当

Adam, Robert　罗伯特·亚当

Agar, Mlle　阿加尔小姐

Aicard, Jean　让·埃卡尔

Allévy　阿列维

Allis, Harry　哈里·阿利斯

Amicis, Edmondo de　埃德蒙多·德·亚米契斯

Ancelot, Virginie　弗吉妮·昂斯洛

André, Ellen　埃莱娜·安德烈

Andrews, Mrs　安德鲁太太

Andrews, William　威廉·安德鲁

Andrieu, Jules　朱尔·安德里厄

Angelico, Fra　弗拉·安吉利科

Anger, Erasme　埃拉斯姆·昂热

Anquetin　昂克坦

Arène, Paul　保罗·阿雷纳

Aressy, Lucien　吕西安·阿莱西

Ariel　阿利埃尔

Artois, Armand d'　阿图瓦的阿尔芒

Asselineau, Charles　夏尔·阿斯利诺

Aubigné　欧比涅

Augier, Émile　埃米尔·奥吉埃

Autran, Joseph　约瑟夫·奥特朗

B

Badingue　巴丹格

Baillehache, Stéphane　斯特凡·巴耶阿施

Bailly, Jesson　杰松·巴依

Baju，Anatole　阿纳托尔·巴居

Bally, Émile　埃米尔·巴利

Banville, Théodore de　泰奥多尔·德·邦维尔

Barberini, Mlle　巴尔贝里尼小姐

Barbey d'Aurevilly　巴尔贝·道勒维利

Barbier, Auguste　奥古斯特·巴比埃

Barrère, Camille　卡米耶·巴雷尔

Barrès, Maurice　莫里斯·巴莱斯

Barrière, Théodore　泰奥多尔·巴雷尔

Barthes, Roland　罗兰·巴特

Bataille, Charles　夏尔·巴塔耶

Baud，Maurice　莫里斯·勃德

Baudelaire，Charles　夏尔·波德莱尔

Baudon　包栋

Bayard, J.-E.　J.-E. 巴亚尔

Bazaine　巴赞

Bazille, Frédéric　弗雷德里克·巴齐耶

Beauclair, Henri　亨利·博克莱尔

Bellefond, Théodore　泰奥多尔·贝勒丰

Bellini, Giovanni　乔万尼·贝利尼

Bérénice　贝雷尼丝

Berger, Anne-Emmanuelle　安娜－埃马努埃
莱·贝尔热

Bergerat, Émile　埃米尔·贝尔吉拉

Bernhardt, Sarah　萨拉·伯恩哈特

Berrichon, Paterne　帕泰尔纳·贝里雄

Berteaux, Mme Léon　莱昂·贝尔托夫人

Bertrand, Aloysius　阿卢瓦西乌斯·贝特朗

Bertrand, Victoire　薇克图瓦·贝特朗

Besant, Rev.Frank　弗兰克·波桑特

Beulé, Mme　伯雷夫人

Biard　比阿尔

Bienvenue-Auguste, Delporte　德尔鲍特·比
安韦努－奥古斯特

Billion　比利庸

Binos, Guy de　居伊·德·比诺斯

Bismarck　俾斯麦

Blanc, Louis　路易·布朗

Blanchecotte, Mme　布朗什科特夫人

Blanchet, Thomas　托马斯·布朗歇

Blavet, Alcide　阿尔希德·布拉维

Blémont, Émile　埃米尔·布莱蒙

Blok　布洛克

Bloy, Léon　莱昂·布鲁瓦

Boileau　布瓦洛

Bonaparte　波拿巴

Bonaparte, prince Pierre　皮埃尔·波拿巴
亲王

Bonnier, Charles　夏尔·博尼埃

Bonnières, Robert de　罗贝尔·德·博尼
埃尔

Borel, Jacques　雅克·博雷尔

Borel, Petrus　佩特吕斯·博雷尔

Bornier, Mme de　德·博尔尼耶夫人

Bosch, Jérôme　热罗姆·博斯

Bossuet　博絮埃

Boucher, François　弗朗索瓦·布歇

Boucher, Jean　让·布歇

Bouchor, Maurice　莫里斯·布绍尔

Boudin, Philomène　费洛梅娜·布丹

Bourbons　波旁家族

Bourdaille, Alexandre　亚历山大·布达耶

Bouhelier Saint-Georges de　圣乔治·德·布埃
利耶

Bourdieu, Pierre　皮埃尔·布尔迪厄

Bourget, Paul　保罗·布尔热

Bourotte, Mélanie　梅拉妮·布罗特

Bouteiller, Jehan de　让·德·布代耶

Boutier, Ernest　欧内斯特·布蒂耶

Bouvard　布瓦尔

Bovary, Charles　夏尔·包法利

Bovary, Emma　埃玛·包法利

Boys, Jean du　让·迪布瓦

Bracquemond　布拉克蒙

Braun, Alexandre　亚历山大·布朗

Bressant　布莱桑

Bretagne, Paul-Auguste　保罗－奥古斯特·布
列塔尼

Breton, Jules　朱尔·布勒东

Breughel　勃鲁盖尔

Brown, Sarah　萨拉·布朗

Browne, Louis　路易·布朗

Bruant, Aristide　阿里斯蒂德·布吕昂

Brun, docteur　布兰（医生）

Bruneanx, Nicolas　尼古拉·布鲁诺

Buffet, Eugénie　欧也妮·比费

Buisson, Me　比松先生

Bunyan, John　约翰·班杨

Burger Louis　路易·布尔热

Burty, Mme　比尔蒂夫人

Burty, Philippe　菲利普·比尔蒂

C

Cabaner　卡巴奈

Cabannes　卡邦

Caldéron dela Barca, Pedro　卡尔德隆

Callias, Hector de　埃克托尔·德·卡里
阿斯

Callias, Nina de　尼娜·德·卡里阿斯

Calmée, Mlle　卡尔梅小姐

Caraby　卡拉比

Carco, Francis　弗朗西斯·卡尔科

Carel, Alfred　阿尔弗雷德·卡雷尔

Carjat, Étienne　埃蒂安·卡尔雅

Carré, Jean-Marie　让－马里·卡雷

Carrette　加莱特

Carrière, Eugène　欧仁·卡里耶尔

Carton de Wiart, comte et comtesse Henry　亨

利·卡东·德·维亚特伯爵和夫人

Castagnary　卡斯塔尼阿里

Castilhon, Camille　卡米耶·卡斯蒂隆

Cavalier, Georges　乔治·卡瓦利耶

即 Pipe-en-Bois　木烟袋

Cayet , Palma　帕尔马·卡耶

Cazalis, Henri　亨利·卡扎利斯

Cazals, Frédéric-Auguste　弗雷德里克－奥古
斯特·卡扎尔斯

Cella, Signor　杰拉先生

Cervantès　塞万提斯

César　恺撒

Chabrier, Emmanuel　埃马纽埃尔·夏布里埃

Chacornac　沙科尔纳克

Champfleury　尚弗勒里

Champsaur, Félicien　费利西安·尚索尔

Chanzy, Auguste　奥古斯特·山吉

Chardin　夏尔丹

Charles V, dit Charles le Sage　查理五世（即
贤人查理）

Charles VI, dit Charles le Fou　查理六世（即
疯人查理）

Charles IX　查理九世

Charpentier, Georges　乔治·夏尔邦蒂埃

Chartier, Me　夏蒂埃（先生）

Chasles, Philarète　费拉莱特·夏斯勒

Chanse, abbé　戛纳（神父）

Chateaubriand　夏多布里昂

Châtillon, Auguste de　奥古斯特·德·夏蒂庸

Chauffard, docteur　肖法尔（医生）

Chénier, André　安德烈·谢尼耶

Chépy　谢丕

Chevalier, Michel　米歇尔·谢瓦利埃

Chilly　希利

Choulette　舒莱特

Cicéron　西塞罗

Cinqualbre　辛卡尔布勒

Cladel, Léon　莱昂·克拉代尔

Claretie，Jules　朱尔·克拉勒蒂

Claudel, Paul　保罗·克洛岱尔

Clayeux, Louis　路易·克拉耶

Clément, Jean-Baptiste　让－巴蒂斯特·克莱芒

Clément, Me　克莱芒（律师）

Cléopâtre　克蕾欧帕特拉

Clerget, Fernand　费尔南·克列尔杰

Cochinat, Victor　维克多·科希纳

Cohl, Émile　埃米尔·科尔

Colet, Louise　路易丝·科莱

Colin　柯兰

Coltman, George　乔治·考尔特曼

Condorcet　孔多塞

Constans, Ernest　欧内斯特·贡斯当

Coppée, François　弗朗索瓦·科佩

Coquelin　考格林

Coran, Charles　夏尔·科朗

Corbière, Tristan　特里斯坦·科比埃尔

Cordelois　科尔德卢瓦

Cormiot, Emma　埃玛·科尔米欧

Corneille　高乃依

Cornuty, Albert　阿尔贝·科尔努蒂

Cosnard, Alexandre　亚历山大·科斯纳尔

Coulon, Marcel　马塞尔·古隆

Courteline, Georges　库特林

Cousinard, abbé　库西纳尔（神父）

Crémieux, Adolphe　阿道夫·克雷米约

Cros, Antoine　安托万·克罗

Cros, Charles　夏尔·克罗

Cros, Henri　亨利·克罗

Croze, A. de　A. 德·克洛兹

D

Damiens　达米安

Danaïdes　达那伊得斯姊妹

Damoye　达穆亚

Daphnis　达佛尼斯

Darcet　达尔塞

Darzens, Rodolphe　鲁道夫·达尔藏

Daubray　多布雷

Daudet, Alphonse　阿方斯·都德

Daudet, Mme Alphonse　阿方斯·都德夫人

Dauphin, Marguerite　玛格丽特·多芬

Dauze, Pierre　皮埃尔·道兹

Dave　达福

David　大卫

Decroix, Antoinette　安东奈特·德克鲁瓦

Decroix, Irénée　伊雷内·德克鲁瓦

Decroix, Louis　路易·德克鲁瓦

Decroix, Ponticus　蓬底库斯·德克鲁瓦

Degas　德加

Dehée, Elisa Julie Stéphanie　埃莉萨·朱莉·斯泰法妮·德埃

Dehée, Julien　朱利安·德埃

Dehée, Rose　罗丝·德埃

Dehelly　德海利

Deheselle, Mgr　德埃塞尔（主教）

Delahaye, Ernest　欧内斯特·德拉艾

Delaunay　德洛奈

Delescluze　德雷克吕兹

Deleuze, Gilles　吉尔·德勒兹

Delhalle, Joseph　约瑟夫·德拉尔

Delisle, Léopold　利奥波德·德利勒

Delogne, abbé　德洛涅（神父）

Delogne, Xavier　格扎维埃·德洛涅

Delozanne, abbé　德洛尚

Delthil, C.　C.代尔蒂尔

Deltour　戴尔图

Delvau　德尔沃

Démeny, Paul　保罗·德梅尼

Démosthène　狄摩西尼

Deneuville, Alphonse　阿方斯·德讷维尔

Dentu　当蒂

Desbordes-Valmore, Marceline　马塞利娜·德博尔德−瓦尔莫

Descamps, Eugène　欧仁·德康

Descartes　笛卡尔

Deschamps, Antony　安托尼·德尚

Deschamps, Léon　莱昂·德尚

Desfoux, chapelier　代福（帽商）

Destrées, Jules　朱尔·戴斯特雷

Devilly, Ernest　欧内斯特·德维利

Dewez, Jean-Baptiste　让−巴蒂斯特·德韦兹

Dickens　狄更斯

Didier　迪迪埃

Dierx, Léon　莱昂·迪耶克斯

Diogène　第欧根尼

Dmitrieff, Élisabeth　伊丽莎白·德米特里耶夫

Dogny, abbé　多尼（神父）

Dornac　多尔纳克

Doucet, Camille　卡米耶·杜塞

Doucet, Léon　莱昂·杜塞

Doury　杜里

Drouet, Mme　德鲁埃夫人

Dubois，Théodore　泰奥多尔·迪布瓦

Ducornet　迪柯奈

Dujardin, Augustin　奥古斯丁·迪雅尔丹

Dujardin, Berthe　贝尔特·迪雅尔丹

Dujardin, Édouard　爱德华·迪雅尔丹

Dujardin, Élisa　埃莉萨·迪雅尔丹

Dujardin, Maria　玛丽娅·迪雅尔丹

Dullaert, Maurice　莫里斯·迪拉埃尔

Dumas, Alexandre　大仲马

Dumas fils, Alexandre　小仲马

Dumont　迪蒙

Dumoulin　迪穆兰

Dupanloup　迪庞卢

Dupont, Paul　保罗·杜邦

Duquesnel　迪凯思奈尔

Durand　杜朗

Dürer, Albert　阿尔贝·丢勒

Dusolier, Alcide　阿尔西德·迪佐里耶

Duval　迪瓦尔

Duval, docteur　迪瓦尔医生

E

Elskamp, Max　马克斯·艾尔斯康普

Elzéar, Pierre　皮埃尔·埃尔泽阿

Espinette, Léon　莱昂·艾斯比奈特

Essarts, Alfred de　阿尔弗雷德·德·埃萨尔

Essarts, Emmanuel des　埃马纽埃尔·德·埃萨尔

Esseintes, des　德·艾森特

Estoppey, David　大卫·埃斯托贝

Étiemble, René　勒内·艾田蒲

Évrard　埃弗拉尔

Évrard, Julie　朱莉·埃弗拉尔

F

Fantin-Latour　方坦–拉图尔

Fau, Fernand　费尔南·福

Fauche　福施

Fauré, Gabriel　加布里埃尔·福雷

Favart, Mlle　法瓦尔小姐

Favre, Jules　朱尔·法夫尔

Fawkes, Guy　居伊·福克斯

Fayolle, Roger　罗歇·法约尔

Fénéon, Felix　费利克斯·费内翁

Fenoux　佛努

Ferdinand VII　费迪南七世

Fertiault　费尔蒂奥

Feuillet, Maurice　莫里斯·弗耶

Feuillet, Octave　奥克塔夫·弗耶

Féval, Paul　保罗·费瓦尔

Fiorentino　费欧朗蒂诺

Fitzgerald, F. S.　F. S. 菲茨杰拉德

Flameng, Léopold　利奥波德·弗拉芒

Flaubert　福楼拜

Floquet, Charles　夏尔·弗洛盖

Florian　弗洛里昂

Floupette, Adoré　阿多雷·弗鲁派特

Flourens, Gustave　古斯塔夫·弗路朗斯

Fontainas, André　安德烈·丰泰纳

Forain, Louis　路易·福兰

Forni, Jules　朱尔·弗尔尼

Fort, Paul　保罗·福尔

Foucher, Paul　保罗·富歇

Fourcaud, B.de　B.德·富尔科

Fragonard, Jean-Honoré　弗拉戈纳尔

France, Anatole　阿纳托尔·法朗士

Francès　弗朗塞斯

Fredillo　富勒迪欧

Fréhault, Élie　埃利·弗雷欧

Frémine, Charles　夏尔·弗雷明

G

Gadenne, Paul　保罗·加旦

Gaillard　加亚尔

Gallitzine, prince　戈利岑亲王

Gambetta　甘必大

Gambier, Marie　玛丽·冈比埃

Ganymède　加尼米德

Gaspari　加斯帕里

Gastineau, Benjamin　邦雅曼·加斯蒂诺

Gauguin, Paul　保罗·高更

Gaume　戈姆

Gautier, Judith　朱迪特·戈蒂耶

Gautier, Théophile　泰奥菲尔·戈蒂耶

Gavroche　加夫罗什

Gazul, Clara　克拉拉·加苏尔

George, William　威廉·乔治

Gerschel　热尔谢尔

Gestas　杰斯塔

Gide, André　安德烈·纪德

Gill, André　安德烈·吉尔

Gineste, Raoul　拉乌尔·吉内斯特

Ginouvier, Martin　马丁·吉努维埃

Giorni, sœurs　吉奥尔尼姐妹

Glatigny, Albert　阿尔贝·格拉蒂尼

Goethe　歌德

Goncourt, Edmond de 埃德蒙·德·龚古尔

Goncourt, Jules de 朱尔·德·龚古尔

Gongora y Argote 贡戈拉·伊·阿尔戈特

Gosse, Edmund 埃德蒙·高斯

Gourmont, R.de R.德·古尔蒙

Gouzien, Arnand 阿尔芒·古齐安

Grandet, Léon 莱昂·格朗代

Grandjean, Julie 朱莉·格朗让

Grandjean, Louise 路易丝·格朗让

Grandjean, Nicolas 尼古拉·格朗让

Granmougin, C. C.格朗穆然

Grantham, colonel 戈兰坦（上校）

Grassot 格拉索

Graverolle 格拉弗洛尔

Grenier, Edouard 爱德华·格勒尼埃

Greuze, Jean-Baptiste 格勒兹

Grisi, Carlotta 加尔洛塔·格里齐

Gros 格罗

Guérin, Charles 夏尔·吉兰

Guilbert, Yvette 伊薇特·吉尔贝尔

Guilland, docteur 吉朗（医生）

Guillemin, Henri 亨利·吉耶曼

Guillin, abbé 基林（神父）

Gustave 古斯塔夫（《无词浪漫曲》的绰号）

Guyon, Isabelle 伊莎贝尔·居荣

Guyot-Sionnest 居约－西奥奈斯特

H

Haendel 亨德尔

Halévy 阿雷维

Harpignies 阿尔皮尼

Haydn 海顿

Hegel 黑格尔

Heinemann 海恩曼

Hempstock, Miss 涵布斯托克小姐

Henri 亨利

Henri VIII 亨利八世

Heredia, Jose-Maria de 何塞－马里亚·德·埃雷迪亚

Herlagnez, Pablo de 帕布罗·德·埃尔拉涅兹

Hervé 埃尔韦

Hervilly, Ernest d' 欧内斯特·德尔维利

Herz 埃尔兹

Heyne, Jules 朱尔·海纳

Hiolle, Mlle 伊奥尔小姐

Hogarth 贺加斯

Holbein 霍尔拜恩

Homes 霍姆斯

Hoog, Michel 米歇尔·乌格

Horne, Hubert Percy 赫伯特·坡希·霍恩

Hortensia, Mlle 奥尔唐西娅小姐

Houdin, Robert 罗贝尔·乌丹

Houssaye, Arsène 阿尔塞纳·乌塞

Houssaye, Henri 亨利·乌塞

Hubert, Lucien 吕西安·于贝尔

Hugo, Charles 夏尔·雨果

Hugo, Mme Charles 夏尔·雨果夫人

Hugo, François-Victor 弗朗索瓦－维克多·雨果

Hugo, Georges 乔治·雨果

Hugo, Jeanne 让娜·雨果

Hugo, Victor 维克多·雨果

Humbert, Alphonse 阿方斯·安贝尔

Hureaux, Yanny 雅尼·于罗

Huret, Jules 朱尔·于莱

Huysmans, Joris-Karl 若里斯－卡尔·于斯曼

I

Ibels, Gabriel-Henri　加布里埃尔-亨利·伊
　贝尔

Ingram　尹格拉姆

Istace　伊斯塔斯

Izambard, Georges　乔治·伊藏巴尔

J

Jacquemin, Édouard　爱德华·雅克曼

Jean, roi　让（国王）

Jérôme, prince　热罗姆（亲王）

Jésus　耶稣

Jolibois　若利布瓦

Joliet, Charles　夏尔·约利埃

Jourde, Francis　弗朗西斯·儒尔德

Jullien, docteur　朱利安（医生）

K

Kahn, Gustave　古斯塔夫·卡恩

Kant　康德

Karcher　卡赫尔

Keck, Jean　让·凯克

Kerr-Lawson　凯尔-劳森

Kistemæckers, Henri　亨利·吉斯特迈克

Krantz, Eugenie　欧也妮·柯兰兹

Krauss　克劳斯

Krysinska, Marie　玛丽·克里辛斯卡

L

Labre, Saint Benoît-Joseph　圣伯努阿-约瑟
　夫·拉波尔

Lacan　拉康

Lacaussade, Auguste　奥古斯特·拉科萨德

Lacaze, docteur　拉卡兹（博士）

Lacèdre, abbé　拉塞德尔（神父）

Ladmirault　拉德米罗

Lafenestre, Georges　乔治·拉弗内特

La Fontaine　拉方丹

Laforgue, Jules　朱尔·拉福格

La Grandra, Antonio de　安东尼奥·德·拉
　甘达拉

Lamartine　拉马丁

Lancret, Nicolas　尼古拉·朗克莱

Landeck　朗代克

Landry　朗德里

Lane, John　约翰·雷恩

Langlois, Fernand　费尔南·朗格鲁瓦

Laprade, Victor de　维克多·德·拉普拉德

Lautréamont　洛特雷阿蒙

Lautrec, Gabriel de　加布里埃尔·德·罗特
　雷克

Lebègue　勒贝格

Lecomte, général　勒孔特（将军）

Lebesque, Octave　奥克塔夫·勒拜斯克

Leconte de Lisle　勒孔特·德·李勒

Le Daupnin, Louis　路易·勒多芬

Lefébure, Eugène　欧仁·勒菲布尔

Le Febve de Vivy　勒费布弗·德·维维

Lefèbvre, Léon　莱昂·勒菲弗

Le Fèvre, chanoine　勒费弗尔（教士）

Lefèvre, Mme　勒费弗尔夫人

Lefort, Jules　朱尔·勒福尔

Lefrère Jean-Jacques　让-雅克·勒弗莱尔

Legrand, Noé　诺埃·勒格朗

Lejosne, commandant　勒若纳（少校）

Leleu　勒罗

Lélian 雷连

Lemaître, Jules 朱尔·勒迈特

Lemer, L. L. 勒梅尔

Lemercier, Népomucène 内波穆塞尔·勒梅尔谢

Lemerre, Alphonse 阿方斯·勒梅尔

Lemonier, Léon 莱昂·勒莫尼埃

Lemoyne, André 安德烈·勒穆瓦纳

Lepelletier, Edmond 埃德蒙·勒佩勒捷

Le Petit, Auguste 奥古斯特·勒珀蒂

Lépine 莱皮纳

Leprévost 勒普雷沃斯特

Le Rouge, Gustave 古斯塔夫·勒卢日

Leroy 勒鲁瓦

Leroy-Beaulieu, Anatole 阿纳托尔·勒鲁瓦-博利厄

Létinois, Lucien 吕西安·雷蒂努瓦

Lissagaray 利萨加雷

Lindon, Mathieu 马蒂厄·林东

Littré, Emile 埃米尔·李特雷

Lockoy 洛克卢瓦

Loëvy, Ladislas 拉蒂斯拉斯·罗埃韦

Lombard 隆巴尔

London, Théodore 泰奥多尔·伦敦

Longfellow 朗费罗

Lope de Vega 洛佩·德·维加

Lorrain, Jean 让·洛兰

Loti, Pierre 皮埃尔·洛蒂

Louis XIII 路易十三

Louis XIV 路易十四

Louis XV 路易十五

Louis XVII 路易十七

Louvois, Marquis de 卢瓦侯爵

Louÿs, Pierre 皮埃尔·路易

Loyola 罗耀拉

Luebke, Wilhem 威廉·吕布克

Lugné-Poe 鲁涅·坡

Luque 吕克

Luzarche, Robert 罗贝尔·吕扎尔什

M

Mac-Mahon 麦克马洪

Madeleine, Jacques 雅克·马德莱纳

Maeterlinck, Maurice 莫里斯·梅特林克

Magnier 马尼耶

Maillard, Léon 莱昂·马亚尔

Maistre, Joseph de 约瑟夫·德·迈斯特尔

Mallarmé, Stéphane 斯特凡·马拉美

Malraux, André 安德烈·马尔罗

Manet 马奈

Mannoury, Marquise de 马努里侯爵夫人

Manuel, Eugène 欧仁·马努埃

Marc, Gabriel 加布里埃尔·马克

Marceau 马尔索

Marcel, Étienne 埃蒂安·马塞尔

Marmontel 马蒙泰尔

Marras, Jean 让·马拉斯

Marrot, Paul 保罗·马洛

Martel 马尔泰尔

Martin, Alexis 亚历克西·马丁

Martin, Auguste 奥古斯特·马丁

Martin, Henri 亨利·马丁

Martino, Pierre 皮埃尔·马蒂诺

Marty, Mlle 马尔蒂小姐

Massary 马萨利

Mathilde, princesse 玛蒂尔德公主

Matuszewicz 马图泽维奇

Maupassant 莫泊桑

Maurras, Charles 夏尔·莫拉斯

Maury, abbé 莫里（神父）

Mauss, Octave 奥克塔夫·莫斯

Mauté, Mathilde 玛蒂尔德·莫泰

Mazarin, cardinal de 马萨林（主教）

Maxwell, docteur 马克斯韦尔（医生）

Meilhac 梅拉克

Meillet, Léo 莱奥·梅耶

Ménard, Louis 路易·梅纳尔

Mendès, Catulle 卡蒂勒·孟戴斯

Méoni 梅奥尼

Mérat, Albert 阿尔贝·梅拉

Mercier, Henri 亨利·梅西埃

Mérimée 梅里美

Méry 梅里

Meurice, Paul 保罗·默里斯

Michel, Auguste 奥古斯特·米歇尔

Michel, Louise 路易丝·米歇尔

Michelet 米什莱

Miette, abbé 米耶特（神父）

Millet, Georges 乔治·米耶

Millien, Achille 阿希尔·米利安

Millot, Ernest 欧内斯特·米约

Miot-Frochot, Paul-Louis 保罗－路易·米
欧－弗罗肖

Miret 米莱

Mohr, Karl 卡尔·莫尔

Moineau, Georges (Courteline) 乔治·穆瓦
诺（即库特林）

Moncomble, Augustin 奥古斯丁·蒙孔布勒

Moncomble, Élisa 埃莉萨·蒙孔布勒

Monda, Maurice 莫里斯·蒙达

Monet 莫奈

Monluc 蒙吕克

Monnier, Marcel 马塞尔·莫尼埃

Monsarrat 蒙萨拉

Montaubry 蒙托布里

Montégut, Émile 埃米尔·蒙泰居

Montépin, Xavier de 格扎维埃·德·蒙特潘

Montesquieu 孟德斯鸠

Montesquiou, Robert de 罗贝尔·德·孟德
斯鸠

Monticelli 蒙提切利

Montigny 蒙蒂尼

Montorgueil, Georges 乔治·蒙奥戈伊

Monval, Jean 让·蒙瓦尔

Moréas, Jean 让·莫雷亚斯

Moreaux, Marie-Louise-Delphine 玛丽－路
易丝－德尔菲娜·莫洛

Moréno, Mlle 莫雷诺小姐

Morice, Charles 夏尔·莫里斯

Mounet-Sully 穆内－苏利

Mourot, Auguste 奥古斯特·穆罗

Mozart 莫扎特

Murdoch, William 威廉·莫道赫

Murger, Henri 亨利·米尔热

Musset, Alfred de 阿尔弗雷德·德·缪塞

Musset, Paul de 保罗·德·缪塞

Myrten 米尔泰恩

N

Nadal, Octave 奥克塔夫·纳达尔

Nadar 纳达尔

Napoléon 拿破仑

Nathaniel　娜塔尼埃尔

Nattier　纳蒂埃

Nélaton, docteur　聂拉同（医生）

Nélis, Me　内利斯先生

Néron　尼禄

Nertann　奈尔当

Nerval　奈瓦尔

Nicole　尼科尔

Nicolle, Henri　亨利·尼科尔

Niederhausern-Rodo, Auguste de　奥古斯
特·德·尼德豪森-罗多

Niedermeyer, Louis　路易·尼德梅耶

Noir, Victor　维克多·努瓦尔

Nordan, Max　马克斯·诺尔道

Norgelet, Francis　弗朗西斯·诺尔吉莱

Noronsoff　诺隆索夫

Nothomb　诺东

Nouveau, Germain　热尔曼·努沃

Novigon, Maurice　莫里斯·诺维贡

O

Offenbach　奥芬巴赫

Ossian　奥西恩

Otéro　奥泰萝

Oudet　乌代

Ovide　奥维德

P

Pablo　帕布罗

Pakenham, Michaël　米夏埃尔·帕克南

Palmé　帕尔梅

Papadiamantopoulus　帕帕代雅曼德普洛斯

Papillon, Fernand　费尔南·帕皮永

Parade　帕拉德

Parent　帕朗

Pascal　帕斯卡尔

Pauthier, Guillaume　吉约姆·波蒂埃

Péaron　佩阿隆

Pécrus　佩克吕斯

Pécuchet　佩居谢

Péladan, Sâr Joséphin　萨尔·若赛分·佩
拉丹

Pelletan, Camille　卡米耶·佩尔唐

Pellorier　佩罗里耶

Penquer, Augusta　奥古斯塔·庞科

Pénoutet　珀努泰

Penquer, Augusta　奥古斯塔·庞科

Pérard, Me　佩拉尔（律师）

Percepied　佩尔斯皮尔

Pérot, bourgmestre　佩罗（市长）

Perrot, Hector　埃克托尔·佩罗

Perrens　佩朗斯

Petitfils, Pierre　皮埃尔·珀蒂菲斯

Pétrone　佩特罗尼乌斯

Peyrouton, Abel　阿贝尔·佩鲁东

Picard, Edmond　埃德蒙·皮卡尔

Pichat, Laurent　洛朗·皮沙

Piédagnel, Alexandre　亚历山大·皮埃达尼
埃拉

Pierquin, Louis　路易·皮埃坎

Pierret, abbé　皮埃莱（神父）

Pigeon, Amédée　阿梅代·皮荣

Pincemaille　潘斯马耶

Piogey, docteur　皮欧热（博士）

Piron　皮隆

Platon　柏拉图

Plessis, Frédéric　弗雷德里克·普莱西

Plessys, Maurice du　莫里斯·杜·普莱西

Poe, Edgar Allan　埃德加·爱伦·坡

Poictevin, Francis　弗朗西斯·普瓦特万

Pommier, Amédée　阿梅代·波米埃

Pompée　庞培

Ponchon, Raoul　拉乌尔·蓬雄

Ponsard　彭萨尔

Poot, Jacques　雅克·普特

Polydore　波利道尔

Popelin, Claudius　克罗迪乌斯·波普兰

Poppenberg　波本伯格

Porché, François　弗朗索瓦·波尔谢

Potter, Paul　保罗·波特

Powell, York　约克·鲍威尔

Poulet-Malassis　普莱－马拉西

Pradelle, Gustave　古斯塔夫·普拉代勒

Prévert　普雷维尔

Priston　普里斯通

Privas, Xavier　格扎维埃·普里瓦斯

Proudhon　蒲鲁东

Proust, Marcel　马塞尔·普鲁斯特

Prouzet, Albert　阿尔贝·普鲁泽

Prudhomme, Joseph　约瑟夫·普吕多姆

Prudhomme, Sully　苏利·普吕多姆

Q

Quinet　基奈

R

Racine　拉辛

Rachilde　拉希尔德

Racot, Adolph　阿道夫·拉科

Raffaëlli, Jean-François　让－弗朗索瓦·拉法埃利

Rail, Georges　乔治·拉尔

Rais, Jules　朱尔·雷

Ranc, Arthur　阿蒂尔·朗克

Raphaël　拉斐尔

Rasetti, Ernest　欧内斯特·拉塞蒂

Ratisbonne L.　L. 拉蒂斯博纳

Raynaud, Ernest　欧内斯特·雷诺

Réaume　雷奥姆

Régamey, Félix　费利克斯·雷加梅

Remacle, Adrien　阿德里安·勒马克尔

Rembrandt　伦勃朗

Remington, Frederic　弗雷德里克·雷明顿

Renan　勒南

Renard, Jules　朱尔·勒纳尔

Renaud, Armand　阿尔芒·雷诺

Renoir　雷诺阿

Rétif de La Bretonne　雷蒂夫·德·拉布勒托纳

Retté, Adolphe　阿道夫·雷特

Rey, Henri　亨利·雷依

Reynolds　雷诺兹

Ricard, Louis-Xavier de　路易－格扎维埃·德·里卡尔

Richard, Émile　埃米尔·里夏尔

Richard, Jean-Pierre　让－皮埃尔·里夏尔

Richard, Joseph　约瑟夫·里夏尔

Richardot, N.　N. 里夏尔多

Richepin, Jean　让·里什潘

Rictus, Jehan　让·里克图斯

Rigault, Raoul　拉乌尔·里戈

Rimbaud, Arthur　阿蒂尔·兰波

Ringal, Gustave　古斯塔夫·兰加尔

Robert, père　罗贝尔（神父）

Roberson　罗伯逊

Roberspierre　罗伯斯庇尔

Robinot-Bertrand　罗比诺-贝特朗

Rochefort, Henri　亨利·罗什福尔

Rochegrosse, Georges　乔治·罗什格罗斯

Rodenbach　罗登巴赫

Rodolphe　鲁道夫

Rolland, M. E.　M. E. 罗兰

Rollinat, Maurice　莫里斯·罗利纳

Rosa, Max　马可斯·罗萨

Rosalinde　罗莎林德

Rosman, Jef　热夫·罗斯曼

Rothenstein, William　威廉·罗登斯坦

Roujon, Henri　亨利·卢荣

Rousseau, Jean-Jacques　让-雅克·卢梭

Roussel, André　安德烈·胡塞尔

Rousset, Camille　卡米耶·鲁塞

Royer, Eugène　欧仁·鲁瓦耶

Rubinstein　鲁宾斯坦

Ruysdaël　鲁伊斯达尔

S

Sabela, père　萨贝拉（神父）

Sabot, Me　萨博（先生）

Raissac, P. Saint-Cyr de　P. 圣西尔·德·莱
　萨克

Sainte-Beuve　圣伯夫

Saint George, M.de　德·圣乔治

Saisset, Émile　埃米尔·赛塞

Salard, abbé　萨拉尔（神父）

Salis, Rodolphe　鲁道夫·萨利斯

Salles, Louis　路易·萨勒

Sand, George　乔治·桑

Sarcey, Francisque　弗朗西斯科·萨尔塞

Satre, Jean-Paul　让-保罗·萨特

Saverny　萨韦尼

Savonarole　萨沃那洛拉

Savouret　萨弗莱

Scarron　斯卡龙

Schaunard　肖纳尔

Schoenhentz, abbé　舒恩汉兹（神父）

Schopenhauer　叔本华

Schwob, Marcel　马塞尔·施沃布

Scratton　斯科拉顿

Scribe, Eugène　欧仁·斯克里布

Sédillot, Louis　路易·塞迪约

Segoffin　塞高芬

Segond-Weber, Mme.塞贡-韦伯夫人

Seligmann　塞利格曼

Selles, Charles　夏尔·塞勒

Semal, Charles　夏尔·塞马尔

Sénéchal, Gaston　加斯东·塞内沙尔

Sénèque　塞涅卡

Séruzier　塞鲁吉耶

Shakespeare　莎士比亚

Siéfert, Louisa　路易莎·西耶费尔

Silvestre, Armand　阿尔芒·西尔维斯特

Silvy, Alexandre　亚历山大·西尔维

Simon, Jules　朱尔·西蒙

Simond, Valentin　瓦朗坦·西蒙

Sivry, Charles de　夏尔·德·西夫里

Sivry, Emma de　埃玛·德·西夫里

Sivry, Marguerite de　玛格丽特·德·西夫里

Sollers, Philippe　菲利普·索莱尔斯

Sophocle　索福克勒斯

Sorel, Albert　阿尔贝·索莱尔

Souden　苏顿

Soulary, Joséphin　约瑟凡·苏拉里

Soury, Jules　朱尔·苏里

Spiers　斯皮埃尔

Steinmetz, Jean-Luc　让-吕克·斯坦梅茨

Stendhal　司汤达

Stephenson, Edward　爱德华·斯蒂芬森

Stiegler, Georges　乔治·斯蒂埃格勒

Symons, Arthur　亚瑟·西蒙斯

Swinburn　斯温伯恩

T

Thailhade, Laurent　洛朗·塔亚德

Tailhède, Raymond de la　雷蒙·德·拉塔
耶德

Taine　泰纳

Talmeyr, Maurice　莫里斯·塔尔梅尔

Tantale　坦塔罗斯

Tapora, Marius　马里尤斯·塔博拉

Tarride　塔里德

Taupin　托潘

Teisen, Caroline　卡洛琳娜·泰森

Telliers, Jules　朱尔·泰利耶

Tennyson　丁尼生

Terburg　特尔博赫

Tesson, Francis　弗朗西斯·泰松

Théry, José　若泽·泰利

Theuriet, André　安德烈·特里埃

Thiébaud, Georges　乔治·蒂耶博

Thiers　梯也尔

Tite-Live　李维乌斯

Titien　提香

Toinon, L.　L. 图瓦农

Tonny-Révillon　托尼-雷维庸

Toorop, Jean　让·图罗普

Touchet, Marie　玛丽·图谢

Trézenik, Léo　雷欧·特雷兹尼克

Trimouillat, Pierre　皮埃尔·特利姆亚

Troyat, Henri　亨利·特罗亚

T'Serstevens, Théodore　泰奥多尔·采尔斯
蒂文斯

Turbert, Eugène　欧仁·杜尔贝尔

Turner　透纳

U

Underwood, V. P.　V. P. 安德伍德

V

Vacquerie, Auguste　奥古斯特·瓦克里

Vajarmet, Luc　吕克·瓦加尔梅

Valabrègue, Antonin　安托南·瓦拉布莱格

Valade, Léon　莱昂·瓦拉德

Valadon　瓦拉东

Valatour　瓦拉图

Valéry, Paul　保罗·瓦莱里

Vallès, Jules　朱尔·瓦莱斯

Vallette, Alfred　阿尔弗雷德·瓦莱特

Vallin, Robert　罗贝尔·瓦兰

Vallotton, Félix　菲利克斯·瓦劳东

Van de Velde, Henry　亨利·冯·德·威尔德

Van Dyck　凡·戴克

Vanier, Léon　莱昂·瓦尼耶

Vaugelas　伏日拉

Vaulabelle　沃拉贝勒

Verlaine, Anne-Louise　安娜-路易丝·魏尔伦

Verlaine, Georges　乔治·魏尔伦

Verlaine, Henri Joseph　亨利·约瑟夫·魏尔伦

Verlaine, Nicolas-Auguste　尼古拉-奥古斯特·魏尔伦

Vermeer　弗美尔

Vermersch, Eugène　欧仁·维尔麦希

Verola, Paul　保罗·维洛拉

Vésinier　维齐尼耶

Verwey, Albert　阿尔伯特·沃尔威

Veuillot　弗约

Veth, Jean　让·威特

Veyret, Henri　亨利·维莱

Vibert, James　詹姆斯·维贝尔

Vicaire, Gabriel　加布里埃尔·维凯尔

Vielé-Griffin, Francis　弗朗西斯·维埃雷-格里凡

Vigny, Alfred de　阿尔弗雷德·德·维尼

Villard, Marie-Anne Gaillard de　玛丽-安娜·加亚尔·德·维拉尔

Villard, Nina de　尼娜·德·维拉尔

Villemin　维尔曼

Villiers de l'isle-Adam, Auguste　奥古斯特·维利耶·德·利尔-亚当

Villon, François　弗朗索瓦·维庸

Viotti, Lucien　吕西安·维奥蒂

Vleminckx　弗莱明克斯

Voltaire　伏尔泰

W

Wagner　瓦格纳

Wague, Georges　乔治·瓦格

Watteau　华托

Weber, Jean-Paul　让-保罗·韦贝尔

West, Tom　汤姆·威斯特

Winter, Henry　亨利·温特

Witsen　威芩

Wolff, Albert　阿尔贝·沃尔夫

X

Xanthippe　赞西佩

Y

Yriarte, Charles　夏尔·伊里亚尔特

Yturri, Gabriel de　加布里埃尔·德·伊图利

Z

Zanetto　查奈托

Zayed, Georges　乔治·扎耶德

Zilcken, Philip　菲利普·希尔根

Zola, Émile　埃米尔·左拉

Zorn, Andres　安德斯·佐恩

译后记

当初译这部《魏尔伦传》时，依照当时"法国诗人"传记丛书的出版人要求，我写了一篇前言，介绍诗人生平与诗歌创作历程。时隔近二十载。译本经过修订即将再度出版，当年的介绍虽已勾勒出魏尔伦其人其诗的概貌，但就其诗艺的突出特点，如音乐性、游戏性等，我仍想更具体地再说几句，并对这部传记的倾向与内容略作补充说明。

众所周知，魏尔伦的诗以其音乐性见长。诗集的名字如《美好的歌》《献给她的歌》，尤其是借自门德尔松的《无词浪漫曲》都似乎直接地呈现诗与音乐的亲缘关系。但又岂止是诗集名?《被遗忘的小咏叹调》《弱奏》《曼陀铃》《秋之歌》以及散布于诗句中的"船歌""小调"……这些音乐语汇都在为他的诗定着调子。然而，抒情诗与音乐的亲缘关系在中西历史上都不是什么稀奇事。法语中抒情诗（poésie lyrique）中的 lyrique（抒情的）一词便源自里拉琴（lyre），即希腊神话中缪斯的领队——音乐之神阿波罗的标志，也是为感动冥界的俄耳甫斯歌唱伴奏的乐器。古希腊的诗人（l'aède）同时或者首先是音乐家。《伊利亚特》与《奥德赛》传说中就是由这样的诗人弹着里拉琴或其变种基萨拉琴（cithare）唱出来的。中世纪的行吟诗人，法国南方的 troubadour 和北方的 trouvère 也都沿袭弹唱的传统，歌咏典雅爱情或讲述英雄的故事。19世纪的浪漫派诗歌中也不乏音乐参照，如戈蒂耶的《白色大调浪漫曲》或《威尼斯狂欢节变奏曲》……不过，诗歌的音乐性在象征主义之前主要体现在其整齐的节奏与韵律上。每行诗句固定的音节数，规则的停顿加上押韵，使诗文朗朗上口。然而到了象征派时期，诗与音乐的关系发生了深刻的转变。马拉美赋予这两门艺术以形而上的意义，称诗与音乐是同一现象的两个方面，这一现象，

537

他称之为理念（idée），诗与音乐都通过影射、暗示的方式表现理念。作为法语诗歌金科玉律的押韵与句中顿挫的规则反而成了陈旧无益的束缚。兰波对于诗的音乐性并未留下成文的论述，但如瓦莱里所言，兰波的目标是用诗歌改造世界，他的矛头首先指向"亚历山大体"，即十二音节诗。这位梦想成为通灵者的少年天才最后走向的是格律自由的散文诗。

　　魏尔伦从未放弃格律诗，也未对诗歌做形而上的思考，但这并不意味他的诗歌观念与实践没有超越传统。在他始创于1874年、发表于1882年的那首著名的《诗艺》中，他首先提出音乐先于一切，而"为此要偏爱奇数"。奇数指的正是诗的音节。传统的法国诗歌均为偶数音节，赋予诗句以平衡性和稳定性，尤以亚历山大体为最，有什么比6＋6组合更为对称平衡的呢？魏尔伦要打破的正是这种平衡，因为他所追求的音乐性是流动、轻盈如空气一般的，没有任何沉重、黏稠、滞着之感。鉴于对这种音乐性的追求，他作品中最具独创性的诗篇是奇数音节的，这首《诗艺》便是九音节诗，又如《无词浪漫曲》中的很多篇章和长诗《爱之罪》。即便不是奇数音节诗，也要在诗句中间的停顿上做文章。《月光》是典型的一例。虽为十音节诗，句中停顿却并非一律遵循习惯做法即在第四个音节或者偶尔在第六个音节后停顿，而是有时令人在两种停顿之间犹疑不决，甚至第一节开篇便出人意料，以2+8始（停顿在第二个词后），以2+8终（停顿在第一个词后）。诗句顿挫的变化会引起节奏的变化，产生流动与不稳定感。而魏尔伦在诗歌格律上的游戏并不仅止于此，在跨行诗句上，他也打破常规。《月光》首节第三行到第四行出现的跨行就很特别。首节四行诗是交叉韵（abab），第三行末尾的quasi（几乎）与首句末尾的choisi（选定的）押［i］韵，但从语义上看，quasi作为副词不具有独立性，语义很弱，只有与下一句开头的句首词tristes（悲伤的）结合，语义方完整连贯。将一个语义很弱的词置于诗句末尾韵脚的位置，无异于走钢丝的人单脚而立，随时可能失去平衡。而这种情形在《戏装游乐图》的《散步》一诗中更加频繁地出现。在让韵脚落在语义弱的词语之上的同时，魏尔伦还选取贫韵（rime pauvre)，即所押之韵只有一个共同的元音。他在《诗艺》中即对韵表现出明确的轻蔑，韵只是"聋儿"与粗人锻造出的"不值钱的首饰"，只会"在锉刀下发出空洞的声响"。贫韵且语义很弱的韵脚词

（如介词、副词或系动词"是"①），这样的用韵将不平衡感推向极致。对句尾韵脚尤其是富韵的贬斥是与对句中的谐音叠韵等的偏重相伴的。韵脚音素不断在诗节内部回响、应和，如乐曲的动机再现、变化，词语仿佛就是音符，而诗的节奏也不再单一、规整，而在流动、变幻，让习惯传统诗律的耳朵有些无所适从。这些特点，其实在《感伤集》的《感伤的漫步》《秋之歌》《夜莺》等诗中已经显现出来，只是在《戏装游乐图》中走得更远，也更具游戏性。

诗歌格律方面的种种游戏只是产生魏尔伦意义上的音乐性的一个方面。倘若借用语言学术语来表达，音响、节奏、韵律属于能指层面，而如音乐般飘忽不定不仅表现在能指层面，也表现在所指层面。在《诗艺》中提出音乐的优先性之后，魏尔伦继续揭示他的诗歌奥义：选词不可没有一点点"误用"，因为最可贵的是"灰色的歌"。诚然，灰色的歌是典型的魏尔伦式的秋歌，但也是非黑非白、一种混合的中间色调的音乐，是不精确的精确。因此，那是"面纱后的明眸"，是"正午颤抖的晴日"，是"在温和的秋天里，碧空杂陈的皎皎星群"。这一系列自相矛盾、自我否定的词语组合或者说矛盾修饰法，可算是词语误用的一种形式，唱出的正是一种半明半暗的灰色的歌。此处音乐中融入了视觉成分，这一连串矛盾意象也营造出印象派绘画一样的效果。但仿佛这还不能尽意，诗人继续搬来绘画语言，要"色调"（nuance），而不是颜色，即从一种颜色向另一种颜色的过渡，唯此方能让"梦与梦、笛与管联姻"。至此，诗人已将其美学追求以他特有的方式暗示出来：飘忽不定，变动不居，难以捕捉，始终没有离开某种音乐性。就词语误用而言，这一诗节给出另一种表现形式，避开词语的习惯用法，故意让词义打滑：梦与梦要"联姻"；就像在下文，晨风是"皱紧的"；以及在别处，喷泉是"修长的"（《月光》）。这样将通常用于写人的词语用于写物，使平常的语言不再平常，而产生一种外语般的陌生和奇异感，可以说是马拉美所倡导的与通用语言不同的个人诗歌语言的一种表现。此二人诗歌风格、身份性情、生活方式迥异却能彼此理解与欣赏也就不足为奇了。在他们之后，普鲁斯特对美的散文体语言表达了同样的观念：最美的书是用"一种

---

① 《散步》中这种用韵与跨行游戏堪称极致，est与sait的贫韵，又都是单音节词，且est（是）无辅音引导，加之作为语义很弱的系词，而且处于一个诗节的末尾，下一行的跨行也是跨节了。

外语写成的"。魏尔伦说选词不能没有误用；普鲁斯特则说，作家各自赋予每个词他们自己的意义或形象，这意义或形象往往是一种"曲解"（contresens），而在美的书里，作家的所有"曲解"都是美的。魏尔伦诗中的"误用"，普鲁斯特作品中的"曲解"，如和弦中间加入的和弦外音——不协和音——可以增添乐曲的色彩一样，为他们的文字增添着色彩。

当然，词义的打滑不仅产生奇异的语言美，也是一种暗示。用写人的词语状物，一如矛盾修饰法，暗示的也许正是人变幻不定、难以名状的心境，就像那"斑衣的俳优"，虽然抱琴歌舞，唱着"爱的凯旋和生的吉祥"，却仿佛自己也不相信会有这样的幸福，因为那歌不是用高亢明朗的大调而是用低回阴郁的小调唱出的。此处意大利喜剧中戴面具的丑角形象成为诗人内心复杂矛盾处境的最佳象征。这样的心境是轻轻唱出的，"神秘的船歌""无词浪漫曲"最受诗人青睐。这是一种弱奏的艺术，魏尔伦告别浪漫派的雄辩与喷涌的激情。主张艺术生于节制的纪德便曾说过：浪漫派的情感止步于词语。他们的情感是言语的，唯一的回响就是讲话者声音的回响。魏尔伦则相反，是"轻轻地"，细语、呢喃，低声吟唱，需要侧耳倾听。这是一种曲言法，是影射、暗示的艺术，绝不是表现力的缺乏，而是克制的雄辩。"无词浪漫曲"，没有歌词，无须"话语"的饶舌与喧嚣。因为话语、声音的表象是所有表象中最虚妄的表象，比阿勒甘的斑斓彩衣更无益处。"让我们的爱沉浸/在这深深的沉寂中"；"当幽黑的橡树/之夜庄严降临，/夜莺将歌唱，/那是我们的绝望之音"。在《弱奏》里，魏尔伦已经如此将爱、沉寂与音乐联系在一起。到了《被遗忘的小咏叹调》，这沉寂之音更接近音乐的本质。在这里，静谧之夜不仅让人听到人在沉醉之后轻轻地惆怅叹息，也让人依稀看到遥远的"往昔细微的轮廓"。"透过音乐的微光"预见到"未来的晨曦"，不仅让人听到主观上的心灵音乐，也揭开了宇宙存在的隐秘之声：微风拥抱下的树林的颤动，青草的生长，蜻蜓水流下石子的微微滚动……这是音乐之境，如法国哲学家兼音乐学家扬基列维奇在对难以形容的音乐与静寂的哲思中所言：音乐是话语的沉寂。沉寂并非不存在，它是另一种充盈，它发展出异常灵敏的听觉，揭开日常生活平庸繁忙的充盈之下一种密度更高的充盈。它让我们听到的这另一种声音即是音乐，既无话语也无特别意义的"浪漫曲"——音乐，其中虽没有什么要人理解，也不能从中得出任何结论，却向我们谈着我们的命运。

如果说《无词浪漫曲》是魏尔伦从音乐家那里汲取的灵感，他的诗也启发了最具法国色彩的音乐家，尤其是加布里埃尔·福雷和德彪西，他们都是弱音艺术的大师。他们不仅为魏尔伦的诗作谱曲，其音乐所创造的意境与魏尔伦所追求的诗境也相应和。魏尔伦的诗歌与华托的绘画所创造的模糊朦胧之境被扬基列维奇称为"斑衣俳优的"（或"贝加摩的"，bergamasque）魅力，也是福雷特有的魅力。福雷既敏捷又悠然的小快板、德彪西加快的小行板、福雷加弱音的强奏、德彪西响亮的渐弱，产生的都是既模糊又清晰、既响亮又柔和的音乐效果，但也分别如抑制的冲动、克制的雄辩和透过薄雾的阳光、揭开一半的神秘，那神秘既澄澈又隐晦，似肤浅又深不可测。

魏尔伦不仅能写出细腻精妙的诗篇，也有鉴赏家的敏感。人们对同代人的评价往往经不起时间的考验，圣伯夫对同代作家的褒贬可为例证。与魏尔伦同时步入文坛的弗朗索瓦·科佩迅速走红，得到官方认可，可谓成功人士，然而今天有几人还读他的作品？除去一些专家学者，知其名的人恐怕都甚寥寥。魏尔伦却有着诗人灵敏的耳朵。他在二十出头的年纪便对波德莱尔诗歌的现代性做出精当的评论。而"受诅咒的诗人"这一创造性称谓也源自于他。这是他著名的评论集的标题。作为诗歌评论，也许这些文章缺少深入的分析，但"受诅咒的诗人"有点"被拒者沙龙展"的意味。魏尔伦看到了他那个时代不受赏识、鲜为人知的诗人——如马拉美、兰波、戈比亚尔（后来又加上玛斯琳娜·德波尔德－瓦尔莫等人）——的诗歌之价值与独创性。他认为他们是"绝对的诗人"，因其想象也在于其表达。时间确证了魏尔伦的判断。

他也将自己归入"受诅咒的诗人"之列。自画肖像确实有点自造神话之嫌，但他将构成自己姓名的字母重新组合，自嘲地以"可怜的雷连"自称，倒值得再谈几句，因为魏尔伦颇好在诗歌中玩各种文字游戏。戏仿（无论是对科佩的戏仿还是对兰波的戏仿，抑或是对其他人）、双关（利用同音异义或同形异义词造成多义性，如寄给某夫人的是一朵蝴蝶花，却也是一片思念或关切；院中盛开的是金盏花，却可能更是焦虑烦忧），使其诗歌经常带有游戏性与讽刺性。不过他的讽刺绝非讽刺诗那种尖刻辛辣的讽刺，因为"残酷的讥诮"和"不纯的大笑"在他眼里是低级烹任使用的调料，要远远地避开。他的讽刺多是微妙的，是调侃，戏谑，不乏自嘲。而不论是格律游戏还是文字游戏，都与诗歌主题的游戏性相吻合。只是不要忘了，游戏中往往渗入悲伤成分，或最终转为一种悲伤。就像《戏装游乐图》中那些可能是华托同名题材的画作中的游乐者或喜剧角色，也可能是19世纪模仿喜剧人物的化装舞会的魏尔伦的同代人，最终都将不可避免地化为荒凉冷落的古园中的幽灵。

可怜的雷连确实命途多舛，然而究竟是土星的不祥影响注定他一生的不幸，还是如马拉美有些溢美但感人且颇显其文风的悼词所言，是他为了挑战世俗而接受命运并将之推向极致，又怎能说得清？对其后期生活潦倒与诗才丧失的叹惋之余，阅读他谱写的那些音乐般的诗篇，是普通读者接近诗人的最好方式，因为是这些诗篇使其生命超越凡俗、卑贱和虚无。

法国学者阿兰·比于齐纳这部传记如很多研究专著一样有一个副标题——"一个身体的历史"。传记作者要向我们讲述的是诗人不断自杀式地让自己的身体面临的危险及其为此付出的代价。他试图改变过去魏尔伦批评研究的常见做法，即将其诗歌灵感和美的精髓与其生活的放纵和粗俗分离。如果说任何存在都逃不脱肉体的不断解体和令人眩晕的坠落的必然性，作者认为身体对于魏尔伦并不是一个要克服、超越的障碍，而恰是其诗歌写作唯一可能的尺度，实验的工具，是不可替代的实验场。因此在这部身体的历史中，作者认为可以思考这样的问题：诗人身体的遭难与其起初空灵、后来却重新填满肉身的沉重的诗学之间，是如何紧密相连的。他提出一种观点：酗酒在诗人后期生活中所起的作用，如其早期缺席、消逝与丧失的诗艺的作用一样，即一种虚无化效应。用通俗的讲法，或可说是让诗人获得瞬间的精神飞升，暂时逃离现实，融入幻梦中。因此，酗酒与诗艺在作者看来，都是一种主动的选择。只是纵酒豪饮并不能给他带来"诗百篇"，尤其不是其最有价值的诗篇的灵感之源，而是种种无行、暴力、不幸、潦倒的根由。由此我们便也能约略理解作者在行文中为何有时显得不留情面，含讥带讽。

当然，魏尔伦并非一开始就生活于社会的边缘。这部传记在向我们呈现诗人个人的历史的同时，也以丰富的资料展现了诗人所处时代尤其是他初入文坛时的文学圈的风习与活动。我们可以看到文学杂志、咖啡馆与各种文学沙龙的真切图景，尤其是帕尔纳斯派诞生的过程，甚至还有波西米亚文人艺术家的生活缩影。

这次再版，邵宝庆老师增译了初译本中未译出的献词与前言，我们也共同把原文注释补充完整，增加了人名索引与原书的参考文献和一些译者注释，并对部分译文做了修订。

　　此译本能够以更完整的面貌再版，多亏商务印书馆·涵芬楼文化一力促成，特此致谢。我也要感谢初版时北京世纪文景文化出版公司及法国诗人传记丛书的组稿人李玉民先生，没有世纪文景当年的眼光与魄力，没有李玉民老师的信任，不可能有今日此书的再版。

由　权

2021年11月于北京

图书在版编目（CIP）数据

魏尔伦传：一个身体的历史 /（法）阿兰·比于齐纳
著；由权，邵宝庆译. — 北京：商务印书馆，2024
ISBN 978 - 7 - 100 - 19976 - 6

Ⅰ.①魏… Ⅱ.①阿…②由…③邵… Ⅲ.①保罗·魏
尔伦（Paul Verlaine 1844-1896）— 传记 Ⅳ.①K835.655.6

中国版本图书馆 CIP 数据核字（2021）第098626号

魏 尔 伦 传
一个身体的历史

〔法〕阿兰·比于齐纳 著
由 权 邵宝庆 译

商 务 印 书 馆 出 版
（北京王府井大街36号 邮政编码 100710）
商 务 印 书 馆 发 行
山西人民印刷有限责任公司印刷
ISBN 978 - 7 - 100 - 19976 - 6

2024年9月第1版 开本 787×1092 1/16
2024年9月第1次印刷 印张 35

定价：178.00元